Nelson Pereira da Costa

Funções Organizacionais

Um Estudo das Principais Ferramentas de uma Organização

EDITORA CIÊNCIA MODERNA

Funções Organizacionais – Um Estudo das Principais Ferramentas de uma Organização

Editor: Paulo André P. Marques
Produção Editorial: Dilene Sandes Pessanha
Capa: Daniel Jara
Diagramação: Daniel Jara
Copidesque: Equipe Ciência Moderna

FICHA CATALOGRAFICA

COSTA, Nelson Pereira da.

Funções Organizacionais – Um Estudo das Principais Ferramentas de uma Organização

Rio de Janeiro: Editora Ciência Moderna Ltda., 2026.

1. Administração 2 Organização e normas
I — Título

ISBN: 978-65-5842-495-6

CDD 658

Editora Ciência Moderna Ltda.
R. Alice Figueiredo, 46 – Riachuelo
Rio de Janeiro, RJ – Brasil CEP: 20.950-150
Tel: (21) 2201-6662/ Fax: (21) 2201-6896
E-MAIL: LCM@LCM.COM.BR
WWW.LCM.COM.BR

01/26

A

Maria do Carmo

Companheira de muitos anos cuja presença e apoio deram condições de expandir meus conhecimentos, até um nível que jamais pensei alcançar.

Prefácio

Para realizar a gestão de recursos, é preciso conhecer muito bem os procedimentos que são suporte a esta atividade. Como sabemos, os recursos são meios auxiliares que permitem à organização a realização de seus objetivos.

Assim o propósito deste projeto de livro é esclarecer os mais importantes elementos que dão o conhecimento necessário para que exista uma estrutura que funcione e sobreviva neste mercado cada vez mais incerto e cambiante.

Empreendedor para ter sucesso precisa conhecer, com vigor, os recursos que dispõe e como otimizá-los. As funções organizacionais aqui tratadas, tem um caráter particular, isto é, são não governamentais. Mas darão ao administrador um padrão de atuação e performance bastante relevante.

O mundo de hoje é uma sociedade composta de organizações. As pessoas nascem, crescem, vivem, trabalham, recebem tratamento de saúde, estudam, se divertem e são enterradas em organizações, que exercem um papel, cada vez maior, na vida moderna.

A organização procura dispor de recursos de tal forma que o conjunto, assim empregado, seja capaz de realizar uma atividade econômica ou um trabalho, com um mínimo de risco, esforço, custo e tempo. Uma empresa é uma organização de finalidade econômica. Utiliza e elabora recursos para facilitar o seu desenvolvimento e o seu rendimento, assegurando-lhe as melhores condições operacionais

É possível que uma organização sobreviva sem conhecimento das funções organizacionais. Não sei por quanto tempo. Mas fica claro que quando a mesma atingir um ciclo de vida mais elevado precisará conhecer os conceitos básicos que fundamentam estas funções, se quiser sobreviver e progredir.

Quanto maior for o seu conhecimento, maior será o nível de percepção nos negócios. Uma empresa não é criada apenas sob o aspecto social, pois precisa lucrar para poder sobreviver. Muitos iniciam um empreendimento sem conhecimento mínimo necessário de administração.

Acredito que este livro, ***Funções Organizacionais***, complementará de maneira efetiva o livro anteriormente escrito, sob o título Funções Administrativas, pois aborda o assunto de maneira enxuta, compacta, didática e objetiva. Sua metodologia é suave e agradável, proporcionando ao leitor a motivação necessária para continuar a ler e a aprender.

Este projeto procura trazer a essência daquilo que é relevante saber sobre as funções organizacionais, sendo estruturado em 20 Capítulos, cujos objetivos são os seguintes:

Capítulo 1 – Produção: Mostrar que a produção é um conjunto de atividades, procedimentos, operações e movimentos, usados para transformar a natureza em produtos.

Capítulo 2 – Marketing: Mostrar que marketing é uma espécie de filosofia dirigida à ação administrativa da empresa que se inspira na pesquisa de mercado.

Capítulo 3 – Vendas: Mostrar que venda é um processo pessoal ou impessoal de assistir e/ou persuadir um comprador potencial a adquirir um bem ou serviço, ou reagir favoravelmente a uma ideia que tenha significado comercial para o vendedor.

Capítulo 4 – Logística e Armazenamento: Mostrar que logística é a distribuição física de materiais, que devem ser colocados nos tempos e locais ótimos. Mostrar a importância do bom armazenamento. Não só pela manutenção da qualidade do produto como também o endereço dos mesmos.

Capítulo 5 – Compra e Recurso: Mostrar que saber comprar é a alma de muitos negócios. Mostrar a importância do uso de recursos.

Capítulo 6 – Qualidade: Mostrar que qualidade é aquilo que vá de encontro às necessidades de alguém, proporcionando satisfação. Também pode ser o atendimento das exigências do consumidor, usuário, paciente.

Capítulo 7 – Serviço: Mostrar que serviço é qualquer ato ou desempenho que uma parte possa oferecer a outra e que seja essencialmente intangível e não resulte na propriedade de nada.

Capítulo 8 – Segurança: Mostrar que segurança é condição daquilo que se pode confiar. É impossível aos cidadãos, ou a qualquer segmento da coletividade, viverem dentro do alto índice de violência (insegurança);

Capítulo 9 – Documentação: Mostrar que documentação representa todo e qualquer desempenho formal, em função da necessidade da criação de padrões cada vez mais adaptados à realidade em que vivemos.

Capítulo 10 – Sistema: Mostrar que sistema é um conjunto (todo organizado) de elementos (partes) que interagem, visando atingir um objetivo (ou uma função) comum, como um todo unitário e complexo.

Capítulo 11 – Tecnologia: Mostrar que tecnologia é conjunto de conhecimentos, técnicas, ferramentas e atividades utilizadas para transformar os recursos organizacionais em produtos (resultados).

Capítulo 12 – Contabilidade: Mostrar que a contabilidade é importante para controlar, principalmente, o custo e recolhimento fiscal.

Capítulo 13 – Política e Legislação: Mostrar que nenhuma empresa sobrevive sem políticas adequadas ao cenário sempre em mutação.

Capítulo 14 – Manutenção: Mostrar que a necessidade de manutenção de todos os recursos é de fundamental importância, pois todos eles têm uma vida útil.

Capítulo 15 – Atendimento: Mostrar que o bom atendimento cria uma carteira de clientes cativos, passando a ser um grande ativo para a organização.

Capítulo 16 – Higiene e Limpeza: Mostrar que a higiene e limpeza é importante para que não haja doenças e lugares de trabalho insalubres. Um time precisa para ser efetivo precisa desses dois requisitos.

Capítulo 17 – Finanças: Mostrar que finanças é a aplicação de uma série de princípios econômicos e financeiros para maximizar a riqueza ou o valor total de um negócio.

Capítulo 18 – Comercialização e Varejo: Mostrar que a comercialização é o setor da economia que compra e vende o que a agricultura e indústria produzem.

Capítulo 19 – Franquia – Mostrar que a franquia é um método de distribuição e comercialização entre franqueador e franqueado, no qual o primeiro oferece e é obrigado a manter um interesse contínuo no negócio do segundo, no que tange a área de atuação do primeiro.

Capitulo 20 – Criatividade e Inovação: Mostrar que a criatividade e inovação são os meios que faz com que a empresa possa sobreviver em um mercado cada vez mais concorrido e prostituído.

Gostaria de manifestar meus agradecimentos a todos aqueles que me ajudaram, direta e indiretamente, a levar adiante este projeto, que consumiu um ano da minha vida, nas idas e vindas de infindáveis leituras, numa atitude performática, às vezes, não muito pragmática, mas que ao término deste período me fez feliz por ter tornado útil esse tempo e também sentir como se fosse uma missão cumprida.

Agradecer também ao meu estimado filho, Alexandre, pelo incentivo e apoio que sempre me deu. Infelizmente não mais entre nós.

Nelson Pereira da Costa

SUMÁRIO

Introdução

Segundo Ansoff, o surgimento das funções organizacionais ocorreu logo no início da história das organizações do tipo empresa, quando se descobriu que a mesma funciona melhor e mais eficientemente, quando seu trabalho é dividido em unidades organizacionais, especialidades chamadas funções, cada uma delas possuindo uma potencialidade específica.

Os administradores da Dupont fizeram essas subdivisões, no início do Século XX, eles as consideravam um processo de agrupamentos de funções semelhantes (rotineiras).

O estudo das funções organizacionais é imprescindível, considerando que os órgãos de um sistema, bem como das instituições só devem existir, havendo funções que lhes justifiquem a existência e lhes discipline a ação.

Mesmo estudando as funções isoladamente, é necessário considerar que elas agem e interagem de forma global, existindo, sempre, uma ação integradora que busca a sinergia funcional de todo o sistema.

As funções organizacionais são aquelas voltadas às atividades envolvidas com os recursos disponíveis no empreendimento. O principal objetivo dessas funções é permitir a compatibilização e coordenação de esforços cooperativos e a eliminação de tudo aquilo que é desnecessário.

Função é o esforço disciplinado de um órgão, no sentido de realizar uma atividade útil à vida e ao desenvolvimento do organismo. O conceito de função transmite a ideia de ação e de dinâmica, impondo a existência de um componente ou de uma base estrutural, que sirva de suporte para o desenvolvimento da gestão de recursos. Em administração, este componente se chama cargo (conjunto de funções).

Uma estrutura organizacional precisa ter muito bem definido os seus cargos. Caso não fosse assim, a unidade de comando seria quebrada. Não haveria ordem e disciplina. As funções organizacionais são imprescindíveis, bem como as funções administrativas.

Como dar nome às várias partes de uma empresa? Qual o seu poder e o que faz? É preciso saber quem é quem num empreendimento.

Além da nomeação dos setores da organização, é preciso definir seus objetivos, metas, propósitos, para que tudo isso faça sentido. É impossível produzir um bem que seja rentável em meio ao caos. Importante fazer uma analogia com o governo de estado. Já imaginaram cada poder interferindo em outros poderes.

Cada função organizacional terá atribuições próprias e que não faça o trabalho de outro departamento, pois haverá superposição de atividades, causando um custo desnecessário e burro. Assim, vamos dar nome as partes, tendo cada uma função bastante definida.

Quando falamos que estamos numa época de mudanças e instabilidades pode parecer prosaico e é, pois sempre houve mudança e instabilidade desde que o mundo é mundo. Contudo, na aldeia cada vez mais globalizada, em que vivemos, as soluções dos problemas devem ser efetivas, isto é, eficientes, eficazes e efetivas.

À medida que os administradores se orientam para o campo do diagnóstico e da decisão, maior a necessidade de se fundamentar em ideias, conceitos, leis, princípios, teorias e valores que lhes permitam orientar e balizar seu comportamento e que, obviamente, influenciará todo o resto do grupo, num ambiente cada vez mais complexo e mutável.

O estudo que se segue pretende mostrar as diversas e mais importantes funções organizacionais de uma empresa. Se a empresa for pequena, obviamente, terá poucas funções organizacionais ou praticará a fusão de várias numa só. Mas se for uma empresa multinacional, terá funções maiores que as abordadas no livro, hora apresentado.

O principal objetivo dessas funções é permitir a compatibilização e coordenação de esforços cooperativos e a eliminação de tudo aquilo que desnecessário e supérfluo.

Este livro abordará assuntos que capacitarão o leitor a, pelo menos, ter instrumentos que o ajudem a determinar se o negocio sobreviverá. Também pretende mostrar a importância do conhecimento das **Funções Organizacionais** de maneira bastante didática.

O estudo das funções organizacionais é imprescindível, considerando que os órgãos e as instituições só devem existir, havendo funções que lhes justifiquem a existência e lhes discipline a ação. Mesmo estudando as funções isoladamente, é necessário considerar que elas agem e interagem de forma global, existindo, sempre, uma ação integradora que busca a sinergia funcional de todo o sistema.

Capítulo 1

Produção

"O importante é tornar a empresa forte e não o empresário, pois é a empresa o polo mais importante para o desenvolvimento econômico e social e, portanto, a maior fonte geradora de riqueza".

Paulo B. de Paula

Objetivos do Capítulo

- Mostrar que a produção é um conjunto de atividades, procedimentos, operações e movimentos, usados para transformar a natureza em produtos.
- Mostrar a importância de se ter modelos de produção.
- Mostra o que seja realmente um produto.

1.1 Produção

Produção é um conjunto de atividades, procedimentos, operações e movimentos usados para transformar a natureza em bens e serviços. Uma combinação da engenharia de desenvolvimento de produtos com racionalização de espaço e custo, isto é, uma sucessão de elementos de trabalho aplicada a materiais naturais com a finalidade de atender às necessidades humanas.

A produção tem padrões de custo e de operação. Tem grande controle sobre seu ambiente interno, processos de produção, máquinas e empregados. Estes elementos são organizados e dirigidos de maneira a produzirem o máximo de eficiência.

A seguir, os fatores que ajudam a embasar o conceito de produção:

Objetivo da Produção – Transformar as entradas de um sistema em um conjunto específico de saídas.

Os objetivos complementares da produção são:

- Atender a carteira de pedidos.
- Assegurar a plena utilização da capacidade instalada.
- Reduzir custos.
- Aumentar a movimentação de materiais e produtos.
- Desenvolver um banco de dados para aplicações futuras.
- Obter dados sobre os fatores de produção.
- Registrar e acompanhar as atividades executadas.
- Obter informações sobre a produção, refugo e quebras, consumo de insumos, materiais e energia.
- Analisar tempos e movimentos.
- Medir a produtividade.
- Otimizar o arranjo físico de homens e máquinas.

Erros Comuns em Produção – Considerar custos baixos e alta eficiência como principais objetivos; não encarar processos produtivos na estratégia global da empresa. Tomar a produtividade como a coisa mais importante, sem considerar consumidores, novos mercados, mudanças de hábitos, modismos, novas tecnologias, risco de capital, remuneração do investimento, preços praticados pela concorrência, margem de lucro, economia de escala, terceirização, capacidade de produção, não deve ser a principal prioridade do gerente de produção.

Gerente de Produção: Questiona, todos os dias, sobre: Por que produzir? O que produzir? Como produzir? Quando produzir? Quanto produzir? Com que produzir? Onde produzir? A que custo produzir? A que preço de venda operar?

Planejamento da Produção – O gerente de produção tem como responsabilidade básica o planejamento e controle da produção. No planejamento da produção deve se preocupar com projetos de produtos, processos de produção, seleção de equipamentos, sistemas de informação, programas de treinamento, decisão sobre novas tecnologias, materiais, localização da fábrica, arranjos físicos, sistemas operacionais, políticas de fabricação.

Controle da Produção – O gerente deve se preocupar com: estoque, qualidade, custos, produtividade, sistemas, avaliação, carteira de pedidos, planilhas, gráficos, controlgramas, curvas, tempos de resposta, encargos sociais.

Funções da Produção:

- Movimentação – É a função através da qual a produção é abastecida de matérias-primas e insumos.
- Direção – É a função de decidir que operações deverão ser executadas para fabricar um produto.
- Planejamento – É a preparação do plano de produção e as providências, para se ter, a tempo, todos os itens necessários à produção.
- Programação – É o planejamento detalhado da fabricação de um produto.
- Implementação – É através da implementação que se têm as informações daquilo produzido.
- Movimentação de Materiais – Procurar manter as linhas de produção suficientemente abastecidas.
- Controle – É uma função importantíssima, pois permite fazer correções ao longo do programa.
- Expedição – É a unidade que entrega a encomenda ao cliente consumidor.
- Recepção – Recebe materiais, verifica qualidade, especificações, confere notas fiscais, informando os setores de Compras e de Contabilidade.
- Compras – Recebe informações do controle de estoque e do planejamento para que encomende determinado item a um determinado fornecedor. Depois de realizado o pedido informa a Contabilidade, a Recepção e a Produção.

Administrador da Produção – Deve ser responsável: pela qualidade da produção; pelo planejamento e controle da produção; pela fabricação dos produtos nas quantidades exigidas, nos prazos estabelecidos e com a qualidade recomendada; pela escolha do método de produção, pois quase sempre um produto pode ser fabricado de várias maneiras; pelo arranjo físico da fábrica; pela movimentação de materiais; por determinar o lote econômico de fabricação; pela redução dos custos e pela otimização dos recursos disponíveis e aplicados à produção.

A produção não é independente das outras funções organizacionais. O administrador da produção é responsável pela produção de bens, na qualidade exigida e a tempo de satisfazer as datas estipuladas para entrega. As quantidades a serem fabricadas serão afetadas pela magnitude da demanda dos produtos.

Os prazos, nos quais devem ser fabricados os produtos, dependerão das exigências de entrega por parte dos elementos da empresa e modificados, se possível, apenas para fabricação em lotes de tamanho econômico.

Departamento de Produção – Planeja suas atividades antes do recebimento de pedidos.

As razões são muitas: primeiro, é improvável que a data de entrega prometida seja cumprida, porque o tempo necessário para operacionalizar tudo isso excede de muito aquilo que é aceito como razoável; segundo, ainda que isso não aconteça, a empresa que só dá partida a produção, depois do pedido, pode ter problemas com os fornecedores de recursos, abalando sua imagem e acumulando custos excessivos.

Regimes de Produção: Segundo Chiavenato, são:

Artesanato – Regime de produção individual ou grupal, com divisão do trabalho elementar, no qual o artesão executa todas as etapas da produção, em que o trabalhador é dono dos meios de produção (geralmente instrumentos rudimentares) e do produto do seu trabalho.

Célula de Produção – Constitui uma unidade autônoma e autossuficiente, contendo todas as ferramentas e operações requeridas para produzir um determinado produto. Constitui uma combinação de processo e arranjos de produtos, nos quais estão presentes as pessoas e equipamentos necessários.

Produção em Massa – É um tipo de produção, que utiliza, por meio de linhas de montagem e métodos padronizados, para fabricar grandes quantidades de bens. As responsabilidades da administração da produção incluem a reunião dos insumos em um plano de produção aceitável que realmente utilize os materiais, a capacidade e o conhecimento disponíveis nas instalações de produção.

Dada uma determinada demanda no sistema, o trabalho é programado e controlado para produzir os bens e serviços exigidos. Entretanto, deve ser exercido um controle sobre o estoque, a qualidade e o custo. Além disso, a própria instalação precisa ser mantida.

1.2 Fabricação

Fabricação é vista como sendo uma combinação de engenharia industrial, estudo de tempo, leiaute de fábrica, controle de estoques, análise quantitativa, programação e simulação (ensaio e erro). Um exame das causas básicas de muitos problemas de fabricação parece originar-se da combinação de dois fatores: a sensação de inadaptação e a falta de conscientização.

Daí a necessidade de: Delinear o relacionamento entre as operações e as estratégias; Chamar a atenção para a existência de limitações específicas no planejamento da produção; Sugerir uma nova forma de se visualizar a fabricação.

Para a maioria dos dirigentes, prevalece o ponto de vista de que uma fábrica com equipamentos razoavelmente modernos, métodos e processos atualizados, grupos de trabalho cooperativo, sistema de informações e uma gerência esclarecida será uma boa fábrica que funcionará eficientemente. A fabricação é parte do conceito estratégico, que relaciona o potencial de recursos da empresa às oportunidades do mercado.

Os planos empresariais estão voltados a determinar as respostas para as questões: por que, onde, quando e como os consumidores poderão ser atingidos e levados a comprar?

O que nem sempre se imagina é que, diferentemente do marketing, a produção tem outras exigências, tais como: armazenagem descentralizada; mercadoria disponível para pronta entrega; custos mínimos para competir; grandes áreas de depósitos; equipamentos especializados; grande quantidade de recursos humanos; distribuição exclusiva; produção sob encomenda (carteira de pedidos); alta qualidade com extrema confiabilidade; supervisores com treinamento especializado.

Indústria é sinônimo de uma empresa de fabricação, tanto que a palavra indústria é, muitas vezes, confundida como fábrica. Na realidade a indústria é uma empresa que fabrica (monta) um grande número de produtos (acabados, semiacabados), a partir de itens de materiais ou partes componentes. Pouquíssimos países foram bem-sucedidos sem uma adequada política industrial.

Política Industrial é muito difícil criar uma que funcione, mas é impossível ter sucesso sem nenhuma. Política industrial isolada não existe. Ela é fruto de uma política econômica, envolvendo a definição e a orientação dos instrumentos de intervenção proporcionados pelas empresas, institutos de pesquisa, universidades e governos.

Uma política para a indústria tem de estar acoplada ao processo de capacitação tecnológica, porque ela não pode ser confundida com uma política de fabricação. Ela deve partir da estratégia global da empresa e ser encarada como um processo vital, que interage com os demais segmentos da empresa.

As etapas de uma política industrial adequada podem ser, por exemplo:

- Analisar a situação da concorrência.
- Medir valores, tais como: aptidões, objetivos, produtos, processos, capacidades.
- Definir atividades e tarefas.
- Estudar a relação entre custo, produto, margem de contribuição, volume de fabricação, retorno do investimento, alterações do composto mercadológico, ciclo operacional do produto (giro do produto).
- Observar qual a tecnologia utilizada pelo mercado.
- Avaliar a diferença entre os recursos existentes e os necessários.
- Criar sistemas de informação para suporte à tomada de decisão.
- Estudar a localização da fábrica, para o menor custo.
- Treinar recursos humanos para as funções administrativas e organizacionais.
- Criar controles para avaliar resultados (desvios) e dar feedback.

Na sociedade industrial existem muitas situações, nas quais o estímulo para a perfeição coincide com as necessidades tecnológicas. Na preparação de medicamentos e alimentos, certos organismos nocivos devem ser completamente eliminados ou irão se multiplicar e trazer danos à saúde.

As máquinas precisam ser aperfeiçoadas para minimizar os perigos à segurança humana. A busca da perfeição industrial leva as fábricas a consumirem recursos, sem somar, efetivamente, um valor ao uso, ao resultado, ao desenho, ao custo e ao visual. São frequentes os exageros de projetos.

Política industrial é justamente o meio que a administração tem à sua disposição para dirigir a produção. A sequência a questionar é a seguinte:

O que os outros estão fazendo? O que temos ou podemos conseguir para competir? Como podemos competir? O que devemos realizar na fabricação para poder competir? Quais são as restrições econômicas, financeiras e tecnológicas comuns à indústria? Que procedimentos adotar para uma adequação ao mercado? Como implementar nossa política de fabricação? Quais sistemas de informação são básicos? Quais modificações são necessárias e suficientes?

Local de Produção – É importante observar os aspectos:

Topografia – A localização no pavimento térreo deve, sempre que possível, ser a melhor opção, de forma a proporcionar fácil acesso externo para abastecimento, iluminação natural e ótimas condições de ventilação. Na impossibilidade da localização no andar térreo, sugere-se a instalação de elevadores de carga.

As instalações e suas áreas circundantes devem facilitar as operações de manutenção e limpeza. Dentre outras condições favoráveis, a localização térrea facilita o acesso de fornecedores, remoção de lixo, redução nos custos de manutenção dos dutos de água, vapor e energia. Tudo é mais fácil para a observação de vazamentos. Se possível, a fábrica deve ser construída em blocos, garantindo maior iluminação e ventilação, por exemplo. O movimento do Sol deve ser levado em consideração.

Entorno da Fábrica – A construção ou locação da fábrica deve ser em áreas onde os arredores sejam pavimentados e não ofereçam riscos às condições gerais de higiene e limpeza, ou seja, em áreas livres de infestações de mosca, mosquitos, roedores. O entorno deve permitir livre acesso, direto e independente, isto é, não comum a outros usos.

Configuração Geométrica – A forma mais indicada é a retangular, desde que o comprimento não exceda mais de 1,5 a 2 vezes a largura. Esta forma propicia melhor disposição dos equipamentos e tem a vantagem de evitar: caminhadas supérfluas, conflitos de circulação e outros problemas de arranjo físico mal feito.

Revolução Industrial – Conjunto de transformações tecnológicas, econômicas e sociais que influenciam s organizações e as sociedades em todo o mundo. A partir de 1776, com a invenção da máquina a vapor por James Watt e a sua posterior aplicação à produção, uma nova concepção de trabalho veio modificar completamente a estrutura social, política, econômica e comercial da época.

Na fábrica, perceberam-se com mais nitidez as diferenças entre as funções da organização. O sistema fabril, quando aplicou os avanços científico e tecnológico à produção, rompeu as estruturas corporativas da época, ampliou os mercados existentes, descobrindo novos nichos de mercado.

O poder do patrão passou a ser maior, cerceando liberdades individuais. Tudo em nome do progresso do desenvolvimento econômico das organizações produtivas de bens e manufaturas.

Sistema Fabril – Sistema que exige maior planejamento e controle do que as unidades menores de produção de simples artesanato. A divisão do trabalho tornou-se mais importante e complexa.

1.3 Tipos de Produção

Produção Artesanal: Tipo de produção individual ou grupal, com divisão do trabalho elementar, no qual o artesão executa todas as etapas da produção, em que o trabalhador é dono dos meios de produção (geralmente instrumentos rudimentares) e do produto do seu trabalho.

Produção Celular: Tipo de produção organizado em pequenas fábricas que agrupam equipamentos e recursos para a fabricação de um determinado produto.

Produção Contínua: Tipo de produção em série de operações, com cada item seguindo para uma operação subsequente, tão logo esteja disponível.

Produção de Tecnologia: Tipo de produção que só poderá ocorrer em ambiente de liberdade de ação, no qual o papel do gerente é alocar recursos para as condições adequadas de trabalho e fazer o papel de empreendedor capaz de promover mudanças e fazer adaptações necessárias.

Produção do Conhecimento: Tipo de produção em que o recurso mais importante deixou de ser o capital financeiro para ser o capital intelectual, baseado no conhecimento. Este ficou na dianteira de todos os demais recursos organizacionais, pois todos passaram a depender dele.

Produção em Linha: Tipo de produção em que é usado o arranjo físico em linha dos equipamentos e há um fluxo contínuo de materiais ao longo da linha dos centros de produção.

Produção em Lotes: Tipo de produção na qual os produtos e/ou partes dos mesmos são fabricados, intermitentemente, em uma série de lotes.

Produção em Massa: Produção, que utiliza, por meio de linhas de montagem e métodos padronizados, para fabricar grandes quantidades de bens. As responsabilidades da administração da produção incluem a reunião dos insumos em um plano de produção aceitável que realmente utilize os materiais, a capacidade e o conhecimento disponíveis nas instalações de produção. Dada uma determinada demanda no sistema, o trabalho é programado e controlado para produzir os bens e serviços exigidos. Entretanto, deve ser exercido um controle sobre o estoque, a qualidade e o custo.

Produção Enxuta: Tipo de produção voltada a evitar desperdício de todas as formas.

Produção Just-in-Time: Tipo de produção que se traduz em produzir as quantidades certas na hora certa.

Produção Padrão: Tipo de produção em que o volume produzido deriva do custo inicial previsto.

Produção Sazonal: Tipo de produção em que a taxa de produção tende a aumentar ou cair em determinados meses ou estações do ano.

Produção sob Encomenda: Tipo de produção na qual a quantidade necessária é finita, não repetitiva e geralmente pequena. Toda a quantidade é feita em um só lote, para um período determinado.

1.4 Sistema de Produção

A seguir, exemplos de sistema de produção:

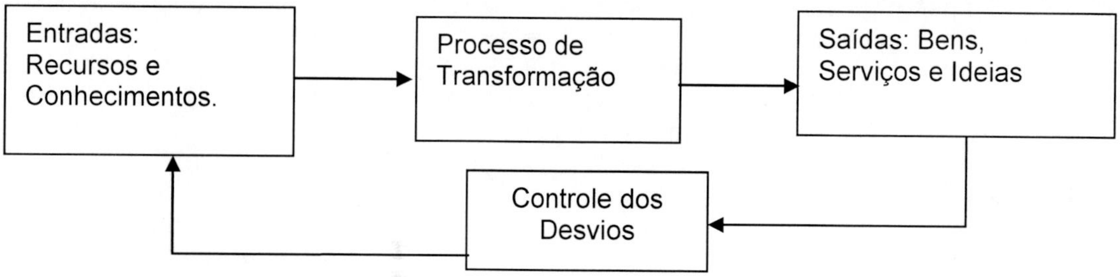

Figura 1.1: Sistema de Produção Simplificado.

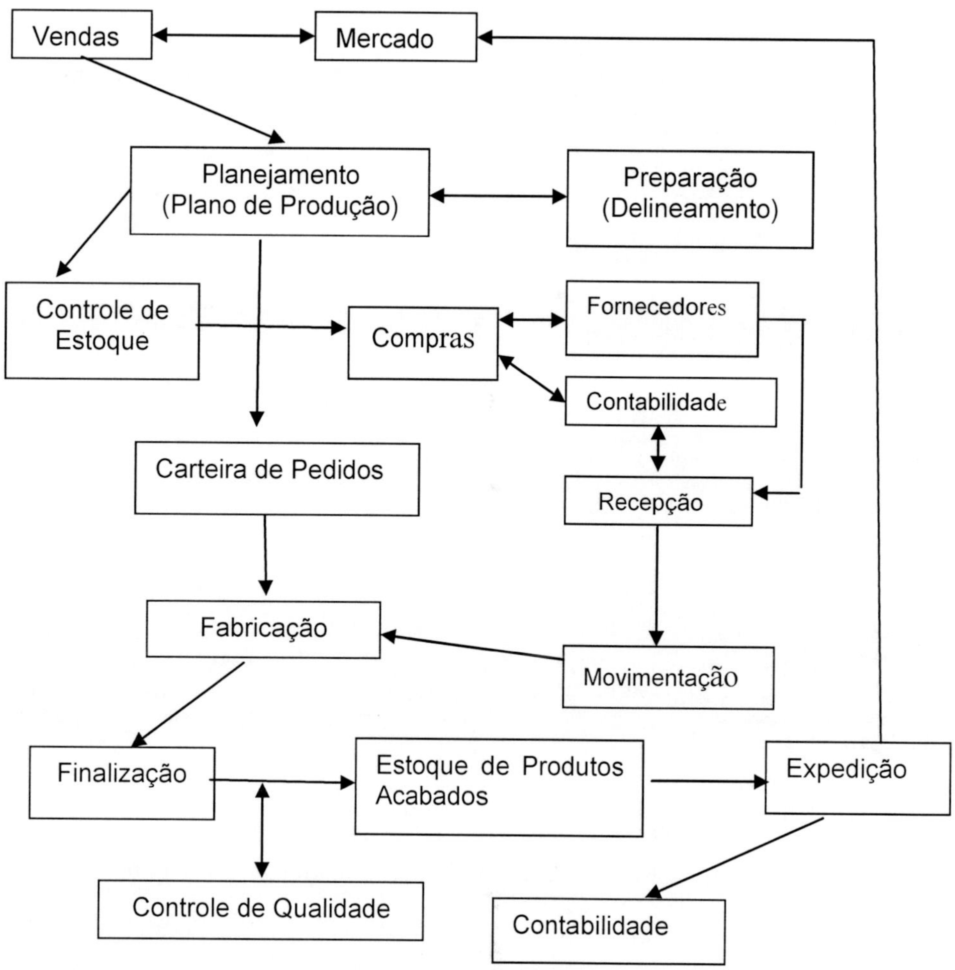

Figura 1.2: Sistema Holístico da Produção.

O sistema de produção tem a responsabilidade de reunir as matérias-primas e insumos em um plano de produção aceitável que realmente utilize os materiais, a capacidade e o conhecimento disponíveis nas instalações de produção.

Dada uma determinada demanda de mercado, o trabalho é programado e controlado para produzir os bens e serviços exigidos. Entretanto, deve ser exercido um controle sobre o estoque.

Subsistemas de Produção:

Sistema de Engenharia – Subsistema para descrever: processos, métodos, produtos, metodologias de desenvolvimento, projetos, controle de qualidade e testes de laboratório.

Sistema de Planejamento e Controle da Produção – Subsistema para descrever: planejamento, controle, avaliação, movimentação de materiais, programação da carteira de pedidos.

Sistema de Fabricação – Subsistema utilizado para descrever: processamento, tratamento, linha de produtos, acabamento, almoxarifado, inspeção, controle.

Sistema de Manutenção – Subsistema utilizado para dar assistência preventiva e corretiva a máquinas e equipamentos.

1.5 Processo de Produção

Processo é um conjunto de etapas sequenciais que apresenta mudança ao longo do tempo, tendo certa continuidade. É dinâmico, cíclico e sistêmico (cada etapa afeta as demais). É o detalhamento de como fazer. Praticamente, todo e qualquer trabalho é visto como um processo.

Mesmo que se faça uma atividade de diferentes maneiras, é básico que se siga um processo já estabelecido anteriormente ou que seja fruto de um ato empírico, constituindo-se, em ambos os casos, num padrão momentâneo.

A atividade central com a qual a administração da produção está relacionada é o processo de produção, que está relacionado com todas as decisões, atividades, estratégias, táticas, políticas, restrições, oportunidades, controles, planos, por exemplo.

O processo de produção será avaliado, em função das técnicas e práticas operacionais de produção. O tempo de duração do processo é importante, devido à necessidade de se gastar o menor tempo possível, tendo em vista que o tempo, embora seja intangível, ele é muito importante sob o aspecto da efetividade.

Assim, a seguir, é mostrada a taxa de duração do processo que é dada pela fórmula:

Taxa de Duração do Processo = Padrão Aferido no Laboratório / Padrão Aferido no Campo

Onde:
Padrão Aferido no Laboratório = Média dos tempos medidos no laboratório
Padrão Aferido no Campo = Tempos medidos no campo / Número de medições

Exemplo:
Tempo Médio de Laboratório = 2 horas
Tempo Médio de Campo = 2,2 horas
Taxa de Duração do Processo = $2 \div 2{,}2 = 0{,}91 = 91\%$

Análise: Obviamente que tempos padrões de laboratório são, geralmente, diferentes dos aferidos no campo. Mas, a tendência é que estes se tornem menores do que aqueles.

A eficiência de um processo de produção, do ponto de vista do sistema físico, é medida pela relação: saída /entrada. Relação que não pode ser maior ou igual a uma unidade. O processo produtivo exige essencialmente o uso de máquina, de trabalho humano e de matéria-prima.

Assim, a prevalência de um fator sobre outro caracteriza o processo. Este pode estar situado em um departamento ou em uma máquina crítica e pode, desproporcionalmente, limitar a produção de outros itens, os quais talvez apresentassem menos lucro por unidade, mas contribuem mais, especificamente, para o lucro total, quando o custo final for levado.

1.6 Planejamento, Direção e Controle da Produção

Nenhuma organização sobrevive no mundo atual a menos que planeje o futuro. Aquele que gerencia por palpite, intuição, sentimento ou experiência é um oportunista.

O sucesso advém menos da inspiração do que do cuidadoso planejamento da criação de oportunidades. Ele deve conter uma metodologia que possibilite uma boa atuação junto ao cliente.

A produção é uma atividade administrativa relacionada ao planejamento, direção e controle dos métodos, técnicas e processos a serem usados para desenvolver e fazer produtos, cujo objetivo central é satisfazer as datas de entrega aos clientes, com um mínimo de custo.

Planejamento da Produção:

No planejamento da produção a empresa deve:

a) Definir e dimensionar objetivos.
b) Preparar programas, estratégias, políticas, estruturas, procedimentos e planos.
c) Desenvolver sistemas de informação e de comunicação.
d) Adotar padrões de qualidade.
e) Dimensionar recursos para que as demais funções administrativas sejam exercidas com efetividade.
f) Preocupar-se com projetos, processos, produtos.
g) Selecionar máquinas e equipamentos.
h) Programar treinamento.
i) Decidir sobre tecnologias, materiais, localizações, arranjos físicos.
j) Identificar possíveis alternativas de produção.

Direção da Produção:

Na direção da produção a empresa deve observar:

a) Mudanças excessivas nos produtos (modelos e estilos).
b) Rendimento baixo das máquinas e equipamentos.
c) Tempo residual excessivo.
d) Baixa produtividade.
e) Resposta irreal sobre pedido do cliente.
f) Pedidos de afogadilho.
g) Altos custos em algumas linhas.
h) Pedidos excessivos nas categorias de urgente e especial.
i) Cancelamento de pedidos, em função do prazo.
j) Padrões de qualidade abaixo dos de mercado.
k) Diversificação fora de condições de atendimento.
l) Atraso tecnológico em relação à concorrência.
m) Conflitos com Vendas, Marketing, Finanças e Contabilidade.

Controle da Produção:

No controle da produção, a empresa deve:

a) Comparar resultados obtidos com os planejados.
b) Determinar as causas das variações e desvios.
c) Preocupar-se com os níveis de estoque e de qualidade.
d) Minimizar custos.
e) Atender a carteira de pedidos.
f) Desenvolver planilhas e gráficos para analisar resultados.
g) Medir os tempos de resposta.
h) Estudar os resultados, em relação às outras empresas concorrentes.

Alguns autores afirmam que a produção pode ser dividida em níveis, tais como:

Níveis de Produção:

Primeiro Nível de Produção – Neste nível, a sequência das tarefas é planejada em unidade de produção e a relação espacial entre os locais de trabalho é planejada em termos de departamentos (seções).

Segundo Nível de Produção – Neste nível, cada operação planejada é considerada individualmente e sua divisão final em elementos é finita.

Terceiro Nível de Produção – Neste nível, é escolhida a forma inicial do material para cada componente; cada processo definido no planejamento da fábrica é então analisado novamente e é planejada a divisão em operações.

1.7 Estratégias de Produção

A expressão estratégia do grego "strategos" (general) é de origem militar e significa a arte de conceber e organizar um plano de operações de guerra, estando ou não no teatro de operações. Estratégia é o caminho (meio) para uma organização, ou alguém, alcançar, preferencial e diferentemente, os objetivos e desafios em um ambiente mutável, cambiante, complexo e altamente competitivo. Imagine você, se é possível sobreviver sem uma estratégia sequer.

O conceito de estratégia começou a ser usado em Administração na década de 1950, com o intuito de incutir nas empresas uma nova perspectiva de futuro, através do conhecimento de onde e como expandir sua atuação e melhorar seu desempenho.

Surgiu, assim, a aplicação da ideia de estratégia, ainda que limitada ao negócio da empresa, mas implantando a visão de maior escopo e mais longo prazo através de métodos analíticos. De 1950 até 1990, as fronteiras da estratégia eram bem definidas, assim como os consumidores, os mercados, os concorrentes, os fornecedores e as ameaças potenciais. Hoje, esses elementos são cambiantes.

Estratégia de produção é a estratégia voltada à melhoria contínua dos processos, atividades, procedimentos, operações e movimentos de fabricação.

Tipos de Estratégias de Produção:

Estratégia de Fabricação – A estratégia de fabricação se envolverá com, por exemplo, as seguintes questões: Como e onde o produto será feito? Qual o local de produção? Quais recursos são necessários? Qual a capacidade instalada necessária para que a empresa possa concorrer no mercado? Qual o grau de flexibilidade? Qual o nível de qualidade dos produtos? Qual o custo? Qual a capacidade de oferta? Qual a capacidade de armazenamento e de pronta entrega? Qual a posição do nível de produtividade com relação aos concorrentes? Qual a política industrial a ser conduzida?

Estratégia da Qualidade – A estratégia da qualidade está envolvida em como desenvolver e treinar recursos humanos, visando melhorar a qualidade das pessoas. Esta qualidade, e somente esta, irá fazer com que a empresa tenha qualidade nos seus produtos. A estratégia da qualidade deverá ser percebida pelos consumidores e refletida em todas as atividades da empresa.

Estratégia de Tecnologia – É a estratégia voltada a desenvolver, usar e licenciar tecnologia de maneira efetiva. No âmago de uma estratégia de tecnologia está o tipo de vantagem competitiva que uma empresa está tentando alcançar, se comparada às probabilidades de sucesso. O desenvolvimento desta tecnologia estará sempre ligado a ponte entre a transformação tecnológica e o benefício obtido. A preocupação da estratégia tecnológica deve estar centrada em como otimizar seu uso.

Estratégia de Redução de Custo – É a estratégia voltada a fornecer o maior valor possível aos consumidores a um custo mais baixo do que da concorrência. Adotando procedimentos de compras mais eficientes, reduzindo os custos de mão de obra e empregando equipamentos de produção mais modernos. A empresa pode usar seus custos menores para fixar preço mais agressivamente e, assim, conquistar participação de mercado. Esta estratégia tem sido crítica, para a invasão de produtos importados com preços de arrebentar a concorrência.

Estratégia de Diversificação – A estratégia de diversificação refere-se ao lançamento de novos produtos em mercado em que a empresa atua, ou não. A estratégia de diversificação é aplicada, quando os negócios existentes estão em fase de maturação ou declínio e não dão o retorno adequado aos investimentos aplicados.

A filosofia orientadora das estratégias de diversificação de muitas empresas mudou, acentuadamente, desde o início da década de 1970. A maioria enfatiza, hoje, a diversificação relacionada com a performance que a empresa possa ter. A diversificação é necessária, porém nem sempre suficiente.

Estratégia de Preço – É a estratégia voltada a comparar os preços dos produtos de uma empresa com os concorrentes.

Estratégia de Comunicação do Produto – É a estratégia voltada a desenvolver e aplicar os recursos eficazes de comunicar o produto por meio de: publicidade, promoção, propaganda, merchandising e outros meios de divulgação.

Estratégia do Composto do Produto – É a estratégia que busca a composição ótima do produto, por meio de possíveis combinações, para o lucro máximo e nível de qualidade aceitável pelo mercado. Dada a estratégia básica de composto de produto, deve-se ainda rever, periodicamente, se os itens de produtos e linhas específicas no composto, apresentam um bom equilíbrio em termos de crescimento de vendas futuras, estabilidade de vendas e lucratividade.

Estratégia de Agregação – É a estratégia de produzir um único produto e oferecê-lo aos consumidores com um único plano de divulgação.

1.8 Elementos da Produção

A seguir, os principais elementos da produção:

Sistema de Informações – O sistema de informações de produção é aquele que diz respeito ao fluxo de materiais e à produção de bens e serviços. Ele cobre cada atividade de planejamento e controle da produção, controle de inventário, compras, distribuição e transporte. Num sistema de informações de produção, muitos fluxos de informações podem ser especificamente excluídos, porque muitas questões são rotineiras e programadas e, portanto, já possuem um tratamento automático.

Hoje, não basta ter apenas as qualificações tecnológicas necessárias e as instalações apropriadas de fabricação para a obtenção de um determinado produto, porque, hoje, a função de produção em indústrias maduras passou a uma posição subordinada à função marketing.

Problemas de Produção – Os principais problemas de produção são: mudanças excessivas nos produtos; rendimento baixo das máquinas e equipamentos; tempo residual excessivo; baixa produtividade; resposta irreal sobre pedido do cliente; pedidos de afogadilho; cancelamento de pedidos em função do prazo; padrões de qualidade abaixo dos do mercado; diversificação fora de condições de atendimento; atraso tecnológico; departamento de vendas desconsidera os problemas de produção; custos fora de controle; movimentação exagerada de materiais e produtos; estoques superdimensionados; distribuição mal feita; excesso de perdas, refugos, resíduos e sobras; excesso de acidentes; qualidade ambiental de produção abaixo do aceitável.

Alternativas de Produção – Em cada área de decisão (instalações, equipamentos, planejamentos, controles) da produção, a empresa precisa reconhecer as alternativas e ficar envolvida nos projetos de produção. Assim, o verdadeiro ponto crucial do problema parece ser como assegurar que o processo contínuo de tomar decisões não fique isolado dos fatos competitivos do ambiente.

Um exemplo que diz respeito a instalação de máquinas e equipamentos pode ser:

- Envergadura do Processo: Fazer ou comprar?
- Tamanho da Fábrica: Uma grande fábrica ou várias menores?
- Localização da Fábrica: Localizar junto aos mercados ou junto às matérias-primas?
- Investimento: Investir em imóveis, equipamentos, estoques ou pesquisas?
- Tecnologia: Equipamentos de uso geral ou de uso especializado?

Preparação – A preparação envolve pessoas, máquinas, acessórios, ferramentas, móveis, utensílios, dispositivos apropriados, antes de iniciar o trabalho.

Matriz de Produção – A matriz de produção mostrará as variações da fatia de mercado que a empresa tem e diversas taxas que ajudam o dirigente a corrigir erros, mudar estratégias e táticas.

Seus itens principais são: Produção da Empresa; Produção Nacional; Nível de Produção; Linhas de Produtos; Compra de Matérias-Primas; Defeitos; Defeitos Recuperados; Taxa de Defeitos; Taxa de Refugo; Taxa de Obsolescência; Taxa de Devolução; Total de Máquinas; Máquinas Defeituosas; Máquinas Paradas; Taxa de Inatividade de Máquinas; Rendimentos de Máquinas; Acidentes.

Supervisor de Produção – O supervisor de produção deve seguir as seguintes regras:

- Verificar o andamento dos trabalhos do seu setor.
- Ter conhecimento do funcionamento das máquinas e equipamentos.
- Saber para ensinar o uso e tipo de ferramenta mais adequada ao trabalho.
- Instruir o pessoal para o controle de qualidade.
- Acompanhar a carteira de pedidos, informando, para o nível acima, os problemas, quando não puder dar solução.
- Participar da montagem das peças pilotos.
- Treinar funcionários, distribuindo o serviço para a equipe.
- Ter conhecimento dos padrões estabelecidos.
- Acompanhar o trabalho de custeio.
- Ter sob sua guarda ferramentas de ajuste de máquinas.
- Fazer ou acompanhar a manutenção, limpeza e lubrificação das máquinas.
- Ter noções de primeiros socorros e combate a incêndio.
- Verificar, ao final da jornada de trabalho, se todos os equipamentos estão desligados.
- Propor reuniões com seu gerente para problemas, conflitos e decisões.
- Manter o setor de trabalho limpo e higienizado.
- Economizar recursos e combater o desperdício.
- Participar da equipe de determinação do preço de venda.

1.9 Visão Sistêmica da Produção

Visão é a capacidade que uma pessoa tem em enxergar um cenário mais amplo possível; Visão de longo prazo.

Visão sistêmica é dada àquele que encara a empresa como um sistema, que tem subsistemas de sustentação e preservação dos negócios (recursos, estratégias, funções, métodos, programas, planos, projetos, políticas, mudanças, regras, avaliações).

A falta de uma visão sistêmica não permite que o administrador faça um bom trabalho de coordenação, que precisa de todas as informações das partes envolvidas, quer seja de um projeto, de um grupo ou de uma empresa.

Para ter uma visão sistêmica da organização, o administrador terá de ser suprido com informações relevantes, através de sistemas inteligentes de informação e de comunicação.

A **visão sistêmica da produção** é retratada no diagrama, a seguir:

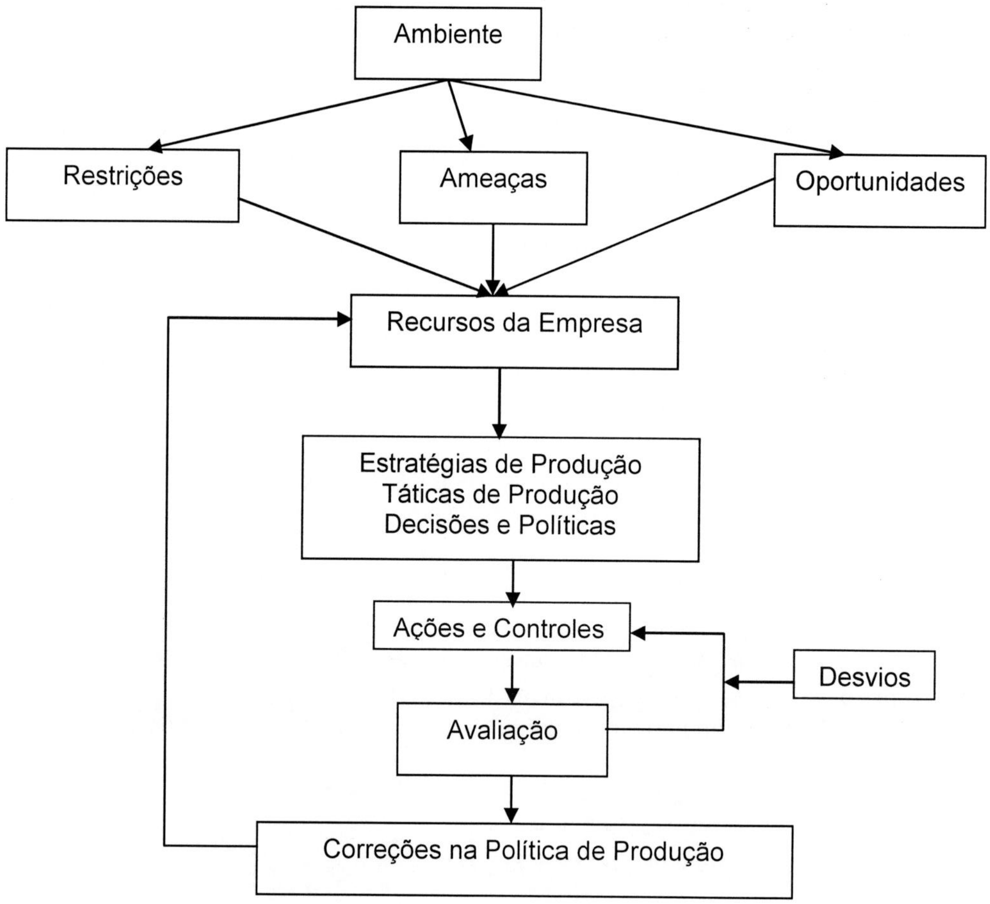

Figura 1.3: Diagrama da Visão Sistêmica da Produção.

A visão identifica os limites que os principais responsáveis pela empresa conseguem enxergar dentro de um período de tempo mais longo e uma abordagem mais ampla.

O homem, dentro de suas limitações, decorrente da incapacidade de analisar e equacionar os fenômenos complexos, naturais ou artificiais, precisa isolar os elementos componentes para melhor entendê-los, analisando sua estrutura e conhecendo suas características, como recomenda a metodologia do cartesianismo, o que conduziu à especialização e a consequente perda de visão global.

1.10 Modelos de Produção

Modelo de sistema de produção é um modelo que cobre todas as atividades do planejamento ao controle de fabricação.

A seguir, um exemplo:

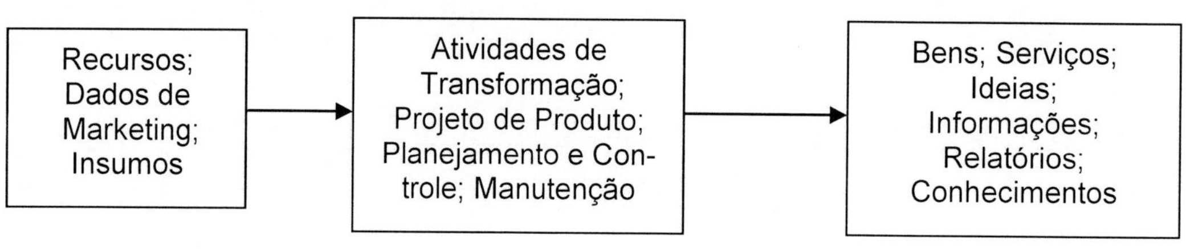

Os modelos ajudam a economizar tempo e dinheiro. Munidas dessas ferramentas as pessoas correm menos riscos, tendo em vista que a construção das mesmas se aplica, principalmente, a tomada de decisão, resolução de problemas e avaliação de desempenho.

A utilização de modelos permite ao ser humano errar menos, poupar tempo e recursos, eliminar testes de campo, porque podem substituir referidos testes por simulações em laboratório, utilizando o computador como ferramenta.

Modelo é a expressão de um raciocínio, de um encaminhamento lógico que parte dos dados de base, que são o resultado da observação da realidade, para a escolha de uma solução que possibilite uma ação.

Munido de modelos pode-se prever, através de sucessivas simulações, que fatia de mercado deverá caber a um produto antes mesmo de ele passar pelo crivo dos testes de mercado. Se houver indícios de fracasso, a empresa poderá recuar e desistir da implementação do produto, evitando assim investir num projeto sem futuro.

1.11 Plano de Produção

O plano de produção deve mostrar a sequência lógica das etapas que o produto passa desde a sua idealização até o momento em que é consumido, num determinado período de tempo. Para tal, considerará os seguintes aspectos:

Seleção do produto, determinação do custo do produto, cálculo da quantidade ótima a produzir, características intrínsecas do produto (composição, forma, tamanho, cor...), nível de qualidade do produto, capacidade de produção, linha de produtos e outros aspectos ligados às pessoas.

O plano de produção mostra os produtos e as quantidades a serem completadas em determinados períodos de tempo.

Antes de montar um plano de produção, é útil pensar em um **questionamento de mercado**:

- Situação Competitiva – O que os outros estão fazendo?
- Valores da Empresa – O que temos ou podemos conseguir para competir?
- Estratégia da Empresa – Como podemos competir?
- Tarefas da Função Produção – O que realizar para atuar no mercado?
- Economia do País – Quais as restrições e oportunidades da indústria?
- Tecnologia – A defasagem tecnológica da empresa é muito acentuada a nível regional, nacional e internacional?
- Avaliação – Quais são os pontos fortes e fracos da empresa?
- Política – Que política industrial é a mais adequada no contexto atual?
- Procedimento – Que procedimentos aumentam a produtividade?
- Controle – Qual o grau de controle mais adequado, isto é, aquele controle que não é muito oneroso e que justifique a sua existência?
- Competição – A função produção pode ser uma arma competitiva ou um pesado encargo?
- Operações – Quais os fatores críticos para o sucesso?
- Resultado – Como está a performance da empresa?
- Feedback – Quais mudanças serão necessárias para corrigir os desvios?

1.12 Indicadores de Produção

Os indicadores de produção são aqueles voltados a retratar os principais aspectos da produção, produto e produtividade das máquinas e dos recursos humanos.

A seguir, alguns exemplos destes indicadores:

Nível de Produção:

O nível de produção de um produto é dado pela fórmula:

Nível de Produção = Produção da Empresa / Produção Nacional

Onde:
Produção = Conjunto de atividades para transformar a natureza em produtos

Exemplo:
Produção da Empresa = 5.000 t
Produção Nacional = 500.000 t
Nível de Produção = 5.000 / 500.000 = 0,002 = 0,2%

Análise: O nível de produção identifica qual a fatia de mercado a empresa possui de um determinado produto, no contexto nacional. Tal contexto pode ser considerado internacional, tendo em vista o mercado globalizado.

Produtividade:

A produtividade é dada pela fórmula:

Produtividade = Unidade de Produto / Unidade de Gasto

Onde:
Unidade de Gasto pode ser: matéria-prima, mão-de-obra, tempo de produção, número de máquinas, capital investido, área ocupada, recursos aplicados, gasto de produção.

Exemplo:
Uma fábrica produz 200 peças / dia a um custo de $ 25,00 / peça.
Gasto Total de Produção = 200 × 25,00 = $ 5.000,00
Número de empregados = 200
Produtividade em função da produção = 200 / 5.000 = 0,04
Produtividade em função do número de empregados = 200 / 100 = 2

Isto quer dizer que cada operário produz 2 peças por dia, e que cada peça corresponde a 4% do gasto de produção.

Análise: A luta pela produtividade é uma constante, desde que não comprometa a qualidade. A produtividade será maior quando a unidade de gasto é menor. É muito comum se observar, através de séries históricas, as variações da produtividade para se constatar se o aumento de recursos correspondeu ao mesmo aumento da produtividade, o que nem sempre acontece. Não é produzindo mais que se tem um indicador de produtividade maior. Existem diversas variáveis a serem consideradas, e uma delas, por exemplo, é o custo.

Taxa de Obsolescência:

A taxa de obsolescência é dada pela fórmula:

Taxa de Obsolescência = Produtos Descontinuados / Total de Produtos

Exemplo:
Produtos Descontinuados = 36
Total de Produtos = 180
Taxa de Obsolescência = 36 / 180 = 0,2 = 20%

Análise: O valor acima só poderá ser analisado se confrontado com padrões do mercado para produto, setor da economia e público-alvo. Hoje, a obsolescência é programada e existe sob quatro formas:

Obsolescência Técnica – É aquela que resulta quando se fabrica num determinado processo já ultrapassado por questão de custo.

Obsolescência Adiada – É uma situação em que há novas disponibilidades tecnológicas, mas que não são introduzidas enquanto a demanda não declinar e os estoques não se esgotarem.

Obsolescência Física – É a que ocorre quando os produtos são feitos para durar apenas um tempo limitado, como é o caso de baterias de automóvel.

Obsolescência de Estilo – É a que ocorre quando a aparência física de um produto é modificada para fazer com que os existentes pareçam desatualizados.

Rendimento da Máquina:

O rendimento (eficiência) da máquina é dado pela fórmula:

Rendimento da Máquina = Uso Real da Máquina / Capacidade da Máquina

Exemplo:
Uso Real da Máquina / dia = 200 peças
Capacidade da Máquina / dia = 300 peças
Rendimento da Máquina = 200 ÷ 300 = 0,67 = 67%

Análise: No exemplo acima a máquina apresenta uma capacidade ociosa de 33% (100 – 67). Mas, também, só se deve forçar a máquina a dar tudo que tem nos casos de picos de venda. O uso continuado da máquina causa fadiga no material. Por outro lado, é preciso levar em consideração o avanço tecnológico que é exponencial e, desta forma, a empresa não deve comprar muitas máquinas que logo se tornarão obsoletas.

Taxa de Inatividade das Máquinas:

A taxa de inatividade das máquinas é dada pela fórmula:
Taxa de Inatividade = (Máquinas Paradas + Máquinas Defeituosas) / Total de Máquinas

Exemplo:
Máquinas Paradas = 10
Máquinas Defeituosas = 2
Total de Máquinas = 50
Taxa de Inatividade = (10 + 2) / 50 = 0,24 = 24%

Análise: Quando esta taxa permanece alta por muito tempo, isto demonstra uma ociosidade grande e que, talvez, a fábrica não precise de tantas máquinas. É aconselhável alienar algumas máquinas velhas, isto é, fazer dinheiro e aplicar o mesmo até em novos equipamentos. Uma taxa de inatividade máxima deve ser de 8%.

Taxa de Acidentados:

A taxa de acidentados é dada pela fórmula:

Taxa de Acidentados = Empregados Acidentados / Total de Empregados

Exemplo:
Empregados Acidentados = 15
Total de Empregados = 300
Taxa de Acidentados = 15 / 300 = 0,05 = 5%

Análise: Uma taxa de acidentados alta indica falta de preocupação da empresa em treinar seus funcionários. Para trabalhar com segurança nas máquinas, é conveniente o uso de: cartazes, reuniões, treinamento, equipamentos e acessórios. A taxa de acidentes é ótima quando é igual a zero. Acidentes frequentes podem levar ao fechamento da empresa, em função de altas indenizações em causas trabalhistas.

Taxa de Defeitos:

A taxa de defeitos é dada pela fórmula:

Taxa de Defeitos = (Produtos Defeituosos - Produtos Recuperados) / Total de Produção

Exemplo:
Produtos Defeituosos = 20
Produtos Recuperados = 5
Total de Produção = 500
Taxa de Defeitos = (20 - 5) / 500 = 0,03 = 3%

Análise: Uma empresa deseja taxas de defeito muito baixas. Para tal, precisa implantar um programa "Zero Defeito", para motivar a não fabricação de produtos defeituosos. Deve haver premiações para os empregados que apresentarem qualidade, sob todos os aspectos.

Taxa de Refugo:

A taxa de refugo (desperdício) é dada pela fórmula:

Taxa de Refugo = Material Inaproveitável / Material de Produção

Exemplo:
Material Inaproveitável = 15 t
Material de Produção = 200 t
Taxa de Refugo = 15 / 200 = 0,075 = 7,5%

Análise: A taxa de refugo, se for alta, mostra que a empresa pode estar cometendo equívocos, tais como: erros de projeto do produto; falhas no controle de qualidade, falhas no controle de produção; baixo nível de educação; mau uso das funções administrativas, principalmente, a função organização; armazenagem incorreta; falta de treinamento.

Nota: Há uma diferença entre refugos e perdas. **Refugos** são recursos (ou partes) tangíveis rejeitados durante o processo de produção. **Perdas** são partes de material e insumo, necessariamente, não aproveitadas em um projeto/produto.

Taxa de Devolução:

A taxa de devolução é dada pela fórmula:

Taxa de Devolução = Mercadorias Devolvidas / Mercadorias Vendidas

Exemplo:
Mercadorias Devolvidas = 300 peças
Mercadorias Vendidas = 50.000 peças
Taxa de Devolução = 300 / 50.000 = 0,006 = 0,6%

Análise: A taxa de devolução mede o controle de qualidade da empresa. Uma taxa de devolução de 0,6% é excelente.

Ponto de Equilíbrio:

O ponto de equilíbrio (quantidade de equilíbrio) é dado pela fórmula:

Ponto de Equilíbrio = Custo Fixo / Margem de Contribuição

Onde:
Custo Fixo = Custo que existe, independentemente, de haver ou não produção
Margem de Contribuição = Diferença entre o preço de venda e o custo variável unitário do produto
Custo Variável = Custo que oscila diretamente com o volume de bens e serviços produzidos

Exemplo:

Custo Fixo = $ 100.000,00
Preço de Venda do Produto (Pv) = $ 50,00
Custo Variável Unitário do Produto (Cv) = $ 30,00
Margem de Contribuição = (Pv - Cv) = 50,00 - 30,00 = $ 20,00
Ponto de Equilíbrio = 100.000 / 20 = 5.000

Análise: No ponto de equilíbrio não há lucro nem prejuízo. No exemplo acima, a empresa precisa produzir a quantidade de 5.000 produtos para chegar no ponto de equilíbrio. Quanto maior a margem de contribuição, menor é a quantidade a produzir para se chegar ao equilíbrio, e vice-versa. O fator que mais pesa no cálculo do ponto de equilíbrio é o custo fixo.

O preço de venda adotado pela empresa estará dentro do intervalo (preço mínimo – preço máximo) que o mercado pode pagar. Se o produto da empresa é melhor em qualidade que o produto concorrente, então é possível aumentar o preço de venda, fazendo com que a margem de contribuição seja maior.

Taxa de Comprometimento Industrial:

A taxa de comprometimento industrial (TCI) é dada pela fórmula:

TCI = Quantidade de Equilíbrio / Capacidade Instalada

Onde:
Quantidade de Equilíbrio = Quantidade produzida no ponto de equilíbrio
Capacidade Instalada = Máquinas + Equipamentos + Utilidades
Utilidades = Elementos do processo produtivo.

Nota: Se uma fábrica produz no máximo 5.000 produtos, diz-se que este valor corresponde a 100% da capacidade instalada.

Exemplo:
Quantidade de Equilíbrio = 5.000
Capacidade Instalada = 7.000
Taxa de Comprometimento Industrial = 5.000 / 7.000 = 0,72 = 72%

Análise: Esta taxa diz que a quantidade de equilíbrio da empresa está a 72% da capacidade instalada. É normal que esta taxa gire entorno de 50% a 60% da capacidade máxima instalada. Comprometer 100% da capacidade instalada, só em casos extremos.

Base de Rateio do Custo Fixo:

A base de rateio do custo fixo de determinado produto é dada pela fórmula:

Base de Rateio do Custo Fixo = Gastos Indiretos / Gastos Diretos

Exemplo:
Gastos diretos = $ 130.000,00
Gastos Indiretos = $ 26.000,00
Base de Rateio do Custo Fixo = 26.000 / 130.000 = 0,20 = 20%

Análise: No caso acima, a parcela relativa ao custo fixo que cabe na composição do custo unitário do produto corresponde a 20% do custo fixo total, tendo em vista que o rateio foi feito, em função de uma relação. O cálculo da base de rateio pode ser tomado, em função de: mão de obra, matéria-prima, insumo, depreciação, luz e força, combustível, transporte, área, salário, ou ainda, em função da média de todos os rateios das variáveis apontadas acima.

Alavancagem Bruta:

A alavancagem bruta é dada pela fórmula:

Alavancagem Bruta = Aumento do Lucro / Aumento da Produção

Exemplo:
Aumento do Lucro = 15%
Aumento da Produção = 20%
Alavancagem Bruta = 15% / 20% = 0,75

Análise: É uma ilusão achar que um aumento da produção significará maior lucro. No caso acima, o aumento da produção não causou um aumento linear do lucro, porque foi um aumento menor que a unidade. Também é comum a empresa diversificar linhas de produtos num curto espaço de tempo, o que é perigoso.

Índice de Inovação:

O índice de inovação é dado pela fórmula:

Índice de Inovação = Inovações / Total de Produtos

Onde:
Inovações = Novos Produtos; Produtos modificados; Imitações.
Total de Produtos = Produtos Ofertados ao Mercado

Exemplo:
Inovações = 20
Total de Produtos = 500
Índice de Inovação = 20 / 500 = 0,04 = 4%

Análise: O valor de 4% para um período de um ano é baixo, mas também é preciso considerar que um índice alto de inovação é um risco a ser observado. Deve haver um equilíbrio nas inovações de uma empresa, tendo em vista a necessidade de se considerar o mercado, o público-alvo e o custo da incrementação e/ou implementação.

1.13 Just-in-Time

Just-in-time é um sistema operacional que busca o ajustamento ótimo entre consumidores, empresas e fornecedores, eliminando ou reduzindo ao mínimo toda a ociosidade de recursos, custos de estocagem e comprometimento do capital de giro em qualquer material ou componente, não imediatamente usado.

A regra fundamental, portanto, é obter ou produzir algo somente quando for necessário. Ora nada mais desejável e perfeito do que seguir o preceito bíblico de ter cada coisa no seu tempo. Não há dúvida de que a rentabilidade dos recursos se torna maior, se lançamos mão deles apenas quando absolutamente necessários.

Não pagar pelo armazenamento, pelo controle do estoque, pela conservação e guarda, pelas perdas e extravios, pela obsolescência inesperada e por tantos outros desvios e prejuízo, que a estocagem costuma provocar, é de fundamental importância.

As principias vantagens e desvantagens do just-in-time são as seguintes:

Vantagens do Just-in-Time: Diminuição do tempo do ciclo de produção; baixo custo pela simplicidade do processo; otimização do arranjo físico; redução dos estoques, dos refugos e das perdas; controles mais eficientes; informações instantâneas para decidir; melhor balanceamento entre processos; preservação ambiental e sobrevivência das reservas naturais.

Desvantagens do just-in-time: Necessidade de reprogramação cria situações críticas; dependências dos operadores; treinamento dos fornecedores; situações anormais para a linha de produção; ciclos de produção muito curtos e repetitivos; exigências de uma produção estável, nem sempre conseguida; dificuldades de se trabalhar com grandes lotes; falta de flexibilidade.

O crescente interesse por métodos de produção just-in-time promete mudar as práticas de planejamento do estoque, porque este processo está pautado para que os suprimentos cheguem à fábrica, à medida que forem necessários. Se os fornecedores forem confiáveis o fabricante pode manter níveis baixos de estoque e atender sua carteira de pedidos. Os sistemas just-in-time centram seu objetivo na rapidez.

Vale analisar que há empresas que produzem de forma não repetitiva, de acordo com as especificações dos clientes, como para equipamentos e máquinas especiais. Isso leva à conclusão de que, para produções de processos repetitivos, vale o just-in-time. Por outro lado, em ambientes competitivos, é possível que este sistema não seja o mais adequado.

A seguir, as principais **premissas do just-in-time**:

- O prazo de entrega é sagrado.
- O ciclo de fabricação deve ser encurtado continuamente.
- Ficam liberadas as horas extras, quando necessárias.
- É permitido ter pessoal parado na fábrica.
- É proibido adiantar o serviço, para não atrapalhar os demais.
- Não se aumenta produtividade com redução de mão de obra.
- O investimento em automação nem sempre resolve os problemas.
- Eliminar a inspeção na fábrica por qualidade assegurada.
- Tudo tem de ser produzido na hora certa.
- A fábrica deve funcionar, tendo em conta as necessidades do fim da cadeia de produção.
- O que puxa a produção é a linha de montagem.

Até meados da década de 1980, as fábricas funcionavam segundo o modelo americano de fabricação, dividido por seções fixas. Cada seção era um pequeno feudo que pouco se importava com as necessidades das outras áreas de produção. Nesse esquema era comum, por exemplo, que a usinagem produzisse um excesso de determinadas peças, quando, na verdade, a estamparia e a montagem precisavam de lotes de outro tipo.

Resultado: Iam se formando grandes estoques ao lado de cada máquina, atulhando e sujando a fábrica. Com este modelo, as fábricas não conseguiam atingir boa qualidade, custo baixo, efetiva distribuição, preço competitivo e lucro razoável. Isso é o mínimo com que uma empresa deve preocupar-se para sobreviver. No sistema antigo, a produção da fábrica era empurrada, uma seção produzia e mandava para frente.

Com o "just-in-time", cuja melhor tradução é produzir as quantidades certas na hora certa, a situação inverteu-se. A partir das necessidades da programação da linha de montagem, que é o último elo da cadeia de produção, as seções anteriores passaram a executar o seu trabalho no devido tempo. Assim, a linha de montagem seria o rio principal e as seções os seus afluentes.

As principais mudanças do just-in-time são as seguintes: as seções fixas desaparecem; as distâncias entre seções são menores; a montagem comanda a produção, dizendo suas necessidades; a comunicação é, principalmente, visual, tendo em vista o ruído industrial; o volume de estoques é mínimo.

Tal processo exige também: desenvolvimento da participação do empregado na definição e na obtenção das metas globais da empresa; elevado grau de interação e integração entre os setores e a linha de montagem; alto padrão de coordenação, precisão e qualidade das atividades; um sistema de informações como suporte; harmoniosa articulação entre os segmentos (unidades do mercado fornecedor e consumidores); um sistema para evitar perdas por excesso de produção, rejeição, espera de matéria-prima, movimentação inadequada.

1.14 Capacidade Instalada

Capacidade instalada é o conjunto de máquinas, equipamentos e instalações que a empresa utiliza na manufatura de seus produtos. Capacidade instalada objetiva determinar qual a capacidade em máquinas, equipamentos e instalações deve ter o projeto para que o produto atenda as exigências do mercado.

Se uma fábrica produz, no máximo, 5.000 produtos, diz-se que este valor corresponde a 100% da capacidade instalada. Em geral, a fábrica utiliza apenas 70 a 80% da capacidade máxima instalada.

A análise da capacidade instalada objetiva determinar qual a capacidade em máquinas, equipamentos e instalações deve ter o projeto para que o produto atenda as exigências do mercado e dos projetistas. Objetiva, também, a qualidade e as especificações instituídas no projeto.

Na capacidade instalada, a empresa deve ter o cuidado de verificar se há máquinas e equipamentos suficientes para produzir uma quantidade de um determinado produto de forma que a mesma possa operar no mercado com um preço competitivo.

Capacidade Ociosa é considerada como máquinas e equipamentos que não estão sendo utilizados por falta de pedidos dos clientes, por estarem com defeitos ou por estarem na manutenção. Se a taxa de inatividade permanece alta por muito tempo, isto demonstra uma grande ociosidade e que, talvez, a fábrica não precise de tantas máquinas.

É aconselhável alienar algumas máquinas velhas, isto é, fazer dinheiro e aplicar o mesmo em fundos de renda fixa. Uma taxa de inatividade máxima deve ser da ordem de 10%.

1.15 Perdas na Produção

Perda é parte intangível não aproveitada do produto gerado por um projeto. Perdas fazem parte do processo de fabricação, podendo-se minimizá-las, mas não evitar. Portanto, é necessário que a quantidade disponibilizada para a produção seja a mais exata possível, porque o custo pela perda será incorporado ao custo do produto.

Tipos de Perda de Produção:

Perda Anormal: Perda não prevista.

Perda Cambial: Perda na conversão de uma moeda por outra.

Perda de Capital: Perda de dinheiro em um investimento, durante determinado período de tempo.

Perda do Consumidor: Perda de consumidores cativos. As empresas precisam prestar muita atenção na sua taxa de consumidores perdidos e tomar providências para reduzir tal taxa a um mínimo aceitável. Por mais que a empresa se esforce, sempre haverá perda de consumidores.

Perda na Produção: Perda por falta de planejamento e controle da produção.

Perda Normal: Perda quantificada, quando da realização do protótipo do produto.

Perda por Espera: Perda de uma linha mal balanceada em que produtos aguardam serem processados para passar ao estágio seguinte, ou um funcionário esperando que lhe chegue material para trabalhar ou ainda que o equipamento se torne inoperante.

Perda por Excesso de Produção: Perda que nunca vai deixar de aparecer claramente o problema da qualidade, porque uma seleção sempre pode conseguir produtos razoáveis, do mesmo modo que vai encobrir o tempo perdido em espera ou o desbalanceamento dos postos de trabalho.

Perda por Inventário: Perda caracterizada por um excessivo estoque, indicando um valor de capital de giro parado sem gerar rentabilidade. Um grande estoque, além do espaço que ocupa, causa problemas de deterioração e obsolescência.

Perda por Movimento: Perda por movimentação inadequada de uma tarefa, podendo causar perda de tempo, como acelerar a fadiga ou ambos.

Perda por Processo: Perda causada por um processo demasiadamente complicado, causando lentidão e fadiga no funcionário que o executa, também pode acontecer que o próprio processo seja totalmente, ou parcialmente, desnecessário.

Perda por Rejeição: Perda provocada pela rejeição do controle de qualidade ou retrabalho para a recuperação.

Perda por Transporte: Perda devido à movimentação exagerada de funcionários e materiais entre as várias estações de produção.

Perda por Rejeição – Perda provocada pela rejeição do controle de qualidade ou retrabalho para a recuperação.

Perda por Transporte – A movimentação do tipo vaivém de funcionários, transportando materiais entre os vários processos ou até um sistema automatizado de transporte que liga processos distantes geram a perda por transporte.

Perda por Inventário – Um estoque abarrotado indica que um valor do capital de giro está parado sem gerar rentabilidade. Um grande estoque, além do espaço que ocupa, causa problemas de deterioração e obsolescência.

Perda Unitária: Perda por unidade de fabricação.

Perda de Água – O desperdício de água, vale acrescentar que vem se tornando parte do consciente coletivo de que a água é um bem limitado, que custa caro e que deve ser bem preservado.

Uso da Água – Procedimentos:

- Manter a torneira fechada, quando não precisar estar lavando alguma coisa.
- Evitar usar a água corrente das torneiras para descongelar alimentos.
- Evitar o transbordamento, quando estiver enchendo um recipiente.
- Evitar deixar os recipientes sujos, com água até a borda, para posterior higienização.

Refugos são partes de bens tangíveis rejeitados durante o processo de produção.

Se a **taxa de refugo**, assunto já abordado, for alta, mostra que, na empresa, podem estar acontecendo: erros de projeto do produto; falhas no controle de qualidade; falhas no controle da produção; baixo nível de educação; mau uso das funções administrativas, principalmente, a função administrativa organização; armazenagem incorreta; falta de treinamento.

Se houver perda anormal, como no caso, por exemplo, de incêndio no almoxarifado, roubo, enchente, os valores correspondentes não devem ser tratados como custo de produção, e sim levados diretamente ao resultado.

As **perdas anormais** ocorrem de forma involuntária, sendo seu custo absorvido pelos demais produtos.

1.16 Dimensionamento dos Equipamentos

Os equipamentos complementam o planejamento do arranjo físico, uma vez que sua localização define o local das atividades. Esta localização deve atender ao fluxo racional das operações, evitando cruzamentos e retornos desnecessários, estrangulamentos dos processos e procedimentos.

O dimensionamento dos equipamentos tem estreita relação com o número de produtos, porém sua implementação depende da política da empresa e, muitas vezes, do efetivo da mão de obra e da rentabilidade do investimento.

Outros fatores, como: sofisticação dos equipamentos, sistema de distribuição, móveis, utensílios, política de compras, recepção e armazenamento influenciam na decisão de investimento em tecnologias. O dimensionamento dos equipamentos estará em função de diversas variáveis.

Dimensionamento feito no planejamento do arranjo físico, uma vez que sua localização define o local das atividades. Esta localização deve atender ao fluxo racional das operações, evitando cruzamentos e retornos desnecessários, estrangulamentos dos processos e procedimentos.

A seguir, **exemplo de dimensionamento**:

Caldeirão – Tomemos como exemplo de dimensionamento um caldeirão utilizado numa cozinha e um hospital:

Dados:
Consumo per capita de arroz = 80 g
Fator de cocção = 3
Número de porções = 1.000

Cálculo:
Quantidade de arroz in natura (Qn):
Qn = 1.000 x 80 = 80.000 g = 80 kg
Quantidade de arroz a produzir (Qic):
Qic = 80 kg x 3 = 240 kg = 240 Litros

Considerando-se um aumento de 10% para formação de camada de ar, teremos então um caldeirão com capacidade para 264 (240 + 24) litros, para cozinhar 80 kg de arroz. Nos casos em que já existe o caldeirão e se quer saber sua capacidade (volume), utiliza-se a seguinte fórmula: $V = ¶ R^2 \times H$

Onde:
¶ = 3,14
R = Raio
H = Altura

Assim, se um caldeirão possui 0,50 m de raio e 0,63 m de altura, vem:

$V = 3{,}14 \times 0{,}50 \times 0{,}50 \times 0{,}63 = 0{,}495\ m^3$
V = 500 L (aproximadamente)

Exemplo:
Caldeirão = 500 L
Câmara de ar = 10% de 500 L = 50 L

Resolução: Se a quantidade a produzir (Qic) é de 240 kg e o caldeirão tem a capacidade para 500 kg, vem:

1.000 porções 264
X .... 550 X = (550 x 1.000) / 264 = 2.083

Resposta: O equipamento está superdimensionado para a necessidade diária de 1.000 porções, já que pode produzir, de uma só vez, 2.083 porções (80 g).

1.17 Tecnologia de Produção

Tecnologia é o conjunto de conhecimentos, técnicas, ferramentas e atividades utilizadas para transformar os recursos organizacionais em produtos (resultados). Desde que o homem confeccionou as primeiras ferramentas e armas que lhe possibilitaram controlar a natureza para sua sobrevivência e proteção, até os dias atuais, os desenvolvimentos da tecnologia e da sociedade moderna são duas faces de uma mesma moeda.

De base intuitiva, o progresso técnico avançou para crescente incorporação do empírico e do científico. Na organização moderna, a gerência da tecnologia passou a ser um fator crítico na consecução das atividades empresariais.

A própria manutenção da organização repousa na sua capacidade de fazer escolhas de tecnologia adequadas às atividades que desenvolve, isto é, de tecnologias que assegurem a produção de bens e serviços de qualidade igual, ou melhor do que a concorrência.

A **mudança tecnológica** é um desafio para as empresas. Impõe-se a necessidade crescente de atualização, se não para manter uma posição de vanguarda, pelo menos para acompanhar de perto as transformações. Em resumo, pode-se dizer que a tecnologia tem a propriedade de determinar a natureza da estrutura e do comportamento organizacionais das empresas.

Tecnologia da produção a tecnologia para dar suporte às atividades industriais. Os avanços tecnológicos na produção vão desde o desenho computadorizado até a personalização dos produtos saídos da fábrica. Tecnologia que cria incentivos em todos os tipos de empresa, para levar os gerentes a melhorarem, cada vez mais, a eficácia, mas sempre dentro dos limites do critério normativo de produzir eficiência.

Quem não investir em tecnologia não melhorará sua produtividade e qualidade, correndo risco de perder mercado. **Pesquisa & Desenvolvimento** passaram a ser uma preocupação básica da empresa atual. Para tal, precisa de uma política de produção vinculada a uma política tecnológica (capacitação tecnológica). Do ponto de vista governamental, portanto, não é tarefa de um ministério apenas.

A tecnologia determina o nível e o tipo de formação profissional, as habilidades manuais e intelectuais, as capacitações, as aptidões e características de personalidade que as pessoas devem possuir para poderem ser recrutadas, selecionadas e admitidas na empresa. Nem todas as empresas contam com pessoal categorizado para desenvolver programa de capacitação tecnológica.

Tipos de Tecnologia de Produção:

Tecnologia de Produção Unitária – A produção é feita por unidades (cada produto no seu tempo), sendo modificado à medida que o trabalho é realizado. O processo produtivo é menos padronizado como uma oficina.

Tecnologia de Produção em Massa – A produção é feita em lotes de grande quantidade. É o caso da produção que requer máquinas operadas pelo homem e linhas de produção, ou de montagem, padronizadas, como as empresas maquiladoras (montadoras).

Tecnologia de Produção em Processo Contínuo – A produção é feita por especialistas, monitorada por computadores.

Tecnologia de Produção Automatizada – A produção é feita por especialistas, monitorados por computadores. A participação humana é mínima.

1.18 Automação

A palavra automação surgiu há alguns anos, a fim de explicar os grandes avanços nas técnicas de controle, que vinham sendo empregadas, desde a Segunda Guerra Mundial, e de aplicar estas técnicas às unidades de fabricação. Ela tem sido usada para descrever o que temos definido como mecanização, e é também aplicada a qualquer equipamento que faça o trabalho humano.

A automação pode ser definida, em um sentido mais amplo, como qualquer forma de equipamento que realiza um programa ou sequência de operações preestabelecidas, no mesmo tempo que mede e corrige seu desempenho real em relação ao programado.

Na **produção de alimentos**, os materiais são automaticamente processados entre as operações.

Automação é a transferência de atividade de controle, regulagem e correção de processos feitos pelo ser humano para equipamentos cibernéticos. Pode também significar qualquer forma de equipamento que realiza um programa ou sequência de operações preestabelecidas, no mesmo tempo que mede e corrige seu desempenho real em relação ao programado.

Tradicionalmente, a **automação da empresa**, especialmente pequena e média, começava pela área contábil. Hoje, empregam as máquinas para integrar suas diversas áreas. Envoltas no mesmo barco, as empresas se dão conta de que, diante da tempestade, o melhor é remar em bloco e impedir que a embarcação vá a pique.

Os acordos de **cooperação tecnológica** são uma alternativa interessante para a otimização de recursos e investimentos, sem que os parceiros percam sua própria identidade no mercado.

A automação é o caminho definitivo para o controle de toda a empresa, aumento da produtividade, melhoria da qualidade, fortalecimento da posição diante da concorrência e aumento da capacidade de gerar lucros. É uma mudança na filosofia, no comportamento e até no ambiente.

Às vezes, ela gera mudanças tão radicais na empresa, que afeta os seus produtos. Mas, antes de tomar a decisão de **investir em automação**, a empresa deve verificar:

- A idoneidade do fornecedor da tecnologia é assegurada?
- A tecnologia a ser fornecida já está ultrapassada?
- O equipamento comprado pode agregar novas tecnologias, no futuro?
- O fornecedor é capaz de dar treinamento e manutenção?
- O equipamento pode ser ampliado com aproveitamento do já existente?

As principais consequências da automação são: maior volume de produção, com consequente diminuição dos custos; melhor qualidade dos produtos; maior produtividade; menores salários; desemprego; jornada de trabalho reduzida; mais tempo de lazer; necessidade de um grau mais elevado de formação profissional, intelectual e cultural.

A automação é hoje uma saída para a solução de grande parte desses problemas, pois promove a integração dos diversos sistemas. A **padronização** é outra prática que colabora muito na eliminação de atividade improdutivas, pela estabilidade que promove nas operações produtivas, evitando falhas e inspeções desnecessárias.

As **máquinas automáticas** são capazes de realizar uma sequência de operações até certo ponto semelhantes aos processos mentais humanos, podendo ainda corrigir erros que ocorram no curso de suas operações, seguindo critérios preestabelecidos.

Hoje, a **automação comercial** conta com aplicativos, como por exemplo:

Controle de entrega (motoboy); Fechamento de caixa por turno; Controle de convênios; Comanda eletrônica; Pedido remoto na cozinha; Controle de comissão integral ou rateada; Ficha técnica de composição dos produtos; Estoque com controle de perdas; Controle financeiro com plano de contas; Controle de receitas e despesas; Estoque de grade de cor e tamanho; Controle total de vendas e comissão; ABC de produtos, consumidores e funcionários; Imagem dos produtos; Mala direta; Gráficos e relatórios; Contas a pagar; Contas a receber; Etiquetas de produtos; Controle de consignação; Nota fiscal eletrônica; Controle dos preços de atacado e varejo; Multiempresa e multiusuário.

0 trabalho passou pelas seguintes **Fases de Automação**:

- Manual – Trabalho é executado pelas mãos humanas, usando ou não ferramentas manuais.
- Mecanização Primitiva – Trabalho é executado por máquinas simples (alavanca, roldana e plano inclinado) acionadas pela força muscular, pela queda d'água e pelo vento.
- Mecanização Industrial – Trabalho é executado por máquinas acionadas por vapor, eletricidade ou explosão. A mecanização industrial é geralmente conhecida simplesmente como mecanização.
- Mecanização Semiautomática – Trabalho é executado por máquinas que fazem alguns movimentos ou operações sem controle humano direto, como, por exemplo, parar após terminar uma operação por determinado defeito ou alimentar-se sozinha.
- Robótica – Trabalho é feito por um robô (sistema eletromecânico) que desempenha tarefas repetitivas com altíssimo nível de eficiência, precisão e segurança.

1.19 Tributação da Produção

Entende-se como **tributo** à prestação monetária compulsória devido ao poder público ou, de forma mais simples, o somatório de impostos mais taxas. O empreendedor deve saber, de antemão, qual a **carga tributária** a incidir sobre o seu negócio, pois um país, como o Brasil, desanima qualquer investidor. O conselho é se informar sobre **impostos** e **taxas** antes de se aventurar num empreendimento.

Assim, ao planejar a tributação da produção, observe: o regime jurídico apropriado; as melhores formas de integralizar capital; as melhores alternativas para o financiamento; as melhores maneiras de distribuir lucros; como acelerar ou adiar receitas; quando e como incorrer em despesas; os melhores métodos para aplicar depreciação e valorizar estoque.

Se você não tiver conhecimento das **exigências tributárias** ou se por qualquer outro motivo deixar de pagar impostos nos prazos e valores corretos, poderá ter sérios transtornos em sua empresa, vários anos mais tarde, porque a cobrança de impostos passados fatalmente será executada em algum momento. Pior ocorre, quando se desconsideram as notificações oficiais de **tributação**, se não levadas a sério, podem encerrar sua empresa.

Por menor que seja o negócio, é mais sábio contratar um especialista e fazer um bom planejamento tributário. Entenda-se por isso a adoção de estratégias para minimizar o impacto dos impostos e, assim, aumentar a rentabilidade. O custo inicial pode até ser alto, mas a economia que pode ser feita é para toda a vida da empresa.

Há muitos casos de empreendedores que, ao fazer esse planejamento, perceberam que se mudassem as características de seu produto, ou mesmo a área de atuação, pagariam menos impostos do que se mantivessem o projeto original.

Além disso, as empresas que agem corretamente ainda se veem obrigadas a custear, na forma de benefícios sociais: plano de saúde, cartão transporte, cartão refeição, seguro de vida, previdência privada, plano de educação, treinamento e reciclagem profissional, programa de saúde dentária, programa de apoio educacional à família e outros benefícios, como colônia de férias.

É um duplo pagamento. Um feito ao governo e outro para pagar benefícios que são responsabilidade do estado.

Neste contexto, a interpretação incorreta das normas fiscais, faz com que os empresários e profissionais da área fiscal deixem de aproveitar alguns créditos nas apurações, pois exige muito estudo da legislação, como no caso do cálculo incorreto dos créditos do estoque inicial que, em inúmeras vezes, o empresário deixou de aproveitar os créditos.

Assim, a realização de um **planejamento tributário** das apurações das contribuições por profissionais especializados, envolvendo o período dos últimos cinco anos, possibilita a regularização das apurações, evitando penalidades por parte da Receita Federal, como serve para a recuperação de créditos, possibilitando a redução da carga tributária.

As autoridades tributárias são como lobos à sua porta. Independente da honestidade da sua informação, uma consulta ou preparação de impostos desleixada e de baixa qualidade pode destruir a empresa.

A seguir, dois elementos a serem observados:

Nível de Tributação – O nível de tributação é dado pela fórmula:

Nível de Tributação = Tributos Pagos / Total do Faturamento

Onde:
Tributos Pagos = Soma dos tributos que incidem nos produtos (bens e serviços) vendidos num determinado período

Exemplo:
Tributos Pagos = $ 500,00
Total do Faturamento = $ 3.000,00
Nível de Tributação = 500,00 / 3.000,00 = 0,166 ≈ 17%

Análise: O nível de tributação elevado inviabiliza qualquer negócio, levando a empresa a trabalhar na informalidade. A carga tributária no Brasil é alta, pois chega a 38% do PIB. A média dos países em desenvolvimento é da ordem de 20% a 24% do PIB.

Sonegação – Sonegação é um mau negócio, além de crime. Por menor que seja o negócio, é mais sábio contratar um especialista e fazer um bom planejamento tributário. Entenda-se por isso a adoção de estratégias para minimizar o impacto dos impostos e, assim, aumentar a rentabilidade.

O custo inicial pode até ser alto, mas a economia que pode ser feita é para toda a vida da empresa. Há muitos casos de empreendedores que, ao fazer esse planejamento, perceberam que se mudassem as características de seu produto, ou mesmo a área de atuação, pagariam menos impostos do que se mantivessem o projeto original.

1.20 Cronometragem

Cronometragem é uma técnica para avaliar a regularidade de um tempo de trabalho. Método para se saber o tempo gasto num determinado trabalho, visando, principalmente, o custo da mão de obra ou do processo.

A cronometragem é importante para se saber o tempo gasto num determinado trabalho, visando, principalmente, o custo desta mão de obra ou de processo. Para facilitar a avaliação da regularidade de um tempo de trabalho, utiliza-se o cálculo da taxa de variabilidade do elemento cronometrado.

Fundamentalmente, para efeito de um racional exame dos tempos, é necessário realizar uma prévia repartição do trabalho a medir, em elementos de fácil individualização, e determinar os momentos de início e fim de cada estudo.

A cronometragem deve levar ao cálculo de um tempo que sirva de modelo para a determinação dos tempos de execução do trabalho, isto é, o tempo em que a atividade deve ser executada. **Tempo padrão** é o tempo necessário para ser executada uma operação de acordo com um método estabelecido, em condições determinadas, por um operador apto e treinado, possuindo habilidade média, trabalhando com esforço médio, durante as horas de serviço.

A **taxa de cronometragem** é dada pela fórmula:

T = (A - B) / M

Onde:
T = Taxa de variabilidade do elemento cronometrado
A = Maior dos tempos levantados na série observada
B = Menor dos tempos levantados na série observada
M = Média aritmética dos tempos observados

Exemplo:
Série Observada: 10 s, 12 s, 14 s, 15 s, 13 s, 8 s, 12 s, 11 s.
M = (10 + 12 + 14 + 15 + 13 + 8 + 12 + 11) / 8 = 12 (aproximadamente)
T = (15 - 8) / 12 = 0,58 = 58%

Análise: Evidentemente que, à medida que mais se eleva a taxa de variabilidade do elemento cronometrado (T), maiores são as irregularidades. É comum estimar os seguintes valores:

T = 15%: Reflete uma regularidade muito boa.
T = 30%: Regularidade aceitável.
T = 60%: Trabalho não organizado racionalmente.

A cronometragem se torna delicada, difícil e, às vezes, impossível, quando o trabalho a ser pesquisado é instável, tem duração aleatória, tem uma participação mental preponderante ou é perigoso.

1.21 Produto

Um produto é tudo aquilo que, oferecido ao mercado, seja capaz de satisfazer um desejo ou uma necessidade. O mais importante de um produto é o serviço que ele presta. O produto não é somente aquilo que o vendedor diz dele, mas, também, o que está implicado por sua concepção, embalagem, distribuição, preço, qualidade, garantia. Um produto é a síntese do que o vendedor pretende e o consumidor percebe.

Produto é algo que as pessoas compram. Se não vende, não é produto. As pessoas não compram produtos e sim as expectativas de seus benefícios. Em vestuário, não são as roupas que são vendidas, mas a moda.

O produto é tudo aquilo com que se acha cercado, elaborado, reforçado e que tem o poder de afetar a escolha do consumidor. O produto pode ser um bem, um serviço ou uma ideia. Uma informação (uma ideia), se for comprada, é um produto.

As empresas estão sempre supondo que os consumidores reagirão, favoravelmente, aos seus produtos. Mas, se um produto não for fundamentalmente bom ou necessário, até o mais glorioso esforço de marketing do mundo estará fadado ao fracasso.

Um produto é fator básico no **processo de troca**. A expectativa de que será conseguida satisfação através de troca é o que representa um produto, isto é, o produto é o foco da reunião entre compradores e vendedores. Por outro lado, vivemos numa época em que nossa ideia do que seja um produto é muito diferente do que foi no passado.

Hoje, o que conta é o aglomerado das satisfações. Pouco vale fazer um produto muito bem elaborado, se "melhor" tem o significado de bonito, funcional, prático, útil, barato e simples.

Em geral, as **características do produto** estão fundamentadas na tecnologia empregada. Podemos classificar estas características em:

Características Intrínsecas do Produto – Nas características intrínsecas do produto devemos observar: composição, forma, tamanho, desenho, peso, cor, facilidade de manutenção, portabilidade, aparência, embalagem, resistência do material, validade para consumo, por exemplo.

Características Extrínsecas do Produto – Nas características extrínsecas do produto a produção deve se ater ao seguinte: gosto dos consumidores; quem consome o produto; como estocar e armazenar o produto; quais os riscos do produto; como determinar as formas e tamanhos econômicos.

A seguir, **Premissas do Produto**:

- Um produto, na realidade, nada mais é do que um instrumento para resolver um problema.
- Um produto é, principalmente, identificado pelos serviços que gera.
- Um produto é o resultado de um processo, porque, se não fosse assim, não teria como justificar sua existência.
- Um produto é qualquer coisa que pode ser oferecida a um mercado para aquisição ou consumo.
- Um produto é visto de forma diferenciada pelo comprador e pelo vendedor.
- Um produto específico tem determinadas características para seu público-alvo.
- Um produto tem vida limitada.
- Um produto permanece no mercado, em função do lucro.
- Um produto sobrevive por meio de estratégias, demandas e falta de concorrentes.
- Um produto, durante seu ciclo de vida, sofre numerosas mudanças e aperfeiçoamentos constantes.

Considerações sobre produtos:

- Um produto, na realidade, nada mais é do que um instrumento para resolver um problema.

- Um produto é, principalmente, identificado pelos serviços que gera.
- Um produto é o resultado de um processo, porque, se não fosse assim, não teria como justificar sua existência.
- Um produto é qualquer coisa que pode ser oferecida a um mercado para aquisição ou consumo.
- Um produto é visto de forma diferenciada pelo comprador e pelo vendedor.
- Um produto específico tem determinadas características para seu público-alvo.
- Um produto tem vida limitada.
- Um produto permanece no mercado, em função do lucro.
- Um produto sobrevive por meio de estratégias, demandas e falta de concorrentes.
- Um produto, durante seu ciclo de vida, sofre numerosas mudanças e aperfeiçoamentos constantes.

1.22 Tipos de Produto

A seguir, os principais tipos de produto:

Produto Acabado: Produto completado pelo processo de fabricação, mas ainda não estocado para venda.

Produto Agrupado: Pacote de dois ou mais produtos que é vendido por um preço único, mas cujos componentes individuais também podem ser vendidos como separados pelos seus próprios preços.

Produto Ampliado: Produto também conhecido como aumentado, é aquele que descreve em sua embalagem, ou catálogo, aquilo que é favorável ao consumidor, como valores que devem ser percebidos. O produto ampliado é a totalidade dos benefícios que a pessoa recebe, ou experimenta, na obtenção de um produto tangível.

Produto Aperfeiçoado: Produto que, embora não seja radicalmente diferente dos demais, é claramente superior, principalmente, em desempenho e preço.

Produto Aumentado: Produto cujo valor é mais do que aquilo produzido na fábrica. Esta distinção é muito significativa, quando se quer lançar no mercado um novo produto. Para competir neste mundo, não basta ter uma fábrica grande e eficiente, muito capital de giro e exércitos de vendedores.

Produto Básico: Produto fundamentado no benefício mais importante para o consumidor.

Produto Competitivo: Produto que apresenta qualquer vantagem definida em relação aos demais produtos. A vantagem pode ser: preço, qualidade, acessibilidade.

Produto Complementar: Produto cuja venda promove a venda de outro. Quando há uma relação inversa entre o preço de um produto e a demanda de outro, eles são chamados de produtos complementares.
O conceito de complementaridade não leva em conta a renda do consumidor, porque não é pela queda do preço do produto que o consumidor deixará de comprar o produto complementar.

Produto Concorrente: Produto semelhante que concorre no mesmo mercado.

Produto Conjunto: Conjunto de dois ou mais produtos com valores de venda altos, comparados aos valores de vendas de outros produtos obtidos por um processo de produção comum. Os diversos itens obtidos de um processo comum estão divididos em duas categorias: aqueles que são os objetivos primários do processo, chamados de produtos conjuntos (ou coprodutos) e os produtos secundários com, relativamente, pouco valor, chamados de subprodutos.

Produto de Alimentação: Produto, uma vez analisado, é adequado a alimentação quanto às necessidades da clientela, deve-se levantar o custo do prato e verificar sua congruência, em relação ao custo padrão.

Produto de Emergência: Produto que satisfaça necessidades imediatas do consumidor.

Produto de Escolha: Produto exposto no varejo (real ou virtual) para que o consumidor faça suas comparações. O produto que o consumidor comprar não será aquele que está em exposição.

Produto de Limpeza: Produto que, depois de dissolvido, ajuda a remover gorduras e outros resíduos de equipamentos, utensílios e outros objetos. Ele é utilizado com materiais e equipamentos próprios, tendo como veículo diluente, geralmente, a água. Os produtos de limpeza são composições químicas industrializadas, e muitas vezes corrosivos e venenosos.

Produto de Luxo: Produto que atende segmentos de mercado sofisticados com alto poder aquisitivo.

Produto de Marca: Produto que é procurado pela marca do fabricante. As pessoas, por exemplo, compram lâminas de barbear pela marca.

Produto de Nicho: Produto que atende a uma massa crítica de consumidores com sucesso de alcance mundial.

Produto de Qualidade: Produto considerado superior aos demais por todos aqueles que o compram.

Produto Defeituoso: Produto que não está em conformidade com as especificações.

Produto Digital: Produto cuja composição possui tecnologia digital da informação.

Produto em Processamento: Unidade parcialmente completada, encontrada em produção, num dado momento. Não é o mesmo que produto semiacabado.

Produto Encomendado: Produto, fabricado em massa, capaz de atender diversos distribuidores (intermediários, atacadistas, varejistas).

Produto Equivalente: Produto de mesma função construído com recursos tecnológicos diferentes.

Produto Esperado: Produto cercado de um conjunto de atributos e condições que os compradores, normalmente, esperam e concordam quando compram esse produto.

Produto Genérico: Produto sem marca que utiliza embalagem simples, sendo versões mais baratas do que os mesmos produtos de marca e nomes sofisticados. O exemplo mais patente é o dos remédios.

Produto Heterogêneo: Produto diferente do produto homogêneo, com uma característica importante. O preço não tem tanta influência.

Produto Homogêneo: Produto essencialmente similar a outro, do mesmo fabricante, ou não. Os produtos homogêneos apresentam problemas para os comerciantes, porque são similares e se faz necessário apontar diferenças entre eles, para os consumidores.

Produto Imitativo: Produto novo para o intermediário, mas não para o mercado.

Produto Industrial: Bem ou serviço utilizado na fabricação de outros produtos.

Produto Industrializado: Produto alimentício apresentado em embalagem atraente para facilitar a sua aquisição. O processamento desses alimentos retira alguns dos valores nutritivos e, em alguns casos, fibras alimentares, além de receberem corantes de maneira a aumentar o apelo visual e gustativo.

Produto Intermediário: Produto transferido de uma para outra subunidade de uma organização. Ele pode ser trabalhado, adicionalmente, pela subunidade de recebimento ou vendido para um cliente.

Produto Internacional: Produto que atende a um padrão internacional de qualidade, sendo comercializado em muitos países. Este produto possui características de globalização.

Produto Interno Bruto: Soma de tudo o que é produzido por um país, durante um ano. Não leva em conta a desigualdade, a economia informal, a qualidade da produção e a sustentabilidade do crescimento.

Produto Nacional Bruto: Somatório do produto interno bruto mais a diferença entre a renda recebida do exterior menos a renda enviada para fora do país.

Produto Nacional Líquido: Diferença entre produto nacional bruto e a depreciação.

Produto Potencial: Produto que envolve todas as ampliações e transformações que deve sofrer no futuro. O produto potencial aponta para sua possível evolução.

Produto Principal: Produto de um processo de produção conjunta, comparado com os valores de venda de todos os outros produtos.

Produto Semiacabado: Produto ainda em fase de fabricação, aguardando em estoque para receber insumos, configurações, especificações, embalagem e codificação.

Produto Sistêmico: Produto que atende às normas internacionais de padronização.

Produto Subcusteado: Produto que é custeado com um valor abaixo do seu padrão de custeio.

Produto Substituto: Produto também chamado de sucedâneo. Um aumento do preço da manteiga pode levar o consumidor a preferir a margarina, fazendo com que sua demanda caia. Estes produtos impõem limites de preço e de lucro, porque a tecnologia do concorrente pode provocar queda do preço no mercado.

Produto Supercusteado: Inverso do produto subcusteado.

Produto Total: Produto caracterizado pelo valor total de benefícios tangíveis e intangíveis que o comprador recebe.

1.23 Fatores do Produto

A seguir, serão examinados alguns fatores do produto que ajudam, ou não, a mais bem comunicar o produto, como também facilitar a sua venda:

Composição do Produto – Para compor um produto, precisa-se de: matéria-prima, insumo, mão de obra, informação, custeio, qualidade, comunicação, marca, embalagem, cor, pesquisa, rótulo, garantia e preço.

Ciclo de Vida do Produto – O ciclo de vida do produto é o tempo em que o produto existe desde a sua concepção até seu abandono (uso final) pelo consumidor. O ciclo pode ser considerado como uma série de eventos, etapas ou processos que se repetem numa ordem determinada. É possível considerar ainda os seguintes ciclos de vida para o produto:

Ciclo de Vida de Consumo – Período de tempo em que um produto atende às necessidades de um consumidor.

Ciclo de Vida de Receita – Período de tempo em que um produto gera receita.

Extensão de Vida do Produto – Empresas interessadas em crescimento e lucro continuado devem encarar a extensão de vida do produto como uma atividade estratégica. Para seu próprio bem, a estratégia de sobrevivência do produto deve tentar prever, em certa medida, a probabilidade e a época de acontecimentos competitivos.

Mesmo antes de entrar no estágio de desenvolvimento, deve-se ter uma noção da vida do produto, levando em conta as possibilidades de expandir seus usos num futuro próximo.

Para aumentar a **vida de um produto** é comum a utilização das seguintes práticas:

- Buscar elementos que diferenciem o produto dos demais concorrentes (preço, característica, composição, imagem).
- Qualificar, cada vez mais e melhor, a força de vendas (pessoal envolvido em vendas).
- Desenvolver uma política de treinamento contínuo.
- Melhorar a comunicação do produto com o mercado.

- Introduzir avanços tecnológicos na produção, nos mecanismos de venda e na distribuição.
- Aproveitar eventos políticos, econômicos e sociais.
- Facilitar as promoções nos pontos de venda.
- Ter uma ideia clara das futuras possibilidades do produto.
- Prever, dentro do possível, formas de comercialização que se revelem indesejáveis.

O planejamento da extensão de vida do produto pode ser extremamente útil, porque:

- Gera uma política de produto ativa em lugar de reativa.
- Mostra a visão da extensão de vida, como política de produto, impõe um plano de ação.
- Expõe um plano a longo prazo, destinado a construir vida nova ao produto, no momento certo, com o grau certo de cuidado e com a quantidade certa de esforço.
- Dá uma visão estratégica do produto, isto é, dotando o administrador de uma visão mais ampla da natureza do produto.

Retirada do Produto – Um dos mais complexos problemas para um gerente de produto é decidir quando deve retirar um produto do mercado. Muitas empresas não conseguem estabelecer com precisão o momento exato de retirar um produto do mercado.

A falta de critérios para manter ou retirar um produto do mercado costuma levar em conta apenas sua contribuição para o lucro, sem considerar o fenômeno de que um produto deficitário pode puxar outros mais lucrativos.

Os critérios mais comuns para retirar um produto do mercado são baseados em volume de vendas, geração de lucro, potencial de mercado, devoluções, defeitos, reclamações, encalhes, posição do produto no mercado. O que fazer quando temos um produto em decadência? Um produto que também apresenta um lucro inferior ao previsto?

Numa análise rasteira, ou de critérios combinados, o produto que não cumpre seus objetivos deve ser retirado do mercado, o mais breve possível.

Adoção do Produto – O processo de adoção do produto pelo consumidor começa quando termina a última etapa de desenvolvimento do novo produto. A adoção do produto, por si só, é uma decisão individual de utilizar regularmente a novidade.

No processo de adoção de um novo produto, o consumidor passa através de uma série de estágios de aceitação. As pessoas diferem acentuadamente em suas propensões a experimentarem novos produtos. A influência pessoal exerce um papel muito grande na adoção dos novos produtos.

Obsolescência do Produto – Ação decorrente do aparecimento de novas tecnologias, métodos e processos mais econômicos, reduzindo o valor do produto.

Padronização do Produto – A padronização do produto é a ação de determinar limites (especificações) para os produtos com o intuito de atender melhor o mercado. A **padronização** é a aplicação de padrões em uma organização para obter uniformidade na redução de custo e no aumento da eficiência (produtividade).

A determinação dos padrões para produtos visa dois aspectos básicos:

Aspecto Quantitativo do Produto – Os aspectos quantitativos referem-se a: tamanho, peso (bruto e líquido), portabilidade, temperatura, pressão e resistência do material.

Aspecto Qualitativo do Produto – Os aspectos qualitativos referem-se a: cor, cheiro, gosto, sabor, aparência, validade para consumo, grau de amadurecimento.

A padronização oferece inúmeras vantagens, como, por exemplo: facilita o processo de compra e venda; minimiza custo e risco de manuseio; oferece proteção ao comprador; ajuda a distribuição, o armazenamento e o financiamento.

Viabilidade do Produto – Um estudo de viabilidade de um produto simula o que acontecerá no futuro, a partir de diversos cenários alternativos. Uma das partes mais importantes do estudo de novos produtos é a justificativa econômica do projeto, bem como uma análise de mercado.

Esta análise deve levar em consideração uma multiplicidade de fatores que no seu somatório possa, efetivamente, conduzir o projeto ao mais próximo possível da realidade consensual, porque a realidade é própria de cada indivíduo.

Levantamentos estatísticos servem, em primeira mão, para identificar oportunidades e fornecerem dados para ajudar os gerentes de marketing, produção e finanças, na viabilização do projeto.

O **lançamento de um novo produto** obriga a uma pergunta que pode levar aos mais altos índices de rentabilidade, ou a ficar meses nas prateleiras, sem saída. A pergunta é: A quem vender? Uma verdadeira pesquisa de mercado indicará a receptividade que poderá ter o novo produto. Analisará até mesmo a existência de concorrentes na praça. Se o produto se mostra vendável, procura-se saber qual deverá ser o seu preço.

Desempenho do Produto – O desempenho esperado de um produto é focado sob o aspecto da empresa e do consumidor. Quanto à empresa, os requisitos principais são: rentabilidade, retorno rápido, lucro, custo baixo, nível de qualidade aceitável pelo mercado, preço competitivo, acessibilidade do público-alvo, espaço ocupado, otimização dos recursos, visual do produto, embalagem ecológica.

Quanto ao consumidor, os requisitos principais são: preço baixo, visual bonito, embalagem prática e resistente, cor, tamanho, peso, variedade de modelos, máxima utilidade, simplificação no uso, eficiência no funcionamento, validade, pontualidade na entrega, reaproveitamento, facilidade de pagamento, máxima qualidade, maior durabilidade, melhor serviço prestado, maior tempo de garantia, melhor tecnologia de construção, propaganda com "apelos" inteligentes, instruções para transporte, bom manual do usuário.

Preço do Produto – O preço de venda de um produto é o preço resultante da soma do custo total de fabricação do produto mais uma margem de lucro. A **margem de lucro** é para compensar o esforço de produção e comercialização. O **lucro por produto** pode ser predeterminado, através de uma taxa (ou percentual) de marcagem do próprio custo unitário ou do preço de venda. Logo, a variável que, realmente, interessa é o custo do produto.

Muitas são as situações em que, invariavelmente, um vendedor aponta o preço como o responsável pela perda de uma venda, reportando a insatisfação do cliente, que classifica de caro o produto. Antes, porém, é necessário que se evite a tendência à generalização, apontando o preço como o problema que impede a concretização de um negócio.

O **preço** é uma parte substancial para a empresa, mas nem sempre para o consumidor, como no caso de produtos comprados por impulso ou para uma necessidade imediata ou, ainda, numa emergência. É muito raro que uma pessoa pense no preço, quando compra uma aspirina, para minimizar a dor de cabeça. O preço é um valor de troca, dado pela necessidade humana.

Diversificação do Produto – Apesar dos riscos inerentes à diversificação inadequada, o contingente daqueles que continuam insistindo nessa prática é muito grande. Perigosamente, desperdiçam preciosos recursos, indispensáveis ao fortalecimento da cadeia produtiva que têm sob domínio e podem aprimorar. Esquecem que uma empresa também precisa especializar-se, formar uma cultura própria, adquirir uma tradição num determinado campo ou em atividades, mais ou menos, afins.

Esse ímpeto tentacular, misto de miopia e ingenuidade, tem-se mostrado desastroso, pois, se alimenta da mediocridade, enfraquece posições, gera desconfiança, agride e afasta o consumidor. Ao tentar dominar, por exemplo, a produção de prendedores de roupas e computadores, a empresa estará, na melhor das hipóteses, desprezando um dos mercados.

Nome do Produto – O nome de um produto tem que ser curto. Cada vez mais a propaganda é visual, porque a visão domina os demais sentidos. E, além disso, os altos preços da televisão exigem que não se perca muito tempo pronunciando sílabas inúteis. Um nome curto é mais fácil de ser lido num cartaz de rua, mais econômico no espaço e no tempo. Também sua percepção e memorização são facilitadas.

Nível de Qualidade do Produto – No nível de qualidade a produzir, a empresa deve estar atenta ao mercado que vai atuar, para saber se o produto deve ter um nível de qualidade que seja compatível com a renda do consumidor. A empresa deve observar que o que chama mais atenção no produto são as bandeiras: Preço; Visual e Qualidade.

Características do Produto – Em geral, as características básicas de um produto estão fundamentadas na tecnologia empregada. Podemos classificar estas características em:

Características Intrínsecas do Produto – Nas características intrínsecas do produto devemos observar: composição, forma, tamanho, desenho, peso, cor, facilidade de manutenção, portabilidade, aparência, embalagem, resistência do material, validade para consumo, por exemplo.

Características Extrínsecas do Produto – Nas características extrínsecas do produto a produção deve se ater ao seguinte: gosto dos consumidores; quem consome o produto; como estocar e armazenar o produto; quais os riscos do produto; como determinar formas e tamanhos econômicos.

Cor do Produto – Hoje é inadmissível lançar um produto sem pensar na cor. É uma pena que a maioria das empresas não dá a este quesito a importância que ele merece. As cores são estudadas de acordo com o mercado a que se destina o produto. Para gente jovem, cor viva. Para aqueles mais idosos, uma cor sóbria. Para os produtos de alto consumo, uma mistura equilibrada.

Modificações do Produto – A alteração do produto é o processo natural que atua na sua composição, gosto, odor e forma. A adulteração do produto é a forma mentirosa de se comercializar um produto que terá sua composição, propriedade e peso modificados, embora a embalagem diga outra coisa. A falsificação do produto ocorre alheia à vontade do fabricante. Ela pode ser provocada por intermediários ou produtores inescrupulosos.

Desenvolvimento do Produto – O desenvolvimento de um produto exige o emprego de métodos de pesquisa semelhantes aos usados para melhorar um produto já existente. A maior diferença é que o desenvolvimento de um produto envolve maior número de problemas. A pesquisa responde quais propriedades os consumidores julgam ser necessárias ao produto.

Registro do Produto – Todo produto precisa ser registrado no órgão competente. Assim, um produto alimentício deve ser produzido de acordo com o padrão de identidade e qualidade, e demais diretrizes estabelecidas pela ANVISA (Agência Nacional de Vigilância Sanitária).

Gerente do Produto – O gerente do produto relaciona-se com: os atendentes/vendedores, intermediários, consumidores, compradores, fornecedores, projetistas, serviços acessórios, propaganda, promoção, produção, pesquisa, desenvolvimento, tributação, mercado de recursos. Em algumas empresas, é o centro dinâmico da atividade mercadológica.

Seleção do Produto – Na seleção do produto deve a empresa cuidar dos seguintes problemas: Existência de produtos similares no mercado; Aceitação do produto ofertado; Condições de competição no mercado; Consumidores potenciais; Estimativas de consumo e de demanda de mercado.

Valor do Produto – Há uma preocupação da empresa em saber que valor o consumidor dá a um determinado produto, sendo muito comum se falar na relação custo/benefício.

Valor Agregado do Produto – O produto cresce em função de valores que se podem agregar ao mesmo, tais como: maior durabilidade, melhor serviço prestado, maior tempo de garantia, melhor utilização, melhor desempenho, melhor tecnologia de construção, maior confiança do consumidor.

Valor Percebido no Produto – É muito comum usar-se de artifícios, que se chamam *apelos*, para fazer com que o consumidor veja o produto de forma aumentada.

Valor Empresarial do Produto – A empresa vê o produto sob determinados enfoques, como: Econômico (oferta, demanda, custo); Financeiro (lucro, liquidez, retorno); Operacional (produção, produtividade, tecnologia); Mercado (consumidores, vendas, fatia de mercado).

Ciclo Mercadológico do Produto – O ciclo mercadológico é, na realidade, o ciclo operacional de um produto. O estudo do ciclo operacional é muito importante, tendo em vista que, quanto menor este for, maior é o giro do produto e, consequentemente, mais rápido é o retorno do investimento.

Apresentação do Produto – Armado de dados, o vendedor está pronto para fazer contato. O primeiro passo, é obter atenção para aquilo que quer vender. Depois o vendedor precisa dar uma explicação que ajude o comprador em perspectiva a compreender que o produto pode lhe ser bastante útil.

Ciclo Operacional do Produto – O ciclo operacional (ou mercadológico) do produto se compõe basicamente das seguintes fases: Planejamento, Período de Vendas, Aquisição de Matéria-Prima (produtos), Pagamentos a Fornecedores, Produção, Distribuição e Duplicatas a Receber. O ciclo operacional do produto é, na realidade, o período em que todas estas fases acontecem, para um determinado produto, medidas em dias.

Plano do Produto – São muitas as razões que levam uma empresa a desejar fabricar um novo produto. Uma das principais é a melhor utilização dos seus recursos. Outro motivo de procura de novos produtos é o desejo de diversificar a atual linha de produção. Os novos produtos têm de satisfazer cada vez mais as necessidades e desejos dos consumidores, além de prometerem lucros razoáveis para a empresa.

Ao construir um plano de um produto é preciso levar em consideração os seguintes aspectos: viabilidade do produto, desenvolvimento do produto, inovações, composto mercadológico, lançamento do produto, adoção do produto.

Questionamento do Produto – As principais perguntas que devemos fazer, quanto ao produto, são: O produto existente satisfaz as necessidades dos consumidores? O desenvolvimento de um novo produto é necessário? São necessários produtos completamente novos? Qual será o potencial de um novo produto? Quais são os produtos concorrentes? Que preços são praticados? Quais os canais de comunicação? Quais os canais de distribuição?

Política do Produto – Política voltada a manter vivo o produto, a marca e a imagem da empresa, através de um reestudo da embalagem, do desenho, das especificações, das características e do composto mercadológico do produto. Em relação ao tipo de produto, as políticas podem ser de: Simplificação (fabrica uma variedade reduzida de produtos); Diversificação (fornece ao mercado uma linha bastante variada de produtos).

Codificação do Produto – No dia 3 de abril de 1973 chegou o **código de barras**. Barras e números que aparecem em tudo, do detergente a mistura para fazer bolos caseiros. O código de barras fez mais do que acelerar a fila dos caixas para milhões de fregueses e reduzir erros na contabilidade gerencial.

Com milhares de novos produtos substituindo, continuamente, os antigos produtos o poder foi transferido para o varejista, que pode manter o controle do estoque, juntamente com suas vendas, sua lucratividade, a hora certa para fazer propaganda, custos, preços, descontos, localização, promoções, fluxo de clientes e outros benefícios.

As leitoras óticas recolhem vastos volumes de dados, que então ajudam seus gerentes a decidirem qual o espaço nas prateleiras a destinar para certos produtos, quando e quanto.

Composto Mercadológico do Produto – Composto mercadológico pode ser definido como sendo a seleção e combinação de fatores que uma empresa resolve adotar para alcançar os seus objetivos de mercado, dentro de um prazo determinado. A maior dificuldade dessa tarefa não consiste em encontrar elementos, mas em coordenar os mesmos com racionalidade, a fim de não sobrecarregar o orçamento de marketing, prejudicar a venda do produto e baixar a lucratividade da empresa.

Os elementos do composto mercadológico são os seguintes: produto, comercialização, preço, logística, comunicação e produção.

A determinação do composto mercadológico estará em função do produto e do mercado. Mas, muito mais, em função dos recursos da empresa.

Risco do Produto – Os riscos que os produtos possam vir a sofrer são: alteração, adulteração e falsificação. A alteração do produto é o processo natural por que passa a mercadoria ao sofrer as modificações em sua composição, gosto, odor e forma.

A adulteração do produto é a forma mentirosa de se comercializar um produto que terá sua composição, propriedade e peso modificados, embora a embalagem mostre dados do produto falsificado. A falsificação do produto ocorre alheia à vontade do fabricante. Ela pode ser provocada por intermediários ou produtores inescrupulosos.

1.24 Marca

Marca é um nome, termo, sinal, símbolo, desenho, logotipo ou a combinação dos mesmos, que tem o propósito de identificar um produto, uma imagem ou uma empresa. Pode significar qualidade, atendimento, preço, desempenho, status, garantia, estima, confiança, perpetuidade, atualidade e prestígio. Ela é o instrumento de relacionamento entre a empresa, o mercado, o produto e o consumidor. Por isso, é um erro considerar a marca um assunto exclusivo do Departamento de Marketing.

Um **logotipo** é aquela parte da marca que pode ser reconhecida, mas não é pronunciável, tais como um símbolo, um desenho, um colorido, letras distintas. Uma grife é uma assinatura registrada como marca.

Os comerciantes identificam e distinguem seus produtos pelo uso de **marcas nominais** e marcas registradas. Estas marcas se acham entre os bens mais valiosos de uma empresa. Elas podem proporcionar uma propriedade única a um produto que, em si próprio, não seja muito glamuroso, como a marca registrada. Algumas marcas nominais são mais notáveis que as marcas registradas.

Marca registrada refere-se a uma marca que recebeu proteção legal, porque se tornou propriedade exclusiva de uma pessoa (física ou jurídica). Todas as marcas registradas são marcas, mas nem todas as marcas são marcas registradas. Uma marca registrada pode ser tanto um nome ou um desenho.

A palavra Ford é uma marca nominal. Mas quando ela é impressa numa certa forma de letra (**grife**), torna-se uma marca registrada. Não é preciso que uma marca registrada seja vinculada a um produto, nem tem de ser um nome.

O simples ato de registrar um nome não concede propriedade. Para alegar posse, uma empresa tem de ter um produto com marca registrada, no Instituto Nacional de Propriedade Industrial (INPI). O direito de propriedade é feito por meio de marcas registradas, patentes e dispositivos para ajudar a estabelecer direitos de propriedade.

As **patentes** são basicamente opções. Estabelecem direitos associados à rentabilidade de uma ideia específica, mas têm de ser aplicadas pelo titular da patente.

A **logomarca** deve dar destaque ao nome da empresa e trazer um desenho que lembre o produto. Também a cor deve ser tomada em consideração.

A importância da marca, no âmbito do consumo, resulta no fato de que a distinção final de um produto se dá pelo valor da marca, ou seja, o que ela é e o que ela representa. A marca traduz, portanto, de forma marcante e decisiva, o valor do uso para o comprador de determinado produto.

É, também, o principal recurso do marketing para criar fortes apelos que estabeleçam a melhor relação possível entre o consumidor e o produto.

As **decisões sobre marca** serão tomadas depois de ter respostas para as seguintes perguntas: Ter ou não ter marca? Usar a sua própria marca? Usar a marca do distribuidor? Manter marcas de família? Usar a marca do varejista? Por que o produtor se apressa em definir marcas, já que a marca claramente envolve um custo? E se a marca do produtor não satisfizer o distribuidor e o consumidor?

Criar e manter o nome de uma marca também é custo fixo.

A **criação de uma marca** não se limita a colocar um nome numa etiqueta. As marcas criam um valor perceptível ao consumidor. Por meio de uma marca efetiva, o fabricante promete e entrega ao cliente um valor superior e difícil de equiparar. As marcas, quando bem construídas, têm a capacidade de expressar sentimentos e estabelecer relacionamentos de grau afetivo com os consumidores. Estar na mente dos consumidores é um dos elementos mais críticos para a formação da marca.

Embora o **valor da marca** seja uma força poderosa na tomada de decisão do consumidor, pode ser muito caro mantê-lo. Ele é dado pela clientela, exatamente, como é dado ao produto. Assim, nesta perspectiva, desenvolver este valor é o mesmo que fomentar os relacionamentos entre a marca e seus clientes, bem como seus agentes de influência.

A marca tem um papel de primeiro plano, devendo designar, de maneira rápida e concisa, a razão social, propriedade ou produção. Por isso, ela deve ter uma construção simples, permitindo uma rápida apreensão da mensagem a ser transmitida, e ter características que possibilitem sua reprodução em diversos meios e materiais.

Entretanto, a marca só alcança significado quando adequadamente ligada a contextos gráficos, como: diagramações, cores, fundos de contraste, tipos de letra e formas de desenho, por exemplo.

A seguir, os principais **tipos de marca**:

Marca Bilionária: Marca, também conhecida como "hypermarca", que é negociada por bilhões de dólares. Quando transferidas a um grupo concorrente, esta marca ajuda conseguir capital de terceiros para alavancar a empresa detentora da marca.

Marca Clone: Marca levemente diferente da marca original, como Coko-Cola em vez de Coca-Cola.

Marca Combinada: Marca da empresa combinada com a marca do produto.

Marca de Consumo de Massa: Marca que tem uma aceitação massiva dos consumidores. Estas marcas sempre dão descontos aos grandes varejistas. Infelizmente, perdem valor rapidamente.

Marca de Flanco: Marca adicional à marca original da mesma categoria de produtos, tendo como objetivo criar diferentes apelos e motivos de compra.

Marca de Franquia: Marca forte que atrai muita atenção das pessoas.

Marca de Prestígio: Marca que evoca aspirações de: status, expectativa e poder. Nem sempre reconhecidas como internacionais, elas despertam no consumidor um sentimento de nostalgia.

Marca de Sucesso: Marca que é um patrimônio tão valioso para uma empresa, que esta não pode deixar de investir na manutenção de seu conceito, mesmo após o fim do período de ouro. Ainda que não funcione com a mesma "voltagem" dos bons tempos, pode ser rejuvenescida e ganhar anos de sobrevida.

Marca do Distribuidor: Marca de quem vende ao consumidor final, geralmente, mais barata que as demais.

Marca Dominante: Marca universal que transcende sua origem e que se alimenta de um mito, porque são originais e definem a categoria do produto. Os atributos mais importantes de domínio são: preço, serviço e modelo.

Marca Famosa: Marca de fama mundial, tais como: Maizena (EUA – 1850); Leite Moça (Suíça – 1870); Leite de Magnésia de Philips (Inglaterra – 1890); Biotônico Fontoura (Brasil – 1930); Sonho de Valsa (Brasil – 1940); Ray-Ban (EUA – 1940).

Marca Global: Marca de conhecimento geral, cujo desenvolvimento tem um custo menor, porque não há necessidade de pesquisa ou de elevados gastos em propaganda para criar reconhecimento da marca. Mas, quando uma empresa fabrica produtos muito diferentes, não é desejável usar uma marca global.

Marca Individual: Marca vinculada a um único produto.

Marca Nacional: Marca vinculada a todos os produtos de um fabricante de um determinado país.

Marca Nominal: Marca que leva o nome do fabricante.

Marca Nova: Marca para uma nova categoria de produto.

Marca Privada: Marca própria do varejo.

Marca Própria do Varejo: Ver marca privada.

Marca Registrada: Marca que se refere a uma marca que recebeu proteção legal, porque se tornou propriedade exclusiva de uma pessoa (física ou jurídica). Todas as marcas registradas são marcas, mas nem todas as marcas são marcas registradas. Uma marca registrada pode incluir tanto uma marca nominal, como um desenho.

Marca Resposta: Marca que pode ser entendida como advertência (intimidação) para absorver o ímpeto de um ataque competitivo. Ela também pode ser usada como arma ofensiva em uma campanha publicitária mais ampla.

Marca Superior: Marca definida pelos valores de mercado nos quais atuam. Pode não ser líder nem original, mas se destaca pela percepção de qualidade superior.

Marca Valiosa: Marca cujo valor patrimonial para a empresa é muito grande. Uma marca é classificada como valiosa, quando o consumidor é: real, devoto e valoriza a marca. O valor patrimonial da marca está altamente relacionado com seu índice de marca.

1.25 Produto versus Marca

Quem numa farmácia pedirá uma caixa de curativos, em vez de dizer: Dá um band-aid. São marcas que acabaram virando sinônimo de produtos, como por exemplo: Brahma, Cotonete, Modess, Catupiry, Durex, Gillette, Chiclettes, Xerox, Havaianas, Omo, Nescau, Skol, Derby, Johnson, Colgate, Coca-Cola, Fanta, Marlboro, Pepsi-Cola, McDonald's, Kibon, Bob's, Singer, Fleischman, Toddy, Tupperware, Ketchup, Trydent.

Muitas marcas pularam do rótulo para ganhar vida própria.

Ter uma dessas marcas incorporadas na língua nacional pode ser uma vantagem competitiva para muitas empresas. Representa propaganda gratuita e tem o sabor de uma medalha olímpica, ganha numa disputa acirrada com a concorrência.

Mas, como uma marca se torna sinônimo de produto? Geralmente, pelo pioneirismo. Quem chega na frente com uma novidade tem mais chances de ver sua marca espalhar-se de boca em boca como sinônimo de uma nova categoria de produto. Depois que a mania pega, é difícil largar.

Desde a década de 1950, a 3M não vende mais fita adesiva com a marca Durex, no Brasil. O nome oficial é Fita Scotch, usado em todos os países em que a empresa atua. Nem por isso a 3M saiu perdendo. O consumidor nem sequer notou a mudança e em qualquer papelaria se pede Durex sem qualquer constrangimento. Mesmo na 3M, os funcionários se esforçam para pedir fita adesiva.

A **história das marcas** que viraram sinônimos de produtos é quase sempre a mesma. São novos produtos, sem similares no mercado, que o consumidor acostuma chamar pela marca. O resultado dessa confusão que acaba acontecendo é que o consumidor passa a esquecer de que a marca significa determinado produto e, consequentemente, um fabricante específico.

Pedir Chicletes na padaria e ter em troca um Ping-Pong pode parecer normal para qualquer um. Mas, Chicletes é marca da Adams e Ping-Pong da Kibon. O primeiro produto é uma goma de mascar voltada principalmente para o público adulto. O segundo é para crianças. Portanto, a diferença entre um e outro é enorme.

Se estas marcas sobrevivem a gerações, nem sempre essas marcas famosas se impõem à custa de uma propaganda intensa junto ao consumidor. Da primeira fábrica, aberta em 1911, até hoje, a Laticínios Catupiry nunca pagou um níquel para promover seu produto, que leva o mesmo nome.

Assim, mesmo, ele virou sinônimo de um tipo de queijo, classificado formalmente como requeijão. Entre as donas de casa, no entanto, requeijão é mesmo aquele de copo e Catupiry é o de caixinha. Graças a um segredo até hoje indecifrado pelos concorrentes, Catupiry se encontra em muitas das melhores receitas culinárias com a expressão: "Use um queijo do tipo Catupiry".

A seguir, são colocadas algumas marcas e seus correspondentes produtos:

Marcas	Produtos	Marcas	Produtos
Band-Aid	Curativo Adesivo	Durex	Fita Adesiva
Brahma	Cerveja	Xérox	Cópia
Gillette	Lâmina de Barbear	Chicletes	Goma de Mascar
Catupiry	Requeijão	Toddy	Chocolate em Pó
Tupperware	Pote de Plástico	Kettchup	Molho de Tomate
Maizena	Amido de Milho	Facebook	Site de Relacionamento

Quadro 1.1: Marcas x Produtos.

Se a fama costuma trazer vantagens, ela traz também, em determinados casos, um peso difícil de carregar. Desse fardo, pelo menos uma empresa conseguiu livrar-se, a Lee. O consumidor pedia Lee e levava qualquer outra calça de jeans. Hoje, não é mais sinônimo de jeans.

A Rhodia é outra empresa que sofreu danos semelhantes. Dona da patente Tergal, com a qual batizou uma nova fibra de poliéster, a companhia viu, de repente, o nome de sua fibra se tornar sinônimo do próprio pano que não amassa. Logo, dezenas de imitações baratas surgiram no mercado, sem qualquer compromisso com qualidade, apenas para embarcar numa carona de sucesso.

1.26 Linha de Produtos

A linha de produtos é um grupo de produtos com funções similares, que são nomeadas, por exemplo, pelo modo de preparação. São vendidos aos mesmos grupos de consumidores, comercializados pelos mesmos canais ou vendidos dentro de uma faixa de preço específica.

A diversidade de linhas e produtos dificulta o cálculo exato dos custos de comercialização de cada produto e a identificação, no momento da venda, da interdependência que existe entre eles.

A **análise da linha de produtos** objetiva determinar que itens devem ser desenvolvidos, mantidos, explorados, otimizados, inovados, eliminados, descontinuados, progressivamente ou não. É comum se achar que são muitos os tipos de alimentos diferentes, o que exigiria muita matéria-prima e um aumento nos custos.

Entretanto, a matéria-prima é basicamente a mesma. O que modifica em um produto para outro é a quantidade e o processo de preparação. Quando produzimos em grande quantidade, fazemos uma diminuição do custo de produção, pois o custo marginal (custo de produção de mais uma unidade) tende a zero.

Os **gerentes de linha de produtos** precisam conhecer as vendas e os lucros de cada item de sua linha, para determinar quais devem ser desenvolvidos, mantidos, revisados, inovados, explorados ou eliminados. Precisam também conhecer o perfil do mercado de cada produto.

Obviamente, o planejamento da linha de produtos baseia-se na compreensão completa do consumidor, do mercado e de todas as forças que nele atuam. Tal planejamento tem uma influência muito visível no futuro da empresa.

Uma linha de produtos pode também ser ampliada pelo acréscimo de itens à sua faixa atual de abrangência. Há vários motivos para a extensão da linha, tais como: lucro, capacidade ociosa, insatisfação dos distribuidores/intermediários, preenchimento de lacunas do mercado, imagem de linha completa, novas características, desequilíbrio qualitativo/quantitativo entre linhas.

A seguir, algumas considerações sobre as **extensões de linha de produtos**:

- As extensões de linha de produtos que recebem maior apoio de propaganda e de promoção são mais bem-sucedidas do que as que recebem menos apoio.
- As extensões de linha de produtos, às vezes, são programadas para se tornarem desatualizadas num determinado período de tempo.
- As extensões de linha de produtos fortes são mais bem-sucedidas do que as extensões de produtos fracos.
- As extensões de linha de produtos, às vezes, são programadas para se tornarem desatualizadas num determinado período.

1.27 Novo Produto

Algumas razões levam a empresa a lançar um novo produto, tais como: aproveitamento de uma oportunidade; identificação de novas necessidades do consumidor; necessidade de sobrevivência da empresa face à concorrência; minimização de riscos na produção; possibilidade de aumentar a lucratividade; diluição de custos fixos; melhor utilização de subprodutos; redução do custo com vendas; possibilidade de ter uma vantagem competitiva; diminuição do ciclo operacional; melhor utilização de recursos; queda na demanda; mudanças de estação; desejo de diversificar; pesquisa/teste de mercado favorável.

Segundo pesquisa da FIESP, os produtos que mais despertam o desejo do consumidor, quando são lançados no mercado, são: Iogurtes (32%); Bolachas de Biscoitos (28%); Suco (27%); Chocolate (25%); Queijos (24%); Alimentos Congelados (21%); Arroz (19%).

Um estudo de viabilidade de um produto simula o que acontecerá no futuro, a partir de diversos cenários alternativos. Uma das partes mais importantes do estudo de novos produtos é a justificativa econômica do projeto, bem como uma análise de mercado.

O **lançamento de um novo produto** obriga a uma pergunta que pode levar aos mais altos índices de rentabilidade ou de prejuízo. A pergunta é: A quem vender? Uma complexa pesquisa de mercado indicará a receptividade que poderá ter o novo produto. Analisará até mesmo a existência de concorrentes na praça. Se o produto se mostra vendável, procura-se saber qual deverá ser o seu preço, qual o nível de qualidade, qual a margem de lucro?

Um novo produto envolve uma série de complexas operações, muitas horas de trabalho e uma grande aplicação de dinheiro, além de representar uma decisão estratégica da maior relevância. Seu preço de venda, em geral, é muito alto.

As estatísticas mostram que a maioria dos novos produtos tem uma vida curta e os administradores, para evitar o fracasso, cercam-se de todas as precauções possíveis.

A sobrevivência de qualquer empresa está intimamente ligada à sua capacidade de rentabilidade, daí a razão para a procura de novos produtos.

O lançamento de um produto é, em geral, feito nos fins de semana, quando as pessoas prestam mais atenção à televisão, leem mais jornais e revistas e dão buscas em sites na Internet. E este evento configura-se quando a empresa observa as seguintes questões:

- O novo produto é compatível com os objetivos da empresa?
- A empresa possui recursos físicos, financeiros, humanos, tecnológicos, mercadológicos, administrativos e sistêmicos, que podem viabilizar o novo produto?
- Os indicadores financeiros e econômicos estão dentro do esperado?
- A análise dos custos mostrou ser possível desenvolver e lançar o novo produto?

Novos produtos englobam os produtos originais, modificações importantes em produtos existentes, similares dos produtos concorrentes e aquisição de linha de produtos. Todos envolvem a incorporação de algo novo. Eles são fundamentais em economias competitivas.

As **preferências das pessoas** mudam e os avanços tecnológicos tornam os produtos antigos obsoletos.

Para a decisão de lançar um produto no mercado, é necessário questionar sobre: Oportunidade; Concorrência; Produção; Distribuição Física; Finanças. Num mundo em que a velocidade das transformações é cada vez maior, empresas que não forem inovadoras, ou melhor, constantemente inovadoras, tendem a minguar.

Segundo muitos autores, a **prosperidade das empresas** está vinculada à inovação. Esta não se limita ao produto que é apenas uma parte do processo de gestão.

A seguir, um **programa de lançamento de um novo produto**:

a) Listar as razões que justificam o lançamento do produto.
b) Buscar consenso entre os polos de decisão da empresa.
c) Escolher o canal de comunicação mais conveniente (televisão, rádio, jornal, revista, mala direta...).
d) Escolher a data do lançamento, observando sazonalidade, fins de semana, hora, data festiva, feriados, férias escolares, por exemplo.
e) Controlar e avaliar resultados.

A **análise do novo produto** objetiva estudar a viabilidade do projeto, quanto aos aspectos econômicos e mercadológicos. Esta análise deve levar em consideração uma multiplicidade de fatores, que, no seu somatório, possa efetivamente conduzir o projeto ao mais próximo possível da realidade. Levantamentos estatísticos servem, em primeira mão, para identificar oportunidades e fornecer dados para ajudar os gerentes de marketing, produção e finanças na viabilização do projeto.

Para ser bem-sucedida, uma empresa tem de diagnosticar as mudanças das necessidades dos consumidores e reagir rapidamente a elas. Novos produtos não, necessariamente, são concorrentes dos produtos que já se encontram no mercado.

Planejamento do novo produto é o conjunto de esforços voltados a criar, desenvolver, viabilizar e lançar um produto. A função do planejamento do produto visa ter certo número de produtos, seguindo-se uns aos outros, numa mesma progressão, de maneira que, enquanto todo produto mais antigo perde suas vendas, outro novo inicia seu ciclo de vida.

Portanto, devemos ter cuidado para distinguir entre um produto completamente novo e outro modelo ligeiramente alterado.

As **fases do planejamento do produto** devem ser feitas considerando:

Seleção do Produto – A empresa deve observar a existência de produtos similares no mercado; aceitação do produto existente; condições de competição no mercado; consumidores potenciais; estimativa de consumo e demanda de mercado.

Determinação das Quantidades a Produzir – A empresa deve considerar todos os problemas relacionados aos condicionamentos de quantidades a serem absorvidas pelo mercado, bem como a capacidade de atendimento, os fornecedores de recursos, a distribuição e a armazenagem.

Determinação da Forma e Dimensões do Produto – A empresa deve ater-se aos gostos dos consumidores, bem como seu público-alvo, embalagem, modalidades de armazenamento e transporte.

Fixação do Preço – A empresa deve considerar: preço de fabricação, preço concorrente, margem de lucro, tecnologia empregada, nível de qualidade.

Ajuda a questionar sobre os seguintes aspectos:

Existe a necessidade do produto? O produto pode ser criado? Existem recursos disponíveis? Marketing, produção e finanças chegaram a um acordo quanto ao preço de venda? O *design* atende ao mercado? Podem ser feitos tantos protótipos quantos necessários? Serão distribuídas amostras? Há uma preocupação no estabelecimento de procedimentos que assegurem qualidade? É boa a posição matricial que o produto ocupará em relação aos demais? O ciclo de vida do produto já está bastante definido? Existem canais de comunicação e distribuição já definidos? O produto tem um mercado potencial? O produto, em dois anos, atingirá a maturidade? A margem de lucro deverá ser mantida a mesma, por quanto tempo?

No planejamento do produto serão definidos todos os atributos que o mesmo deve ter, isto é, aquilo que será desenvolvido no projeto. Deve-se salientar que a qualidade não tem de ser, necessariamente, a melhor possível. Assim, ao projetarmos uma câmara fria precisamos perguntar: Para quem o produto será entregue?

O **desenvolvimento do novo produto** exige o emprego de métodos de pesquisa semelhantes aos usados para melhorar um produto já existente. A maior diferença é que o desenvolvimento de um novo produto envolve maior número de problemas. A pesquisa responde quais propriedades os consumidores julgam ser necessárias ao produto.

Uma das partes mais importantes do **estudo de novos produtos** consiste no exame da viabilidade comercial e econômica do produto. Este estudo pode ser realizado durante as diversas fases de desenvolvimento do produto. Quando um novo produto fracassa deve-se buscar os motivos (justificativas) da sua não viabilização comercial. Assim, é importante fazer um **estudo preliminar do projeto**:

- Identificar o escopo do projeto, os problemas a serem resolvidos, os objetivos principais.
- Identificar um número possível de hipóteses de soluções que possam satisfazer as necessidades do usuário.
- Mostrar as vantagens e desvantagens do novo produto, desenvolvendo um plano de realização do projeto com estimativas dos recursos necessários.
- Obter o parecer do usuário e da direção, incluindo, bem como o comprometimento deles até, pelo menos, a etapa da análise do projeto do novo produto.

1.28 Avaliação do Produto

A avaliação do produto pelo consumidor requererá um padrão ou um referencial anteriormente conhecido. Assim, para um novo produto a avaliação fica comprometida já que não há nenhum conhecimento das novas especificações. O consumidor na realidade avalia um produto mais pelos aspectos subjetivos do que por outra coisa. Uma avaliação de produto só poderá ter valor se for feita por métodos estatísticos e para um universo significativo de pesquisados.

Assim, é importante que haja um acompanhamento, durante um período de, pelo menos, seis meses, porque a comparação com os novos resultados alcançados torna possível avaliar se as medidas aplicadas resolveram a problemática em pauta e, também, para verificar se existem ajustes, mudanças e modificações convenientes a serem realizadas.

Se realizarmos **testes preliminares**, verificaremos que certas propriedades não foram incorporadas ao produto de maneira adequada. É, pois, imperativo que seja feito **teste piloto**, para evitar que um novo lançamento fracasse, devido à deficiência técnica.

Em muitas situações, os testes são, diretamente, feitos junto aos consumidores. **Amostras do produto** e do concorrente são entregues para testes de consumo, desde que as mesmas não sejam identificadas pelos consumidores. Tais testes ajudam a determinar pontos fracos e pontos fortes.

A empresa, ao planejar um novo produto, deve, paralelamente, planejar o seu lançamento no mercado. O teste de venda do novo produto deve ser feito dentro de uma zona delimitada do mercado, a que chamamos de mercado experimental. As condições para os testes de venda devem ser as mais normais possíveis. Ao ser realizado um **teste de avaliação de um produto**, é importante lembrar que não apenas um, mas vários fatores estão sendo avaliados. Também, estão sendo testados simultaneamente: o produto, a mensagem, o meio da propaganda, o canal de distribuição, o preço de lançamento, a aceitação do nível de qualidade, por exemplo. Estes testes, embora dispendiosos e demorados, são vitais.

Segundo Roberto M. Braga, a avaliação do produto poderá ser feita por meio de um **teste brinde**, seguindo a metodologia:

1 – Convidar um grupo de pessoas (seis a dez), de categorias profissionais diferentes.
2 – Oferecer transporte gratuito de ida e volta para o local do teste.
3 – Elaborar os novos alimentos que vão ser avaliados.
4 – Preparar uma sala especialmente para o teste, designando um coordenador.
6 – Providenciar produtos concorrentes e misturá-los com os nossos.
7 – Identificar os provadores (degustadores) com crachás.
8 – Identificar os produtos a serem testados, apenas por um número.
9 – Ter o chefe da cozinha presente ao evento.
10 – Anotar tudo que for dito e comentado sobre os alimentos colocados em teste.
11 – Elaborar um pequeno questionário para facilitar a tabulação de dados.
12 – Explicar o motivo da reunião e como o teste será realizado.
13 – Explicar que cada participante pode provar quantas vezes quiser cada amostra.
14 – Aplicar, ao final da reunião, o questionário de pesquisa.
15 – Desenvolver um relatório com os detalhes observados e suas sugestões de melhoria.
16 – Realizar uma reunião com os funcionários envolvidos no processo, para corrigir erros.

1.29 Estratégias de Produto

As principais estratégias de produto são:

Estratégia de Preço – É a estratégia voltada a comparar os preços dos produtos de uma empresa com os concorrentes. Para tal, três condições devem ser atendidas: Primeiro, a desafiante deve convencer os compradores de que seu produto é comparável ao da empresa líder de mercado.

Segundo os compradores devem ser sensíveis à diferença de preço e não achar constrangedora a ideia de abandonar seus antigos fornecedores; Terceiro, a líder de mercado deve recusar-se a baixar o preço, não obstante o ataque da desafiante.

Estratégia de Comunicação do Produto – É a estratégia voltada a desenvolver e aplicar os recursos eficazes de comunicar o produto por meio de: publicidade, promoção, propaganda, merchandising e outros meios de divulgação.

Estratégia do Composto do Produto – É a estratégia que busca a composição ótima do produto, por meio de possíveis combinações, para o lucro máximo e nível de qualidade aceitável pelo mercado. Dada a estratégia básica de composto de produto, deve-se ainda rever, periodicamente, se os itens de produtos e linhas específicas no composto, apresentam um bom equilíbrio em termos de crescimento de vendas futuras, estabilidade de vendas e lucratividade.

Os mercados estão em constante mudança no que se refere às suas preferências, para: cor, gosto, cheiro, paladar e outros detalhes. Assim, toda e qualquer mudança é como remédio, isto é, é bom para uma coisa e ruim para outra.

Estratégia Alternativa – É a estratégia que atua no produto (considerado estável) e no mercado (considerado mutável). Esta estratégia analisa como as influências no produto modificam o mercado, e vice-versa.

Estratégia de Lançamento de Novo Produto – A empresa deve decidir o local de lançamento. Poucas empresas têm confiança e recursos para fazer um lançamento global. Ao contrário, as empresas, em geral, desenvolvem um plano pulverizado ao longo do tempo. As pequenas empresas selecionam uma grande cidade, fazendo uma campanha de propaganda maciça. A maioria das empresas desenvolve seus novos produtos para atender seu mercado doméstico. Em havendo sucesso, alçam um voo maior.

Estratégia de Retirada do Produto – É a estratégia utilizada, quando não há crescimento sustentável para um produto no mercado. É ainda utilizada, quando o empreendedor viabiliza dificuldade em retirar o capital investido e precisa vender, no momento certo, para minimizar o prejuízo.

Estratégia de Melhoria do Produto – É uma estratégia comprometida a acrescentar novas características (tamanhos, pesos, materiais, aditivos, acessórios) que expandem a versatilidade, segurança ou conveniência do produto. Uma estratégia de melhoria traz novas características que constroem uma imagem de empresa inovadora, conquistando, com isso, a lealdade de determinados públicos.

Estratégia de Concentração – Estratégia que dirige todos os esforços para um determinado segmento de mercado, abandonando todos os demais. Evidente que há um risco nisso tudo.

Estratégia de Diferenciação do Produto – É a estratégia que visa desenvolver um conjunto de diferenças significativas e valorizadas pelo cliente para distinguir seu produto dos demais concorrentes. É a estratégia que visa exercer influência direta sobre a demanda para que esta se incline a favor dos bens oferecidos pela empresa em detrimento dos produtos concorrentes.

A **diferenciação** resulta basicamente do desejo da empresa vendedora de estabelecer-se firmemente no mercado e/ou de isolar o seu negócio contra a concorrência. Ela visa apontar vantagens de suas ofertas. A diferenciação não necessariamente deve ser restrita ao produto, mas também às suas características como preço, desenho, marca, embalagem, estilo, qualidade, rotulagem, distribuição, comunicação e serviço pós-venda.

O grande desafio da diferenciação chama-se **custo**. Pode-se dizer que a estratégia diferenciada concentra a sua ação num esforço de tornar a demanda favorável à escolha preferencial dos produtos do vendedor que a adota, enquanto que a estratégia de segmentação adapta o esforço de marketing às preferências dos consumidores.

O importante é que a diferenciação procura assegurar uma fatia do mercado, enquanto que a segmentação visa a conquista de uma ou várias fatias. Já a primeira tem uma penetração ampla, porém superficial, no mercado, enquanto que a segunda tem uma penetração reduzida, mas de conhecimento detalhado do segmento atendido. A seguir, as **premissas da diferenciação**:

- Não ofereça diferenciações muito exageradas e não desejadas pelo mercado.
- Não negue uma diferenciação útil, mesmo que seja dispendiosa.
- A diferenciação apresenta uma série de riscos que não podem ser esquecidos.
- A diferenciação, às vezes, é tão grande que não consegue manter a lealdade do consumidor.
- Um bom diferenciador é aquele que traz resultados melhores do que os custos de tal diferenciação.
- Um diferenciador visa a paridade de preço com os concorrentes.
- A lógica da diferenciação é sair da mesmice.

A diferenciação provém da criação singular de valor para o comprador. Ela pode resultar da satisfação de critérios de uso ou de imagem, embora em sua forma mais sustentável ela origine-se de ambos. Um critério de diferenciação, por exemplo, é o tempo de entrega, que pode ser influenciado por operações de logística e de processamento do pedido. Assim, a média do **nível de diferenciação** deve ser dada pelo mercado.

Estratégia de Marca – É a estratégia voltada a manter a marca com uma boa imagem (posição) na cabeça dos consumidores. O conceito de posição na mente do consumidor é uma metáfora que veio da imagem da marca, porque resulta da comparação e avaliação das marcas concorrentes, em um mesmo mercado. Na realidade a posição na cabeça do consumidor é um retrato da qualidade da marca.

1.30 Embalagem do Produto

Todo produto necessitará de embalagem para protegê-lo e melhorar a sua própria aparência. A embalagem inclui todas as atividades em planejamento de produto que se relacionam a desenhar e produzir o recipiente ou invólucro para um produto.

Conquanto a embalagem do produto possa parecer que não tem consequência, na realidade ela é tão complexa como qualquer outra parte do pacote de utilidades, e muitas vezes determina a diferença entre sucesso ou fracasso do produto.

Criar **embalagem**, que seja resistente, facilite o manuseio, identifique o conteúdo, seja padronizada, tenha instruções para o transporte, possibilite reaproveitamento, defina a personalidade do produto e dê instruções para evitar poluição ambiental, é básico para a comunicação da marca e da imagem da empresa.

Para as indústrias a embalagem significa vendas a um número crescente de consumidores, porém ela pode significar sujeira e poluição, problemas cada vez maiores de acúmulo de resíduos sólidos, causando uma ameaça ao ambiente. Não há dúvida de que o público deseja as conveniências práticas das embalagens para uma única pessoa, as garrafas que não precisam ser devolvidas e os alimentos que podem ser consumidos em qualquer lugar.

Algumas **empresas de embalagens** estão tentando se associar a fabricantes de alimentos e varejistas para fornecer embalagens personalizadas. Isso será mais fácil de conseguir se todas as unidades empresariais, ao longo da cadeia de fornecedores, estabelecerem vínculos entre si, focalizando o consumidor final. A solução de problemas em conjunto, entre fabricantes, transportadores e distribuidores, talvez, produza soluções integradas, oferecendo transporte eficaz, redução de produtos danificados, armazenamento otimizado e risco mínimo.

A embalagem mais ecológica é a ausência da embalagem. De fato, essa é a solução que requer menos material e energia nos processos de preservação e de transporte. Isso significa que devemos voltar ao tempo dos nossos avós com suas leiteiras para comprar leite? Em muitos casos, a comodidade e a proteção, proporcionados pelos modernos **sistemas de embalagem**, são muito importantes para serem abandonados.

Mas, será que uma garrafa de vidro reciclável é mais ecológica do que uma garrafa de plástico descartável? Deve-se efetuar uma avaliação completa das quantidades de material e energia, bem como das necessidades de transporte, armazenamento, preservação e manutenção, para obter uma análise do ciclo de vida de todo o sistema de produção e consumo.

Os empresários precisam acostumar-se à ideia de que os **resíduos** de embalagens e outras formas de poluição constituem um problema de saúde pública, como o são as doenças contagiosas, e que o povo, o governo e as empresas precisam ajudar a encontrar soluções.

É por isso que as pesquisas são muito importantes para resolver os problemas suscitados pelas embalagens, depois de seu uso. Informações sobre tecnologia de resíduos sólidos, programas de pesquisas, desenvolvimento de novos materiais, avaliação e programa de assistência técnica podem muito bem orientar os dirigentes das empresas, quando pensarem em novos produtos. Assim, é importante considerar as seguintes **premissas da embalagem**:

- Os resíduos sólidos precisam ser atacados por métodos de ação global.
- A meta deve ser a recuperação de recursos e não a eliminação de embalagens.
- Os problemas técnicos serão resolvidos mais depressa do que os aspectos econômicos envolvidos.
- Nem todos os filtros ou sistemas atendem a todas as situações.
- O governo precisa entrar em cena e regulamentar tudo que se refira à embalagem.
- A empresa quando desenvolve uma embalagem não deve só se preocupar com o visual e custo.
- A empresa deve saber o que acontecerá depois do produto ter sido consumido.
- A reciclagem da embalagem é assunto estratégico.

Garrafas quebradas, caixas de papelão amarrotadas, latas amassadas e embalagens de plástico espalham-se por nossas ruas e lotam os depósitos e incineradores de lixo de nossas prefeituras. Para muita gente, os resíduos de embalagem passaram a representar um perigo. Vale o seguinte questionamento:

- Quais são os problemas que os empresários estão enfrentando com relação à embalagem?
- Como eles estão se organizando?
- O que está acontecendo com a tecnologia da eliminação e aproveitamento dos resíduos sólidos?
- O que está sendo feito para harmonizar os objetivos empresariais e os interesses públicos?

O **rótulo** representa um subconjunto da embalagem. Os produtos, portanto, devem ser rotulados. O rótulo pode ser uma simples etiqueta afixada ao produto ou um desenho artisticamente elaborado que faz parte da embalagem. Ele pode conter a marca do produto ou muitas informações. Mesmo que o fabricante prefira um rótulo simples, a lei exige informações de composição e finalidade. O rótulo desempenha várias funções: identifica, classifica, descreve e promove o produto. Eventualmente, os rótulos tornam-se antiquados e devem ser renovados. O governo exige, por exemplo, que os fabricantes de alimentos processados, incluam informações sobre proteínas, gorduras, carboidratos, calorias, além de vitaminas e sais minerais e as porcentagens recomendadas para uso diário.

Ultimamente, os rótulos contêm palavras como light, diet, alto teor de fibras, baixo colesterol, baixo nível de açúcar, data de validade, percentagens dos componentes e outras informações, que ajudam a vender para consumidores, cada vez mais, exigentes, diversificados e instruídos.

A **rotulagem** é uma característica do produto que se soma ao "pacote de utilidades". Um rótulo comunica informações sobre o produto ou sobre a empresa que o vende. Isto pode estar impresso como parte da embalagem, ou pode estar em uma etiqueta colada ao produto. Existem três espécies básicas de rótulos:

Rótulo de Gradação – Rótulos, em geral, exigidos para alimentos, como: primeira qualidade; oferta especial, produção limitada.

Rótulo Informativo – Rótulos que avisam os consumidores a respeito do cuidado, uso ou preparação do produto, como: mantenha longe do calor ou da luz solar direta.

Rótulo Descritivo – Rótulos que explicam as características importantes ou os benefícios de um produto, como: baixo nível de gordura e colesterol, sem adição de açúcar.

1.31 Comunicação do Produto

É preciso que o consumidor de um determinado mercado saiba que o produto existe e está disponível. Por isso o produto precisa ser comunicado ao público. A **comunicação do produto** precisa garantir que ele satisfará as necessidades e desejos do consumidor, em tempo hábil. Hoje, a comunicação do produto (bem, serviço, ideia) se faz por todos os meios de comunicação.

Um **sistema global de comunicação** em vendas deve ser tal que permita todos os esforços para vender. Este sistema é mais ou menos complicado, dependendo da dimensão da empresa, dos valores transacionados e das informações necessárias. Atinge ponto máximo nas empresas multinacionais, em muitos casos.

Quando de mercados muito sensíveis, com competição muito acirrada, um bom e rápido sistema de comunicação decide a venda. É preciso que o consumidor de um determinado mercado saiba que o produto existe e está disponível. Por isso o produto precisa ser comunicado ao público.

É necessário um pouco de persuasão para encorajar os consumidores a cruzarem o limiar do comportamento de troca e darem os passos para ficar de posse do produto. Este aspecto de persuasão da comunicação mercadológica vence a hesitação dos consumidores, por induzir ou criar uma disposição psicológica favorável para ser feita uma compra e venda. O conceito moderno de comunicação de um produto é aquele processo que gera resposta imediata do consumidor, porque é importante saber o que ele pensa e o que ele quer. Os avanços tecnológicos fornecem aos comunicadores os meios de mostrar às pessoas as inovações mercadológicas.

As **ferramentas de comunicação do produto** são muitas, tais como: propaganda, publicidade, promoção, relações públicas, marketing direto, telemarketing, anúncios, encartes em revistas e jornais, cartazes, displays, material audiovisual, concursos, sorteios, amostras grátis, exposições, feiras, convenções, demonstrações, cupons, descontos, juros baixos, adesivos, seminários, relatórios, doações, patrocínios, publicações, catálogos, folhetos, anuário, eventos, incentivos, televisão, rádio, internet, telefone...

1.32 Publicidade e Propaganda

A **publicidade** é a divulgação de informações sobre as atividades da empresa e seus produtos por intermédio de diversas mídias, para o público-alvo, sem custo adicional. A publicidade terá condições de exercer, de forma responsável, o seu papel de agente de comunicação e de informação. Também de diálogo entre produtores, distribuidores, parceiros, consumidores e autoridades governamentais, executando uma tarefa de sentido social.

Em linhas gerais, a publicidade é a ação para tornar pública alguma coisa. É um instrumento para educar as massas; difundir conhecimento e cultura; propagar campanhas; divulgar um produto. A empresa se projetará através da publicidade, isto é, se aplicará em tópicos noticiosos e comentários de natureza comercial, divulgados gratuitamente. É, portanto, uma atividade típica de relações públicas. O valor de uma **comunicação publicitária** está apoiado nos sentimentos e pensamentos dos leitores e ouvintes. Assim, é preciso saber algo sobre:

- Como chamar a atenção das pessoas?
- Como se processa no cérebro a vontade de comprar?
- Como associar ideias com facilidade?
- Como são os hábitos do público-alvo?
- Como é a interação aprendizado-memória?

Uma **campanha publicitária** precisará levar em conta os seguintes elementos:

- Objetivo – O que se pretende posicionar (incutir) na mente do consumidor.
- Divulgação – A escolha dos meios de divulgação dependerá das informações coletadas.
- Orçamento – O orçamento será, sem dúvida, o critério adotado para alocar recursos e determinar o tempo de duração da campanha.
- Recursos Humanos – O recrutamento e a seleção de recursos humanos, para cuidar da publicidade, serão fundamentais para a sua eficácia.
- Metodologia – Uma metodologia de criação se faz necessária, para coletar informações, ordenar e construir ideias.

Propaganda é toda e qualquer forma paga de apresentação e promoção de ideias, bens e serviços, levada, a efeito, por um patrocinador identificado. É a característica mais visível do marketing e um auxiliar muito eficiente do trabalho preliminar de vendas.

A propaganda torna conhecida a marca e dá prestígio à empresa que a produz. Ela leva o consumidor ao produto, procurando criar a demanda mesmo antes de o consumidor entrar em contato direto com o produto (Influência Indireta). Muita gente confunde propaganda com marketing, infelizmente. Os principais **objetivos da propaganda** são:

- Fazer com que o comprador reaja mais favoravelmente às ofertas da empresa.
- Fornecer informações aos consumidores, tentando modificar seus interesses.
- Fornecer razões para que consumidores mudem de hábito.
- Explicar o uso e o funcionamento do produto.
- Informar mudanças de preços e locais de oferta.

A empresa, que quiser fazer propaganda de seus produtos e marcas, deve levar em consideração as seguintes **premissas da propaganda**:

- Para que a propaganda possa ter um efeito duradouro, é preciso mantê-la por um período relativamente longo.
- Só é possível ter sucesso em propaganda quando a situação é favorável.
- Para que valha a pena fazer propaganda em larga escala, o produto deve poder ser diferenciado.
- No planejamento da propaganda são básicos: objetivo, mensagem, canal, custo, tempo, resposta.
- A propaganda tem um caráter público e impessoal que legitima o próprio trabalho.
- Se a propaganda é longa e perene, ela confere à empresa uma credibilidade muito grande.
- Cuidado com a utilização de sons, palavras, cores, cortes e truques de vídeo para que a propaganda não seja desviada do seu objetivo.

A propaganda tanto é elogiada como criticada. Assim, a seguir, os seus **prós e contras da propaganda**:

Prós: Comunica produtos que podem realmente satisfazer nossos desejos e necessidades. Encoraja a concorrência a competir, estimulando a economia. Diminui os custos ao longo do canal de comunicação (intermediários). Força a empresa a melhorar a qualidade dos produtos.

Contras: Tem uma influência insalubre, porque persuade os consumidores a comprar produtos que realmente não desejam (necessitam). Cria altos níveis de demanda, o que eleva os preços, forçando a inflação. Tem sido criticada por ser falsa, enganosa, aborrecida e irritante.

A propaganda, uma forma de comunicação, que, do ponto de vista do receptor, deixa a desejar. É, para a maior parte, indesejável e desagradável. Em muitos casos, francamente detestada. O difícil é se fazer ouvir nesta sociedade saturada de informação e comunicação. A única realidade que conta é aquela que está na cabeça do consumidor ou o que queremos posicionar na cabeça do futuro consumidor. Ser criativo, desenvolver alguma coisa que ainda não existe está se tornando cada vez mais difícil.

O **mercado de hoje** não reage mais às estratégias que deram certo no passado. Há produtos demais, empresas demais, pessoas demais, informações demais e muito ruído. A mente filtra e rejeita muita informação que chega de forma geral, ela só aceita aquilo que, de certa maneira, coincide com seu conhecimento ou com sua experiência anterior.

O meio pode não ser a mensagem, mas ele a afeta seriamente. Em vez de funcionar como um sistema de transmissão, o meio funciona como filtro, só uma fração minúscula da matéria original chega até ao agente receptor.

A propaganda não pode apenas ser avaliada pelo imediato aumento das vendas que gera. Isso é importante e é o que os anunciantes esperam. Inclusive, quanto à elevação das vendas no curto prazo, as promoções de vendas são mais eficazes. A propaganda traz efeitos de longo prazo, como a construção da marca, a criação e a manutenção de uma imagem favorável junto ao público. Além disso, recorda ao consumidor a existência do produto, reforçando seu prestígio no mercado. Também serve para comunicar **promoções** que estejam em andamento.

1.33 Elementos da Propaganda

Ação da Propaganda – A propaganda não é um brinquedo em que o empresário investe quando está alegre e esquece quando está triste. É um componente que não pode faltar, assim como não pode faltar matéria-prima na produção. Às vezes, é mais fácil e barato crescer em meio a crises, quando a concorrência está acanhada, do que em períodos de expansão econômica, quando as empresas avançam sobre o mercado.

A ação da propaganda de grandes empresas é potencializada em épocas de não vendas, porque é então que as companhias maiores crescem com mais facilidade sobre terreno alheio. Em meio aos tropeções da economia, muitos empresários nem se atrevem a pensar nos lucros, no médio e no longo prazo. Empenham todas as forças para salvar o caixa (liquidez). É nesse clima de "Deus nos acuda" de recessão que as verbas de propaganda caem vítimas da tesoura.

Avaliação da Propaganda – Quando se avalia o efeito da propaganda, a busca é para respostas às perguntas: Quem atingir? Qual o tamanho da audiência? Qual o volume de vendas? O que leva o consumidor a comprar nossos produtos? Qual a combinação ideal dos meios de comunicação?

A seguir, abordaremos dois aspectos fundamentais da avaliação da propaganda:

Eficiência da Propaganda – A eficiência da propaganda poderá ser medida pelo impacto visual que causa e pelo desejo de leitura, guardando-a na memória. Para tal, a propaganda terá de trazer novas ideias, melhorar os níveis de percepção, persuasão e clareza. Deverá trabalhar, também, o emocional.

Eficácia da Propaganda – É difícil saber quão eficaz é a propaganda, a não ser nos casos mais óbvios. A eficácia da propaganda será maior quando:

- O conhecimento do comprador sobre o produto for mínimo; as vendas da indústria, como um todo, crescerem.
- A propaganda apresente aspectos do produto, normalmente, não observados pelo comprador; as oportunidades de diferenciação do produto ficarem bem claras.
- As rendas discriminatórias dos consumidores forem altas.

Estratégia de Propaganda – Estratégia é o caminho para uma organização alcançar, preferencial e diferentemente, os objetivos e desafios em um ambiente mutável, cambiante, complexo e altamente competitivo. Uma boa estratégia pressupõe vontade de determinar metas ambiciosas, mobilizar recursos necessários, executar um plano (ou programa) no longo prazo, definir um conjunto de táticas, ser a resultante de uma (ou várias) decisão muito bem elaborada, envidar esforços para antecipar demanda de um ou mais produtos e adequar a estrutura organizacional da empresa a nova estratégia.

Existem muitas estratégias de propaganda, mas todas convergem para o consumidor que, além de ser seu objetivo, é, também, seu objeto de estudo. Quantas vezes você ouviu essa desculpa esfarrapada? Falha de comunicação. É a mais simples, comum e mais universal das causas que as pessoas atribuem aos seus problemas de negócios, de trabalho e de relacionamento.

Plano de Propaganda – Um plano de propaganda representa a ação estratégica a ser desenvolvida com a finalidade de comunicar, ao provável consumidor, uma mensagem de venda com os pontos positivos de um produto. O plano de propaganda deve ser um documento escrito para que as partes (empresa, anunciante e agência) saibam exatamente quais as diversas etapas que serão cumpridas, qual a estratégia que vai ser adotada e que recursos serão utilizados.

Para evitar interpretações errôneas sobre os fatos que deram origem ao plano de propaganda, cada plano deve começar com uma análise da situação onde são registrados todos os fatos em que estarão baseadas as recomendações da agência e/ou anunciante.

O **questionamento do plano de propaganda** deve se basear no seguinte: Quais são os objetivos da propaganda? O que se quer transmitir? Que pesquisas são necessárias? Qual o tempo de duração da campanha? Qual a disponibilidade em recursos? Quais temas e mensagens devem conduzir a propaganda? Qual mídia deve ser utilizada? A propaganda faz parte da política de preços e/ou do composto de marketing? Qual a época oportuna? Como deve ser organizada a propaganda? Como avaliar resultados (audiência, custo/benefício, resposta do consumidor)? Que formato deve ter o anúncio? Qual o tipo de propaganda? Geral? De suporte? Cooperativada? Qual agência escolher?

Gerência da Propaganda – Cabe à gerência da propaganda: elaborar o seu orçamento; verificar a disponibilidade de recursos; estabelecer um valor percentual, em função da receita com vendas (em geral é de 3%); acompanhar o gasto da concorrência com propaganda; estabelecer um cronograma para o plano de propaganda e desenvolver um fluxograma de programa para decidir o que fazer, em função dos objetivos.

Meio de Divulgação:

Jornal – Vantagem: Cobertura do mercado. Desvantagem: Propaganda de vida curta.
Revista – Vantagem: Propaganda de vida mais longa do que o jornal; Reprodução de alta qualidade. Desvantagem: Necessidade de reserva de espaço mais antecipada do que o jornal.
Rádio – Vantagem: Tem um custo relativamente barato. Desvantagem: Utiliza um único sentido humano.
Televisão – Vantagem: Maiores meios de criatividade. Desvantagem: Custo elevado.
Mala Direta – Vantagem: Baixo custo. Desvantagem: Retorno muito pequeno.
Letreiro – Vantagem: Destaque à distância. Desvantagem: Custo de manutenção.
Cartaz – Vantagem: Flexibilidade. Desvantagem: Depredação.
Evento Promocional – Vantagem: Congrega pessoas do mesmo ramo e interessadas no produto. Desvantagem: Precisa ser muito bem planejado para não fracassar.
Telefone – Vantagem: Contato direto. Desvantagem: Impertinência de quem chama.
Internet – Vantagem: Facilidade de escolha do produto. Desvantagem: Confiabilidade das informações.
Garoto Propaganda – Vantagem: Simplifica a produção do comercial. Desvantagem: O risco está em função da conduta do protagonista.
Prospecto – Vantagem: Barato. Desvantagem: Pouquíssimas pessoas leem.
Banner – Vantagem: Indica o local da promoção. Desvantagem: Duração efêmera.
Catálogo – Vantagem: Ferramenta de apoio ao vendedor. Desvantagem: Obsolescência acelerada; Custo de atualização.
Folder – Vantagem: Velocidade de divulgação. Desvantagem: Poucas pessoas leem.
Rede Social – Vantagem: Absorvida por pessoas em todo o mundo, fazendo parte da rotina de cada um. Desvantagem: Facilidade de publicar notícias falsas.

Capítulo 2

Marketing

"Marketing é tão básico que, por isso, não pode ser considerado uma função separada na organização. É o negócio total do ponto de vista de seu resultado final, isto é, do ponto de vista do consumidor".

Peter F. Drucker

Objetivos do Capítulo

- Mostrar que marketing deve ser visto como uma filosofia a orientar a organização.
- Mostrar a influência, cada vez maior, que o ambiente exerce sobre as pessoas e as organizações.
- Mostrar a importância da leitura do cenário, com suas oportunidades e ameaças.
- Mostrar que o conhecimento do mercado é fundamental para ser empreendedor.

2.1 Marketing

Marketing é uma espécie de filosofia dirigida à ação administrativa da empresa que se inspira na pesquisa de mercado. Portanto, uma visão consolidada do processo empresarial inteiro. É a atividade humana dirigida para a satisfação das necessidades e dos desejos dos consumidores, através de processos de troca.

Um conceito ampliado de marketing pode ser considerado como uma orientação da direção da empresa, baseada no entendimento de que a tarefa primordial da organização é determinar: necessidades, desejos e valores de um **mercado alvo** de forma efetiva.

As transformações nas economias nacional e internacional são rápidas demais e frequentemente violentas. Os mercados atuais assistem à transferência de poder das grandes fábricas para os varejistas gigantes. Há também crescimento e aceitação de novas marcas e novas formas de varejo. Uma grande movimentação de consumidores, em função do preço, do valor agregado ao produto, da propaganda, dos meios de comunicação e da Internet, é outro desafio.

Etimologicamente, marketing significa "com mercados". Quando se faz uma pesquisa bibliográfica, os conceitos de marketing se multiplicam. É comum conceituar marketing como sendo um conjunto de métodos para aumentar as vendas e gerar lucros para a empresa, através de uma ou mais estratégias. O marketing é um "continuum". Não é algo que se faz num determinado ponto e depois se abandona e nem é uma arte maliciosa de enganar o consumidor incauto e não se destina unicamente a especialistas.

Segundo Mark H. McCormack: "Marketing é o processo por meio do qual você vai determinar as necessidades dos consumidores e depois os convencer de que seu produto vai, legitimamente, ao encontro dessas necessidades".

O professor Theodore Levitt, da Universidade de Harvard, estabeleceu um contraste claro entre os conceitos de venda e de marketing. "A venda focaliza-se nas necessidades do vendedor; marketing nas necessidades do comprador.

A venda está preocupada com a necessidade que o vendedor tem em transformar seu produto em dinheiro; marketing com a ideia de satisfazer às necessidades do consumidor, por meio de um conjunto de valores associados ao produto".

A seguir, algumas **considerações sobre marketing**:

Papel do Marketing – O marketing desempenhou três importantes papéis: Primeiro, controlou o caráter das necessidades emergentes dos consumidores, traduzindo-as em produtos apropriados. Segundo, contribuiu para o crescimento dos valores de consumo através de despesas maciças em propaganda e promoção. Terceiro, criou novas formas de distribuição em massa, a fim de garantir que os bens e serviços estivessem disponíveis e pudessem ser adquiridos por grandes grupos de pessoas.

Composto de Marketing – Os elementos do composto de marketing são, em linhas gerais, todos aqueles relacionados ao: produto, marca, capacidade instalada, preço, serviço pós-venda, crédito, financiamento, distribuição, comunicação com consumidor, divulgação e armazenagem.

Assim, a combinação ótima do composto de marketing é alcançada quando não é mais possível obter lucro por unidade produzida, por melhor que seja a utilização e arranjo de seus elementos (lucro marginal tende a zero).

Aspecto Social do Marketing – Pergunta-se se o conceito de marketing ainda é uma filosofia organizacional apropriada, em uma época de deterioração do ambiente, escassez de recursos, excessivo crescimento populacional, especulação desenfreada e serviços sociais deficientes.

A questão é: As empresas, que fazem um excelente trabalho podem sentir, servir e satisfazer os desejos dos consumidores, estão, necessariamente, agindo, no longo prazo, segundo os melhores interesses de toda a sociedade?

Filosofia de Marketing – Hoje, o marketing é visto como filosofia empresarial que obtém, com este foco, vantagens, tais como:

- Obriga a empresa a formular claramente o negócio em que está e que orientação deve seguir.
- Possibilita uma linha de avaliação acerca dos esforços despendidos.
- Dá a empresa uma escala para ajudar a determinar até onde ela já conseguiu chegar.
- Reconhece o fato de que diferentes pessoas e diferentes grupos têm diferentes responsabilidades e níveis de poder de controle.
- Estimula, em cada função dentro da organização, especialmente, nos níveis mais elevados, a reflexão acerca do apropriado grau de mistura dos interesses do consumidor e da empresa.

Objetivos de Marketing – Os principais objetivos de marketing são:

- Buscar, avaliar e fazer render mais os produtos, as pessoas e as tecnologias disponíveis, como lograr resultados em termos de inovação e imitação.
- Analisar as exigências do mercado, verificando se a empresa tem recursos que possa utilizar neste atendimento.
- Determinar a direção e o sentido para onde se deve concentrar esforços e recursos para atrair, criar e manter consumidores.
- Conhecer e compreender tão bem os clientes (potenciais e cativos), quanto os produtos que vende.
- Levar o consumidor a desejar o que a empresa tem, para ter um consumidor satisfeito.
- Fazer com que a empresa aprenda a usar a sua força de vendas com eficiência.
- Buscar equilibrar as forças externas com as forças internas da empresa.
- Constituir-se nos olhos e ouvidos da empresa para o mundo.
- Recomendar o que deve ser produzido.
- Procurar criatividade para enfrentar a concorrência.

É interessante observar que os objetivos são importantes, tendo em vista que: fornecem às pessoas elementos necessários e suficientes para que exerçam seus respectivos papéis; permitem o trabalho em equipe e eliminam as tendências egocêntricas de grupos existentes na organização; servem como referências para avaliar decisões, estratégias, táticas, políticas e planos; orientam a reflexão sobre a missão (finalidade) da empresa; estimulam o empenho das pessoas para resultados positivos; ajudam a utilização e otimização de recursos próprios.

Nota: Objetivos mal formulados levam a empresa ao fracasso.

2.2 Administração do Marketing

A **função organizacional marketing** é a função relativa à identificação das necessidades de mercado, bem como a colocação de bens, serviços e ideias junto ao público, devendo, ainda, criar e manter consumidores.

Ela busca desenvolver ferramentas, cada vez melhores e mais rápidas, para a comunicação com consumidores, isto é, desenvolver, cada vez mais, o nível de interatividade da empresa com o consumidor; obriga a empresa a formular uma definição clara do negócio em que está e que orientação deve seguir; estimula, em cada função dentro da organização, especialmente nos níveis mais elevados, a reflexão acerca do apropriado grau de mistura dos interesses da clientela e da empresa.

É uma função que, através dos resultados com vendas (receitas), ajuda a empresa a avaliar: a força de vendas, a pesquisa de mercado, a aceitação do produto, a previsão de vendas, a distribuição de produtos e materiais, a tomada de decisão, a política de venda, o planejamento dos produtos, a estratégia de divulgação e a comunicação com consumidores.

A separação das funções de venda e de marketing pode criar dificuldades para o pessoal da área de vendas, quando este precisar se envolver no planejamento de marketing.

A **administração do marketing** é um conjunto de atribuições, tais como:

Eficiência de Marketing: Eficiência é a habilidade de produzir o desejado com o mínimo de esforço. É a melhor maneira pela qual as coisas devem ser feitas, a fim de que os recursos sejam aplicados de forma mais racional possível, isto é, significa agir de acordo com o que foi preestabelecido. Eficiência é o melhor uso de recursos e processos. É comum a empresa adotar como eficiência de marketing a seguinte fórmula:

Eficiência de Marketing = Receita com Vendas / Gastos com Marketing

Eficácia de Marketing: Eficácia é uma medida normativa do alcance de resultados (objetivos, propósitos, metas, desafios), isto é, refere à capacidade de satisfazer uma necessidade da sociedade através do suprimento, pela empresa, de bens, serviços e ideias. A eficácia relaciona-se com os fins almejados. A eficácia de marketing é avaliada quando se mede: o resultado do período em relação ao faturamento e despesas com venda em relação ao lucro.

Efetividade de Marketing: Efetividade é o somatório da eficiência mais a eficácia, visando buscar a satisfação do consumidor dentro de um período de tempo mais curto possível. A efetividade de marketing está relacionada à velocidade de resposta que o consumidor dá aos produtos de uma empresa.

2.3 Estrutura do Marketing

A **estrutura** é o conjunto integrado de elementos suportes, que formam o arcabouço sobre o qual repousam as demais partes componentes de um organismo, e que se relacionam no tempo e no espaço. A estrutura é a forma de combinar as partes; configurar um arranjo que represente uma composição. Ela representa a integração das unidades operantes e a forma pela qual é exercida.

Nos últimos anos, com a aceitação de que a empresa deve ser, integralmente, orientada a atender as exigências do mercado, notamos que a estrutura da organização sofreu algumas modificações que são reflexo dessa atitude. Em virtude dessa tendência, notamos que as funções, relacionadas com marketing, vêm sendo objetos de estudo cada vez maiores.

A **estrutura organizacional** é a rede através da qual as atividades administrativas fluem para atingir os objetivos, metas ou propósitos. As estruturas são adaptadas em função da estratégia da empresa. Ela é função da natureza do negócio e das características peculiares de cada empresa. Por isso, empresas de porte aproximado e do mesmo ramo de atividade, dificilmente, têm estruturas semelhantes.

O marketing engloba todas as coisas que têm de ser feitas na organização, para que possa levar até o final a missão empresarial de atrair e manter clientes. Isto significa que marketing não é apenas uma função empresarial. É uma visão holística do processo mercadológico.

A produção, por exemplo, tem padrões de custo e de operação, tem grande controle sobre seu ambiente interno, processos, máquinas e empregados. Estas coisas são organizadas e dirigidas de maneira a produzirem o máximo de eficiência.

Em contraste, o marketing está inteiramente sobre um ambiente externo e tem muito pouco controle sobre o mesmo. As **condições externas** impõem, constantemente, novas e inesperadas exigências. Em consequência, o impulso principal de marketing é menor quanto à eficiência do que quanto ao volume de vendas.

Para atrair consumidores é preciso mais do que ter preço e modo de agir corretamente. Também é necessário ter o produto certo. Porém, não é o marketing que dirige os departamentos de: engenharia, produção, qualidade, pesquisa & desenvolvimento. E nem deve mesmo dirigir. Tampouco, o marketing dirige as finanças e contabilidade de custos, que tanto têm a ver com os orçamentos.

O **departamento de marketing** da empresa pode ser estruturado por cargos, processos, funções, regiões, clientes, produtos, marcas, mercados ou estrutura mista. Este departamento não existia nas empresas, há alguns anos atrás. Ele derivou do departamento de vendas (ou comercial). Este grupo constitui os olhos e os ouvidos da empresa para o mundo. Quando na empresa, ele defende os interesses dos consumidores e, quando no mercado, defende os interesses da empresa.

A **evolução do departamento de marketing**, ao longo dos anos, foi a seguinte:

1ª Fase: Departamento de Vendas.
2ª Fase: Vendas com funções de Marketing.
3ª Fase: Marketing separado de Vendas.

O desenho do departamento de marketing pode ser representado por um organograma:

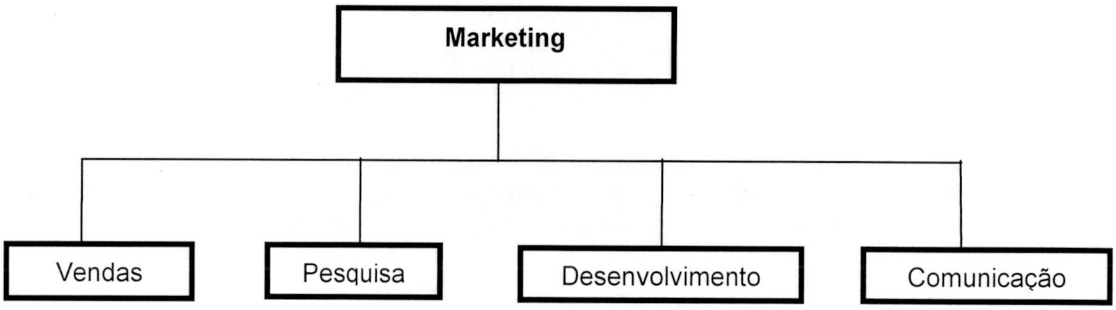

Figura 2.1: Organograma Funcional do Departamento de Marketing.

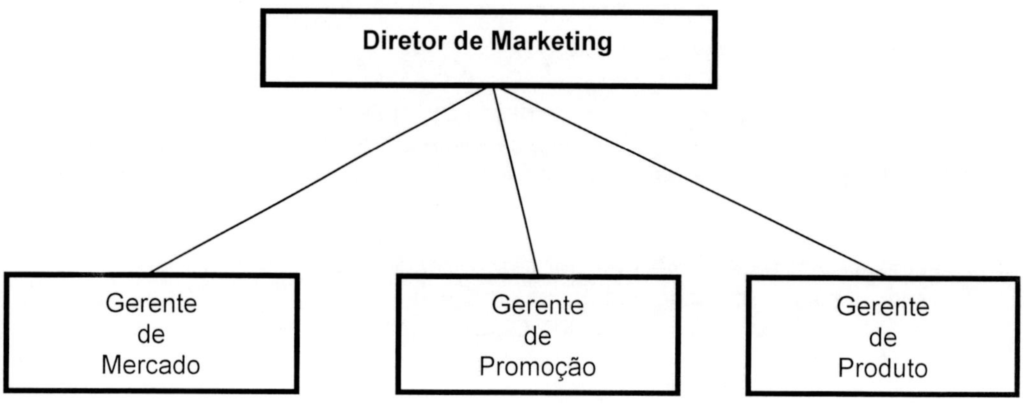

Figura 2.2: Organograma de Cargos do Departamento de Marketing.

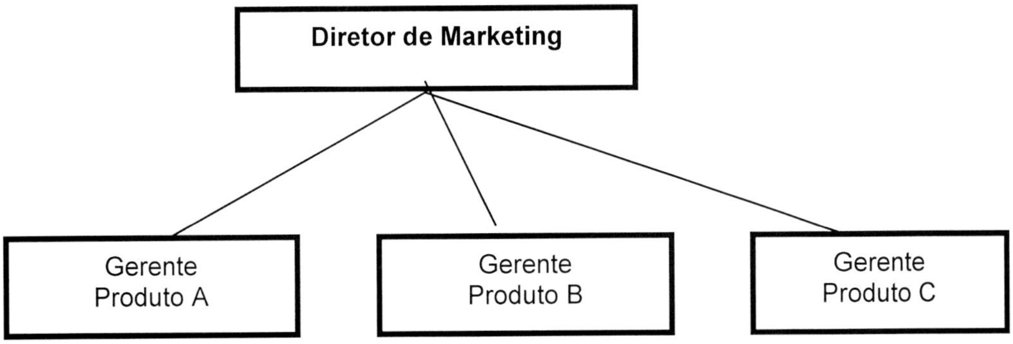

Figura 2.3: Organograma por Produto do Departamento de Marketing.

Os **desenhos organizacionais das empresas** vêm sofrendo mudanças significativas, tais como: estrutura enxuta (**reengenharia**); estrutura com redução dos níveis hierárquicos (**downsizing**); estrutura descentralizada com autonomia de ação e poder de decisão (polos de negócios); estrutura em rede (pequenas empresas conectadas eletronicamente); estrutura por equipes (parte do pessoal é permanente e parte é móvel); estrutura matricial (existe enquanto durar o projeto), congregando especialistas de forma multidisciplinar.

2.4 Planejamento de Marketing

Planejar significa traçar uma rota que poderá ser reformulada e ajustada para se alcançar determinado (s) resultado (s). O planejamento disciplina a pessoa a colocar suas ideias, recursos, métodos e decisões de uma maneira lógica, racional e inteligente, levando a mesma a não perder tempo.

Planejamento de marketing implica idealizar meios para conseguir atrair e manter consumidores para os bens e serviços que a empresa produz. Ele precisa estar integrado ao planejamento global da empresa. A expressão "planejamento estratégico de marketing" caiu em desuso e foi substituída por estratégias de marketing, assunto a ser explorado mais adiante.

Quando do planejamento de marketing é preciso levar em consideração fatores específicos que afetam o ambiente de vendas que envolve a empresa, pois ajudam a diagnosticar como o mercado se mantém em equilíbrio, através do estudo das preferências dos consumidores, das políticas governamentais, do comportamento da concorrência, das mudanças tecnológicas, das leis restritivas, dos canais de distribuição e da escassez de recursos.

As **etapas do planejamento de marketing** são descritas a seguir:

- Análise ambiental (ler cenário).
- Missão da empresa (finalidade do negócio).
- Identificação de oportunidades e ameaças.
- Diagnóstico estratégico (definir problemas de responsabilidade da empresa).
- Determinação de objetivos básicos (um a três).
- Determinação de objetivos secundários (dois a quatro).
- Definição dos recursos necessários.
- Formulação de alternativas e modelos.
- Estudo da relação custo/qualidade/preço/lucro.
- Estudo das vantagens, desvantagens, pontos fortes e pontos fracos.
- Análise do fluxo de decisões.
- Determinação das informações necessárias.
- Desenvolvimento de planos estratégicos, táticos e operacionais.
- Montagem da estrutura organizacional e sistemas de informação/comunicação.
- Definição dos instrumentos prescritivos, quantitativos e qualitativos.
- Definição dos padrões de desempenho compatíveis com os objetivos.
- Estabelecimento de meios para controle, avaliação e feedback.
- Implementação do planejamento (plano).
- Correção dos desvios.

- Decisões para novos planejamentos.

2.5 Relações e Conflitos de Marketing

As **relações do departamento de marketing** com os demais setores da empresa se caracterizam pela troca de informações por meio de mecanismos de persuasão, motivação, integração e liderança, por exemplo. Assim, o departamento de marketing troca informações com:

- Presidência da Empresa: estratégias, planos, táticas, políticas, relatórios, conflitos.
- Recursos Humanos: necessidades de mão de obra, recrutamento, seleção, treinamento, normas de conduta, atendimento.
- Engenharia: novos produtos, tendências, tecnologias, níveis de qualidade, especificações.
- Vendas: faturamento, desconto, previsão, preço, demanda, serviço.
- Finanças: orçamento, crédito, cobrança, contabilidade, liquidez.
- Produção: custo, capacidade instalada, expedição, estoque, logística, tolerância, nível de qualidade.
- Ambiente: mercados, oportunidades, ameaças, incertezas, cenários.
- Pesquisa & Desenvolvimento: ideias, inovações, criatividades, mudanças.

O **conflito** é uma situação em que uma pessoa se coloca contra uma outra ou contra um grupo. Conflito significa a existência de ideias, sentimentos, atitudes ou interesses antagônicos e colidentes. No passado, os conflitos eram reprimidos. Hoje, são desejáveis, pois trazem mudanças e inovações, desde que não sejam constantes e permanentes, pois, se assim o forem, não deixarão a organização prosseguir na sua luta diária para sobreviver.

O conflito é uma das condicionantes dos seres vivos, sendo mais exagerado entre os seres humanos. A seguir, os principais **conflitos de marketing**:

Pesquisa & Desenvolvimento	Marketing
Pesquisa Básica	Pesquisa Aplicada
Qualidade Intrínseca	Qualidade Percebida
Características Funcionais	Características para Vendas

Quadro 2.1: Conflito Marketing X Pesquisa & Desenvolvimento

Engenharia	Marketing
Projetos Demorados	Projetos Rápidos
Poucos Modelos	Muitos Modelos
Padronização	Personalização

Quadro 2.2: Conflito Marketing X Engenharia

Compras	Marketing
Leque Pequeno de Produtos	Ampla Linha de Produtos
Preço do Material	Qualidade do Material
Estoque Mínimo	Grande Estoque
Compras Regulares	Compra Contingencial

Quadro 2.3: Conflito Marketing X Compras

Produção	Marketing
Poucas Mudanças de Modelos	Mudanças Frequentes
Facilidades de Fabricação	Aparência e Estética
Controle de Qualidade	Qualidade Total

Quadro 2.4: Conflito Marketing X Produção

Finanças	Marketing
Orçamentos Fixos	Orçamentos Flexíveis
Racionalidade para Despesas	Despesas Intuitivas
Preço para Dar Lucro	Preço para o Mercado
Condições de Pagamento Padronizadas	Prazos e Descontos Especiais
Nenhum Risco de Crédito	Algum Risco
Cadastro Completo	Cadastro Resumido
Rigor nas Cobranças	Cobrança Amena

Quadro 2.5: Conflito Marketing X Finanças

2.6 Tipos de Marketing

Os autores de livros de marketing associam a palavra marketing com qualquer palavra voltada para negócios. São incríveis os nomes de marketing encontrados nos livros, revistas, jornais e publicações especializadas. Qualquer pesquisa bibliográfica levantará perto de cem nomes diferentes de marketing, no mínimo.

O problema é que criam uma confusão desmedida, pois associam marketing à estratégia, tática, função, tarefa, atividade, processo, finalidade, política, filosofia e muito mais.

São relacionados, a seguir, os **principais tipos de marketing**:

Marketing de Artes – É aquele voltado a desenvolver estratégias de demanda ao consumo dos diversos tipos de arte, utilizando a máxima: "Arte é cultura".

Marketing Bancário – É aquele voltado a automatizar e informatizar o serviço prestado para minimizar custos, no atendimento de massa. Para clientes especiais, a estratégia usada é a da segmentação de mercado. Hoje, o banco busca cultivar a imagem de um banco forte, seguro, agradável e eficiente na mente do cliente.

Marketing Básico – É aquele voltado a apoiar o produto que vende, recompensando os melhores vendedores. Neste marketing, o vendedor, simplesmente, vende o produto.

Marketing Boca a Boca – É aquele que se vale da satisfação do consumidor para recomendações de um determinado produto. Neste caso, a mensagem passada é: bom, barato e com qualidade.

Marketing Business to Business – É aquele voltado a informar dados do perfil do consumidor por vendedor, tais como: produtos que compra, volume das compras e preços praticados, nomes dos contratos chaves, situação dos pedidos, valor estimado para compras, avaliação do atendimento.

Marketing Contemporâneo – É aquele voltado a estudar a economia mundial, perguntando: "O Que Está Por Vir?".

Marketing Concentrado – É aquele voltado a aplicar grande volume de recursos para promover produtos num espaço de tempo reduzido. Também conhecido como aquele que procura servir a um único segmento (estratégia de segmentação).

Marketing Competitivo – É aquele voltado a criar fatores competitivos para os produtos, na intenção de enfrentar a concorrência.

Marketing Corporativo – É aquele que dá assessoria de marketing aos demais departamentos da empresa. Algumas organizações possuem uma pequena equipe com a função de assessorar os dirigentes naquilo que diz respeito ao marketing da empresa. Existem empresas que suas divisões possuem seu próprio órgão de marketing.

Marketing Criativo – É aquele voltado a descobrir novos produtos, não declarados pelas pesquisas genéricas.

Marketing Cooperativo – É aquele desenvolvido por rede em que os clientes trocam informações, bens, serviços e ideias.

Marketing Compartilhado – É aquele voltado a compartilhar uma atividade de valor, objetivando alcançar uma economia de escala e reduzir, consequentemente, custos.

Marketing de Catálogo – É aquele voltado a enviar por mala direta ofertas de produtos a consumidores previamente selecionados.

Marketing de Comunicação – É aquele voltado a desenvolver ferramentas cada vez melhores e mais rápidas para a comunicação com os consumidores.

Marketing de Consumo – É aquele voltado a obter informações sobre o mercado potencial e como conseguir aumentar a carteira de pedidos.

Marketing de Conversão – É aquele voltado a reverter uma demanda negativa.

Marketing de Carreira – Aquele voltado a desenvolver um plano para conseguir alavancar a carreira.

Marketing de Causas – É aquele voltado a defender causas sociais que trazem um incremento à imagem da empresa. É uma versão do marketing societal. É um componente importante no mercado para que os indivíduos expressem suas preferências morais, políticas e éticas.

Marketing de Desenvolvimento – É aquele voltado a descobrir demandas latentes.

Marketing de Distribuição – É aquele voltado à distribuição física de bens para estimular demanda.

Marketing de Desempenho – É aquele voltado à qualidade dos produtos e das pessoas envolvidas em negociá-los.

Marketing de Eliminação – É aquele voltado a destruir uma demanda indesejada.

Marketing de Estímulo – É aquele voltado a converter uma demanda negativa ou inexistente em demanda positiva.

Marketing de Esportes – É aquele voltado a fazer propaganda de marcas famosas no vestuário dos atletas.

Marketing de Guerra – É aquele voltado a utilizar práticas de guerra por considerar o mercado como um campo de batalha.

Marketing de Globalização – É aquele que considera a Terra como um grande e único mercado.

Marketing de Guerrilha – É aquele voltado a desenvolver estratégias e táticas para fustigar concorrentes. É uma espécie de divulgação que aproveita um evento para fazer propaganda, sem permissão e nem contrato para tal.

Marketing de Informação – É aquele que seleciona informações relevantes que viabilizem projetos e produtos. As fontes são: Relatórios do Governo e de Bancos Mundiais; Revistas e Jornais.

Marketing de Lazer – É aquele que vê o lazer como produto.

Marketing de Lugar – É aquele a trabalhar a imagem de um lugar como se fosse de um produto.

Marketing de Localização – É aquele que mostra ao consumidor onde encontrar fornecedores para determinados produtos.

Marketing de Marca – É aquele que desenvolve estratégias para que a marca sobreviva.

Marketing de Mala Direta – É aquele que, por correio, faz uma oferta, anúncio ou sugestão a uma pessoa num determinado endereço. E isto pode ser feito pelo envio de: carta, folheto, folder, prospecto, catálogo, por exemplo.

Marketing de Massa – É aquele voltado a ajudar a empresa a produzir, com custos menores, poder vender mais barato.

Marketing de Nicho – É aquele voltado a descobrir fatias do mercado não atendidas ou mal atendidas. **Nicho** é um grupo mais restrito de compradores que não está sendo bem atendido. As empresas identificam um nicho pelas características comuns de seus participantes. Um nicho é considerado atraente quando: seus consumidores possuem um conjunto distinto de necessidades e estão dispostos a pagar mais para serem mais bem atendidos; a empresa obtém alguma economia de escala; tem potencial de tamanho, lucro e crescimento.

Marketing de Objetivos – É aquele voltado a criar um setor na empresa para coordenar estratégias aplicadas para atingir objetivos.

Marketing de Produto – É aquele voltado a criar mecanismos para ampliar a vida do produto.

Marketing de Posicionamento – É aquele voltado a induzir as pessoas, por diversos meios, a comprar seus produtos pela qualidade que têm e a ver a imagem da empresa como excelente no mercado.

Marketing de Parceria – É aquele voltado a ajudar o varejo (distribuidor) como gerir seus negócios. Neste marketing a empresa trabalha com os consumidores para descobrir maneiras de ajudá-los a usar o produto economicamente.

Marketing de Ponto de Venda – É aquele voltado para o setor de serviço com o objetivo de agregar valores de exclusividade e de privacidade no atendimento.

Marketing de Qualidade – É aquele voltado a desenvolver na empresa a necessidade da implantação, de forma sistêmica, de um programa de qualidade total.

Marketing de Relacionamento – É aquele voltado a criar laços tão fortes com os consumidores para que estes passem a ser leais aos produtos e marcas da empresa. É a prática da construção de relações satisfatórias a longo prazo com consumidores, fornecedores e distribuidores. O resultado buscado com este tipo de marketing é uma rede de interesses comuns.

Marketing de Rede – É aquele voltado a criar um forte sistema de informação-comunicação entre seus clientes e a empresa, para agilizar a velocidade das negociações. É uma variante da venda direta, por meio de distribuidores independentes, que recrutam subdistribuidores e pessoas para vender. Os locais de venda, em geral, são clubes, igrejas, condomínios, residências.

Marketing de Recursos – É aquele voltado a melhorar o relacionamento da empresa com os mercados de recursos naquilo que diz respeito, principalmente, a preço, qualidade, prazo de entrega e disponibilidade.

Marketing de Reciprocidade – É aquele voltado a dividir, ou trocar, recursos entre as partes envolvidas na comercialização de um produto.

Marketing de Resposta – É aquele voltado a desenvolver mecanismos para que a resposta do consumidor seja a mais rápida possível. Este marketing é muito confundido com marketing direto.

Marketing de Segmentação – É aquele que dirige esforços a grupos selecionados de consumidores. A empresa que pratica marketing de segmentação reconhece que os compradores diferem em seus desejos, poder de compra, locais de residência, atitudes e hábitos de compra.

Marketing de Serviço – É aquele voltado a implantar qualidade no atendimento do consumidor. Este atendimento começa na fábrica e termina no balcão da loja, casa ou escritório. É importante entender que os princípios e premissas que orientam os bens são os mesmos para os serviços, porque o que muda é a aplicabilidade das ações. A fidelização do consumidor é de vital importância.

Marketing de Valor – É aquele voltado a conhecer o valor que os consumidores dão aos bens e serviços que recebem em troca de dinheiro, esforço, tempo e espaço.

Marketing de Varejo – É aquele voltado a criar espaços atraentes e confortáveis. O varejo realizado em shopping é diferenciado, devido às facilidades dadas aos consumidores.

Marketing Direto – É aquele voltado, através de um sistema qualquer, a obter uma resposta imediata de um consumidor.

Marketing Diferenciado – É aquele voltado a fazer com que a empresa opere em diversos segmentos de mercado, desenvolvendo metodologias de ação diferentes para cada segmento.

Marketing em Linha – É aquele voltado a utilizar tecnologias da informação e da comunicação interligadas, para criar um consumidor a partir do usuário do sistema. É o marketing do Século XXI.

Marketing Estratégico – É aquele voltado a criar caminhos para se atingir um mercado alvo, no longo prazo.

Marketing Ético – É aquele voltado a fazer com que a pesquisa e a propaganda não sejam instrumentos invasores para o consumidor. Muitos veem a pesquisa de marketing como invasão de privacidade ou tentativa velada de vender algo. De fato, muitos estudos de pesquisa parecem ser nada mais do que veículos para lançar os produtos do patrocinador.

Marketing Externo – É voltado a desenvolver boas relações com pessoas de fora da organização.

Marketing Integrado – É aquele que utiliza todos os recursos e meios possíveis da empresa para atender os interesses dos consumidores.

Marketing Internacional – É aquele voltado a estudar os fatores que facilitam a empresa a atuar no exterior. É um marketing muito arriscado.

Marketing Individual – É aquele voltado a atender as exigências do consumidor. Este trabalho é facilitado com um banco de dados.

Marketing Interativo – É aquele voltado a treinar funcionários a bem atender os consumidores. Também é voltado a registrar as reações e características dos consumidores, prevendo com isso uma nova abordagem. Compreende grande variedade de atividades, todas voltadas para bem atender o consumidor de maneira integrada.

Marketing Interno – É aquele voltado a preparar os funcionários para a filosofia de marketing.

Marketing Legal – É aquele voltado a aprimorar o estudo da mudança de posse e propriedade de um produto.

Marketing Mix – É aquele que combina as variáveis do composto mercadológico.

Marketing Multicanais – É aquele que utiliza vários canais de comunicação e de distribuição para atingir um ou mais segmentos de consumidores.

Marketing Orientado – É aquele voltado a desenvolver uma embalagem que oriente o consumidor na utilização do produto.

Marketing Personalizado – É voltado a desenvolver banco de dados sobre perfil de consumidores.

Marketing Político – É aquele voltado a criar uma boa imagem do candidato a cargo político. A imagem é passada como o candidato sendo incorruptível e que vai se dedicar a combater as injustiças sociais e a impunidade; melhorar a qualidade de vida dos cidadãos e a distribuição de renda.

Marketing Proativo – É aquele voltado a fazer com que o vendedor oferte novos produtos como uma grande oportunidade para o comprador.

Marketing Religioso – É aquele voltado a criar novas vertentes de religiões já consagradas para atender descontentes.

Marketing Reativo – É aquele voltado a estimular o consumidor a responder sobre o produto, como fazer comentários, reclamações e questionamentos.

Marketing Responsável – É aquele voltado a solicitar informações, logo após a entrega do produto, se o mesmo atende as expectativas do consumidor.

Marketing Regional – É aquele voltado a, baseado em pesquisa, divisar o potencial de uma região.

Marketing Responsivo – É aquele criado para atender reclamações de consumidores. Algumas empresas fazem distinção entre marketing responsivo e marketing criativo. Uma empresa responsiva encontra uma necessidade declarada e a atende. Uma empresa criativa descobre e produz soluções que os consumidores não declaram, mas que respondem positivamente.

Marketing Social – É aquele voltado a satisfazer, em conjunto, seus consumidores e a sociedade como um todo. O primeiro passo é dado em direção à comunidade, onde se insere a empresa.

Marketing Tático – É voltado a criar atividades para apoiar ou corrigir determinada estratégia.

Marketing Teste – É aquele voltado a se especializar em teste de aceitação de um novo produto, em áreas geográficas limitadas.

Marketing Um a Um – É aquele voltado a criar no consumidor a ilusão de que ele é o único.

Marketing Virtual – É aquele em que as empresas mantêm diálogo com os clientes e atendem suas reivindicações e pedidos. O contato é virtual, o que agiliza a comunicação. Embora não havendo um contato pessoal entre as partes envolvidas, essa forma de comercialização assemelha-se à moda antiga, pois o vendedor conhece, às vezes, detalhes da vida do comprador.

Telemarketing – É uma espécie do marketing direto que utiliza, principalmente, o telefone para acessar consumidores.

O leitor não deve ficar impressionado com tantos nomes de marketing, que, afinal, dizem a mesma coisa: "Marketing é todo esforço para criar e manter consumidores de um determinado mercado".

2.7 Tendência do Marketing

O marketing evoluiu como resultado da aplicação dos conceitos de administração à distribuição e à venda. E, acima de tudo, já em meados da década de 1920, alguns pioneiros da administração começaram a questionar a forma de organização da atividade manufatureira. Eles concluíram que a linha de montagem era um compromisso de curto prazo.

Apesar da maior produtividade da linha de montagem, era economicamente deficiente, em razão da sua falta de visão estratégica, de flexibilidade, de efetividade. Até de má engenharia. Com a chegada da automatização, telemática e robótica, a tecnologia da informação passou a gerenciar todos os recursos, inclusive os recursos humanos. Isto levou a reforçar o conceito de marketing.

Por outro lado, prever o futuro é tarefa bastante difícil. Afirmar quais os **novos rumos do marketing** não fogem à regra, em virtude dos avanços tecnológicos que afetam com muita intensidade a forma de comercialização. No entanto, percebemos algumas modificações que já estão começando a acontecer no mercado. Essas modificações estão muito mais vinculadas ao relacionamento com os consumidores e às diferentes formas de lidar com o composto de marketing tradicional.

As tendências do marketing são as seguintes:

- O marketing de fidelização tem importante papel no desenvolvimento dos negócios.
- O relacionamento com os clientes passa a ser o principal elemento do composto de marketing.
- Os serviços serão fundamentais para a diferenciação das ofertas dos produtos.
- O marketing digital alcançará um desenvolvimento acelerado, obrigando muitas empresas a entrar nessa forma de comercialização.
- As marcas passam a ser importantes para a fidelização e a diferenciação da oferta em certos segmentos.

- As empresas otimizarão recursos para melhorar seus preços. O marketing em tempo real passará a ser uma necessidade.
- Os consumidores passam a valorizar as empresas que se preocupam com o serviço pós-venda.
- As causas sociais e ambientais, cada vez mais, são valorizadas.
- O marketing do terceiro setor passa a ter importância à medida que os governos se omitem.
- A empresa necessita, cada vez mais, de estratégias com diferenciais competitivos.
- As empresas já perceberam o potencial do consumidor idoso e vêm atraindo-os com foco na qualidade de vida, saúde, embelezamento e longevidade.
- As pessoas, quando não têm opinião formada, se orientam pela mídia, sites de busca, redes sociais. Elas querem informações rápidas e filtradas.
- As pessoas dão mais valor à satisfação com o produto do que com sua verdadeira posse.
- O design não é visto como luxo pelos jovens, mas como padrão.
- A participação é outra necessidade do consumidor. Ele quer ter sua opinião e seu trabalho chegando a um número cada vez maior de pessoas.
- O jovem tem pressa e quer comprar tudo sem se prender a estilos ou crenças. Sua mente é global, mas seu corpo é regional.

2.8 Marketing Direto

O marketing direto é um sistema interativo que usa uma ou mais mídias de propaganda para obter uma resposta e/ou transação tangível em qualquer lugar. Ele beneficia os consumidores de várias maneiras: comprar no local que desejarem; fazer encomendas para si ou para outros; comparar por meio de catálogos aquilo que querem.

Compradores industriais também citam inúmeras vantagens. Uma das grandes vantagens do marketing direto é a possibilidade de se testar eficiência, eficácia e efetividade da empresa no trato com o consumidor.

O crescimento do marketing direto se deve, principalmente, a:

- Custo da movimentação do consumidor até o varejo.
- Problemas de tráfego e de estacionamento.
- Falta de tempo das pessoas.
- Vendedores mal treinados.
- Discagem gratuita por telefone.
- Possibilidade de comprar a qualquer hora e dia.
- Explosão do comércio eletrônico.
- Desenvolvimento de softwares sobre banco de dados.

É necessário observar que marketing direto e marketing baseado em banco de dados não são sinônimos, apesar dos profissionais de marketing direto, há muito tempo, usarem banco de dados. À medida que se expandem às capacidades tecnológicas, as empresas têm acesso ilimitado aos dados e aos canais multimídia interativos de comunicação de banda larga com seus clientes.

Os **canais de comunicação do marketing direto** podem se, por exemplo:

Visita de Vendas – As empresas utilizam vendedores, agentes, representantes, corretores.

Mala Direta – As empresas oferecem, através de cartas, folders, prospectos, folhetos e catálogos, enviados pelo correio, bens e serviços. O correio evoluiu do papel aos meios eletrônicos.

Telemarketing – As empresas abordam o consumidor em potencial através do telefone, televisão e rádio. O telemarketing feito através do telefone é o mais direto, porque, geralmente, se fala com a pessoa desejada. Mas, atenção, telemarketing não é sinônimo de "malho".

Marketing On-line – O marketing direto de canal on-line está sendo considerado pelas empresas como o melhor meio de encontrar, atingir, comunicar e vender bens e serviços a consumidores potenciais, reais e cativos.

2.9 Ambiente

Ambiente é todo um espaço (contexto) que envolve externamente uma organização de forma direta e indireta. É constituído de: pessoas, sistemas, recursos, grupos, famílias e organizações que formam a sociedade. Alguns autores ainda consideram que existem dois ambientes: externo e interno (a própria organização).

As **organizações modernas** são vistas como sistemas abertos que precisam responder, de forma efetiva, às pressões externas ou ao que se chama de imperativo ambiental, para que tenham sucesso. Apesar de se poder afirmar que essas pressões ambientais sempre existiram em todas as organizações, é preciso, hoje, prestar maior atenção à transação ambiente-organização.

O ambiente é um fator incontrolável que pode causar prosperidade ou desastre em um mercado. Mas, com esforço e resolução, pode-se conseguir considerável controle sobre o mesmo. As empresas não vivem no vácuo, isoladas e totalmente autossuficientes, mas funcionam dentro de um contexto, do qual dependem para sobreviver e crescer. É do ambiente que as empresas obtêm os recursos, para poderem agir, devolver e conferir resultados, bens, serviços e ideias.

O ambiente empresarial (corporativo, organizacional ou unidade de negócio) não é um conjunto estável, uniforme e disciplinado, mas um conjunto bastante dinâmico em que atua, constantemente, grande quantidade de forças de diferentes dimensões, naturezas e direções, e que muda a cada momento, tendo em vista a interação das mesmas.

A organização retira os recursos que precisa do ambiente em que foi inserida, com a finalidade de sobreviver. Uma empresa é uma organização de finalidade econômica. A velocidade e descontinuidade das mudanças ambientais fazem com que a política organizacional não possa ser formulada com base na evolução, continuidade ou adaptação natural da organização ao ambiente.

Essa adaptação é causada por inúmeros fatores, como o rápido desenvolvimento da tecnologia, a expansão mercadológica e as rápidas mudanças sociais e econômicas, que produzem pressões constantes para que a organização mude.

As relações entre as organizações e os ambientes são altamente complexas, uma vez que as organizações vivem em um mundo humano. A complexidade interna, atingida pelas organizações, diminui à medida que os problemas externos são solucionados.

As **empresas** constituem organizações sociais inventadas pelo homem, para se adaptarem às circunstâncias ambientais, a fim de alcançarem determinados objetivos. Se essa adaptação é conseguida e os objetivos alcançados, a empresa terá condições de sobrevivência e de crescimento.

2.10 Tipos de Ambiente

É difícil estabelecer uma classificação para os ambientes, tendo em vista poder-se associar ambiente a quase tudo, como para mercado, estratégia e política. A seguir, alguns tipos de ambiente:

Ambiente Homogêneo – Ambiente de pouca diferenciação entre seus elementos. O ambiente homogêneo é simples, permitindo à empresa pequena diferenciação de atividades e, portanto, uma estrutura organizacional com poucos departamentos para lidar e, ao mesmo tempo, centralizada. É o caso das empresas que têm consumidores, fornecedores e distribuidores pouco diferentes entre si e que podem ser tratados, com certa uniformidade de critérios, por parte da empresa.

Ambiente Heterogêneo – Ambiente de muita diferenciação de mercados. No ambiente heterogêneo, os consumidores são altamente diferenciados entre si, o mesmo ocorrendo com os fornecedores, os concorrentes e os órgãos regulamentadores do governo.

Por outro lado, o ambiente heterogêneo impõe à empresa necessidade de unidades descentralizadas, para poder planejar e controlar as reações em seu específico segmento.

Ambiente Estável – Este ambiente apresenta estabilidade quando não há mudanças relevantes de comportamento. Normalmente, é conservador, previsível e rotineiro.

Ambiente Instável – Ambiente de constantes mudanças, gerando incertezas. Uma das características do ambiente instável é que ele potencializa as oportunidades e as ameaças à empresa. É crucial, portanto, que os empresários aprendam a reconhecer os solavancos ambientais e a lidar com eles.

Ambiente Incerto – Ambiente onde faltam informações e conhecimentos para a consecução dos objetivos empresariais e onde o risco é grande. Para sobreviver em um ambiente incerto e para lidar com tecnologias de difícil domínio, a empresa precisará estabelecer estratégias de sobrevivência.

Ambiente Turbulento – Ambiente onde as estratégias passadas são suspeitas, a rentabilidade não acompanha o crescimento, o futuro é muito incerto e cheio de surpresas.

Ambiente Geral – Ambiente comum a todas as organizações (macroambiente). Também conhecido como ambiente externo.

Ambiente de Tarefa – Ambiente operacional e específico de cada organização. Corresponde ao segmento do ambiente geral mais imediato e próximo da empresa. É constituído por pessoas e seus recursos com as quais são mantidos contatos diretos para poder operar. É o contexto mais relevante para a empresa poder cumprir sua missão.

Ambiente Tecnológico – Ambiente que fornece o desenvolvimento de novos produtos e processos, função dos avanços tecnológicos.

Ambiente Cultural – Ambiente traduzido pelos usos e costumes da região. Uma organização poderá mudar hábitos culturais ou não. As diferenças culturais são assustadoras, baseiam-se, em grande parte, nas tradições: religiosa, social e econômica. Para os americanos, a pontualidade e o estabelecimento de datas limites são procedimentos comerciais normais. Mas, no Oriente Médio, tal atitude é considerada rude, atrevida e exigente.

Ambiente Econômico – Ambiente que retrata o poder de aquisição da população. O poder de compra existente em uma economia depende da renda atual, preço, poupança, empréstimo e disponibilidade de crédito. As empresas devem prestar muita atenção às principais tendências nos padrões de renda e de gasto em bens de consumo.

Ambiente Legal – Ambiente que mostra à organização restrições legais, para a sua criação e desenvolvimento. A sociedade reconhece que se criam desigualdades quando os sistemas social e econômico ficam entregues a si mesmos. Teoricamente, o governo representa os desejos e necessidades de seus cidadãos e promulga leis em seu benefício.

Assim como as pessoas não podem dizer que não conhecem a lei, os empresários precisam estar conscientes das leis e regulamentações governamentais que afetam seus mercados, produtos, projetos e negócios.

A **legislação comercial**, por exemplo, tem o propósito de proteger: as empresas da concorrência predatória; os consumidores dos abusos da propaganda enganosa; a sociedade do comportamento do mercado; o ambiente da degradação; os agentes do governo da corrupção.

Ambiente Demográfico – Ambiente que mostra à organização o crescimento da população e suas faixas etárias. As tendências demográficas são altamente confiáveis a curto e médio prazos. Há pouca justificativa para uma empresa ser repentinamente surpreendida por desenvolvimentos demográficos.

2.11 Elementos Ambientais

O administrador irá se defrontar com problemas cada vez mais diferentes e mais complexos do que os anteriores. Portanto, sua atenção será disputada por pessoas e grupos situados dentro e fora da organização, que lhes proporcionarão informações contraditórias que complicarão o seu diagnóstico e a sua visão dos problemas a resolver, bem como as decisões a tomar.

Como qualquer empresa está dentro de um ambiente, é preciso que examinemos os **elementos ambientais**:

Restrição – As restrições causam impactos muito desagradáveis às organizações e são, de toda maneira, contornadas. Às vezes, as restrições podem revelar oportunidades ainda não visualizadas. Portanto, nem sempre dificuldades, restrições e ameaças devem ser vistas de maneira negativa.

Limite – As organizações precisam mapear o ambiente em que operam para não se perderem. Como os limites são identificados por seres humanos, os mesmos estão sujeitos à subjetividade.

Informação – O entendimento do ambiente estará em função das informações coletadas e seus meios de busca. Mas estas informações são interpretadas, em função do nível de percepção do analista. Assim, é difícil dizer se a interpretação é a melhor possível.

Adaptação – A adaptação é o movimento que o sistema empresa executa, através de reações ou respostas, para atender as modificações do ambiente a fim de não prejudicar a consecução de seus objetivos.

Congruência – As organizações precisam agir de forma congruente com o ambiente onde habitam, porque correm um risco muito grande de entrarem em dissonância com este ambiente, o que, em geral, é catastrófico para a empresa, isto é, a organização deve dançar conforme a música.

Desafio – Os desafios que o ambiente trará serão cada vez mais difíceis de serem aceitos e resolvidos, porque exigirão um alto grau de complexidade tecnológica. Um fato é evidente: As empresas terão de ser mais ágeis do que antes e deverão estar mais bem preparadas para mudar de rumo, de acordo com as circunstâncias e contingências ambientais.

Tecnologia – Existe uma tendência para uma crescente sofisticação da tecnologia. Os novos processos e ferramentas introduzidas nas empresas sempre causaram impacto sobre sua estrutura e sua estratégia. A tecnologia proporcionará, cada vez mais, uma maior eficiência, fazendo com que o ser humano tenha mais tempo para pensar sobre tarefas complicadas, que exijam planejamento e controle.

Aspiração – Toda e qualquer organização possui aspirações, retratadas em objetivos, propósitos, desafios e metas. Mas, a organização não pode aspirar altos níveis, se não possui recursos para atingi-los.

Dinâmica – O ambiente não é uma massa homogênea e estável, uniforme e bem disciplinada, mas um campo dinâmico, onde atua uma multidão de diferentes forças, de diferentes naturezas e dimensões, em direções e sentidos diversos, mudando a cada momento, pois cada uma dessas forças interfere, influencia e interage com as demais.

Mudança – Na medida em que o ambiente sofre mudanças, todo o quadro habitual das operações das empresas é tremendamente influenciado por essas mudanças, pois as condições ambientais externas às empresas contribuem fortemente para o que acontece dentro delas.

Qualidade – A qualidade é definida como sendo aquilo que vá de encontro às necessidades de alguém, proporcionando satisfação. É o atendimento das exigências do consumidor, usuário, paciente. Também é entendida como a adequação à finalidade e ao uso.

O **nível de qualidade** está em função do público-alvo. Geralmente, a definição de qualidade se fundamenta nos parâmetros: segurança, desempenho, garantia, preço, custo, confiabilidade, economia, risco, aparência, facilidade de uso, por exemplo.

Rendimento – Desnecessário dizer que o ambiente físico, onde se trabalha, é extremamente importante, pois em condições adversas, o ser humano tem um rendimento muito baixo, se irritando com facilidade, exacerbando conflitos e baixando a produtividade.

Iluminação – A má iluminação, causa de 15 até 25% dos acidentes de trabalho, afeta o rendimento. Mas, será que se aumentar a iluminação, aumentará o rendimento? Não, pois há um ponto ótimo a partir do qual ele começará a decrescer. O estudo da fisiologia dos olhos mostra que a acomodação da pupila à claridade do ambiente provoca esforço e fadiga. Pequenas variações, se forem frequentes, cansarão.

Para ser boa, uma iluminação deve satisfazer às seguintes condições:

- O foco luminoso deve fornecer toda a luz que a pessoa necessita.
- O foco deve ser constante e uniformemente distribuído.
- O foco não deve ser resplandecente, porque ofusca à vista.

Também é preciso evitar as oposições de claro e escuro e os contrastes violentos de luz e sombra, bem como as superfícies polidas e brilhantes que atrapalham a visada do operador.

Temperatura e Umidade do Ar – Experiências demonstraram que, numa temperatura de 8 até 13° C os acidentes eram 34% mais numerosos do que o eram nas temperaturas entorno de 20° C, quando atingiam o seu mínimo. À medida que a temperatura se elevava, os acidentes aumentavam. As condições extremas de temperatura sempre afetam o rendimento do trabalho. Uma temperatura demasiadamente elevada deprime o trabalhador, enquanto uma excessivamente baixa provoca inibição para o trabalho. Em ambos os casos, o organismo é obrigado a gastar energia que não é aproveitada pelo trabalho. Uma temperatura de conforto proporcionará maior rendimento.

As **condições do ar do ambiente de trabalho** devem satisfazer aos seguintes requisitos:

- O ambiente deverá ser tão fresco quanto exija o conforto.
- O ambiente deve ter adequada circulação de ar.
- A umidade relativa do ar não deve exceder a 70% e nem ficar aquém dos 25%.
- O ar, ao nível da cabeça, não deverá ser distintamente mais quente do que próximo ao chão, e vice-versa.
- O ar deverá estar isento de odores desagradáveis, de poeiras, de gases tóxicos, de fungos, de ácaros e de bactérias.

Ruído – Fator que não pode ser desprezado, quando se deseja melhorar as condições do ambiente de trabalho, são os ruídos. Estes provocam fenômenos de intolerância acústica, os quais criam atritos entre os funcionários. Diminuindo-se os ruídos do ambiente de trabalho, evitam-se problemas de relações humanas, de acidentes, de baixa produtividade.

Para que haja conforto acústico, algumas medidas devem ser tomadas: eliminação ou atenuação dos ruídos na fonte, por meio de lubrificação de máquinas; reaperto de peças frouxas, amortecedores, silenciosos; isolamento da operação ruidosa, com paredes e tetos de material absorvente de som; proteção individual do trabalhador.

Cor – Embora seja difícil determinar com exatidão os efeitos das cores, o interesse cada vez maior pela aplicação inteligente das cores nos ambientes de trabalho e na pintura dos equipamentos vem confirmar a sua importância. As cores têm poder diferente de reflexão. A branca tem 84% e a mais baixa tem 7%, caso da cor azul-marinho. Os efeitos fisiológicos das cores são os representados pela ação sobre o funcionamento dos sistemas do nosso corpo. O vermelho, por exemplo, aumenta a tensão muscular, a pressão sanguínea e o ritmo respiratório.

Os **efeitos psicológicos das cores** são os mais discutidos e também os que maior interesse vem despertando. A cor laranja provoca sensação de calor, sendo reanimadora e estimulante, também reduz a fadiga. A cor rosa tem um efeito calmante no corpo. O azul-claro tem efeito calmante e tranquilizador. Se quiser estimular a memória o amarelo é a cor ideal. Para se lembrar de algo, escreva em um papel amarelo.

A cor amarela tem um efeito energizante, pode ajudar a diminuir a depressão, aumenta a pressão e a pulsação, mas em menor grau do que a cor vermelha. Verde é a cor da primavera e de novos começos, é atraente para quem está de regime, é a cor das pessoas idosas.

2.12 Preservação Ambiental

Os empresários precisam acostumar-se à ideia de que os resíduos de embalagens e outras formas de poluição constituem um problema de saúde pública, como o são as doenças contagiosas, e que o povo, o governo e a empresa precisam ajudar a encontrar soluções. É por isso que as pesquisas são muito importantes para resolver os problemas suscitados pelas embalagens depois de seu uso.

Informações sobre tecnologia de **resíduos sólidos**, programas de pesquisas, desenvolvimento de novos materiais, avaliação e programa de assistência técnica podem muito bem orientar os dirigentes das empresas, quando pensarem em novos produtos.

Garrafas quebradas, caixas de papelão amarrotadas, latas amassadas e embalagens de plástico espalham-se por nossas ruas e lotam os depósitos e incineradores de lixo de nossas prefeituras. Para muita gente, os resíduos de embalagem passaram a representar um perigo. O fato é que tem havido problemas persistentes e efeitos secundários negativos em quase todos os métodos de ação na **preservação ambiental**.

Afetam o ambiente a ampliação de uma rodovia, a implantação de uma hidroelétrica, a escavação de uma mina, passaram a pagar um percentual sobre o valor do investimento aos órgãos ambientais. Na prática, a compensação só serviu para alimentar batalhas judiciais entre empresas e órgãos do governo, desestimulando investimentos e com poucos benefícios à natureza. É comum parar uma obra de milhões de dólares, porque a mesma está arriscando a extinção de uma perereca.

2.13 Cenário

Segundo Michael Porter, "Um cenário é uma visão internamente consistente daquilo que o futuro poderia vir a ser. Com a maior necessidade de uma abordagem explícita da incerteza no planejamento, algumas empresas começaram a utilizar cenários como instrumentos para que pudessem compreender as implicações estratégicas da incerteza de um modo mais completo".

Com a **construção de cenários**, uma empresa pode explorar, sistematicamente, as possíveis consequências da incerteza para a sua opção de estratégia. O uso de cenários, embora sempre tenha sido utilizado, passou a ser intensificado a partir da segunda metade do Século XX.

Os cenários tradicionalmente empregados no planejamento estratégico enfatizam macrofatores. Hoje, os cenários são construídos de forma global. Eventos sociais, econômicos, financeiros e políticos mundiais podem ter um efeito sobre o sucesso de uma empresa, haja vista a volatilidade dos mercados de capitais no mundo inteiro.

Não só a construção, bem como a análise dos cenários, possui caráter lógico, mas com muita subjetividade, que chega às raias da intuição. Eles permitem que uma empresa se afaste de previsões perigosas de um único ponto no futuro, em casos que não pode ser previsto. Por outro lado, ajudam a fazer escolhas mais inteligentes acerca das incertezas.

Um cenário não é uma previsão, e sim uma estrutura futura possível. O conjunto completo de cenários, e não o mais provável, é então empregado para projetar uma estratégia competitiva. O período de tempo usado em cenários deve refletir um horizonte possível.

A seguir, uma simples **metodologia de construção de cenário**:

- Identificar as incertezas que podem afetar a estrutura organizacional.
- Determinar as causas que geram as incertezas.
- Fazer uma série de hipóteses sobre cada causa da incerteza.
- Combinar hipóteses com cenários consistentes.
- Analisar qual estrutura sobreviveria a cada cenário.
- Determinar as fontes de vantagem competitiva sob cada cenário.
- Prever comportamentos da concorrência.
- Delinear cenários.
- Escolher cenário mais favorável.

Ler o cenário significa não só ler o presente, mas também ter uma dose de previsão do futuro. Saber ler o cenário é fundamental, porque aquele dirigente que não observar as mudanças e tendências ambientais perderá tempo, dinheiro, esforço e recursos até conseguir acompanhar o novo contexto. É claro, se conseguir.

O empreendedor que não encontrar espaço na empresa em que trabalha, certamente procurará outra. Pode até abrir seu próprio negócio se tiver coragem e conhecimento. É preciso que o empresário descubra, a tempo, que cabe, basicamente, a ele abrir este espaço e esta oportunidade para sua empresa. E não esperar milagrosamente por um anjo salvador que apareça a partir de anúncios de emprego.

As organizações precisam saber ler os cenários e buscar alternativas de enquadramento, através de novas estratégias. Quando uma organização não consegue mais ler os parâmetros de seu cenário é porque ela está em declínio.

A **leitura do cenário** objetiva prever futuros desejados, isto é, caracterizar situações futuras que não têm, necessariamente, ligação com situações presentes e passadas. Como o problema, normalmente, apresenta várias hipóteses de solução, é comum a necessidade da construção de cenários para momentos diferentes no futuro.

Além das técnicas, o executivo deve considerar os cenários, sob alguns aspectos. Um dos aspectos seria a maneira como o cenário representa o fato considerado, de forma abrangente ou de forma específica. Isto é, este pode ser macro ou microcenário.

Os **problemas de leitura do cenário** advêm da falta de hábito de ler e pela incapacidade de filtrar aquilo que é principal do acessório. Assim, o leitor do cenário precisa possuir as seguintes características: imaginação, capacidade de leitura crítica, capacidade de ouvir, capacidade analítica, vontade para falar e escrever, inovação, criatividade, mediação, liderança, negociação, persistência, clareza de raciocínio, visão sistêmica, visão estratégica, visão holística, espírito de equipe, humildade, satisfação profissional, capacidade de comunicação.

2.14 Oportunidade

A oportunidade pode ser considerada como um acontecimento que favorece a ação ideal. É uma espécie de "força" ambiental incontrolável que pode favorecer a consecução dos objetivos organizacionais. Já as ameaças criam obstáculos. A oportunidade é vista como algo que consolida condições, que darão à empresa uma vantagem concreta.

Uma oportunidade de inovação, por exemplo, requer grandes esforços e recursos em planejamento e desenvolvimento, apresentando grande risco para a empresa. Tradicionalmente, as empresas definem oportunidade como chance de: conquistar fatias de mercado, gerar mais lucros, absorver os concorrentes, expandir para novos territórios.

Como a oportunidade é um acontecimento que favorece a ação estratégica, o problema está em identificar aquilo que seja uma oportunidade, bem o que seja uma ameaça. A questão é como aproveitar a oportunidade. A identificação e aproveitamento de uma oportunidade transcendem, em geral, o conhecimento comum de um gerente. A seguir, algumas **premissas sobre oportunidade**:

- As oportunidades desaparecem com a mesma rapidez com que são detectadas.
- As oportunidades aparecem do inesperado, da disparidade setorial, da vulnerabilidade dos processos, da incongruência, da transformação, da mudança, da percepção, do novo conhecimento.
- As oportunidades raramente são compatíveis com os métodos tradicionais de atuação, em relação aos negócios existentes, exigindo novas abordagens.

A oportunidade é avaliada pela ponte que faz dos recursos da empresa com o mercado, no momento e lugar certos. A avaliação da oportunidade leva o analista a traçar um paralelo entre as hipóteses e realidades daquilo que parece ser uma oportunidade. Uma oportunidade é algo que deve ser explorado em seu favor.

A maioria dos negócios inicia-se por meio de uma oportunidade, à medida que a empresa tenta entrar em um mercado de alto crescimento onde já existe um líder.

A **avaliação da oportunidade** leva o analista a traçar um paralelo entre as hipóteses e realidades daquilo que parece ser uma oportunidade. Uma oportunidade é algo que deve ser explorado em seu favor. Ela pode ser uma de suas potencialidades ou uma das fragilidades de seu concorrente. Pode advir de um mercado em expansão (formação) ou de um nicho de mercado.

A maioria dos negócios inicia-se por meio de uma oportunidade, à medida que a empresa tenta entrar em um mercado de alto crescimento onde já existe um líder. Um **negócio de oportunidade** exige grande investimento, porque a empresa precisa gastar recursos para acompanhar o mercado de rápido crescimento, uma vez que deseja se aproximar do líder. O termo oportunidade é apropriado, porque a empresa precisa refletir muito antes de colocar dinheiro em um negócio que pode dar certo ou errado.

Na busca de oportunidade, o empreendedor deve ser ambicioso e não ter preconceito. Se assim o for, não verá, por exemplo, as brechas que se abre com o sucesso alheio. **Copiar** é, nesse caso, um caminho saudável e seguro, da mesma forma que montar um negócio a partir da experiência acumulada, como empregado, ajuda. Geralmente, a oportunidade está disfarçada no próprio conhecimento (percepção, visão, intuição).

2.15 Mercado

Mercado é um lugar organizado, onde as pessoas transacionam preços, quantidades e qualidades de determinados produtos (bens, serviços e ideias). É todo ambiente onde compradores e vendedores de produtos se mantêm em estreito contato uns com outros. Este contato se faz, em função das necessidades, desejos e disponibilidades dos consumidores.

Todas as economias modernas operam com mercados. Os fabricantes procuram recursos; compram e os transformam em bens e serviços, vendendo-os para o mercado intermediário, que vendem ao mercado consumidor. Os consumidores vendem sua força de trabalho pela qual recebem dinheiro para pagar os bens e serviços que compram. O governo utiliza as receitas da tributação para comprar produtos, utilizando-os para bem servir a população.

A economia de cada país e do mundo inteiro consiste de complexos conjuntos de mercados interrelacionados e unidos através de um processo de troca.

As empresas são compostas de pessoas que trabalham para servir outras pessoas e os preços são ditados pela lei da oferta e da procura. As **atividades praticadas no mercado** são: Atividades Principais (Comprar; Vender; Trocar) e Atividades Acessórias (Informar; Padronizar; Comunicar; Armazenar; Suprir; Transportar, Distribuir; Normalizar; Alugar; Financiar; Sistematizar; Solucionar; Avaliar; Medir).

Um efetivo **conhecimento do mercado** onde a empresa vai atuar trará benefícios a seu favor, assim como possibilitará a tomada de decisão em nível estratégico. Portanto, um estudo, ou uma análise, do mercado deve, tanto quanto possível, ser o mais completo, não apenas com o objetivo de viabilizar um determinado empreendimento, mas servir de subsídio concreto à administração da empresa, antes, durante e depois da operação de compra e venda.

A seguir, são colocados os **fatores de mercado** que mais se destacam, na literatura administrativa:

Tempo de Mercado – Período que uma empresa leva para ir da concepção do produto até a sua entrega ao consumidor final. Porém, alguns autores consideram-no como aquele que vai do lançamento do produto no mercado até a adoção pelos consumidores.

Elasticidade – A elasticidade é a intensidade com que a procura de um produto aumenta ou diminui, em resposta a uma baixa ou a uma alta de preços (elasticidade do preço) ou a uma alteração da renda (elasticidade da renda). Genericamente, pode-se dizer que a elasticidade reflete o grau de reação que o mercado dá a um produto, função de alterações de preço, qualidade, quantidade, renda, crédito, liquidez.

Equilíbrio do Mercado – A intersecção das curvas de demanda e de oferta determina o preço e a quantidade de equilíbrio de um bem ou serviço em um dado mercado, isto é, preço que atende produtores, distribuidores e consumidores.

Eficiência de Mercado – A eficiência de mercado pode ser traduzida como a capacidade de um mercado gerar valor (qualquer que seja).

Participante – Participam do mercado: produtores, consumidores, fornecedores de recursos, intermediários, vendedores individuais, empresas, organizações governamentais, agências reguladoras, comerciantes, atacadistas, outros mercados.

Acessibilidade – Fator que permite compradores e vendedores trocar informações, bens, serviços e ideias. Muitas vezes, um mercado é inviabilizado pela incapacidade de seus criadores em dar, ou facilitar, meios de comunicação para interagir e integrar fornecedores e consumidores.

Público-alvo – A maior parte dos mercados é grande demais para que uma empresa possa fornecer todos os produtos necessários a todos os compradores daquele mercado. Por tal, é preciso conhecer o público a ser atendido, definido como público-alvo, bem como aspectos demográficos, perfis de consumo (renda, idade, hábito), padrões de comportamento do consumidor.

População – Como não existe um mercado sem pessoas, se torna urgente que algumas características destas pessoas sejam avaliadas, como: poder aquisitivo, disposição de trocar, faixa etária, número de domicílios, sexo, renda, educação, instrução, cultura e percepção.

Dimensão – O tamanho de um mercado depende do número de compradores e vendedores que possui.

Preferência – As preferências dos consumidores podem estar razoável e equilibradamente espalhadas por todo o espaço e sem nenhuma concentração. Os consumidores simplesmente diferem bastante no que desejam com relação aos produtos. Se houver várias marcas no mercado é provável que demonstrarão preferências diferenciadas.

Segmentação – Segmentar é tratar cada consumidor, ou grupo de consumidores, de acordo com as suas características. Para isso, é fundamental: conhecer o consumidor e suas necessidades; conhecer a imagem que o consumidor faz da empresa; conhecer o que a empresa é. Segmentar, por exemplo, não significa elitizar a clientela, nem fazer certo tipo de propaganda ou ainda sofisticar o atendimento por meio de formas de comunicação.

Concorrência – Os estudos mais recentes sobre a economia de mercado puseram em relevo os dois modelos da concorrência perfeita e do monopólio, que se constituem em extremos de difícil realização.

2.16 Tipos de Mercado

Os mercados podem ser classificados, basicamente, quanto à atividade principal, objeto de análise e estratégia de atuação.

Os principais **tipos de mercado** são:

Mercado Produtor – O mercado produtor consiste de indivíduos e organizações que adquirem bens e serviços para serem utilizados na produção de outros bens e serviços destinados à venda ou para serem alugados a terceiros. Os bens de produção são, geralmente, classificados de forma mais útil, em termos de como entram no processo de produção e na estrutura de custo dos produtos.

Este mercado também é conhecido como **mercado industrial**. As características mais significativas do mercado produtor são: pequeno número de compradores; elevados valores transacionados; menor frequência de compra; grande volume de compras; demora na negociação; maior conhecimento e relacionamento com o mercado; influência ambiental é presente; necessidade de pesquisar a demanda e potencial de mercado; consideração das especificidades; relacionamento estreito entre fornecedor e comprador.

Mercado Intermediário – O mercado intermediário é o mercado que consiste de indivíduos e organizações que adquirem bens com o propósito de revender ou alugar a outros. Os intermediários lidam com praticamente todos os produtos.

Mercado Governamental – O mercado governamental consiste em unidades dos governos federal, estadual e municipal que compram ou locam bens, a fim de realizarem as funções precípuas de governo. Os procedimentos de compra do governo devem ser feitos através de licitação pública. Caso não haja participação de empresas na licitação, o governo poderá pesquisar empresas que possam realizar a obra e negociar com uma delas um contrato que atenda às suas necessidades.

Mercado de Recursos – O mercado de recursos é aquele que fornece matérias-primas, insumos, capital, mão de obra, projetos, instalações, equipamentos, máquinas, suprimentos, serviços de manutenção, componentes e assessorias (administrativas, mercadológicas, tecnológicas, sistêmicas, informativas).

Recursos são meios auxiliares que permitem a pessoa ou a organização atingir objetivos. A empresa para se tornar produtiva dependerá de recursos. Se você tem os recursos adequados dificilmente não será efetivo, isto é, não terá muitos problemas para atingir objetivos com rapidez e custo mínimo.

A organização procura dispor de recursos de tal forma que o conjunto, assim empregado, seja capaz de realizar uma atividade econômica ou um trabalho, com um mínimo de risco, esforço e custo. Os recursos podem ser contratados, comprados e incorporados à empresa ou adquiridos sob a forma de empréstimo, financiamento, aluguel, arrendamento ou leasing.

De modo geral, os **recursos empresariais** podem ser classificados em:

- Recursos Naturais: luz, ventilação, minerais, vegetação, água, terra.
- Recursos de Apoio: serviços públicos, energia elétrica, telefonia, água encanada e potável, esgotamento sanitário, gás, hospital, escola, correio, banco, policiamento, transporte, segurança.
- Recursos Físicos: imóveis, viaturas, instalações.
- Recursos Materiais: equipamentos, máquinas, móveis, utensílios, ferramentas.
- Recursos Financeiros: capital próprio, crédito, financiamento, receita com vendas, investimentos de terceiros, empréstimos, capital de terceiros.
- Recursos Humanos: mão de obra direta e indireta.
- Recursos Tecnológicos: tecnologia da produção, tecnologia da informação, tecnologia do conhecimento.
- Recursos Administrativos: funções administrativas, funções organizacionais, práticas, técnicas, procedimentos, rotinas, políticas, planos, programas, métodos, metodologias, documentos, manuais.
- Recursos Mercadológicos: perfil do consumidor, pesquisa de mercado, inovação, produto, marca, comunicação do produto, previsão de vendas, relação com consumidores, fornecedores e concorrentes, estratégias, táticas, negociação, distribuição.
- Recursos Sistêmicos: sistemas de informação, sistemas de comunicação, sistemas de suporte à decisão, sistemas simulatórios, sistemas de banco de dados.

Mercado Consumidor – O mercado consumidor é o mercado para bens e serviços que são adquiridos ou alugados por indivíduos ou famílias para uso pessoal (não comercial). Considerando-se a surpreendente variedade de produtos procurados pelos consumidores, não é possível citar qualquer desejo simples e único que não se esteja tentando satisfazer. Um vendedor precisa compreender o que os compradores estão realmente procurando em suas aquisições.

As principais características do mercado consumidor são: grande número de compradores; os valores transacionados são, geralmente, baixos; maior frequência de compra; pequeno volume de compra; negociação rápida; relação direta entre vendedor e comprador; compradores dispersos; riscos menores; influência de todos os lados; necessidade de pesquisar preços; a prosperidade está em função da renda familiar; as especificidades não são, em geral, levadas em consideração.

Mercado Vendedor – O mercado vendedor se caracteriza pelo fato de que o produtor estabelece o preço com uma ampla liberdade, impondo ao mercado as condições de venda de seus produtos. É o que acontece quando a procura é maior do que a oferta e se torna mais evidente quanto menor for a concorrência.

Mercado Comprador – O mercado comprador se caracteriza quando a oferta é relativamente grande, havendo muitas opções de escolha por produtos substitutos. O comprador exerce uma influência reguladora no mercado, impondo aos produtores as suas condições.

Mercado de Trabalho – Mercado de trabalho é o conjunto das ofertas de trabalho oferecidas pelas organizações, em certa época e em determinado lugar. É constituído de oportunidades de trabalho.

Mercado de Recursos Humanos – Mercado de recursos humanos é o conjunto estratificado de indivíduos, em função de conhecimentos específicos e aptos ao trabalho em certa época e em determinado lugar. É constituído dos candidatos potenciais a determinadas vagas oferecidas pelas organizações. Tal mercado é também conhecido, erradamente, como mercado de mão de obra, porque este mercado se constitui de todos os recursos humanos especializados ou não.

Mercado de Massa – No mercado de massa a empresa prefere não reconhecer os diferentes segmentos que compõem o mercado. O mercado de massa é também conhecido como mercado não diferenciado. Os motivos de sua defesa são baseados em custos.

Mercado Diferenciado – No mercado diferenciado a empresa decide operar em dois ou mais segmentos de mercado, mas projeta um programa separado em relação a produtos e mercados. O mercado diferenciado eleva as vendas, mas também os custos.

Mercado Concentrado – No mercado concentrado a empresa aloca suas forças numa determinada área de atuação, quando a mesma possui recursos limitados. Em vez de ir à procura de uma pequena participação num grande mercado, a empresa procura uma grande fatia num mercado menor (nicho de mercado).

Mercado de Rede – A tecnologia digital da informação possibilitou criar uma rede de parcerias para mais bem servir os consumidores. É possível criar uma empresa virtual onde se integrem: comércio, administração, marketing, sistemas de informação e sistemas de comunicação.

Segundo Gates, "o **espaço virtual** torna possível que uma empresa crie uma organização sem limites. Mas é necessário nova mentalidade e uma nova cultura empresarial para transformar os fornecedores em cúmplices do negócio, isto é, parte integrante do processo de servir bem o consumidor". Todos os participantes da rede estão integrados eletronicamente no negócio, podendo dar opinião e participar com ideias inovadoras.

Mercado Institucional – O mercado institucional consiste de escolas, hospitais, creches, prisões e outras organizações de serviço público. Deve fornecer bens e serviços às pessoas que estão sob seus cuidados. Um mercado institucional não é sinônimo de mercado governamental.

Mercado Eletrônico – Os mercados eletrônicos permitirão maior agitação na fixação de preços, em função da demanda e da oferta e, principalmente, em função do nível de percepção do consumidor, cada vez mais bem informado. A compra eletrônica mudará o papel do ponto de venda, porque este poderá estar em qualquer lugar do mundo, a qualquer hora.

Nota: Existem outros mercados, tais como: Mercado de Câmbio; Mercado de Capitais; Mercado de Ações; Mercado de Commodities; Mercado de Nicho; Mercado de Crédito; Mercado Exportador; Mercado Importador; Mercado Globalizado...

2.17 Considerações sobre Mercado

As empresas têm dificuldades para estimar sua participação no mercado, bem como da concorrência. Normalmente, as empresas tomam conhecimento das forças e fraquezas de seus concorrentes, através de dados secundários, experiências pessoais e boatos. Elas podem aumentar o conhecimento fazendo pesquisa junto aos consumidores, fornecedores e distribuidores.

A **participação no mercado** não se caracteriza apenas pelo volume de vendas, mas também pela lembrança da marca, preferência pela qualidade, cobertura regional e presença na mídia, por exemplo. É sempre bom lembrar, entretanto, que mesmo uma condição de mercado consolidado não durará para sempre.

A liderança que gera o **domínio do mercado** tende a fazer o líder dormir, pois dominar o mercado cria uma resistência à mudança e à inovação. Além do mais, quase sempre significa que a empresa colocou todos os ovos na mesma cesta, o que não é uma boa estratégia. Para compreender o conceito de domínio de mercado é preciso entender que:

- Ser a maior empresa de um setor da economia não significa ter o domínio do mercado.
- Não é necessário fazer tudo para que os concorrentes não cresçam, basta agir de maneira inovadora.
- Os lucros devem ser vistos como passageiros e a dominância como condutor.
- A dominância não é uma condição permanente da empresa, porque o mercado é cambiante, função de fatores econômicos, tecnológicos, políticos, sociais.

Criar um mercado é um processo muito difícil, porque depende de muitos fatores que propiciam tal acontecimento. Em geral, os mercados são criados em função do aumento da renda da população; incentivos e programas governamentais; exigências ambientais; exigências dos consumidores; dinamização de uma situação de apatia (ou anomia) do mercado; surgimento de novas tecnologias; barateamento de processos produtivos; lançamento de novo produto; desenvolvimento econômico de uma região; meios de comunicação mais efetivos; facilidades de recursos.

Quando se estuda um **novo mercado** é preciso questionar sobre: O que o mercado compra? Por que compra? Quem compra? Onde compra? Como compra? Quanto compra? Quando compra? Em que níveis de preço e de qualidade compra? Muitas são as barreiras para se desenvolver um mercado. Mas, a maior delas é manter seus preços de venda, continuadamente, acima dos custos sem atrair novos concorrentes.

Embora todas as empresas se esforcem para desenvolver certas vantagens competitivas, poucas conseguem persistir em uma boa estratégia durante um longo período. Uma **atividade inovadora** é quase sempre seguida por ondas de imitadores. São poucos os que conseguem manter a posição inicial.

É crescente a tendência de os consumidores discriminarem mais sobre o que compram. As pessoas estão aprendendo a valorizar aonde vai o seu dinheiro. A ideia tradicional do mercado de massa, no qual foram construídas tantas fortunas, está morrendo aos poucos. Ela está sendo substituída por um novo mercado, dominado por um novo consumidor e muito diferente.

Por menor que seja a empresa, ela precisa estar atenta ao que ocorre no mercado, porque mudanças ambientais influirão nos resultados da organização, podendo ocorrer prejuízos.

As principais **tendências do mercado**, hoje, são:

- Aumento da concorrência de preços e do papel do atendimento ao consumidor.
- Produtos de melhor qualidade, com muito valor agregado e inovações constantes, a preços baixos.
- Mudança de hábitos e volatividade dos desejos e necessidades dos consumidores.
- Surgimento de novos segmentos de mercado e crescentes canais de distribuição de produtos.
- Cerrada regulamentação governamental, principalmente, para o ambiente.
- Aumento do custo de comunicação do produto.
- Impacto no preço e na qualidade, em função da criação de blocos de países.
- Novas tecnologias de: produção, comunicação, venda, distribuição, cobrança e crédito.
- Recrudescimento da informalidade.

2.18 Globalização

O novo século se apresenta para as pessoas que, cada vez mais, veem o futuro com desconfiança e incerteza. Livros recentes preconizam o fim do trabalho e da abundância, promovendo, desta forma, ameaças como desemprego e deterioração do poder de compra. As transformações nas economias nacional e internacional são rápidas demais e frequentemente violentas.

Hoje, nenhum país pode permanecer isolado do resto do mundo. Se fechar seus mercados à concorrência estrangeira, os consumidores pagarão mais por bens e serviços de qualidade inferior. Mas, se abrir totalmente seus mercados, enfrentará concorrência selvagem e predatória, porque muitas empresas (mesmo conglomerados) nacionais não aguentarão o tranco e irão à falência. A isto chamamos globalização.

A globalização se refere a ambientes cada vez mais amplos, devido à integração econômica, política, populacional e tecnológica. Globalização significa a internacionalização dos negócios e do sistema produtivo e financeiro, fazendo com que o ambiente organizacional se torne imenso, complexo, mutável e incerto.

Paradoxalmente a globalização e os avanços tecnológicos abrem muitas oportunidades em detrimento de empresas que não conseguem promover as mudanças de adequação.

As empresas operam num **mercado altamente seletivo**, onde os mais capacitados vencem, isto é, quem é rico fica mais rico e quem é pobre fica mais pobre. O sucesso é conquistado pelas empresas mais ajustadas ao imperativo ambiental e tecnológico. Portanto, passa a ser de extrema importância saber "ler" o cenário. Por tal, é que existe um movimento contra a globalização, patrocinado, em muitos países pela direita, dita democrática.

Os países querem opinar sobre seu próprio destino e não ser comandados por outros, cujos valores, costumes e hábitos são totalmente diferentes, principalmente, os interesses econômicos e financeiros.

No **processo de globalização** as empresas crescem, ganham escala, baixam custos e aumentam a competitividade ou desaparecem. A globalização é um jogo de comparação de todos com todos, e os perdedores costumam ser duramente castigados. Ela promove uma espécie de seleção natural, na qual só os melhores sobrevivem, exatamente como na Teoria das Espécies de Charles Darwin.

2.19 Pesquisa de Mercado

É importante ressaltar que a pesquisa de mercado não deve ser iniciada a partir de conclusões previamente formuladas e cristalizadas, a ponto de não permitirem modificação e aperfeiçoamento no próprio processo de sua efetivação. Neste sentido, a atitude fundamental que deve caracterizar o pesquisador é a da **investigação**. Problemas não resolvidos devem constituir desafio permanente para o ser humano.

Devido à **mutabilidade dos cenários**, a pesquisa tornou-se uma atividade inerente à vida hodierna. Pesquisa é técnica. É atividade científica. Mas, sem dúvida, é também uma arte. Como técnica não pode prescindir de aspectos metodológicos. Porém, por ser arte, há de apresentar uma preocupação criadora. O que foi construído para se tornar um método tornou-se uma enfermidade que abala o estudioso, quando sua função deveria ser a de desenvolver a investigação e a reflexão.

No Século XX as pesquisas se tornaram as grandes ferramentas para balizar o caminho (estratégia) a ser seguida pela empresa, num mundo cada vez mais global. O fator determinante de escolha da pesquisa estará sempre sob a ótica do pesquisador, do material, do método e do tempo disponível. Todo trabalho de pesquisa será apresentado pelo pesquisador, em função do seu nível de percepção e, principalmente, da experiência obtida de trabalhos anteriores.

Muito antes da era da produção em massa, do mercado globalizado e da preocupação com as novas ferramentas tecnológicas, os homens de negócio, de então, conheciam de perto o consumidor e o mercado. Conheciam os clientes pessoalmente e o conjunto desses clientes constituía o seu mercado.

Artífices e artesões desenvolveram **relações comerciais** através de contatos pessoais e, assim, conseguiram obter rápidas informações e conhecer os desejos e necessidades dos seus consumidores. Eles eram os próprios pesquisadores de mercado, planejadores de produtos, promotores de venda e vendedores.

Mas, sem dúvida alguma, este processo primário orientava-se pelo consumidor, com quem mantinha um relacionamento de venda, pois sabia que esse era o único meio de se conseguir bom êxito nos negócios. O advento da produção em massa determinou a adoção da **distribuição em massa**.

Daí, resultou a impossibilidade de o produtor conhecer cada um dos seus milhares ou milhões de consumidores, perdendo então a capacidade de conhecer rapidamente os desejos e as necessidades de cada um deles. Em vista desse afastamento, o produtor foi obrigado a desenvolver outros métodos.

O **questionamento**, fase que antecede a pesquisa propriamente dita, ajudará no planejamento da pesquisa, porque, tendo em vista as respostas da pesquisa, ele será redimensionado em suas estratégias e táticas. O questionamento básico que se faz, geralmente, diz respeito ao mercado de atuação, produto a ofertar e público-alvo a atingir.

Assim, as pessoas que atuam na área da pesquisa devem fazer perguntas que justifiquem essa atividade, tais como:

Quanto ao Uso:

Em que situação se utiliza a pesquisa? Em situações empíricas, planejadas ou simuladas? Quais as vantagens de se fazer pesquisa?

Quanto ao Mercado:

Qual o tamanho do mercado? O mercado é segmentado? Quais são os principais concorrentes? Quais são os fornecedores? Quais são os principais produtos vendidos? É um mercado novo? É um mercado maduro? É um mercado saturado? Como estão se saindo às empresas do setor? Quais são os canais de distribuição? Que métodos de comunicação com o público são usados? Quais as restrições fiscais? Quais as restrições legais?

Quanto ao Produto:

O produto existente satisfaz as necessidades dos consumidores? O desenvolvimento de um novo produto é necessário? São necessários produtos completamente novos? Qual será o potencial de um novo produto? Quais são os produtos concorrentes? Que preços são praticados? Quais os canais de comunicação? Quais os canais de distribuição?

Quanto ao Consumidor:

Qual o perfil socioeconômico do consumidor? Qual o estilo de vida? Qual o nível intelectivo e cultural? Qual o poder de compra? Qual a faixa etária? Qual o estado civil? Qual a preferência sexual? Há uma compulsão a consumir? Qual o valor/mês de compras?

Quanto à Abrangência:

O projeto é local, regional, nacional ou internacional? Qual problema o projeto pretende resolver ou equacionar? Quais as relações sistêmicas do projeto? Quais os impactos sofridos e provocados pelo projeto?

Quanto aos Recursos:

Quem poderá financiar o projeto? Qual o volume de recursos demandados pelo projeto? Quando e como utilizar um software para modelar o projeto? Como alocar os recursos humanos do projeto? Como recrutar, selecionar e contratar pessoas? Qual o tipo e qual o montante do investimento necessário ao projeto? Como financiar o projeto?

Quanto à Gestão:

Em quanto tempo o projeto estará concluído? Quais os indicadores básicos do projeto? Quais os meios de verificação? Qual o volume de produtos a ser gerado pelo projeto? O projeto compreende quais atividades? Qual o conteúdo das atividades que compõem o projeto? Qual a ordem de realização das atividades do projeto? Qual a duração das atividades? Quanto tempo é necessário para alcançar o produto do projeto? Quais valores condicionam o projeto? Que forças políticas atuam sobre o projeto? Como elaborar um organograma para o projeto? Como criar condições para a administração dos recursos humanos? Como planejar a alocação de bens tangíveis? Como calcular os estoques do projeto? Como as informações do projeto são geradas, armazenadas e distribuídas? Qual o padrão de qualidade do projeto? Quais os dispêndios para o projeto? Como se distribuem os custos do projeto? Qual a relação Custo/Benefício? Qual o orçamento (recursos e aplicações; fontes e usos) do projeto? Como orientar o processo de tomada de decisão para prevenir riscos? Quais os riscos do projeto? Como apresentar o projeto?

Quanto ao Arranjo Físico:

Quais são os espaços necessários à movimentação de materiais e pessoas? Quais as dimensões dos materiais, máquinas e equipamentos utilizados? O arranjo físico usará técnicas próprias ou empíricas? Haverá necessidade de desenhos, plantas, gabaritos, miniaturas ou maquetes?

Quanto à Internet:

Como a disponibilidade de mecanismos de busca e apresentação de dados na Internet afetará a maneira de os usuários buscarem informações? Quais são os motivos de se buscar informações na Internet e não num canal convencional? Como os consumidores navegam na Internet? A Internet facilita a customização em massa em algumas categorias de produtos? A influência da Internet pode catalisar uma competição intensa em alguns casos? A internet facilita a segmentação dos consumidores? Até que ponto os fornecedores deveriam ser integrados verticalmente na Internet? Quais as vantagens e desvantagens de se vender diretamente aos consumidores? A Internet tem a possibilidade de criar corretores de informações? Como a Internet afetará a estrutura e o desempenho dos produtos nos mercados? Como a Internet afetará a privacidade dos consumidores e usuários? Como estabelecer regulamentos para proteger os consumidores contra fraudes?

Capítulo 3

Vendas

"Já foi o tempo em que as pessoas compravam sapatos para manter os pés secos e aquecidos. Hoje, elas compram, em função de suas manias e idiossincrasias. Comprar tornou-se uma experiência emocionante. Assim, o negócio é vender emoção, em vez de produtos".

Francis C. Rooney

Objetivos do Capítulo

- Mostrar a importância do setor de vendas em uma empresa.
- Mostrar os tipos de venda encontrados no mercado.
- Mostrar a necessidade de reconhecer a equipe de vendas como vital à sobrevivência da empresa.
- Mostrar que a previsão de vendas ajuda na elaboração do plano de marketing da empresa.

3.1 Venda

A mais clássica definição de venda foi formulada pela Associação Americana de Marketing e diz que: "Venda é o processo pessoal, ou impessoal, de assistir e/ou persuadir um comprador potencial a adquirir um bem ou serviço, ou reagir, favoravelmente, a uma ideia que tenha significado comercial para o vendedor".

A venda é a ação que precede a transferência de propriedade, ou utilização, de um bem ou serviço, representando uma atividade útil, necessária, difícil e desafiante, porque o vendedor tem a oportunidade de cumprir uma operação completa com início, meio e fim, refletindo responsabilidade e maturidade.

Vender é uma atividade que permite a quem vende uma autoavaliação diária do seu trabalho. Também testa a autorrealização, porque o sucesso depende do próprio vendedor. A atividade mercadológica vender se fundamenta no pressuposto de que os consumidores não comprarão os produtos, a menos que sejam estimulados para tal.

Quaisquer que sejam as mudanças que ocorram no social, econômico, político e ambiental de um país, as vendas permanecem notavelmente inalteradas em seus objetivos básicos: gerar receitas, criar consumidores cativos e desenvolver novas tecnologias de suporte.

Resumindo, vender é a forma de comunicação dirigida, personalizada, persuasiva, interativa e eficaz realizada entre um vendedor e um comprador, visando eliminar as objeções deste e realizar as expectativas daquele.

Mas, nenhuma empresa, por maior e magnífica que seja, pode prescindir do **setor de vendas**. No final do dia, é o faturamento que conta; dá ânimo para enfrentar o dia seguinte. Em um negócio, é preciso que o comprador seja persuadido pelo vendedor a entender que o objeto da compra/venda satisfaz suas necessidades e desejos. Os consumidores, normalmente, mostram inércia e resistência para comprar. Para tal, precisam ser estimulados.

As funções de vendas e de marketing precisam ser combinadas para que os objetivos empresariais sejam alcançados mais facilmente. Deve haver um contínuo fluxo de informações entre estas funções organizacionais, caso contrário, haverá perda de esforço, tempo e recursos. Para muitas pessoas, a ideia de vender é, imediatamente, associada com a de marketing. Ideia enganosa.

Segundo Charles D. Schewe: "Historicamente, depois que os processos de produção foram suficientemente refinados, para que um enorme suprimento de produtos rolasse para fora das linhas de produção, passou a existir uma necessidade crítica de levar esses produtos às mãos dos consumidores. Em nenhuma outra época a figura do **vendedor** foi tão significativa".

O **pessoal de vendas** executa funções importantes, ajudando a empresa a sobreviver. Reconhece suas necessidades, provendo informações a respeito de produtos. Ainda promove trocas. Todavia, talvez a contribuição mais importante seja a de disseminar informações sobre inovações. Por suas próprias naturezas, as pessoas relutam em adquirir um novo produto, porque, muitas vezes, não sabem os benefícios que o mesmo pode proporcionar. Além do mais, são muito mal informadas.

Em termos de oportunidade para carreira, a maioria das empresas tem mais vagas em vendas do que em outras áreas. As posições de vendas proporcionam um profundo entendimento do mercado, e essa experiência pode ser inestimável para os que desejam erguer-se para os níveis superiores da empresa.

Os cargos em vendas têm muitas características atrativas. Embora, naturalmente, os vendedores tenham de prestar contas de seu tempo, eles não se acham sob supervisão constante. Por isso têm muita flexibilidade na alocação de seu tempo. A maioria pode determinar seu próprio horário e são poucos os que têm de bater um relógio de ponto.

Outro aspecto a ressaltar diz respeito às informações colhidas no campo (mercados, organizações, ambientes), que, se bem trabalhadas, podem ajudar muito.

A arte de vender foi muito negligenciada nos últimos anos, porque a função vendas foi engolida pela função marketing. Infelizmente, a palavra marketing deixa as pessoas cristalizadas e se tornou, para incautos, a chave do sucesso. Mas, nenhuma empresa, por maior e magnífica que seja, pode prescindir do setor de vendas. No final do dia, é o faturamento que conta; dá ânimo para enfrentar o dia seguinte.

3.2 Processo de Venda

O **processo** é um conjunto de fases (etapas) que ajudam a identificar o consumidor, chegar até ele e convencer o mesmo a comprar. Então este processo é antigo, porque sempre foi assim. O problema está em como: identificar, chegar e convencer o comprador.

No processo de venda se faz necessário analisar dois aspectos: as fases da venda e os elementos componentes. A seguir, as **fases da venda**:

Localização do Consumidor – Existem muitas maneiras de buscar indícios de consumidores potenciais. Obviamente, que a pesquisa de mercado é o melhor dos meios. Esta pesquisa procura obter informações sobre os consumidores dos produtos que a empresa pretende colocar no mercado; onde estão localizados, em que quantidades compram, seus hábitos, seu poder aquisitivo, seu perfil socioeconômico e como abordar o consumidor, por exemplo.

Pré-Venda – Antes de ser feito contato com compradores prospectivos, o vendedor precisa preparar-se apropriadamente. Isto significa que ele deve estar bem versado nas técnicas de vender e estar informado sobre os produtos que estão sendo colocados à venda. Mas a informação que sempre é facilmente obtida pode ser muito importante para se evitar começar com o pé esquerdo.

Apresentação do Produto – Assunto já abordado.

A dramatização, bem como um bom visual, tem demonstrado resultados positivos. O uso de projeções, figuras, amostras, modelos, demonstrações e testes são fundamentais. É a fase em que o vendedor procura posicionar: imagem, marca, utilidade, vantagem, ponto forte, frente aos concorrentes.

Venda – Não é fácil fechar um negócio. Muitos vendedores vão muito bem até a hora de realizar a venda propriamente dita. É a fase fundamental do processo de venda. Consiste na transferência do produto do vendedor para o comprador. É a etapa crucial da venda, pois significa que o negócio foi "fechado".

Pós-Venda – O trabalho do vendedor não fica completo depois de efetuada uma venda. São necessárias ações complementares que garantam a satisfação plena do consumidor. Muitas vezes, as negociações precisam ser reajustadas para que haja uma melhor combinação de fatores. É comum o consumidor (usuário ou paciente) necessitar de instruções adicionais para uso do produto, tendo em vista que os manuais nem sempre são, suficientemente, claros.

O vendedor arguto procura fazer amizade por meio de atos sinceros e sutis. Dar indicações de novos negócios para os clientes, trazer novas ideias para lucro, ajudar a obter pessoal capaz, mostrar interesse pelo negócio do comprador. Todos estes movimentos podem trazer bons dividendos.

A seguir, os elementos do **processo de venda**:

Atenção – O vendedor precisa chamar a atenção do comprador para o produto, por todos os meios éticos que possa conseguir.

Interesse – O vendedor apresenta informações relevantes que busquem o interesse do comprador para com o produto.

Desejo – O vendedor precisa despertar o desejo de aquisição do produto, seja pelo preço, qualidade, marca, visual ou por seu trabalho indutor.

Ação – O vendedor ajuda o comprador a se decidir, sempre apontando vantagens e desvantagens e também o risco do investimento.

Tempo – O vendedor de sucesso é aquele que mais bem sabe administrar o seu tempo.

Conhecimento – O vendedor precisa não só parecer, como aparecer que conhece muito bem aquilo que está vendendo.

Problema – O vendedor precisa ajudar a buscar uma solução para problemas que afligem o comprador.

Compromisso – O vendedor só deve prometer aquilo que realmente pode cumprir.

Ouvir – O vendedor precisa ouvir as necessidades e ideias do comprador, cuja maior reclamação é sobre a incapacidade de ouvir do vendedor.

Relatório – O vendedor deve redigir relatórios concisos e objetivos.

3.3 Tipos de Venda

Estabelecer uma tipologia para vendas é muito difícil. Basicamente, os tipos de venda são:

Venda a Descoberto: Ver transação a termo. Venda feita por alguém que será proprietário em um tempo mediato da coisa negociada.

Venda a Prestação: Venda em que o pagamento é feito em parcelas mensais, com prazo determinado.

Venda a Varejo: Venda de loja. Espaço (real ou virtual) onde o consumidor compra um determinado produto. É no varejo que são executadas todas as atividades ligadas à venda ao consumidor final.

Venda Adicional: Acréscimo de venda, feito sobre o pedido expresso pelo cliente comprador. Em outras palavras, é a contribuição do vendedor na venda.

Venda Adicional Imediata: Venda planejada para o processo da venda adicional, tendo em vista o potencial financeiro do cliente comprador.

Venda Adicional Mediata: Venda que se constitui, propriamente, em uma venda de ideias, isto é, deve-se plantar na cabeça do consumidor o desejo de ter um bem que ainda não está em linha de venda.

Venda Colaboração: Venda que procura eliminar a pressão pela procura de soluções que recompensem o comprador e o vendedor. É um trabalho com abordagem de longo prazo, com resultados mais consistentes que a venda tradicional. A venda colaboração propõe um comportamento profissional no tratamento de todas as tarefas de vendas, principalmente, para construir uma relação de confiança.

Venda Consultiva: Venda em que o vendedor atua como um profissional que procura melhorar a lucratividade de seu cliente, bem como a otimização dos recursos e processos.

Venda Criativa: Venda que compreende a utilização de técnicas de criatividade para produzir ideias inéditas e úteis sobre produtos e abordagens. Seu objetivo é gerar novas e fortes impressões sobre os compradores, levando-os a considerar as mensagens de vendas de maneira não tradicional para fechamento de uma negociação.

Venda Cruzada: Venda que embute alguma vantagem para os negociantes. Geralmente, os benefícios de tal transação são informações trocadas.

Venda de Época: Venda realizada em períodos festivos, como: carnaval, natal, fim de ano, páscoa, copa de futebol, dia das mães, dia dos pais, dia dos namorados, dia das crianças.

Venda de Introdução: Venda cuja finalidade é a de mudar ou criar hábitos de compra no consumidor.

Venda de Promoção: Venda que visa estimular a compra pelo consumidor final e a eficiência do intermediário, através de cartazes, exposições, feiras, demonstrações, amostras e vários outros esforços não habituais ou rotineiros de vendas.

Venda de Reposição: Venda baseada numa programação acordada com o comprador, que estará, em função da situação econômica, fluxo de caixa e alternativas de produto para, além dos preços, condições de pagamento e esforço de venda da empresa com propaganda.

Venda de Rotina: Venda feita ao comprador que já tem ideia formada a respeito do produto que deseja adquirir.

Venda de Sistema: Venda conhecida como venda de pacote, é uma estratégia chave de marketing industrial em propostas para construção de projetos de grande porte, como: represas, siderúrgicas, reatores nucleares, centrais telefônicas, sistemas de comunicação, sistemas de irrigação, sistemas de esgotamento sanitário.

Venda de Substituição: Venda em que a mercadoria pedida é substituída por outra. As razões que podem motivar esta troca são: a objeção do cliente é tão forte que o vendedor sente que não pode defender o produto mostrado; o vendedor sente que se mostrar mercadoria diferente da pedida tem mais probabilidade de vender mais e melhor; quando não há a mercadoria pedida.

Venda de Tirar Pedido: Venda em que o vendedor não passa de mero tirador de pedidos, pois seu produto é de consumo obrigatório e sua marca já está consagrada. Hoje, muitos pedidos são feitos por meios eletrônicos.

Venda de Utilidade: Venda em que o vendedor mostra a utilidade para o comprador daquilo que está negociando. O conceito de utilidade é muito utilizado na indústria, que compra, por exemplo: máquinas, ferramentas, materiais e equipamentos, como utilidades, para melhor processar seus produtos.

Venda de Velocidade: Venda com características mais agressivas, importando com isso um maior número de visitas do vendedor, em um curto período de tempo, para efeito de reposição rápida de estoque.

Venda Direta: Venda realizada de pessoa a pessoa, individualmente ou não, sendo considerada muito mais como um canal de distribuição do que uma realização de venda. Sua vantagem para a empresa é que não existe vínculo empregatício entre as partes.

A venda direta começou há séculos com mascates itinerantes e se confunde com a própria origem do comércio. Neste caso os vendedores entram em contato direto com os compradores, por todos os meios disponíveis. Na venda direta, a pressão da indústria sobre o mercado é maior.

Venda Domiciliar: Venda feita no próprio domicílio do consumidor. É a venda porta a porta.

Venda Eletrônica: Venda feita por um terminal eletrônico de vendas. As conexões eletrônicas entre produtores, fornecedores, varejistas e consumidores se multiplicam a cada dia. Os clientes vão às compras através de um canal de televisão ou de um cabo telefônico conectado a um computador, podendo obter mais informações sobre os produtos.

Todos os que participam do mercado via Internet devem pensar em como podem ser afetados por esse sistema de compra e venda.

Venda em Equipe: Venda que conta com um grupo de profissionais compromissados com um trabalho coletivo de atendimento ao cliente. Essa equipe é formada, geralmente, por: gerente do projeto, vendedores, coordenadores de setor, representantes do comprador, bem como outros profissionais interessados na negociação. Os participantes desta equipe, geralmente, multidisciplinar, precisam ter habilidades técnicas, humanas e gerenciais. A venda por contrato, geralmente, é uma venda em equipe.

Venda Faturada: Venda em que os valores dos produtos são faturados desde o momento que saem do distribuidor (fornecedor).

Venda Imediata: Venda que tem por objetivo o aumento de venda no ato presente.

Venda Impessoal: Venda que é realizada sem a interferência do vendedor e conseguida pela propaganda.

Venda Indireta: Venda que é realizada sem a interferência direta do vendedor. Um exemplo é venda executada na prateleira de um supermercado.

Venda Lenta: Venda que exige mais de uma visita (contato) para ser concretizada.

Venda Líquida: Venda cujo valor é igual à venda bruta (notas fiscais de venda) menos as deduções de: impostos, descontos, devoluções, taxas e encargos.

Venda Mediata: Venda que objetiva um aumento futuro do faturamento, através de um bom trabalho no presente.

Venda Missionária: Venda que trabalhará novos produtos a serem apresentados no futuro, isto é, posicionará na cabeça do comprador expectativa de realização positiva.

Venda Mista: Venda que é uma mistura de venda pessoal e impessoal pela qual se visa destacar o produto dentre os concorrentes.

Venda pela Televisão: Venda feita em função da apresentação de um produto, estimulando o consumidor a entrar em contato com o fornecedor. Obviamente que o anúncio só apresenta vantagens e benefícios do produto, com um preço anunciado "por apenas".

Venda pelos Correios: Venda que confia que os compradores façam pedidos por telefone, ou e-mail, a anúncios feitos por meio de folders, prospectos e catálogos. Estas vendas são para uso imediato do produto.

Venda Personalizada: Venda que procura explorar a seguinte regra: Venda para pessoas pelo método que elas mesmas gostariam de comprar. Essa regra desenvolve no vendedor a habilidade de incorporar as características do comprador, pois a tendência humana é comprar de pessoas que sejam semelhantes a nós.

Venda Pessoal: Venda que é um processo interativo, face a face, entre vendedor e comprador com o propósito de esclarecer as dúvidas sobre determinado produto. Ela é ferramenta mais eficaz em termos de custo no desenvolvimento da preferência, convicção e ação do consumidor.

Também permite ao vendedor trabalhar um processo de venda específico, para cada comprador, sendo possível tomar conhecimento da personalidade do mesmo e qual a melhor tática de abordagem.

Venda por Catálogo: Venda efetuada a partir de um catálogo ou folheto enviado pelo correio. Esse tipo de varejo costuma ser utilizado por empresas de turismo que oferecem viagens. Revistas e jornais que oferecem assinaturas.

Venda por Consórcio: Venda como crédito direto ao consumidor, que trabalha com taxas de juros de mercado, os consórcios fixam suas mensalidades de acordo com o preço à vista dos produtos. Esse preço poderá ser reajustado mensalmente.

Venda por Contrato: Venda que trata do cumprimento das cláusulas estabelecidas em um contrato de prestação de serviço, desde a proposta inicial até o término do período de garantia.

Venda por Mala Direta: Venda onde o meio de divulgação de um produto, para um determinado público-alvo. A mala direta pode ser pessoal ou institucional, tendo tratamento diferenciado. Vantagem: Baixo custo. Desvantagem: Retorno muito pequeno.

Venda por Máquina: Venda feita por máquinas que são muito utilizadas em locais de grande fluxo de pessoas, para venda de produtos como refrigerantes, sanduíches, salgados, chocolates. A compra é feita automaticamente, com a inserção de moeda ou ficha. Estas máquinas são encontradas em todos os lugares, cuja vantagem é oferecer produtos de conveniência durante 24 horas, sem manipulação de terceiros.

Venda por Produto: Venda sobre os seguintes elementos do produto: qualidade, marca, preço de venda, composto do produto, ciclo de vida do produto, margem de contribuição, distribuição, índice de reclamações.

Venda por Reunião: Venda também conhecida como reunião de venda, é aquela em que um vendedor se dirige à casa de uma anfitriã que convida vizinhas e amigas para um lanche, em que serão demonstrados os benefícios, as características e vantagens dos produtos ofertados. É interessante observar que quanto mais pessoas estiverem reunidas, tanto mais tempo será necessário para uma atuação conjunta, e tanto menos tempo se terá disponível para trabalhar, realizar funções e obter resultados.

Venda por Telefone: Venda que é compensadora para a empresa, mas isso não quer dizer que seja fácil. Há uma série de preceitos para conseguir a atenção do consumidor sem irritá-lo, tais como: Objetividade é o mandamento número um desse negócio; Venda por telefone é prestação de serviço, não é "malho"; É preciso ter na ponta da língua os argumentos a favor dos produtos ofertados; Ganhar a simpatia das secretárias de escritórios; Ligar em horas apropriadas para o consumidor; Quem fala ao telefone deve ter voz agradável e modulada; Transmitir entusiasmo pelo que vende.

Venda por Vendedor: Venda baseada no relatório de vendas por vendedor.

Venda Proativa: Venda em que o vendedor procura saber tudo sobre o comprador antes da visita. Quando o profissional de vendas faz isso corretamente, ele sempre chega primeiro aos melhores compradores, porque as pessoas sabem que ele está disposto a ajudar com alguma coisa nova, tendo um pouco mais de imaginação, coragem ou agressividade.

Venda Prolongada: Venda em que o vendedor já fez tudo o que estava ao seu alcance para fazer o comprador decidir, como: reuniões, propostas, demonstrações, acompanhamentos diversos, visitas, e-mails. Nesta venda é a indecisão do comprador que tem de ser trabalhada.

Venda Reativa: Venda que funciona de maneira contrária à venda proativa, ela é aquela em que o vendedor tem limitações, passando a ser um tirador de pedidos. Pode-se pensar que todas as pessoas gostariam mais de ser proativas do que reativas, mas o mundo não deixa que sejam assim. Às vezes, somos apanhados em situações que nos sufocam, antes mesmo que percebamos.

Venda Recíproca: Venda que se realiza se houver uma reciprocidade, isto é, ambos são vendedores e compradores para o mesmo ato.

Venda Relacionamento: Venda que consiste no desenvolvimento de atividades pelo vendedor com seu cliente para alcançar objetivos comuns, mutuamente benéficos e de longo prazo.

Venda Repetitiva: Venda que ajuda a medir a taxa de compra do cliente.

Venda SPIN: Venda baseada em: Situação, Problema, Implicação e Necessidade. Modelo SPIN procura descrever como deve ser o processo e não ser tratado como fórmula mágica.

Venda Tradicional: Venda que se caracteriza pelas ações em que o vendedor procura realizar a transação com mensagens sobre o produto e suas características, tentando impor ao comprador as vantagens que ele irá obter. Essa venda não se baseia no fator confiança e tampouco na satisfação das necessidades e desejos do comprador, e, ainda, contém um alto índice de pressão para o fechamento da venda.

Venda Um a UM: Venda que precisa de um contato direto do vendedor com o comprador (consumidor, usuário, paciente).

3.4 Material de Apoio

Os materiais de apoio mais utilizados, como suporte de **divulgação** e operação pelo pessoal de vendas, são:

Mostruário – Conjunto de amostras de uma determinada coleção ou linha de produtos. A amostra deve ser representativa dos produtos a serem ofertados.

Portfólio – Material diversos, como: desenhos, estampas, gravuras, fotos, que mostram os produtos que um vendedor apresenta a um potencial comprador.

Piloto – Versão de um determinado produto que está sendo testado para colher e avaliar informações sobre: mercado, ambiente, consumidor, marca, imagem da empresa e estratégia de lançamento, por exemplo.

Cartaz – Anúncio ou aviso de grande formato, próprio para afixação em ambientes amplos ou ao ar livre, em geral, com acentuação no aspecto visual. Sua maior vantagem é a flexibilidade.

Banner – Uma espécie de cartaz menor, como uma bandeira, que depende de uma haste de sustentação. Um banner contém as atividades ou qualidades daquilo que se quer apresentar.

Folder – É um folheto dobrado, geralmente entregue pelos correios, ou em mãos, em que são relatados os serviços que se quer divulgar.

Prospecto – Pequeno impresso de propaganda com ilustrações, geralmente, distribuído de porta em porta e nos semáforos das ruas, ou, ainda, pelos Correios. É barato, mas poucas pessoas leem. Também podem ser enviados pelos correios (e-mail).

Letreiro – Propaganda com letras luminosas. Vantagem: destaque à distância. Desvantagens: custo de manutenção.

Catálogo – Relação ou lista de: pessoas, endereços, serviços, bens, fornecedores e assinantes, por exemplo.

Tabela – É uma matriz de duas entradas em que são mostrados os valores, resultados, atividades, datas, assuntos, eventos, em função das condições, dos critérios e dos recursos utilizados.

Listagem – Listagem é um arquivo de nomes, endereços, telefones, e-mails.

Agenda de Trabalho – É uma lista sumária, geralmente, com data e hora marcadas, em que são feitas anotações de compromissos, transmissão de informações, apontamentos pessoais, questões a serem debatidas, tarefas a serem cumpridas, ações e decisões a tomar, por exemplo.

3.5 Técnicas de Venda

Técnica é uma maneira, jeito ou habilidade especial para se executar ou fazer algo. A utilidade de uma técnica depende diretamente do método que a mesma emprega, e vice-versa. A técnica está ligada ao modo de realizar a atividade de maneira mais eficiente. Assim, podemos estabelecer que o método está relacionado à estratégia (caminho a ser percorrido) e à tática (mudança de direção do caminho, se o mesmo mostrar erro).

Técnica de vendas é uma técnica que ensina o vendedor a maneira de abordar um cliente consumidor, para a concretização de uma venda.

Existem muitas técnicas de abordagem apregoadas nos diversos livros sobre vendas, isto é, como o vendedor deve ter conhecimento da maneira de se aproximar do cliente consumidor.

A seguir, são colocadas algumas técnicas de venda no trabalho de um bom vendedor:

a) Sorrir – O sorriso diz mil coisas e, entre elas: paz, amizade, boa vontade, simpatia, carinho, amor.
b) Ouvir – Quase tudo que está na nossa memória passou pelos sentidos. Depois dos olhos, são os ouvidos que mais informam.
c) Ler – A leitura do cliente comprador é importante, isto é, como ele se expressa, como decide, como se apresenta e como seu corpo se movimenta. A leitura corporal é fundamental, pois deixa transparecer como a pessoa reagirá a um fato, fenômeno ou juízo, por exemplo.
d) Informar – A informação é uma necessidade, não só para as pessoas, em geral, como, principalmente, para aquelas que trabalham com o público.
e) Estimular – O estímulo ajuda o cliente consumidor a se movimentar da atenção à ação.
f) Construir – Uma dificuldade que, frequentemente, aparece na venda é saber até onde ir, quando parar e quando continuar.
g) Contornar Objeções – A boa razão diz que se vive em um mundo de opiniões, porque nem sempre se conhece a verdade sobre os fatos e acontecimentos.
h) Fechar a Venda – É a fase decisiva, e só ela diz se valeu realmente todo o trabalho feito. O receio da não conclusão do processo começado é uma constante na vida do vendedor.

O estilo comportamental de um homem, no exercício de suas funções, é em grande parte determinado por sua formação e personalidade. O engenheiro é mais preciso e formal do que um homem com formação no setor de vendas. O vendedor será agressivo e, por natureza, será também sensível às sugestões dos outros, pois aqueles que sabem persuadir podem ser persuadidos.

Cada vendedor possui seu próprio **estilo de vender**, que não pode funcionar com todo mundo. Os **profissionais de venda** mais bem-sucedidos são aqueles que têm consciência de seu estilo. Eles conscientemente trabalham e aperfeiçoam um *modus operandi* que se mescla com sua personalidade e não entra em conflito com o produto que está vendendo. Sabem exatamente o que estão fazendo.

3.6 Objeções em Vendas

Uma das queixas dos diretores, gerentes e supervisores de vendas é sobre a força de vendas, no que diz respeito às objeções. Na verdade, a maioria dos vendedores não sabe como tratar objeções, isto é, as razões para não comprar. As objeções em vendas nada têm a ver com realizar vendas, mas muito com o estilo do vendedor atuar, que carece de uma argumentação convincente e persuasiva.

Muitas vezes, durante a apresentação de vendas, um comprador em perspectiva fará objeções. Comportamento muito natural do ser humano. Ele pode indicar ao vendedor o quanto longe ele está de efetuar uma venda. As objeções proporcionam uma oportunidade para o vendedor mostrar-se capaz diante do comprador. A **objeção** mostra onde há uma incongruência entre o desejável e o oferecido. Mas, os vendedores precisam ter certeza de que descobriram o motivo da objeção, muitas vezes, despercebido.

Existem muitas maneiras de tratar uma objeção. O método a ser usado depende da situação conforme o vendedor a perceba. Ninguém gosta que lhe contradigam diretamente e, por isso, uma negativa direta da objeção é tipicamente evitada.

O modo como um profissional de vendas lida com a aceitação e a rejeição diz muito sobre o seu potencial de vender. É imperioso que o vendedor encare e aceite com naturalidade a objeção. Depois de fechar uma venda o vendedor deve evitar falar qualquer coisa, pois é possível torpedear todo um trabalho com uma só palavra. A seguir, algumas **premissas de objeções em vendas**:

- Não confunda falta de resposta com hostilidade.
- Faça muitas perguntas que venha ao encontro dos interesses do seu cliente comprador.
- Não fale muito depressa e não tão lento para cansar o cliente.
- Planeje a agenda do encontro, não faça nada de cambulhada.
- Demore tanto quanto possível para ouvir a argumentação do comprador potencial.
- Aprenda sobre a arte de ouvir.
- Evite repetições, redundâncias, vícios de linguagem, chavões e erros de construção verbal.
- Seja objetivo, não confundindo com objetividade e pragmatismo, pois são conceitos diferentes.
- Argumente sobre o que o produto pode ajudar e/ou agregar valor ao cliente.
- Nunca dê plena certeza de nada, e muito menos trate os negócios como "definitivos", pois tudo na vida é provisório e a única certeza que temos é a incerteza.
- Não assume compromissos que não pode cumprir.

3.7 Diagrama de Vendas

Diagrama é um gráfico, geralmente, em um espaço bidirecional, onde podemos representar, por meios de pontos, linhas e superfícies, resultados, estruturas, rotinas, relações, atividades, programas, controles, prazos, gargalos e programação, por exemplo. Os mais importantes diagramas utilizados são: organogramas, fluxogramas, cronogramas e congestionograma. Mas, o mais clássico dos diagramas é o fluxograma.

A seguir, um **fluxograma de vendas**:

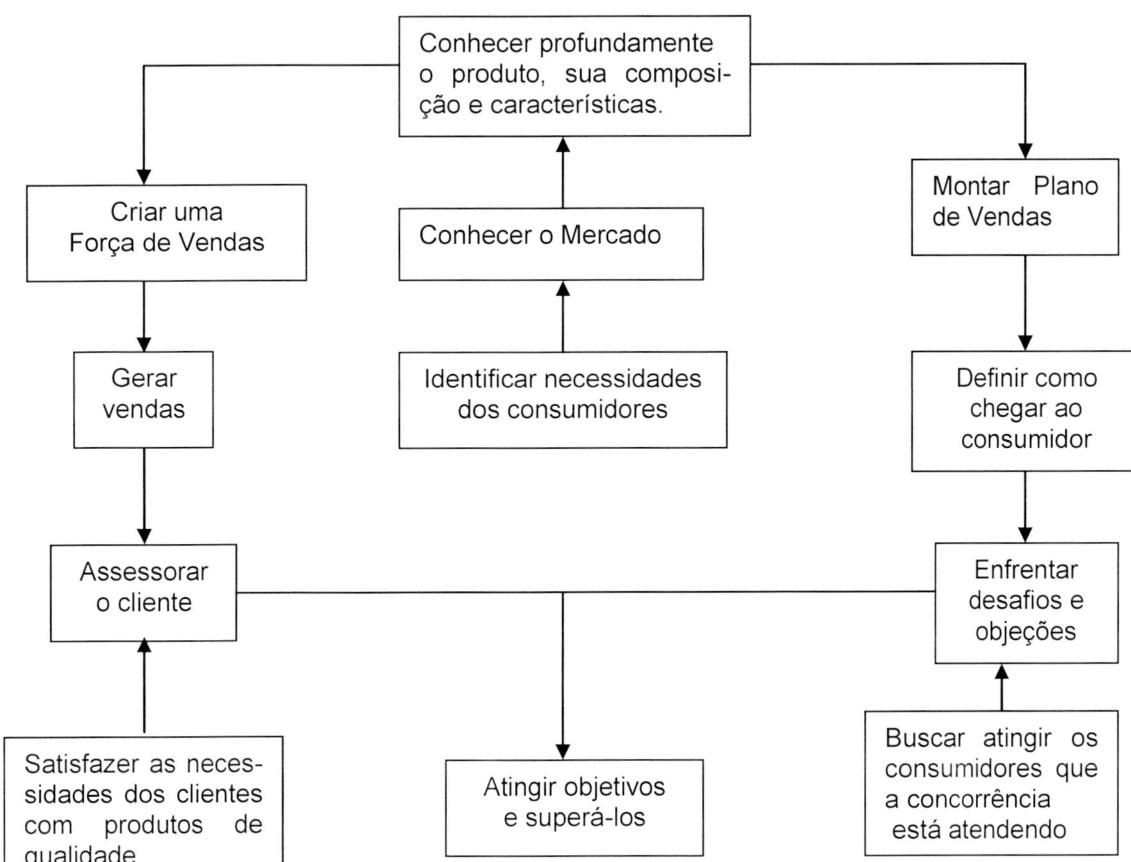

Figura 3.1: Fluxograma de Vendas.

3.8 Controle de Vendas

A seguir, os principais controles de vendas:

Controle do Faturamento – O controle do faturamento e seu desvio servem para acompanhar o desempenho da equipe de vendas e se a mesma está cumprindo as metas estabelecidas. Ele deve indicar o faturamento bruto diário e seu valor acumulado, num determinado período. Através desse controle pode-se verificar se as metas estão sendo atingidas. Tal controle deve conter os seguintes elementos: período, data, venda executada, venda faturada, venda entregue, rentabilidade, cota.

Controle do Perfil do Consumidor – Este controle é na verdade o cadastro geral dos consumidores, sendo atualizado diariamente. Ele deve conter: nome, endereço real, endereço virtual, telefones, identificação, qualificação, classificação do consumidor, média mensal de compras, limite de crédito.

Controle de Vendas por Vendedor – Este controle ajuda a premiar aqueles que mais venderam. É comum, em empresas, encontrar-se o quadro "Campeão de Vendas", como motivação e incentivo à força de vendas. Tal controle deve conter: nome do vendedor, data, vendas efetuadas (valor e volume), vendas canceladas, vendas acumuladas, clientes visitados, novos clientes.

O controle de vendas por vendedor mostra e compara o resultado mensal de cada vendedor com a média do grupo. Assim, fica claro, através do índice de performance, qual o vendedor que precisa de assistência da gerência de vendas.

Controle de Vendas por Produto – O controle de vendas por produto mostra qual produto está vendendo mais e qual está vendendo menos. Este controle é o fato gerador para se intensificar todas as forças no produto campeão e, também, servir de modelo de decisão para qual produto deva ser descontinuado ou mais bem trabalhado.

Controle da Conta do Consumidor – Este controle ajuda a demonstrar a liquidez do consumidor e sua capacidade de compra. Contém os seguintes elementos: nome do consumidor, qualificação, região, zona, data, nota fiscal, fatura, parcelamento, valor, quitação, saldo devedor, atraso, observações.

Controle de Devolução de Mercadorias – Uma preocupação em vendas é com a devolução de mercadorias, porque retrata a qualidade do produto e do atendimento. Este controle deve conter informações quanto aos defeitos, prazos de entrega não atendidos, especificações fora dos padrões, valores não contratados.

3.9 Avaliação de Vendas

O **setor de vendas** será avaliado para verificar como as vendas foram efetuadas; qual contribuição de esforços despendidos em propaganda e promoção levou ao sucesso (fracasso); como os canais de distribuição e de comunicação afetaram a rentabilidade dos produtos. Não é suficiente ser um profundo conhecedor de técnicas de vendas, se você não tiver senso crítico e avaliar as dificuldades com que se defronta a empresa.

A **gerência de vendas**, bem como a direção da empresa, possui diversas ferramentas para obter informações e poder avaliar o desempenho do vendedor e da força de vendas, tais como: relatórios; visitas a clientes consumidores; observações de campo; reclamações de consumidores; reuniões. Para fazer uma boa **avaliação de vendas** devemos questionar sobre:

- Os vendedores tendem a promover produtos não lucrativos?
- Datas de entrega irreais são prometidas?
- Pouco esforço é desenvolvido para promover os artigos que se encontra em quantidade apreciável no estoque?
- O vendedor reluta em mudar a política de preços?
- São efetuadas verificações regulares para se saber quais os produtos que devem ser colocados em promoção?
- Há pouco caso na avaliação de custos?
- Atraso de novos modelos para a temporada que se inicia?

- Os ciclos operacionais dos produtos são muito longos?
- Alguns vendedores são mais bem tratados do que outros?
- Produção queixa-se de que o setor de vendas dá vazão a produtos menos lucrativos?
- Produção tem apreciação inadequada dos problemas de vendas e desconhece as necessidades dos consumidores?
- Vendedores aceitam pedidos de produtos que faltam no estoque?
- Vendedores conhecem realmente as necessidades dos consumidores?
- Vendedores atualizam seus conhecimentos tecnológicos?

Avaliar desempenho de vendas significa comparar os resultados obtidos com os previstos. Esta comparação se faz para volume de vendas, valor de vendas, novos consumidores, consumidores perdidos, gastos com vendas, visitas, performance do vendedor, movimentação de vendedores, tendência de mercado.

Assim, por exemplo, o **objetivo da avaliação do vendedor** é verificar: conduta no trabalho; competência administrativa; capacidade de decidir; habilidade de comunicação; vontade de crescer profissionalmente; conhecimento do produto, mercado, empresa, público-alvo e ambiente.

3.10 Atuação em Vendas

A seguir, serão mostrados exemplos de atuação em vendas:

Eficiência de Vendas – A eficiência de vendas é conseguida quando comparamos receitas com vendas e despesas de comercialização, isto é, ela determina quanto uma unidade monetária de gasto corresponde ao montante de vendas. Sua fórmula é a seguinte:

Eficiência de Vendas = Receita com Vendas / Despesa de Vendas

Exemplo:
Receita com Vendas = R$ 500.000,00
Despesa de Vendas = R$ 5.000,00
Eficiência de Venda = 500.000 / 5.000 = 100

Análise:
No exemplo acima, para cada unidade monetária gasta com venda a empresa fatura cem unidades. Porém, todo esforço para aumentar a receita com vendas pode acabar, se as despesas também aumentarem.

Eficácia em Vendas – A eficácia em vendas é uma avaliação dos resultados relativos aos principais clientes e se tais resultados são de lucro ou prejuízo. A análise da avaliação mostra se alguns desses clientes devem ser descontinuados, ou se merecem alguma atenção especial.

A seguir, um exemplo de uma **análise da eficácia em vendas**, tomando como referencial um demonstrativo de resultado:

Contas	A	B	C	Total
1 – Receita com Vendas	50.000 (50%)	30.000 (30%)	20.000 (20%)	100.000 (100%)
2 – Custos	20.000 (50%)	12.000 (30%)	8.000 (20%)	40.000 (100%)
3 – Lucro Bruto (1 - 2)	30.000 (50%)	18.000 (30%)	12.000 (20%)	60.000 (100%)
Despesas com Vendas:				
4 – Salários	4.000 (30%)	3.000 (40%)	5.000 (42%)	12.000 (100%)
5 – Comissões	7.500 (50%)	4.500 (30%)	3.000 (20%)	15.000 (100%)
6 – Viagens	1.500 (25%)	1.800 (30%)	2.700 (45%)	6.000 (100%)
7 – Outras	6.000 (33%)	6.000 (33%)	6.000 (33%)	18.000 (100%)
8 – Total (4 + 5 + 6 + 7)	19.000 (37%)	15.300 (30%)	16.700 (33%)	51.000 (100%)
9 – Lucro Líquido (3 - 8)	11.000 (122%)	2.700 (30%)	- 4.700 (-52%)	9.000 (100%)

Quadro 3.1: Análise Horizontal da Eficácia em Vendas.

Análise:

O cliente C precisa ser descontinuado, devido ao prejuízo. O cliente B merece uma análise sobre as despesas.

3.11 Estratégias de Vendas

Estratégia de vendas é a estratégia voltada a ajudar à Força de Vendas com recursos apropriados e ferramentas administrativas.

Embora o conceito de estratégia já ter sido abordado, vale observar que este conceito começou a ser usado em administração na década de 1950, com o intuito de incutir nas empresas uma nova perspectiva de futuro, através do conhecimento de onde e como expandir sua atuação e melhorar seu desempenho.

Essa forma de se aproximar do futuro serviu ao propósito de manter o êxito empresarial num mundo pouco mutante e de futuros mais previsíveis. Entretanto, as mudanças ambientais mais rápidas provocaram nas empresas a criação de novos bens e serviços, como a busca de novos clientes e novas áreas de atuação.

Como a formulação da estratégia empresarial é complexa, pois depende de fatores e condições que se alternam e se modificam incessantemente.

Algumas **premissas de vendas** ajudarão a utilizar mais bem o tempo na formulação da estratégia:

- A estratégia evolui e muda com o tempo.
- As decisões estratégicas não são programadas e previstas com antecipação.
- Diferentes decisões estratégicas são difíceis de integrarem uma única estratégia explícita e compreensiva.
- O ambiente de formulação de estratégias é complexo demais.
- Cada escolha estratégica é feita em diferentes contextos, com informações novas e incertas.
- A formulação da estratégia precisa levar em conta a incerteza e o risco.
- A essência da estratégia é o seu relacionamento com o ambiente.
- A estratégia se torna desnecessária, quando a dinâmica histórica da organização a leva onde ela quer ir.
- A formulação da estratégia deve basear-se em informações bastante agregadas, incompletas e incertas.

Embora a empresa formule sua própria estratégia, é bom lembrar que é preciso responder a algumas questões:

- Qual é a atual estratégia da empresa?
- A empresa está tendo dificuldades na execução da estratégia atual?
- A estratégia utilizada exige maior competência e melhores recursos do que a empresa possui?
- Quais as possíveis alternativas que existem para a solução do problema da estratégia?
- Até que ponto as preferências da alta direção da empresa limitam as alternativas?
- Qual a alternativa que oferece a maior vantagem competitiva?
- Qual deve ser a nova estratégia?

As **principais estratégias de vendas** são:

Estratégia de Segmentação – A segmentação visa à conquista de várias fatias do mercado. Embora tenha uma penetração reduzida, a segmentação possui detalhes do segmento atendido.

Estratégia de Posicionamento – É a estratégia voltada a incutir na mente do consumidor que o produto e a empresa são os melhores do mercado.

Estratégia de Foco – Estratégia que seleciona e enfatiza um mercado, um produto, um grupo de consumidores, uma linha de produtos, em que a empresa atua. Esta estratégia repousa na premissa de que a empresa é capaz de atender seu alvo estratégico, mais efetivamente do que os concorrentes.

Estratégia da Qualidade – A estratégia da qualidade está envolvida em como desenvolver e treinar recursos humanos, visando melhorar a qualidade das pessoas. Esta qualidade, e somente esta, irá fazer com que a empresa tenha qualidade nos seus produtos. A estratégia da qualidade deverá ser percebida pelos consumidores e refletida em todas as atividades da empresa.

Estratégia de Tecnologia – É a estratégia voltada a desenvolver, usar e licenciar tecnologia de maneira efetiva. No âmago de uma estratégia de tecnologia está o tipo de vantagem competitiva que uma empresa está tentando alcançar, se comparada às probabilidades de sucesso. O desenvolvimento desta tecnologia estará sempre ligado à ponte entre a transformação tecnológica e o benefício obtido.

A preocupação da estratégia tecnológica deve estar centrada em como otimizar o uso da tecnologia, a fim de que a empresa, num determinado momento, se torne bem-sucedida.

Estratégia de Preço – É a estratégia voltada a comparar os preços dos produtos de uma empresa com os concorrentes. Para tal, três condições devem ser atendidas:

- A desafiante deve convencer os compradores de que seu produto é comparável ao da empresa líder de mercado.
- Os compradores devem ser sensíveis à diferença de preço e não achar constrangedora a ideia de abandonar seus antigos fornecedores.
- A líder de mercado deve recusar-se a baixar o preço, não obstante o ataque da desafiante.

Estratégia de Comunicação do Produto – É a estratégia voltada a desenvolver e aplicar os recursos eficazes de comunicar o produto por meio de: publicidade, promoção, propaganda, merchandising e outros meios de divulgação.

Estratégia do Composto do Produto – É a estratégia que busca a composição ótima do produto, por meio de possíveis combinações, para o lucro máximo e nível de qualidade aceitável pelo mercado. Dada a estratégia básica de composto do produto, deve-se ainda rever, periodicamente, se os itens de produtos e linhas específicas no composto, apresentam um bom equilíbrio em termos de crescimento de vendas futuras, estabilidade de vendas e lucratividade.

Os mercados estão em constante mudança no que se refere às suas preferências, para: cor, gosto, cheiro, paladar e outros detalhes. Assim, toda e qualquer mudança é como remédio, isto é, é bom para uma coisa e ruim para outra.

Estratégia de Melhoria do Produto – É uma estratégia comprometida a acrescentar novas características (tamanhos, pesos, materiais, aditivos, acessórios) que expandem a versatilidade, segurança ou conveniência do produto. Uma estratégia de melhoria traz novas características que constroem uma imagem de empresa inovadora, conquistando, com isso, a lealdade de determinados públicos.

Estratégia de Marca – É a estratégia voltada a manter a marca com uma boa imagem (posição) na cabeça dos consumidores. O conceito de posição na mente do consumidor é uma metáfora que veio da imagem da marca, porque resulta da comparação e avaliação das marcas concorrentes em um mesmo mercado.

Estratégia do Público-Alvo – As estratégias de público-alvo se concentram no perfil do consumidor. Assim, as palavras chaves para montar uma estratégia adequada ao público-alvo são as seguintes:

Geografia (centro, bairro, periferia); Marca (com grife ou sem grife); Preço do Produto (adequado, alto, baixo ou de mercado); Loja (tamanho, local); Internet (uso, não uso); Promoção (relâmpago, constante, programada); Desconto (dado pelo fornecedor, dado ao consumidor); Nível de Qualidade (considerar, não considerar).

Estratégia de Sortimento – É a estratégia da variedade de produtos ofertados.

Estratégia de Portfólio – Estratégia voltada a otimizar o portfólio da empresa. Os modelos de portfólio apresentam inúmeros benefícios, porque ajudam a pensar estrategicamente, a melhorar a qualidade da documentação, a melhorar os sistemas de informação e comunicação, a melhorar a gestão dos recursos, a identificar problemas, por exemplo.

Contudo, é preciso realizar uma análise adicional dos produtos integrantes do portfólio, antes que se possa estabelecer de maneira sensata o uso dessa ferramenta de vendas. O portfólio terá de ser congruente com os objetivos de marketing e seu uso não dá a empresa nenhuma invulnerabilidade no seu segmento de atuação.

Estratégia de Parceria – É a estratégia que visa utilizar recursos de empresas chamadas de terceiro tipo, para enxugar custos e aumentar a produtividade. A **terceirização** tem se mostrado como uma estratégia para a busca da modernidade. Sem receio da perda do controle e do poder, a terceirização veio a ser viável como uma opção pragmática.

A preocupação desta estratégia é com a qualidade.

Estratégia Reativa – É a estratégia de resposta a imprevistos. Uma estratégia reativa, ao contrário de uma estratégia proativa, é aquela que reage com atraso às adversidades do ambiente. Ela é mais uma tática do que uma estratégia.

Estratégia da Informação – É a estratégia que considera a informação como um ativo da empresa. Isso é demonstrado pela onda de fusões e aquisições. Como as empresas com grandes bancos de dados são constantemente ameaçadas pela concorrência, elas precisam montar estratégias de segurança em tecnologia da informação.

Hoje, esta tecnologia cria muitas **oportunidades de negócios**. Porém, a relação entre a estratégia da informação e a estratégia empresarial tem vertentes diferentes.

Estratégia da Inovação – A inovação refere-se à introdução de uma mudança julgada positiva, benéfica, isto é, constitui-se no uso prático de uma descoberta ou invenção. A criatividade e a inovação são processos organizacionais contínuos e concomitantes, que prosseguem durante todas as fases de introdução e uso de novas ideias.

Inovar é, antes de tudo, aplicar o incomum, o novo. É uma espécie de solução criativa para problemas que vão sendo detectados.

3.12 Gerência de Vendas

A palavra **gerência** (management) tem sido usada como sinônimo de administração, mas, na verdade, apesar de muitas pesquisas, este termo ainda continua um tanto ambíguo. Cabe à função gerência a arte de pensar, decidir, agir, fazer acontecer, prover recursos, atingir objetivos estabelecidos e obter resultados positivos. Resultados que podem ser projetados, previstos, analisados e avaliados, mas que têm de ser alcançados por pessoas dentro de uma interação constante.

A gerência precisa alocar recursos no tempo e espaço adequados, ou seja, é o exercício de uma atividade que exige mais de uma pessoa para exercê-la; precisa ter um objetivo comum; requer uma ação calculada; necessita de cooperação e coordenação entre pessoas.

Embora a gerência de vendas seja um assunto já abordado, é bom acrescentar que a gerência de vendas é função executiva, coordenadora e ordenadora, cuja finalidade é avaliar os resultados da força de vendas.

A preocupação do gerente de vendas está relacionada, diretamente, com a maximização da receita com vendas, volume e entrega dos produtos faturados. Cabe a ele ultrapassar as metas estabelecidas, dividir as cotas entre vendedores, participar na elaboração de estratégias e políticas de abordagem do mercado e dos consumidores.

O **gerente de vendas** deve desenvolver programas de recrutamento, seleção e treinamento, criar mecanismos de motivação para os vendedores, trabalhar a marca e a imagem dos produtos da empresa, criando e mantendo consumidores. O treinamento deve estar voltado para as técnicas de venda, visitas aos clientes consumidores, preenchimento de pedidos e assistência ao consumidor.

O gerente de vendas deve criar sistemas de informação e comunicação, ajudar o pessoal de Pesquisa & Desenvolvimento, alocar recursos, desenvolver rotinas, procedimentos, arquivos e formulários. E, ainda, controlar a carteira de pedidos, avaliar o desempenho da força de vendas, redigir relatórios e controlar resultados, por meio de indicadores de gestão.

O **papel do gerente de vendas** é um dos mais vitais para a realização dos objetivos da empresa, bem como a sua sobrevivência. Atividades chaves deste gerente, além de serem congruentes com as estratégias de vendas, devem contribuir para que o seu próprio feedback ajude a reformular táticas de vendas. Por estarem junto aos clientes, os gerentes de venda trazem grandes contribuições às implementações de desenvolvimento de novos processos, novos projetos, novos produtos e novas marcas.

3.13 Indicadores de Venda

Os indicadores representam um sistema peculiar de análise empresarial. Tal sistema consiste na comparação de dois ou mais elementos, de modo a se obter uma indicação (relação, medida) significativa da situação e, ao mesmo tempo, uma representação sintética da mesma. Um conjunto de indicadores bem estudado permite esclarecer a situação da empresa, através de elementos chaves.

Quando se compara elementos, pode-se chegar a duas respostas: uma avaliação da proporção existente entre os valores e uma avaliação do desenvolvimento de um valor em relação a outro tomado como base.

Os **indicadores** permitem comparar dois ou mais dados, de modo a se obter uma análise significativa da situação. O poder do administrador para analisar a situação de uma empresa é dado pelos seus registros históricos. Uma comparação dessa natureza é importante, pois não se pode esperar que uma empresa apresente indicadores e taxas menores que aqueles medidos de uma amostra de empresas de seu mercado.

Muitos indicadores levam o nome de taxa pela sua resposta em valores percentuais**.** Os indicadores de venda retratam a relação entre: consumidor, produto, preço e receita com vendas.

A seguir, **alguns dos indicadores de venda**:

Taxa de Devolução – Uma preocupação em vendas é com a devolução de mercadorias, porque retrata a qualidade do produto e do atendimento. Este controle deve conter informações quanto aos defeitos, prazos de entrega não atendidos, especificações fora dos padrões, valores não contratados.

A devolução de mercadorias é a ação em que o comprador devolve ao vendedor as mercadorias que comprou, em função de defeitos, qualidade do produto, especificações fora do padrão contratado, prazos de entrega fora do estabelecido, valores não contratados, atendimento deficiente. A taxa de devolução é dada pela fórmula:

Taxa de Devolução = Mercadorias Devolvidas / Mercadorias Vendidas

Exemplo:
Mercadorias Devolvidas = 300 peças
Mercadorias Vendidas = 50.000 peças
Taxa de Devolução = 300 / 50.000 = 0,006 = 0,6%

Análise: A taxa de devolução ajuda a medir o controle de qualidade da empresa. Uma taxa de devolução de 0,6% é excelente.

Taxa de Defeitos – Embora o assunto já tenha sido abordado, vale repetir. Tal taxa em como fórmula:

Taxa de Defeitos = (Produtos Defeituosos - Produtos Recuperados) / Total de Produção

Exemplo:
Produtos Defeituosos = 20
Produtos Recuperados = 5

Total de Produção = 500
Taxa de Defeitos = (20 - 5) / 500 = 0,03 = 3%

Análise: Uma empresa deseja taxas de defeito muito baixas. Para tal, precisa implantar um programa "Zero Defeito", para motivar a não fabricação de produtos defeituosos. Deve haver premiações para os empregados que apresentarem qualidade, sob todos os aspectos.

Taxa de Reclamação – O controle de reclamação, ou taxa de reclamação, pode ser geral ou por produto. Se, por exemplo, os resultados apresentados pela empresa foram os seguintes:

Controle Geral de Reclamações					
N	Mês	Reclamações	Acumulado	Média	Taxa
1	janeiro	100	100	100	Zero
2	fevereiro	50	150	75	-33%
3	março	80	230	77	+ 4%
4	abril	70	300	75	- 7%

Quadro 3.2: Controle Geral de Reclamações.

Onde:
N = Número de meses
Média = Valor acumulado / número de meses

Cálculo da taxa de reclamação (TR) para o mês de março:

TR = [(Reclamações) / (Valor Acumulado / Número de meses)] - 1

Exemplo:
Reclamações = 80
Valor Acumulado = 230
Número de meses = 3

TR = [(80) / (230 / 3)] - 1 = (80 / 76,70) - 1 = 1,043 - 1 = 0,043 = 4,3% = 4% (aproximadamente)

Análise: O controle de reclamações apresentado se refere a um curto período de tempo. Mesmo assim, os resultados apresentados, de janeiro até abril, mostraram que a empresa vem fazendo um esforço para diminuir as reclamações, cujo valor ideal é próximo de zero, o que é muito difícil de conseguir.

Taxa de Vendas por Vendedor – Taxa que ajuda a medir a capacidade proativa do vendedor na condução das atividades de vender, bem como a solucionar problemas, obstáculos e objeções. A taxa de vendas por vendedor (TVV) é dada pela fórmula:

TVV = Vendas do Vendedor / Total de Vendas

Exemplo:
Vendas do Vendedor = $ 5.000,00
Total de Vendas = $ 80.000,00
Taxa Individual de Vendas = 5.000 / 80.000 = 0,0625 = 6,25%

Análise: Esta taxa mostra a participação do vendedor no montante de vendas e ajuda a premiar os melhores com incentivos.

Taxa de Inadimplência – A taxa de inadimplência é dada pela fórmula:

Taxa de Inadimplência = Contas de Liquidação Duvidosa / Contas a Receber

Onde:
Contas de Liquidação Duvidosa = Contas a receber, cujos valores, provavelmente, não serão liquidados

Contas a Receber = Levantamento que se faz numa data qualquer, ou aprazada, para determinar quanto, em dinheiro, a empresa tem a receber de seus devedores; recebíveis

Exemplo:
Contas de Liquidação Duvidosa = $ 24.000,00
Contas a Receber = $ 400.000,00
Taxa de Inadimplência = 24.000 / 400.000 = 0,06 = 6%

Análise: É comum, hoje, se considerar o valor de 3% como limite máximo para a empresa começar a se preocupar. Assim, a mesma deve provisionar valores para devedores duvidosos. No exemplo acima, a taxa de 6% é um valor, relativamente, alto. A inadimplência é considerada como um atraso de pagamento acima de 90 dias.

Taxa de Cancelamento – O cancelamento do pedido é um ato solicitado pelo comprador, devido, principalmente, ao não cumprimento de prazo por parte do vendedor. Mas, também pode ser devido à falta de capital de giro para pagar mais uma dívida. A taxa de cancelamento é dada pela fórmula:

Taxa de Cancelamento = Pedidos Cancelados / Total de Pedidos

Exemplo:
Pedidos Cancelados = 20
Total de Pedidos = 240
Taxa de Cancelamento = 20 / 240 = 0,083 = 8,3%

Análise: Uma taxa de cancelamento acima de 5% deve começar a preocupar a empresa.

3.14 Plano de Vendas

Um **plano** é como um mapa, ele mostra à empresa como ela deve se conduzir, aonde deve ir e como chegar lá. O plano (produto do planejamento) é um curso de ação, onde se estabelece quem fará o que, onde, como e por que atingir objetivos.

Se for adequadamente preparado, um plano conterá detalhes suficientes para a sua implementação, mas, se for feito às pressas e inadequadamente construído, pode causar muita perda de tempo, constrangimento e desconfiança quanto ao destino da organização.

Haverá problemas com um plano, se ideias, condições, recursos, métodos e objetivos não forem dispostos de maneira lógica, para poder ser seguido por outros. Um plano de venda estabelece objetivos; sugere estratégias e recursos para alcançá-los. Deve identificar as oportunidades de negócios mais promissoras para a empresa e esboçar como penetrar, conquistar e manter posições em mercados identificados.

O **plano de vendas** é uma ferramenta de comunicação que combina todos os elementos do composto mercadológico num plano de ação coordenada. Um plano de vendas é o documento que ajuda a empresa comercializar bens e serviços.

Pessoal de vendas de todos os níveis deve esforçar-se para entender este plano, porque ele inclui, geralmente, enfoques específicos e caminhos a seguir, para a identificação de clientes em potencial, determinando por que, onde, como e quando eles compram. Também é possível que o mesmo identifique como mais facilmente os consumidores serão atingidos e levados a comprar.

Um plano de venda deve analisar o seguinte:

- Situação atual do mercado.
- Situação dos produtos da empresa.
- Participação da empresa no mercado.
- Potencial do mercado.
- Situação da concorrência.
- Necessidades dos consumidores.
- Contingências ambientais.

- Tendências tecnológicas.
- Segmentação do mercado.
- Regulamentação governamental.
- Posição matricial de cada produto.
- Prognósticos e suposições sobre o ciclo de vida do produto.
- Previsão de vendas.
- Estratégias e táticas.
- Ciclo operacional de cada produto.

Embora os **modelos de planos de venda** variem de empresa para empresa, um bom modelo contém pelo menos os seguintes componentes: antecedentes do produto; projeções de vendas e lucros; desenvolvimento de estratégias de vendas; mecanismos de controle; tamanho, estrutura e comportamento do mercado alvo; posicionamento do produto e das vendas; participação no mercado; metas de vendas e de lucros a alcançar nos primeiros anos; território de atuação; preço previsto para o produto; estratégias de distribuição; orçamento; composto de marketing; tendências; leitura do cenário.

3.15 Orçamento de Vendas

O **orçamento** é um plano que especifica receitas e gastos antecipadamente, em um dado período. Previsões e orçamentos não podem ser considerados como sinônimos. Uma previsão é uma tentativa de determinação de futuros eventos.

O orçamento, pelo contrário, é a manifestação de uma vontade tendente a orientar os eventos futuros na direção mais oportuna. Também pode ser considerado como um documento que discrimina a origem e a aplicação dos recursos que serão utilizados para um determinado fim, ou, ainda como um mecanismo de controle, à medida que o plano estabeleça medidas para atingir objetivos a serem atingidos por cada um dos responsáveis.

Em muitas empresas, o orçamento acaba se transformando no principal instrumento de trabalho gerencial e tudo passa a ser expresso em termos de valores monetários, como: previsão de vendas, salários a pagar, encargos sociais e gastos com propaganda.

O orçamento não constitui um instrumento rígido de contenção de despesas, podendo ser bastante flexível a ponto de permitir uma variedade de ajustes, quando necessários.

Os orçamentos criam a premissa lógica para uma estimativa ponderada dos custos, porquanto permitem uma avaliação do nível operacional futuro da empresa e também oferecem a relação entre volumes de produção e despesas de operações. Partindo dos recursos financeiros necessários à execução, o orçamento deve especificar as estimativas dos resultados esperados.

É importante que o orçamento seja congruente com os objetivos da empresa.

Muitos são os **benefícios do orçamento** trás, como os seguintes:

- Os orçamentos compelem os gestores a pensar no futuro pela formalização de suas responsabilidades no planejamento.
- Os orçamentos fornecem expectativas definidas, que são a melhor estrutura para julgar o desempenho subsequente.
- Os orçamentos ajudam os gestores na coordenação de seus esforços, de modo que os planos das subunidades da organização satisfaçam os objetivos da organização como um todo.
- Os orçamentos forçam a administração a planejar para o futuro; a desenvolver uma direção geral para a organização; a prever problemas e a desenvolver políticas.
- Os orçamentos possibilitam aos gerentes tomarem decisões mais acertadas. Se, por exemplo, um orçamento de caixa mostra déficit, o controlador aciona a Seção de Crédito e Cobrança.
- Os orçamentos servem para mostrar o papel de cada um dentro da organização e para encorajar o trabalho em conjunto.

O orçamento de vendas é uma estimativa conservadora do volume de vendas esperado e é usado, principalmente, para as decisões de compras, produção e fluxo de caixa. Orçamento que descreve as vendas esperadas em unidades físicas e monetárias para o período vindouro, isto é, uma estimativa conservadora do volume esperado de vendas, sendo usado, principalmente, para tomada de decisões de compra, produção, fluxo de capital e investimento.

O orçamento de vendas é determinado por uma consideração conjunta da previsão de vendas e da necessidade de se evitar investimento excessivo no caso de a previsão não se realizar. Esta última consideração, geralmente, leva a se estabelecer um orçamento de vendas ligeiramente menor do que a previsão da empresa.

Este orçamento constitui o ponto de partida de todo o **sistema orçamentário**.

A seguir, exemplos:

Itens Orçados / Trimestres	1º Trim.	2º Trim.	3º Trim.	4º Trim.	Ano Seguinte
1 – Unidades	2.000	6.000	6.000	2.000	16.000
2 – Preço de venda por unidade	0,70	0,70	0,80	0,80	0,75
3 – Total de vendas (1 x 2)	1.400	4.200	4.800	1.600	12.000

Quadro 3.3: Orçamento de Vendas.

Itens Orçados / Trimestres	1º Trim.	2º Trim.	3º Trim.	4º Trim.	Ano Seguinte
1 – Unidades produzidas	2.000	6.000	6.000	2.000	16.000
2 – Custo variável unitário do produto	0,05	0,05	0,05	0,05	0,05
3 – Despesas variáveis de vendas (1 x 2)	100,00	300,00	300,00	100,00	800,00
4 – Despesas fixas de marketing:					
5 – Salários	10,00	10,00	10,00	10,00	40,00
6 – Propaganda	10,00	10,00	10,00	10,00	40,00
7 – Depreciação	5,00	5,00	5,00	5,00	20,00
8 – Viagens	3,00	3,00	3,00	3,00	12,00
9 – Total das despesas fixas (5 + 6 + 7 + 8)	28,00	28,00	28,00	28,00	112,00
10 – Total de despesas de vendas (3 + 9)	128,00	328,00	328,00	128,00	912,00

Quadro 3.4: Orçamento de Vendas por Produto.

3.16 Política de Vendas

Políticas são guias de raciocínio planejadas para a tomada de decisões repetitivas. Quando não existem políticas, já se sabe qual é o resultado: "Cada cabeça uma sentença". A cada dia um caminho diferente.

Uma organização, que tenha políticas bem definidas, utilizará seu tempo inteligentemente, tendo parâmetros que serão a base de sustentação do planejamento estratégico. São orientações para a ação que facilitam a tomada de decisão.

Uma **política** rege, mas não faz o trabalho. Seu propósito é guiar a ação para os objetivos pretendidos, mas não são objetivos em si mesmo. A função de uma política é aumentar as chances de os dirigentes, gerentes e funcionários fazerem escolhas semelhantes ao enfrentarem, independentemente, situações similares.

Quanto mais alto estiver um administrador na estrutura da organização, mais importante será o papel na formulação de políticas. Como os administradores nos níveis inferiores, em geral, têm de utilizar políticas fornecidas pelos superiores, há muito poucos gerentes que não tenham, alguma vez, formulado suas próprias políticas.

Uma política bem traçada ajuda a se cometer menos erros.

A política de vendas é uma política voltada a definir quais produtos devem ser oferecidos a determinado público-alvo, bem como que preços negociar e que recursos utilizar. Ajuda a empresa a decidir sobre que estratégia ou tática adotar, caso não haja venda de um determinado produto, e também como enfrentar a concorrência; determinar qual o capital de giro necessário para levar a empresa a atender o mercado, fazendo com que os recursos humanos da organização tenham uma atitude proativa em relação ao cliente consumidor, atendendo-o da melhor maneira possível.

3.17 Relatório de Vendas

Um **relatório** é uma apresentação escrita ou oral, para transmitir uma informação a um leitor determinado, sob uma forma completamente imparcial e sob o aspecto mais útil ao leitor, com o propósito de resolver um problema específico. Em essência, um relatório é uma narração descritiva, qualitativa ou quantitativa de uma determinada situação.

Alguns autores consideram que um relatório é um conjunto de informações organizadas para descrever uma situação, podendo ou não apontar, na conclusão, uma hipótese de solução para um determinado problema.

O passo final no processo de pesquisa é redigir o relatório. É importante que os pesquisadores expliquem seus processos de pesquisa e documentem o que ficaram sabendo, de maneira simples e direta. A primeira parte do relatório deve apresentar um sumário de seus pontos altos, para que os destinatários possam ver rapidamente que conclusões foram alcançadas.

O relatório deve mencionar quaisquer limitações que o estudo possa ter e quaisquer problemas que tenham sido identificados quando da coleta de dados.

Devido às especificações do relatório, esta passa a ser uma das melhores fontes de avaliação do clima, da cultura e do comportamento organizacional.

Um bom relatório precisa ser atual, mostrar desvios relevantes, ser integrado ao sistema, ser facilmente interpretado, estimular soluções, ser de fácil confecção e distribuição. Um relatório pode marcar a presença de uma empresa ou não.

Assim, as **características de um relatório** são:

- Ter uma linguagem clara, concisa e objetiva.
- Ser padronizado.
- Conter recomendações e soluções para os problemas.
- Deixar clara a sua finalidade e a sua natureza.
- Usar a melhor técnica, disponível no mercado, de exposição, construção e análise.
- Ser feito sob medida para o leitor.
- Ser passível de verificação.
- Não embaraçar a imagem da empresa (organização).
- Ser esclarecedor.
- Seguir uma forma prescrita e obedecer a um plano.
- Ser escrito de maneira formal e impessoal.
- Conter informações úteis.
- Indicar as principais variáveis que ajudarão a solucionar o problema.
- Recolher do mercado modelos semelhantes.
- Definir recursos, custos, orçamentos, objetivos.
- Calcular retorno do investimento, resultado esperado, taxa de rendimento.

O **autor do relatório** deverá sempre lembrar que este está sendo escrito para o leitor e não para si mesmo ou para especialistas. Ele deverá ter em mente que um relatório é escrito para comunicar e não para impressionar com palavras difíceis ou detalhes técnicos.

Um bom relator deve: possuir a atitude cética da dúvida; possuir imaginação criadora baseada na experiência; compreender a natureza e a função de um relatório; possuir habilidade desenvolvida para a análise, classificação e conceituação; empregar o método mais adequado; compreender o seu leitor e colocá-lo em posição de destaque; possuir o conhecimento da língua.

O relatório de vendas, quanto ao seu objeto de estudo, podem ser sobre: Vendas do Período**;** Atuação do Vendedor; Consumo; Preço de Venda.

A seguir, **exemplos de relatórios de vendas** para medir o desempenho do vendedor:

Relatório do Vendedor		
Período de Vendas:		
Vendedor:		
Valor Total de Vendas:		
Número de Pedidos Tirados:		
Número de Visitas:		
Número de Novos Clientes:		
Nº	Problema	Encaminhamento
Observações:		
Data:	Assinatura:	
Resposta da Gerência:		

Formulário 3.1: Relatório do Vendedor.

Relatório de Visita	
Número/Ano do Relatório:	Data:
Nome do Vendedor:	
Região:	
Gerente (área / produto):	
Empresa Visitada:	
Contatos (nome e cargo):	
Trabalho Executado: O espaço Pesquisa o Primeira Visita o Atendimento do Pedido de Compra o Visita de Rotina o Atendimento de Reclamação o Visita Extraordinária o Atendimento de Sugestão o Cadastro o Cobrança	
Comentários do Vendedor relativos ao cliente consumidor: o Receptivo aos produtos apresentados o Existe potencial para compras o Já negocia com concorrentes o Deixar para uma próxima vez o Cliente se recusou a negociar com a empresa o Cliente não tem boa imagem da empresa o Cliente não tem boa imagem da marca o Cliente não tem boa imagem dos nossos produtos.	
Assinatura:	

Formulário 3.2: Relatório de Visita.

3.18 Força de Vendas

As organizações são compostas de pessoas. Assim, o estudo delas se constitui em matéria básica em vendas, como, aliás, em toda empresa. Ao se tratar do ser humano, é necessário entender o homem como um fenômeno multidimensional, sujeito às influências de uma enormidade de variáveis.

No passado, o conjunto de pessoas envolvidas diretamente com vendas era chamado equipe de vendas. Em função da influência americana, esta equipe passou a ser chamada de "Força de Vendas", como se fosse uma "**Força-Tarefa**" de um exército.

Intensa competição global, crescimento lento em muitos mercados e clientes exigentes estão forçando muitas empresas a mudar suas estruturas de vendas. Reinventar a equipe de vendas está se tornando um item de agenda, à medida que as empresas buscam reduzir custos, alavancar a produtividade, satisfazer cada vez mais o consumidor, atender o mercado, ser competitiva.

A **missão da força de vendas** deve ter como base a análise e o entendimento dos ambientes interno e externo da empresa. A análise interna envolve a revisão do negócio, das diretrizes, dos procedimentos, dos planos, dos processos, das táticas, das técnicas, das estratégias, das políticas, dos objetivos, das competências, das habilidades, dos recursos, por exemplo.

A análise externa implica identificar e avaliar os vetores que influenciam a empresa, como: mercados, consumidores, fornecedores, canais de distribuição e de comunicação, produtos, concorrentes, tecnologias, políticas públicas, governos, costumes, responsabilidades sociais. As empresas devem definir cuidadosamente os objetivos específicos que esperam atingir com suas forças de vendas.

A grande maioria dos autores considera que o objetivo principal da força de vendas é ajudar os clientes a solucionarem problemas, mais do que vender, propriamente dito. Mais recentemente, alguns setores começaram a insistir que a força de vendas deve engajar-se no compromisso de vender.

Os vendedores, no início, não procuram vender um produto ou resolver um problema do cliente, mas mostram a ele como sua empresa pode ajudá-lo a melhorar a rentabilidade. Procuram mostrar como é vantajosa uma "parceria" para uma maior rentabilidade. Segundo Kotler, os vendedores sempre desempenham as seguintes **tarefas em vendas**:

- **Prospecção –** Procuram clientes potenciais ou indicações de bons negócios.
- **Tempo –** Decidem como alocar seu tempo entre os clientes cativos e os potenciais.
- **Informação –** Comunicam seus bens, serviços e ideias.
- **Venda –** Conhecem o processo da arte de vender, caracterizada por: abordar, apresentar, argumentar, responder, contornar objeções, fechar a venda.
- **Serviço –** Prestam consultoria, assistência técnica, orientação e entrega.
- **Coleta de Dados –** Fazem, pesquisa e informam por relatórios.

A qualidade da força de vendas, embora imprescindível, não basta. É necessário um número de vendedores que corresponda ao número de consumidores que se deseja atingir. Os territórios demasiadamente grandes acabam abrindo flancos para a concorrência, enquanto os demasiadamente pequenos deixam o vendedor com muito tempo ocioso.

Todo vendedor representa uma unidade da mão de obra de vendas. Determinar o número ideal de vendedores significa determinar quantas unidades são necessárias para se atingir as metas de venda. Sempre que se incorpora um vendedor à equipe, espera-se um acréscimo no volume de vendas.

Quando o volume de vendas é menor do que a capacidade de produção da empresa, é muito comum se aumentar o número de vendedores, sem uma análise prévia.

3.19 Vendedor

Vendedor representa uma unidade da mão de obra de vendas. Vendedor é a pessoa mais importante do processo de venda e que tem características natas, ou adquiridas, que o ajudam na abordagem de compradores potenciais. Ele deve ter comportamento adequado e utilizar técnicas de como abordar consumidores. Sua responsabilidade maior acontece no final do processo de venda, quando persuade o comprador a adquirir o produto.

O **trabalho do vendedor** se fundamenta em atuar nas interfaces do processo de venda. Assim, o vendedor deve atuar nas passagens: desatenção para atenção; atenção para interesse; interesse para desejo; desejo para ação e ação para satisfação. Aqueles que vão se dedicar à venda precisam ter: conhecimento do produto, aparência, simpatia, empatia, persuasão e habilidade de relacionamento.

Os mais eficientes vendedores são pessoas que podem criar qualquer estado de espírito que desejem, conforme a modulação, inflexão e "sabor" que imprimam a voz. Aproveitar-se da enorme gama de tons da voz humana não é um estilo de vendas que muitos adotam ou mesmo conheçam. Mas esse fato, por si só, deve fazer que isso se torne mais importante para você. Pense nisso da próxima vez que se preparar para um contato de vendas.

Assim que começar a falar, decida como quer parecer, se: forte, controlado, informado, confiante, seguro, curioso, ansioso, agressivo, desesperado, indiferente. Tudo isso pode ser transmitido através da fala, da escrita e do corpo.

Alguns **profissionais de vendas** não têm, absolutamente, nenhum estilo próprio, isto é, não no sentido plástico que normalmente associamos a um supervendedor. Por que os melhores vendedores dizem que não sabem vender?

Sua qualidade mais subestimada é, sem dúvida, o conhecimento. Se você tem dados relevantes sobre uma futura negociação e com quem irá negociar, a sua vantagem é muito grande. A maioria gosta de pagar para ver, infelizmente.

Sun Tzu nos deixou o seguinte pensamento: "Se o general não conhece o inimigo, lutará na escuridão". O profissional de vendas precisa enxergar colorido, ser otimista sem excessos e estar totalmente aberto às mudanças do cenário, se quiser tornar-se um vencedor. Ler romances policiais e livros de ficção científica ajudam.

3.20 Tipos de Vendedor

Os vendedores podem variar de empresa para empresa e mesmo dentro da própria organização. Em algumas, o vendedor tem trabalho mais restrito. Em outras, o vendedor possui formação técnica superior e realiza uma tarefa complexa. No mercado, encontramos os seguintes mais importantes tipos de vendedor:

Vendedor Arguto: Vendedor que procura fazer amizade por meio de atos sinceros e sutis. Dar indicações de novos negócios para os clientes, trazer novas ideias para lucro, ajudar a obter pessoal capaz, mostrar interesse pelo negócio do comprador. Todos estes movimentos podem trazer bons dividendos.

Vendedor Contratado: Vendedor que trabalha para a empresa em tempo integral ou parcial. Atende o comprador por telefone, e-mail ou pessoalmente.

Vendedor de Loja: Atendente de loja.

Vendedor Eficaz: Vendedor que bate a sua meta de vendas.

Vendedor Eficiente: Vendedor que consegue muito com pouco.

Vendedor Externo: Vendedor que trabalha no campo, recebendo salários, incentivos e recompensas.

Vendedor Independente: Vendedor autônomo (agente, representante) ou de firma individual, remunerado por comissões.

Vendedor Interno: Vendedor que ajuda o vendedor externo, para que este dedique mais tempo no atendimento da clientela. Sem ele algumas vendas seriam improváveis.

3.21 Departamento de Vendas

Cabe ao Departamento de Vendas dar apoio ao trabalho dos vendedores, bem como definir as atribuições de cada função:

Planejamento: definição dos objetivos, metas e cotas; técnicas de abordagem; quantidade necessária de vendedores; estratégias e táticas; estrutura mais conveniente; políticas de pessoal, de preço e de relacionamento com consumidores; zoneamento da região; frequência de visitas; programas, planos e orçamentos de vendas; procedimentos em recrutamento e seleção; conteúdos programáticos do treinamento; modalidade de venda; comissões; remunerações, incentivos, recompensas; carga de trabalho; procedimentos para venda, consignação.

Execução: atendimento e processamento dos pedidos; visitas à clientela; análise da carteira de pedidos; supervisão dos vendedores; pesquisa de mercado; assessoramento de vendedores; motivação de vendedores; aplicação de incentivos; avaliação de desempenho; capacitação de vendedores em negociação e relacionamento; distribuição de portfólios e mostruários; cadastramento de todos aqueles que se relacionam com a empresa; divulgação dos produtos, marcas e imagem da empresa; reuniões de avaliação com clientes e vendedores; gerência da mala direta e dos canais de comunicação.

Controle: venda por cliente; venda total; venda por vendedor; estoque; crédito; cobrança; expedição; recepção; entregas; faturamentos e desvios; resultados de desempenho; reclamações; devoluções; cancelamentos; atrasos de pedidos; turnover; número de visitas; perda de consumidores; taxa de clientela; taxa de compra.

Organização: sistemas de informação; sistemas de comunicação; comunicação de dados; alocação de recursos; meios auxiliares de treinamento; formulários, questionários de pesquisa; arquivos; rotinas; gráficos, diagramas; modelos; manuais; planilhas.

Estruturação – Vale lembrar que a estratégia da força de vendas, em geral, tem implicações em sua estrutura, e vice-versa. Se a empresa vende uma linha de produtos a um único setor, com clientes geograficamente disperso, seria adequado utilizar uma força de vendas estruturada por territórios. Se ela vende muitos produtos a diferentes tipos de clientes, pode necessitar de uma força de vendas estruturada por produto ou por mercado.

As empresas estabilizadas precisam revisar a **estrutura da força de vendas** à medida que os mercados e as condições se modificam.

3.22 Atribuições do Vendedor

A empresa depende muito, para ter sucesso, de uma boa força de vendas. Desta forma, é necessário que os vendedores tenham determinadas tarefas específicas. A ela não cabe só a tarefa de vender, mas, também, promover, estabelecer relações, prestar serviços, cobrir seu território, administrar as vendas e ter habilidades de marketing.

A seguir, as principais **atribuições do vendedor**:

Atribuições de Venda do Vendedor: conhecer aquilo que seja relevante no produto; realizar regularmente visitas; vender a linha de produtos; introduzir novos produtos; responder as indagações; superar objeções; verificar o estoque do cliente; interpretar os produtos para o cliente; estimular o potencial e estimular a necessidade do cliente; ser o advogado de defesa da empresa; obter pedidos; atingir cotas de venda; mostrar credibilidade; acompanhar a solução de problemas.

Atribuições Promocionais do Vendedor: fazer demonstrações de produtos; descobrir e divulgar usos de produtos; informar os clientes sobre campanhas publicitárias; atrair e criar novos clientes; distribuir catálogos, folhetos, brindes e peças promocionais; acompanhar e treinar o pessoal intermediário; mostrar ao consumidor informações sobre o mercado.

Atribuições de Relações Públicas do Vendedor: manter relações amistosas com os clientes; difundir a imagem da empresa; recolher informações sobre o cliente consumidor; representar a empresa; manter rede de contatos; ter um banco de dados.

Atribuições de Prestação de Serviços do Vendedor: instalar material promocional; averiguar e relatar reclamações; providenciar substituições e devoluções; providenciar descontos e bonificações; acompanhar o fluxo de pedidos; providenciar pedidos de abertura de crédito; providenciar prioridades de entrega.

Atribuições de Cobertura Territorial do Vendedor: zelar por seu território; manter sua clientela; preparar roteiros de visita mais eficientes; acompanhar a instalação de prováveis clientes; verificar as mudanças e as descontinuidades dos clientes.

Atribuições Administrativas do Vendedor: prognosticar reações e objeções; usar o tempo racionalmente; estabelecer desafios; planejar o trabalho diário; organizar o trabalho de campo; preparar relatórios; analisar os clientes perdidos; preparar a lista de clientes potenciais; frequentar as reuniões de venda e convenções; frequentar as sessões de treinamento; realizar cobranças; manter atualizado e em ordem seu material; obter informações para abertura de crédito; obter informações sobre cancelamento de crédito e cobrança; informar a empresa sobre as atividades dos concorrentes; prestar contas de despesas; manter atualizado o arquivo de clientes; preparar pastas, amostras e material acessório.

Atribuições de Marketing do Vendedor: compreender a estrutura organizacional do cliente; ampliar o conhecimento profissional; ampliar o conceito de composto mercadológico; conhecer os fatores que condicionam o mercado; aumentar o conhecimento do mercado e do ambiente.

Todas estas atribuições, mostradas acima, servem para nortear o trabalho de recrutamento e seleção da equipe de vendas.

3.23 Turnover de Vendedores

Um dos indicadores mais importantes da força de vendas é o turnover de vendedores.

A **taxa de turnover** (T) é dada pela fórmula:

$T = |Q1 - Q2| / Q1$

Onde:
Q1 = Quantidade inicial de empregados.
Q2 = Quantidade final de empregados.
|Q1 - Q2| = Valor absoluto da diferença (Q1 - Q2).

Exemplo:
Q1 = 200
Q2 = 150
$T = |200 - 150| / 200 = 50 / 200 = 0{,}25 = 25\%$

Análise:
A taxa de turnover mostra a movimentação (entra e sai) de pessoal. Uma taxa elevada pode significar má administração ou um mercado desfavorável, onde os recursos humanos são difíceis e instáveis, como os que exigem criatividade. Por outro lado, um dos motivos de um turnover elevado é a constante contratação de pessoal de fora da empresa, não dando chance à "prata da casa".

3.24 Quantidade de Vendedores

Para se propor um método que determine o número ótimo de vendedores, devemos, antes de qualquer coisa, saber: Ótimo em termos de quê? Na verdade, não deve ser exclusivamente em termos de maiores volumes de vendas expressos em faturamento. É preciso considerar a margem de lucro.

Mas, qual indicador de gestão tomar:

Receita com vendas ou retorno do investimento? Convém fixar algumas questões: O esforço feito pelo vendedor perante o consumidor pode ser otimizado? Um aumento substancial no volume de vendas não criará dificuldades com a concorrência, que pode revidar? O número de vendedores é suficiente para atender os consumidores?

O **volume de vendas** que se espera de um vendedor não é fácil de determinar. Colocamos dois vendedores numa zona onde existia apenas um. Desta forma, aumentamos a força de vendas em 100%. Porém necessitamos saber também qual o volume de vendas adicionais que obteremos. Não há uma resposta universal a esta pergunta, já que as variáveis a considerar mudam de região, de mercado e de público.

Supõe-se, também, que cada novo vendedor será, em média, tão eficiente quanto o vendedor médio que já se tem. Isto resulta correto, uma vez que o novo elemento foi treinado e ganhou certa experiência com base nos modelos de seleção e treinamento já utilizados há tempos.

Como ocorre nos casos de previsão em que se estuda a conduta de uma variável isolada, convém considerar todos os demais elementos como se fossem fixos. Neste caso, a variável que nos interessa é o número de vendedores, já que os elementos que consideramos fixos são os outros fatores da operação de vendas, desde que estes não variem em relação direta ao número de vendedores.

Os **vendedores** representam um dos ativos mais produtivos e caros da empresa. Mas, aumentando sua quantidade, aumentarão custos. O aumento de vendas é o que se espera, porém não há certeza. Tanto que, após definir o número de clientes que deseja atingir, a empresa pode usar uma abordagem de carga de trabalho para estabelecer o tamanho da força de vendas.

A empresa contrata vendedores, em função de necessidades imediatas, considerando dois aspectos fundamentais:

A **quantidade de vendedores, em função das visitas**, é dada pela fórmula:

$N = (T \times V) / P$

Onde:
N = Número de vendedores
T = Total de clientes
V = Número de visitas ao cliente por ano
P = Número de visitas por ano por vendedor

Exemplo:
Número de clientes = 1.000
Número de visitas anuais por cliente = 6
Número de visitas/ano por vendedor = 200
$N = (1.000 \times 6) / 200 = 30$

Análise:
A empresa deve manter uma média de 30 vendedores, durante o ano, para atingir seus objetivos de venda, levando em consideração o número de visitas traçado pela estratégia de relacionamento com o cliente. Não esquecer que um novo vendedor não trará, de antemão, mais vendas.

O **número de vendedores, em função do turnover**, é dado pela fórmula:

$N = (V / P)\,(1 + T)$

Onde:
N = Número de vendedores
V = Volume de vendas previsto
P = Média de vendas por vendedor
T = Taxa de turnover de vendedores

Exemplo:
Volume de Vendas Previsto = $ 1.000,00
Produtividade Média / Vendedor = $ 100,00
Taxa de Turnover = 40%
N = (1.000 ÷ 100) (1 + 0,40) = 10 × 1,40 = 14

Análise:

A taxa de turnover determinará a quantidade de vendedores para atender as metas de venda da empresa. Se a taxa de turnover de vendedores for elevada, será necessário reunir a equipe para saber se o problema está no: produto, preço, mercado, empresa, distribuidor, consumidor, vendedor.

3.25 Avaliação do Vendedor

Os vendedores podem ser avaliados em termos de habilidade para planejar o trabalho e executar o plano de venda. Muitas empresas exigem que seus vendedores desenvolvam um plano anual de vendas por território, no qual descrevem seus programas de desenvolvimento de novas contas e de fomentação de negócios com as contas existentes.

Cabe aqui uma distinção entre a avaliação da força de vendas e a avaliação do vendedor.

A força de vendas será avaliada por: espírito de corpo, inovação, criatividade, sinergia, integração, interação, promoção, necessidade de treinamento, taxa de turnover, demissão, prêmio, transparência, aumento salarial, receita com vendas.

O vendedor será avaliado por: conduta no trabalho; competência administrativa; capacidade de decidir; habilidade de comunicação; vontade de crescer profissionalmente; conhecimento do produto, mercado, empresa, público-alvo e ambiente.

A **avaliação de desempenho**, tanto da equipe de vendas como do vendedor, pode muito bem ser realizada por meio de curvas, embutidas em referenciais cartesianos. Assim, é muito comum retratarmos o comportamento por meio de curvas.

As **curvas** ajudam a medir, por exemplo, sazonalidade e períodos de entressafra através de séries históricas. Quando houver pontos de inflexão (mudança abrupta na direção do comportamento da curva) muito acentuados, deve-se verificar o motivo e compará-los às curvas dos anos anteriores.

As curvas e os **histogramas** ajudam muito o planejamento estratégico não só por comparação anual como também mensal (semanal, diária). Se for possível, a empresa deve fazer estas curvas em cores e em meios transparentes (transparências impressas em computador) para permitir superposição e análise.

Ao se fazer a superposição, tomar cuidado com as escalas que devem ser as mesmas para não mascarar resultados. A seguir, são apresentadas quatro situações relativas ao **desempenho de uma equipe de vendas:**

Desempenho Normal – Representa que a maioria dos vendedores vende em torno da média de vendas do grupo.

Desempenho Ótimo – Representa que a maioria dos vendedores atua acima da média, indicando um ótimo desempenho ou que a empresa subestimou suas metas.

Desempenho Ruim – Representa que a maioria dos vendedores atua abaixo da média, indicando um resultado ruim ou que a empresa superestimou suas metas. Pode ser que seja preciso melhorar o treinamento dos vendedores.

Desempenho Irregular – Representa que existem dois grupos de vendedores: um grupo que vende abaixo da média e que, portanto, precisa de treinamento ou pode ser um problema de supervisão ou de clientes consumidores e o outro grupo, que vende acima da média, devendo ser investigado o motivo de tal resultado.

3.26 Métodos de Avaliação de Vendedores

Existem diversos meios (métodos) para efetuar avaliações, tais como: observações, entrevistas, encontros, questionários, autoavaliação, sistemas de mérito, registros históricos, testes, exames, demonstrações, experimentos.

A seguir, serão abordados os principais métodos de avaliação de vendedores:

Sistema Meritocrático: Como diferenciar a importância das pessoas e recompensá-las por seu mérito? Uma alternativa continua sendo a gratificação financeira, condição necessária, mas não suficiente. A falta de reconhecimento pode levar à perda de grandes talentos, ainda que bem remunerados.

A necessidade de reconhecimento público dos méritos é intrínseca ao ser humano, que sempre buscou criar símbolos para qualificar a diferença das pessoas dentro do mesmo contexto social. Surgiram, assim, hierarquias, títulos, cargos, sinalizando o grau de importância do indivíduo no grupo. No mundo corporativo tal retrato é mostrado na estrutura organizacional, isto é, quanto mais perto do presidente mais status tem o funcionário.

Dispor de um sistema de reconhecimento estruturado beneficia o profissional, seu grupo e toda a empresa, que tem a chance de exercitar seus valores e sinalizar, de forma transparente o que se espera de um funcionário. Nesse contexto, as promoções paralelas ganham nova conotação e devem ser entendidas como uma forma de avaliação.

A organização aprende e cria uma massa de conhecimentos, cujo efeito positivo é o estímulo dos recursos humanos, com o sucesso de alguns servindo de motivação, para que outros excedam as expectativas. Mas atenção, não deve haver estardalhaço neste movimento, para não causar inveja nos demais. Às vezes, muita transparência atrapalha.

Rol de Distribuição – Assunto já abordado

Observação – A observação deve ser sempre uma atividade humana para um aprendizado ativo com uma postura dirigida para um determinado fato. O método observacional é considerado o primeiro passo de um estudo de qualquer natureza, no entanto, a observação do indivíduo estará em função da sua percepção. Por isso, uns veem coisas que outros nem desconfiam.

A observação é um método amplamente utilizado pelo homem desde as mais remotas eras. Este método ligado ao senso comum, geralmente, não é estruturado nem planejado. Na maioria das vezes, ocorre de forma casual, a partir de fatos da realidade que despertam determinado interesse.

3.27 Recrutamento de Vendedores

As empresas sabem que não apenas o seu sucesso competitivo atual, mas também o futuro delas, depende de bons recursos humanos. Geralmente, o **Departamento de Recursos Humanos** de uma empresa é encarregado de procurar o pessoal do nível operacional. O **recrutamento do pessoal** de nível médio, em geral, é entregue a uma agência. O pessoal de alto nível fica a cargo do dirigente do empreendimento.

Dos recursos necessários à empresa, indubitavelmente, são os recursos humanos aqueles que causam maiores problemas.

Assim, as organizações estão aprimorando cada vez mais as políticas de recrutamento e seleção de pessoal, chegando a ponto de radiografarem o cérebro dos recrutados, a fim de mapearem áreas cerebrais que serão usadas para diagnosticar, precocemente, tendências dos trabalhadores de sofrer de depressão, de ser abusivo ou violento, ou ainda, de possuir a capacidade cognitiva exigida para um emprego de alta tecnologia, por exemplo.

No mesmo sentido, segue a identificação do DNA, para futuras doenças e predisposições.

Uma empresa que deseja um bom **time** deve começar a procurar os elementos adequados. Atrair bons candidatos a emprego não é coisa fácil e de pouca importância. Somente uma série de procedimentos administrativos, racionalmente orientados, poderá satisfazer à necessidade de recrutamento. A empresa deve checar tudo, mesmo aquilo que possa parecer irrelevante.

Uma contratação ruim pode causar sérios danos à equipe. Deixar-se levar pela primeira impressão de um candidato, e acreditar em tudo aquilo que está escrito no papel é o maior pecado do entrevistador.

O **recrutamento** parte da análise das necessidades de recursos humanos da empresa. Necessidades presentes e futuras. Diagnosticadas as necessidades, realiza-se o levantamento das fontes, dos processos e das fórmulas capazes de fornecer à empresa o pessoal necessário para atingir objetivos.

Para desenvolver a atividade de recrutamento deve-se adotar alguns procedimentos essenciais, capazes de garantir o sucesso da operação, tais como: análise descritiva da tarefa a ser desempenhada e definição das características imprescindíveis à execução dessa tarefa.

O **pessoal de recrutamento de vendedores** deve estar de posse de uma série de informações que propiciarão um bom recrutamento, a saber:

- Linha de produto a ser vendida.
- Mercado a ser atingido.
- Tipo de trabalho de venda a ser realizado.
- Características da região de atuação.
- Política de remuneração.
- Requisitos culturais necessários ao desempenho do trabalho.
- Conhecimentos técnicos dos produtos.
- Volume e peso do material do vendedor.
- Relatórios e formulários a serem preenchidos.
- Desejável conhecimento anterior do mercado.
- Características da equipe em que será agregado.
- Tempo médio de duração da visita.
- Número de visitas por dia.
- Sistemas de comunicação e de informações.

São diversas as fontes de recrutamento que são utilizadas de acordo com a complexidade e o grau de urgência com que aparece a necessidade. O recrutamento pode ser feito, internamente, na empresa, ou através de associações patronais, universidades, agências de emprego (governo e particular), anúncios e indicações.

Depois que a direção da empresa desenvolver critérios gerais para o novo pessoal de vendas, terá a tarefa de atrair um número suficiente de candidatos. Os **procedimentos de recrutamento** de pessoal devem levar ao desenvolvimento demais candidatos do que vagas. A tarefa do **Departamento de Recursos Humanos** é a de recrutar os melhores candidatos disponíveis no mercado.

3.28 Seleção de Vendedores

A **seleção** é a atividade que vem em seguida ao recrutamento de pessoas. Todo trabalho exige de quem o executa, certos métodos e certas técnicas. Ao admitir um empregado para ocupar determinado cargo, a empresa precisa certificar-se de que ele possui as habilidades e os conhecimentos necessários ao desempenho das funções do cargo, ou, se não os possui, ou se tem condições de adquiri-los de forma satisfatória em tempo hábil.

Muitas vezes, nem mesmo a empresa deseja que os candidatos possuam os conhecimentos e habilidades, preferindo que apenas possuam as condições necessárias para adquiri-los, pois ela fará o treinamento conveniente, pois tem medo de importar vícios e desvios de conduta.

Admitir empregados sem seleção é agir de forma pouco inteligente e jogar com a sorte. A seleção diminui as incertezas sobre o provável sucesso dos candidatos e, quando a vaga é disputada por vários candidatos, é a forma justa de decidir qual deverá ser o escolhido.

A **seleção de pessoal** tem vários objetivos, como:

- Escolher para cada vaga o candidato que oferece os melhores requisitos.
- Escolher a pessoa certa para o lugar certo.
- Aproveitar melhor as aptidões e as habilidades do candidato.

Uma boa **política de seleção de pessoal**, se fundamenta em determinadas premissas:

- Ao se preparar a seleção, deve-se saber para que selecionar, pois a seleção não visa saber simplesmente quem é o melhor, mas quem é o mais adequado para o cargo.
- Conhecimento do trabalho se obtém através de uma análise, enquanto o conhecimento do candidato se obtém através de entrevistas, testes e exames.

A **seleção do candidato** se faz através das seguintes etapas:

A) Pré-Seleção:

Ficha de Inscrição – Esta ficha é um formulário que o candidato preenche com o objetivo de fornecer inúmeras informações básicas, como: formação escolar e profissional; nível de instrução; gostos culturais; posição econômica; vida recreativa; empregos anteriores.

Curriculum-Vitae – Além dos dados pessoais, deve o currículo apresentar: vida escolar; vida profissional; atividades paralelas; experiência profissional; participações em projetos; referências.

Análise da Ficha – O selecionador examinará e analisará a ficha de inscrição e o currículo, confrontando-os e sublinhando os pontos básicos sobre os quais repousará a entrevista.

Exame das Referências – O candidato deve indicar algumas fontes de referências, isto é, pessoas que possam ser consultadas sobre o seu comportamento pessoal e profissional.

Entrevista Preliminar – A entrevista preliminar é o ponto mais explorado na seleção de pessoas. Seu propósito é avaliar de modo seguro os seguintes pontos: qualificações do pretendente, sua personalidade, experiências, pré-requisitos do cargo, atitudes do candidato, pretensões e confrontos de mérito.

B) Seleção:

O candidato deve ser submetido, nesta etapa, a algumas provas de habilitação, elaboradas de acordo com as exigências da empresa e com as necessidades do serviço. Esta parte da seleção pode envolver, pelo menos, o seguinte:

Testes de Conhecimento – Versarão sobre: redação, exercícios numéricos, teste de conhecimentos gerais, interpretação de texto.

Testes Específicos – Versarão sobre: conhecimento técnico, conhecimento especializado, capacidade profissional, habilidade gerencial, habilidade motora.

Testes Psicológicos – Versarão sobre: inteligência, percepção, personalidade, adaptabilidade, interesse, motivação, interação, cooperação, liderança.

Exames Médicos – A seleção médica deve envolver uma série de pontos de acordo com o cargo a ocupar.

Entrevista Final – Última etapa do processo de seleção, a entrevista final precisa considerar o seguinte: o entrevistador deve ter preparo especializado; o entrevistado deve estar em condições de poder informar tudo que lhe for perguntado; as condições em que se deve realizar a entrevista devem ser em local adequado, sem perturbações de qualquer ordem, evitando-se a presença de outras pessoas; a formulação das perguntas e o registro das respostas obedecem a uma técnica pedagógica própria, não podendo ser planejada por quem desconhece o assunto.

Os **procedimentos de seleção** variam em sofisticação, de uma simples e informal entrevista a um teste altamente detalhado e demoradas entrevistas. Mesmo depois de selecionado, o candidato passa por um período de adaptação, onde são passadas as informações necessárias para o desenvolvimento de suas funções. Às vezes, se faz necessário treinamento.

A escolha de uma bateria apropriada de testes não é simples. **Testes padrões** estão à disposição para medir: a inteligência, os interesses, aptidão para vender, ajustamento pessoal, motivação, personalidade e nível social. Existem também testes adequados para situações especiais de vendas. Esses testes variam, consideravelmente, quanto à confiança e validade. Além do mais, muitos deles são vulneráveis quanto à manipulação por parte do candidato.

3.29 Treinamento de Vendedores

A seguir, abordaremos o treinamento de vendedores (força de vendas), porque, infelizmente, quase todos os profissionais de venda acreditam que a prática já é treinamento. A mão de obra do vendedor não é barata. Assim, a melhor maneira de fazer com que ele se torne produtivo é treinar ou regredir.

É bom lembrar que o treinamento só dá resultado quando a direção acredita, quando o gerente consegue que os vendedores acreditem e quando, enfim, todos tenham a certeza que o treinamento constante faz vender mais e melhor.

Durante o seu trabalho, o vendedor possui treinadores que estão sempre a sua disposição, como o próprio vendedor, o gerente, o supervisor e o consumidor. Se o vendedor souber ouvir o consumidor, acrescentará muitos elementos ao seu conhecimento. Novos **métodos de treinamento** estão, constantemente, sendo procurados a fim de apressarem e aprofundarem o desenvolvimento e compreensão das habilidades humanas.

Os **custos do treinamento** trazem à tona a questão: A empresa estaria em melhor situação, se tirasse recursos humanos experimentados de outras empresas?

O ganho é ilusório, porque, muitas vezes, esta pessoa vem com um salário alto, que pode ser compensado às despesas com treinamento do pessoal interno. Do ponto de vista socioeconômico esta migração não é vista com bons olhos, pois cada empresa é única, tendo o novo empregado de aprender tudo de novo, nada lhe valendo a experiência anterior.

É claro que, em função do **nível de percepção** deste novo empregado, acontecerão diferenças. É enormemente útil treinar os vendedores para pensarem como consumidores.

O treinamento dos vendedores permite a formação de uma equipe mais unida, diminuindo o índice de rotatividade. Além disso é um importante fator motivacional para os vendedores, pois com a orientação adequada os resultados passam a ser mais positivos. Precisa ser entendido como um ciclo educacional amplo, sem fronteiras e contínuo. O treinamento pode ser desdobrado em dois campos: técnico e comportamental.

O **treinamento técnico** compreende o desenvolvimento de conhecimentos relativos a produtos e suas aplicações; cultura e estratégia da empresa; características do mercado; características dos consumidores; produtos e estratégias da concorrência.

O **treinamento comportamental** procura desenvolver atitudes, habilidades e capacidades dos vendedores relativas a métodos de vendas, ou seja, saber ouvir, comunicar bem, ser criativo, adaptar-se com facilidade, ser organizado, fazer perguntas, perseverar, ter confiança, superar objeções, solucionar problemas, conhecer técnicas de negociação, ser profissional.

A seguir, alguns **elementos do treinamento**:

Objetivos do Treinamento – Os principais objetivos do treinamento são: capacitar o vendedor a alcançar altos padrões de desempenho; alcançar objetivos de vendas; administrar o uso do tempo; aumentar o volume de vendas: entender as políticas da empresa; direcionar esforços para vender produtos mais lucrativos; tornar-se eficiente, eficaz e efetivo; melhorar suas relações com as pessoas; reduzir reclamações dos consumidores; maximizar o tempo da visita; minimizar o trabalho da supervisão; reforçar a propaganda.

Processo de Treinamento – Este processo terá como fases básicas, as seguintes: diagnóstico da situação; levantamento das necessidades; decisão quanto à estratégia, programa e plano de treinamento; implementação do treinamento; execução do treinamento; sistema de controle; avaliação dos resultados; identificação dos resultados insatisfatórios; realimentação dos desvios para correção.

Levantamento das Necessidades – O levantamento das necessidades de treinamento é uma forma de diagnóstico e, como tal, deve basear-se em informações relevantes. Os principais meios utilizados para este levantamento são: avaliações de desempenho; observações; questionários; solicitações de supervisores e gerentes; entrevistas; reuniões; testes; mudanças e modificações nos processos operacionais; relatórios.

Avaliação do Treinamento – A avaliação do treinamento será feita, quando se questiona o participante do curso sobre os seguintes aspectos:

- A administração do curso atuou a contento no atendimento ao aluno e na solução de eventuais dificuldades?
- O mobiliário e as instalações da sala de aula são satisfatórios?
- O horário e a duração das aulas atendem a eficácia do curso?
- Os temas abordados estão atualizados, contribuindo para os objetivos dos participantes?
- A ordem em que foram dadas as aulas formou uma sequência que facilitou a compreensão do assunto abordado?
- O uso de recursos didáticos ajudou no aprendizado?
- A parte prática contribuiu para o seu aprimoramento?
- A carga horária foi suficiente e bem distribuída pelos assuntos?
- O material escrito apresentado tem uma linguagem didática, com informações relevantes?
- Os testes aplicados foram bem elaborados?
- O curso atingiu totalmente o objetivo a que se propôs?

Metodologia do Treinamento – A metodologia do treinamento pode variar em função dos meios e dos objetivos pretendidos. As ferramentas mais usadas são: apostilhas, manuais, filmes, regulamentos, simulações, estudos de caso, teleconferências, testes, palestras, modelos, esquemas, gráficos.

3.30 Reunião

Uma reunião é um processo dinâmico de grupo que é fluido, inexato e mutável, impossível de se reduzir a um simples conjunto de sistemas e descrições. Estas qualidades não devem ser encaradas como negativas, e sim como a principal vantagem do encontro.

Um grupo bem entrosado, que se reúne para trocar conhecimentos e opiniões, necessidades e esperanças, confiança e medo, cria um efeito sinergético e uma mecânica bastante dinâmica, que muda de minuto a minuto, à medida que a interação grupal se desenvolve.

As reuniões devem ter data e assunto predeterminado e só, em casos extremos, deve a empresa promover reuniões de última hora ou extraordinárias. Com isso evitará o desgaste da seriedade que precisa ter este encontro, qualquer que seja. Um **dirigente indeciso** usa a reunião para a tomada de decisão, eximindo-se, em parte, da responsabilidade da ação administrativa.

Elas servem a muitos fins importantes, sendo basicamente um agrupamento de informações e julgamentos, a fim de alcançar um objetivo específico. O velho ditado de que duas cabeças pensam melhor do que uma, ainda se mantém.

Através das reuniões, chega-se a uma decisão, fixam-se diretrizes, políticas, estratégias e táticas, alteram-se normas, regras e procedimentos, confrontam-se ideias, modelos e resultados, trocam-se pareceres, solucionam-se conflitos e problemas, comunica-se uma previsão de vendas, um resultado e um plano.

As reuniões podem ser classificadas quanto à: forma (geral e particular); finalidade (objetivos, estratégias, soluções, políticas) e periodicidade (programadas e extraordinárias).

O fato de reuniões serem necessárias e muito usadas, elas não significam que sejam sempre eficazes. Muitas são mal organizadas e pobremente conduzidas e, portanto, totalmente inúteis. Algumas empresas continuam a fazer reuniões mais por hábito do que por necessidade.

As reuniões, se forem dirigidas apropriadamente, podem dar aos participantes a oportunidade de relacionamento e desenvolver uma equipe eficaz. Elas proporcionam uma oportunidade de partilhar: as experiências, os pontos de vista, os problemas e as boas soluções.

3.31 Política de Pessoal de Vendas

As pessoas, dentre os recursos, são aquelas que precisam ser analisadas sob os pontos de vista do profissionalismo, comportamento e comprometimento. Por sua própria natureza também apresentam considerável grau de mutabilidade e influência na tomada de decisão. Dependendo de seus conhecimentos técnicos, habilidades e personalidades, associados ao atendimento de suas necessidades, as pessoas colaborarão em maior grau para a construção do sistema empresa.

Com as pessoas, surge a necessidade de organizar, estabelecer estruturas, definir relações, descrever cargos, estabelecer funções, dirigir, recrutar, selecionar, orientar, treinar, liderar, desenvolver, delegar, motivar, coordenar, mudar, por exemplo. Através do processo de liderança as pessoas são influenciadas, levando as mesmas a atingir metas desejadas.

Para lidar com pessoas, você precisa saber se comunicar para que seja assegurada a compreensão do que se quer e aonde se pretende chegar. Assim, é preciso observar as **premissas de pessoal**:

- Treinamento não muda personalidade, muda atitudes, porque o comportamento das pessoas é muito difícil de ser mudado, de imediato.
- As pessoas nem sempre têm atitudes e comportamentos desejados, é preciso entender um pouco mais das pessoas, para despertar interesse e motivação, reconhecendo e valorizando pessoas de alto desempenho.
- Organizações são agrupamentos de pessoas produzindo coisas que atendem as necessidades da sociedade.
- Investir no homem é o mesmo que renovar seus conhecimentos.
- O ser humano é fator chave de sucesso nos negócios.

A **política de pessoal de vendas** procura condicionar o alcance dos objetivos e o desempenho das funções de pessoal. Servem para prover respostas às questões ou aos problemas que podem ocorrer com certa frequência, fazendo com que os subordinados procurem, desnecessariamente, seus supervisores para esclarecimento ou solução.

Cada organização desenvolve a política de pessoal mais adequada à sua filosofia e às suas necessidades. Para um melhor entendimento deste assunto, cabem alguns conceitos, que, se bem compreendidos, darão ao leitor condições de construir uma boa política de pessoal de vendas.

A seguir, alguns dos seus elementos:

Remuneração – O conceito básico de remuneração, por décadas, foi ancorado no salário fixo. A quantia paga, ao fim de cada mês, sobre a qual incidem encargos previdenciários, tributários e outros tipos de desconto. Tal sistema não acompanha a necessidade de metas e desafios cada vez maiores. Em média, o padrão de remuneração das empresas em atividade obedece a uma combinação de 40% da remuneração em forma de salário-base, 40% em incentivos de curto prazo, 10% de longo prazo e 10% de benefícios.

Não é fácil formular um **plano de remuneração** que possa seguramente atender aos requisitos citados.

Assim, alguns aspectos precisam ser considerados, tais como: regularidade de renda; renda mínima; recompensa por desempenho; renda da média do mercado; renda congruente com o tempo gasto pelo vendedor; remuneração, em função da atividade executada.

Incentivo – O incentivo é um estímulo muito empregado, na empresa, para ajudar a melhorar a performance da força de vendas. O programa de incentivo é uma estratégia que, como qualquer outra, precisa ser planejada e executada com competência.

É preciso ter muito claro que o programa de incentivo é uma ferramenta específica para direcionar equipes de venda e seus distribuidores a atingirem determinadas metas, oferecendo recompensas. As **recompensas** são elogios, promoções, campeonatos de venda e confraternizações (jantares e festas).

O **programa de incentivos** é temporário, sendo ideal quando tem a duração de quatro a oito meses. A direção da empresa deve realizar análises e ser criativa para elaborar sistemas de incentivos que otimizem seus recursos humanos. Em geral, consideramos três **tipos de incentivos**:

Incentivos Monetários – Sistema de remuneração em que as receitas da empresa com vendas e outras realizações são consideradas para cálculo do incentivo do vendedor.

Incentivos Não Monetários – Devem ser utilizados pelos gerentes para reconhecer realizações do vendedor que não estejam vinculadas a resultados financeiros, tais como: jantar de confraternização, carta de agradecimento por serviços prestados, placa por tempo de empresa, diploma de honra ao mérito, certificado do funcionário do ano, certificado de zero defeito, cursos, palestras, seminários.

Incentivos Mistos – Mais utilizados, pois combinam os dois anteriores, pela flexibilização que proporcionam. É muito comum o uso de convenções de vendas para premiar os que mais se destacaram, agregando viagens e passeios ao evento.

Motivação – A motivação em vendas, por exemplo, é o conjunto de recursos e atividades do qual a empresa lança mão para conseguir a participação de sua força de vendas nos programas traçados pelo plano estratégico. A motivação do vendedor se faz por comunicação, treinamento e prêmios. A comunicação se faz por revistas, jornais, circulares, e-mails, memorandos, concursos, reuniões, palestras, convenções.

Salário – É a remuneração do fator de produção mão de obra. Em decorrência da sua complexidade o salário pode ser considerado como um pagamento de um trabalho e uma medida de valor. O êxito da organização, muitas vezes, está ligado à forma de remuneração de seus integrantes, principalmente, como fator motivador para que haja eficiência, eficácia e efetividade.

Normalmente a remuneração está ligada ao desempenho, mas isto nem sempre acontece. Política salarial de uma empresa é o conjunto dos princípios e regras que refletem a orientação e a filosofia da organização, no que tange aos assuntos de remuneração de seus empregados, em função do cargo ocupado.

Uma **política salarial** deve abordar: **faixa salarial** e o **piso salarial**.

Promoção – A promoção acontece por tempo de permanência no cargo ou por merecimento. A promoção nem sempre significa aumento salarial, pois uma pessoa pode ser promovida de gerente a diretor e permanecer, por algum tempo, com o mesmo salário. Hoje, as empresas promovem as pessoas, em função de um sistema meritocrático, isto é, ganha mais quem sabe mais ou resolve problemas com rapidez.

Recompensa – A recompensa nada mais é do que uma maneira de cobrir insatisfações salariais e valorizar os melhores profissionais. O descontentamento com o salário, algo até certo ponto previsível, aparece entre os principais motivos para a fuga de talentos. A questão, porém, vai muito além dos valores pagos nos contracheques.

Os funcionários reclamam a falta de oportunidades para o **desenvolvimento profissional**, da ausência de critérios claros na avaliação de desempenho e do não reconhecimento público dos resultados positivos. Mas, existem maneiras de recompensar os funcionários mais produtivos sem pensar em: salário, remuneração e promoção?

Aprendizagem – A aprendizagem é um fator fundamental do comportamento humano, pois afeta poderosamente não somente a maneira pela qual as pessoas pensam, sentem e agem, mas também suas crenças, valores e objetivos.

Os principais fatores que levam a uma aprendizagem são: motivação e interesse em aprender; conhecimento do desempenho correto a ser atingido; avaliação do resultado das tentativas feitas; conhecimento do progresso; duração e distribuição das práticas; quantidade e dificuldade do material a ser aprendido; organização adequada do material de ensino; organização adequada dos esforços do aprendiz.

Socialização – Em razão das características do trabalho do vendedor, especial atenção necessita ser dada para o que se denomina socialização organizacional durante o treinamento inicial. Será nesse período que o vendedor irá desenvolver as habilidades essenciais, convicções e valores para assumir o papel de vendedor e participar das atividades como um verdadeiro integrante da força de vendas da empresa.

Socialização é a função voltada a apresentar o novo funcionário à sua equipe de trabalho, com a finalidade de mostrar ao mesmo a cultura organizacional da empresa, regras, procedimentos e políticas.

3.32 Previsão

Uma previsão é uma tentativa de determinação de futuros eventos, que poderão ocorrer (registros de uma série probabilística) ou não. Ela é uma função administrativa que serve para estimular uma situação futura, para um determinado período, a partir de dados, informações e recursos existentes. Toda previsão é, por definição, errada, porque não há um **grau de certeza** absoluto.

Se o futuro pudesse ser previsto com precisão ou, em outras palavras, se os homens de negócio estivessem operando sob condições estáticas, o planejamento da empresa seria relativamente simples. O administrador só teria de tomar em consideração seus recursos e seguir adiante, com um elevado grau de certeza.

Grande parte do planejamento administrativo é, necessariamente, baseada em previsões e estimativas, e até as melhores delas podem se perturbadas por situações imprevistas. Portanto, é, às vezes, necessário raciocinar em termos de probabilidade ou risco calculado.

Na prática, as previsões variam, consideravelmente, em extensão, profundidade e qualidade. Vai desde uma simples impressão do administrador até uma análise do futuro, feita por um grupo de assessores competentes. Alguns negócios requerem previsões por especialistas para longos períodos, e outros podem operar eficientemente mediante previsões de curto prazo, que refletem pouco mais que as predileções de seus administradores.

Junto com o conceito de previsão precisam ser colocados outros conceitos, tais como:

Estimativa – Estimativa é a quantificação de determinada demanda de um produto, suficiente para gerar receita que dê um lucro satisfatório.

Projeção – Projeção é uma previsão, perfeitamente, calculável, isto é, a situação futura tende a se comportar como no passado.

Predição – Predição é uma previsão baseada numa expectativa, isto é, situação em que o futuro tende a ser diferente do passado, mas a empresa não tem nenhum controle sobre o seu processo e desenvolvimento.

Previsibilidade – Grau de precisão com o qual um evento pode ser descrito, quando uma empresa é obrigada a iniciar certa resposta, caso a mesma deva ser completada à época da chegada do evento. Deve-se lembrar que a previsibilidade é uma medida de quão completa e inequívoca é a informação disponível à empresa no momento em que deve reagir, para que sua resposta seja oportuna.

Previsibilidade elevada quer dizer que a informação é adequada, para definir e avaliar alternativas específicas. Uma previsibilidade reduzida é encontrada na situação em que a informação é parcial, as alternativas de ação ainda não estão claras e, tampouco, suas consequências.

Prognóstico – Conjectura sobre o desenvolvimento de um cenário de uma situação futura.

Nível de Previsão – O nível ótimo de previsão é aquele, cujo custo de execução de um método de previsão compensa exatamente o custo de operação, decorrente de se trabalhar com uma previsão inferior ou inadequada. À medida que a atividade de previsão aumente, os custos crescerão. Por outro lado, as previsões de qualidades inferiores podem resultar em custos não previstos de recursos.

Erro de Previsão – Uma medida simples de erro de previsão é a de computar o desvio entre os valores reais e os de previsão. Os desvios irão variar de mais para menos, mas devem tender a zero, se a previsão estiver no alvo.

3.33 Previsão de Vendas

A previsão de vendas é a estimativa de situação futura, em função de um mercado conhecido de um dado produto. Segundo Philip Kotler, "a previsão é o nível esperado das vendas da empresa, baseado em um plano estratégico escolhido em um ambiente pressuposto de marketing".

A previsão de vendas significa a **previsão de receita** da empresa e se constitui, portanto, no elemento básico da orientação gerencial. Ela deve ser encarada como uma variável dependente que é afetada, entre outras coisas, pelas atividades planejadas de marketing.

As previsões de vendas mostram a demanda esperada de mercado e não a demanda de mercado mais elevada possível. A previsão de vendas é feita, por meio de modelos matemáticos.

A previsão de vendas é uma função do Departamento de Vendas, porque este é o departamento que tem o melhor conhecimento do mercado. Não é, todavia, raro encontrar empresas em que esta função é exercida pelo Departamento de Marketing. Ela é vital para o Departamento de Finanças, na elaboração de orçamentos de receita.

Para o **Departamento de Produção**, a previsão de vendas é informação básica para a determinação das quantidades a serem produzidas, cujo conhecimento decorre, logicamente, dos produtos a serem vendidos e dos níveis de estoque. A fim de suavizar o desequilíbrio que surge entre a unidade de produção e a força de vendas, é necessário prever vendas, em curto e longo prazos.

Se alguém se aventurar para fora do espaço e do tempo, estará extrapolando. Se extrapolar para o futuro estará prevendo. A previsão de vendas, embora acompanhada pelo pessoal de marketing, é feita por matemáticos, estatísticos e analistas de sistema.

A previsão é influenciada pelo planejamento estratégico, o que exige um diálogo contínuo entre a gerência de marketing e aqueles que fazem as previsões na empresa.

O **processo de previsão** impõe considerar fatos importantes, fatores sazonais, ciclos de demandas, tendências e métodos possíveis para realizar a pesquisa. Toda previsão tem valor relativo, pois qualquer previsão é errada por natureza. As previsões diferem apenas na extensão dos seus erros. Por isso, a previsão deve ser considerada sempre como um meio e nunca como um fim em si mesmo.

A seguir, os **principais passos de um processo de previsão**:

- Definir o tipo de previsão a realizar (quantidade de demanda, receita com vendas, lucros possíveis).
- Determinar a unidade de medida (quantidade, faturamento).
- Definir período de tempo da previsão (anual, semestral, época especial).
- Conhecer a taxa de crescimento do mercado para avaliar se procede, ou não, a previsão.
- Montar um plano de previsão (objetivos, métodos escolhidos, recursos tecnológicos, cronograma, recursos humanos, orçamento).

- Determinar as efemérides do ano (feriados, festas, feiras, congressos, simpósios e exposições).
- Definir o método a ser utilizado na previsão (algébrico, gráfico, estatístico, simulação, probabilidade).
- Implementar o método e relatar resultados.

A estratégia não pode ser formulada sem uma previsão explícita ou implícita de como a estrutura da empresa vai evoluir. Infelizmente, contudo, o número de variáveis que entram em uma previsão é, em geral, muito grande. Em consequência, qualquer método para reduzir a complexidade do processo de previsão é altamente aconselhável.

3.34 Métodos de Previsão

Normalmente, um método de previsão estará em função de: recursos disponíveis, conhecimento do coordenador, orçamento, nível de percepção dos envolvidos no processo de previsão. A utilização de um determinado método de previsão terá vantagens e desvantagens como toda escolha entre alternativas.

Assim, é importante levar em consideração, as seguintes **premissas do método**:

- O método deve se aproximar, o mais possível da certeza, evitando uma grave distorção.
- O método não deve ser um caldeirão burocrático consumidor de tempo e criador de confusão.
- O método não deve ser baseado em especulação e, sim, em bases científicas, fundamentadas, principalmente, no conhecimento da matemática e da lógica.

A seguir, os mais importantes **métodos de previsão de vendas**:

Método da Opinião de Executivos – Este método talvez seja o mais velho e mais simples, de vez que é meramente a combinação da média das opiniões, muitas das quais podem ser pouco mais do que palpites da alta administração. Nele diversos executivos da empresa desenvolvem suas previsões, reunindo os dados de que podem dispor e combinando-os com fatores subjetivos, que creem poderão afetar as vendas futuras.

- Vantagens: proporciona rapidez no processo de tomada de decisão; dá facilidade na construção do plano de previsão de vendas; permite conjugar experiência e julgamento; não requer a preparação de estudos econômicos e estatísticos elaborados.
- Desvantagens: os dados reunidos podem não ser significativos e relevantes; a pesquisa ficará por conta das habilidades e inteligência dos executivos; as previsões se baseiam mais em opiniões do que em análises dos fatos; a média das opiniões reduz a responsabilidade por uma previsão exata; previsões não podem ser desmembradas em produtos, períodos de tempo ou unidades organizacionais.

Método da Opinião de Vendedores – Um dos métodos mais comumente usados para previsão de venda é o de se obter um ponto de vista combinado de vendedores de linha e gerentes de venda quanto às vendas esperadas. Esta previsão é feita através da opinião de cada vendedor, baseada no que ele espera vender, em seu território, durante o exercício seguinte.

A técnica usual é pedir aos vendedores que façam uma previsão de vendas para seus distritos e entregá-las ao gerente regional e ao gerente geral de vendas para que sejam revistas. Naturalmente, este método é baseado na crença de que os que estão mais perto do mercado têm melhor conhecimento dele.

- Vantagens: a consulta é feita entre os que mantêm estreito contato com o mercado; a equipe sente mais confiança; a responsabilidade é transferida à equipe; com uma amostragem mais ampla, a previsão se torna mais válida; uma discriminação entre produtos, consumidores e territórios é conseguida.
- Desvantagens: os vendedores tendem a subestimar o mercado; os vendedores têm pouca capacidade para observar os elementos conjunturais; os vendedores não possuem treinamento adequado para pesquisas; os vendedores tendem a conferir maior peso às condições presentes; os vendedores tendem a se mostrar pessimistas; os vendedores desejam cotações orçamentárias mais liberais, para despesas, promoções e publicidades.

Método da Opinião de Especialistas – Este método de previsão envolve uma consulta a pessoas bem informadas (distribuidores, consultores).

- Vantagens: as previsões podem ser realizadas com relativa rapidez e baixo custo; pontos de vista diferentes são trazidos e equilibrados no processo; se os dados forem esparsos ou inexistentes, não haverá a necessidade de consulta a muitos especialistas.
- Desvantagens: as opiniões são, geralmente, menos satisfatórias que os fatos reais; a responsabilidade se dispersa e às boas e às más estimativas recebem pesos iguais; o método apresenta menor confiança para grandes territórios.

Método da Consulta Direta – Este método baseia-se em consultas a consumidores e usuários sobre suas intenções de compra num dado período de um ou mais produtos. O método é moroso e, é evidente, torna-se inaplicável em mercados de consumidores em número bastante elevado. É um bom método para mercados onde o número de consumidores é restrito.

Evidentemente, se uma empresa pode obter uma amostra de informação adequada e digna de confiança daquilo que seus clientes irão comprar, mesmo que as encomendas efetivas ainda não estejam feitas, terá uma boa base sobre a qual desenvolver uma previsão.

A **consulta direta** ao mercado é, especialmente, desejável na previsão de vendas de um novo produto ou de um novo canal de distribuição, por exemplo. A consulta direta é o melhor método para medir a satisfação do consumidor e se você tem consumidores satisfeitos, provavelmente, continuará vendendo como no presente.

Pequenos negociantes devem ouvir o que os consumidores têm a dizer para preverem quais as necessidades a serem atendidas. Quando não ouvem, deixam passar até novas oportunidades. Infelizmente muitos empresários acham que consumidores são pessoas ignorantes.

Quando não se pode fazer uma previsão sistemática, como acontece com as pequenas empresas, este método tem nítidas vantagens sob os demais métodos de previsão. Mas, é difícil de ser utilizado em casos em que os consumidores são numerosos ou não são facilmente localizados, ou pouco cooperativos. É também sujeito à dificuldade de ser capaz de avaliar corretamente expectativas do mercado, visto que as melhores estimativas deste tipo são usualmente estimativas de necessidades e não de compromissos.

Método Gráfico – Este método tem por base o estudo das vendas em períodos anteriores (série histórica) e se baseia na aceitação de seus resultados e na suposição de que os movimentos de vendas ocorrerão de forma semelhante no futuro. É baseado na **série histórica**. O **gráfico** (curva) é construído utilizando-se os valores da série estudada.

A plotagem (colocação dos pontos no gráfico) poderá ser simples, aleatória, sazonal ou função de médias. Considere-se a seguinte série histórica de vendas num determinado ano: 340; 480; 350; 300; = 320; 250; 200; 170; 280; 310; 380; 450.

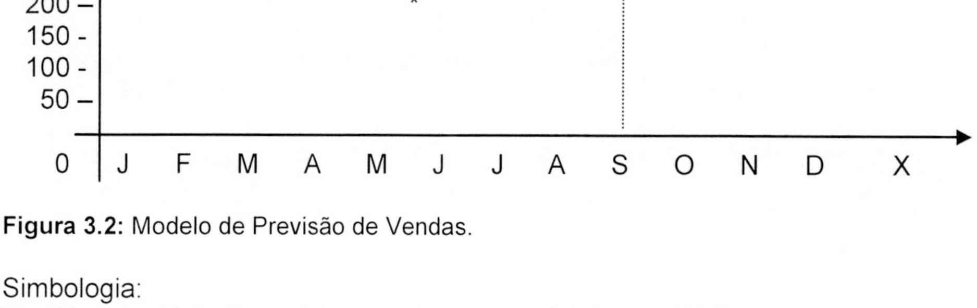

Figura 3.2: Modelo de Previsão de Vendas.

Simbologia:
Y = Eixo dos Y (indica o faturamento ou quantidade vendida)

X = Eixo dos X (indica o tempo em meses, por exemplo)
PM = Ponto médio da série = 320
* = Ponto de inflexão

Após o término do gráfico você determina a melhor posição da reta (curva) que fique o mais próximo dos pontos colocados no gráfico, incluindo o ponto médio da série. Muitas vezes, desconsideramos pontos de inflexão para facilitar encontrar o caminho (reta). Devem existir tantos pontos acima quanto abaixo da reta, se possível. A inclinação da reta mostrará a **tendência**.

Resposta: No caso, a tendência é de baixa.

O método gráfico consiste no ajustamento por meio de uma reta de uma curva de valores históricos, mediante a simples inspeção do gráfico. Entretanto, ele apresenta a desvantagem evidente de depender, consideravelmente, do critério do analista.

Método das Médias Móveis – Este método é baseado em médias por grupos de valores. A tendência é descrita mediante um ajuste das flutuações de dados através de médias parciais. São eliminados, através deste método, os fatores irregulares, sazonais ou cíclicos por meio de médias sucessivas de grupos de dados.

A média móvel é um dos métodos mais elementares de previsão de vendas, e na sua forma simples pressupõe a existência de tendências ascendentes ou descendentes, eliminando valores aleatórios que podem mascarar o resultado.

O exemplo, a seguir, ajuda a entender este método. Uma empresa teve os seguintes resultados em vendas, para os meses de: janeiro = 200,00; fevereiro = 220,00; março = 260,00; abril = 180,00; maio = 200,00; junho = 210,00; julho = 300,00; agosto = 270,00; setembro = 320,00; outubro = 290,00; novembro = 330,00; dezembro = 340,00.

O número de médias móveis (M) foi tirado das observações feitas para um período de 5 meses. Pergunta-se: Qual a tendência das vendas?

O número M é dado pela fórmula: M = n - (G - 1)

Onde:
n = Quantidade de registros para os valores de venda = 12
G = Escolha alheatória de observações para um determinado período = 5
M = Quantidade de médias móveis
M = 12 - (5 - 1) = 8

Cálculo das médias por período de cinco meses:

M1 = (200+220+260+180+200) / 5 = 212
M2 = (220+260+180+200+210) / 5 = 214
M3 = (260+180+200+210+300) / 5 = 230
M4 = (180+200+210+300+270) / 5 = 232
M5 = (200+210+300+270+320) / 5 = 260
M6 = (210+300+270+320+290) / 5 = 278
M7 = (300+270+320+290+330) / 5 = 302
M8 = (270+320+290+330+340) / 5 = 310

Resposta: A tendência é de alta.

Embora este método seja de aplicação simples, ele pode conduzir a resultados medíocres, quando usado indiscriminadamente. Também somente é aplicável quando a tendência é linear ou aproximadamente linear, embora possa ser estendido aos casos nos quais os dados são grupados em várias partes, tendo em cada uma delas uma tendência linear.

As principais desvantagens desse método são: os dados do começo e do fim da série desaparecem; as médias móveis podem gerar movimentos cíclicos, ou de outra natureza, que não existem nos dados originais; as médias móveis são fortemente afetadas pelos valores extremos.

Método da Ponderação – Este método é baseado em fatores de peso. Adota-se a ponderação, pela simples razão de que os acontecimentos mais recentes são bem mais importantes e influem mais sobre a previsão do que as observações mais antigas.

O quadro, a seguir, dá um exemplo do método da ponderação.

Ano	Trimestre	Vendas (V)	Peso (P)	V x P
2008	1º	82	0,500	41,00
2007	4º	71	0,250	17,75
	3º	57	0,125	7,12
	2°	62	0,062	3,85
	1°	78	0,031	2,42
2006	4º	69	0,016	1,10
	3°	58	0,008	0,46
	2°	59	0,004	0,24
	1°	75	0,002	0,15
2005	4º	73	0,001	0,07
Totais			0,999	74,16

Quadro 3.5: Método de Previsão de Vendas por Ponderação.

A soma dos pesos terá de ser igual à unidade. O resultado 0,999 vem do abandono de casas decimais. Os anos mais próximos da atualidade terão um peso maior. Para tal, adotamos começar a dar peso de 50% (0,500) para o último trimestre e diminuir pela metade o peso quando caminhamos para o passado.

O valor 74,16 é a nossa previsão para o 2º trimestre de 2008, que corresponde ao somatório dos valores V x P.

Método dos Mínimos Quadrados – Método muito utilizado para se fazer previsão de vendas, é também conhecido como análise de regressão por ter sido desenvolvido por Galton, estatístico do Século XIX. A seguir, um exemplo do método dos mínimos quadrados:

Meses	Vendas
Janeiro	324
Fevereiro	463
Março	374
Abril	363
Maio	349
Junho	302
Julho	169
Agosto	256
Setembro	263
Outubro	334
Novembro	336
Dezembro	270

Fórmula do cálculo da tendência:

$T = (Xn - X1) / (n - 1)$

Onde:
T = Tendência da série considerada
Xn = Valor de vendas do último mês considerado da série

X1 = Valor de vendas do primeiro mês considerado
n = Número de meses do período

Amostras:

Amostra do período (dezembro - janeiro) = (270 - 324) / (12 -1) = - 4,91
Amostra do período (novembro - fevereiro) = (336 - 463) / (10 - 1) = - 14,11
Amostra do período (outubro - março) = (334 -374) / (8 - 1) = - 5,71
Amostra do período (setembro - abril) = (263 - 363) / (6 -1) = - 20,00

Resposta: A previsão de venda é de queda (todas as amostras são negativas).

Método Algébrico – O método algébrico pode ser considerado um método complementar ao método gráfico, porque, depois de definido o ângulo de inclinação da reta e onde a mesma corta o eixo das ordenadas (eixo Y), é possível determinar os coeficientes da reta.

A **equação da reta** é representada por: y = a + bx

Onde:
y = Variável dependente (valor que se quer calcular).
a = Coeficiente linear da reta (cota onde a reta corta o eixo Y).
b = Coeficiente angular (valor dado pela tangente do ângulo que a reta faz com o eixo X).
x = Variável independente (valor de referência que pode ser a receita com vendas do mês anterior ou a média de um período anterior).

Supondo-se que a reta resultante (método gráfico) seja a seguinte:

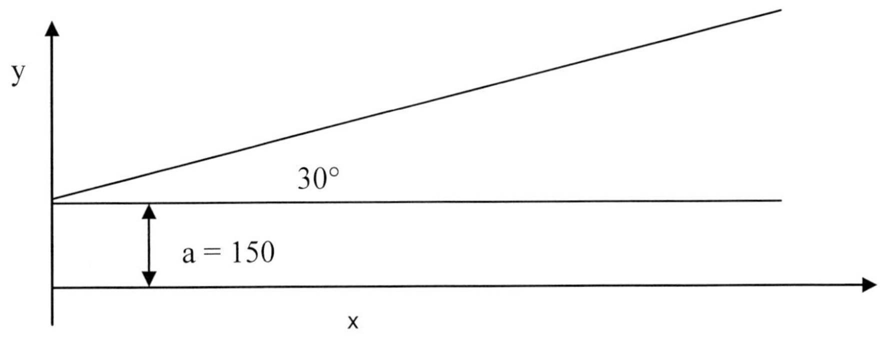

Figura 3.3: Método Algébrico de Previsão de Vendas

Se a = 150,00 e b = tangente 30° = 0,58, a reta y = 150 + 0,58x

Se, por exemplo, x = 250,00, vem: y = 150 + 0,58 x 250 = 150 + 145 = 295,00

Resposta: Se a tendência for mantida, no próximo mês, o valor a ser vendido será de 295,00.

Método do Ajuste da Curva – Este método pode ser utilizado para minimizar as ondulações da curva resposta de uma série histórica. Quando estabelecemos os desvios em relação à média aritmética e aplicamos um fator de correção para o ajuste da série estamos praticando uma regressão que leva a novos valores.

A seguir, um exemplo do método do ajuste da curva:

P	V	MA	D	F	NV
1	324	317	- 7	- 3,5	320,5
2	463	317	- 146	-73,0	390,0
3	374	317	- 57	- 28,5	345,5
4	363	317	- 46	- 23,0	340,0

5	349	317	- 32	-16,0	333,0
6	302	317	15	7,5	309,5
7	169	317	148	74,0	243,0
8	256	317	61	30,5	286,5
9	263	317	54	27,0	290,0
10	334	317	- 17	- 8,5	325,5
11	336	317	- 19	- 9,5	326,5
12	270	317	47	23,5	293,5
	3.803				

Onde:
P = Período considerado (mês, ano)
V = Vendas de cada período
MA = Média aritmética da série = 3.803 / 12 = 317
D = Desvio = MA - V
F = Fator de correção do desvio = D / 2 (arbitrado em 50%)
NV = Novo valor = V + F

É possível traçar uma nova média aritmética e repetir o processo, visando ajustar, cada vez mais, a curva, eliminando valores muito acima ou muito abaixo da média.

3.35 Consumo

O consumo pode ser considerado como o uso de bens e serviços. Mas, não equivale à simples compra de um produto. Consumir um produto é usar o mesmo até que deixe de atender às necessidades ou que o seu valor tenha sido anulado ou reduzido. O maior problema no consumo é o conflito entre a verdade e o sonho.

O propósito de um produto não é o que o vendedor, explicitamente, diz ser, mas o que o consumidor, implicitamente, exige que seja.

O aumento do consumo faz crescer o investimento industrial, dando mais emprego às pessoas, que retornarão ao mercado de consumo. Todavia, é possível que as pessoas poupem parte de suas rendas e a conservem sob a forma monetária, não gastando nem em bens de consumo e nem em bens de investimento.

A **propensão a consumir** dependerá de três forças: das atitudes subjetivas do indivíduo que compra; dos dados sobre produtos; dos preços praticados. O dispêndio que faz o consumidor num bem qualquer faz supor que o mesmo varie somente como resultado da oscilação do preço. Quando se consideram todos os bens, o preço se torna menos importante.

As variações de gosto podem alterar a demanda de produtos, bem como ganhos e perdas de capital. Quando falamos que vivemos numa sociedade de consumo, é quase inevitável que a constatação seja acompanhada de uma carga negativa. Esta expressão é, frequentemente, associada a um materialismo banal.

Hoje, comprar um carro esportivo de dois lugares ou uma minivan com capacidade para sete passageiros representa uma afirmação sobre o que somos e o que não somos. Isso ajuda a nos diferençar de um vizinho.

As características do consumo mudaram ao longo da história, de modo que o consumo foi associado aos seguintes valores: liberdade, status, razão, progresso, individualidade, alienação e tédio, por exemplo.

O **problema do consumo** é um desafio constante, mas, infelizmente, não muito consciente nas pessoas, que precisam ser responsáveis pelo uso dos recursos, quer naturais ou não, e pelo consumo de bens e serviços.

A **Lei de Pareto** diz: "20% dos consumidores respondem por 80% da receita da empresa". Na realidade, esta lei observa: "Somente 20% dos eventos/acontecimentos respondem por 80% dos resultados".

3.36 Tipos de Consumo

Consumo de Energia – À medida que a energia foi se tornando escassa e o governo resolveu praticar uma política mais realista de tarifas, essa postura de indiferença começou a modificar-se. O fantasma do racionamento e contas cada vez mais salgadas impôs uma revisão de hábitos. Precedidos pela indústria, também o setor de serviços, onde os gastos com energia representam em média 4% dos custos operacionais, despertou para o problema.

Cada vez mais se verifica que o simples gerenciamento do consumo de eletricidade e a adoção de expedientes corriqueiros, como a substituição de lâmpadas ou o uso mais adequado do ar condicionado, diminuem sensivelmente as despesas.

Um plano de performance energética envolve também mudanças na rotina do pessoal da limpeza, passando pelo escalonamento no uso de elevadores. Grande parte do **desperdício de energia** é resultado da prevalência dos critérios estéticos em detrimento da funcionalidade.

Consumo de Recurso – É bom lembrar que uma empresa é uma organização de finalidade econômica. Ela utiliza e elabora recursos para facilitar o seu desenvolvimento e a sua rentabilidade, assegurando-lhe as melhores condições operacionais. Sem recursos atuais e modernos a empresa se tornará lenta, cara e não competitiva, porque, hoje, existem máquinas, equipamentos e sistemas que facilitam o trabalho das pessoas, tendo em vista apresentarem resultados rápidos, com qualidade suficiente para atender os desejos dos consumidores mais exigentes.

Consumo Final – Quem diz, se o consumo é final, é a pessoa que compra. Os gastos com consumo podem ser divididos em três componentes. O primeiro, é formado pelos bens não duráveis, como os alimentos e roupas, por exemplo, cuja vida útil é curta. O segundo, é denominado serviços e compreende as despesas feitas com aluguel, saúde, transporte, lazer, por exemplo. O terceiro, corresponde aos bens de consumo duráveis, como automóveis, eletroeletrônicos, por exemplo, cuja vida útil é muito maior do que os outros bens, mas que se depreciam e se destroem ao longo do tempo e do uso.

Consumo Industrial – Além dos recursos que uma indústria consome, é preciso destacar os conceitos de insumo, matéria-prima e mão de obra, recursos básicos para seu funcionamento:

Insumo – Material que contribui para a obtenção do produto, mas nem sempre faz parte da composição final do mesmo. Necessário para o processo de manufatura, o insumo não pode ser prontamente identificado com qualquer produto em particular, cujo custo é muito irrelevante para medir.

Matéria-Prima – Matéria utilizada na fabricação do produto final, e que pode ser prontamente identificada no produto.

Mão de Obra – Trabalho feito por uma pessoa; fator de produção remunerado pelo salário. A mão de obra pode ser: mão de obra direta (trabalho cujo tempo pode ser identificado com a produção, produto ou centro de custo); mão de obra indireta (trabalho cujo tempo não pode ser claramente identificado). Os custos da mão de obra não especializada tendem a ser mais baixos em locais mais remotos, devendo ser considerados como um agregado, que inclui, também, os encargos sociais, benefícios e prêmios.

3.37 Consumidor

Quem consome um produto é chamado de consumidor. Por isso, é importante observar que o consumidor deve ser o propósito da empresa. Assim, nunca o questionar, porque ele tem sempre razão. A satisfação dele proporciona lucro para a empresa. O consumidor é quem determina o que o negócio é, o que produz e se prosperará. No entender de Peter Drucker, o **cliente** consumidor é protagonista e comandante do espetáculo. O consumidor não é mais um receptor passivo de produtos, mas, sim, alguém envolvido no projeto e na melhoria do produto.

A abordagem econômica diz que os consumidores são os agentes da demanda, isto é, aqueles que se dirigem ao mercado com o intuito de adquirir um conjunto de bens e/ou serviços que lhes maximize sua função utilitária. Por outro lado, o conhecimento sólido das necessidades e desejos dos consumidores proporciona a base de informação para que haja maiores e melhores vendas, bem como resultados promissores.

A seguir, algumas **premissas sobre consumidores**:

- O consumidor só está interessado em seus próprios valores, suas próprias necessidades e sua própria realidade.
- Cada consumidor define uma empresa diferentemente das demais, pois suas expectativas e valores são singulares.
- A realidade do consumidor deve ser considerada, já que esta é diferente da do fornecedor.
- Como o consumidor é que paga, depende do que faz mais sentido para ele, do que faz por ele.

A relação das empresas com os consumidores é resumida da seguinte forma:

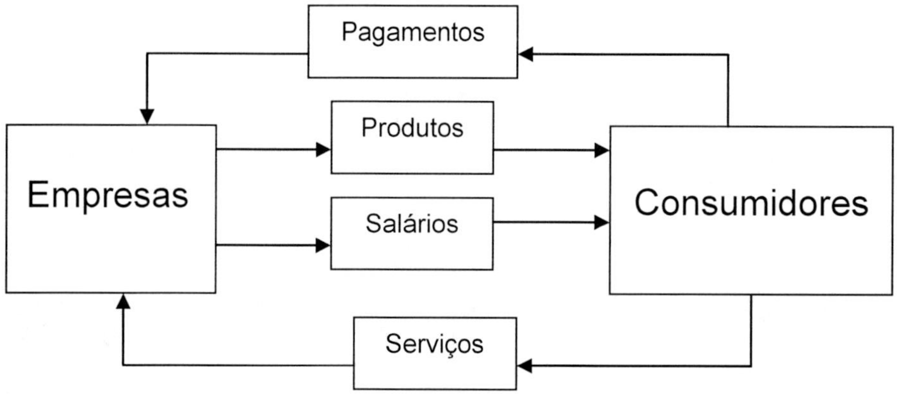

Figura 3.4: Diagrama de Trocas entre Empresas e Consumidores.

3.38 Considerações sobre Consumidores

O consumidor desempenha um duplo papel no mercado. Em primeiro lugar, ele atua como comprador. Em segundo lugar, elabora um estudo crítico daquilo que compra, como, também, dos métodos de comercialização. A empresa que quiser atuar em qualquer mercado terá de fazer algumas considerações sobre consumidores:

Movimentação do Consumidor – As facilidades de locomoção do consumidor fizeram com que o mesmo adquirisse maior grau de observação quanto a preço, qualidade e características do produto. O consumidor começou a entender que os custos da distribuição são repassados aos preços de venda dos produtos. O movimento do consumidor tem levantado assuntos que são de grande efeito sobre as atividades mercadológicas.

Queixa do Consumidor – Cada vez mais, o consumidor participa com dados para as estratégias empresariais. As queixas dos consumidores são muitas, tais como: produto de qualidade inferior; ineficiente serviço pós-venda; baixo nível de qualidade no atendimento; campanhas publicitárias malfeitas; falta de calor humano, devido ao alto grau de automação; produtos não disponíveis, apesar da propaganda; preços elevados; vendas impessoais; peso adulterado; propaganda enganosa; exploração de crianças; falsificação do produto; embalagem pouco informativa; falta de dados sobre o produto; produtos inseguros; produtos que nada valem; maus serviços; realce na quantidade e não na qualidade; complexidade tecnológica; obsolescência programada; recusa em devolver o dinheiro; altos juros no crediário; falta de concorrência; fraude contra os pobres; falta de canais diretos de comunicação.

Julgamento do Consumidor – Para que as empresas possam manter consumidores, se faz necessário abordar o modo como o consumidor julga os produtos que recebe. Os critérios são muitos, pois dependerá do próprio consumidor. Em geral, ele destaca mais os erros do que os acertos. Quer ver suas necessidades atendidas e não está preocupado com os problemas internos da empresa.

Esquece todas as mensagens de propaganda depois de uma única grosseria de qualquer funcionário. Julga ter sempre razão. Aumenta suas exigências em razão do preço que pagou ou está pagando. Se satisfeito, passa a ser um divulgador do produto, da marca e da empresa.

Motivação do Consumidor – A motivação do consumidor deve ser construída pelo vendedor, desde que este atenda às necessidades e desejos daquele.

Comportamento do Consumidor – Pesquisar tendências sobre o comportamento e o hábito do consumidor ficou complicado. Hoje, o consumidor é menos rígido, mais propenso a experimentar novidades, mais educado, cético, eclético, esperto e seletivo. São difíceis de persuadir e agem de maneira contraditória. Foi-se o tempo em que era possível dividir a população entre engajados, constantes e alienados.

O comportamento de cada indivíduo é afetado por hereditariedade e pelo ambiente em que a pessoa cresceu e no qual vive. Estas forças moldam o comportamento de compra e os distribuidores as levam em consideração antes de tomarem uma decisão.

Papel do Consumidor – Em muitas facetas do mercado, os consumidores desempenharão papéis ativos e reativos. Eles se tornarão diretamente envolvidos no projeto e na personalização dos produtos que compram. Assumirão as funções de suporte e de serviço que normalmente são desempenhadas pelas empresas.

Por outro lado, há consumidores que não estão nem aí para o mercado, tendo uma atitude passiva para com vendedores. Estes consumidores dão pouco trabalho, mas não ajudam as empresas a progredir.

Lugar do Consumidor – O consumidor vem sempre em primeiro lugar? Alguns autores discordam deste bordão e acham que o consumidor deve vir em segundo lugar. Cabe o primeiro lugar ao time do negócio, pois não há como agradar consumidores sem contar com funcionários comprometidos com a qualidade e felizes com o trabalho. Às vezes, os consumidores fazem queixas descabidas ou destratam os elementos da equipe.

Ouvir o consumidor é importante, mas não implica aceitar tudo o que vem dele. Pense em oferecer ao consumidor um bom ambiente, atendimento, preço e qualidade que ele agradecerá e com certeza voltará. Faça parecer que ele vem em primeiro lugar.

Avaliação do Consumidor – A avaliação de um produto pelo consumidor requererá um padrão ou um referencial anterior já conhecido. O consumidor na realidade avalia um produto mais pelos aspectos subjetivos do que por outra coisa. Uma avaliação de produto só poderá ter valor, se for feita por métodos estatísticos e para um universo significativo de pesquisados.

3.39 Perfil do Consumidor

O perfil do consumidor nada mais é do que a descrição rápida daquilo que o consumidor representa para o mercado, a empresa e o vendedor, cujos elementos básicos são:

Classe Social e Renda – A classe social e a renda do consumidor são preocupações constantes da empresa que está de olho no mercado. Hoje, o poder dos consumidores de baixa renda está no centro da estratégia das maiores companhias do mundo.

Poder Aquisitivo – O poder aquisitivo do consumidor representa aquilo que o mesmo pode comprar para satisfazer suas necessidades básicas e não seus desejos. Este poder está associado ao progresso de uma pessoa numa sociedade, pois quanto mais poder aquisitivo ela tem mais status possui. Toda empresa se preocupa com o poder aquisitivo de seus consumidores, a fim de se adaptar ao sobe e desce da economia e do mercado.

Nível Econômico – Em que níveis econômicos os consumidores podem ser, predominantemente, classificados? Baixa renda, média ou alta? Que tipo de trabalho eles fazem?

Alocação da Renda – Como o consumidor gasta seu dinheiro? Em necessidades, como comida? Em entretenimento? Em produtos que dão status e prestígio? O preço é realmente um problema? Onde gasta dinheiro? Em que lugar faz compra? Faz por telefone, catálogo, porta a porta, correio, internet ou pessoalmente? Que fatores são fundamentais para sua compra? A compra é feita, em função de análise, pesquisa ou impulso? A compra concentra-se em que hora, dia, semana, mês?

Quem Compra – Quem faz a maioria das compras, os homens, as mulheres ou as crianças? Quem toma a decisão real de comprar? Quais os produtos preferidos?

Estilo de Vida – Qual o estilo de vida dos consumidores, sua autoimagem? Que tipo de vida aspiram ter? Há uma preocupação com lazer? Com educação e aprendizado? Com ascensão na escala social? Há tendências de uma vida ativa e saudável? Quais são alguns dos valores, interesses, atividades e preocupações dominantes?

Conhecimento do Consumidor – Apesar de se esforçarem ao máximo, muitas empresas continuam a desperdiçar o que talvez seja seu ativo mais precioso no atual contexto – aquilo que o consumidor conhece, isto é, quais são seus níveis de intelectualidade, educação, percepção, cultura, instrução e informação, por exemplo.

Hoje, mais do que nunca, o conhecimento adquiriu caráter estratégico.

3.40 Tipos de Consumidor

Consumidor Final – O consumidor final desempenha um duplo papel no mercado. Em primeiro lugar, ele atua como comprador. Em segundo lugar, elabora um estudo crítico daquilo que compra, como, também, dos métodos de comercialização.

Consumidor Potencial – O consumidor potencial é alguém disposto e habilitado a se engajar em uma troca de valores. Não se pode vender um produto a menos que se encontre um comprador. Por isso, a prospecção de localizar e classificar consumidores potenciais é o primeiro passo no processo de venda. Os vendedores de sucesso são aqueles motivados à acumulação de fatos e informações úteis na aproximação e apelo aos consumidores em perspectiva, que variam de pessoa a pessoa.

Consumidor Consciente – O mundo dos negócios vem se preocupando cada vez mais com uma figura, em muitos aspectos, ainda insondável: O consumidor consciente. O problema, porém, é definir exatamente quem é ele, como pensa e age na hora de escolher entre um e outro bem ou serviço.

Segundo pesquisas, os consumidores conscientes adotam os seguintes comportamentos: 93% pedem nota fiscal quando fazem compras; 90% leem os rótulos das embalagens atentamente antes de comprar: 89% escrevem no verso de folhas já utilizadas; 79% separam o lixo para reciclagem; 72% compram produtos orgânicos, há menos de seis meses; 59% já recorreram a órgãos de defesa do consumidor; 42% deixam de comprar um produto para punir o fabricante; 26% deixam o carro em casa pelo menos uma vez na semana.

Consumidor Atento – É o tipo mais fácil de se vender. Para ele não se pode desculpar a perda de uma venda.

Consumidor Apático – Você terá que ser cuidadoso e dar informações concisas e absolutamente corretas sobre as mercadorias e condições gerais de venda.

Consumidor Vaidoso – É um tanto fácil de ser atendido, contanto que você saiba que ele é vaidoso e atenda à sua vaidade.

Consumidor Nervoso – Aqui entra uma boa dose de simpatia e paciência do vendedor que o reconheceu. Uma vez conquistada a sua confiança, se transforma em um consumidor cativo.

Consumidor Orgulhoso – O orgulhoso, quando tratado com respeito e consideração (aparentemente especial), transforma-se e sente-se importante, passando a comprar tudo aquilo que se lhe queira vender.

Consumidor Indiferente – O trabalho é procurar descobrir o que realmente deseja. Não se iluda com esse tipo de consumidor, porque mesmo aparentando desinteresse, no fundo ele deseja crescer psicologicamente e ele o faz comprando.

Consumidor Taciturno – Tratar esse tipo com calma e paciência. Deve-se tomar uma atitude de confiança e entusiasmo para equilibrar a personalidade do consumidor que é oposta, daí procurar ajudá-lo a comprar.

Consumidor Despreocupado – Atenda bem esse tipo de consumidor, oferecendo-lhe cadeira e deixando-o bem à vontade. Não seja, pois, apressado, dê atenção e prepare seu futuro consumidor, mesmo perdendo um pouquinho do seu tempo.

Consumidor Cativo – Aquele que compra constantemente na mesma loja (**freguês**).

Consumidor Malcriado – Tome um grande cuidado para não se irritar ou zangar-se com ele. Deixe que ele brigue sozinho. Procure ser cordato, peça desculpas e lembre-se: o cliente é aquele que paga o seu salário. Não confunda tipo malcriado com o abusivo e impertinente. Neste caso, convém chamar o gerente.

Consumidor Globalizado – Usuário da Internet que atua no varejo virtual, tende a explorar primeiramente as páginas de marcas conhecidas, devido à confiança e credibilidade adquiridas no varejo real. Não critique economia de rede e sistemas automatizados, porque este consumidor achará que você é cafona.

Consumidor Hostil – Consumidor sobrecarregado, atira para todo lado; não ataca apenas o produto, mas também a empresa, porque ele pensa que a vida é matar ou morrer. Brigar o faz se sentir vivo. A pior abordagem do vendedor é deixar-se intimidar.

O vendedor deve se posicionar a favor do consumidor hostil, dando a ele espaço e não esquecer de chamá-lo pelo nome. Usando algumas técnicas de venda, este consumidor deixa de ser hostil e passa a ser cativo.

Consumidor Reclamão – É aquele que reclama de tudo e de todos. Põe o vendedor na defensiva em poucos segundos. O vendedor deve ouvi-lo com atenção e parafrasear sua reclamação, concordando com aquilo que faz sentido.

Consumidor Silencioso – Este consumidor é conciso, breve, sucinto, difícil de decifrar. Evita riscos e mantém-se imperturbável em sua estratégia de compra e negociação. O vendedor não deve interromper o seu silêncio, deve ser calmo na sua apresentação ao consumidor. Se o consumidor ainda continuar sem se manifestar, a melhor coisa é marcar outro dia, em um ambiente favorável e informal.

Consumidor Sabichão – Aquele que julga saber muito. É cabotino e se julga um especialista em qualquer coisa. O vendedor deve se ater aos fatos, utilizando muita objetividade e solicitando ajuda ao sabichão para o processo de venda.

Consumidor Procrastinador – Aquele que não consegue chegar a uma decisão. O vendedor deve ajudá-lo a resolver seus problemas. Procure saber que tipo de atitude (decisão, solução) o mesmo tomou para resolver problemas semelhantes.

Consumidor Sofisticado – É um participante-chave nos processos de experimentação e de avaliação de um novo produto.

Consumidor Interativo – Aquele que interage com o fabricante ou prestador de serviços. O consumidor não contribui apenas com dinheiro, mas também com informações e ideias. Um dia, os consumidores terão total interatividade com produtores, fornecedores e distribuidores.

3.41 Satisfação do Consumidor

Consumidores satisfeitos são como ativos. O mesmo raciocínio se aplica em toda atividade empresarial. Esse é o motivo pelo qual faz pouco sentido lidar com o consumidor de maneira restritiva e rígida que interfere com a sua satisfação e enfraquece a sua lealdade.

A **reclamação do consumidor**, o pedido de devolução do pagamento, a troca, o favor especial, adquirem um significado muito maior quando se considera o consumidor como ativo que se valoriza a longo prazo.

Cada contato individual com o consumidor é uma parte importante do produto e desempenha um papel fundamental no processo de valorização desse ativo.

Segundo Deming, não é suficiente ter consumidores meramente satisfeitos. Um consumidor insatisfeito pode mudar, mas, infelizmente, um consumidor satisfeito também pode mudar, com base na hipótese de que não perderia muita coisa e poderia até ganhar.

O **lucro** num negócio advém de consumidores ativos, isto é, aqueles que estão comprando constantemente, e que trazem seus parentes e amigos.

Os **custos** plenamente avaliados podem demonstrar que o lucro de uma transação com um consumidor que volta a comprar voluntariamente pode equivaler a 10 vezes o lucro realizado com um consumidor que responde à propaganda e outros instrumentos de persuasão.

Algumas empresas criaram Comitês de Satisfação dos Consumidores. Eles se reúnem, semanalmente, para analisar os principais problemas com consumidores. No marketing moderno, a empresa vai atrás do consumidor para saber o que ele quer, o que acha de certo ou errado nos seus produtos.

Um poderoso instrumento utilizado é a montagem de linhas gratuitas de telefone para acolher sugestões e queixas, além de prestar informações aos consumidores. É o disque 0800, ou seja, **Serviço de Atendimento ao Cliente** (SAC).

Naturalmente, que ao procurar satisfazer os consumidores, será preciso ter em mente as seguintes **premissas de satisfação do consumidor:**

- Ponha-se no lugar do consumidor (empatia).
- Assegure-se de ter transmitido a todos os funcionários a missão do negócio (treinamento).
- Acompanhe o relacionamento entre os funcionários para sentir se eles, realmente, tratam uns aos outros da mesma forma como tratam os consumidores (comportamento).
- Ouça todos da cadeia de distribuição/intermediação de produtos (logística).
- Não deixe que a burocracia da empresa se transforme num obstáculo entre o consumidor e a empresa (relações públicas).
- Permaneça acessível ao consumidor depois da venda (serviço pós-venda).
- É o cliente que define o serviço ótimo (qualidade).
- Divida seu tempo, não sua atenção (atendimento).
- Os clientes precisam e querem um relacionamento duradouro (interação).
- Um cliente insatisfeito pode obliterar uma centena de clientes satisfeitos (boca a boca).
- Não custa muito fazer o cliente feliz (simpatia).

Um dos grandes mitos nos negócios é que se tem que dedicar o tempo todo ao cliente para que ele fique feliz. A crença de que dar o melhor ao cliente, o tempo todo, é admirável, aconselhável e preferível, mas não é necessariamente verdadeira.

O que todos os consumidores querem, na realidade, é ter bens e serviços que funcionem; que sejam melhores do que os da concorrência ou, pelo menos, diferentes, ou, então, que ninguém os tenha. Os gestores precisam definir que desejos dos consumidores, em seus mercados alvos, ainda não foram satisfeitos e, em seguida, determinar se podem, ou devem avançar para oferecer valor.

Ao desafiar constantemente a organização a oferecer novas respostas a essas questões e ao promover uma cultura de respeito pelo consumidor, a gerência se mantém atualizada em relação às circunstâncias dinâmicas que determinam as necessidades e influenciam as decisões de compra.

Esse conhecimento e cultura conferem lógica ao que do contrário poderia ser visto como comportamento irracional ou inexplicável por parte do consumidor.

Capítulo 4

Logística e Armazenamento

"A flexibilidade é necessária não só em função das grandes transformações do mundo de hoje, mas, principalmente, porque essas mudanças se acentuarão em escopo, velocidade e complexidade".

Chester Barnard

Objetivos do Capítulo

- Mostrar a importância dos intermediários no processo de distribuição.
- Mostrar os principais aspectos da armazenagem e do transporte.
- Mostrar como funcionam os canais de distribuição e sua respectiva gerência.

4.1 Logística

Em todo e qualquer **processo de comercialização**, a logística assume um caráter, muitas vezes, mais importante do que a própria produção, pois seu estudo envolve o produto (características, padrões, embalagens), os intermediários (custo, propriedade, transporte, distribuição) e a armazenagem (obsolescência, guarda, movimentação, classificação).

A logística é entendida como o controle do rápido movimento dos recursos organizacionais, que devem ser colocados nos tempos e locais ótimos. Na realidade, é um modelo que estabelece medidas de controle, por meio de esquemas que buscam custos mínimos de um sistema de distribuição física.

O movimento percorrido pelo produto do fabricante até o consumidor final chama-se **distribuição física**. Este serviço envolve um planejamento meticuloso, cujo fator principal é o custo do transporte dos intermediários. Este planejamento considera: a utilidade de lugar (em geral, os consumidores não gostam de ir longe ou de se esforçarem muito para obter produtos) e a utilidade de tempo (elemento que conta como se fosse "dinheiro").

Um **sistema de distribuição física** consiste de um conjunto de decisões sobre: o volume negociado, a localização do destinatário (consumidor), a armazenagem (tamanho e risco), o meio de transporte, a manutenção de estoque, a comunicação dentro da rede de distribuição, a maneira como o produto é embalado e as políticas (preço, frete, estoque).

Um dos **princípios da distribuição moderna** exige que o fabricante não passe a ignorar seu produto tão logo este tenha passado de suas mãos para agentes, atacadistas e varejistas. A distribuição bem-feita estimula a demanda.

Muitas empresas declaram que seu objetivo de distribuição é o de levar as mercadorias certas para os lugares certos, nos momentos certos e pelo menor custo. Mas, nenhum sistema de distribuição física pode, simultaneamente, maximizar o serviço ao consumidor e minimizar o custo de distribuição.

A maximização do **serviço de distribuição** implica políticas de grandes estoques, transportes com custos adicionais e muitos armazéns, todos aumentando o custo de distribuição. A minimização dos custos de distribuição implica políticas de transporte rápido e barato, estoques baixos e poucos armazéns.

Os avanços do varejo eletrônico dependem cada vez mais da logística, o "Calcanhar de Aquiles" do comércio globalizado. A logística foi definida na década de 1970, como a arte de administrar o fluxo de recursos materiais de um lugar para outro quando se fizerem necessários.

Em 1986, o Council of Logistics Management acrescentou que este fluxo deveria ir da origem até o consumo, acrescentando que também as funções administrativas deveriam ser aplicadas a este processo da cadeia de suprimentos.

A partir do final da década de 1990, a logística passou a ter as visões estratégica, sistêmica e holística do mercado.

4.2 Elementos da Logística

Os principais **elementos da logística** são:

Atividades de Apoio: Transporte, manutenção de estoques, processamento de pedidos, armazenagem, movimentação de produtos, embalagem de proteção, fontes de suprimento, programação da produção, sistema de informações.

Posição da Logística – Estrategicamente, a logística ocupa posição intermediária entre produção e marketing.

Ciclo do Pedido – O tempo transcorrido entre a colocação do pedido pelo cliente até sua entrega é chamado de tempo de ciclo do pedido.

Custo Logístico – O custo logístico estará em função do: volume negociado, canal de distribuição, economia de escala, desconto por volume, tipo de transporte, tecnologia de processamento do pedido, rota, documentação necessária, meios de expedição, equipamento de manuseio.

Âmbito da Logística – Há uma visão ampla e uma visão limitada do âmbito da logística. Na visão ampla, o fluxo começa com a localização de matérias-primas e mão de obra e se estende até a localização do mercado de consumo. A empresa define seu mercado alvo e depois realiza o trabalho inverso, isto é, consegue intermediários, armazéns e localização da fábrica.

A visão estrita pressupõe que a empresa já esteja estabelecida no mercado e que já esteja compromissada com fornecedores, distribuidores e consumidores, tendo como problema encontrar condições eficazes de localização, estocagem, embarque e sistemas de informação e de comunicação.

Visão Sistêmica da Logística – A visão sistêmica é dada àquele que encara a empresa como um sistema, que tem subsistemas de sustentação e preservação dos negócios (recursos, estratégias, funções, métodos, programas, planos, projetos, políticas, mudanças, regras, avaliações).

No caso da logística, esta visão passa por um sistema que vai da previsão de vendas até a expedição de produtos acabados. Mas, todo o sistema centraliza-se na engrenagem da administração de estoques. A logística é o elo entre o atendimento do pedido e a receita com vendas da empresa.

Objetivos da Logística – O primeiro objetivo da logística pode ser resumido na palavra serviço, isto é, o objetivo do sistema de distribuição é garantir o atendimento do consumidor, hora, data, lugar e local certos. A este grande objetivo associam-se: disponibilidade do produto; exatidão no atendimento do pedido; seguro de acidente; serviço rápido e confiável.

Problemas de Logística – A seguir, os principais problemas:

- Por que precisamos de tantos tipos de intermediários?
- Como atender distância que existe entre o vendedor e o comprador?
- Por que a alocação do produto para estimular a venda?
- Quais consumidores têm reações diferentes?
- Como o fabricante sabe das coisas e orienta a produção para atender as necessidades e desejos dos consumidores?
- Por meio dos intermediários é possível diminuir custos?

4.3 Sistemas de Distribuição

Frequentemente, nos deparamos com sistemas de distribuição em que cada empresa (fabricante, atacadista, varejista) se preocupa apenas em planejar sua produção, suas vendas e seus lucros, não buscando a interação e integração com os demais componentes.

Um sistema de distribuição bem organizado e coordenado gera sinergias e resultados positivos, que podem se transformar em uma vantagem competitiva. Para tal, a prática do feedback deve ser acentuada e constante.

Este serviço envolve um planejamento meticuloso, cujo fator principal é o custo do transporte dos intermediários. Este planejamento considera: a utilidade de lugar (em geral, os consumidores não gostam de ir longe ou de se esforçarem muito para obter produtos) e a utilidade de tempo (elemento que conta como se fosse "dinheiro").

A distribuição física é o ramo da logística que trata da movimentação, estocagem e processamento de pedidos dos produtos. Costuma ser a atividade mais importante em termos de custo para a maioria das empresas. Sua preocupação maior é com os produtos acabados.

Muitas empresas declaram que seu objetivo de distribuição é o de levar as mercadorias certas para os lugares certos, nos momentos certos e pelo menor custo. Mas, nenhum sistema de distribuição física pode, simultaneamente, maximizar o serviço ao consumidor e minimizar o custo de distribuição.

A maximização do serviço de distribuição implica políticas de grandes estoques, transportes com custos adicionais e muitos armazéns, todos aumentando o custo de distribuição. A minimização dos custos de distribuição implica políticas de transporte rápido e barato, estoques baixos e poucos armazéns.

Frequentemente, nos deparamos com sistemas de distribuição em que cada empresa (fabricante, atacadista, varejista) se preocupa apenas em planejar sua produção, suas vendas e seus lucros, não buscando a interação e integração com os demais componentes.

O produto precisa estar acessível, disponível, e deve ser facilmente adquirido pelo cliente no momento em que o mesmo decide comprá-lo. O tipo de intermediário é importante, já que é necessária uma compatibilização entre a imagem do produto e a imagem da empresa que estiver comercializando. Produtos de luxo em lojas de aparência ruim não terão sucesso e vice-versa.

Os **distribuidores** são os intermediários entre a fábrica e o varejo, isto é, são os detentores dos canais de distribuição. Um dos princípios da distribuição moderna exige que o fabricante não passe a ignorar seu produto, tão logo este tenha passado de suas mãos para agentes, atacadistas e varejistas. A distribuição bem-feita estimula a demanda.

As **variáveis da distribuição** são:

Variável Tempo – O tempo é muito importante, porque quanto maior o número de vezes que se gira o estoque, melhores são os resultados. Para o consumidor também, porque a decisão de comprar tem de ser atendida no momento em que sua necessidade se manifestar.

Variável Lugar – O produto precisa estar acessível, disponível, e deve ser facilmente adquirido pelo cliente no momento em que o mesmo decide comprá-lo. Penetração e ocupação definem a intensidade de presença e a participação de mercado. Quanto maior o nível de ocupação de mercado pretendido, maior será a força mercadológica que a empresa terá nesse segmento.

Variável Intermediário – É importante, já que é necessária uma compatibilização entre a imagem do produto e a imagem da empresa que estiver comercializando. Produtos de luxo em lojas de aparência ruim não terão sucesso, e vice-versa.

Variável Propriedade – A posse do produto dá à empresa grande flexibilidade para negociar. É importante lembrar que não basta querer comprar, é preciso que se possa comprar e que se tenha recursos para tal. Assim, a política de preço (desconto, financiamento, crédito) precisa ser congruente com a disponibilidade de comprar do consumidor.

A seguir, os principais **tipos de distribuição**:

Distribuição Direta – É a distribuição que dispensa, no processo de comercialização, a participação do intermediário.

Distribuição Indireta – É a distribuição que se caracteriza por utilizar, no fluxo dos produtos, as figuras do intermediário (atacadista, varejo).

Distribuição Geral – É a distribuição que utiliza intermediários, dispostos a repassar e estocar produtos.

Distribuição Integrada – Vez por outra, o produtor conclui que nenhum dos intermediários disponíveis preenche os seus requisitos. Ele próprio passa a desempenhar, então, algumas funções de um ou mais tipos de intermediários. Na distribuição integrada a empresa planeja, executa e controla o fluxo de produtos desde a fonte fornecedora até o consumidor final.

Distribuição Seletiva – Este sistema de distribuição procura eliminar: as vendas aos intermediários, cujos volumes de venda por serem pequenos, deixam de ser lucrativos; intermediários que sejam riscos de crédito; intermediários que exigem demais; intermediários que devolvem mercadorias com muita frequência.

Distribuição Intensiva – É aquela que procura colocar o produto o mais próximo possível do maior número de consumidores. Esta distribuição é caracterizada pelo fato de o fabricante dispor de seus bens e serviços no maior número de estabelecimentos possível. Quando o consumidor atribui grande valor à conveniência, é importante oferecer maior intensidade de distribuição.

Distribuição Exclusiva – O intermediário adquire o direito de representar, com absoluta exclusividade dentro de determinado território, os produtos do fabricante. Às vezes, este intermediário, concorda em não trabalhar com produtos concorrentes e a se concentrar nas vendas dos produtos do fabricante. Esta distribuição limita, rigorosamente, o número de intermediários que irá trabalhar na distribuição. Ela é utilizada quando o produtor deseja manter grande controle sobre o nível de prestação de serviços oferecidos pelos distribuidores, exigindo exclusividade de suas marcas e produtos.

A distribuição exclusiva tende a fortalecer a imagem do produto e permitir markups (percentual de margem) mais elevados.

Logística Reversa – Logística reversa é a logística do caminho contrário, isto é, aquela que pode retornar ao ponto de origem, onde começou a distribuição. Essa logística já é praticada há muito tempo, pois no passado, quando um caminhão levava bebidas, em garrafas de vidro, trazia de volta os "cascos" vazios. Entretanto, hoje, ela é vista com uma conceituação mais avançada e abrangente, pois engloba a preservação ambiental.

Uma das preocupações da logística reversa é com o destino do produto, após ser consumido, vendo nisso alguma possível vantagem. Então é preciso envolver: frete comercial; política governamental; regulamentação socioecológica; reciclagem de embalagens e de produtos descartáveis; aproveitamento de dejetos e resíduos; cooperativas de coleta seletiva; triagem de materiais; papel e responsabilidade do distribuidor.

4.4 Sistema de Atacado

O sistema de atacado significa que o fabricante pode fazer negócios com um número menor de intermediários, podendo fazer entregas individuais maiores. Uma vez que os atacadistas e varejistas mantenham estoque, reduz-se a necessidade de o fabricante fazê-lo. Este também utiliza o conhecimento que aqueles têm do mercado e dos contatos que mantêm com os clientes.

Neste sistema, o fabricante concede ao atacadista e/ou grande varejo um substancial desconto, porque tem de cobrir os custos de armazenagem, compra a granel, redistribuição para os varejistas ou consumidores finais e, naturalmente, o lucro do distribuidor. Desse modo, ainda que o fabricante poupe os custos da venda direta, estes são, parcialmente, compensados pelo desconto que ele tem de dar ao distribuidor.

Os **atacadistas** exercem um papel muito importante, principalmente, no abastecimento do pequeno varejo, para os quais a indústria não vende diretamente. Em relação aos produtos industriais este sistema, em geral, é substituído por uma equipe de venda direta. Hoje, por leilões eletrônicos.

Os atacadistas diferem dos varejistas de muitas maneiras. Primeiro, dedicam menor atenção à promoção, atmosfera da loja e localização, porque estão lidando com compradores de grande porte. Segundo, as transações do atacado são, geralmente, maiores do que as transações do varejo e os atacadistas, normalmente, cobrem maior área de comercialização do que os varejistas. Terceiro, o governo lida com atacadistas e varejistas, diferentemente, em relação às restrições legais e aos impostos.

As **funções dos atacadistas** são mais eficientes quando:

- Atingir muitos pequenos varejistas a custo relativamente baixo.
- Selecionar itens e formar os sortimentos necessários para o consumo.
- Conseguir maior economia para seus clientes através da compra de grandes lotes, que são subdivididos em outros menores.
- Oferecer aos varejistas serviço de entrega mais ágil.
- Antecipar compras e pagar pontualmente as faturas.
- Assumir risco a partir do momento em que tomam posse dos bens.
- Fornecer informações pertinentes às atividades dos concorrentes, seus novos produtos, suas políticas de preços, por exemplo.
- Ajudar os varejistas a melhorar suas operações, treinando seus funcionários de vendas, orientando sobre sistemas de contabilidade e controle de estoque.

É bem provável que a Internet traga grandes prejuízos para os atacadistas, principalmente, nas megalópoles.

4.5 Canal de Distribuição

O canal de distribuição é a rota (caminho) seguida pelo direito de posse de um produto, à medida que ele se movimenta do produtor para o consumidor/usuário final. Canais de distribuição, com dispositivos de venda e facilidades de crédito, são importantes para o desenvolvimento econômico, financeiro, comercial, agrícola e industrial, pois estes complementam a rede de distribuição física, composta pelas rodovias, ferrovias e outros serviços de transporte. O produtor deve procurar o canal de distribuição mais efetivo e de menor custo.

Ao contrário do que em geral se acredita, a eliminação dos intermediários não reduz, automaticamente, o custo da distribuição.

A **escolha do canal** levará em conta os seguintes fatores:

Fatores Corporativos – Eficiência, eficácia, efetividade, velocidade de resposta, comunicação, tecnologia, tempo, custo, lucro, sistema, informação, padronização, codificação, rastreamento.

Fatores Operacionais – Natureza do produto (modelo, vida útil, valor, aspectos mecânicos, inovações); natureza do mercado (hábitos dos consumidores, preços, volumes, objetivos, concorrentes); natureza do intermediário (assistência, armazenagem, serviços, estoques, embalamento, compras, cooperação); natureza do consumo (bens de consumo, bens industriais, bens de emergência, bens de manutenção, suprimentos); natureza do transporte (rodoviário, marítimo, ferroviário, aéreo, intermodal, duto, esteira, multimodal, contêiner, misto).

À medida que o produto se desloca do fabricante (fornecedor) para o consumo, ocorrem várias transações. Primeiro: o produto é trocado por alguma forma de pagamento. Na maioria dos casos, o direito de usar o produto também troca de mãos através do canal de distribuição. Segundo: a comunicação entre as entidades do canal permite detectar as necessidades de recurso do canal. Terceiro: as trocas são a chave para prover satisfação ao mercado.

Os distribuidores escolhem as **rotas** para que os produtos resultem em vantagens durante todo o tempo. Assim, os **canais**, basicamente, são:

- Canais de distribuição de bens de consumo.
- Canais de distribuição de serviços.
- Canais de distribuição de produtos industriais.

Ao **desenvolver canais de distribuição**, os produtores sempre tiveram de lutar entre o ideal e o disponível. Na prática, a escolha de mercados e a escolha de canais podem ser independentes. A empresa poderá descobrir que os mercados que deseja servir não poderão ser atendidos lucrativamente com os canais existentes.

Cada produtor ajusta seus objetivos específicos de canal a partir das restrições existentes em nível: dos consumidores, dos produtos, dos intermediários, dos concorrentes, das políticas e dos ambientes.

O ponto de partida do plano de distribuição é que sempre haverá um canal para atingir um mercado por mais difícil que ele seja. Um plano de distribuição sempre fará parte do plano de marketing, mas em muitas empresas a distribuição é tão importante que há também um plano de distribuição, no plano estratégico da organização.

Os melhores planos de distribuição podem fracassar, se o canal de distribuição não tiver um bom suporte de um sistema de informações.

Algumas **premissas da distribuição** ajudarão o leitor a mais bem administrar o canal.

- Quanto melhor a satisfação do consumidor com o produto, mais ele tenderá a exigir a reposição pelo distribuidor.
- Quanto maior a importância da marca, maior a probabilidade de o distribuidor manter o produto em estoque e participar das promoções.
- Quanto maior o vínculo do fabricante com o varejo, melhor será o desempenho de suas marcas e produtos.
- Quanto melhor a qualidade do atendimento, maior a possibilidade de ocorrer a fidelização do consumidor.
- Quanto melhor for o sistema de retaguarda logística, mais rápida será a reposição e maior a facilidade de gestão do sistema.

4.6 Delivery

Delivery é a palavra em inglês que significa entrega, distribuição ou remessa. É um substantivo que tem origem no verbo "deliver" que remete para o ato de entregar, transmitir ou distribuir. Atualmente, a palavra delivery é muito usada no âmbito de restaurantes, que entregam comida na casa, ou no trabalho, das pessoas, para que elas não tenham que cozinhar, nem se deslocar até o restaurante. Também existe delivery para frutas, legumes, verduras, bebidas, roupas, remédios.

O **serviço de delivery** é exigente, dinâmico e muito competitivo. As pessoas envolvidas neste tipo de canal de distribuição devem mostrar um alto nível de competência. São muitas as variáveis da equação da entrega em domicílio. Mas, as mais importantes são:

Custo – Para minimizar o custo, muitas vezes, a empresa utiliza serviço terceirizado.

A **terceirização** proporciona vantagens, tais como: permite direcionar melhor os investimentos; divide riscos do mercado; proporciona elevada agilidade decisória e administrativa pela maior flexibilidade nos processos; provoca redução na cadeia de custos indiretos; ameniza o impacto dos encargos trabalhistas em seus custos fixos; proporciona melhor qualidade pela atuação de empresas especializadas, contribuindo para a melhoria do produto; permite redução dos serviços de apoio; simplifica a organização; incrementa a produtividade.

Qualidade – A qualidade será abordada mais adiante.

Tempo de Entrega – O tempo de entrega é tão ou mais importante do que as duas anteriores. De nada adianta ter preço de venda baixo e qualidade competitiva, se houver falha na entrega e nas condições de fornecimento. É preciso observar que o produto seja entregue com presteza e em perfeitas condições.

4.7 Elementos do Canal de Distribuição

A seguir, os principais elementos do canal de distribuição:

Administração do Canal – Ao desenvolver canais de distribuição, os produtores sempre tiveram de lutar entre o ideal e o disponível. Na prática, a escolha de mercados e a escolha de canais podem ser independentes. A empresa poderá descobrir que os mercados que deseja servir não poderão ser atendidos lucrativamente com os canais existentes.

Cada produtor ajusta seus objetivos específicos de canal a partir das restrições existentes em nível dos consumidores, dos produtos, dos intermediários, dos concorrentes, das políticas e dos ambientes. Depois de especificar os objetivos do canal, a empresa deve prosseguir analisando os elementos intermediários.

Desempenho do Canal de Distribuição – O desempenho esperado de um canal de distribuição é que: atenda as exigências de carga normal, mínima e máxima; apresente um tempo mínimo de transporte; atenda ao vendedor e comprador para custo mínimo e cuidado no manuseio das mercadorias; reduza os conflitos entre seus membros para um mínimo aceitável.

Os canais de distribuição não ficam paralisados. Novos distribuidores surgem, como novos canais.

Periodicamente, o fabricante deve avaliar o desempenho dos intermediários em relação a padrões como cumprimento das cotas de vendas, níveis médios de inventário, tempo de entrega aos consumidores, tratamento dado às mercadorias perdidas e danificadas, cooperação em programas promocionais e de treinamento.

Formação do Canal – Muitos são os fatores que influem na formação da rede de distribuição (canais), tais como: hábitos de compra do consumidor; público-alvo; natureza e potencial do produto no mercado; necessidade de apoio da rede de distribuição para prestar serviços de assistência técnica; modo de operação da concorrência; grau de qualidade do canal de distribuição adotado.

Valor Agregado do Canal – O canal de distribuição para se tornar competitivo deverá agregar alguns serviços, como: transporte, entrega, seleção das mercadorias, controle das especificações, armazenagem, embalagem, rótulo, codificação, facilidade de pagamento, concessão de garantias, possibilidade de troca.

Escolha do Canal – Dado todos os canais de distribuição ao alcance dos fabricantes, como é que eles determinam qual ou quais usar? As decisões de distribuição precisam ser tomadas em termos dos objetivos mercadológicos, bem como suas estratégias. A maioria das decisões é tomada pelos produtores, por três critérios: cobertura do mercado, controle do intermediário e custo operacional.

Na avaliação das principais alternativas de canal, são levados em consideração os fatores: econômico, financeiro, controle, satisfação e adaptação. Depois que a empresa escolheu o canal ela deve procurar mantê-lo no melhor nível de qualidade possível. Assim, ela deve motivar e avaliar periodicamente o canal, ajudar em sua dinâmica e promover mudanças, quando sentir desvios do padrão estabelecido.

Cada alternativa de canal produzirá um nível de vendas e custos diferentes. Para desenvolver um canal, seus participantes devem assumir algum grau de compromisso entre si, por determinado período de tempo. Todavia, esse compromisso leva, invariavelmente, a uma redução das condições de o fabricante responder a um mercado em mudança.

4.8 Gerência da Distribuição

Gerência da distribuição é a gerência dos canais de distribuição, da armazenagem, do custo do transporte, do local de entrega e do atendimento da carteira de pedidos, por exemplo. Tarefa difícil de ser executada, porque precisará trabalhar conflitos entre: vendedores, fornecedores, intermediários, distribuidores, varejistas e consumidores.

Mesmo que se use uma combinação de canais de distribuição, o problema central numa estratégia de distribuição é a determinação de quem executará as funções essenciais de cada estágio do processo distributivo.

As empresas se defrontam com um número de alternativas muito grande no projeto de um **sistema de distribuição física**, tais como:

- Única Fábrica > Único Mercado
- Única Fábrica > Múltiplos Mercados
- Múltiplas Fábricas > Múltiplos Mercados
- Múltiplas Fábricas > Único Mercado

As decisões sobre armazenagem, transporte, nível de estoque e localização exigem o mais alto grau de coordenação. Infelizmente, nem todos os gerentes têm **visão holística da distribuição**. Muitas empresas criaram uma comissão permanente, composta de pessoal responsável pelas diferentes atividades da distribuição física, a fim de determinar políticas para aumentar a efetividade do sistema de distribuição.

Uma vez que os produtores tenham escolhido o canal e selecionado os intermediários para a distribuição de seus produtos, o passo seguinte é a segurança de que o produto se movimente, suavemente, através do canal inteiro. Este trabalho é chamado **gerência do canal**. Um canal de distribuição cooperativo e de funcionamento efetivo pode proporcionar uma verdadeira vantagem competitiva.

Cabe ao **gerente de distribuição**: a administração dos canais, a armazenagem, o cálculo do custo, do transporte, o local de entrega, o nível de estoque e a segurança. Tarefa difícil de ser executada, porque precisará trabalhar conflitos entre os departamentos de: Marketing, Vendas, Produção, Contabilidade, Material, Finanças, Pessoal, Compras, Suprimento, Segurança, Informática.

A importância deste gerente passou a crescer quando da criação do **varejo virtual**.

Muitas lojas virtuais foram à falência, porque não tinham canais de distribuição adequados para atender a carteira de pedidos.

É importante identificar as diferentes causas do conflito de canal. Uma delas é a incompatibilidade de metas. Às vezes, o conflito surge em decorrência de papéis e direitos indefinidos. O conflito pode também se originar das diferenças de percepção.

O fabricante pode ser otimista demais e pedir que os distribuidores mantenham estoques elevados, que pode não ser visto com bons olhos pelos distribuidores. Também é possível que o conflito possa surgir, em função da grande dependência dos intermediários ao fabricante, e vice-versa.

Algum conflito de canal pode ser construtivo. Pode levar a uma adaptação mais dinâmica em um ambiente mutante. A importância está em bem administrar o conflito. Portanto, os fabricantes devem negociar o tempo todo com os distribuidores, oferecendo treinamento, supervisão, estímulos, cooperação, parceria e programação otimizada.

O propósito é fazer com que os distribuidores abandonem a ideia de que são agentes de compra dos clientes e passem a pensar como **agentes de vendas** do fabricante.

4.9 Plano de Distribuição

O ponto de partida do plano de distribuição é a certeza de que haverá um canal para atingir um mercado por mais difícil que ele seja. Um plano de distribuição sempre fará parte do plano de marketing, mas, em muitas empresas, a distribuição é tão importante que há também um plano de distribuição, anexo ao plano corporativo.

Os melhores planos de distribuição podem fracassar, se o canal de distribuição não tiver um bom suporte de um sistema de informações.

O estudo de logística proporcionará ao empreendedor os conhecimentos necessários para montar um bom plano de distribuição. A distribuição física envolve não somente o transporte do produto e sua armazenagem, mas, também, a manutenção do estoque, a comunicação dentro da rede de distribuição e a maneira como o produto é embalado para distribuição.

As decisões do plano de distribuição relacionam-se à combinação de números de armazéns e métodos de transporte.

Montar um plano de distribuição envolve escolher sua composição de canais; descobrir como distribuir o produto e estabelecer um nível de serviço que seja considerado pelo consumidor como de qualidade. O plano de distribuição se apoiará no estudo de logística, principalmente, pela necessidade de:

- Determinar o local da fábrica e se este ficará próximo aos principais mercados.
- Determinar a relação custo/benefício para transporte.
- Decidir comprar (arrendar) uma frota de veículos ou usar uma empresa de transporte.
- Montar um sistema de comunicação que funcione dentro da rede de distribuição, incluindo rastreamento por satélite.
- Montar um sistema de informação baseado em tecnologia digital da informação, a fim de evitar erros no processamento dos pedidos e no faturamento.
- Determinar o impacto sobre os custos de distribuição para o tamanho, a forma e a embalagem dos produtos.
- Codificar os produtos (código de barras).
- Aplicar a tecnologia mais avançada possível.
- Otimizar o estudo do aspecto intermodal de carga (embalagem x transporte).

4.10 Pedido de Produto

A **logística de mercado** começa com o pedido de produto por parte de um cliente. Hoje, a maioria das empresas está tentando abreviar o ciclo de recepção (atendimento), isto é, o tempo envolvido entre o recebimento de um pedido, checagem do crédito, programação de estoque, produção, despacho do pedido, nota fiscal, remessa da fatura e recebimento do pagamento.

Quanto maior for este **ciclo de atendimento**, menor será a satisfação do cliente e o lucro da empresa.

A **rentabilidade** é diretamente proporcional ao giro do estoque.

Em cada ponto de um sistema de distribuição, são interpretadas as necessidades do membro do canal seguinte. A fluidez com que os produtos correm entre os membros do canal depende muito do sistema de processamento do pedido, que se não for bem gerenciado pode apresentar incorreções de informações. Estes erros mascaram a imagem da empresa.

A determinação do momento do **atendimento do pedido** depende do prazo de entrega, da taxa de utilização e do padrão de serviço. Quanto maior o tempo de curso do pedido, mais amplo deve ser o momento de decisão, de forma a estabelecer o equilíbrio entre falta e excesso de estoque.

Como os custos de processamento de pedidos são diferentes para os participantes do canal de distribuição, cada empresa precisa balancear estes custos com outros de manutenção de estoques. Quanto maior o estoque médio, maiores serão seus custos de manutenção, porque incluem o custo do espaço, do capital, dos impostos, dos seguros, da depreciação, do roubo, de perdas eventuais, da obsolescência, que podem chegar a mais de 30% do valor estocado.

Os custos de processamento dos pedidos para um fabricante consistem em custos de preparação do pedido e custos operacionais. Se os custos de preparação forem muito baixos, o fabricante poderá produzir com frequência o produto, pois o custo de fabricação é, razoavelmente, constante e igual aos custos operacionais. No entanto, se os custos de preparação forem altos, o fabricante poderá reduzir o custo unitário médio, produzindo um grande lote e mantendo um maior estoque.

Atrasos nas entregas podem ser eliminados quando:

- Os caminhões de entrega passam a ser rastreados no percurso entre a fábrica e os centros de distribuição.
- O treinamento dos funcionários da transportadora é intensificado.
- Motoristas e ajudantes de entrega discutem suas práticas, buscando sempre maior produtividade.

4.11 Movimentação de Materiais

A continuidade do abastecimento de materiais depende da estocagem no depósito e da sua entrega. Essa operação de levar os materiais do almoxarifado aos postos de trabalho, de um ponto a outro e de levar ao depósito os produtos prontos, bem como remover as sobras e detritos surgidos durante a produção, dá-se o nome de movimentação de materiais.

A movimentação de materiais é a técnica que permite a forma, a maneira ou os meios de utilização em fazer render, em sua plenitude, os materiais, isto é, sua otimização.

Nenhuma empresa poderá melhorar o nível de sua produtividade, se não tiver perfeitamente organizada a sua movimentação de materiais, que tem como finalidade precípua, cuidar de todos os problemas que tenham relações com suprimentos, controlando para que sejam efetuados a tempo e a hora. Os materiais, máquinas, equipamentos, instalações valem dinheiro e como tal precisam ser zelados.

A movimentação de materiais sempre estará associada a outra atividade, visto que não pode, por si só, assumir a condição de uma atividade discreta, isolada e independente.

O **transporte interno** pode causar prejuízos à empresa, quando os meios de movimentação são insuficientes, estão malconservados, oferecendo perigo; são vagarosos ou inadequados. Para ser eficiente, o transporte interno deve possuir certas características, tais como:

- Oferecer rapidez, dando um fluxo contínuo ao abastecimento e à retirada de materiais. Essa rapidez, naturalmente, está condicionada ao ritmo de trabalho.
- Possuir capacidade de carga compatível com o volume a transportar, bem como com o peso, a distância que será percorrida e as vias que serão utilizadas.
- Oferecer segurança ao material que é transportado ao equipamento e ao pessoal.
- Flexibilizar a utilização, servindo a vários tipos de carga, no caso de grande diversidade dos materiais por transportar.
- Apresentar economia de operação e manutenção.

Recentemente, a distribuição física expandiu-se em um conceito mais amplo denominado Administração da **Cadeia de Suprimentos**, que se inicia antes da distribuição física, envolvendo compras, produção, produtos acabados e destinatários.

Uma perspectiva ainda mais ampla envolve o estudo de como os próprios fornecedores da empresa obtêm seus "inputs" antes de serem transformados em matéria a ser utilizada. Este estudo pode dar condições a qualidade dos fornecedores, os meios de redução de custos e o aumento da produtividade.

A cadeia de suprimentos inclui todas as atividades e processos necessários para fornecer um produto a um consumidor final. Por isso, ainda hoje, não é errado definir logística como sendo sinônimo de administração da cadeia de suprimentos, de modo a abranger suprimento físico de insumos, movimentação interna de materiais, distribuição física de produtos, técnicas de otimização dos meios de transporte.

Suprimentos, sob o aspecto contábil, são bens de curta duração.

4.12 Meios de Transporte

Os meios de transporte constituem um importantíssimo serviço auxiliar de logística. Eles servem para deslocar recursos de um lado para outro, isto é, das fábricas para os distribuidores e destes para os consumidores e usuários. Também ajudam a transferir materiais de toda espécie entre: almoxarifados, depósitos, armazéns, fábricas, fazendas, minas. Sua classificação pode ser:

- Quanto ao tipo de via utilizada, em: terrestre, rodoviário, ferroviário, aquático, hidroviário, marítimo, aéreo, duto, esteira, ponte rolante, correias transportadoras, calhas, elevadores.
- Quanto ao espaço envolvido, em: urbano, municipal, intermunicipal, interestadual, internacional.
- Quanto ao conteúdo, em: pessoas e cargas.

A maioria das empresas está, perfeitamente, equipada com modernos serviços de transportes que são organizados para atender a intensa demanda dos setores de produção e serviço. O êxito de uma empresa depende, em grande parte, dos meios rápidos que possui, não só para buscar a matéria-prima, como também para entrega dos produtos aos consumidores.

Quando se faz a distribuição, utiliza-se um meio de transporte. A utilidade do transporte é maximizada quando as mercadorias são alocadas nos lugares de maior demanda na maior velocidade possível. A **eficiência do transporte** é determinada por padrões, tais como:

- Conformidade com as exigências de carga normal e máxima.
- Adequação dos terminais de transporte para vendedor e comprador.
- Manuseio cuidadoso das mercadorias em movimento.
- Tempo mínimo de transporte.
- Relação adequada do custo do transporte com o valor da mercadoria.

As escolhas de transporte afetarão o preço do produto, a pontualidade da entrega e as condições físicas dos bens que afetarão a satisfação do consumidor. Os responsáveis pelo transporte consideram velocidade, frequência, dependência, capacidade, disponibilidade e custo, como variáveis para dimensionar custo e qualidade no atendimento. O transporte rodoviário, em geral, atende simultaneamente a estas variáveis e, por tal, é o preferido.

As empresas têm de tomar decisões quanto à maneira que proporcionam melhor custo/benefício de transportar seus produtos. Isso envolve a decisão de comprar, arrendar, alugar ou contratar uma empresa transportadora.

As empresas prestadoras de serviços de transporte cobram, como qualquer outra empresa, uma taxa ou tarifa pelos seus serviços. Quando se trata do transporte de pessoas, a cobrança dessa tarifa se faz através de um bilhete. Quando se trata de cargas, o valor que se paga é denominado frete. O **frete** é cobrado por meio de um documento chamado conhecimento de transporte.

Ao se procurar combinar as características do bom transporte com os meios de que se pode lançar mão, é interessante observar algumas **premissas do transporte**:

- Sempre que possível, deve-se usar a força da gravidade, que nada custa.
- O transporte deve ser bem planejado, para garantir o fluxo contínuo da circulação de materiais.
- O transporte por meio de carros, pontes, guindastes deve ser bem coordenado, para não deixar materiais (máquinas, pessoas), ocupando espaços desnecessários, esperando passar o transporte, porque este os atrapalha.
- O serviço de manutenção deve garantir um mínimo de paradas de máquinas e equipamentos.
- Cada alternativa de transporte implica em tempo médio de entrega diferente.
- Os meios de transporte mais lentos são mais baratos em frete, porém, mais caros em vendas.

4.13 Custo do Transporte

O **custo do transporte** é o somatório das despesas relativas à transferência de recursos, racionalização, de rotas das frotas, otimização de espaços de estocagem, através de estudos de modularização para cargas e fracionamento das mesmas, e de depósitos que venham a ser o lugar geométrico (ponto equidistante) de pequenos centros de distribuição.

Os sucessivos aumentos dos custos do transporte, nos últimos anos, tornaram a distribuição uma questão crucial que muitos executivos não hesitam em afirmar que são os seus custos que determinam atualmente a rentabilidade das empresas.

A necessidade de cortar despesas na entrega de mercadorias está estimulando experiências inovadoras. Mas, as tentativas de ajustar as cargas e os roteiros das frotas à nova realidade nem sempre têm lances tão espetaculares.

Hoje, as empresas aprofundam estudos de logística e estão sempre perguntando se o canal de distribuição é o mais adequado. Até pensam em parceria com outras empresas concorrentes.

Enquanto algumas empresas procuram investir na busca de novos materiais, leves e econômicos, para suas carrocerias (vagões, contêineres), outras estão abandonando certos pontos de venda, reduzindo sensivelmente sua presença em algumas áreas, entregando-as para atacadistas.

Estas decisões são difíceis e arriscadas, podendo levar a conflitos e perda de mercados. Apesar de todos esses esforços, a necessidade de reduzir custos de transporte é uma tarefa incompleta e receptiva a qualquer boa ideia. Dentre as principais questões para desenvolvimento dos negócios está a infraestrutura.

Os **gargalos na infraestrutura** representam uma ameaça séria ao desenvolvimento. As estradas estão em péssimo estado, os portos estão saturados, faltam silos e armazéns, o frete é caro demais devido à falta de ferrovias e hidrovias. Há uma série de projetos de investimentos em hidrovias, aeroportos e portos que se encontra em processo de análise pelo governo.

É comum se ouvir falar na expressão "**custo país**", porque o custo para se produzir um produto é o somatório dos dispêndios para transformar matérias-primas, insumos e mão de obra em um produto. Mas estes elementos de transformação não estão ao lado da fábrica e muito menos do aeroporto, do porto, da estrada de rodagem, da estrada de ferro ou da hidrovia, isto é, aumentam o custo de fabricação e de distribuição.

O custo de transporte é função dos seguintes fatores básicos: distância (custos fixos variam de modal para modal); tarifas (determinadas diferentemente segundo as áreas de cobertura, peso, volume e especificações); acondicionamento (custos são discriminatórios segundo a natureza do bem transportado, perecibilidade, risco, perda, quebra, roubo).

Outros fatores que incidem sobre os custos, considerados secundários, são: cargas, descargas, retornos, seguros, taxas, impostos, conveniências (velocidade, confiabilidade, garantia, flexibilidade).

4.14 Modalidade de Transporte

Quando se discute logística, a primeira ideia é a modalidade de transporte, o uso indiscriminado dos portos secos, centros de distribuição de cargas, significando agilidade e rapidez no atendimento. **Modal** é a denominação genérica dos vários modos de transporte.

A configuração dos transportes deve levar em consideração: os modais disponíveis; sua combinação (intermodalidade); custos de construção para novas vias; competição; conservação e manutenção da via; topografia, clima, geografia; volume a transportar.

Os **transportadores**, cada vez mais, estão combinando modais, em função das vantagens específicas para a empresa que remete a carga e suas implicações para os demais elementos do canal de distribuição, bem como a armazenagem e a estocagem. Como visto não é fácil tomar decisões isoladamente, pois requer um consenso que otimize os recursos para todo o meio de transporte e seus envolvidos.

A multimodalidade já está incorporada ao vocabulário dos empresários e usuários de transportes. Contudo, ainda são pouco traduzidos na prática, principalmente, quando se compara os sistemas operacionais existentes no mercado. O caminhão transporta, em longas distâncias, cargas de grande volume e peso, para as quais o trem seria o mais adequado. Também a via fluvial deve ser recuperada e otimizada.

No Brasil a predominância do **modal rodoviário** é incontestável e o quadro não muda, sai governo e entra governo.

Mesmo afetado por essas dificuldades, o **transporte rodoviário** de cargas evoluiu nos últimos anos. Investiram na informatização e na racionalização dos processos de gestão. Otimizaram os serviços e buscaram outros modais. Existe uma demanda reprimida para o modal ferroviário, por falta de investimentos que o governo tem dificuldade em passar tudo para a livre iniciativa. As políticas públicas, neste sentido, são pífias.

A **gerência de transporte** procura minimizar o custo do frete. Ela prefere meios menos dispendiosos e embarques menos frequentes e volumosos. A análise do sistema viário principal de uma cidade permite o entendimento preliminar da movimentação dos veículos e das pessoas dentro do tecido urbano. Assim, é possível avaliar: as áreas, mais ou menos, servidas em termos viários; os principais entroncamentos; os tipos e volumes de fluxos.

De um modo geral, os sistemas viários apresentam hierarquia entre as suas vias. Por exemplo, é dividido em: rede primária (grandes fluxos e longas distâncias), com vias expressas e artérias; rede secundária (tráfego de curta e média distância, com menos fluxo e velocidade média), com vias coletoras; rede local (tráfego pequeno e baixa velocidade).

Um dos fatores críticos para o estudo de tráfego é a localização dos pontos logísticos de atendimento. O **mapeamento** das áreas de concentração das atividades de comércio e dos polos geradores de serviços contribuirá para a identificação dos principais pontos de atração varejista da cidade. Desse modo, a organização de um banco de dados associado a elementos geográficos tem importância vital.

A utilização do Código de Endereçamento Postal (CEP) ajuda a identificar a região, unidade da federação, município e suas microáreas. Os três últimos dígitos para logradouros e segmentos deles. Uma das vantagens do uso do CEP é a possibilidade do processamento da base de dados. Os quatro ou três primeiros dígitos representam polígonos, permitindo, assim, a rápida identificação do local de entrega.

Outras ferramentas para o **gerenciamento do tráfego** são:

Sistema de Informações Geográficas (GIS) – Sistema de informações geográficas, baseado no mapeamento de dados por um sistema de coordenadas.

Sistema de Posicionamento Global (GPS) – Sistema que determina a posição do ponto em relação as latitudes, altura e longitude.

Sensoriamento Remoto – Sistema de imagens que permite a tomada de decisão para situações em um dado momento. A aerofotogametria ajuda a confeccionar mapas temáticos.

4.15 Problemas de Logística

Embora já tenhamos visto problema da logística é importante dizer que sua função maior é diminuir o hiato entre a produção e a demanda de modo que os consumidores tenham bens e serviços quando e onde quiserem, nas condições físicas que desejarem. Mas, é preciso estar atento aos custos associados a estas ações.

Um dos **princípios da distribuição** moderna exige que o fabricante não passe a ignorar seu produto tão logo este tenha passado de suas mãos para agentes, atacadistas e varejistas. A distribuição bem-feita estimula a demanda.

Muitas empresas declaram que seu objetivo de distribuição é o de levar as mercadorias certas para os lugares certos, nos momentos certos e pelo menor custo. Mas nenhum sistema de distribuição física pode, simultaneamente, maximizar o serviço ao consumidor e minimizar o **custo de distribuição**.

O serviço de distribuição pode ser feito pelo produtor ou entregue a uma empresa intermediária. A maximização do serviço de distribuição implica políticas de grandes estoques, transportes com custos adicionais e muitos armazéns, todos aumentando o custo de distribuição. A minimização dos custos de distribuição implica políticas de transporte rápido e barato, estoques baixos e poucos armazéns.

Fatores Operacionais devem ser considerados, tais como:

Natureza do Produto (modelo, vida útil, valor, aspectos mecânicos, inovações); Natureza do Mercado (hábitos dos consumidores, preços, volumes, objetivos, concorrentes); Natureza do Intermediário (assistência, armazenagem, serviços, estoques, embalamento, compras, cooperação); Natureza do Consumo (bens de consumo, bens industriais, bens de emergência, bens de manutenção, suprimentos);Natureza do Transporte (rodoviário, marítimo, ferroviário, aéreo, intermodal, duto, esteira, multimodal, contêiner, misto).

4.16 Armazenamento

O armazenamento é definido como uma função da distribuição e que envolve o tempo de espera e guarda, até que o produto seja movimentado para seu destino. A transferência de bens do produtor ao consumidor exige grande manuseio físico. Os produtos acabados (ou semiacabados) precisam ser armazenados, tanto no estabelecimento do produtor como no do distribuidor.

O **sistema de armazéns** pode pertencer ao fabricante, aos seus distribuidores ou a ambos. As empresas que abastecem uma grande variedade de distribuidores, de grandes redes de varejo a pequenas lojas, precisam ter muitos armazéns e uma frota diversificada. Todas as empresas querem ter estoques suficientes de produtos acabados disponíveis para satisfazer a procura dos consumidores, mas isso tem de ser contrabalançado pelo custo da manutenção de estoques.

Toda empresa precisa estocar seus bens acabados até que sejam vendidos. Uma instalação de estocagem é necessária, porque os ciclos de produção e consumo raramente coincidem. Muitos produtos agrícolas, cujo consumo é diário, são produzidos de forma sazonal. Então, é preciso a estocagem para superar os conflitos entre quantidades demandadas e tempo de atendimento.

Os **tipos de armazenamento** podem ser listados em termos de propriedade, instalação, serviço e especialidade. Os tipos de armazéns podem ser: públicos, particulares, custodiais (carga sob garantia) e governamentais. Mesmo em armazéns particulares, o governo tem a obrigação de inspecionar higiene, qualidade de instalações, normas de segurança, limpeza, validade do produto, prazo de armazenagem.

Como não é possível, nem econômico, efetuar compras a todo o momento, a fábrica deve possuir um órgão que se encarregue de manter uma quantidade desejável de materiais, para ir suprindo o setor de produção, à medida que for sendo necessário, isto é, o almoxarifado.

Almoxarifado é o nome dado a um local onde estão guardadas: utilidades, materiais, ferramentas, componentes, equipamentos que a empresa comprou para serem consumidos em suas operações. **Depósito** é o local onde estão guardados os produtos acabados que o varejo vai vender.

A regulamentação do armazenamento visa higiene, qualidade, segurança, limpeza, validade do produto, prazo de estocagem.

A empresa deve decidir quanto ao número desejável de pontos de estocagem. Maior número de pontos significa que os bens podem ser entregues com rapidez. Entretanto, os custos de armazenagem são maiores. Difícil é conseguir um ponto de equilíbrio entre a qualidade do serviço prestado e o custo da estocagem.

Principalmente, porque as despesas de armazenagem estão aumentando em virtude de os compradores tenderem a fazer pequenos pedidos com maior frequência e os fabricantes tenderem a expandir a amplitude e a profundidade de suas linhas.

Os **custos de armazenagem**, manuseio e transporte chegam de 20% a 30% do faturamento.

A seguir, as principais **premissas da armazenagem**:

- A armazenagem pode modificar ou melhorar a qualidade das mercadorias, aprimorando assim o seu valor ou interesse.
- Muitas mercadorias armazenadas ganham com a maturação, como o fumo, carne e bebida.

- A armazenagem estimula a padronização e a classificação, por proporcionar racionalização do espaço e das instalações.
- O armazém onde estão guardadas as mercadorias pode proporcionar financiamento para a empresa que dá em garantia a própria mercadoria estocada.
- Certos riscos de armazenagem são inerentes ao proprietário da carga.
- É possível a redução do risco pelo armazenamento, em firma atacadista idônea, já que o depositário absorve parte do risco.
- O custo do transporte é, com frequência, reduzido pelo uso do armazenamento de grandes quantidades de produtos.
- A armazenagem permite ao comprador aumentar o vulto de suas compras, pois coloca grande quantidade de bens à disposição dos possíveis compradores, que podem assim escolher melhor.
- A armazenagem torna a venda mais eficaz, pelo seu efeito sobre a quantidade e variedade da mercadoria disponível.
- Uma das principais vantagens do armazenamento é a ajuda à estabilização dos preços.

Os **armazéns gerais** são estabelecimentos que guardam e conservam mercadorias, mediante uma determinada tarifa, emitindo títulos de custódia, como conhecimento de depósito ou warrant, que representam estas mercadorias. Além de guarda e conservação, os armazéns facilitam as operações comerciais, pois ao emitirem os títulos representativos dessa mercadoria, permitem que produtores e comerciantes agilizem a distribuição.

O **conhecimento de depósito** dá permissão ao depositante negociar os produtos sob sua guarda. O **warrant** é um instrumento de crédito, que garante, por exemplo, se obter empréstimos por meio de seu desconto ou caução. Tais documentos devem conter dados sobre: a empresa depositária, o depositante, a natureza e quantidade do estoque, a empresa seguradora, data de início da armazenagem, impostos incidentes e data da emissão do título.

O armazenamento, é importante observar que as empresas realmente necessitam de espaço físico para estocagem. Se as demandas pelos produtos da empresa forem conhecidas com exatidão e se as mercadorias puderem ser fornecidas a tempo, teoricamente, não há necessidade de manter espaço para estocagem.

Entretanto, não costuma ser prático nem econômico operar desta maneira, pois, geralmente, a demanda não pode ser prevista precisamente. Para alcançar boa coordenação entre oferta e demanda, a produção deve ter tempo de resposta e transporte confiável, com tempo de entrega.

A **armazenagem** propicia condições de estabelecimento de uma política de estoque, cuja finalidade é a satisfação da demanda, por meio do controle do giro do estoque.

O acondicionamento dos alimentos, para ser feito de forma correta, precisa do conhecimento das especificações, características e tempo de guarda desses alimentos. Assim, alguns tipos de alimentos deverão ser acondicionados nas seguintes formas: Congelados a temperaturas inferiores a 0ºC; resfriados a temperaturas entre 0ºC e 4ºC; acondicionados em temperatura ambiente.

4.17 Funções da Armazenagem

Toda empresa deve preocupar-se com seu estoque, principalmente, para compensar erros na projeção de demanda. Se ignorássemos todas as outras razões para sua manutenção, a habilidade de prever a demanda exata dos vários itens eliminaria a necessidade de manter estoque. Entretanto, isso é raramente possível.

Desde que a demanda possa ser maior do que a prevista, a empresa precisará estocar matérias-primas, insumos, peças, utilidades, produtos semiacabados, produtos acabados, como medida de segurança. Também a **manutenção de estoques** permite a empresa comprar e/ou fabricar lotes econômicos.

Função da armazenagem serve para controlar seu estoque, principalmente, para compensar erros na projeção de demanda. Desde que a demanda possa ser maior do que a prevista, a empresa precisará estocar matérias-primas, insumos, peças, utilidades, produtos semiacabados, produtos acabados, como medida de segurança. Também a manutenção de estoques permite a empresa comprar e fabricar lotes econômicos.

As principais funções da armazenagem são retratadas, segundo os seguintes aspectos:

Qualidade – A armazenagem pode modificar ou melhorar a qualidade das mercadorias, aprimorando assim o seu valor ou interesse. Muitas mercadorias como já visto ganham com a maturação.

Controle – A armazenagem ajuda, por meio de um sistema de controle, a decidir quais níveis de estoque manter. O controle se faz pelo confronto da entrada e saída e pelo inventário.

Padronização – A armazenagem estimula a padronização e a classificação, por proporcionar racionalização do espaço e das instalações.

Política – A armazenagem propicia condições de estabelecimento de uma política de estoque, cuja finalidade é a satisfação da demanda, por meio do controle do nível de estoque (estoque mínimo, estoque médio, estoque máximo, giro do estoque).

Financiamento – A armazenagem feita em armazéns gerais facilita a capitação de crédito (capital), dando em garantia a própria mercadoria.

Risco – A armazenagem reduz os riscos que os produtos possam vir a sofrer, como: alterações, adulterações e falsificações, tendo em vista que o risco é inerente ao proprietário ou detentor da carga. A alteração do produto é o processo natural por que passa a mercadoria ao sofrer as modificações em sua composição, gosto, odor e forma.

A **adulteração do produto** é a forma mentirosa de se comercializar um produto que terá sua composição, propriedade e peso modificados, embora a embalagem diga outra coisa. A **falsificação do produto** ocorre alheia à vontade do fabricante. Ela pode ser provocada por intermediários ou produtores inescrupulosos.

Guarda – A armazenagem eficiente está relacionada à economia de espaço e conservação do material estocado. Materiais guardados devem estar protegidos contra apodrecimento, oxidação, danificação por qualquer meio, deterioração, por exemplo. Eles deverão ser protegidos contra as intempéries, fogo e outras forças físicas.

Os cuidados irão permitir a conservação por períodos, mais ou menos, prolongados, como geralmente acontece. Para tomarmos as medidas necessárias e agir com segurança, cumpre saber se os materiais são: explosivos, agentes de oxidação, inflamáveis, combustíveis, secos, úmidos, perecíveis.

Sortimento – A armazenagem permite a empresa aumentar o vulto de seus estoques, pois coloca grande quantidade de bens à disposição dos possíveis compradores, que podem assim mais bem escolher o que lhes agrada.

Preço – Uma das principais vantagens do armazenamento é a ajuda à estabilização dos preços.

Perda e Refugo – A armazenagem bem-feita ajuda a identificar a margem esperada para perdas e refugos. Há uma diferença entre refugos e perdas.

Se a taxa de refugo for alta, mostra que, na empresa, podem estar acontecendo: erros de projeto do produto; falhas no controle de qualidade; falhas no controle de produção; baixo nível de educação; mau uso das funções administrativas; armazenagem incorreta; falta de treinamento.

Recepção – É uma função muito importante, pois, uma vez recebido os materiais, os riscos correm por conta de quem os recebeu. Portanto, é necessário examinar: pedido, nota fiscal, fatura, nota de fornecimento, quantidade, qualidade, estado físico-químico, por exemplo. Qualquer queixa sobre as especificações deve ser relatada. Este setor deve ser estruturado de forma que os materiais não fiquem mofando em suas prateleiras.

Assim, tão logo o material comprado chegue, devem ser tomadas as seguintes providências:

- Baixa do pedido e respectiva comunicação ao Departamento de Compras.
- Inspeção do produto.
- Comunicação da chegada do produto à seção requisitante.

- Aviso à Contabilidade.

Expedição – Estreitamente ligada com a eficiência do depósito, os produtos solicitados devem ser despachados com presteza e rapidez para um destino específico.

Regulamentação – É a função que visa: higiene, qualidade, segurança, limpeza, validade e prazo do produto

Custo – A armazenagem possibilita o acúmulo de grande quantidade de produto, tendo como consequência a imediata redução do custo da carga fracionada.

Localização – Armazenagem, tanto em depósito quanto em almoxarifado, deve ser localizada de modo que concilie o recebimento de materiais e a sua distribuição.

Arrumação – Quaisquer que sejam os critérios e os métodos usados na classificação, o importante é que a mesma deva satisfazer as condições de irredutível e adequada. Isto é, um material não pode aparecer, ao mesmo tempo, em mais de uma classe, porque, se um mesmo material aparecer em listas diferentes, a arrumação não é boa.

A arrumação pode ser feita por: tamanho, peso, estado (líquido, gasoso, sólido, refrigerado, seco), facilitando a entrada e a saída, bem como economizando espaço. Sempre haverá a indicação do endereço do material e a unidade de armazenamento.

Sinalização de Segurança – A sinalização de segurança, por exemplo, indica onde fica a mangueira de incêndio. Outro aspecto a ressaltar é a pintura do interior da empresa e de seus equipamentos. Assim, todas as passagens e faixas de tráfego devem ser marcadas nitidamente. Isso é conseguido pintando-se toda a largura da passagem numa cor contrastante com a cor geral do piso ou deixando faixas espessas de uma cor viva, para servir de limite.

Tal pintura atuará como aviso ao funcionário de que ele está na ***Corrente de Trânsito*** e deve estar alerta para evitar acidente.

Caixotes móveis, usados para coletar ou distribuir material, devem ser pintados com cores que chamem a atenção. A superfície interna dos caixotes deve ser pintada com uma cor que torne fácil verificar a quantidade de material que foi colocada nele. Matérias-primas e mercadorias, muitas vezes, são empilhadas em passagens ou diante de equipamento contrafogo, bloqueando toda a área.

Espaços do piso que são usados para a armazenagem periódica de material devem ser nitidamente marcados num *Branco Forte,* para deixar livres e seguras as faixas de tráfego.

A Associação Brasileira de Normas Técnicas (ABNT) estabeleceu normas que disciplina o uso das cores.

Espaço – É importante observar que as empresas realmente necessitam de espaço físico para estocagem. Se as demandas pelos produtos da empresa forem conhecidas com exatidão e se as mercadorias puderem ser fornecidas a tempo, teoricamente, não há necessidade de manter espaço para estocagem.

Entretanto, não costuma ser prático nem econômico operar desta maneira, pois, geralmente, a demanda não pode ser prevista precisamente.

Oferta e Demanda – Para alcançar boa coordenação entre oferta e demanda, a produção deve ter tempo de resposta e transporte confiável, com tempo de entrega. A armazenagem propicia condições de estabelecimento de uma política de estoque, cuja finalidade é a satisfação da demanda, por meio do controle do giro do estoque.

As empresas querem ter estoques suficientes de produtos acabados disponíveis para satisfazer a procura dos consumidores, mas isso tem de ser contrabalançado pelo custo da manutenção de estoques.

Prazo de Validade é o período de tempo de armazenamento no qual o alimento é conservado de modo a manter suas características nutricionais, físico-químicas e microbiológicos próprias para consumo. Neste sentido, é importante ressaltar que a partir do momento em que ocorre a abertura da embalagem original, perde-se imediatamente o prazo de validade informado pelo fabricante.

Assim sendo, os alimentos pós-manipulados requerem o estabelecimento de um novo prazo para serem utilizados em condições seguras. Tal prazo é chamado de Recomendação (Critério) de Uso.

Recepção – A figura abaixo mostra um **fluxograma da recepção de materiais**:

Embalagem – Para produtos industrializados em suas embalagens originais deve-se observar e obedecer às informações do fabricante, referentes às recomendações de armazenamento e uso, tanto antes como depois de aberto.

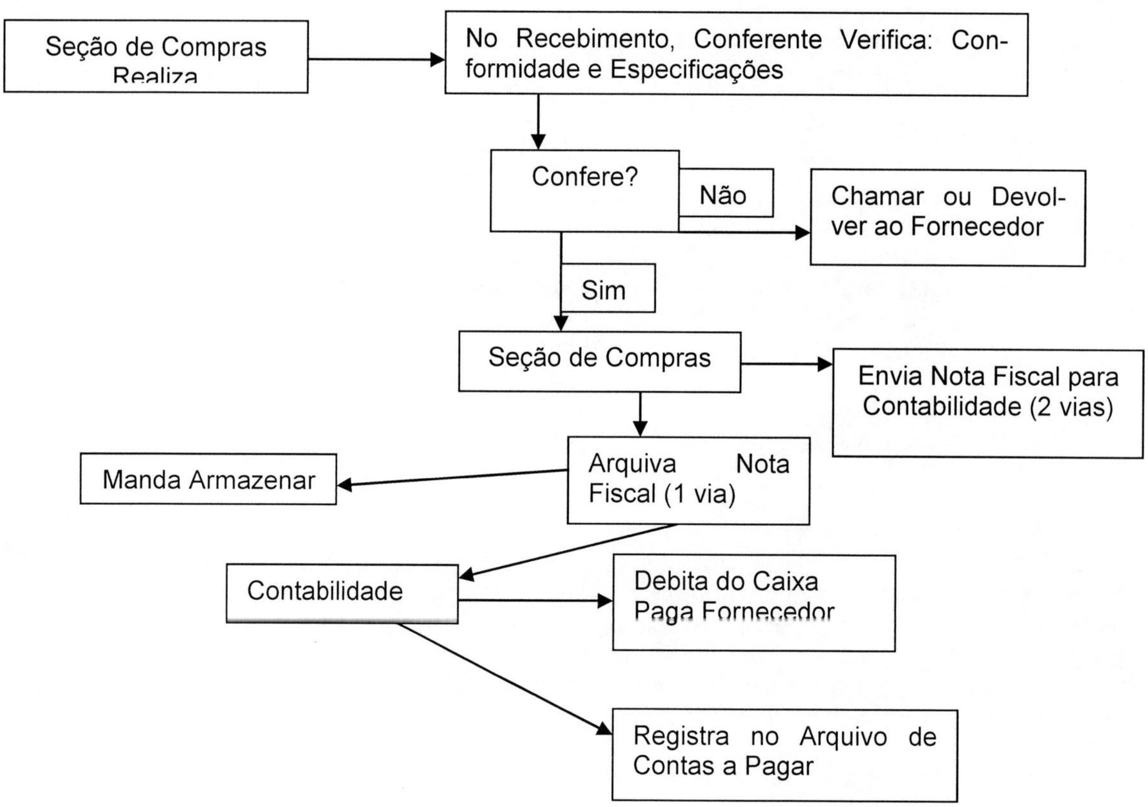

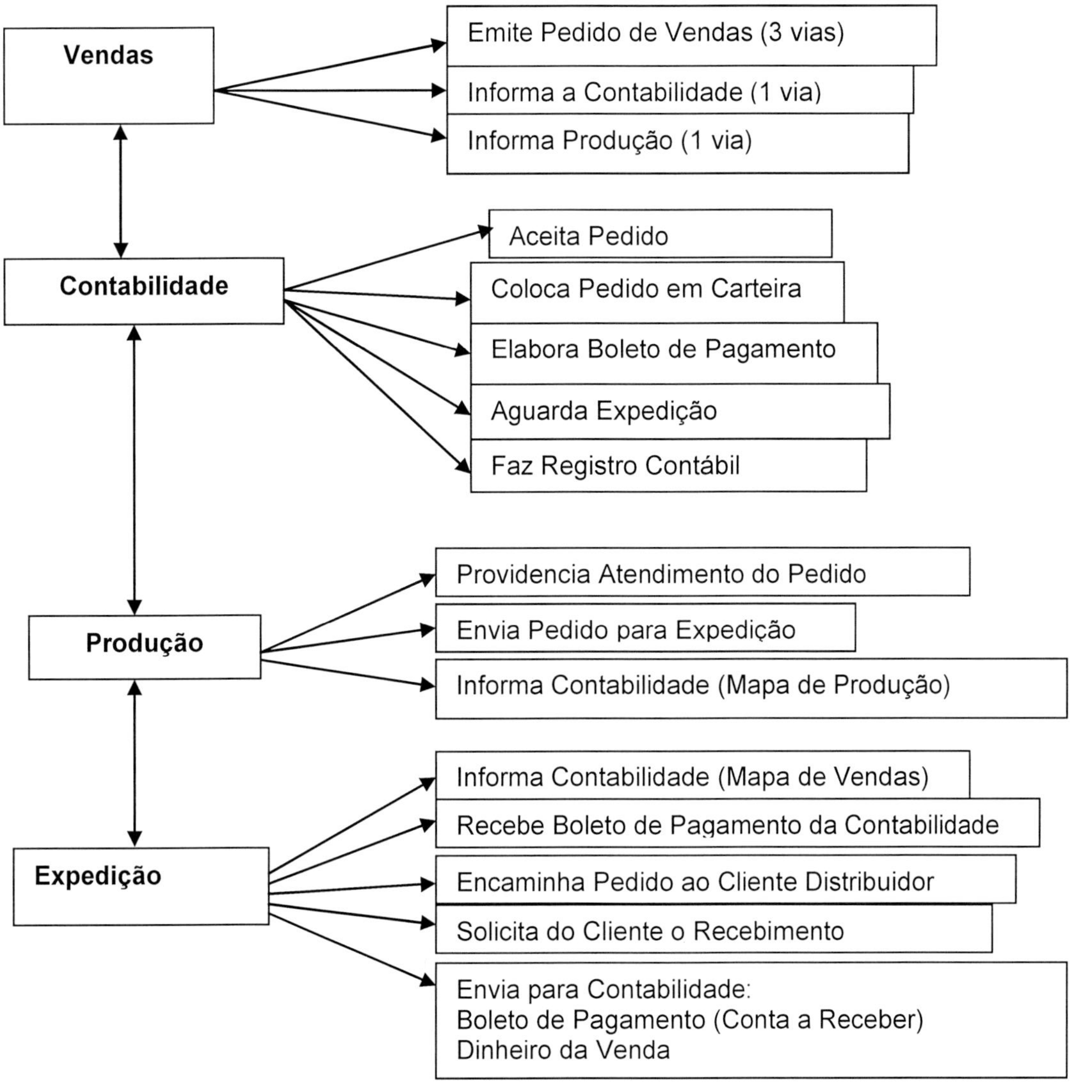

Expedição – A figura acima mostra um **fluxograma da expedição de materiais**:

4.18 Estoque

Estoque é o somatório de matérias-primas, insumos, produtos acabados e semiacabados. O valor do estoque é um valioso item (conta) do ativo circulante, porque mostra o giro de cada produto (material) e o quanto o produto participa no valor total do estoque.

Toda empresa deve preocupar-se com seu estoque, principalmente, para compensar erros na projeção de demanda. Desde que a demanda possa ser maior do que a prevista, a empresa precisará estocar matérias-primas, insumos, peças, utilidades, produtos semiacabados, produtos acabados, como medida de segurança. Também a manutenção de estoques permite a empresa comprar ou produzir lotes econômicos.

Lote econômico é a quantidade a produzir para um custo mínimo.

Geralmente, não é viável providenciar produção ou entrega instantâneas aos clientes. Para se atingir um grau razoável de disponibilidade de produto, é necessário manter estoques, que agem como amortecedores entre a oferta e a demanda.

O uso extensivo de estoques resulta no fato de que, em média, eles são responsáveis por aproximadamente um a dois terços dos custos logísticos, o que torna a manutenção de estoques uma atividade chave da empresa.

Enquanto o transporte adiciona valor de lugar ao produto, o estoque agrega valor de tempo. Para agregar este valor dinâmico, o estoque deve ser posicionado próximo aos consumidores ou aos pontos de fabricação. A seguir, alguns **elementos de estoque**:

Classificação do Estoque – Os materiais devem ser estocados, segundo a quantidade e o valor. Assim, são classificados em três categorias:

Classe A – Pequena quantidade de itens (10%), mas grande valor (70%) investido/imobilizado.

Classe B – Quantidade média de itens (30%) e médio valor (20%) investido/imobilizado.

Classe C – Grande quantidade de itens (60%) e pequeno valor (10%) investido/imobilizado.

A seguir, alguns princípios de classificação do estoque: Manter rígido controle de entradas e saídas; Comprar somente baseado em necessidades calculadas, nunca por impulso; Manter baixo estoque de segurança para a classe A; Negociar com fornecedores a garantia de entrega, para manter baixo o nível de estoque; Minimizar o custo de contatos com fornecedores; Manter estoques de segurança maiores para a classe C; Equilibrar a despesa de frete com o volume de compra para custo mínimo.

Questionamento da Compra – Depois de ter sido tomada a decisão de que se deve manter determinado item em estoque, surge uma outra ordem de questões: Por que comprar? O que comprar? Quanto comprar? Quando comprar? De quem comprar? Como comprar?

Nível de Estoque – Considera-se nível de estoque a quantidade que garanta o fluxo de vendas de forma contínua, sem interrupções e que minimize os custos de manutenção do mesmo. A seguir, algumas considerações sobre estoque mínimo e estoque máximo:

Estoque Mínimo – Quantidade mínima de uma mercadoria que a empresa deve manter em estoque para atender às suas necessidades por determinado período, até reposição ao nível normal de operação. O estoque mínimo de um bem é dado pela fórmula:

Estoque Mínimo = (Vendas / Consumo Médio Diário) x Prazo de Cobertura

Onde:
Prazo de Cobertura = Tempo para fazer o pedido + Prazo de entrega + Prazo de conferência e codificação + Margem de segurança
Margem de Segurança = 20% do prazo de entrega

Estoque Máximo – Quantidade máxima de uma mercadoria e/ou material que a empresa deve estocar para operacionalizar suas atividades durante determinado período. Uma fórmula prática é ter o estoque máximo igual ao dobro do estoque mínimo.

A seguir, os principais **tipo de estoque**:

Estoque Consignado: Estoque composto de produtos vinculados a um contrato de consignação (devolução se não vender).

Estoque Contábil: Custo de mercadoria vendida.

Estoque de Produção: Estoque composto de materiais diretos que dão suporte a um lote de produção.

Estoque de Produtos Acabados: Estoque de produtos totalmente prontos, mas ainda não vendidos.

Estoque de Produtos Semiacabados: Estoque de produtos em processo de fabricação, mas não totalmente acabados.

Estoque de Segurança: Estoque mínimo estimado que garanta a demanda da clientela.

Estoque de Serviço: Estoque próximo de zero, sendo refeito quando necessário.

Estoque de Varejo: Estoque que inclui todo o sortimento de produtos que a empresa possui e que são colocados à venda.

Estoque Físico: Todos os bens tangíveis de uma empresa que não são ativos fixos.

Estoque Médio: Estoque determinado por uma média entre os saldos no início e no final do exercício.

Estoque Residual: Estoque representado pelo saldo de produção e venda, em um determinado período.

4.19 Giro de Estoque

Giro de Estoque **–** É preciso prever, com certa antecipação, a movimentação dos materiais (itens) de uma empresa, isto é, aquilo que entra e aquilo que sai. A isto chamamos de giro de estoque, que é fluxo de entrada e saída de um determinado item, seja no almoxarifado ou no depósito.

Entretanto, uma rotação relativamente alta poderá ser consequência de um nível de estoques excessivamente baixo e de frequentes faltas, com consequências negativas para os resultados da empresa. Quando a rotação de um item do estoque é baixa, causa obsolescência e imobiliza dinheiro.

O giro (rotação) do estoque é dado pela fórmula:

Giro do Estoque = Custo de Mercadoria Vendida / Estoque Médio

Onde:
Custo de Mercadoria Vendida (CMV) = Estoque Inicial (EI) + Compras + Despesas - Estoque Final (EF)
Estoque Médio = Determinado por uma média entre os saldos no início e no final do exercício

Exemplo:
CMV = $ 6.500,00
Estoque Médio = $ 500,00
Giro do Estoque = 6.500 / 500 = 13

Análise:
O custo dos produtos vendidos (mercadoria vendida), incluído no numerador, corresponde ao período analisado. O índice de rotação de estoques nos mostra a rapidez com que os estoques são transformados, por vendas, em duplicatas a receber ou entradas no caixa. Em geral, quanto mais elevada for a rotação do estoque, mais eficiente é a administração da empresa, porque, cada vez que os produtos são distribuídos, há a possibilidade de venda e lucro.

Entretanto, uma rotação relativamente alta poderá ser consequência de um nível de estoques excessivamente baixo e de frequentes faltas, com consequências negativas para os resultados da empresa. Quando a rotação de um item do estoque é baixa, causa a obsolescência do mesmo e retém dinheiro.

A seguir, um exemplo de **Controle do Giro do Estoque**:

Controle de Giro do Estoque

Data	EI	Compras	EF	CMV	MD Estoque	Giro
31/07/22	95.100,00	163.179,28	83.260,00	175.019,28	89.180,00	1,96
31/08/22	83.260,00	135.320,91	66.035,00	152.545,91	81.465,00	1,87
30/09/23	66.035,00	159.515,00	76.500,00	149.050,00	80.233,00	1,86
31/10/22	76.500,00	143.561,00	43.300,00	176.761,00	72.839,00	2,43

30/11/22	43.000,00	165.552,21	54.450,00	154.102,21	69.774,17	2,21
31/12/22	54.450,00	184.350,19	49.730,00	189.070,19	66.910,71	2,83
31/01/23	49.730,00	162.310,37	55.610,00	156.430,37	65.498,13	2,39
28/02/23	55.610,00	146.508,00	65.550,00	136.568,00	65.503,89	2,08
31/03/23	65.550,00	191.970,52	89.320,00	168.200,52	67.885,50	2,48
30/04/23	89.320,00	214.507,00	74.780,00	229.047,00	68.512,27	3,34
31/05/23	74.780,00	197.155,00	77.770,00	194.165,00	69.283,75	2,80
30/06/23	77.770,00	153.526,04	68.660,00	162.636,04	69.235,77	2,35
31/07/23	68.660,00	129.497,29	58.150,00	140.007,29	68.443,93	2,05
31/08/23	58.150,00	142.147,57	66.000,00	134.297,57	68.281,00	1,97
30/09/23	66.000,00	138.507,45	66.500,00	138.007,45	68.169,69	2,02
31/10/23	66.500,00	154.877,63	57.090,00	164.287,63	67.517,94	2,43
30/11/23	57.090,00	153.699,53	60.550,00	150.239,53	67.130,83	2,24
31/12/23	60.550,00	174.684,35	58.850,00	176.384,35	66.695,00	2,64

4.20 Controle de Estoque

O **controle de estoque** é um valioso controle do ativo circulante, porque mostra quanto cada item do estoque pesa no total e quanto de dinheiro está imobilizado. Mostra o giro de cada produto (material) e o quanto o produto participa no valor total do estoque.

O sistema de controle de estoque é uma necessidade que ajuda a decidir quais os níveis de bens que podem ser economicamente mantidos. Tal sistema é utilizado para descrever inspeção, recebimento, movimentação, alienação de ativos, inventário, distribuição e armazenagem.

Controlar o movimento do estoque assegura o suprimento oportuno e conveniente, melhora o equilíbrio do capital de giro próprio, evita compras desnecessárias e facilita o ajuste da empresa às mudanças do ambiente e do mercado.

O ideal é que o empresário saiba, dia a dia, qual é o valor imobilizado no estoque, que quantidades estão disponíveis, qual a movimentação, qual é o custo da inflação na compra e outros detalhes. O risco do descontrole não se limita apenas à superestocagem. Uma má administração de materiais pode prejudicar, econômica e financeiramente, a empresa.

Em épocas de juros altos, prestar atenção na movimentação dos produtos evita encalhes.

Os principais objetivos do controle de estoque são:

- Evitar custos financeiros por: desvios, perdas, ocorridos por vencimento do prazo de validade, extravios, roubos e furtos.
- Acompanhar o investimento em estoque e verificar se ele é compatível com as necessidades operacionais.
- Identificar os itens que estão com baixa rotação e promover aumentos em seu giro.
- Conhecer as quantidades reais, tanto físicas quanto financeiras, dos estoques.
- Auxiliar no momento da compra, informando os dados reais sobre o giro dos produtos.
- Gerar dados para cálculo do custo e preço de venda dos produtos.
- Evitar perdas, em função de manuseio inadequado.

A seguir, é dado um exemplo de controle de estoque:

Controle Geral do Estoque de Produtos Acabados

Data do Inventário:

Produtos	**UA**	**Q**	**Custo**	**Valor**	**AC**
Aipim Frito	Kg	18,5	4,20	77,70	77,70
Almôndega de Carne	kg	0	1,00	0,00	77,70
Anéis de Lula	200 g	0	10,00	0,00	77,70
Anéis de Lula	300 g	22	13,00	286,00	363,70
Bolinho de Carne Seca	1	821	0,90	738,90	1.102,60
Bolinho de Feijoada	1	679	0,90	611,10	1.713,70
Camarão Empanado	200 g	0	8,50	0,00	1.713,70
Camarão Empanado	250 g	0	10,50	0,00	1.713,70
Camarão Empanado	300 g	0	13,00	0,00	1.713,70
Camarão Empanado Médio	Kg	3,5	42,00	147,00	1.860,70
Escondidinho Bolonhesa	250 g	5	5,00	25,00	1.885,70
Escondidinho Camarão	250 g	34	5,50	187,00	2.072,70
Escondidinho Carne Seca	250 g	4	5,50	22,00	2.094,70
Espaguete	200 g	11	0,50	5,50	2.100,20
Espetinho de Boi 120 g	1	7	3,50	24,50	2.124,70
Kafta de Carne 120 g	1	40	2,50	100,00	2.224,70
Milanesa de Alcatra	Kg	5,6	19,00	106,40	2.331,10
Milanesa de Frango	Kg	1,825	11,00	20,08	2.351,18
Molho Bolonhesa	200 g	37	5,00	185,00	2.536,18
Molho Calabresa	200 g	0	5,90	0,00	2.536,18
Molho Copa Lombo	200 g	0	4,90	0,00	2.536,18
Molho de Camarão	200 g	26	5,90	153,40	2.689,58
Molho de Carne Seca	200 g	0	6,50	0,00	2.689,58
Molho Funghi	200 g	51	5,90	300,90	2.990,48
Molho Gorgonzola	200 g	59	5,90	348,10	3.338,58
Nhoque de Aipim	250 g	24	1,50	36,00	3.374,58
Nhoque de Aipim Empório	250 g	44	1,50	66,00	3.440,58
Penne	200 g	0	0,50	0,00	3.440,58
Strogonoff de Carne	200 g	18	5,00	90,00	3.530,58
Strogonoff de Frango	200 g	0	4,50	0,00	3.530,58

Quadro 4.1: Controle Geral de Estoque de Produtos Acabados.

Simbologia:

UA = Unidade de armazenamento
Q = Quantidade em estoque
Custo = Custo unitário da unidade de armazenamento
Valor = Quantidade x Custo
AC = Valor acumulado

4.21 Gerência de Estoques

A gerência de estoques é uma atividade cara, porque acarreta custos de: espaço para armazenamento, seguro, manuseio e obsolescência. Estes custos podem ser diminuídos pela redução do tamanho do estoque, mas, então, corre-se o risco de perder vendas por indisponibilidade de produtos. É preciso equilibrar o custo do estoque com o "custo" das vendas perdidas.

Em muitas empresas, a gerência de estoque acumula com a função de gerência de materiais. Embora a previsão de demanda seja uma parte vital na determinação do fluxo dos produtos, a verdadeira demanda pode não ser a prevista. Os produtos precisam ser armazenados de um modo que compense as inexatidões da previsão de vendas.

Os gerentes de estoque enfrentam duas questões: Determinar qual quantidade de produtos deve pedir? Quando efetuar o pedido para que haja produtos constantemente em disponibilidade?

Em geral, este gerente topará com os seguintes **problemas de estoques**:

- Alto grau de heterogeneidade dos materiais em estoque.
- Estoques de matérias-primas excessivos em algumas linhas e não suficientes em outras.
- Controle não eficiente de produtos acabados em estoques.
- Baixa movimentação de determinados itens.
- Falta de produtos de venda rápida.
- Danificação, deterioração e outras perdas no estoque.
- Fornecedores inadequados.
- Falta de peças de reposição mantém máquinas ociosas ou ineficientes.
- Perda de vendas por ausência do produto no inventário, sendo que mais tarde constata-se a sua existência no estoque.
- Dispersão da responsabilidade pelos estoques.
- Não existem dados sobre produção, vendas e estoques para efetuar decisões inteligentes.
- Dados sobre produção, vendas e estoques não estão atualizados de modo a colaborarem para efetivação de uma decisão rápida.

A solução encontrada para os problemas está no **orçamento do estoque**. Este documento determina o nível de estoque de produtos acabados em unidades físicas e monetárias. O orçamento precisa equilibrar os objetivos: estabilização da produção e minimização do nível de estoque. Ambos objetivos são importantes, mas em conflito entre si.

É importante estabilizar o volume de produção, porque permite a consecução de uma alta eficiência e a redução de custos. Deste modo é possível, de fato, planejar, acuradamente, a produção para todo o ano, conhecer em tempo a necessidade de mão de obra e de material, aplicando métodos econômicos de trabalho.

4.22 Depreciação e Imobilização

A **depreciação** é a diminuição do valor real de um bem, devido à exaustão, uso, desgaste e obsolescência, num determinado período de tempo. Pode também ser entendida como o valor da soma dos resultados obtidos pela aplicação dos percentuais específicos de depreciação por diversos bens que compõem o ativo operacional da empresa.

A depreciação (exaustão, amortização) nada mais é que um valor retirado do valor nominal de compra de um bem ao longo dos anos. Normalmente, o período de 5 anos é o mais considerado para bens industriais, pois se acredita que estes bens em cinco anos já estarão obsoletos e totalmente exauridos.

A depreciação é um custo fixo, calculado com base em uma taxa anual, como, por exemplo: Prédios e Construções (4%); Veículos (20%); Ônibus (25%); Móveis e Utensílios (10%); Máquinas e Equipamentos (10%); Ferramentas (20%). A taxa de depreciação é dada pela fórmula:

Taxa de Depreciação = Valor de Mercado / (Valor de Compra - Depreciação Acumulada)

A **imobilização** é o mesmo que retenção de dinheiro em determinados ativos ou ação de imobilizar capital no longo prazo. São considerados ativos imobilizados os bens e direitos de natureza permanente, destinados à manutenção das atividades da sociedade.

O termo imobilizado não diz respeito à falta de mobilidade física dos bens de uma empresa, mas ao fato de que uma parcela dos recursos da sociedade foi aplicada em ativo permanente.

A classificação de **investimento permanente**, ou **ativo imobilizado**, repousa na sua destinação, de forma que todas as contas relativas às atividades operacionais são classificadas no grupo imobilizado, que a empresa utiliza ou utilizará.

O **custo de instalação** de uma prensa, por exemplo, compreenderá todos os gastos necessários para ter a prensa funcionando, excluindo o custo financeiro.

É importante esclarecer que a imobilização de capital e o investimento seriam idênticos se todos os bens e serviços fossem pagos à medida que são comprados, e se os pagamentos dos produtos vendidos fossem recebidos, no momento da entrega. Fato muito difícil de acontecer.

A **taxa de imobilização** é dada pela fórmula:

Taxa de Imobilização = Ativo Imobilizado / Patrimônio Líquido

Capítulo 5

Compra e Recurso

"Quando o administrador se dedica à função administrativa direção ele começa a aprender como é complexo lidar com o ser humano, porque ele também é uma pessoa que faz parte do mesmo processo".

Harold Koontz

Objetivos do Capítulo

- Mostrar que comprar não é a mesma coisa do que consumir.
- Mostrar que a distribuição em tempos de Internet pode se tornar um fator competitivo.
- Mostrar os principais aspectos do transporte.
- Mostrar que sem recursos atualizados e adequados a empresa terá grande dificuldade de progredir.
- Mostrar os principais recursos.

5.1 Compra

Comprar resume-se em trocar um ativo por outro. Em geral, o fator de troca é o dinheiro. A compra feita por consumidor é fácil de entender. Mas, quando a compra é feita por uma empresa, se torna mais difícil. Seus principais elementos estão baseados nos seguintes aspectos: o processo decisório de compra, a situação econômica e a modalidade da compra.

As principais figuras do **processo de compras** são:

Pessoa que sugere a ideia de comprar (iniciador da compra); pessoa que abaliza a decisão de comprar (influenciador da compra); pessoa que decide o que, como, quanto e quando comprar (decisor da compra); pessoa que autoriza a compra (autorizador da compra); pessoa que realiza a compra (comprador); pessoa que vai dispor da compra (usuário, consumidor, paciente).

A **situação econômica** determina como o **comprador** da empresa deve agir, função do mercado. Assim em um mercado em alta inflacionária, o comprador deve evitar a tentação de comprar em excesso; em um mercado de baixa inflação é aconselhável comprar em pequenas quantidades; em um mercado estável, a compra deve ser baseada na média da movimentação do estoque.

A **modalidade de compra** deve se fundamentar nas condições de negociação, como: preço justo; produto de qualidade, garantia de entrega, cumprimento de prazo, quantidade versus desconto, crédito, forma de pagamento e local de entrega. O cargo de comprador exercido numa empresa deve ser preenchido por uma pessoa com total conhecimento do mercado de recursos de matérias-primas e insumos para restaurantes.

À medida que os **grandes varejos** assumem o comando do mercado, o gerente de compras adquire maior status, porque as compras, muitas vezes, são maiores que a metade dos custos da empresa. Este gerente terá de ter um banco de dados para: fornecedores, produtos, materiais e marcas.

Precisará ser um hábil negociador para as variáveis: quantidade, qualidade, preço de compra, prazos de recebimento e de pagamento. Precisará estar envolvido com estratégias de descentralização, diferenciação de produtos, promoção cooperativada e enxovais para novas lojas.

A **aquisição** refere-se àquelas atividades que ocorrem entre a empresa e os fornecedores e, geralmente, dá a impressão de tratar de compras. O termo aquisição é usado aqui para designar os aspectos da obtenção que afetam a disponibilidade e o fluxo do suprimento.

Apesar de o preço e a qualidade do produto serem variáveis vitais na escolha de um fornecedor, a terceira variável é a disponibilidade de **entrega.** Alguns itens, como matérias-primas, são adquiridos pelo departamento de compras, enquanto outros são adquiridos por gerentes, diretores e supervisores. Portanto, nem tudo passa por Compras. O sistema de aquisição é muito maior do que o sistema de compras.

Uma aquisição pode, em geral, estar associada a uma atividade específica, que não causa um grande impacto na empresa. Mas, o somatório de todas as aquisições pode ser muito maior do que a soma de compras de materiais para a produção. Portanto, muito cuidado com os conceitos de aquisição e de compra.

O **custo de aquisição** não é igual ao preço ajustado pelo fornecedor. Àquele preço, precisam ser adicionados outros custos, dependendo de sua incidência, ou não, no processo de compra. Se a embalagem é cobrada adicionalmente ou se o frete não está incluído no preço, precisam ser considerados. Se vários produtos são faturados pelo mesmo fornecedor e transportados juntos, o frete precisa ser rateado entre os diversos itens.

A empresa prospera não porque seus preços sejam mais baixos, suas entregas pontuais ou porque seus vendedores são mais rápidos. Ela tem tido êxito, porque analisou cuidadosamente os problemas globais de seus clientes potenciais e, a seguir, fez algo imaginativo que descobriu. Em resultado, deu aos consumidores um conjunto especial de razões para preferir seus produtos/marcas em relação aos concorrentes e, de certo, ofertou um produto com benefícios novos e superiores àqueles que os consumidores estão acostumados.

Nas **lojas de varejo**, muitas vezes, a atmosfera, o sortimento, a rapidez dos serviços de entrega, a qualidade no atendimento importa tanto quanto os próprios produtos. É senso comum nas empresas de que, hoje em dia, um produto é tudo aquilo com o que se acha cercado, elaborado, reforçado e que tem o poder de afetar a escolha do consumidor.

Os problemas que se apresentam a um comprador são de uma diversidade incontestável, como: dificuldade para encontrar o material, melhores condições de pagamento, localização de fontes de suprimento confiáveis.

5.2 Comprador

Compradores são aqueles que têm autoridade formal para selecionar o fornecedor e preparar as condições de compra. Podem ajudar a delinear as especificações do produto, mas desempenham papel importante na seleção de fornecedores e na negociação de compra. Em compras mais complexas, os altos executivos são chamados a opinar. O poder de **barganha** dos compradores aumenta quando eles se tornam mais concentrados e organizados.

O **valor do produto** é, geralmente, diretamente proporcional aos seus custos. É importante observar que os compradores mudam de fornecedores, em função dos custos. Os preços influenciam muito quando eles podem alavancar os lucros. Os compradores tentarão forçar os preços para baixo, exigir mais qualidade dos serviços, colocar os concorrentes uns contra os outros, diminuir a margem do vendedor.

Apesar de todo avanço tecnológico que vivemos, o comprador de hoje não possui tempo para aprender alguma coisa sobre os materiais que está adquirindo ou sobre novas especificações e processos, tendo em vista ser tudo muito rápido, fazendo com que a obsolescência chegue, às vezes, em poucos meses. Também não possui condições para julgar o valor exato do produto.

Em geral, utiliza a máxima de que quanto mais caro maior é a qualidade. Desta forma, o comprador de hoje não conhece se o material cotado tem um preço mais alto dos que os demais e não sabe o seu valor real. Os problemas que se apresentam a um comprador são de uma diversidade incontestável, como: dificuldade para encontrar o material, melhores condições de pagamento, localização de fontes de suprimento confiáveis.

O **comprador industrial** não pode estar indiferente quanto às matérias-primas e insumos que sua empresa necessita. Ele não deve ter preferências de fornecedor, pois tal atitude, além de comprometer seu desempenho, pode ser considerada como venal. O grau em que comprador industrial será competente em produzir lucros para sua empresa dependerá de seu conhecimento, capacidade analítica e habilidade de negociar.

Ele precisa estar totalmente informado sobre fornecedores, vendedores, concorrentes, produtos, condições de prazo e de pagamento. Terá de possuir o domínio intelectual dos modelos formais de avaliação de custos e dos setores da economia.

5.3 Tipos de Compra

A seguir, serão abordados os principais tipos de compra:

Compra Industrial – Os bens e serviços são adquiridos por compradores industriais, porque são necessários para o processo de produção e sobrevivência da empresa.

Compra Organizacional – Compra organizacional é o processo de tomada de decisão em que organizações formais estabelecem a necessidade de comprar produtos, identificando, avaliando e decidindo sobre fornecedores alternativos. Embora duas empresas não comprem da mesma forma, o vendedor espera identificar grupos que comprem de maneira similar, para permitir a adoção de estratégias de marketing.

Compra Governamental – As compras governamentais são norteadas por um objetivo fundamental diferente daquele encontrado nos setores da economia. O governo não exerce um consumo pessoal ou um padrão de realização de lucro. Ao contrário, compra um nível de composto de bens e serviços que ele ou os eleitores estabelecem como necessários para a manutenção da sociedade.

Adam Smith declarou que cada governo deve realizar, pelo menos, as funções: defesa, justiça, obras e assistência social. Assim, cabe ao governo, quando compra, observar: localização dos novos negócios, nível de concorrência entre as empresas de um determinado setor (mercado), padrões de contratação de trabalho e de qualidade.

Compra Eletrônica – A compra eletrônica é estimulada por recursos de informação que permitem descrever os produtos, facilitar a tarefa de escolha e fazer pedido utilizando cartão de crédito ou débito. Hoje, é muito comum compradores participarem do "**pregão eletrônico**". Os mercados eletrônicos permitirão maior agitação na fixação de preços, em função da demanda e da oferta e, principalmente, em função do nível de percepção do consumidor, cada vez mais bem informado.

A compra eletrônica mudará o papel do ponto de venda, porque este poderá estar em qualquer lugar do mundo, a qualquer hora. Tais mercados diminuirão o número de intermediários entre fabricantes e consumidores finais. Os compradores trocarão informações e experiências sobre os produtos. A propaganda terá uma característica informativa, em vez de persuasiva.

Compra Centralizada – Diz-se que a compra é centralizada, porque cabe a um centro (escritório) de compras selecionar o fornecedor, por meio de um banco de dados que mostra os seguintes atributos dos fornecedores: preço, reputação, confiabilidade, flexibilidade, responsabilidade e pagamento, por exemplo. O órgão de compras identifica as necessidades dos departamentos e passa a comprar de maneira centralizada. Com isso, a empresa passa a ter maior poder de compra, tendo ganhos substanciais.

Compra Descentralizada – Este método se vale da delegação de decidir a alguns funcionários o poder de comprar pequenos itens. A empresa distribui cartões codificados para limites de valores, tempo de uso e locais de compra.

Compra Virtual – As empresas estão criando redes (sistemas), para se conectarem aos seus fornecedores. Esses sistemas possibilitam ter um controle preciso de estoque, custo e demanda a qualquer momento, ajustando os preços instantaneamente.

5.4 Elementos da Compra

A seguir, os principais elementos de compra:

Requisição de Compra – É um formulário emitido para aquisição de item faltante no almoxarifado, depósito ou armazém. Esta requisição constitui um processo administrativo interno, além de servir de instrumento para controlar produtos dos depósitos e fornecer subsídios para avaliação do consumo. Caso sejam necessárias informações sobre o custo diário, o formulário deve conter uma coluna relativa a preços de compra.

Pedido de Compra – É um formulário preenchido pelo órgão de compras e que formaliza o ato de comprar junto ao fornecedor escolhido.

Processamento do Pedido – Sua importância deriva do fato de ser uma atividade que inicia a movimentação do produto. Os custos de processamento dos pedidos para um fabricante consistem em custos de preparação do pedido e custos operacionais. Se os custos de preparação forem muito baixos, o fabricante poderá produzir com frequência o produto, pois o custo de fabricação é, razoavelmente, constante e igual aos custos operacionais. No entanto, se os custos de preparação forem altos, o fabricante poderá reduzir o custo unitário médio, produzindo um grande lote e mantendo um maior estoque.

Previsão para Compras – A previsão para compras, atividades, obviamente, anterior à solicitação de compras, está correlacionada com os cardápios planejados, o consumo per capita bruto dos alimentos, o número estimado de pratos que serão ofertados e a frequência de utilização dos materiais no período da previsão. O cardápio constitui fator importante a ser observado.

Aspectos ligados à variedade, à qualidade, ao preparo dos alimentos contribuem para o sucesso do empreendimento. O cardápio deve atender aos hábitos alimentares dos consumidores, possuindo uma composição nutricional rica e específica.

Solicitação ao Fornecedor – A solicitação ao fornecedor é uma atividade subsequente à sua previsão. É feita através de formulário, ou e-mail, com um número de vias que permita um controle eficaz do fornecimento em relação ao padrão de qualidade e data de entrega. Poderá ser mensal, quinzenal, ou semanal, com entrega única ou parcelada. O material solicitado deve ter suas especificações bem claras para evitar ambiguidades.

Política de Abastecimento – Política, que adotará a periodicidade de abastecimento e a forma como determinados alimentos serão adquiridos. A periodicidade de abastecimento poderá intervir, sobretudo, no dimensionamento das áreas de armazenamento e a forma de aquisição dos gêneros.

Interferirá na área de processamento, pois a eliminação de algumas fases da preparação descartará a necessidade de determinados equipamentos, o que leva a uma redução da área. Esta política consiste na fixação dos critérios para escolha dos fornecedores e organização do controle de recepção e armazenamento.

Política de Aquisição – Política que engloba o seguinte: aquisição de mercadorias; compras de estoque, para necessidades orçadas ou para atender pedido; estoque mínimo necessário; ordens de compra; estabilização da produção; previsão de alterações de prazo; seleção de fornecedores (quantidade, qualidade).

Política de Armazenamento – Política voltada a minimizar o tempo de espera e guarda, até que o produto seja movimentado para seu destino.

Política de Negociação – Política que visa bem preparar o processo de negociação, trabalhando suas fases que são: Preparação; Planejamento; Iniciação; Avaliação; Movimentação; Desfecho e Análise do Resultado.

Política de Estoque – A política de estoque é encarada como um instrumento nos processos de criação e satisfação da demanda. Entretanto, não é realista do ponto de vista do custo que a empresa mantenha um estoque que, virtualmente, garanta a possibilidade de executar todos os pedidos imediatamente. Uma razão importante é que o custo de estoque aumenta a uma taxa crescente, à medida que o nível de serviço ao cliente se aproxima do ideal.

Sistema de Suprimento – Estoques agem como amortecedores entre suprimento e demanda ou, neste caso, entre suprimento e necessidade de produção. São benefícios ao sistema de suprimento, porque garantem maior disponibilidade de componentes para a linha de produção, diminuem o tempo dedicado para manter a disponibilidade desejada e podem reduzir custos de transporte.

Manter em estoque todo material necessário para produção pode ser ineficiente. Se algum dos materiais tiver alto valor individual e tiver de ser utilizado apenas num número limitado de produtos, deve-se adquirir uma quantidade mínima.

Modalidade de Compra – A compra tem duas modalidades básicas que são: Compra Centralizada e Compra Descentralizada. Diz-se que a compra é centralizada, porque cabe a um centro (escritório) de compras selecionar o fornecedor, por meio de um banco de dados que mostra os seguintes atributos dos fornecedores: preço, reputação, confiabilidade, flexibilidade, responsabilidade e pagamento, por exemplo.

O **setor de compras** identifica as necessidades dos departamentos e passa a comprar de maneira centralizada. Com isso, a empresa passa a ter maior poder de compra, tendo ganhos substanciais. A compra descentralizada se vale da delegação de decidir a alguns funcionários o poder de comprar pequenos itens. A empresa distribui cartões codificados para limites de valores, tempo de uso e locais de compra.

Escolha do Fornecedor – Quanto ao critério de escolher um ou outro fornecedor, são priorizadas as questões como: preço, condições de pagamento, prazo de entrega, localização, volume de itens, por exemplo. A seguir, um questionamento básico sobre o perfil do fornecedor:

- Qual é a qualidade da linha de produtos do fornecedor?
- Qual é a relação de preço/qualidade/atendimento da linha de produtos do fornecedor?
- O fornecedor oferece ajuda promocional, financeira e de consultoria?
- Qual é a amplitude do sortimento da linha de produtos do fornecedor?
- Qual o tempo total de espera para recebimento dos pedidos?
- O fornecedor tem políticas de: entrega, crédito e devolução, que são satisfatórias?

5.5 Lista de Compras

A lista de compra é uma planilha para controlar: a quantidade necessária a comprar, o valor pago por item, o valor total da compra, a entrada de material no estoque da empresa, o nome do comprador, a data da aquisição, o percentual de desvio (inflação ou deflação) apurado no período, o valor do débito no caixa ou no controle de contas a pagar. A seguir, um exemplo de lista de compras;

Lista de Compras de Matéria-Prima **Seco**

Comprador: **Data:**

Matéria-Prima	Marca	Unid.	Q	Custo	Valor	Prev.	Pago	Desvio
Açafrão	X	50 g	1	6,02	6,02	6,02	6,34	5%
Açúcar	U	Kg	5	1,79	8,95	8,95	8,90	-1%
Alcaparra	Z	110 g	1	4,89	4,89	4,89	5,30	8%
Alho	A	Kg	2	6,50	13,00	13,00	14,00	8%
Amaciante	Z	Kg	1	9,77	9,77	9,77	10,20	4%
Arroz Parbolizado	AP	Kg	1	1,90	1,90	1,90	1,85	-3%
Azeite	B	500 ml	3	10,48	31,44	31,44	32,00	2%
Azeite	Q	500 ml	6	5,79	34,74	34,74	33,00	-5%
Azeitona s/caroço	AC	170 g	1	3,89	3,89	3,89	4,10	5%
Caldo de Carne	C	Kg	1	4,90	4,90	4,90	5,30	8%
Caldo de Galinha	K	1,3 Kg	2	11,98	23,96	23,96	24,50	2%
Carvão 6 kg	CA	Saco	6	11,80	70,80	70,80	71,00	0%
Cebola	C	Kg	5	1,99	9,95	9,95	9,90	-1%
Cenoura	B	Kg	1	2,98	2,98	2,98	2,80	-6%
Champignon Fatiado	CH	Kg	2	22,00	44,00	44,00	49,00	11%
Creme Leite Caixa	I	200 g	28	1,59	44,52	44,52	44,56	0%
Creme Cebola	CH	Kg	2	6,90	13,80	13,80	13,50	-2%
Creme Cebola	MG	68 g	1	3,79	3,79	3,79	3,90	3%
Ervilha Lata	PPR	200 g	2	1,09	2,18	2,18	2,15	-1%

Ervilha Partida	P	500 g	1	3,89	3,89	3,89	3,90	0%
Espaguete Nº 8	S	500 g	2	1,45	2,90	2,90	2,95	2%
Extrato Tomate	A	840 g	3	4,99	14,97	14,97	15,90	6%
Extrato Tomate	B	840 g	4	3,39	13,56	13,56	12,50	-8%
Farinha Mandioca	F	Kg	2	3,50	7,00	7,00	7,50	7%
Farinha Mandioca	C	Kg	3	3,89	11,67	11,67	11,50	-1%
Farinha Mandioca	Y	5 Kg	1	11,67	11,67	11,67	12,00	3%
Farinha de Milho	Y	500 g	1	2,95	2,95	2,95	3,05	3%
Farinha de Rosca	MG	Kg	1	4,00	4,00	4,00	4,10	2%
Farinha Trigo	G	Kg	2	1,72	3,44	3,44	3,50	2%
Farinha Trigo	RB	Kg	8	1,95	15,60	15,60	15,70	1%
Feijão Preto	FP	Kg	5	2,99	14,95	14,95	15,60	4%
Funghi	L	Kg	2	55,90	111,80	111,80	110,00	-2%
Gás	X	13 kg	1	34,00	34,00	34,00	35,00	3%
Ketchup	E	950 g	1	2,89	2,89	2,89	2,90	0%
Laranja Pera	S	Saco	1	10,00	10,00	10,00	11,00	10%
Leite Condensado	E	395 g	1	2,39	2,39	2,39	2,45	3%
Leite Condensado	I	395 g	1	2,79	2,79	2,79	2,80	0%
Leite Condensado	M	395 g	4	3,79	15,16	15,16	15,80	4%
Leite Caixa	LG	L	2	1,99	3,98	3,98	4,06	2%
Lentilha Pink	P	500 g	2	2,69	5,38	5,38	5,42	1%
Molho de Pimenta	K	150 g	1	1,59	1,59	1,59	1,65	4%
Molho de Tomate	P	340 g	49	1,19	58,31	58,31	56,00	-4%
Molho de Alho	S	900 ml	1	4,80	4,80	4,80	6,50	35%
Molho Inglês	CH	150 ml	1	1,29	1,29	1,29	1,32	2%
Molho Madeira	W	2 kg	1	3,20	3,20	3,20	3,23	1%
Molho Madeira	E	200 g	1	2,95	2,95	2,95	3,05	3%
Total					**717,81**	**717,81**	**726,99**	**1%**

Quadro 5.1: Lista de Compras.

5.6 Orçamento de Compras

Embora já tenhamos abordado o conceito de orçamento, vale lembrar que a elaboração de orçamentos pode ser usada para determinar se cursos de ação particulares apresentam boa relação custo/qualidade/preço/lucro. Uma eficiente contabilidade de custos é condição básica para a correta aplicação de um sistema de controle orçamentário.

É importante que o orçamento seja congruente com os objetivos da empresa.

Executar o **processo orçamentário** não significa apenas traçar um plano. Envolve, primeiro, executá-lo e fazer acompanhamentos, o que se traduz em esforço, tempo e recursos. Segundo, porque o orçamento agrega pouco valor e é mais uma ferramenta para controlar o comportamento do que ajudar uma empresa a ser mais competitiva. Terceiro, porque o orçamento vem acompanhado de defeitos funcionais graves.

O orçamento não dá uma visão realista do futuro, só mostra um desejo de programar a organização para um ano inteiro, o que não é possível, quando o cenário muda. O orçamento de compras precisa equilibrar: estabilização da produção (eficiência, produtividade) e minimização do nível de estoque (redução de custos).

Qualquer orçamento de compras, de um restaurante, deve ter a seguinte estrutura:

Item	Áreas	Descrição	Q	Custo	Valor	Acumulado
1	Exaustão	Coifas com Filtros	1	1.500,00	1.500,00	1.500,00
2	Exaustão	Climatizadores	4	2000,00	8.000,00	9.500,00

3	Exaustão					
4	Higienização					
5						
6						
7	Armazenamento	Depósito				
8						
9						
10	Pré-Preparo	Congelamento				
11						
12						
13	Resfriamento					
14						
15						
16	Distribuição					
17						
18						
19	Cocção					
20						
21						
22	Preparação					
23						
24						
25	Escritório					
26						
27						
28	Vendas					
29						

Quadro 5.2: Orçamento de Compras.

Nota: O orçamento de compras está ligado, principalmente, aos orçamentos de: vendas, produção e estoque.

5.7 Movimentação de Materiais

Materiais são bens que entram na produção e/ou venda de um produto. São classificados em: matérias-primas, insumos, peças (componentes), produtos semiacabados e produtos acabados. O bom aproveitamento da máquina e da mão de obra exige que haja um abastecimento ininterrupto de materiais.

A falta dos mesmos pode redundar em sérios prejuízos para a organização.

A movimentação de materiais é a técnica que permita a forma, a maneira ou os meios de utilização em fazer render, em sua plenitude, os materiais, isto é, sua otimização. A continuidade do abastecimento de materiais depende da estocagem e da sua entrega.

A operação de levar os materiais do depósito e almoxarifado aos postos de trabalho, de um ponto a outro e de levar ao depósito os produtos prontos, bem como remover as sobras e detritos surgidos durante a produção, dá-se o nome de movimentação de materiais.

Nenhuma empresa poderá melhorar o **nível de produtividade**, se não tiver perfeitamente organizada a sua movimentação de materiais, que tem como finalidade precípua, cuidar de todos os problemas que tenham relações com suprimentos, controlando para que sejam efetuados a tempo e a hora.

Materiais, máquinas, equipamentos e instalações valem dinheiro e como tal precisam ser zelados. A movimentação de materiais sempre estará associada à outra atividade, visto que não pode, por si só, assumir a condição de uma atividade discreta, isolada e independente.

Os **meios de transporte** constituem um importantíssimo serviço auxiliar da movimentação de materiais. Eles servem para deslocar recursos de um lado para outro, isto é, das fábricas para os distribuidores e destes para os consumidores e usuários. Também ajudam a transferir materiais de toda espécie entre: almoxarifados, depósitos, armazéns, fábricas, fornecedores, fazendas, minas.

A **classificação de materiais** pode ser:

- Quanto ao tipo de via utilizada, em: terrestre, rodoviário, ferroviário, aquático, hidroviário, marítimo, aéreo, duto, esteira, pontes rolantes, correias transportadoras, calhas.
- Quanto ao espaço envolvido, em: urbano, municipal, intermunicipal, interestadual, internacional.
- Quanto ao conteúdo, em: pessoas e cargas.

O **transporte interno** pode causar prejuízos à empresa, quando os meios de movimentação são insuficientes, estão malconservados, oferecendo perigo; são vagarosos ou inadequados.

Para ser eficiente, o transporte interno deve possuir certas características, tais como:

- Oferecer rapidez, dando um fluxo contínuo ao abastecimento e à retirada de materiais. Essa rapidez, naturalmente, está condicionada ao ritmo de trabalho.
- Possuir capacidade de carga compatível com o volume a transportar, bem como com o peso, a distância que será percorrida e as vias que serão utilizadas.
- Oferecer segurança ao material que é transportado ao equipamento e ao pessoal.
- Flexibilizar a utilização, servindo a vários tipos de carga, no caso de grande diversidade dos materiais por transportar.
- Apresentar economia de operação e manutenção.

Nota: O êxito de uma empresa depende, em grande parte, dos meios rápidos que possui, não só para buscar a matéria-prima, como também para entrega dos produtos aos consumidores.

5.8 Sistema de Aquisição

Embora o conceito de aquisição já tenha sido abordado, vele mais algumas considerações. Apesar de o preço e a qualidade do produto serem variáveis vitais na escolha de um fornecedor, a terceira variável é a disponibilidade de entrega.

Alguns itens, como **matérias-primas**, são adquiridos pelo departamento de compras, enquanto outros são adquiridos por gerentes, diretores e supervisores. Portanto, nem tudo passa por Compras. O sistema de aquisição é muito maior do que o sistema de compras.

Os **impostos** também merecem atenção. O imposto sobre circulação de mercadorias e serviços (ICMS), por lei, já está incluído no preço faturado (nota fiscal), por isso a empresa se credita de seu valor.

Também a empresa que vende um produto e paga **ICMS,** sendo obrigada a recolher, após o final do mês, no prazo determinado pelo governo, a soma de todos os impostos referentes às suas vendas, mas descontará dessa soma o total de todos os créditos que obteve por ocasião das compras que realizou no período.

Ao calcular o **custo de aquisição**, a empresa deve diminuir o valor do crédito de ICMS.

Se a empresa comprar embalagens para viagem, deverá incluir no cálculo do custo o **Imposto sobre Produtos Industrializados** (**IPI**), que vem especificado na nota fiscal. Então, o custo ajustado de uma mercadoria não é igual ao custo de aquisição.

É preciso deduzir o crédito do ICMS, tanto referente ao produto como adicionar o valor do frete, adicionar o valor do IPI, se existir, e de outros impostos como, por exemplo, o imposto de importação, se for o caso. É possível que a empresa tenha incentivos do governo, e, assim sendo, o cálculo será outro.

Vale consultar um contabilista atualizado.

5.9 Fornecedor

Um fornecedor é uma empresa que atua no mercado de recursos. A escolha de fornecedores é uma verdadeira celebração de parceria. Afinal, um depende do outro, para atingirem objetivos congruentes. A empresa fornecedora deve apresentar: Alvará de Funcionamento emitido pela Secretaria de Saúde ou Órgão Municipal competente; Razão Social Completa; Endereço Completo; CNPJ; Referências de clientes; Critérios técnicos definidos em parceria entre: fornecedor-comprador; Comprovantes que atendem à legislação pertinente.

Os **tipos de fornecedor** foram divididos em grupos de necessidades, tais como:

- Fornecedores de Máquinas e Equipamentos.
- Fornecedores de Matéria-Prima e Insumos.
- Fornecedores de Material Descartável.
- Fornecedores de Material de Higiene e Limpeza.
- Fornecedores de Material de Escritório.
- Fornecedores de Móveis e Utensílios.
- Fornecedores de Mão de Obra.
- Fornecedores de Serviços de Manutenção e Instalação.
- Fornecedores de Sistemas de Informação e de Comunicação
- Fornecedores de Crédito e Seguro.

Quanto ao critério de escolher um ou outro fornecedor, são priorizadas as questões como: preço, condições de pagamento, prazo de entrega, localização, volume de itens, por exemplo.

A seguir, um questionamento básico sobre o **perfil do fornecedor**:

Qual é a qualidade da linha de produtos do fornecedor?
Qual é a relação de preço/qualidade/atendimento da linha de produtos do fornecedor?
O fornecedor oferece ajuda promocional, financeira e de consultoria?
Qual é a qualidade da ajuda promocional do fornecedor?
Qual é a amplitude do sortimento da linha de produtos do fornecedor?
Qual o tempo total de espera para recebimento dos pedidos?
O fornecedor tem políticas de: entrega, crédito e devolução, que são satisfatórias?

5.10 Recurso

Embora este assunto já tenha sido abordado, vale dizer que as limitações de recursos imporem restrições às empresas, deve-se, primeiro, determinar a disponibilidade dos mesmos e, depois, usá-los como guia (ou fator a ser considerado) da formulação de estratégias para produtos e mercados.

Sem **recursos** a empresa não conseguirá sobreviver. dificilmente, não será efetiva, isto é, não perderá tempo para atingir objetivos com eficiência e eficácia.

Uma empresa é uma organização de finalidade econômica. Utiliza e elabora recursos para facilitar o seu desenvolvimento e o seu rendimento, assegurando-lhe as melhores condições operacionais. Todas as organizações são constituídas de recursos, que podem ser contratados, comprados ou incorporados à empresa ou adquiridos, sob a forma de empréstimo, aluguel, arrendamento ou leasing.

A seguir, algumas **premissas sobre recursos**:

- Os recursos empresariais capacitam a empresa a um desempenho efetivo.
- Enquanto o trabalho focaliza apenas a mão de obra, os recursos humanos envolvem todas as pessoas existentes na empresa, desde o presidente até o faxineiro.
- Geralmente, quando se fala em recurso, surge a imagem simplista e falsa do dinheiro.
- Recursos empresariais são extremamente diversificados e complexos.
- Recursos empresariais similares são administrados dentro de um esquema de divisão de trabalho.
- Cada um dos recursos exige uma especialização.

- A administração de recursos demanda capacidades diversas e complexas, sobretudo num mundo em que a mudança e a incerteza são as duas únicas constantes.
- Não é importante a empresa ter muitos recursos, mas, sim, como mais bem faz uso deles.
- Recursos devem ser otimizados (melhor uso possível), em função das contingências do momento político, do ambiente e do mercado.
- Um recurso é avaliado pela contribuição que traz para uma função, atribuição, atividade, operação, tarefa, movimento.

A seguir, os principais **tipos de recurso**:

Recurso Administrativo: Recurso que diz respeito a: funções administrativas, funções organizacionais, práticas, técnicas, procedimentos, rotinas, políticas, planos, programas, métodos, metodologias, documentos, manuais.

Recurso de Apoio: Recurso de infraestrutura, tais como: serviços públicos, energia elétrica, telefonia, água encanada e potável, esgotamento sanitário, gás, hospital, escola, correio, banco, policiamento, transporte, segurança.

Recurso de Computação: Elemento específico de hardware capaz de executar uma tarefa muito específica.

Recurso de Comunicação: Recurso que ajuda uma pessoa a ter uma capacidade de comunicação melhorada, tais como: uma redação correta, objetiva, clara e concisa para expressar o pensamento em ordens, planos, programas, políticas, decisões, estratégias, táticas e relatórios; a palavra fluente, a dicção impostada, o estilo sem requintes para se expressar; a cortesia, a educação e a perspectiva na condução dos debates e negociações; Conjunto de recursos audiovisuais e de outras naturezas que possam expressar melhor o seu pensamento.

Recurso Empresarial: Recurso que faz com que uma organização funcione. Todas as organizações são constituídas de recursos, que podem ser contratados, comprados e incorporados à empresa ou adquiridos, sob a forma de: empréstimo, aluguel, arrendamento ou leasing.

Recurso Estratégico: Recurso usado na formulação de estratégias para produtos e mercados.

Recurso Financeiro: Recurso que diz respeito a: capital próprio, crédito, financiamento, receita com vendas, investimento de terceiros, empréstimo.

Recurso Físico: Recurso que diz respeito a: imóveis, viaturas, instalações, máquinas e equipamentos.

Recurso Humano: Recurso que diz respeito a: mão de obra direta e indireta.

Recurso Instrucional: Recurso utilizado no treinamento e educação dos recursos humanos de uma organização. Os recursos instrucionais mais usados são: livros, apostilhas, manuais, filmes, regulamentos, simulações, estudos de caso, teleconferências, testes, palestras, modelos, esquemas, gráficos, exposição oral, quadros de esboço, slides, projeções, transparências, dramatizações, demonstrações, simulações, dinâmicas de grupo.

Recurso Material: Recurso que diz respeito a: matérias-primas, insumos, móveis, utensílios, ferramentas.

Recurso Mercadológico: Recurso que diz respeito a: perfil do consumidor, pesquisa de mercado, inovação, produto, marca, comunicação do produto, previsão de vendas, relação com consumidores, fornecedores e concorrentes, estratégias, táticas, negociação, distribuição.

Recurso Natural: Recurso que diz respeito a: água, luz, ventilação, umidade, vegetação, tipo de solo.

Recurso Necessário: Ver recurso empresarial.

Recurso Sistêmico: Recurso que diz respeito a: sistemas de informação, sistemas de comunicação, sistemas de suporte à decisão, sistemas simulatórios, sistemas de banco de dados.

Recurso Tecnológico: Recurso que diz respeito a: tecnologia da produção, tecnologia da informação e tecnologia do conhecimento.

Recurso Tempo: Recurso escasso, inelástico, não estocável. O efeito que seu uso provoca em nós também é fundamental. Pressa, ansiedade e frustração provocam má qualidade de produtos, relações e resultados. De todos os recursos ao alcance de um indivíduo, o tempo é o mais pessoal e o mais comumente desperdiçado. Aquele que se propõe a usá-lo de forma efetiva e inteligente terá de conhecer profundamente as funções administrativas. Tempo é recurso, cujo significado é intrínseco a cada indivíduo.

5.11 Recursos Humanos

Recursos humanos são as pessoas que integram uma organização e decidem o que fazer com os demais recursos. As pessoas trazem para as empresas habilidades, conhecimentos, atitudes, comportamentos, vícios e virtudes. Por serem diferentes entre si, passam a ser um recurso altamente diversificado.

As pessoas, dentre os recursos, são os que precisam ser analisados, sob os pontos de vista do profissionalismo, comportamento e comprometimento. Por sua própria natureza também apresentam considerável grau de mutabilidade e influência na tomada de decisão. Dependendo de seus conhecimentos técnicos, habilidades e personalidades, as pessoas colaborarão em maior grau, ou não, para a construção do sistema empresa.

Assim, para lidar com pessoas é preciso observar as seguintes **Premissas de Recursos Humanos**:

- Treinamento não muda personalidade, muda atitudes, porque o comportamento é mais difícil de ser mudado.
- As pessoas nem sempre têm atitudes e comportamentos desejados, é preciso entender um pouco mais delas para despertar interesse e motivação, reconhecendo as de alto desempenho.
- Investir no homem é o mesmo que renovar seus conhecimentos.
- O ser humano é fator chave de sucesso nos negócios.

A gestão de recursos humanos em um empreendimento é, particularmente, delicada por se tratar de comportamentos diferentes que trabalharão num projeto comum. Quando se tratar de uma grande cozinha, por exemplo, além do chefe da cozinha, haverá um subchefe e pessoas especializadas e responsáveis por cada determinado setor.

A sobrevivência de uma empresa independe do somatório de suas partes, pura e simplesmente. Uma ação sinérgica entre as partes é que vai proporcionar o resultado almejado. Para se alcançar tal objetivo, é necessário quantificar os diferentes cargos e distribuí-los racionalmente na empresa. É comum, numa visão operacional, ser feito uma distribuição percentual, em função daquilo a ser feito. Considerando-se as diversas tarefas de uma pequena empresa, é possível dimensionar, de maneira geral, a seguinte estrutura:

- Administração: 5%
- Contabilidade: 5%
- Recepção e Estocagem: 10%
- Produção: 40%
- Armazenagem: 5%
- Logística: 5%
- Higiene e Limpeza: 2%
- Segurança: 3%
- Vendas: 20%
- Atividades Diversas: 5%

Dimensionar as necessidades de recursos humanos estará em função do: Padrão de Atendimento; Qualidade do Cardápio; Nível de Higiene e Limpeza; Tempo de Entrega; Produtividade; Nível Tecnológico; Imobilizações em Máquinas e Equipamentos; Otimização de Recursos; Políticas de Pessoal, por exemplo.

5.12 Desperdício

Taylor dizia: "Vemos e sentimos o desperdício das coisas materiais. Entretanto, as ações desastrosas, ineficientes e mal orientadas dos homens não deixam indícios visíveis e palpáveis. A apreciação delas exige esforço de memória e imaginação. E por isso, ainda que o prejuízo diário daí resultante seja maior que o decorrente do desgaste das coisas materiais, este último nos abala profundamente, enquanto aquele apenas levemente nos impressiona".

Ele queria dizer que nós fazemos muitas coisas que representam desperdício, mas quase não sentimos o que se perde e os problemas derivados.

Um dos fatores do alto custo da produção, geralmente mal percebido, é o desperdício. Um exame, não muito profundo, revelará que não há atividade sem desperdício. Algumas formas de desperdício são facilmente percebidas, como acontece com o material.

Outras são menos notadas, como acontece quando os funcionários gastam mais tempo e realizam mais movimentos do que os realmente necessários para fazer o serviço (**Lei de Parkinson**).

Toda vez que se consome mais material, tempo, energia e espaço do que realmente seria necessário, se o trabalho fosse realizado racionalmente, há desperdício. Aquilo que se consome a mais é desperdício e encarece a produção. O desperdício é um fenômeno mundial.

A maneira correta de combater qualquer mal é combater as suas causas. Assim, se houver um desejo de combater o desperdício, é necessário eliminar e conhecer os seus motivos.

Examinando as **causas dos desperdícios**, verifica-se que algumas podem ser atacadas através de medidas de caráter administrativo, de caráter cultural e de caráter educativo. Várias são as medidas administrativas, pois o corretivo dependerá da causa do desperdício.

As medidas culturais estarão fundamentadas na formação de uma mentalidade, na doutrinação e no treinamento constante. As medidas educativas para minimizar o desperdício podem ser realizadas por meio de: campanhas, cartazes, projeções, filmes, reuniões, palestras, e-mails e prêmios para ideias inovadoras e efetivas.

Os **principais desperdícios** são:

Desperdício de Energia Elétrica – A utilização de equipamentos sem Selo Procel (menor consumo de energia elétrica) é o maior exemplo desse tipo de desperdício. Um refrigerador não é um simples gabinete de aço com motor. Ele precisa de esforços conjuntos para se tornar um equipamento eficiente e eficaz, isto é, que refrigere muito com menos.

Cada vez mais se verifica que o simples gerenciamento do consumo de eletricidade e a adoção de expedientes corriqueiros, como a substituição de lâmpadas ou o uso mais adequado do ar condicionado, diminuem sensivelmente as despesas. Um plano de performance energética envolve também mudanças na rotina do pessoal da limpeza. Grande parte do desperdício de energia elétrica é resultado da prevalência dos critérios estéticos em detrimento da funcionalidade.

Desperdício de Gás – Muitos gerentes de empresas de alimentos se recusam a investir em um Fogão de Alta Eficiência por causa do preço. Além disso, várias tarefas de cozinha podem ser feitas com equipamentos chamados multifuncionais e combinados. Tudo isso com menos mão de obra e menos consumo de gás, favorece o aumento de produtividade e de ambientes mais saudáveis.

Desperdício de Alimentos – A perda de alimentos não consumidos em uma indústria de alimentos é enorme. A solução é o sistema de produção antecipada com imediato congelamento avançado que preserva o sabor e a consistência dos alimentos, deixando-os prontos para posterior regeneração, acionada somente no momento da demanda.

A produção em maiores volumes também diminui o custo unitário do produto, melhora a programação das compras, reduz a energia, sob qualquer forma. É muito mais fácil trabalhar com pratos semiprontos do que prepará-los do "zero".

Desperdício de Material – A armazenagem bem-feita ajuda a identificar a margem esperada para perdas e refugos. Há uma diferença entre refugos e perdas. Refugos são partes de bens tangíveis rejeitados durante o processo de produção. Perdas são partes intangíveis não aproveitadas do produto gerado por um projeto. Se a taxa de refugo for alta, mostra que, na empresa, podem estar acontecendo: erros de projeto do produto; falhas no controle de qualidade; falhas no controle da produção; baixo nível de educação; mau uso das funções administrativas, principalmente, a função administrativa organização; armazenagem incorreta; falta de treinamento.

Perdas fazem parte do processo de fabricação, pode-se minimizá-las, mas não as evitar. Portanto, é necessário que a quantidade disponibilizada para a produção seja a mais exata possível, porque o custo pela perda será incorporado ao custo do produto. Se houver perda anormal, como no caso, por exemplo, de incêndio no almoxarifado, roubo, enchente, os valores correspondentes não devem ser tratados como custo de produção, e sim levados diretamente ao resultado.

As **perdas anormais** ocorrem de forma involuntária, sendo seu custo absorvido pelos demais produtos.

Desperdício de Mão de Obra – A mão de obra é um dos itens mais lembrados na lista de dificuldades de uma empresa, tendo em vista a dificuldade de lidar com o ser humano e por uma legislação trabalhista obsoleta e ultrapassada. São tantos os encargos sociais que vale reduzir a mão de obra, para a sobrevivência do negócio.

Os problemas não são solucionados com mão de obra intensiva, mas com tecnologia intensiva. Hoje, deve-se depender cada vez menos de empregados. Outro aspecto é o ambiente confortável. Os equipamentos obedecem às simples regras da **Ergonomia**? Há riscos de acidentes de trabalho? O funcionário trabalha com satisfação? Uma reengenharia dos processos, estruturas e métodos de trabalho pode diminuir o absenteismo, a impontualidade, a falta de assiduidade, o estresse e o turnover.

Desperdício de Espaço Físico – Uma indústria se for pequena demais estrangula a produção. Mas se for grande demais custa caro. A adoção de equipamentos mais modernos, somados à revisão nos processos de fabricação, diminui os espaços ociosos. Alguns equipamentos, se bem aplicados, poupam espaços. Embora sejam mais caros, ao longo dos meses, se mostram mais rentáveis.

Desperdício de Água – Atualmente, mais do que nunca, a água se mostra imprescindível para o homem. Porém, o mesmo homem polui, cada vez mais, seu próprio ambiente. Infelizmente, a água é utilizada de forma descontrolada. Hoje, a responsabilidade de algumas empresas para com o ambiente faz parte de sua estratégia. A seguir, **premissas de utilização da água**:

- Verifique se a torneia está realmente fechada.
- Ao lavar a louça, use a própria cuba da pia para ajudar na lavagem.
- Tente limitar o banho para no máximo de cinco minutos.
- Feche a torneira enquanto se ensaboa.
- Jamais escove os dentes ou faça a barba com a torneira aberta.
- Sempre use a máquina de lavar em carga máxima.
- O excesso de sabão aumenta o número de enxagues.
- A lavagem de louças, copos, bandejas e talheres consomem uma quantidade enorme de água, que pode ser resolvido com equipamentos corretos.

Desperdício de Dinheiro – Na hora de comprar máquinas e equipamentos, avalie tudo, como: especificação, preço, marca, garantia, facilidade de limpeza, mobilidade, por exemplo. Certifique-se de que a manutenção futura seja organizada, tendo acesso, rapidez e confiabilidade. Escolha o equipamento pelo tempo estimado de vida útil, tomando como referência a concorrência. É bom lembrar que bons equipamentos custam caro e possuem um índice de depreciação menor do que os mais baratos.

Desperdício no Escritório – Se na fábrica a parada repentina de uma máquina ou a falta de insumos pode causar desperdício, no escritório pode haver descontinuidade devido à perda de informações na passagem entre pessoas e departamentos. O funcionário do escritório tende a achar que o seu trabalho, ao contrário das tarefas de um colega da linha de produção, não está submetido a uma rotina.

O desperdício que existe nos escritórios não é tão óbvio aos olhos dos dirigentes, que não estão habituados a colocar no papel, como, por exemplo, um fluxograma de processo ou de procedimentos. Tais ferramentas detectam desperdícios de tempo, superposição de tarefas, oportunidades de eliminação de processos e procedimentos, combinação de atividades.

Desperdício de Tempo – Os dirigentes que sabem aproveitar bem o tempo são aqueles que estão dispostos a pensar antes de agir. Dedicam-se a pensar sobre as áreas para as quais serão estabelecidos objetivos, e mais tempo ainda a refletir sistematicamente nos problemas. Porém, a maioria dos administradores gasta muito tempo tentando avaliar a qualidade e o desempenho de seus subordinados. Segundo Peter Drucker, "o administrador que utiliza bem seu tempo também se dedica a pensar bastante sobre os problemas e sobre o que pode fazer, para que o mesmo tenha êxito em suas ações".

5.13 Grupo de Trabalho

Um **grupo** não é simplesmente o somatório de indivíduos. Cada um, com as suas idiossincrasias e traços diferentes, é um elemento que influencia o grupo e que por este se deixa influenciar. Essas interações dão ao grupo um caráter ativo e dinâmico. A convivência grupal cria sentimentos, laços de simpatia e amizade, que dão ao grupo certa força interna, formando uma verdadeira trama de tensões.

Existem vários tipos de **grupos sociais**, como: família, clube, escola, igreja, partido político, empresa. Uma empresa terá de ser dividida em grupos de trabalho para poder funcionar. Estes grupos serão divididos, em função das atividades, como: Produção, Marketing, Material, Logística, Administração, por exemplo.

Cada um desses grupos possui um campo psicológico pessoal e nele se desenvolve com relativa autonomia. É preciso observar que tais campos não divirjam excessivamente, pois, em tal caso, a coesão grupal diminuirá e surgirão problemas, ou atritos, quer entre um membro e o grupo, quer entre os participantes do grupo.

O estudo das tensões entre os membros do grupo de trabalho permitirá conhecer as relações de trabalho, bem como melhorar o ambiente social, tornando-o positivo. É preciso saber quais as pessoas que podem ou devem trabalhar juntas; as que devem trabalhar, mais ou menos, distantes; as que devem ser escolhidas para cargos de chefia.

Saber escolher os indivíduos, quando o trabalho de um depende do outro, é muito importante nas relações humanas.

Os comportamentos, os motivos, as atitudes e as reações de um indivíduo em um grupo de trabalho precisam ser estudados, para se entender a dinâmica do grupo. Também é preciso levar em consideração o nível hierárquico.

A compreensão dessas variáveis, que ajudam ou inibem os indivíduos para o trabalho em grupo, é de grande importância. Os dirigentes precisam avaliar as causas de maior ou menor produtividade, bem como o grau de criatividade do grupo ou do indivíduo.

Segundo Etizioni, "Quanto mais se compreendem os grupos, melhor se pode administrá-los. Embora a administração possa encarar os indivíduos como recursos para os fins organizacionais, as pessoas exprimem-se como personalidades integrais, transpondo-as para suas tarefas".

Além das características que o ambiente e os indivíduos levam para o grupo, dois atributos, tamanho e estrutura, podem influenciar sua capacidade de operar de forma satisfatória. Depois de formados, os grupos podem diferir, sobremaneira, em sua aparência e comportamento. Interiormente, no entanto, todos têm os mesmos elementos.

Capítulo 6

Qualidade

"Não é mais possível colocar no mercado um produto de qualidade medíocre, deixando que os primeiros clientes sofram as consequências e que a qualidade melhore aos poucos, à medida que o tempo passa".

James Teboul

Objetivos do Capítulo

- Mostrar os principais meios de controle de qualidade.
- Mostrar a visão estratégica da qualidade.
- Mostrar os principais tipos de qualidade.

6.1 Qualidade

A qualidade é um conjunto de propriedades e características de um produto (processo, técnica, método), que lhe fornece a capacidade de satisfazer as necessidades explícitas e implícitas do ser humano. Pode-se dizer mesmo que, hoje, a maioria dos conceitos e orientações empresariais está direcionada para a satisfação do mercado consumidor.

Com a qualidade não poderia ser diferente, pois, ao lado do preço e do atendimento, constitui o elemento fundamental na decisão de comprar do consumidor.

Do ponto de vista do mercado, a **qualidade de um produto** é uma conjugação da capacidade de desempenhar funções requeridas pelo mesmo e a posse de características que levem o consumidor a optar por esse ou aquele produto. Qualidade é uma opção racional de quem reconhece no cliente a importância da função e do negócio.

Do ponto de vista organizacional, a qualidade é a capacidade que tem uma empresa de atender às necessidades tanto do mercado como as suas próprias. Uma empresa terá maior ou melhor qualidade na proporção em que consiga atingir estes dois objetivos.

Sob o ponto de vista de função, podemos dizer que a qualidade é uma espécie de sistema voltado para conseguir, em primeiro lugar, a satisfação dos consumidores, tendo a participação de todas as áreas e indivíduos. Em segundo lugar, acompanhar as atividades da empresa desde o planejamento até o fim da vida útil do produto vendido.

A **função organizacional qualidade** é o conjunto de atividades, através das quais atingimos a adequação ao uso, não importando em que parte da organização essas atividades são executadas. Ela deve se tornar uma operação bem disciplinada, que transmita o espírito do processo de melhoria contínua da qualidade.

A qualidade é definida com base nas necessidades e nos interesses dos consumidores, usuários e pacientes, que desejam dispor de produtos livres de deficiências. Tais ausências permitem satisfazer a clientela e, ao mesmo tempo, evitar os custos da não qualidade.

Qualidade significa a adequação a padrões e especificações previamente definidos. Quando essas exigências não são atendidas, a qualidade se torna ambígua. Podemos dizer que o vendedor entrega qualidade quando seu produto atende ou excede as expectativas do consumidor.

Uma empresa que satisfaz a maioria de seus consumidores é chamada **empresa de qualidade**.

A **ideia de qualidade** foi discutida, primeiramente, pelos filósofos gregos, que pensaram no ideal da excelência, definida como a característica que distingue alguma coisa pela superioridade em relação aos semelhantes. Essa noção sempre esteve incluída no conceito de qualidade, até os dias de hoje. Assim, a qualidade significa a aplicação dos melhores talentos e esforços para produzir os resultados mais elevados.

A qualidade não admite uma segunda classe. A ideia contemporânea de fazer bem feito, na primeira vez, é sinônimo de excelência. A **administração da qualidade** é orientada para padrões superiores de desempenho.

No início do Século XX, as preocupações com a qualidade passaram a ser sistematizadas e a fazer parte das normas ou objetivos de uma unidade produtiva. A Segunda Guerra Mundial motivou as indústrias a produzir mais e com maior eficiência, buscando novas técnicas de controle da qualidade. A **estatística** entrou em cena e os conceitos de confiabilidade foram aprimorados.

As primeiras conceituações de qualidade colocavam-na como sendo uma característica possuída por um bem ou serviço, ao não apresentar defeitos, falhas, desvios de desempenho. A qualidade é definida como sendo aquilo que vá de encontro às necessidades de alguém, proporcionando satisfação. É o atendimento das exigências do consumidor, usuário, paciente. Também é entendida como a adequação à finalidade ou uso.

O **nível de qualidade** do canal de comunicação se fundamenta na: segurança, desempenho, tempo de operação, garantia de qualidade, custo baixo, confiabilidade, risco, facilidade de uso, por exemplo.

É ingenuidade pensar que qualidade é apenas uma questão de fazer melhor, cortar custos, corrigir defeitos e desvios ou, ainda, fazer um esforço desmesurado, porque tudo isso pode resultar em nada. É, pois, decisivo fazer um trabalho coordenado e planejado para alcançar aquele que é o mais importante para a organização, isto é, o consumidor, o paciente, o usuário, o funcionário, o colaborador, o voluntário.

Qualidade é uma opção racional de quem reconhece no consumidor a superioridade sobre a função e o negócio. Sem consumidor não há negócio.

Sem qualidade não há um bom negócio. Portanto, que cada um tome conta de seus relacionamentos e comece a fazer aquilo que não é novo, não foi inventado e nem depende de programas governamentais para ser feito: **Atender Bem**.

6.2 Finalidade da Qualidade

Existem dois pressupostos importantes para se entender a finalidade da qualidade:

O primeiro, é que a qualidade tem que estar a serviço de um benefício. Qualidade sem essa finalidade vira adereço, é um luxo, é estéril, não serve para nada e a ninguém. Neste sentido, qualidade deve ser entendida como um atributo absolutamente relacional, que só passa a existir quando pensada e produzida em benefício de uma vinculação, seja ela comercial, funcional ou de qualquer outra natureza.

Deve ser o consumidor o maior beneficiário da qualidade. Em outras palavras, quem não administra essas relações não pode, e nem tem por que produzir qualidade, a menos que a trate meramente como uma alegoria pela qual o consumidor final vai acabar pagando.

O segundo, é que a qualidade não é um valor em si mesmo, mas o grau de **conformidade** atingido, tendo em vista um padrão preestabelecido. Portanto, esforçar-se muito para fazer algo bem feito ou fazer da melhor forma possível não significa, absolutamente, qualidade, a menos que o trabalho tenha sido direcionado para um padrão de atendimento ou de execução.

A partir desses dois pressupostos, começa-se a entender que qualidade tem um preço e esse pode ser alto quando, por arrogância ou pretensão, decidimos fazer qualidade por conta própria, sem consultar nosso público-alvo sobre aquilo que lhes beneficia ou adiciona valor aos produtos que consome.

De nada adianta investir em recursos, treinar pessoas, mudar processos, se esse investimento não tornar nossos clientes mais bem conhecidos. É ingênuo supor que qualidade é apenas uma questão de fazer melhor, cortar defeitos ou se esforçar mais. Tudo isso pode resultar em nada sem um esforço coordenado e dirigido para alcançar nossos clientes, em tudo que puder beneficiá-los, a custos que possamos suportar.

Sem consumidores não haverá negócios. Negócio sem qualidade não consegue consumidores. Portanto, que cada um cuide dos seus clientes e comece a fazer aquilo que não é novo, não foi inventado e nem depende de programas de governo.

Qualidade é um conceito que faz parte do dia a dia das pessoas e das organizações. Para que isso ocorra, contudo, é preciso que se adote uma **visão estratégica da qualidade**.

Essa transformação deve se dar em dois planos: no institucional e no privado. No primeiro, ela passa pela ação do governo em dotar o país de um eficiente sistema de normas técnicas que são as especificações mínimas dos diferentes produtos, bem como de uma rede de laboratórios capaz de medir sua conformidade com essas normas.

Uma outra forma de estimular a qualidade seria a implantação de programas de educação e treinamento. No segundo, ela passa pela inspeção em massa e a verificação da obediência do produto ao projeto original. Para tal, as empresas se valerão do **controle de qualidade**.

6.3 Consciência da Qualidade

A consciência da qualidade está em ascensão? O interesse pela qualidade está crescendo em todo mundo. Consumidores, pacientes, colaboradores, usuários, fornecedores, funcionários e parceiros estão se tornando cada vez mais exigentes. As pesquisas confirmam que os consumidores não reclamam da qualidade inferior, eles simplesmente mudam de fornecedores, de distribuidores ou de intermediários.

Um número crescente de empresas reconhece, hoje, que o investimento em qualidade é um dos mais lucrativos que elas podem fazer. Não fazer nada custa muito mais caro. Esta revolução na consciência de cada um é, antes de mais nada, uma nova forma de pensar a respeito de bens e serviços.

Não se trata mais de uma questão de produzir para satisfazer às expectativas dos clientes, mas também de inspirar as pessoas que os produzem, para que façam da melhor maneira possível. A **essência da qualidade** está nas pessoas, isto é, aqueles que fazem os produtos, prestam serviços e desenvolvem ideias.

A consciência da qualidade estende-se através de todos os atos gerenciais. A maneira como o pessoal da gerência fala sobre qualidade é ponto importante. Quando a palavra qualidade passa a integrar o vocabulário da organização é que começa a exercer efeito. Mas, lembre-se de que se a palavra qualidade não for lembrada a todo instante, ela pode ser esquecida.

A Time Manager International acrescenta uma nova dimensão à **qualidade humana**. As **qualidades técnicas** são: durabilidade, segurança, credibilidade, garantia, funcionalidade, baixo índice de defeitos. Mas, as qualidades humanas são: atitude, comprometimento, atenção, atendimento, lealdade, cooperação.

É difícil imaginar que o mundo, em geral, ficará satisfeito com o desempenho global de uma organização, a menos que cada um dos seus funcionários produza com alto nível de qualidade.

Uma empresa de qualidade produz satisfação em todos os clientes. Assim, o sonho de todo e qualquer gerente é comprometer seus subordinados com a qualidade.

Qualquer que seja a pessoa ela tem um desempenho mais acurado em um local de trabalho organizado, de modo a sempre manter uma visão estratégica do que está executando, bem como estar no controle das suas atribuições. Para muitas pessoas, uma mesa confusa provoca cansaço, ineficiência, frustração, estresse e má qualidade daquilo que faz. Portanto, siga os seguintes **preceitos de qualidade**.

- Use os recursos de forma a otimizá-los sempre.
- Não desperdice o seu tempo e o dos outros.
- Evite se tornar um gargalo em procedimentos e rotinas.
- Não faça mais cópias, nem fale e escreva mais do que o necessário.

- Tente satisfazer as exigências e expectativas dos outros em todas as situações, e, se puder, ultrapasse-as.

Você termina aquilo que começa? Ou é daqueles com muitas ideias que raramente as coloca em prática? Muitas tarefas inacabadas irão pesar em sua mente. Baixe o desejo de iniciar novos projetos. Acabe aqueles que você começou.

Livre-se da **síndrome de Da Vinci** (trabalho inacabado). Seu senso de comprometimento ou a falta dele determina, mais do que qualquer outra coisa, a maneira pela qual os demais membros da equipe percebem seu desempenho.

6.4 Cultura da Qualidade

Compramos produtos de baixa qualidade, como de qualidade fosse. E, ao reclamarmos, como uma decorrência natural do exercício de um direito legítimo e, portanto, inquestionável de quem paga, e paga caro pelo que recebe em troca, somos mal atendidos. Desavisados, velhos, crianças, bem como pessoas simples, humildes e pacatas são presas fáceis de espertos vendedores e atendentes de balcão.

Criar a cultura da qualidade é o oposto da vida fácil, da lei da vantagem, do lucro a qualquer preço, da esperteza sem respeito ao próximo, da corrupção, do nepotismo e fisiologismo desenfreado, dos trens da alegria. Se assim o fizermos, estaremos recuperando valores sociais, hoje, distorcidos e esquecidos no tempo.

Criando a cultura da qualidade, onde predominam crenças, valores e comportamentos de satisfação, nos colocamos pelo bom atendimento, pelo preço justo, pela confiança recíproca, pela certeza do bom produto e, principalmente, pela sua adequabilidade às necessidades e expectativas dos clientes consumidores.

O **culto à qualidade** não é recente e nem gratuito nas empresas. O que se perde pelo desleixo com a melhor qualidade dos produtos pode ser medido em números. Segundo um estudo da Unctad, organismo da ONU especializado em problemas econômicos, nada menos de 3 bilhões de dólares ao ano.

A **Associação Brasileira do Controle de Qualidade** estima que as empresas industriais deixam de incorporar entre 20% a 30% de seu faturamento, em função da má qualidade.

Através do empenho de cada um e com o gerenciamento amplo da qualidade, ou pela busca constante da perfeição, é possível envolver todos os funcionários num mesmo ideal de qualidade. O investimento efetuado com programas de conscientização, treinamento e implantação apresentam retorno seguro através da melhoria contínua do desempenho.

A qualidade, como a empresa, não é estática e que atitudes preventivas, gerenciadas por sistemas adequados, asseguram a redução dos **desvios** que, por sua vez, proporcionam menores custos.

A **melhoria da qualidade** transfere o desperdício de recursos para a produção de um bom produto e uma melhor prestação de serviços. O resultado é uma reação em cadeia, isto é, custos mais baixos, melhor posição competitiva, pessoas mais felizes no trabalho, empregos e mais empregos.

A melhoria da qualidade exige uma orientação, mas também um líder para coordenar tal mudança, porque senão as pessoas se envolverão com tantas coisas, esquecendo o propósito do projeto, além de metodologias, programas, planos, diretrizes, regras, políticas e procedimentos, por exemplo.

A finalidade de uma **equipe** é orientar o processo de mudança e ajudar com que o mesmo funcione e se aperfeiçoe. A maneira com que as equipes geram a melhoria da qualidade, no início, é fluida e se consolidará após algumas quedas e lutas para compreender não só a equipe, mas qual o caminho é o mais adequado.

O verdadeiro aprendizado advém da adversidade.

Segundo Crosby: "Quanto mais equipes forem estabelecidas a nível gerencial, mais pessoas chegarão à compreensão necessária para descomplicar a companhia. A melhor forma de treinar é jogar".

Por meio da educação é possível ajudar os empregados a terem uma linguagem comum da qualidade, porque cada um compreenderá o seu papel no processo de melhoria da qualidade, que terá como questionamento básico o seguinte:

- Quantos empregados foram instruídos?
- As equipes estão funcionando corretamente?
- Quais as histórias de sucesso que podemos partilhar?
- Quais os problemas que precisam ser resolvidos?

6.5 Elementos da Qualidade

Padrão de Qualidade – O padrão de qualidade é estabelecido, normalmente, com base nos resultados obtidos pela pesquisa de mercado, com relação ao projeto, forma, material, durabilidade, custo e demais características do produto. A fim de atender ao uso que lhe é destinado, o padrão de qualidade é definido pelas especificações do projeto. Estas podem incluir materiais, componentes, ingredientes, processos de fabricação, ensaios (critérios de rejeição), uso do produto (métodos e limites), características do produto, desenhos, amostras.

Os **organismos de padronização** mais conceituados do nosso conhecimento são:

- International System Organization (**ISO**) – Um organismo internacional.
- American Standards Association (**ASA**) – Um organismo americano.
- Associação Brasileira de Normas Técnicas (**ABNT**) – Um organismo brasileiro.

Análise da Qualidade – A análise da qualidade objetiva verificar a conformação do produto, evidenciada pelo desenho, especificação, tolerância, confiabilidade e padrão.

Avaliação da Qualidade – A qualidade é avaliada pelo valor do serviço que um produto presta ao consumidor, usuário, paciente, colaborador, parceiro, funcionário, fornecedor, concorrente e agente do governo.

Características de Qualidade – A qualidade de um produto é representada por um conjunto de características que costumamos observar e sobre as quais estabelecemos julgamento. Característica é um atributo que distingue um produto de outro e que permite ao consumidor optar por um deles, de acordo com suas conveniências. Mas, surge a questão: Quais as características da qualidade são importantes?

Regularidade da Qualidade – Qualidade significa minimização da variabilidade de meios de fabricação. Um produto tem qualidade, quando atende às especificações preestabelecidas. Qualidade também é sinônimo de regularidade de processo de produção, de demanda e de preço.

Responsabilidade pela Qualidade – A responsabilidade pela qualidade não pode ser completamente centralizada num único órgão. Uma importante razão para isso é que os assuntos tecnológicos são mais suscetíveis à mensuração precisa do que a psicologia das pessoas. Mas, este fato não deve levar à ideia de que a qualidade é menos importante em outras áreas da organização. Um gerente de restaurante que instrui seu pessoal sobre as técnicas de atendimento está prestando um serviço de qualidade.

Especificações de Qualidade – Embora o conceito de especificação tenha sido abordado, definir qualidade em termos de especificações é o problema dos engenheiros. As especificações descrevem o produto em termos de sua utilidade, desempenho ou de seus atributos. Portanto, qualidade é o atendimento das especificações previstas e planejadas pelos técnicos da produção.

Um produto de qualidade é aquele que está em conformidade com as especificações. A não conformidade significa falta de qualidade. Para a completa especificação de qualidade, outros atributos ainda desempenham sua parte, por exemplo: a embalagem, o rótulo e as instruções de uso.

Nível de Qualidade – No nível de qualidade a produzir, a empresa deve estar atenta ao mercado que vai atuar (público-alvo) para saber se o produto deve ter um nível de qualidade que seja compatível com a renda do consumidor. O nível de qualidade no setor de serviços, ainda é pobre, devido ao fato de que em alguns lugares a demanda é muito maior do que a oferta. Tal situação inibe as reivindicações dos consumidores por mais qualidade.

Custo da Qualidade – A qualidade requer investimentos para ser alcançada e mantida. Esses investimentos compõem os custos da qualidade. O custo da qualidade se divide em:

- Custo do Não Cumprimento – São todas as despesas decorrentes de se fazer certo as coisas erradas o que inclui os esforços para corrigir os pedidos dos vendedores, os procedimentos de implementação das ordens de serviços, como também, para repetir a tarefa, pagar a garantia e outras alegações.
- Custo do Cumprimento – São despesas que precisam ser feitas, para que tudo saia nos conformes. Isso inclui treinamento, educação e recursos.

História da Qualidade – A ideia de qualidade foi discutida, primeiramente, pelos filósofos gregos, que pensaram no ideal da excelência, definida como a característica que distingue alguma coisa pela superioridade em relação aos semelhantes.

Finalidade da Qualidade – De nada adianta investir em recursos, treinar pessoas, mudar processos, se esse investimento não tornar nossos clientes mais bem conhecidos. É ingenuidade pensar que qualidade é apenas uma questão de fazer melhor, cortar custos, corrigir defeitos e desvios ou, ainda, fazer um esforço desmesurado, porque tudo isso pode resultar em nada.

É, pois, decisivo fazer um trabalho coordenado e planejado para alcançar aquele que é o mais importante para a organização, isto é, o consumidor, o paciente, o usuário, o funcionário, o colaborador, o voluntário. Qualidade é uma opção racional.

Nota: A empresa deve observar que o que chama mais **atenção no produto** são duas bandeiras: o preço e o visual.

Administração da Qualidade – Segundo Kotler, a administração da qualidade é uma abordagem organizacional ampla para a melhoria contínua do produto e de todos os seus processos de fabricação.

Consciência da Qualidade – A consciência da qualidade estende-se através de todos os atos gerenciais. A maneira como o pessoal da gerência fala sobre qualidade é ponto importante. Quando a palavra qualidade passa a integrar o vocabulário da organização é que começa a exercer efeito. Mas, lembre-se de que, se a palavra qualidade não for lembrada a todo instante, ela pode ser esquecida.

Cultura da Qualidade – O culto à qualidade não é recente e nem gratuito nas empresas. O que se perde pelo desleixo com a melhor qualidade dos produtos pode ser medido em números. A Associação Brasileira de Controle de Qualidade estima que as empresa industriais deixam de incorporar entre 20% a 30% de seu faturamento, em função da má qualidade.

Poucos são aqueles conscientes da importância da qualidade na definição do futuro da empresa, em função da existência de concorrentes e de uma consciência mais seletiva dos consumidores.

Filosofia da Qualidade – Através do empenho de cada um e com o gerenciamento amplo da qualidade é possível envolver todos os funcionários num mesmo ideal de qualidade.

Melhoria da Qualidade – A melhoria da qualidade transfere o desperdício de recursos para a produção de um bom produto e uma melhor prestação de serviços. O resultado é uma reação em cadeia, isto é, custos mais baixos, melhor posição competitiva, pessoas mais felizes no trabalho e mais empregos.

Planejamento da Qualidade – Historicamente o planejamento da qualidade era feito por pessoas cuja responsabilidade se estendia a examinar folgas e tolerâncias, desvios de custo e segurança das máquinas para evitar acidentes. Hoje, o planejamento da qualidade desenvolve instrumentos de treinamento para responsabilidades, processos, metodologias, estruturas, desvios, acidentes e avaliações, por exemplo.

Programa da Qualidade – Um programa da qualidade, aplicado em todos os níveis organizacionais, estende-se desde a fase de geração e implementação do sistema, ou técnica adotada, até a sua completa aceitação pelos envolvidos. Esta aceitação manifesta-se pela motivação demonstrada e pelos resultados alcançados.

6.6 Tipos de Qualidade

A seguir, os principais **tipos de qualidade**:

Qualidade Ambiental: Qualidade que diz respeito ao ambiente físico onde se trabalha, pois em condições adversas, o ser humano tem um rendimento muito baixo, se irritando com facilidade, exacerbando conflitos e baixando a produtividade. A iluminação, a temperatura, o ar, o ruído e a pintura (cores) são os maiores causadores de problemas da qualidade ambiental.

Qualidade Assegurada: Qualidade baseada em um sistema que estabelece e mantém o padrão especificado da qualidade do produto. Neste tipo de qualidade é comum esbarrar em dois obstáculos: o primeiro, é o despreparo da mão de obra para utilizar métodos estatísticos; o segundo, é o da qualidade das peças, componentes, matérias-primas, insumos e produtos semiacabados de fornecedores e parceiros.

Qualidade da Decisão: Qualidade que aumenta em função da interação de grupos detentores do conhecimento.

Qualidade da Informação: Qualidade que está fundamentada nos seguintes elementos: forma, idade, frequência, significado e distribuição.

Qualidade de Concepção: Qualidade que mede a adequação de se produzir um bem ou serviço, sem que apareçam defeitos, não observados pela equipe de pesquisa e desenvolvimento.

Qualidade de Conformidade: Qualidade que se refere a todas as unidades produzidas é idêntica e atendem às especificações.

Qualidade de Desempenho: Qualidade que se refere aos níveis pelos quais as características básicas do produto operam. A maioria dos produtos é estabelecida, inicialmente, para oferecer um entre quatro níveis de desempenho: baixo, médio, alto, superior.

O vínculo da qualidade à rentabilidade não significa que a empresa deve sempre desenvolver o nível de desempenho mais elevado possível e, sim, um nível apropriado ao mercado alvo, equiparado aos níveis de desempenho dos concorrentes.

Qualidade de Vida: Grau relativo das condições ambientais em que se vive.

Qualidade de Vida no Trabalho: Filosofia da empresa que busca assegurar a saúde de seus funcionários. Ver saúde.

Qualidade do Administrador: Qualidade caracterizada pela solução de problemas organizacionais, com eficiência, eficácia e efetividade.

Qualidade do Alimento: Qualidade que um alimento apresente na: textura, cor, sabor, higiene, limpeza e durabilidade.

Qualidade do Atendimento: Qualidade baseada no bom relacionamento humano. Se o atendente não estiver preparado pode causar grandes estragos. O bom atendimento começa com palavras de cortesia, de forma calorosa e empática, dando atenção a quem procura atender às suas necessidades.

Qualidade do Líder: Qualidade (capacidade, posição ou carisma) de alguém de influenciar outra pessoa ou grupo no sentido de alcançar determinado propósito.

Qualidade do Planejador: Qualidade de quem tem que avaliar as causas de resultados insatisfatórios; visualizar amplitude, abrangência e limites do planejamento; saber liderar a equipe; possuir certa dose de pessimismo. Não deve esquecer que os outros membros da equipe também pensam.

Qualidade do Produto: Qualidade que pode ser definida como o grau até que um produto satisfaz os requisitos descritos na sua concepção a todos os clientes de um mercado específico. Pois, a insatisfação entre os consumidores que não reclamam é uma ameaça a qualquer empresa.

Qualidade do Projeto: Qualidade que compreende as características que atendam às necessidades ou aos interesses da clientela. Quanto mais o projeto for capaz de cumprir a finalidade para a qual o consumidor pretende utilizá-lo, mais elevada é a sua qualidade, caracterizada por: satisfação, competitividade e desempenho.

Qualidade do Resultado: Qualidade quando o resultado atende aquilo que foi planejado.

Qualidade do Serviço: Qualidade do bem-servir. Os serviços exigem, geralmente, experiências e credenciais altas.

Qualidade do Serviço – Quanto mais tecnologicamente sofisticado for o produto, mais suas vendas dependem da qualidade dos serviços prestados. Presume-se que os artigos produzidos na fábrica são geralmente mais uniformes, em suas características de qualidade, do que os serviços executados no campo. Susceptível a fatores que envolvem desde a instabilidade econômica até a adoção equivocada de novas tecnologias, o setor de serviços peca, principalmente, pela ausência de uma mentalidade voltada para o bem-servir.

Uma vez que os serviços exigem, geralmente, qualidades de experiências e credenciais altas, os consumidores enfrentam maior risco em suas compras. Isto leva a várias consequências. Primeiro, os consumidores de serviços confiam mais na propaganda boca a boca. Segundo, dão mais valor na aparência do prestador do serviço do que na sua competência técnica. Terceiro, se tornam cliente cativos quando bem atendidos.

Qualidade do Sistema de Informações: Qualidade que pode ser medida pelas seguintes propriedades: utilidade, necessidade, confiabilidade, oportunidade, facilidade de operação, aprendizado, ergonomia, portabilidade, dinâmica, flexibilidade, compatibilidade, rentabilidade, segurança, continuidade e robustez.

A primeira preocupação que se deve ter na construção de um sistema de informações é com relação às necessidades de cada usuário.

Qualidade do Vendedor: Qualidade que se traduz por: personalidade, inteligência, aparência, simpatia, empatia, persuasão e, principalmente, habilidade de relacionamento.

Qualidade Executiva: Qualidade do administrador situado no nível institucional (nível superior) da organização. Geralmente, é um diretor ou superintendente, podendo, em algumas empresas, ser um gerente. Aquele que recebe delegação superior de poderes dentro de uma empresa, ou todo dirigente marcado pela ousadia, racionalidade e criatividade.

Qualidade Humana: Qualidade caracterizada por: atitude, comprometimento, atenção, atendimento, lealdade, cooperação.

Qualidade Industrial: Qualidade que se traduz pela investigação das causas, efeitos e reações do mercado. É o estudo dos métodos e especificações de qualidade para a produção em níveis mais econômicos, que garantam a satisfação do público-alvo. Qualidade industrial é sinônimo de: limpeza, higiene, beleza, embalagem, etiquetagem, codificação, rotulagem, arranjo físico, racionalidade, por exemplo.

A qualidade industrial não é avaliada por quem faz o produto, mas por quem o consome.

Qualidade Organizacional: Qualidade que se entende como a resultante de três vetores: eficiência, eficácia e efetividade; Qualidade definida pelo grau até o qual seu desempenho global pode satisfazer às exigências e expectativas do mercado.

Qualidade Pessoal: Qualidade que é a base de todas as outras qualidades. Você será um patrimônio para a sua organização, quando realizar produtos com qualidade.

Qualidade Técnica: Qualidade caracterizada por: durabilidade, segurança, credibilidade, garantia, funcionalidade, baixo índice de defeitos.

Qualidade Tecnológica: Qualidade que ajuda a minimizar o desperdício, acabar com tempos mortos, diminuir os índices de sucata e refugo a um nível quase zero, não mais justificar as deficiências do planejamento estratégico são, por exemplo, alguns pontos a serem considerados. Mas, não custa lembrar que não adianta ter a mais avançada tecnologia do mundo, se seus recursos humanos ainda estão na idade da pedra.

Qualidade Total: Processo que envolve todas as pessoas da organização para assegurar que cada atribuição relacionada com a produção de bens e serviços tenha um mínimo de comprometimento para atender às necessidades da clientela.

O **foco da qualidade** total está nas pessoas, cujo desempenho determina o alcance de altos padrões de desempenho. Um sistema administrativo para conseguir, em primeiro lugar, a satisfação do cliente, por meio da participação de todas as áreas da organização.

Qualidade do Alimento – Para que um alimento apresente qualidade na textura, cor, sabor e durabilidade, por exemplo, é suficiente seguir as seguintes regras:

- Cozinhar os alimentos com os critérios de tempo e temperatura.
- Diminuir ao máximo o tempo intermediário entre cocção, armazenamento e distribuição.
- Guardar cuidadosamente os alimentos cozidos em temperaturas de segurança.
- Reaquecer adequadamente os alimentos cozidos.
- Evitar o contato entre os alimentos crus e cozidos.
- Observar a higiene dos manipuladores dos alimentos.
- Higienizar e desinfetar corretamente: superfícies, equipamentos e utensílios.
- Manter os alimentos fora do alcance de: insetos, roedores e quaisquer animais.
- Utilizar água potável.

Qualidade do Sistema de Informações – A qualidade de um sistema de informações pode ser medida pelas seguintes propriedades: utilidade, necessidade, confiabilidade, oportunidade, facilidade de operação, aprendizado, ergonomia, portabilidade, dinâmica, flexibilidade, compatibilidade, rentabilidade, segurança, continuidade e robustez.

A primeira preocupação que se deve ter na construção de um sistema de informações é com relação às necessidades de cada usuário. Assim, o construtor do sistema se lança ao estudo dos fluxos de informação existentes na empresa e o propósito de cada um.

6.7 Controle de Qualidade

A mais importante função do controle de qualidade é manter fora do mercado produtos de padrão inferior. Uma outra função é medir o desempenho do pessoal, bem como avaliar e indicar desvios e deficiências, como, também indicar as técnicas de superação desses problemas. Muitas vezes, tais problemas provocam uma revisão das especificações de qualidade para atender a uma situação real da produção.

Para localizar desvios ou defeitos, detectar erros ou falhas no processo produtivo, o controle de qualidade compara o desempenho com o padrão estabelecido. Esta comparação pode ser feita de três maneiras:

Inspeção Total da Qualidade – Isso significa que a totalidade dos itens deve ser comparada com o padrão para verificar se há desvio ou variação, isto é, todo material deve ser inspecionado, bem como todo trabalho. Esta inspeção é imprescindível em determinados tipos de produtos de alto valor, onde a garantia é necessária, pois, em geral, se trata de produção sob encomenda. Porém, a inspeção total exige pessoal especializado, muitas paradas, que, consequentemente, acarreta um custo final elevado.

Inspeção por Amostragem – Esta inspeção não interfere no processo produtivo e não requer parada na produção. Se a amostra é aprovada, todo o lote será aprovado. Mas se for reprovado, todo o lote volta a ser inspecionado.

Inspeção Aleatória – É o controle probabilístico, que consiste em inspecionar apenas uma percentagem de produtos, tomados aleatoriamente.

O controle de qualidade trabalha com todos os departamentos (funções organizacionais) da empresa, pois controla: execução do projeto, recepção de materiais, processo de fabricação, produto acabado. A essência do controle de qualidade e a garantia de qualidade são incorporadas numa avaliação realística e complexa, da maneira como os produtos funcionam durante sua vida útil.

Não tem sentido, por exemplo, observar o número de rotações de uma barra num motor, se todo o processo não for avaliado.

O controle de qualidade deve começar na recepção dos materiais, onde estabelecemos os seguintes itens de controle: nome do material, código, fornecedor, data de recepção, inspetor, unidade de medida do material, diferenças encontradas entre os valores comprados e os valores recebidos, cor, teste de laboratório, características dos defeitos e outros quesitos, função do material a ser inspecionado.

Controle estatístico da qualidade é o processo utilizado para determinar em produtos de uma amostra de inspeção, qual a probabilidade de que o universo alcance os padrões de qualidade, porque quando trabalhamos com estatística, temos dados de amostragem. Assim, para deixar de lado a inspeção unitária de cada produto precisamos confiar mais nos métodos estatísticos.

Sherwhrt desenvolveu o princípio: "O controle de qualidade deve ser, o quanto possível, exercido durante o processo de fabricação, a fim de prever e antecipar defeitos. Isto significa que para evitar defeitos imprevistos e garantir o nível de qualidade desejada, é necessário que se controle desde o início da fabricação até a utilização final do produto, pelo consumidor ou usuário".

Uma **vantagem do controle estatístico da qualidade** é que, quando uma variável começa a se descontrolar, ela é imediatamente ajustada ao padrão requerido. Este controle parece difícil a princípio, mas depois que o operador se familiariza com os gráficos, fica fácil. Estes gráficos nas telas dos monitores apresentam os limites superior e inferior da tolerância. Se uma medida apresentar um desvio, logo é notada.

O controle de qualidade envolve uma comparação entre as especificações do planejamento e os resultados reais obtidos pela inspeção e por outras técnicas. A inspeção pode ir além de uma verificação visual, como, por exemplo, o emprego de testes e uso de equipamentos e máquinas sofisticados. A mais importante função do controle de qualidade é manter fora do mercado produtos de padrão inferior.

Os principais **benefícios do controle de qualidade** são: performance do produto, racionalidade na produção, custo reduzido no longo prazo, moral elevada dos empregados, satisfação das expectativas dos consumidores, aumento da imagem da empresa, taxas de devolução e cancelamento menores, avaliação positiva dos fornecedores de recursos.

A essência do controle de qualidade e a garantia de qualidade são incorporadas numa avaliação realística e complexa, da maneira como os produtos funcionam durante sua vida útil.

As duas maiores abordagens ao controle de qualidade são a aceitação por amostragem dos produtos recebidos ou expedidos e o controle de processo das atividades de transformação. Ambos os métodos envolvem a amostragem.

Os métodos de aceitação por amostragem dependem da avaliação dos níveis dos itens defeituosos antes e depois de um processo ser completado.

O controle de processo é mais útil para assegurar que a produção não está fora dos limites aceitáveis pelo mercado. Um relatório de **gestão da qualidade**, na produção de alimentos, abordará questões relacionadas à:

Edifícios e instalações; equipamentos e utensílios; higiene dos manipuladores; processos de fabricação; procedimentos de cozinha; movimentação e transporte; higiene ambiental; controle de pragas; suprimentos; distribuição; desempenho dos recursos humanos.

6.8 Programa de Qualidade

A participação eficaz das pessoas nos programas de melhoria da qualidade deve ser fruto de motivação. O sucesso desses programas depende de as pessoas serem criativas, tanto para identificar problemas como para sugerir alternativas de solução, o que por sua vez depende de um clima gerencial favorável.

Analisando empresas, nas quais os esforços e iniciativas de implantação de programas de qualidade termina em frustração, descobriram-se algumas causas básicas, tais como:

Moral Baixo dos Empregados – Muitas vezes, os empregados não gostavam de seus gerentes e, por vezes, até mesmo os odiavam. O sentimento dos empregados era o de não serem tratados como pessoas que merecessem confiança. Irrelevante buscar saber se os empregados tinham, ou não, razão. O fato a ser considerado é que o seu comportamento afetava seu desempenho.

Ineficácia da Venda da Ideia – Em muitas empresas os empregados foram pegos de surpresa através de cartas, memorandos, circulares, cartazes, folhetos, e-mails e reuniões para lhes explicar a finalidade "financeira" das técnicas de: Análise de Valor, Círculo de Controle de Qualidade, Campanha do Zero Defeito, Combate ao Desperdício e Guerra à Burocracia, por exemplo.

O **fator humano** foi tristemente esquecido, deixando os empregados com a dúvida: O que é que eu tenho com tudo isso?

A venda da ideia das técnicas destinadas à melhoria da qualidade e produtividade deve levar em conta as motivações dos empregados e do comportamento decorrente. Deve ficar claro que a finalidade das novas técnicas não é a de reduzir custos, mas a de garantir a sobrevivência da empresa no seu mercado, e que isso é garantia de estabilidade para todos que colaborem com ela neste sentido.

Treinamento Inadequado das Coordenações – Embora aparentemente treinados para liderar equipes de trabalho, os coordenadores de grupo não são, em geral, preparados para ouvir. Ouvir é uma habilidade que exige não só treinamento formal, mas anos de experiência.

Os coordenadores devem ser cuidadosamente treinados. Não basta lhes proporcionar cursos de relações humanas no trabalho, eles precisam ter certeza de que as informações que recebem estão em consonância com o comportamento das gerências superiores.

Ausência de Clima Gerencial – O fracasso desses programas em várias empresas é, muitas vezes, mais um fracasso numa longa cadeia de outras iniciativas, como: reengenharia, benchmarking, downsizing, meritocracia e outras invencionices. Nas empresas em que as gerências veem somente técnicas de resolução de problemas de produção, o fator humano é novamente ignorado, os empregados são vistos apenas como instrumentos adicionais do processo e não como os principais responsáveis pela qualidade e segurança do mesmo.

Qualquer organização pode desenvolver qualidade, desde que busque com persistência a sua excelência, através do empenho de cada um. Saber, também, que a qualidade, assim como a própria empresa, não é estática e que atitudes preventivas, gerenciadas por sistemas, asseguram a redução dos desvios que, por sua vez, proporcionam redução dos custos, gerando maximização dos lucros.

A qualidade, enfocada no seu mais amplo sentido, requer que cada empregado tenha confiança em sua própria competência.

É necessário que os empregados sintam que a qualidade é meta prioritária da empresa e que vai ser levada a sério. É fundamental que todos saibam como a empresa encara as questões de qualidade, diante de usuários, consumidores, fornecedores e todos os que se relacionam com a organização. A atividade de treinamento passa a atuar junto aos dirigentes, buscando a performance de todos os processos produtivos.

Gerentes e supervisores devem divulgar os resultados obtidos e, primordialmente, obter o intercâmbio de experiências com empresas do mesmo setor. A duração de um programa de qualidade estende-se desde a fase de geração até a aceitação de todos os envolvidos. Esta aceitação manifesta-se pela motivação demonstrada e pelos resultados alcançados.

6.9 Círculos de Controle de Qualidade

Os **círculos de controle de qualidade** (CCQ) são pequenos grupos de empregados que se encontram, voluntariamente, numa base regular, para trocar ideias numa tentativa de identificar, analisar e resolver problemas relacionados à qualidade.

Os grupos são, geralmente, compostos de no mínimo 6 e de no máximo 12 pessoas, que desempenham tarefas semelhantes. As conclusões a que tais grupos chegam são encaminhadas a quem de direito, na forma de sugestões. Dependendo da natureza e complexidade do assunto, a implementação poderá ser feita por terceiros, monitorados pelo **CCQ**.

Os CCQ(s) trabalham sobre assuntos geralmente simples, tendo como premissas básicas:

- Um círculo de controle de qualidade é um pequeno grupo, de uma mesma área de trabalho.
- A formação dos círculos de controle de qualidade é espontânea e de iniciativa dos empregados.
- As reuniões são realizadas, preferencialmente, durante a jornada de trabalho.
- Os participantes dos CCQ(s) são treinados previamente.
- Prioritariamente, os grupos dedicam-se a temas e problemas de suas próprias áreas.
- Um CCQ não tem poder decisório, limita-se a dar apoio, a quem compete decidir.

Para compreender o que vem a ser o movimento CCQ é preciso analisar algumas características que o diferencia de outros movimentos, como a qualidade de vida do empregado. Tais características são fundamentadas nas palavras: pessoa, grupo, voluntariado, autenticidade, envolvimento, participação, integração, inovação, criatividade, longa duração, visão estratégica.

Círculos de controle de qualidade são grupos de debates, que só acontecem numa administração participativa. Os progressos são viáveis, quando se trata de resgatar, na organização, o respeito pelo indivíduo. Um adepto do CCQ em sua forma ortodoxa costuma dizer que a grande lição foi a percepção, para os dirigentes, de que os subordinados têm criatividade e interesse em participar da formação de soluções.

A surpresa foi descobrir gente que está na fronteira do analfabetismo, buscando algumas saídas operacionais com muito mais facilidade que empregados altamente especializados. O CCQ está deixando de ser uma metodologia de uso quase exclusivo da indústria para fazer parte do dia a dia da empresa. As principais conquistas envolvem: a **desburocratização**, a digitalização de dados e o **rodízio de cargos**.

Os círculos de controle de qualidade podem ter um papel bastante significativo em qualquer organização, contribuindo para a produtividade, motivação e comunicação, por exemplo. Mas, também, podem ser motivo de conflitos, tensões e frustrações.

O CCQ foi criado no Japão no decorrer da década de 1950 por Kaoru Ishikawa e formalizado ao redor de 1962. De 1979 a 1983, o administrador que se prezasse teria de falar dos CCQ(s)

Não resta a menor dúvida de que os CCQ(s) podem ser um importante fator de desenvolvimento organizacional, mas as armadilhas existentes no caminho são muitas e o resultado final pode ser um grande fracasso, principalmente, porque se desconhece as dificuldades que, fatalmente, serão encontradas. O CCQ virou nome maldito, porque não funcionou em algumas empresas.

Os administradores tiveram pressa, depositaram todas as suas expectativas de melhoria de produtividade e qualidade num único programa. Eles ficaram ansiosos por resultados miraculosos e até mesmo se intimidaram com iniciativas de seus subordinados.

Mais grave, ainda, é que muitos desses administradores perceberam que a base do êxito do programa é a motivação do funcionário, requisito, invariavelmente, relacionado a salário, benefício, recompensa e oportunidade. A questão que surge é primária: Quem tem motivação para solucionar problemas, além da rotina de trabalho que já possui? Prejudicado em sua credibilidade por culpa de algumas experiências desastrosas, o CCQ continua provocando debates.

O CCQ é muito competitivo desde que implantado corretamente, isto é, de baixo para cima da estrutura organizacional e com apoio da alta administração. Curioso é o fato de que o CCQ não tem dado certo, quando as chefias são mal informadas e quando acham que estão perdendo a unidade de comando.

6.10 Benchmarking

A busca da excelência envolve uma investigação inicial para descobrir os nomes das empresas que são reconhecidas como sendo excelentes na área examinada. As organizações escolhidas para pesquisa e análise representam, tanto quanto possível, o "estado da arte" no que diz respeito a objetivos, estratégias, táticas, referenciais, medições, comparações, juízos, modelos, padrões, indicadores, índices, desempenhos e resultados.

As empresas que têm a **filosofia da qualidade** incutida na mente de seus funcionários fornecem, de certa forma, um racionalismo adequado para o uso do processo de implantação da qualidade, criando uma expectativa de resultados positivos. Mas, por que utilizar o benchmarking (**plataforma de excelência**)? Eis algumas razões:

- É uma ferramenta útil para coletar dados para o planejamento estratégico.
- Mede o cenário do mercado, prevendo potenciais de demanda.
- É uma fonte excelente de ideias sobre novos nichos de mercado, negócios, inovações, novos produtos, recursos avançados e melhores práticas.

Embora muitas empresas não almejem atingir níveis de excelência, elas utilizam essas informações para estabelecer metas a serem atingidas em qualidade e quantidade. Estas metas podem ajudar as organizações a acelerarem suas curvas de desempenho à medida que lutam pela melhoria contínua.

No passado, a prática das comparações empresariais era limitada a fatos que eram facilmente observados. Entretanto, a experiência com projetos de benchmarking expandiu às áreas potenciais de investigação.

As pessoas frequentemente se surpreendem com a quantidade e a qualidade das informações disponíveis para aqueles que fazem um esforço sério para encontrá-las.

Benchmarking é um processo contínuo de longo prazo, sistemático, sistêmico, estruturado, analítico e organizado para avaliar e compreender as práticas de um negócio qualificado como melhor representante de seu segmento de atuação, setor da economia e linha de produtos, por exemplo, cuja finalidade é atingir um patamar de qualidade mundial.

A maioria das definições sobre benchmarking enfatiza o processo de trabalho e a otimização dos recursos. À primeira vista, para alguns, ele lembra as definições tradicionais dos diversos tipos de análise, como as de competitividade, de valor e de risco.

Alguns autores têm tentado isolar os elementos genéricos comuns que tipificam os processos de excelência. Infelizmente estes modelos variam muito no seu número de etapas. Michael J. Spendolini, em seu livro *Benchmarking,* mostra que o modelo de benchmarking que desenvolveu, função das experiências que teve.

São as seguintes **etapas do benchmarking**:

a) Determinar objetivos.
b) Formar um time.
c) Identificar problemas.
d) Coletar e analisar dados.
e) Desenvolver documentação.
f) Implementar mudança.
g) Estabelecer polos de decisão.
h) Buscar padrões de excelência.

i) Criar mecanismos de realimentação.
j) Utilizar diagramas de controle.

Foi somente no final dos anos de 1980 que o benchmarking realmente tomou corpo. Até aquela época, havia poucos especialistas nesta prática. A ênfase em processos e comparações de resultados estimulou um interesse sem precedentes na questão do benchmarking.

Organizações sérias no uso das diretrizes da referida tendência e da inscrição para o prêmio tiveram de aprender do zero. O problema era que não havia muitas orientações, regras e modelos explícitos, ou mesmo especialistas para ajudar a entender e aplicar o benchmarking em suas empresas.

Um evento significativo ocorreu, em 1989. Robert Camp, especialista em logística e engenheiro da Xerox escreveu *Benchmarking: The Search for Industry Best Practives that Lead to Superior Performance,* no qual ele descreve em detalhes seus sete anos de atividades dentro da empresa. O livro centraliza-se no processo que ajudou a criar, com exemplos na área de distribuição, o qual fornece ao leitor desempenhos esperados e resultados atingidos.

Esta obra foi o primeiro a detalhar a prática do benchmarking para o público de negócios, ajudando os gerentes a implementá-la em suas empresas.

Capítulo 7

Serviço

"Não existe o que se chama indústria de serviços. Há apenas setores industriais, cujos componentes de serviços são maiores ou menores em relação a outros setores. Todos estão na área de serviços".

Theodore Levitt

Objetivos do Capítulo

- Mostrar as diferenças básicas entre bens e serviços, como também os setores da economia em que o serviço está presente.
- Mostrar as características e os elementos que ajudam a conceituar o serviço.
- Mostrar os tipos básicos de serviço.

7.1 Serviço

Serviços são atividades, benefícios ou satisfações oferecidas à venda, ou proporcionados, em conexão com as vendas de bens e ideias. É bom lembrar que, hoje, a venda de um produto é considerada como a finalização de um processo de serviço, que começa com a persuasão do vendedor e termina na entrega do produto ao consumidor, que, em contrapartida, paga pelo mesmo.

Serviço é qualquer ato, ou desempenho, que uma parte possa oferecer a outra e que seja essencialmente intangível e não resulte na propriedade de nada. A abordagem que o proponente faz do serviço, como algo feito por indivíduos e não por máquinas, pode apresentar distorções conceituais.

O serviço será considerado como algo residual e será tratado como tarefa puramente humana. Já no serviço mecanizado o ser humano deve se comportar como extensão da máquina. Mas, precisamos enfatizar que estas distinções nem sempre são nítidas. Por exemplo, um restaurante, um supermercado e uma locadora de automóveis podem apoiar-se em uma combinação de bens e serviços para oferecer satisfação.

O ponto importante é que, quando um produto tem mais **características de serviço** do que de bem econômico, isso pode afetar a maneira como o consumidor percebe e julga o produto.

Os serviços, em geral, são executados por pessoas distantes da direção da empresa, que trabalham em condições altamente variáveis e incertas. Presume-se, com razão, que essas diferenças explicam por que os bens produzidos na fábrica são, geralmente, mais uniformes, em suas especificações de qualidade do que os serviços executados no campo.

Ademais, pessoas diferentes têm necessidades diferentes. Atualmente, a maioria das empresas reconhece a importância do bom **serviço ao cliente** e o efeito que isso representa no resultado final. Mas, como empresas, elas também têm de levar em conta os recursos necessários para um bom desempenho. Daí as seguintes questões:

- As empresas podem arcar com os custos?
- Como podem fornecer serviço eficaz?

A diferença entre um serviço efetuado em um dia e o serviço efetuado em uma hora, provavelmente, não será o mais importante para a maioria dos clientes, mas envolveria custos, consideravelmente, mais altos para a empresa que oferece esse último tipo de serviço.

É preciso descobrir um equilíbrio entre os custos e os benefícios envolvidos no serviço ao cliente. Os custos da disponibilidade extra não devem exceder a receita adicional que será obtida como resultado.

A verdadeira chave para um bom serviço ao cliente não é tecnologia, e, sim, diálogo. Tanto que, muitos autores argumentam que seu uso deve ser feito de modo criterioso e adequado ao público-alvo. O serviço não apenas liga os clientes mais intimamente as suas corporações, como também esta interação íntima lhes fornece informações importantes de mercado.

Consideramos o serviço invariável e inalteravelmente pessoal, como algo executado por pessoas diretamente para outras pessoas. Essa **concepção humanista de serviços** impede-nos de procurar alternativas para o uso das pessoas, especialmente para grandes grupos organizados; não nos permite buscar novas soluções e novas definições; impede-nos de reformular as próprias tarefas, de criar novos instrumentos, processos e formas, e, talvez, até mesmo de eliminar as condições criadas pelo mercado.

O conceito de serviço, muitas vezes, traz conotações ruins, como: caridade, lentidão, doutrinação, adestramento e sujeição. Assim, em serviços de alto nível, tais como nas forças armadas, as pessoas se comportam ritualisticamente e não racionalmente, isto é, elas seguem o protocolo, o manual, o regulamento. Nas ocupações de serviços de nível inferior, as pessoas simplesmente obedecem à rotina. Em nenhum dos dois casos a autonomia de pensamento é relevante.

Na **oferta de um serviço** o proponente deve apontar o problema central a ser atacado e quais benefícios o serviço trará para o cliente. Por isso que os problemas podem estar em como: diagnosticar erros e oportunidades; avaliar e selecionar fornecedores; revisar um processo que não deu certo; rever a estrutura; reduzir custos; alavancar o investimento; especificar controles; negociar com consumidores; reavaliar a logística da empresa; ampliar a assistência técnica; estender o prazo de pagamento; prolongar a garantia.

Os benefícios são muitos como: resultados positivos, melhoria contínua, definição de papéis e responsabilidades, inventário de intenções, inovação em métodos e processos, garantia da qualidade, otimização de recursos e maximização do lucro, por exemplo.

7.2 Setor de Serviço

O setor de serviço não compreende apenas as chamadas empresas de serviços, tais como: bancos, transportadoras e seguradoras. Inclui, isto sim, toda a abundância de serviços ligados aos bens fornecidos pelas indústrias e os serviços ligados à venda fornecidos pelos varejistas. Noções contraditórias referentes a serviços podem ter consequências ruins para as empresas.

Os **fornecedores de serviços**, por seu turno, acreditam que eles e seus problemas sejam, fundamentalmente, diferentes de outros tipos de negócio. Para eles, o setor de serviço depende de muita mão de obra, enquanto o restante da economia de muito capital. Mas essas diferenciações são em grande parte falsas.

Não há propriamente empresas de serviços. O que existe são empresas cujos componentes de serviços são maiores ou menores do que os de empresas de outros tipos. Todas, invariavelmente, prestam serviços, já que o conceito de produto embute: bem, serviço e ideia.

O setor de serviços é o maior empregador de trabalhadores em tempo parcial e, também, para eventuais (temporários) na economia. O trabalho em tempo parcial paga menos e dá muito menos benefícios marginais (pensões, assistência médica, seguro de vida, folgas, férias remuneradas, feriados), que são partes importantes de um bom emprego.

Os trabalhadores eventuais, muitas vezes, recebem bons salários, mas quase sempre saem perdendo no contexto geral.

Embora os **salários em serviços** variem amplamente, os salários da indústria são, geralmente, 30% mais alto. A maior parte dos salários mais baixos está no comércio varejista, cuja diferença entre salários é cada vez maior, embora seja o setor que mais dê emprego. As horas trabalhadas por semana em serviço também são menores que em fabricação.

Os serviços diferem dos bens industriais e de consumo no sentido de que numa empresa de serviços, não há nenhum produto tangível, fato muito importante que influi na maneira como os serviços são transacionados.

As empresas do setor de serviço fornecem valores intangíveis a seus clientes, isto é, não possuem estoque tangível no final do período contábil. Os gastos com mão de obra são, na maioria das vezes, os mais expressivos, chegando a ser 70% dos gastos totais.

Numa empresa de serviços muitas das atividades funcionais são diferentes daquelas existentes numa empresa manufatureira. Uma vez que não há nenhum bem, não há a necessidade de armazenagem, distribuição e outras atividades de suporte.

A **empresa de serviço**, mesmo não tendo todas as funções organizacionais de uma fábrica, precisa ter algumas dessas funções, para poder operar. Elas vendem benefícios como se fossem materiais.

O sucesso no setor de serviços depende de: imagem, atendimento e qualidade. A comunicação do produto e a comunicação com consumidores são básicas para o sucesso do negócio.

7.3 Características do Serviço

As principais características do serviço mais relevantes são:

Simplicidade – Um serviço precisa ser suficiente na sua explanação e necessário na sua execução.

Decisão – A decisão do serviço diz respeito ao seu composto mercadológico. Principalmente, sobre preço, local e divulgação.

Benefício – Na oferta de um serviço o proponente deve apontar o problema central a ser atacado e quais benefícios o serviço trará para o cliente.

Custo – Consideraremos custo de um serviço ao somatório dos dispêndios com mão de obra e materiais na consecução do mesmo.

Evolução – O serviço evoluiu na sua importância à medida que o mesmo começa a ser terceirizado.

Inseparabilidade – Normalmente, os serviços são produzidos e consumidos simultaneamente.

Estoque – Empresas de serviço são as que têm pouco ou nenhum estoque. Um restaurante, por exemplo, não manteria a maioria dos itens de alimentos por mais de um ou dois dias.

Variabilidade – Os serviços são altamente variáveis, uma vez que dependem de quem os executa e onde são prestados. Os compradores de serviços estão conscientes dessa alta variabilidade e, frequentemente, conversarão com outras pessoas antes de selecionar um prestador de serviço.

Intangibilidade – Um serviço é um benefício intangível, como cuidados pessoais, transporte e entretenimento. Diferentemente dos bens, materiais, insumos e objetos, não podem ser vistos, provados, sentidos, ouvidos ou cheirados antes de serem comprados.

Credibilidade – A credibilidade (crédito de confiança) que o cliente dá ao fornecedor do serviço é de fundamental importância para a continuidade de futuras negociações.

Valor Econômico – Todo serviço possui um componente econômico que é toda remuneração pelo desejo atendido e a formação de uma estrutura rentável para funcionamento constante do serviço. O valor econômico é formado pelo estímulo a pagar por um serviço de alto valor agregado.

Perecibilidade – A perecibilidade dos serviços é um fato inexorável. Até mesmo os bens têm vidas curtas de prateleira, como flores e derivados do leite, e não são altamente perecíveis quando comparados à maioria dos serviços. Por outro lado, a satisfação proporcionada pelo serviço não pode ser armazenada.

O que fica é a lembrança da boa imagem causada, o que não pode ser medido, a não ser para um universo de consumidores muito grande.

Participação – Cada vez mais, o consumidor participa e se compromete no desenvolvimento e execução do serviço. A participação pode ter vários significados, tais como: fazer parte de algo, tomar parte em algo ou ter parte em alguma coisa.

7.4 Racionalização

A racionalização pode ser encarada como o esforço que se faz no sentido de dar um tratamento científico, e por isso mesmo racional, tanto aos métodos quanto aos processos, isto é, produzir cada vez mais e melhor, com custos mínimos.

A racionalização é o processo mental básico, presente em todas as fases da organização, constituindo o seu principal instrumento.

O **ideal racional** presume a impossibilidade de existir o "urgente" e a possibilidade de dizer "não". Infelizmente muitas pessoas sofrem da mania do urgente o que leva você parar o que está fazendo para atender um pedido urgente. Por outro lado, evite o abuso do urgente para com os outros. O tempo deles é tão precioso quanto o seu.

Problemas de racionalização podem acontecer, tendo em vista a diferenciação entre meios e objetivos. A escolha dos meios, entre as várias alternativas possíveis, pode ser submetida a um teste de racionalidade. Uma decisão é sábia se ela escolhe bem os meios que conduzem à realização de determinado objetivo.

Assim, um homem que decide beber água para saciar a sede tomou uma decisão racional.

A grande maioria dos problemas de racionalização está fundamentada nas palavras desperdício, otimização, método e processo.

Desde as épocas mais remotas existiu a organização como atividade contínua e permanente, dado que o homem sempre procurou racionalizar, aperfeiçoar e simplificar suas ações para conseguir maior rendimento ou o máximo de bem-estar com o mínimo de esforço.

A racionalização é a luta contra o desperdício. É o emprego do raciocínio analítico, lógico e resolutivo, sem sofrer o impacto emocional, dispondo os elementos necessários de forma que se obtenha eficiência.

Os **elementos da racionalização** são:

Razão – É o emprego da inteligência humana orientada por conhecimentos técnicos, obtidos através de pesquisas e estudos.

Emoção – O impacto emocional obscurece a inteligência.

Experiência – A utilização das experiências anteriores não pode ser desprezada.

Sistematização – O emprego de um esforço sistemático, isto é, a aplicação contínua da razão em todas as situações.

Como a racionalização objetiva dotar o administrador de um processo mental capaz de auxiliá-lo na solução de problemas, no processo de racionalização é o raciocínio que conta. Assim, são quatro as etapas do método científico para a **resolução de um problema de racionalização**:

- Observação (simples e experimental).
- Raciocínio (indutivo e dedutivo).
- Conclusão (produto da análise e da síntese).
- Aplicação (produto da adaptação e correção).

A **metodologia racionalização** utiliza as seguintes fases: identificação do problema, decomposição do problema em seus elementos mais simples, análise dos dados (componentes) obtidos, hierarquização e classificação dos componentes, eliminação do desnecessário, integração lógica dos elementos necessários, aferição da validade, formulação de alternativas, escolha da melhor solução, estimativa do desempenho, aprovação da solução, elaboração do modelo, implantação oportuna, controle de resultados, correções e aperfeiçoamento.

Fixar prioridades e antecipar as necessidades, a fim de evitar que tudo seja urgente e controlar a pressa e as preocupações também devem ser consideradas. Muitos chefes, infelizmente, esquecem-se de que o subordinado não trabalha para ele, mas sim para a empresa, mesmo que este chefe seja o dono. A empresa é mais importante do que o **empresário**, fato desconhecido da maioria.

Todo esforço que se faz para eliminar a ineficiência é considerado racionalização. Hoje, o caminho da produtividade passa pela racionalização. Infelizmente, as ações desastrosas, ineficientes e mal orientadas não se apresentam de imediato.

Há, como sempre houve, homens excepcionais que sabem aproveitar as suas energias físicas e mentais, a sua inteligência, o tempo, os materiais, enfim, os recursos que lhes estão ao alcance, e com isso se tornam eficientes, produzindo muito e desperdiçando pouco. Infelizmente, porém, é maior o número das pessoas pouco eficientes que gastam muito e desperdiçam muito, produzindo pouco.

As **causas da pouca eficiência** são complexas, algumas relacionadas com a organização e outras com o elemento humano. Ao esforço que se faz, desde há algum tempo, para a compreensão e eliminação dessas causas é que se dá o nome de racionalização.

Atualmente, se confunde a racionalização, com o esforço para a melhoria da produtividade, pois melhorar a produtividade é conseguir o melhor aproveitamento possível dos recursos materiais e humanos da produção, e é exatamente isso que constitui o objetivo da racionalização, desde que surgiu.

A habilidade de racionalizar é dada a quem sabe aproveitar as suas energias físicas e mentais, a sua inteligência, o tempo, o material, enfim, sabe **otimizar** os recursos que lhes estão ao alcance, e com isso se torna eficiente, produzindo muito e desperdiçando pouco. Infelizmente, porém, é maior o número das pessoas pouco eficientes, que gastam muito, ou desperdiçam muito, produzindo pouco.

Racionalizar, na linguagem gerencial, significa usar os recursos da melhor forma possível, em função das contingências do momento.

A racionalização determinou a **padronização do trabalho** humano, tornando-o repetitivo e monótono, contrariando a tendência do homem para a diversificação de atividades, trazendo os seguintes problemas: crescente ameaça de desemprego; luta entre o homem e a máquina; aumento de doenças profissionais e neuroses; desajustamentos sociais e luta de classes.

7.5 Unidades de Serviço

Quando se estabelece e aperfeiçoa uma organização é útil distinguir **unidades operacionais** e unidades de serviços, criadas para ajudar e facilitar o trabalho operacional. Uma indústria, por exemplo, possui uma divisão de tráfego, para que os departamentos de produção e logística não tenham de se ocupar de detalhes na movimentação de mercadorias. Na realidade as unidades de serviço funcionam como assessoria para os demais departamentos, tendo a bordo gente especializada.

Uma **Unidade de Pesquisa & Desenvolvimento** pode dar suporte ao gerente de venda, ao gerente de publicidade, ao engenheiro que planeja um novo produto. Serviços de documentação, informática, correio, portaria, conservação são exemplos de unidades de serviço. O vulto e a natureza das atividades é que justificam a criação de unidades de serviço.

A conveniência de separar das operações básicas as atividades de serviço constitui, na verdade, um caso de departamentalização. As razões estão voltadas para: especialização, custo, resultado, padronização, comunicação, qualidade, atendimento, eficiência, eficácia e efetividade, por exemplo.

O estabelecimento de unidades de serviço requer, por conseguinte, um cuidadoso exame de cada caso específico. Na maioria das empresas, qualquer que seja o tamanho, existem diversas dessas unidades, mas a conveniência de adotar determinado tipo de serviço requer muita análise em separar aquilo que é operacional e o que é apoio.

A decisão de separar, das operações básicas, determinada atividade de apoio levanta a questão: Onde situá-la na estrutura organizacional? Às vezes, esse serviço é centralizado, descentralizado ou até terceirizado. Em geral, tais serviços estão próximos à atividade principal, recebendo desta uma coordenação para evitar maiores problemas.

7.6 Tipos de Serviço

A segui, os principais tipos de serviço:

Serviço Automatizado: Serviço, cada vez mais atuante na sociedade, vem substituir o trabalho humano. Um exemplo muito comum é a utilização de cartões de débito para substituir alguém que tenha de dar troco e os cartões de crédito para substituir os serviços de financiamento ou empréstimo, geralmente, de custo elevado e emprego intensivo de mão de obra.

Serviço Auxiliar: Serviço, tais como: bancos, câmaras de compensação, bolsas, seguradoras, transportadoras, armazéns, exposições, feiras, importadoras, exportadoras, câmaras de comércio, associações patronais, sindicatos, consulados, por exemplo.

Serviço Bancário: Serviço auxiliar do sistema financeiro que faz a custódia de valores, bem como capitar dinheiro, a fim de emprestar a clientes selecionados. Este serviço também ajuda a pagar: duplicatas, faturas, dando liquidez ao mercado, isto é, tem sido o canal de transações financeiras.

Serviço Combinado: Serviço que, além de vender um bem, realiza um trabalho de implementação (instalação) e treinamento ao usuário.

Serviço Compartilhado: Serviço que centraliza, num único espaço, atividades desempenhadas pelas diversas unidades de uma empresa. É um movimento que concorre com o serviço de terceirização, para suprir lacunas e falhas deste último.

Serviço Convencional: Serviço que apresenta um resultado dentro da média do mercado. Mas, se a maioria da clientela enxergar uma empresa como estando somente na média, e não puderem ver as importantes diferenças entre as empresas, então isso pode não ser boa notícia. Por outro lado, por que escolher um outro lugar, se não existe nada diferente?

Serviço de Apoio: Serviço que ajuda pessoas a mais bem desempenhar aquilo que estão fazendo. É consenso de que numa empresa só há duas funções organizacionais: Marketing e Produção. As outras são funções secundárias, isto é, de apoio. A preparação da folha de pagamento, recrutamento e seleção, a manutenção de máquinas, a manutenção das instalações, o serviço de higiene e limpeza, o serviço médico, por exemplo, são serviços de apoio.

Serviço de Armazenagem: Serviço que envolve o tempo de espera e guarda, até que o produto seja movimentado para seu destino.

Serviço de Atendimento: Serviço de contato da empresa com o cliente da qual resulta: uma proposta, um contrato, uma venda, uma propaganda, uma negociação; Forma em que a empresa se relaciona com seus clientes, tendo como conteúdo o serviço propriamente dito.

Serviço de Auditoria: Serviço de avaliação, revisão e controle das ações gerenciais e de seus resultados de maneira sistemática, independente e periódica, de preferência independente da empresa que visa descobrir erros (desvios) e recomendar modificações.

Serviço de Comercialização: Serviço que pode proporcionar confiabilidade, rapidez, segurança, atenção, beleza, eficiência e informação. Cabe também à empresa avaliar o impacto sobre preços, expectativas do consumidor e se há necessidade de criar novidades. Todos os funcionários devem se esforçar para que, já no primeiro contato, o serviço apresente qualidade de atendimento.

Para **otimizar o serviço na comercialização**, os atendentes devem ser muito bem treinados, a comunicação deve fluir com facilidade, porque é necessário não só criar, mas, também, manter os consumidores. Os vendedores precisam dominar as informações sobre os produtos que vendem.

Serviço de Compra: Serviço que passa pelos seguintes elementos: pessoa que sugere a ideia de comprar (iniciador da compra); pessoa que abaliza a decisão de comprar (influenciador da compra); pessoa que decide o que, como, quanto e quando comprar (decisor da compra); pessoa que autoriza a compra (autorizador da compra); pessoa que realiza a compra (comprador); pessoa que vai dispor da compra (usuário, consumidor, paciente).

Serviço de Consultoria: Serviço, que além de fazer um diagnóstico (relatório) dos problemas do cliente, elabora um plano (programa, projeto) de ação para superá-los. Também participa do processo de criação das condições necessárias à implementação das medidas propostas. Se a empresa não estiver preparada, a contratação da consultoria será puro dinheiro jogado fora.

Serviço de Delivery: Serviço que significa entrega, distribuição ou remessa. Atualmente, a palavra delivery é muito usada no âmbito de restaurantes, que entregam comida na casa, ou no trabalho, das pessoas, para que elas não tenham que cozinhar, nem se deslocar até o restaurante. Também existe delivery para frutas, legumes, verduras, bebidas, roupas, remédios.

Serviço de Distribuição: Serviço cujas características são: rapidez no atendimento dos pedidos; disposição do fornecedor para atender às necessidades urgentes; cuidado com a entrega da mercadoria; compromisso de trazer de volta bens defeituosos e repô-los imediatamente; várias alternativas de embarque. O serviço de distribuição pode ser feito pelo produtor ou entregue a uma empresa intermediária.

Serviço de Engenharia: Serviço voltado a inovações, mudanças de processos, desenvolvimento de novos produtos, medidas de desempenho, testes de laboratório e criação de padrões, por exemplo.

Serviço de Entrega: Serviço prestado ao cliente com rapidez, pontualidade, precisão, confiabilidade e cuidado na entrega de um objeto (bem, documento).

Serviço de Entretenimento: Serviço que requer um público específico, isto é, não é de caráter geral como alimentação e saúde, por exemplo. Muitas vezes é um serviço caro, pois demanda pesquisa de conteúdo, preço, programação, acessibilidade e transporte. Uma excursão marítima precisa de um planejamento meticuloso e uma coordenação maior, porque congrega muitos serviços a bordo.

Serviço de Imagem: Serviço que busca saber como a clientela conceitua a imagem da empresa, suas marcas e seus produtos. Por meio de questionário de pesquisa este serviço consegue, de forma contínua, melhorar a imagem da organização, não só para o mercado, como também para seus funcionários.

Serviço de Informação: Serviço que trata da utilização, finalidade, filtragem, distorção, segurança, uso, valor, fonte, engenharia, qualidade, administração, fluxo e necessidade da informação. Serviço que permite apoiar e orientar uma ação com segurança, minimizando a margem de erro. Numa economia de rede a informação passou a ser um produto negociável e muito procurado, surgindo, assim, os intermediários da informação.

Serviço de Instalação: Serviço relativo à instalação de máquinas e equipamentos, associando ao treinamento do usuário na manutenção e conservação dessas instalações. Pode incluir, também, projetos de: exaustão, climatização, força e luz, esgotamento sanitário, hidráulica, decoração e embelezamento, gás, sistemas de comunicação e informação, informática.

Serviço de Propaganda: Serviço que é toda e qualquer forma paga de apresentação e promoção de ideias, bens ou serviços, levada a efeito por um patrocinador identificado. É a característica mais visível do marketing e um auxiliar muito eficiente do trabalho preliminar de vendas.

A **propaganda** torna conhecida a marca e dá prestígio à empresa que a produz. Ela leva o consumidor ao produto, procurando criar a demanda mesmo antes de o consumidor entrar em contato direto com o mesmo. Muita gente confunde propaganda com marketing, infelizmente. A propaganda é apenas um item de estudo do marketing.

Serviço de Proteção ao Crédito: Serviço de segurança de recebimento de dívidas contraídas pelos consumidores fez com que fosse criado o Serviço de Proteção ao Crédito (SPC).

Serviço de Qualidade: Serviço que vai de encontro às necessidades de alguém, proporcionando satisfação; Atendimento das exigências do consumidor, usuário, paciente. Qualidade é uma opção racional de quem reconhece no cliente a importância da função e do negócio. Também é entendida como a adequação à finalidade ou uso.

Serviço de Segurança: Serviço voltado a resguardar a integridade física das pessoas, dos produtos, dos recursos. Este serviço controla, estatisticamente, doenças, acidentes, roubos, incêndios, violências, assaltos, riscos de armazenagem, por exemplo.

Serviço de Terceirização: Serviço de parceria entre empresas, cujas vantagens são: permite direcionar melhor os investimentos; divide riscos com o mercado; proporciona elevada agilidade decisória e administrativa pela maior flexibilidade nos processos; provoca redução na cadeia de custos indiretos; ameniza o impacto dos encargos trabalhistas em seus custos fixos; proporciona melhor qualidade pela atuação de empresas especializadas, contribuindo para a melhoria do produto; permite redução dos serviços de apoio; simplifica a organização e incrementa a produtividade.

Serviço de Transporte: Serviço auxiliar da logística que serve para deslocar recursos de um lado para outro, isto é, das fábricas para os distribuidores e destes para os consumidores e usuários. Também ajuda a transferir materiais de toda espécie entre: almoxarifados, depósitos, armazéns, fábricas, fornecedores, fazendas, minas, empresas etc.

Serviço em Casa: Serviço cujas fronteiras da casa e do local de trabalho estão se tornando, rapidamente, indistintas. Cada vez mais pessoas trabalham, pelo menos, meio período onde habitam. Assim, como um número crescente de pessoas leva algum tipo de tarefa pessoal de casa para o escritório, e vice-versa.

Mas o perigo de trabalhar somente em casa é a alienação e a obsolescência tecnológica. Não dá para você sozinho ter acesso a todos os canais de comunicação. Por outro lado, nada substitui o efeito sinergético quando trabalhamos em grupo, sem falar da desatualização do vocabulário especializado.

Serviço Especializado: Serviço executado por mão de obra especializada, onde primam o conhecimento, a informação e a comunicação.

Serviço Externo: Serviço prestado fora da organização.

Serviço Financeiro: Serviço executado por intermediários financeiros quanto à movimentação de saldos de aplicações para pontos onde se manifestem déficits orçamentários. Convém acentuar que os recursos sobre os quais operam os intermediários financeiros diferem daqueles com que trabalham os bancos comerciais.

Isto porque os bancos comerciais recebem das famílias e empresas tão somente uma fração de seus capitais, do que se pode chamar de reservas monetárias, para saldar compromissos correntes. Os serviços financeiros estão concentrados em grandes centros urbanos, exigindo uma força de trabalho altamente especializada.

Serviço Inferior: Serviço considerado de qualidade inferior à média do mercado. O empregado pode ser o aspecto mais visível em serviços com qualidade inferior, mas o sistema no qual o empregado desempenha suas funções é o principal culpado. Sob as mesmas condições de trabalho, a maioria de nós comportar-se-ia da mesma maneira.

Serviço Intermediário: Serviço realizado por uma empresa independente que ajuda a levar os bens dos produtores para os consumidores finais.

Serviço Interno: Serviço voltado ao desenvolvimento de rotinas e processos, bem como a otimização de recursos. Assim como a produção de um filme requer atores para representar, também precisa de pessoal atrás das câmeras. Se não houver alguém para montar os cenários, fazer o vestuário, instalar sistemas de iluminação e comunicação, por exemplo, o projeto não sairá do papel.

O serviço interno objetiva ampliar a visão sobre o que, por que e como se faz um trabalho. Esta linha de raciocínio pode levar a algumas maneiras novas e muito construtivas de encarar o serviço interno.

Serviço Mecanizado: Serviço em que o ser humano deve se comportar como extensão da máquina.

Serviço Pós-Venda: Serviço que, conforme o nome diz, ocorre após a venda do produto. O mais importante é que as empresas devem decidir como pretendem oferecer serviços pós-venda aos consumidores e usuários. É muito comum que estes serviços sejam feitos por empresas terceirizadas.

Neste caso o serviço de atendimento ao consumidor feito pelo fornecedor é o de apenas agendar e transferir o que fazer para uma empresa terceirizada, acompanhando por telefone a execução do serviço.

Serviço Público: Serviço voltado a atender à sociedade, que pode ser feito pelo governo ou pela iniciativa privada. Muitas pessoas que trabalham em órgãos públicos, consciente ou inconscientemente, julgam estar em posição de mando em relação ao público e não à disposição do público, como deve ser a norma.

Também é senso comum que os serviços públicos, por trabalharem com margens muito pequenas, são negligenciados, por seus governos.

Serviço Responsável: Serviço que garante a satisfação requerida pelo consumidor. Garantir satisfação exige mais dos fornecedores de serviços, mas também prova a sinceridade de um fornecedor em cumprir sua palavra. Isso pode exigir mais de uma organização, mas o esforço será recompensado com a lealdade do consumidor. Muitos serviços, embora sejam bons, chegam tarde, isto é, não são efetivos.

Serviço Superior: Serviço considerado de qualidade superior à média do mercado e que os concorrentes não podem acompanhar. Serviço de qualidade superior começa no topo, porque a qualidade está nas pessoas.

Serviço Terceirizado: Serviço de parceria entre empresas, cujas vantagens são: permite direcionar melhor os investimentos; divide riscos com o mercado; proporciona elevada agilidade decisória e administrativa pela maior flexibilidade nos processos; provoca redução na cadeia de custos indiretos; ameniza o impacto dos encargos trabalhistas em seus custos fixos; proporciona melhor qualidade pela atuação de empresas especializadas, contribuindo para a melhoria do produto; permite redução dos serviços de apoio; simplifica a organização e incrementa a produtividade.

7.7 Garantia

A garantia é uma promessa que dá a segurança aos compradores de que o produto fará aquilo que se espera e que seja razoável. O tipo de garantia oferecida e sua duração estão descritas em contrato. A **garantia de um serviço** talvez seja o seu maior valor agregado, porque é uma comunicação explícita de dizer que o serviço será feito conforme contrato.

Como existe muita confusão entre certificado de garantia e termo de garantia, aí vai:

Certificado de Garantia – É um documento que atesta a garantia de um produto, tanto na origem como no consumo. Assim, é possível encontrarmos certificados, credenciados por organismos, tais como: Internacional System Organization (ISO); Associação Brasileira de Normas Técnicas (ABNT); American Standards Association (ASA); Instituto Nacional de Metrologia (IMETRO); Instituto Oswaldo Cruz; Vigilância Sanitária; Instituto Vital Brasil, que dão garantia de qualidade de fabricação, distribuição, armazenagem, consumo, uso e emprego.

Termo de Garantia – O termo de garantia é um documento que assegura a autenticidade e/ou a boa qualidade de um produto (bem, serviço), que assume o vendedor junto ao comprador (consumidor, usuário), o compromisso de ressarci-lo em caso de ineficiência ou fraude comprovada.

Os itens abordados nesse termo de garantia são, geralmente:

Definição da garantia; Produto em garantia; Período (prazo) de cobertura da garantia; Utilização do serviço de garantia; Responsabilidade da garantia; Cessação da garantia; Limitações da garantia; não cobertura dos serviços de manutenção; Exclusão da garantia; Garantia complementar; Uso do produto; Casos particulares ou fortuitos; Recomendações especiais; Serviços autorizados; Índice analítico.

Prazo de Garantia – Documento que garante a qualidade dos serviços, por período de tempo, a contar da entrega do objeto, sobre eventuais defeitos de má aplicação dos materiais, excluindo-se os desgastes resultantes do uso, as deteriorações das superfícies expostas às intempéries, os casos de sinistros e as depredações feitas por terceiros.

7.8 Prestação de Serviço

A prestação de serviço se caracteriza pelo alto grau de integração entre o contratante e o contratado. Na prestação de serviço o grande desafio é a diferenciação, a inovação, a criatividade e o atendimento, por exemplo, já que tudo é muito parecido. Dado o grande número de prestadoras de serviço, é improvável querer que seus dirigentes sejam "gênios" da administração.

Portanto, as empresas de serviço, em geral, são ingovernáveis, isto é, é preciso dirigir pessoas normais, que são simplesmente esforçadas, e transformá-las em especialistas em prestar bons serviços.

Os prestadores de serviço tipicamente não encaram o processo como um fluxo único de experiências interligadas. Eles o visualizam em termos de suas tarefas e responsabilidades individuais. Cabe ao cliente vê todo o processo do serviço. Às vezes, nem este consegue enxergar todo o processo.

Assim, o **prestador de serviço** deve levar em consideração os seguintes obstáculos: apatia, dispensa, frieza, condescendência, anomia, ação reativa, automatismo, excesso de normas, procedimentos burocráticos, lentidão, políticas, regulamentos, ineficiência, ineficácia.

A **prestadora de serviços** necessita dispor de um efetivo de pessoal, formado por profissionais competentes, que atenda a demanda e a expectativa de seus clientes.

Programa de serviço é aquele capaz de envolver as pessoas que controlarão os meios, definindo claramente, com simplicidade, os objetivos do serviço voltado a atrair consumidores. Tal programa é fundamentado no espírito de equipe.

Antes da montagem de um programa de serviço é preciso questionar sobre:

- O serviço está vinculado à produção de um bem ou uma ideia?
- O serviço prestado não tem concorrentes no mercado?
- O serviço dá uma larga garantia e assistência técnica?
- O serviço pode ser utilizado como uma marca, desenho ou imagem?
- O serviço é complexo, dificultando o entendimento do usuário?
- O serviço pode ser acelerado?
- O serviço pode ser financiado?

Os **contratos de prestação de serviço** podem ser: contratos de trabalho, contratos de serviços públicos, contratos de fabricação, contratos particulares de serviços domésticos, contratos de serviços profissionais, contratos particulares de reportagem ou de serviços artísticos, contratos de seguro, contratos de empreitada, contratos de administração, contratos de representação comercial, contratos de instalação, por exemplo.

Capítulo 8

Segurança

"Não é mais possível colocar no mercado um produto de qualidade medíocre, deixando que os primeiros clientes sofram as consequências e que a qualidade melhore aos poucos, à medida que o tempo passa".

James Teboul

Objetivos do Capítulo

- Mostrar a importância da segurança na empresa.
- Mostrar os tipos de segurança.

8.1 Segurança

A segurança pode ser conceituada como um estado, ou condição daquele ou daquilo, que se pode confiar. É impossível aos cidadãos, ou a qualquer segmento da coletividade, viverem dentro do alto índice de violência (insegurança), estampado diariamente pela mídia. Um problema de segurança é que não podemos realmente avaliar o valor de um braço, de uma perna ou de uma vida.

Embora este valor seja considerado por muitos como de grande valor, não é assim que a maioria das pessoas pensam. Por esta razão, os projetos de máquinas e equipamentos precisam apresentar um nível de segurança razoável para o operador. Em certos casos, as pessoas são suscetíveis a danos, quando a fonte de perturbação ultrapassa a capacidade de sua própria proteção sensorial, como nos casos de gases inodoros e radiações nocivas à saúde.

Infelizmente, muitos **problemas de segurança** surgem por causa de preguiça, desleixo ou incompetência. A propensão a acidentes tem sido alvo de demorados estudos nas áreas de produção e distribuição. Embora a alma humana seja forte, o corpo é fraco. Os consumidores, usuários e pacientes querem segurança, bem como um controle de qualidade que alerte para condições perigosas.

A situação ideal é aquela em que todos os riscos são considerados. Isso é pouco provável, já que os riscos são analisados por sistemas humanos.

O **sentimento de segurança**, entretanto, abrange muitos aspectos além do econômico. Compreende também a confiança que se adquire pela adaptação ao meio ambiente. O sentimento de confiança com relação ao emprego depende de uma série de fatores entre os quais conhecer suas atribuições, saber como executá-las e fazê-las satisfatoriamente.

Todo chefe deve procurar dar aos subordinados confiança sob esses aspectos.

O senso de **segurança do indivíduo** que conhece sua função e sabe que está sendo bem-sucedido difere acentuadamente do de um outro que ainda se sente confuso e incerto quanto à sua capacidade para desincumbir-se da tarefa.

A **incerteza** gera um sentimento de insegurança. Existem indivíduos autossuficientes, mas a maioria de nós tende a esperar o pior quando não sabemos o que poderá acontecer. Os boatos sobre possíveis mudanças de chefia, de métodos ou de outras condições de trabalho dão origem, frequentemente, a rumores e intranquilidade.

O esforço, o entusiasmo e o estímulo se deterioram quando o indivíduo se sente inseguro. Por outro lado, quando está livre de preocupações, pode concentrar sua energia em um trabalho construtivo. O chefe que consegue dar a seus subordinados esse sentimento de segurança aumenta, consideravelmente, as possibilidades de êxito na execução de suas atividades.

A insegurança afeta nosso dia a dia. Tudo isso reduz o movimento nos varejos, ocasionando menos oportunidades de empregos, giro de estoque e menor rentabilidade. Por todo lado que se vá, vemos lojas fechadas, onde antes eram pontos de consumo. A segurança é bastante considerada em toda decisão, já que não há uma segurança perfeita.

Os chamados **fatores de segurança** são levados a sério em: pontes, navios, aviões e trens, por exemplo. Os sistemas "livres de falhas" é uma utopia. Qualquer que seja o sistema é importante considerar todas as vulnerabilidades do mesmo.

8.2 Tipos de Segurança

A seguir, serão brevemente conceituados os principais tipos de segurança:

Segurança Alimentar: Segurança apresentada sob três aspectos fundamentais e que são: preservação, detecção e prevenção de infecções e intoxicações.

Segurança Condominial: Segurança exercida pelos porteiros e faxineiros do condomínio.

Segurança da Informação: Segurança na forma de bits, uma espécie de ativo digital que reúne registros de transações, projetos de novos produtos, cadastros de clientes, relatórios financeiros e outras informações sigilosas.

Segurança de Pagamento: Segurança de recebimento de dívidas contraídas pelos consumidores fez com que fosse criado o Serviço de Proteção ao Crédito (SPC).

Segurança no Trabalho: Conjunto de medidas técnicas, educacionais, instrucionais, médicas e psicológicas empregadas para prevenir acidentes, roubos e incêndios.

Segurança Patrimonial: Segurança que diz respeito a roubos, furtos, incêndios de valores patrimoniais.

8.2.1 Segurança no Trabalho

A segurança do trabalho é um conjunto de medidas técnicas, educacionais, instrucionais, médicas e psicológicas empregadas para prevenir acidentes, roubos e incêndios. As **normas de segurança** são colocadas na cabeça das pessoas através de treinamento (cursos, palestras, seminários).

Os **serviços de segurança** têm a finalidade de estabelecer normas e procedimentos, pondo em prática os recursos possíveis para conseguir a prevenção de acidentes e controlar os resultados obtidos.

Do ponto de vista da administração de recursos humanos, a segurança dos empregados constitui uma das principais bases para a **preservação da força de trabalho**. Tal segurança tem três áreas principais de atividade, a saber:

Prevenção de acidentes; prevenção de roubos e prevenção de incêndios

Uma **política de prevenção de acidentes** começa pela conscientização do que seja um acidente, seus efeitos e os problemas que causa. **Acidente** é um ato não premeditado do qual resulta dano considerável.

As **principais causas de acidentes** são: máquina ou equipamento sem proteção; condições físicas ou mecânicas inseguras; instalações sem qualidade de uso; batidas, tombos, escorregões, choques; vestuário inadequado; serviço de manutenção irregular; conversa, distração, fumo e bebida; desconhecimento das normas e regras de segurança.

O **acidente de trabalho** pode provocar lesão corporal, perturbação funcional, perda ou redução dos movimentos e até mesmo morte. Excetuando-se os empregados domésticos, os demais trabalhadores com vínculo empregatício, avulsos, especiais e os médicos residentes são alcançados pelos benefícios relativos ao acidente de trabalho.

Acidentes de trabalho não se restringem apenas às ocorrências havidas no ambiente de trabalho, pois envolvem: imprudência, negligência ou imperícia de terceiros; casos fortuitos ou de força maior; doenças profissionais originadas por esforço repetitivo; contaminação; todas as situações em que o empregado estiver no exercício do trabalho.

Um acidente pode acontecer por uma questão de segundos ou de milímetros. Então a causa de um acidente sem importância pode ser, também, a causa de um acidente grave. Um acidente é função de um fato ou acontecimento, que teve uma ou algumas causas. Sendo um mal que atinge a pessoa, a organização, a família do acidentado e a sociedade, todo esforço deve ser feito para se prevenir acidentes.

Embora seja responsabilidade de todos, há aqueles que tem maior grau de responsabilidade. É recomendado que a empresa faça treinamentos de prevenção de acidentes, pois, só assim, poderá ter a certeza do dever cumprido, quanto às regras de segurança.

Os **acidentes profissionais** são um sério problema de produção, pelas dificuldades que causam dentro da empresa, e um grave problema social, pelo número de pessoas mutiladas ou inválidas e de famílias desamparadas. Um acidente sempre traz uma série de consequências, tais como: interrupção do trabalho, máquina parada, abandono do posto de trabalho, tarefa deficiente, transtorno de substituição, investigação do acidente, rendimento baixo, aumento no custo de produção.

Entre um acidente "sem importância" e um acidente grave, a diferença pode ter sido questão de segundos ou de milímetros. A causa de um acidente sem ferimentos poderá ser a causa de um acidente futuro mais grave. Também as perdas de tempo e os estragos de materiais devem ser considerados.

Os acidentes de trabalho são causados por condições perigosas, ferramentas impróprias e atos de indisciplina.

Toda pessoa que tenha um corte ou ferimento na pele deve deixar de participar do processamento de alimentos e não pode entrar em contato com os utensílios, enquanto o ferimento não for completamente coberto e protegido por uma bandagem à prova de água, firmemente fixada, e de cor viva.

Para **evitar acidentes** é preciso:

- Desenvolver condições seguras, fazendo a análise dos riscos do trabalho.
- Treinar as pessoas para que trabalhem corretamente.
- Obter a participação de todos no programa de prevenção.
- Fazer reuniões a respeito deste assunto.
- Estabelecer um manual de regras de segurança.

A **ABNT** (**Associação Brasileira de Normas Técnicas**) estabelece que o custo direto do acidente é o total das despesas decorrentes das obrigações para com os empregados expostos aos riscos inerentes ao exercício do trabalho, como as despesas com assistência médica e hospitalar aos acidentados e suas respectivas indenizações. Em geral, estas despesas são cobertas pelas companhias de seguro.

O **custo indireto do acidente** do trabalho, segundo a ABNT, envolve todas as despesas de fabricação, despesas gerais, lucros cessantes e demais fatores cuja incidência varia conforme a indústria. O custo indireto representa quatro vezes o custo direto do acidente no trabalho.

Não se deve confundir o órgão de segurança da empresa com a **CIPA** (**Comissão Interna de Prevenção de Acidentes**). A CIPA é uma imposição legal da CLT (Consolidação das Leis do Trabalho).

A **taxa de acidentados** – Taxa dada pela fórmula:

Taxa de Acidentados = Empregados Acidentados / Total de Empregados

Exemplo: Empregados Acidentados = 15; Total de Empregados = 300; Taxa de Acidentados = 15 / 300 = 0,05 = 5%

Análise: Uma taxa de acidentados alta indica falta de preocupação da empresa em treinar seus funcionários. Para trabalhar com segurança nas máquinas, é conveniente o uso de: cartazes, reuniões, treinamento, equipamentos e acessórios. A taxa de acidentes é ótima quando é igual a zero. Acidentes frequentes podem levar ao fechamento da empresa, em função de altas indenizações em causas trabalhistas.

Na segurança do trabalho, uma ferramenta muito importante é a sinalização. A sinalização de segurança, por exemplo, indica onde fica a mangueira de incêndio. Outro aspecto a ressaltar é a pintura do interior da empresa e de seus equipamentos.

Assim, todas as **passagens e faixas de tráfego** devem ser marcadas nitidamente. Isso é conseguido pintando-se toda a largura da passagem numa cor contrastante com a cor geral do piso ou deixando faixas espessas de uma cor viva, para servir de limite.

Tal pintura atuará como aviso ao funcionário de que ele está na ***Corrente de Trânsito*** e deve estar alerta para evitar acidente. Caixotes móveis, usados para coletar ou distribuir material, devem ser pintados com cores que chamem a atenção. A superfície interna dos caixotes deve ser pintada com uma cor que torne fácil verificar a quantidade de material que foi colocada nele

Um **problema de segurança** é que não podemos, realmente, avaliar o valor de um braço, de uma perna ou de uma vida. Embora este valor seja considerado por muitos como de grande valor, não é assim que a maioria das pessoas pensam. Por esta razão, os projetos de máquinas e equipamentos precisam apresentar um nível de segurança razoável para o operador.

Em certos casos, as pessoas são suscetíveis a danos, quando a fonte de perturbação ultrapassa a capacidade de sua própria proteção sensorial, como nos casos de gases inodoros e radiações nocivas à saúde. Infelizmente, muitos problemas de segurança surgem por causa de preguiça, desleixo ou incompetência. A propensão a acidentes tem sido alvo de demorados estudos nas áreas de produção e distribuição.

Embora a alma humana seja forte, o corpo é fraco.

Os consumidores, usuários e pacientes querem segurança, bem como um controle de qualidade que alerte para condições perigosas. A situação ideal é aquela em que todos os riscos são considerados. Isso é pouco provável, já que os riscos são analisados por sistemas humanos.

8.2.2 Segurança da Informação

Com o surgimento da **Internet** foram necessárias medidas de segurança que, infelizmente, não são invulneráveis. Muitas empresas passaram a acumular bens valiosos na forma de bits, uma espécie de ativo digital que reúne registros de transações, projetos de novos produtos, cadastros de clientes, relatórios financeiros e outras informações sigilosas.

Na grande maioria das empresas, a segurança da informação fica por conta das divisões de informática e tecnologia. Mas há uma tendência, iniciada em bancos comerciais e instituições financeiras, de criar equipes especializadas na proteção e vigilância eletrônica dos sistemas de informação de toda a empresa.

A **análise de risco** é o ponto de partida para estruturar todo o programa de segurança. É preciso saber o que se quer resguardar e qual a melhor forma de fazer isso. Como nenhum sistema é 100% seguro (não existe risco zero), é preciso determinar as medidas necessárias para que o risco seja minimizado a ponto de ser tolerável e quanto uma empresa está disposta a pagar.

A seguir, as **soluções para problemas de segurança da informação**.

Problemas	Soluções
Programas com erros podem ser explorados por invasores.	Manter programas atualizados e corrigir falhas.
Programas são corrompidos por manipulação indevida.	Manter cópias em papel, gravar em disquetes, CD e trabalhar com backup automático.
Conexões pela Internet podem ser exploradas por invasores.	Manter programas antivírus atualizados. Usar sistemas chamados "barreira de fogo".
Vírus e Cavalo de Tróia podem chegar via e-mail.	Nunca abrir arquivos de desconhecidos, mesmo que tenham um antivírus atualizado.
Dados sigilosos são descobertos.	Dados confidenciais nunca devem ser passados por e-mail.
Espionagem e chantagem.	Usar filtros de bloqueio.
Invasores industriais reviram o lixo para obter informações valiosas.	Papéis confidenciais devem ser trancados em lugar seguro. O lixo deve ser triturado.
Enxurrada de acessos acaba derrubando um endereço eletrônico.	Detectar a origem do ataque e espalhar o mesmo para vários computadores.
Descoberta de senhas por invasores.	Senhas longas (letras, números e símbolos), devem ser trocadas e nunca serem compartilhadas.

Quadro 8.1: Problemas e Soluções em Segurança da Informação.

No campo digital, a internet coloca a empresa em contato com o mundo, mas corre o risco de invasão de hackers. Os aparelhos portáteis aumentam a produtividade dos funcionários, mas multiplicam as cópias das informações e os riscos de que elas caiam em mãos erradas aumentam.

Hoje, é quase impossível ver executivos sem um smartphone. Mas quase nenhum deles utiliza uma senha de proteção.

A seguir, algumas **lições de segurança da informação**:

- A segurança da informação vai desde a forma como os dados são armazenados e acessados até o transporte dos equipamentos.
- Equipamentos portáteis contendo dados sigilosos devem ser transportados por um funcionário, se necessário com escolta.
- Informações confidenciais podem ser enviadas digitalmente, por uma rede interna da empresa, com a devida proteção.
- Se computadores têm de ser transportados, é importante criptografar os documentos confidenciais. Assim, só quem tem a chave pode decifrar os códigos.
- Pode-se acrescentar aos aparelhos um dispositivo de reconhecimento do usuário, para evitar que pessoas não autorizadas os utilizem.

8.2.3 Segurança Alimentar

O estudo da segurança alimentar apresenta três aspectos fundamentais e que são: preservação de alimentos do ataque dos microrganismos; preparação de alimentos, por meio de microrganismos; detecção e prevenção de infecções e intoxicações decorrentes da ação de microrganismos patogênicos nos alimentos.

Os **micro-organismos** estão presentes em todos os lugares, isto é, na terra, na água, no ar, no corpo humano e nos animais. Sua capacidade de multiplicação depende de uma série de fatores, chamados intrínsecos, quando relacionados com as características próprias do alimento e extrínsecos, quando relacionados com o ambiente onde o alimento se encontra.

Dentre os fatores intrínsecos, podemos observar que o crescimento desses agentes depende da quantidade de água que se encontra em estado livre no próprio alimento. Quanto mais baixa for a atividade de água de um alimento, mais tempo ele poderá ficar estocado, com menor deterioração microbiana, que aqueles com alta atividade de água. Esta atividade microbiana pode ser reduzida pela adição de sal, açúcar e, também, pela desidratação ou congelamento.

Os micro-organismos necessitam de nutrientes para sobreviver, como açúcares, gorduras, proteínas, vitaminas e sais (cálcio, fósforo, potássio, ferro ...). Por outro lado, os alimentos precisam de agentes antimicrobianos, tais como: cravos, canela, e ácidos conservantes (ácido bórico, ácido propiônico, ácido sórbico, entre outros).

De acordo com o **pH (fator que mede a acidez ou alcalinidade de uma substância**), que varia de 0 (extremamente ácido) a 14 (extrema alcalinidade), os alimentos podem ser subdivididos em:

- Alimentos de baixa acidez: pH superior a 4,5.
- Alimentos ácidos: pH entre 4,0 e 4,5.
- Alimentos muito ácidos: pH inferior a 4,0.

Os alimentos de baixa acidez são os mais sujeitos a multiplicação microbiana. Já nos alimentos mais ácidos, haverá predominância do crescimento de bolores e leveduras. Os fatores extrínsecos determinam a maior ou menor facilidade com que poderá ocorrer a proliferação dos micro-organismos nos alimentos, sendo os principais:

Temperatura – A temperatura é o principal fator do desenvolvimento de micro-organismos, sendo que alguns crescem mais rápidos em altas temperaturas e outros em baixas. De modo geral, a faixa ideal de temperaturas que favorecem a proliferação da maioria dos micro-organismos se estende entre 5 e 65ºC.

Oxigênio – Dependendo do tipo de micro-organismo, a presença de oxigênio poderá influenciar ou não na sua proliferação.

Umidade Relativa do Ar – A umidade relativa do ar influencia diretamente a atividade de água no alimento, que por sua vez influencia diretamente na contaminação de alguns alimentos. Assim, mesmo sendo um alimento de baixa atividade de água, se estocado em ambiente com alta umidade, haverá a elevação da sua deterioração.

Os valores de temperatura e umidade precisam ser analisados antes da estocagem dos alimentos. O recomendado é que quanto mais baixa a temperatura, menor deverá ser a umidade relativa do ar ambiente e vice-versa.

Gases – A estocagem de alimentos em atmosfera contendo CO2 é considerada estocagem em atmosfera controlada. Sua prática data de 1928. Muitos países usam essa técnica para estocar frutas, provocando, assim, o retardamento da maturação e da putrefação causada por fungos.

Os micro-organismos causadores de doenças, possíveis de serem transmitidos pelos alimentos aos homens são: virus, fungos, bactérias, protozoários, leveduras, bolores, parasitas e vermes, por exemplo.

A **contaminação dos alimentos** se dá quando ocorre a presença de qualquer material nos alimentos. Ela poderá ocorrer por:

- Contaminação Física – Decorre da presença de: pedras, madeiras, cabelos, pregos, lâminas, fragmentos, insetos.
- Contaminação Química – É proveniente da presença de compostos químicos estranhos ao alimento, como: inseticida, detergente, metal pesado, medicamento, corante e aditivo.
- Contaminação Biológica – Esse tipo de contaminação é causado pela presença de microorganismos patogênicos como visto anteriormente.
- Contaminação Cruzada – A contaminação cruzada ocorre quando produtos contaminados entram em contato direto ou indireto com alimentos prontos para o consumo. O maior exemplo disso é alimento cru armazenado, em clima de alimento cozido.

Nunca é demais lembrar que a contaminação de um alimento pode ocorrer pelas seguintes vias:

Transmissão Direta – Neste caso, o homem faz a transmissão diretamente, por meio de si, de seu corpo ou do que é expelido (fezes, urina, escarro, suor, secreção).

Transmissão Indireta – Neste caso a contaminação é feita por vetores, tais como moscas, insetos, ratos, máquinas, equipamentos, utensílios, pisos, paredes, por exemplo.

Transmissão por Agrotóxicos – Neste caso o alimento já chega ao mercado contaminado.

A palavra **agrotóxico** é imprecisa e algo carregada de um julgamento de valor, há muito deixado para trás, em que essas substâncias eram colocadas no mercado sem pesquisa suficiente sobre suas propriedades e seus efeitos, e usadas de forma indiscriminada.

O nome certo é **defensivo agrícola**, uma vez que esses produtos servem não para intoxicar a lavoura ou o consumidor, mas sim para defender a plantação de pragas, insetos e parasitas e evitar que ela se perca.

8.2.4 Segurança Condominial

Mesmo instalado um sistema de segurança condominial não deve nunca se acomodar, lembrando sempre aos condôminos que a responsabilidade do condomínio para roubos em apartamentos só é responsabilidade do condomínio, se houver serviço de vigilância e for comprovada a negligência.

Os **princípios que devem nortear a conduta do síndico** são: orientar e treinar funcionários; cadastrar todos os condôminos, funcionários e prestadores habituais de serviços; estabelecer um sistema de identificação; acompanhar as obras; fazer reuniões periódicas com funcionários e condôminos; dar ou contratar treinamento aos funcionários sobre máquinas e equipamentos do condomínio; deixar as fitas do circuito fechado de TV em uma sala trancada.

Quanto aos porteiros, é primordial um treinamento adequado, pois a maior parte das invasões se dá pela portaria.

Assim, ao atender estranhos, o porteiro deverá proceder da seguinte forma: o portão só deve ser aberto após avisar o morador e obter sua autorização; ao abrir a portaria, verificar se não há suspeitos por perto; identificar prestadores de serviços; no caso de encomendas, avisar o condômino e solicitar sua presença na portaria; jamais permita que o entregador leve pessoalmente a encomenda.

Algumas **observações de cautela** podem ser acrescentadas:

- Nos horários de limpeza e recolhimento de lixo, as entradas do edifício devem manter-se fechadas.
- Não aceitar guardar chaves, nem permitir que outros o façam.
- Não comentar a vida dos condôminos com ninguém.
- Usar, sempre que possível, um telefone para contatar o corpo de bombeiros e a polícia.
- Acionar, caso haja, um sistema silencioso de pânico para com os edifícios vizinhos.

Quanto à **infraestrutura do condomínio**, vale as seguintes observações: a guarita deve ser recuada do portão principal, com grades altas ao redor do prédio; o portão da garagem deve ser controlado pela portaria; as entradas do edifício devem ser suficientemente iluminadas; a instalação de cercas eletrificadas deve disparar alarmes quando invadidas; na aquisição de equipamentos de segurança é necessário visitar a sede (fábrica) da empresa para ter certeza de sua idoneidade.

Os porteiros e faxineiros do condomínio devem tomar cuidado com: funcionários de concessionárias de serviço público, banhista, pessoa bem vestida, aquele que se diz conhecido de algum condômino, funcionário de instituição de caridade, corretor de imóvel e entregador de encomenda.

8.2.5 Segurança de Pagamento

Com a expansão do crédito ao consumidor, com boa oferta de recursos, onde a modalidade de pagamento das compras de bens duráveis ficou facilitada, o consumidor se lançou nas compras a prazo, causando um alto grau de comprometimento de sua renda e gerando um endividamento, muitas vezes, difícil de pagar.

A segurança no pagamento de dívidas contraídas pelos consumidores fez com que fosse criado o **Serviço de Proteção ao Crédito (SPC)**. Também outras instituições ajudam na proteção do crédito ao consumidor, informando o número de consultas e taxa de inadimplência.

As consultas são um termômetro que reflete o movimento do comércio lojista.

8.2.6 Segurança na Internet

Como é grande o número de transações via internet, cresce a preocupação com a ética e a responsabilidade. As empresas desenvolvem ferramentas para ampliar a proteção dos consumidores virtuais contra a ação de hackers e vírus devastadores.

Spam, e-mail indesejável, surge na tela sem permissão do usuário. Como se fosse um carimbo de autenticação no pé da página do site, a certificação digital é vista como uma boa forma de aumentar a confiabilidade da página acessada. Todos os sites sérios têm certificado digital.

Para aumentar ainda mais a segurança na internet, os dados do cartão de crédito do consumidor são retirados do sistema, assim que a negociação termina.

A capacidade multimídia da internet trouxe maior vulnerabilidade à propriedade intelectual e à falta de sigilo nas redes globais. Além disso, à medida que os serviços, via rede, aumentam, a segurança nas transações que envolvem dinheiro é seriamente ameaçada pelo crime organizado e pelos hackers independentes.

Os **e-mails** são as portas de entrada dos hackers. Assim, nunca passe e-mails com arquivos anexos que possam ser executáveis.

Uma boa dica para não cair nas mãos de ladrões virtuais é verificar se a página tem um símbolo de segurança (cadeado). Este símbolo indica que toda a informação que trafega entre a máquina do usuário e o servidor está criptografado, um meio de embaralhar as informações digitadas.

Foram desenvolvidas ferramentas complementares a certificação, a assinatura digital, um tipo de autenticação para e-mail, que aumenta a confiabilidade da mensagem.

Nota: O termo **hacke**r veio do inglês que significa picadinho, isto é, o hacker é um estripador virtual.

8.2.7 Segurança Patrimonial

A segurança patrimonial é feita por políticas, tais como:

Uma **política de prevenção de roubos**, geralmente, inclui: controle de entrada e saída de pessoal; controle de entrada e saída de veículos; estacionamento fora da área da empresa; ronda pelos terrenos da mesma e pelo seu interior; registro de máquinas, equipamentos e ferramentas; controles contábeis.

Uma **política de prevenção de incêndios** pode ser praticada desde que as pessoas saibam o que provoca o incêndio e como fazer para a sua extinção. O fogo que provoca um incêndio é uma reação química onde os seguintes elementos devem estar presentes: combustível (sólido, líquido ou gasoso), comburente (geralmente o oxigênio da atmosfera) e catalizador (a temperatura).

A **extinção de um incêndio** pode ser feita por meio dos seguintes princípios: Remoção ou isolamento (neutralização do combustível); Abafamento (neutralização do comburente); Resfriamento (neutralização da temperatura).

Uma **política de prevenção de acidentes** pode abordar algumas observações sobre a legislação e algumas providências. A lei é clara, objetiva e não contempla exceções. As empresas têm o dever de adotar medidas preventivas individuais e coletivas, a fim de proteger a saúde e a integridade física do trabalhador.

Ocorrendo o acidente, a primeira providência é comunicar à Previdência Social (INSS), havendo ou não afastamento. Também deve comunicar ao Sindicato da Classe, ao Sistema Único de Saúde (SUS) e a Delegacia Regional do Trabalho (DRT). Havendo morte deve comunicar o fato à delegacia policial da jurisdição. Pode comunicar pela internet pelo site: www.previdenciasocial.gov.br

O prazo de comunicação é até o primeiro dia útil após a ocorrência. Em caso de morte, no mesmo dia. Além do mais as empresas assumem as seguintes obrigações: pagar ao empregado a remuneração integral do dia do acidente e dos 15 dias seguintes.

O empregado que se acidenta é alcançado pela estabilidade provisória de um ano após o término do auxílio-doença por acidente, sendo depositado, neste período, o valor mensal do FGTS. O empregado ou dependente para se habilitar ao benefício relativo ao acidente de trabalho, deverá comparecer ao posto de atendimento do INSS, portando os documentos exigidos.

Recomendamos aos empresários cumprirem a legislação, pois, caso as empresas deixem de comunicar o acidente no prazo, poderão ser punidas e, dependendo dos desdobramentos, serem responsabilizadas civil e criminalmente. Assim, fazer o correto é mais barato e mais econômico. O errado será sempre mais caro.

Capítulo 9

Documentação

"Não é possível que os axiomas estabelecidos pelo raciocínio sejam suficientes para a descoberta de novos resultados, pois a sutileza humana é muito maior do que o procedimento mecanicista."

Francis Bacon

Objetivos do Capítulo

- Mostrar que a documentação deve ser muito bem estruturada para ter valor.
- Mostrar que sem documentação, devidamente organizada, a empresa terá dificuldades em projetar o futuro, por não ter registros do seu passado.
- Mostrar a importância da apresentação de dados e da normalização textual.

9.1 Documentação

A documentação pode ser considerada como um conjunto de informações relativas a um fato, um problema, uma situação, um plano, um resultado, uma política, uma previsão, uma decisão, uma estratégia, uma estrutura, um projeto, por exemplo.

Não se deve jamais perder de vista o fato de que a documentação é a ponte entre os especialistas e os generalistas, e que, por isso, deve ter uma sólida estrutura. A simples acumulação de cartas, formulários, diagramas e relatórios de modo algum transmitirão a terceiros, e, principalmente à alta administração, o sentido e o funcionamento da empresa. Por isso, é necessário que os documentos sejam grupados em conjuntos lógicos e acessíveis àqueles que farão uso dos mesmos.

A documentação pode ser apresentada sob a forma de relatórios, manuais, regulamentos, planos, políticas, modelos, gráficos, projetos, cartas, memorandos, mensagens (e-mails), ordens, circulares, comunicações internas, atas de reunião, contratos, orçamentos, folhas de pagamento, folhas de controle, diagramas, programas, formulários, procedimentos, processos, desenhos, ofícios, discursos, atestados, editais de concorrência, recomendações, planilhas, tabelas, anexos, instruções, normas, regras, ocorrências, bilhetes, avisos, declarações, convocações, promissórias, duplicatas, notas fiscais, cheques, recibos, boletins, súmulas, telegramas, questionários, demonstrativos, balanços, manuscritos, impressos, livros, folhetos, textos, pareceres, periódicos, revistas, boletins, jornais, anuários, catálogos, resumos, sínteses, resenhas, condensações, dissertações, teses, apontamentos, fichas, microfilmes, mapas, transparências, fotografias.

Nota: Embora a **documentação atualizada** seja fator primordial, em qualquer fase do desenvolvimento empresarial, ela passa a ser um fator crítico de sucesso quando adentramos na operação e na manutenção de máquinas, equipamentos e sistemas.

A **leitura** e a **aprendizagem**, em qualquer área do conhecimento, são plenamente eficazes somente quando criam condições para uma contínua e progressiva assimilação da **documentação estudada**. A assimilação, por sua vez, precisa ser qualitativa e inteligentemente seletiva, dada à complexidade e a enorme diversidade das várias áreas do saber humano.

Não traz resultados positivos para o estudo ouvir aulas, por mais brilhantes que sejam, nem adianta ler livros clássicos e célebres. Só tem algum valor a documentação que puder estar à disposição em qualquer momento. Portanto, a documentação de tudo o que for julgado relevante e útil, em função do estudo e do trabalho, deve ser arquivada (meios densos, papéis).

De um ponto de vista técnico e enquanto método pessoal de estudo, pode-se falar que a **classificação da documentação** pode ser em:

Documentação Temática – Visa coletar elementos relevantes para o estudo em geral ou para a realização de um trabalho em particular, sempre dentro de determinada área.

Documentação Bibliográfica – Constitui um acervo de informações sobre livros, artigos e demais trabalhos que existem sobre determinados assuntos.

Documentação Geral – É aquela que organiza e guarda documentos úteis, retirados de fontes, tais como: jornais, revistas, textos.

O saber constitui-se, pela capacidade de reflexão, de determinado conhecimento. No entanto, a reflexão exige o domínio de uma série de informações. O **ato de filosofar**, por exemplo, reclama um pensar por conta própria que é atingido mediante o conhecimento de outras pessoas. Afinal, o homem é um ser culturalmente situado e a posse de informações especializadas pode ser adquirida por meio da documentação real e virtual.

9.2 Documento

Documento é o registro material de determinado conhecimento que se possa utilizar para consulta, estudo ou prova. Assim, só se pode avaliar, de forma solidamente estruturada, se temos uma documentação pertinente, quando a mesma ajudar na ação administrativa. Um documento pode ser considerado como qualquer informação, sob a forma de: textos, imagens, sons, sinais, gravações, pinturas, por exemplo, que fundamenta um determinado estudo.

Julgamos conveniente apresentar o conceito de documento, formulado pela Union Française des Organismes de Documentation, por nos parecer o mais preciso e completo: *Documento é toda base de conhecimento fixado materialmente e suscetível de ser utilizado para consulta, estudo ou prova.*

Como tudo na vida, os documentos têm suas vantagens e desvantagens, tais como:

Vantagens do Documento:

- O documento, por ser escrito, dá mais segurança e formaliza o ato, a ação, o objetivo, a missão, a filosofia, a decisão, a estratégia, a tática, a estrutura, o plano, a política, o procedimento, o projeto.
- O documento serve de guia para a dissipação de dúvidas, conflitos e restrições legais.
- O documento serve para registrar informações, conclusões, tendências, pesquisas, previsões, negociações.
- O documento serve de instrumento de poder sobre a propriedade de qualquer objeto.
- O documento determina quem é quem na organização, estabelecendo limites de atuação e de poder.

Desvantagens do Documento:

- O documento burocratiza a empresa, castrando o contato pessoal e a criatividade.
- O documento escraviza o ser humano a regulamentos, colocando de lado a figura do líder e exaltando a do chefe.
- O documento centraliza o poder de decidir.
- O documento pode tornar o usuário apenas um meio e não um fim.
- O documento traduzido enfoca um ambiente diferente, fazendo com que o administrador tenha os pés no país de origem e a cabeça no exterior.

9.3 Tipos de Documento

Os principais tipos de documento são:

Documento Descritivo – É uma representação escrita de um objeto, fato, situação, coisa, lugar, resultado. A descrição pode ser uma "fotografia" e/ou uma interpretação pessoal do relator. O que se espera de uma descrição não é tanto pela riqueza de detalhes, mas sim pela capacidade de observação aguda daquele que constrói o documento. São exemplos de documentos descritivos: Relatório, Sinopse, Currículo, Demonstrativo de Resultado, Balanço Patrimonial.

Documento Normativo – É um conjunto de comandos diretos e cursos de ação que devem ser seguidos fielmente. Tais comandos são conhecidos como norma (regra). O conjunto de normas, que diz como e quem pode fazer, envolvendo um procedimento, chama-se regulamento. A diferença entre **princípio** e **regra** é que o primeiro é uma verdade fundamental, genérica, que serve de base à segunda.

As regras nada mais são do que verdades específicas ou restritas, possuindo, geralmente exceções. São exemplos de documentos normativos: Política, Procedimento, Diretriz, Regulamentação Organizacional, Regulamentação Governamental, Estatuto, Ata de Constituição de Sociedade.

Documento Metodológico – É um arranjo escrito de etapas (passos) de ação através de uma organização lógica e racional de métodos para algum propósito. Um método é um procedimento, em geral, para tratar de encontrar, analisar ou resolver um problema, de maneira sistemática, com um mínimo de esforço, custo e tempo. São exemplos de documentos metodológicos: Plano de Aula, Estudo de Caso, Método de Previsão, Projeto.

Documento Prescritivo – Determina, limita, regula e ordena aquilo que precisa ser feito, dentro de um determinado tempo, ou não, para atingir um objetivo predeterminado. São exemplos de documentos prescritivos: Programa, Plano, Estratégia, Orçamento.

Documento Corrente – Como o nome diz é aquele utilizado no dia-a-dia da empresa. Além de carta, memorando, comunicação interna, circular, ata de reunião, mensagem eletrônica e ofício, existem outros, tais como:

- Cheque: ordem de pagamento a vista em favor do próprio ou de terceira pessoa.
- Promissória: título de crédito derivado de um empréstimo pelo qual o tomador se obriga a pagar, num certo prazo, o valor de face do título.
- Fatura: relação de mercadorias vendidas com os respectivos preços.
- Nota Fiscal (Cupom Fiscal): comprovante da aquisição de um determinado bem ou serviço.
- Duplicata: título de crédito pelo qual o comprador se obriga a pagar dentro de certo prazo o valor da fatura correspondente.
- Folha de Pagamento: cálculo da remuneração com os descontos e encargos legais.
- Recibo de Pagamento: comprovante de pagamento de um compromisso assumido ou contratado.
- Ficha de Registro de Empregado: resumo dos principais dados para efeito de fiscalização.
- Ficha de Cadastro: ficha contendo informes relevantes sobre uma pessoa física ou jurídica.
- Requisição de Compra: formulário emitido para aquisição de item faltante no almoxarifado, depósito ou armazém.

Documento de Suporte – Documento que ajuda no desenvolvimento e construção de um projeto. São exemplos de documentos de suporte: Ata de Reunião, Relatório de Pesquisa, Descrição de Experiência.

Documento Declaratório – Esclarece uma relação entre duas ou mais pessoas (física e/ou jurídica). São exemplos de documentos declaratórios: Declaração, Atestado, Procuração, Carta Representação.

Documento Peticional – O documento peticional faz um pedido a um poder constituído. São exemplos de documentos peticionais: Petição, Requerimento.

Documento Operacional – É aquele que pode ser utilizado como ferramenta de trabalho, de consulta, de coleta de dados e de referência. Os principais exemplos são: Manual, Questionário, Formulário, Gráfico, Modelo, Diagrama.

Documento Contratual – O documento contratual diz respeito a um acordo (combinação, ajuste) entre duas ou mais pessoas para execução de determinada coisa, sob determinadas condições. São exemplos de documentos contratuais: Contrato de Locação, Contrato de Trabalho, Contrato Social, Arrendamento Mercantil, Leasing, Distrato, Escritura de Compra e Venda, Escritura de Cessão de Direitos, Escritura de Comodato.

Documento Oficial – Geralmente a fonte mais fidedigna de dados, pode dizer respeito a atos individuais ou coletivos. São exemplos de documentos oficiais: Filme, Foto, Catálogo, Ficha, Prontuário.

Documento Jurídico – Constituem uma fonte rica de informes do ponto de vista sociológico, mostrando como uma sociedade regula o comportamento de seus membros e de que forma resolvem os problemas sociais. São exemplos de documentos jurídicos: Constituição, Código, Portaria.

Documento Estatístico – Conjunto de dados coletado, que abrange um determinado universo, de forma direta ou indireta. São exemplos de documentos estatísticos: Rol, Amostra, Histograma, Relação.

Documento Particular – Documento, particularmente importante, sobretudo, por seu conteúdo não oferecer apenas fatos, mas o significado que estes tiverem para aqueles que o viveram, descrito em sua própria linguagem. Os principais problemas enfrentados pelo pesquisador ao lidar com documentos particulares (pessoais) são: falsificação, maneira de apresentação, discrepâncias e incongruências com a realidade, distorção deliberada, autopromoção e desconhecimento do objetivo, por exemplo.

9.4 Apresentação de Dados

Dado é qualquer elemento identificado em sua forma bruta, que, por si só, não conduz a uma compreensão da situação. É um registro a respeito de um determinado evento, fato ou ocorrência. Um relatório revela uma série de dados que podem se transformar em informações quando, consistentemente elaborados, passarem a ter utilidade para a tomada de decisão.

Enquanto o dado é uma mensagem sem avaliação, a **informação** é um dado avaliado para uma situação específica e endereçada.

Os dados fornecem a base de sustentação das informações necessárias para a sobrevivência da empresa. Eles estarão, individualmente, sob a forma de atributos que, quando inter-relacionados e dependentes entre si, formarão uma classe de dados.

Segundo Schewe, "usualmente os dados assumem a forma de observações registradas e não afetam o comportamento; estes podem tornar-se informações, mas somente quando assumem significado para um indivíduo e, via de regra, afeta seu comportamento".

As principais **características dos dados** são:

- Geralmente têm uma frequência de mudança muito menor do que os procedimentos.
- Permitem diferentes versões de utilização, em função de sua administração.
- Precisam ser gerenciados através de um banco de dados (coleção de arquivos estruturados, não redundantes e inter-relacionados).
- São coletados de maneira metódica, precisa e eficiente, ajudando o trabalho de análise, que precede a resolução de um problema.
- Ajudam a formar opiniões, bem como fazer avaliações; análises e medições.
- Precisam ser filtrados para consubstanciar a informação relevante.

Acontece que os dados são apresentados seguindo convenções. O quadro, a seguir, mostra como determinados símbolos são utilizados em **convenções estatísticas** e que têm, em outras áreas do conhecimento, utilizações e significados diferentes.

Símbolo	Convenção Estatística
-	Quando pela natureza do fenômeno não puder existir o dado.
Z	Quando o dado for rigorosamente zero.
...	Quando não se dispuser do dado.
X	Quando o dado for omitido para evitar a individualização da informação.

Quadro 9.1: Convenções Estatísticas.

Quantas vezes têm-se o desprazer de ler textos em que as unidades de medidas, como: metro; minuto; segundo; hora; quilômetro, aparecem escritos erradamente.

Eis algumas **unidades escritas de maneira correta**:

Hora = h (10 h)
Minuto = min (20 min)
Grama = g (5 g)
Tonelada = t (2 t)
Hectare = ha (4 ha)
Temperatura = °C (40 °C)
Litro = l (2 l)

Devemos observar os espaços entre o número (quantidade) e o símbolo, como por exemplo:

1 h; 2 h; 30 min; $ 1,59; 1 cm; 1 mm; R$ 2,00.

As unidades monetárias dentro do texto devem ser escritas:

$ 10; $ 100; $ 1.000 (padrão de 1 a 1.000); 1.500 dólares; 2.300 dólares; 3.800 dólares; um milhão de dólares; três bilhões de dólares; 11 milhões de dólares; 17 milhões de dólares; 1,5 bilhão de dólares; 1,3 a 5 milhões de dólares.

9.5 Organização de Dados

Após a consolidação ou apuração dos dados faz-se necessário uma organização de dados, de maneira racional e prática, para um melhor entendimento. Através desta estruturação procura-se mostrar de modo claro a compatibilidade entre os dados numéricos e o fato (fenômeno) submetido ao levantamento estatístico.

A estes dados, grupados desta forma, dá-se o nome de **série histórica**, que pode ser apresentada de duas formas: Tabelas e Gráficos.

O objetivo da série histórica é mostrar a estreita vinculação entre o fenômeno e os dados. Para exemplificar, segue uma tabela representativa do movimento, em quantidade, da bolsa de valores em um determinado período:

Dia	Quantidade à Vista	Quantidade à Termo	Total
5	6.321.789	731.100	7.062.887
6	6.757.079	825.600	7.582.679
7	7.808.111	739.000	8.547.679
8	10.303.047	942.740	11.245.787
9	9.734.141	1.006.560	10.740.701

Fonte: Bolsa de Valores de São Paulo.

Quadro 9.2: Tabela de uma Série Histórica.

A tabela acima possui os seguintes elementos mais importantes:

Título – Discrimina a natureza do fenômeno pesquisado.

Linha – Disposição horizontal dos dados.

Coluna – Disposição vertical de dados.

Casa (célula) – Cruzamento de uma coluna com uma linha.

Corpo – Região das linhas e colunas.

Cabeçalho – Linha localizada acima do corpo da tabela.

Coluna Classificatória – Coluna de distribuição (por exemplo: dia)

Fonte – Quem forneceu os dados.

Nota: Uma tabela ainda pode ter: Simbologia, Notas, Chamadas e Rodapé.

9.6 Sistema Internacional de Unidades

A seguir, estão relacionadas as unidades fundamentais do Sistema Internacional de Unidades, seus respectivos nomes e símbolos:

Comprimento: Metro (m)
Massa: Quilograma (Kg)
Intervalo de Tempo: Segundo (s)
Intervalo de Temperatura: Kelvin (K)
Intensidade da Corrente Elétrica: Ampére (A)
Intensidade Luminosa: Candela (cd)
Área: Metro Quadrado (m^2)
Ângulo Plano: Radiano (rd)
Ângulo Sólido: Esfero radiano (sr)
Volume: Metro cúbico (m^3)
Frequência: Hertz (Hz)
Massa Específica: Quilograma por metro cúbico (Kg/m^3)
Velocidade: Metro por segundo (m/s)
Velocidade Angular: Radiano por segundo (rd/s)
Aceleração: Metro por segundo ao quadrado (m/s^2)
Força: Newton (N)
Peso Específico: Newton por metro cúbico (N/m^3)
Pressão: Newton por metro quadrado (N/m^2)
Trabalho: Joule (J)
Energia: Joule (J)
Potência: Watt (W)
Carga Elétrica: Coulomb (C)
Tensão Elétrica e Força Eletromotriz: Volt (V)
Resistência Elétrica: Ohm ('Ω)
Capacidade Elétrica: Farad (F)
Indução Magnética: Tesla (T)
Fluxo Magnético: Weber (Web)
Indutância: Henry (H)
Fluxo Luminoso: Lúmen (Lm)
Iluminamento: Lux (lux)

Uma relação das designações dos **múltiplos e submúltiplos decimais** é colocada, a seguir:

10^{24} = yotta (Y)
10^{21} = zetta (Z));
10^{18} = exa (E)
10^{15}=peta(P))
10^{12} = tera (T)
10^{9} = giga (G)
10^{6} = mega (M)
10^{5} = hectoquilo (hK)
10^{4} = míria (ma)
10^{3} = quilo (K)

10^{2} = hecto (h)
10 = deca (da)
10^{-1} = deci (d)
10^{-2} = centi (c)
10^{-3} = mili (m)
10^{-4} = decimili (dm)
10^{-5} = centimili (cm)
10^{-6} = micro (μ)
10^{-7} = decimicro (dμ)
10^{-8} = centimicro (cμ)
10^{-9} = nano (n)
10^{-10} = angstron (A)
10^{-12} = pico (p)
10^{-15} = femto (f)
10^{-18} = atto (a)
10^{-21} = zetpto (z)
10^{-24} = yocto (y)

As **unidades de medida**, resultantes da combinação de duas ou mais unidades simples, que não constam do quadro de unidades legais, devem ser expressas de forma compreensível, como por exemplo:

Tonelada por quilômetro = t/Km
Habitantes por quilômetro quadrado = hab./Km^2

As unidades sexagesimais de ângulo são escritas na forma de expoentes: 15º10' = quinze graus e dez segundos

O **símbolo** não deve ser seguido de ponto final, ou da letra s (desinência de plural). Quando o valor numérico for fracionário, o símbolo figurará no final e não intercalado. O correto é 50,25g e não 50g25.

9.7 Número e Ponto

A seguir, são colocadas regras de utilização de números e pontos, tendo em vista as leituras erradas que fazemos em livros, revistas, jornais e relatórios, por exemplo.

Observar as seguintes **regras sobre número**:

O cardinal até nove será escrito por extenso e não em algarismo. Além de nove, usa-se o número.

Os números relativos a unidades ou que façam referência a qualquer unidade monetária serão sempre separadas por ponto: $ 10.000,00; 10.000 bananas

A indicação do ano não traz ponto: 1998

Uma série de unidades métricas é grafada: 15 m^2; 10 a 30 m^3; 12 e 25 m

A separação da parte inteira da parte decimal de um número será feita por vírgula.

O uso de algarismos romanos deve ser evitado, inclusive em datas.

Quando o algarismo a ser abandonado for 1, 2, 3 ou 4 o arredondamento será a menos, como por exemplo: 46,32 = 46,30

Quando o primeiro algarismo a ser abandonado for 6,7,8 ou 9 faz-se o arredondamento a mais, como por exemplo: 23,07 = 23,10; 34,99 = 35,00

Quando o primeiro algarismo a ser abandonado for 5, seguido de zeros, o último algarismo a ser conservado só será aumentado sendo impar, como por exemplo: 24,7500 = 24,8

Devem ser evitados os arredondamentos sucessivos.

Os itens cronológicos são grafados com números.

Na data o nome do mês é grafado com letra minúscula: 21 de abril de 2008

Para se grafar horas: 8h; 9:30; 8h00; 9h30min; 10:00; 18:00

Usar-se-á o ordinal para o primeiro dia do mês: 1º de maio é o Dia do Trabalho.

Não usar 1ª Guerra Mundial, mas Primeira Guerra Mundial. Evitar, também, o algarismo romano: II Guerra Mundial.

Para século, usar algarismos romanos: Século XX

Observar as seguintes **regras sobre ponto**:

Não se usa o ponto nos seguintes casos: data, código postal, caixa postal:

08/07/2008; CEP 21220-490; Caixa Postal 1013

Usa-se o ponto nos seguintes casos:

Em se tratando de unidade monetária: US$ 200.000,00; R$ 1.200,00

Em leis, decretos, artigos e outros atos legislativos: Circular nº 1.256; Decreto-lei nº 5.360; Instrução Normativa nº 12.901; Lei nº 1.690; Portaria nº 4.678; Artigo 1.378

Para separar unidades: 200.000 pessoas; 50.600 livros

Se a soma das parcelas arredondadas for diferente do total arredondado, corrigir-se-á a parcela onde o erro relativo for menor. A seguir, um exemplo:

2,4	2	2
13,4	13	14
16,1	16	16
31,9	31	32

As mesmas regras se aplicarão, sucessivamente, quando houver totais parciais intercalados. Para isso, incluir nota esclarecendo que a divergência entre a soma das parcelas e o total é resultante do arredondamento dos dados. As tabelas devem ter, sempre que possível, significação própria, isto é, deve prescindir de consulta.

9.8 Índice e Indicador

O índice é uma medida (relação) idealizada para mostrar a variação, num determinado período e se este valor oscilou para cima ou para baixo.

É possível estabelecer relações do ano em curso com os anos anteriores. Um bem que, em 1995, custava $ 10,00 e, em 2008, passou a custar $ 25,00, diz-se que teve uma variação de:

I = 25,00 / 10,00 = 2,5 = 250%

O valor 2,5 é índice (fruto de uma relação) e o valor 250% é o percentual de variação (ou de desvio).

O **índice de inflação**, por exemplo, mostra a perda do poder de compra do consumidor. Ele é um índice governamental que afeta a empresa, mas, mesmo não havendo inflação a nível governamental, pode haver inflação para a empresa. Quando, por exemplo, a mesma compra de matéria-prima é mais cara do que a aquisição anterior.

Exemplo: O Departamento de Compras informa que quando comprou determinada matéria-prima, fez sob as seguintes condições:

Momento 01: Preço = $ 2,00 e Quantidade = 5.000
Momento 02: Preço = $ 2,24 e Quantidade = 4.600
Momento 03: Preço = $ 2,80 e Quantidade = 4.000

Pede-se determinar: Qual a inflação do período?

Método de Solução pelo Preço:

2,00 (100%)
2,24 (112%)
2,80 (140%)

Resposta: O índice de inflação em função do preço = (140% / 100%) - 1 = 1,40 - 1,00 = 40%.

Método de Solução pelo Produto (P × Q):

2,00 × 5.000 = 10.000 (100%)
2,24 × 4.600 = 10.340 (103,4%)
2,80 × 4.000 = 11.200 (112%)

Resposta: O índice de inflação em função do preço vezes quantidade é igual a 12% (112 - 100).

Os **índices de inflação do governo** são medidos por diversos critérios e, por conseguinte, existem diversas fórmulas para o cálculo da inflação. Os índices mais comuns são: INPC (IBGE); IPCA (IBGE); IGP-M (FGV); IGP-DI (FGV): IPC (FIPE); ICV (DIEESE).

Os **indicadores** representam um sistema peculiar de análise da empresa. Tal sistema consiste na comparação de dois ou mais elementos, de modo a se obter uma indicação (relação, medida) significativa da situação e, ao mesmo tempo, uma representação sintética da mesma.

Um conjunto de indicadores bem estudado permite esclarecer a situação da empresa, através de elementos-chave. Quando se comparam elementos, pode-se chegar a duas respostas: uma avaliação da proporção existente entre os valores e uma avaliação do desenvolvimento, no tempo, de um valor em relação a outro tomado como base.

Os indicadores obtidos da primeira avaliação são denominados indicadores para análise da situação empresarial, enquanto os segundos são denominados indicadores para análise da evolução dos ativos. Os primeiros, por serem referentes a um momento especial da vida da empresa, têm um caráter estático.

Ao contrário, os indicadores para a análise dos ativos, por causa do fator tempo, tem um caráter dinâmico.

Índices e indicadores são, muitas vezes, tomados como sinônimos por diversos autores. Porém, cada vez mais, estes conceitos se afastam um do outro.

O **índice tem um foco macroeconômico e o indicador microeconômico**.

Os **indicadores de gestão** são classificados em: Econômicos; Financeiros; De Performance; De Mão-de-Obra; De Venda; De Produção; De Tempo; De Qualidade.

9.9 Fórmulas e Ilustrações

As fórmulas, sempre que se possa, devem ser precedidas de uma demonstração de como chegar à mesma, bem como o significado dos símbolos utilizados.

A seguir, um exemplo de aplicação e outro de análise do resultado:

Fórmula do Ponto de Equilíbrio:

Demonstração da Fórmula:

$R = CT + L$
$R = CF + CV + L$
$R = Pv \times Q$
$CV = Cv \times Q$

Então: $Pv \times Q = CF + Cv \times Q + L$

Se o lucro é zero, vem:

$Pv \times Q = CF + Cv \times Q$
$Pv \times Q - Cv \times Q = CF$
$Q\ (Pv - Cv) = CF$

A **quantidade no ponto de equilíbrio** (lucro zero) é:

$QE = CF\ /\ (Pv - Cv)$

Onde:
R = Receita
CT = Custo Total = CF + Cv
CF = Custo Fixo Total (ou rateio do custo fixo se o estudo for feito para um produto em particular).
CV = Custo Variável Total
Pv = Preço de Venda Unitário
Cv = Custo Variável Unitário
L = Lucro
Q = Quantidade Vendida
QE = Quantidade de Equilíbrio
(Pv - Cv) = Margem de Contribuição
R - CV = Margem de Contribuição Total

Exemplo:
Custo Fixo = $ 100.000,00
Preço de Venda do Produto (Pv) = $ 50,00
Custo Variável Unitário do Produto (Cv) = $ 30,00
Margem de Contribuição (Pv - Cv) = 50,00 – 30,00 = $ 20,00
Quantidade de Equilíbrio = $ 100.000 / $ 20 = 5.000

Análise: No ponto de equilíbrio não há lucro nem prejuízo. No exemplo acima, a empresa precisa produzir a quantidade de 5.000 produtos para chegar ao ponto de equilíbrio. Quanto maior a margem de contribuição, menor é a quantidade a produzir para se chegar ao equilíbrio, e vice-versa. O fator que mais pesa no cálculo do ponto de equilíbrio é o custo fixo.

O **preço de venda** adotado pela empresa estará dentro do intervalo (preço mínimo – preço máximo) que o mercado pode pagar. Se o produto da empresa é melhor em qualidade do que o produto concorrente, então é possível aumentar o preço de venda, fazendo com que a margem de contribuição seja maior.

É muito comum se utilizar a forma literal (letras) da fórmula como a própria definição. Assim, a margem de lucro (margem líquida) é dada pela fórmula:

Margem de Lucro = Lucro Líquido / Receita com Vendas

Onde:
Lucro Líquido = Lucro Bruto - Despesas com Vendas
Lucro Bruto = Receita com Vendas - Custos
Receita com Vendas = Somatório de todas as vendas faturadas e entregues

Existe o caso em que um valor é expresso por diversas maneiras, como:

Eficiência = Saída da empresa / Entrada na empresa.
Eficiência = Produtos resultantes (benefícios) / Recursos aplicados (custos).
Eficiência = Receita com vendas / Gastos totais.
Eficiência = Volume de vendas / Número de vendedores.

As **ilustrações** (gráficos, figuras, mapas, gravuras, esquemas, fotografias, diagramas, tabelas, matrizes) representam expressivo instrumento de comunicação de conhecimentos quando convenientemente usadas. Devem ser numeradas e tituladas, aparecendo o mais próximo possível do lugar em que são discutidas no texto.

Assim, a Figura 1.2 significa que é a segunda figura do Capítulo 1. O Quadro 3.5 significa o quinto quadro do Capítulo 3.

Toda ilustração deve ter uma legenda para esclarecer de que se trata. Assim, a legenda do Quadro 3.5 deve ser escrita: **Quadro 3.5:** Controle do Fluxo de Caixa.

Nas ilustrações devem-se evitar abreviaturas e abreviações. Caso não seja possível indicar os seus significados, é comum indicar a fonte da ilustração que deve vir entre a ilustração e a legenda. Após toda e qualquer legenda, colocar ponto final.

9.10 Abreviatura, Citação e Nota

Recorre-se às **abreviaturas** para evitar a repetição forçada de palavras e expressões, frequentemente, utilizadas nos textos. Abreviatura é a representação de um nome por meio de sua redução. Os meses podem ser abreviados em: jan., fev., mar., abr., maio (não se abrevia), jun., jul., ago., set., out., nov. e dez. Dar preferência à abreviatura de meses com minúsculas.

As abreviaturas, quando formam palavra, são escritas com inicial maiúscula: Ibope, Petrobrás, Finame, Bradesco, Ibama, Internet.

As abreviaturas de títulos, quando antecedem nomes próprios, devem ser grafadas em caixa alta e baixa: Prof., Profa., Sr., Sra., Dr., Dra.

A seguir, as principais **premissas das abreviaturas** (abreviações):

- As abreviaturas, em geral, não são utilizadas em textos, mas somente em notas de rodapé ou entre parênteses.
- As abreviaturas não precisam ser colocadas entre aspas ou sublinhadas. As abreviaturas, quando aparecem pela primeira vez, devem ser explicitadas.

Já a **sigla** é a representação de um nome por suas próprias iniciais:

ONU – Organização das Nações Unidas.
FGTS – Fundo de Garantia do Tempo de Serviço.
IPTU – Imposto Predial e Territorial Urbano.
INSS – Instituto Nacional de Seguro Social.

S.A. (e não S/A) – Sociedade Anônima.
ABNT – Associação Brasileira de Normas Técnicas.
ANP – Agência Nacional de Petróleo.

Deve-se indicar sempre, com método e precisão, toda a documentação que serve de base para a pesquisa, assim como ideias e sugestões alheias inseridas no trabalho.

Nas **citações** devemos observar as seguintes regras:

- Citação breve será transcrita no corpo do texto e colocada entre aspas.
- Citação longa terá reservado parágrafo próprio, dispensando o uso de aspas.
- Citação conceitual é transcrita no corpo do texto de maneira corrente e sem aspas.
- Citação mista também será transcrita no corpo do texto, colocando-se entre aspas apenas os termos e as expressões tiradas de outros documentos.

As **notas** ao pé da página, ou de rodapé, têm as seguintes finalidades:

- Referir o autor, a obra e o lugar das citações feitas no texto.
- Fazer certas considerações suplementares ou marginais que não caberiam no texto sem quebrar a sequência lógica.
- Remeter o leitor a outras partes do trabalho, a outros trabalhos ou às fontes.

As passagens citadas ou documentadas no texto relacionam-se com as respectivas notas, por meio do número de chamada colocado sempre no fim da citação. Trata-se de número sobrelevado com relação à linha ou colocado entre parênteses (1).

A numeração das notas será feita por capítulo ou será consecutiva para toda a obra. Nunca será por página, salvo quando forem raras e, no caso, assinaladas por asterisco (*), (**), (***).

9.11 Normalização Textual

Padrão é uma unidade de medida (ou modelo) adotada e aceita comumente como critério para avaliação de desempenho. Os padrões representam o desempenho desejado e estão sempre relacionados com o resultado que se deseja alcançar.

Com a Administração Científica, a padronização passou a ser uma preocupação constante na obtenção da eficiência, isto é, a aplicação de padrões com a finalidade de uma uniformização e redução de custo.

Em linhas gerais, o **processo de padronização** (normalização) se realiza através das seguintes fases:

- **Estabelecimento de Padrões** – Nesta fase são estabelecidos padrões (resultados desejados) de desempenho como base de comparação com os resultados obtidos. Os padrões podem ser expressos em tempo, dinheiro, qualidade, custo, quantidade, índice, indicador. Podem ser tangíveis, intangíveis, vagos, específicos, explícitos e implícitos.
- **Simplificação** – Esta fase consiste em reduzir a variedade ou diversidade, tanto de bens quanto de materiais ou serviços e, também, para processos, tarefas e movimentos, embora haja uma inexplicável pressão esmagadora para que tudo se complique.
- **Especificação** – Esta fase consiste em fazer uma descrição detalhada das características e propriedades de bens e serviços. Muitas vezes, a especificação depende de ensaios em laboratórios.
- **Adoção do Padrão** – Esta fase consiste em adotar um padrão, podendo implicar em substituições de equipamentos e treinamento de recursos humanos.

A marca do verdadeiro profissional é, em qualquer campo, a riqueza de seu vocabulário de padrões, desenvolvido no curso dos anos de sua educação formal e, especialmente, no curso dos anos de sua experiência/prática.

O médico, o artista e o mecânico experientes dispõem de **vocabulários próprios**.

A **normalização textual conduz à simplicidade da comunicação** escrita, porque especifica, uniformiza e reduz o tempo de entendimento, na medida em que diminui a variabilidade e o desvio. Imagine você se não houvesse normas para se escrever, seria um caos maior do que já existe, tendo em vista as diversas línguas e dialetos.

Aquele que quer ser um bom escritor, terá de ter noções de gramática e saber o que são: fonemas, ditongos, tritongo, hiatos, acentuação tônica, morfologia e etimologia da palavra, flexão da palavra, substantivo, adjetivo, numeral, pronome, verbo, advérbio, preposição, conjunção, interjeição, análise sintática, ortografia e vocabulário.

Redigir um texto é uma técnica que implica domínio de capacidade linguística. Assim, estamos diante de processos intelectuais que envolvem, basicamente, dois momentos: o de formular pensamentos (aquilo que se quer dizer) e o de expressá-los por escrito (o redigir propriamente dito).

Fazer uma redação – seja ela do tipo que for – não significa apenas a atuação de uma capacidade de escrever de forma correta, mas, sobretudo, a de organizar as ideias sobre determinado assunto.

Processo de escrever que tem as seguintes etapas:

- Formular a ideia; decidir o assunto; estabelecer o objetivo.
- Delimitar e organizar as ideias.
- Estruturar (escrever) um plano de abordagem.
- Enumerar os itens e subitens; hierarquizar ideias e títulos.
- Elaborar um rascunho; reescrever, rever e polir o texto.
- Configurar página (margem, cabeçalho, rodapé, tamanho do papel, medianiz, margem espelho).
- Escolher a fonte da letra e o estilo adequado para o texto (cada documento tem estilo próprio).
- Implementar (escreva, digite, imprima).
- Leia diversas vezes até achar que o texto traduz suas ideias.

Os dados são apresentados seguindo convenções, em função de uma terminologia própria. **Terminologia** é o conjunto de vocábulos, sinais e símbolos de um campo de conhecimento, arte ou ciência. A terminologia (nomenclatura) assume papel de destaque, tendo em vista a manutenção do diálogo e o entendimento uniforme entre todos os participantes de um projeto.

É um investimento de retorno garantido e de máxima valorização, especialmente, se essa terminologia for definida de forma padronizada, inteligente e de fácil identificação. Diferente do idioma, ela deve evitar ao máximo os sinônimos, pois, adotando esse princípio, tornará, entre outros benefícios, mais fácil a memorização e a associação com o conceito embutido.

9.12 Elementos do Documento

A seguir, abordaremos os seguintes elementos do documento:

Fonte do Documento – Fonte é todo e qualquer documento (arquivo) ligado diretamente ao objeto de estudo. As fontes são as testemunhas diretas ou contemporâneas do fato (fenômeno) estudado, material bruto, não elaborado. As fontes podem vir de arquivos públicos e particulares, ou, ainda, de fontes estatísticas, que abrangem os mais variados aspectos das atividades societárias.

Formato do Papel – O modelo de padronização mais utilizado é o Sistema A, aprovado pela Associação Brasileira de Normas Técnicas (ABNT), mostrado no Quadro 9.3:

Símbolos	Dimensões (mm)	Símbolos	Dimensões (mm
A0	841 × 1189	A10	26 x 27
A1	594 × 841	A11	18 x 26
A2	420 × 594	A12	13 x 18
A3	297 × 420	A13	9 x 13

A4	210 × 297		
A5	148 × 210		
A6	105 × 148		
A7	74 × 105		
A8	52 × 74		
A9	37 × 52		

Quadro 9.3: Padronização do Tamanho do Papel.

Tipos de Papel:

As características e aplicações dos tipos de papel podem ser conseguidas por meio de catálogos dos fabricantes, via Internet.

Requisitos:

Para que o documento tenha qualidade, são necessários alguns requisitos:

- Forma – A forma diz respeito ao conteúdo, apresentação e confiabilidade.
- Idade – A idade é determinada pelo tempo de existência do documento em relação aos fatos relatados. Mas atenção, nem tudo que é antigo não serve mais.
- Frequência – A frequência diz respeito à periodicidade com que o documento é produzido.
- Significado – Aquilo que deve ser absorvido pelo leitor (detalhes, exceções).

9.13 Arquivo

A primeira e mais lógica fonte de consulta para se iniciar o trabalho está nos arquivos da empresa. Assim, toda documentação deve ser arquivada, porque a primeira e mais lógica fonte de consulta do passado de uma empresa está nos arquivos da organização.

Arquivo é um conjunto de registros afins. O meio de arquivar tais registros (dados, informações) pode ser: papel, acumulador, disco, fita, disquete, CD, filme.

O ser humano pode guardar informações no cérebro por algum tempo, mas não por todo o tempo. Uma outra observação que se deve fazer é que todos os arquivos têm um caráter provisório (como tudo na vida) já que podem mudar de meio, isto é, serem construídos com a tecnologia de última geração.

Quanto à **maneira de arquivar**, os dados podem ser por: ordem (alfabética, cronológica), clientela (consumidores, fornecedores, usuários, funcionários, colaboradores, parceiros, concorrentes), região, assunto, função organizacional (departamentos, deveres, direitos, regras, limites, políticas, procedimentos, planos, programas, projetos), função administrativa (planejamento, direção, controle, organização, coordenação, comando, delegação...), produto (padrão, qualidade, custo, preço, margem de lucro, rentabilidade).

O **arquivamento da informação facilita sua recuperação**, evitando perda de tempo.

É comum que o gerente de um novo produto (projeto), dentro do possível, arquive o máximo de dados preliminares para agilizar e ajudar no desenvolvimento e construção do projeto. É importante que todos os participantes procurem entender que não é preciso começar do zero, pois, por mais difícil que possa parecer sobre fontes de consulta para um projeto, é importante que se diga que sempre existem estudos anteriores.

É só procurar e ter paciência de pesquisar e guardar documentos que servirão no futuro (arquivos de gaveta, arquivos de computador). É muito difícil ser muito diferente e inédito em tudo que se faz. Assim, copie e não esqueça de adequar ao Século XXI, em termos de linguagem, estilo e contexto.

Os dados preliminares que têm relevância para consulta imediata são relativos aos **tipos de arquivo**:

Arquivos de Resultado: Atas de Reunião; Balancetes; Balanços Patrimoniais; Demonstrativos de Resultado; Entrevistas; Relatórios sobre Valores Agregados.

Arquivos de Conteúdo: Boletins; Artigos; Relatórios; Bibliografias; Sinopses; Textos; Conteúdos Programáticos; Testes de Avaliação/Verificação de Aprendizagem; Gabaritos; Exercícios de Fixação; Problemas Resolvidos; Estudos de Casos; Questionamentos, Currículos.

Arquivos de Divulgação: Cartas; E-mails; Convites; Filmes; Fotos; Encartes; Releases; Malas Diretas; Jornais; Folders; Cartazes.

Arquivos de Imagem: Frontispícios; Capas; Catálogos; Orelhas de Capas; Marcadores; Fichas Catalográficas; Quartas Capas; Folhas de Rosto, Maquetes; Desenhos.

Arquivos de Operacionalização: Manuais; Planos; Listagens; Programas; Relação de Telefones; Relação de Serviços Profissionais; Cadastros; Projetos; Políticas; Procedimentos; Modelos; Formulários; Planilhas; Ordens de Serviço; Planos de Aula; Carteira de Pedidos; Orçamentos; Recibos; Cronogramas; Fluxogramas.

Arquivos de Custos: Custo do Produto; Custo Fixo; Custo Variável; Custo Total.

Arquivos de Preços: Tabelas de Preço; Cálculos do Preço do Produto; tabelas de Desconto; Mark-up; Margem de Lucro.

Arquivos de Negociação: Contratos Sociais; Contratos de Prestação de Serviços; Contratos de Cessão de Direitos; Propostas; Pautas de Discussão; Agendas.

Arquivos de Contas: Caixa; Bancos; Despesas de Instalação; Contas a Pagar; Contas a Receber; Disponível; Patrimônio; Conta Capital.

Arquivos de Controle: Desvio; Estoque; Faturamento; Inventário; Fluxo de Caixa; Vendas; Vendas por Vendedor; Vendas por Produto; Notas Fiscais; Faturas.

9.14 Banco de Dados

Um banco de dados pode ser entendido como uma coleção de arquivos estruturados, não redundantes e inter-relacionados, que proporciona uma fonte única de dados para uma variedade de aplicações. Ele armazena a informação usada em comum pelos diversos subsistemas de uma empresa com base na moderna tecnologia de processamento eletrônico, permitindo que ela possa arquivar e acessar dados sobre diversas operações com velocidade e precisão.

É indispensável que a implantação do banco de dados satisfaça às necessidades dos usuários e que cada subsistema utilize a mesma base para suprir a falta de informação, porque, caso contrário, o próprio objetivo do banco estará comprometido.

Um banco de dados nada mais é do que um conjunto de bases de dados, associado a um conjunto de programas de gerenciamento das mesmas, visando formar uma espécie de arquivo-mestre de todos os dados da empresa.

Os bancos de dados ajudam a administração da organização, porque podem ser de: recursos, consumidores, fornecedores, funcionários, concorrentes, candidatos, métodos, por exemplo. Seu uso em marketing ajuda a identificar consumidores em potencial, segmentar mercados, definir quais consumidores devem receber uma oferta específica, mantê-los e reativar aqueles perdidos.

É muito comum se confundir listagem com banco de dados. A **listagem** é um arquivo de nomes, endereços e/ou telefones e o banco de dados contém, além dessas informações, muitas outras, em função da finalidade de sua utilização.

A construção eficiente e eficaz de bancos de dados necessita da administração de dados. Caso contrário, não passaria de mais um método de organização ou acesso a arquivos em computador.

Ao **administrador do banco de dados** cabe cuidar das adaptações impostas pelas restrições do software de gerenciamento dos bancos de dados e dos aspectos de desempenho e de segurança.

A abordagem do banco de dados cria condições para várias aplicações, especialmente em controle gerencial. Também será mais fácil tomar decisões já que você poderá obter respostas e inferir dados para mudar o curso da decisão.

Nota: Quando se trabalha com banco de dados corre-se o risco de tomar decisão baseada em dados irrelevantes (ou errados).

É importante a classificação dos dados, feita por meio de registros em arquivos, considerando-se registro como a justaposição de dados selecionados a um mesmo fato (fenômeno, objeto).

Capítulo 10

Sistema

"Qualquer organismo, menor que seja, para sobreviver deve adquirir, usar, reter e transmitir informações."

Norbert Wiener

Objetivos do Capítulo

- Mostrar que se pode considerar tudo como um sistema.
- Mostrar que a empresa é um sistema aberto de informações.
- Mostrar que o profissional que entende de sistemas de informação é cada vez mais valorizado.

10.1 Cibernética

A Cibernética é uma ciência relativamente jovem. Foi criada por Norbert Wiener entre os anos de 1943 e 1947, justamente na época em que os cientistas Von Neumann e Morgenstern (1947) criavam a **Teoria dos Jogos** e Shannon e Weaver (1949) criavam a **Teoria Matemática da Informação**. Nessa mesma época, Von Bertalanffy (1947) já definira a Teoria Geral de Sistemas.

A Cibernética surgiu como a ciência destinada a estabelecer relações entre as várias ciências, no sentido de preencher os espaços vazios interdisciplinares não pesquisados por nenhuma ciência, como também permitir que cada ciência utilizasse, para o seu desenvolvimento, os conhecimentos aplicados pelas demais ciências.

Cibernética é a ciência da comunicação e do controle, seja nos seres vivos ou nas máquinas. A comunicação é que torna os sistemas integrados e coerentes. O controle é que regula o seu comportamento. Esta ciência compreende os processos e **sistemas de transformação da informação** e sua concretização em processos físicos, fisiológicos e psicológicos, por meio da informação, isto é, seu núcleo é o sistema de processamento das mensagens.

Bertalanffy salienta que Cibernética é uma **teoria dos sistemas de controle**, baseada na comunicação de informações entre o sistema e o ambiente.

O controle sempre foi a preocupação dos operadores de sistemas. No sistema humano, o controle funciona em busca da máxima adaptação do indivíduo ao ambiente em que vive. Com a Teoria Geral de Sistemas, o homem começou a entender que o saber não ocupa departamentos estanques e que existem princípios unificadores que regem toda a fenomenologia e fazem com que o universo se comporte como um macrossistema, constituído por subsistemas firmemente integrados e interrelacionados, face a propósitos teleológicos.

Hoje, exige-se da Cibernética a seguinte postura: ser universal e multidisciplinar; buscar a generalização, a abstração e a comparação. Assim, para esta ciência, todo sistema orientado para um propósito é uma máquina, pois energia e informação têm significados equivalentes.

A Cibernética é, frequentemente, confundida com **Teoria do Controle**, o que é totalmente errado.

10.2 Teoria Geral de Sistemas

A Teoria Geral de Sistemas (1951) sucedeu a **Teoria Behaviorista** e a **Teoria Estruturalista** da organização, como um alívio às diversas limitações destas teorias. Esta teoria adveio dos estudos de organismos vivos, realizados pelo biólogo Ludwing Von Bertalanffy e fundamenta-se em três premissas básicas, a saber:

- Os sistemas existem dentro de sistemas.
- Os sistemas são abertos.
- As funções de um sistema dependem de sua estrutura/estratégia.

Mas como tudo começou? Esta pergunta nos remete a História e leva-nos aos argumentos filosóficos entre os modelos mecanicista e orgânico, que existiam entre o final do Século XIX e início do Século XX.

Chester Barnard (1886-1961) tomou como base o estudo da estrutura via sistema e nos disse: A necessidade de um sistema cria a primeira tarefa do administrador e é a origem imediata da organização. A despeito de um longo estudo dos organismos e o pensamento holístico dos gregos, a Teoria de Sistemas é relativamente recente.

Segundo Kenneth Boulding, "a teoria geral de sistemas não busca solucionar problemas ou tentar soluções práticas, mas sim produzir teorias e formulações conceituais que possam criar condições de aplicações na realidade empírica".

A seguir, os **pressupostos básicos da Teoria Geral de Sistemas**:

- Essa teoria mostra uma nítida tendência para a integração nas várias ciências naturais e sociais.
- Essa teoria pode ser uma maneira mais abrangente de estudar os campos não físicos do conhecimento científico, especialmente, o das ciências sociais.
- Essa teoria, ao desenvolver princípios unificados, atravessa campos do conhecimento e nos aproxima, cada vez mais, de uma Unidade Científica (todas têm um ponto em comum).
- Essa teoria pode levar o ser humano a uma integração da educação científica.

A Teoria Geral de Sistemas foi construída e embasada nas seguintes teorias e suas respectivas premissas:

Teoria dos Compartimentos – Todo sistema é composto de subunidades com certas condições de fronteira entre as quais podem ocorrer processos de transporte.

Teoria dos Conjuntos – Todo sistema pode utilizar os termos (leis, teoremas, axiomas) dessa teoria.

Teoria do Controle – Todo sistema é baseado na comunicação (transferência de informação) entre o sistema e o ambiente.

Teoria dos Grafos – Todo sistema será mais bem representado se for estudado à luz de um gráfico. Esta teoria é a aplicação de diagramas, para a otimização do tempo e do custo.

Teoria das Redes – Todo sistema será mais bem elaborado, se for visto como uma rede neural. A rede mais famosa, PERT/CPM, é utilizada para analisar o caminho crítico de um projeto, entendido como o mais longo de todas as etapas de sua consecução.

A palavra **rede** (malha) significa um conjunto de atividades interligadas. Rede de comunicação é a estrutura que estabelece a direção e o sentido do fluxo de informações que circula na organização. Ela possibilita o suporte necessário de dados para os polos de decisão que processam e filtram as informações.

Teoria da Informação – Todo sistema utiliza o cálculo da probabilidade, baseando-se que a informação pode ser utilizada como unidade para medir eficiência.

Teoria dos Autômatos – Todo sistema deve mostrar que qualquer processo de qualquer complexidade pode ser simulado por uma máquina, se este processo for capaz de ser expresso em um número finito de operações lógicas.

Teoria dos Jogos – Todo sistema utiliza forças para obter o máximo de ganhos e o mínimo de perdas mediante adequadas estratégias e estruturas. A Teoria dos Jogos é a aplicação da lógica matemática ao processo de tomada de decisão, na solução de problemas com informações incompletas. Esta teoria pode ser utilizada no processo de negociação onde as partes são vistas como jogadores. Também ajuda a determinar o curso de ação que minimizará a perda máxima do tomador de decisão, face à incerteza de comportamento do ambiente, por exemplo.

Teoria da Decisão – Todo sistema utiliza a Teoria Matemática para tratar da escolha entre alternativas. A Teoria da Decisão afirma que as pessoas tomam decisões, em função do seu nível de percepção. É muito comum o administrador basear sua tomada de decisão em modelos, inferências estatísticas, estudos de amostras e cálculo de probabilidade. As amostras devem ser escolhidas de modo a serem representativas do universo pesquisado.

A **tomada de decisão** é algo que surge de um processo social contínuo e composto de numerosas pequenas ações, executado por pessoas diferentes, em momentos diversos. Uma equipe de planejamento pode ser muito útil, mas somente se for integrada por dirigentes ativos, de forma que haja livre comunicação e interação. As decisões são efetivamente tomadas por pessoas que depois serão responsabilizadas pelos resultados alcançados.

Teoria das Filas – Todo sistema otimiza arranjos em condições de aglomeração. A Teoria das Filas é o estudo da otimização de arranjos de recursos em situações de espera, aglomerações, gargalos ou restrições ao processo produtivo.

Teoria da Probabilidade – Todo sistema se baseia no pressuposto de que um grande número de acontecimentos passados pode ser usado para predizer acontecimentos semelhantes no futuro. Mas esta teoria não pode determinar qual a casa que será destruída pelo incêndio ou quem irá morrer.

As **técnicas estatísticas** fornecem uma base para previsão de ocorrências, tais como: o número de avarias de máquinas, desvios no controle de qualidade, substituição de empregados, devoluções de mercadorias.

A **probabilidade** de um evento é um número compreendido entre 0 e 1. Se o evento não pode ocorrer, sua probabilidade é zero. Mas, se sua ocorrência é certa, sua probabilidade é um. A Teoria da Probabilidade, desenvolvida por matemáticos e estatísticos, tem sido útil na solução de alguns problemas de decisão.

10.3 Teoria de Sistemas

A Teoria de Sistemas é um ramo específico da Teoria Geral de Sistemas, que visa desenvolver técnicas para lidar com o grande e o complexo. Esta teoria não surgiu do esforço realizado na última grande guerra, mas remonta a tempos muito anteriores e tem raízes inteiramente diferentes dos equipamentos militares e realizações tecnológicas afins.

Esta teoria não busca solucionar problemas ou tentar soluções práticas, mas sim produzir hipóteses e formulações capazes de interligar universos particulares da ciência.

A Teoria de Sistemas veio enriquecer a teoria da organização com noções importantes para explicar o funcionamento da empresa. Os cientistas dessa escola tentaram compreender como os sistemas eram estruturados e como as práticas administrativas podiam ser aperfeiçoadas.

A Teoria de Sistemas é multidisciplinar, buscando conceitos e técnicas em muitos campos, tais como a Sociologia, Psicologia, Matemática, Probabilidade, Estatística, Administração, Economia, Ecologia etc. Também podemos dizer que esta teoria é descritiva, quando assume que um evento pode ser causado por numerosos fatores que são inter-relacionados e interdependentes.

Hoje, encaramos a **Teoria da Administração** como tendo uma visão de que a organização é um sistema adaptativo. A Teoria de Sistemas foi aplicada à Administração por várias razões, tais como:

- A necessidade de uma síntese e integração das teorias que a precederam.
- A cibernética permitiu operacionalizar ideias aplicadas à administração.
- A visão da organização como um sistema.
- O desenvolvimento das ciências exatas (principalmente a Teoria Matemática) aplicadas à tomada de decisão.

- O progresso tecnológico.
- A visão holística de coisas complexas.

10.4 Sistema

Segundo C. West Churchumann, "um sistema é um conjunto de partes coordenadas, para realizar uma ou mais atividades". O **termo sistema** é de uso comum, pois existem: sistema educacional, sistema de computador, sistema solar, sistema nervoso e outros. À luz da etimologia, a palavra sistema originou-se do prefixo "sun" e do radical "thema", ambos gregos, isto é, um conjunto coerente de coisas que interagem, se inter-relacionam e se integram.

Sistema é um conjunto (todo organizado) de elementos (partes) que interagem, visando atingir um objetivo (ou uma função) comum, como um todo unitário e complexo.

O **estudo dos sistemas** capacita os homens e as instituições a terem um procedimento racional integrado a um conjunto organizado. A verdadeira importância do estudo dos sistemas é conscientizar o dirigente para a complexidade da organização e a necessidade de ver a empresa como um sistema aberto. Tais sistemas são controlados por meio de informações.

A palavra sistema tem muitas conotações, mas o que se destaca neste conceito é que o resultado é maior do que a soma dos resultados que as partes dariam se funcionassem separadamente. A isto chamamos **sinergia.**

A **abordagem sistêmica da Administração** surgiu no início da década de 1950, tendo como proposta uma nova visão da realidade que transcende os problemas tecnológicos, exigindo uma reorientação das ciências, indo das físicas até as sociais. Esta abordagem propõe uma radical inversão nos princípios básicos até então aceitos, o reducionismo transformou-se em expansionismo, o pensamento analítico cedeu lugar ao pensamento sintético e o mecanicismo foi substituído pela teleologia.

É necessário esclarecer que sistema não é sinônimo de computador e que não existe uma conexão essencial entre os dois. Os computadores possibilitam examinar muitas alternativas em pouco tempo, oferecendo elementos para o processo decisório. Segundo Jacques Melese, o sistema é o caminho dos elementos que podem assumir estados diferentes, havendo comunicação ou interação entre eles, o que determina fluxos de informações ou de objetos.

O **estudo de sistemas** procura desenvolver:

- Uma técnica para lidar com o grande e o complexo.
- Uma técnica para capacitar as pessoas e as organizações a terem um procedimento racional integrado e um conjunto de coisas.
- Um enfoque sintético do todo, o qual não permite a análise em separado das partes do todo, em virtude das intrincadas inter-relações das partes entre si e com o todo, as quais não podem ser tratadas fora daquele contexto.
- Relações entre os elementos componentes, em vez de um estudo dos elementos em si, destacando-se o processo e as probabilidades de transição, especificados em função dos seus arranjos estruturais e da sua dinâmica.

10.5 Características dos Sistemas

As características dos sistemas são as seguintes:

- **Propósito** – Todo sistema tem um ou alguns objetivos justificados e esclarecidos a serem atingidos.
- **Totalidade** – Todo sistema tem uma natureza orgânica, porque uma ação que produza mudanças em uma das unidades do sistema, provavelmente deverá produzir mudanças em todas as outras unidades.
- **Entropia** – É a tendência que os sistemas têm para o desgaste, desintegração, afrouxamento dos padrões e um aumento da aleatoriedade. A entropia é um conceito bastante controvertido. Alguns dizem que a entropia é a Segunda Lei da Termodinâmica e se refere à perda de energia em sistemas isola-

dos, levando os mesmos à degradação e ao seu desaparecimento. Etimologicamente, entropia significa a volta a um estado ou forma preexistente.

- **Homeostase** – É o equilíbrio dinâmico entre as partes do sistema. Os sistemas têm uma tendência a se adaptarem a fim de alcançarem um equilíbrio interno em face das mudanças do ambiente.
- **Identidade** – É a característica principal e significa que, apesar dos sistemas serem constituídos por um conjunto grande de elementos, cada sistema pode ser identificado por um único elemento.
- **Hierarquia** – É a característica que diz que todo sistema pode ser considerado como subsistema de um sistema maior.
- **Modularidade** – É a característica que diz que todo sistema pode ser dividido em sistemas menores.
- **Relação** – Os subsistemas se relacionam por interação e integração. Os subsistemas de um mesmo sistema são interdependentes por necessidade.
- **Eficiência** – É definida pela relação entre recursos produzidos e recursos aplicados.
- **Eficácia** – É definida pela relação entre resultados obtidos e resultados pretendidos (objetivos).
- **Rendimento** – É a expressão matemática da eficiência, onde o rendimento é medido pela razão saídas/entradas, cujo limite tende a um, pois nenhum sistema tem uma saída igual ou maior do que a entrada, devido às perdas no processamento.
- **Reação** – A reação é um evento suficiente que acontece, em função de outro evento no sistema ou no seu ambiente.
- **Resposta** – A resposta é como uma reação, porém é necessária e suficiente.
- **Causalidade** – É o princípio que diz que todas as coisas têm direção e sentido. Isto é, há uma razão passada para o que ocorre no presente.
- **Sistematização** – É o esforço que se faz para se ter uma visão sistêmica de todas as ideias, objetos, elementos, teorias, hipóteses, por exemplo.
- **Finalidade** – É a característica que afirma a que fim o sistema foi criado, isto é, para que e para quem serve.
- **Globalidade** – É o nome que se dá ao foco de uma **visão holística**, onde há a necessidade de encarar tudo e todos inseridos num mesmo contexto. A evolução do enfoque sistêmico não se situou somente na análise de interdependência, mas avançou a sua contribuição para a dimensão mais ampla da globalidade, tendo em vista os problemas causados pela devastação ambiental, mercados altamente competitivos, comercialização predatória, consumo incerto, governos burocráticos e corruptos, competição desigual e concorrência desleal, por exemplo.
- **Crescimento** – O crescimento do sistema está diretamente ligado ao número de seus elementos e suas possibilidades de combinação.
- **Competição** – A competição se caracteriza pela disputa pelos mesmos recursos de dois ou mais elementos do sistema.
- **Diferenciação** – Todo sistema aberto tende à diferenciação, isto é, à multiplicação e à elaboração de funções, o que lhe traz também multiplicação de papéis e diferenciação interna.
- **Equifinalidade** – Um sistema pode alcançar, por uma variedade de caminhos, o mesmo estado final, partindo de diferentes condições iniciais.
- **Homomorfismo** – Característica dos sistemas que guardam entre si proporcionalidade de formas, embora nem sempre do mesmo tamanho.
- **Isomorfismo** – Característica dos sistemas que possuem semelhança de forma. Um sistema é isomorfo a outro quando suas partes forem intermutáveis.
- **Sinergia** – Embora este conceito já tenha sido abordado, é bom lembrar que a sinergia é a melhor compatibilidade entre as partes componentes do sistema.
- **Teleologia** – É o princípio segundo o qual a causa é uma condição necessária, mas nem sempre suficiente para que surja o efeito. A teleologia é o estudo do comportamento de um sistema com a finalidade de alcançar objetivo.
- **Transição** – Quando um sistema passa de uma condição para outra se diz que houve uma transição.
- **Transformação** – Quando todas as transições se realizam diz-se que ocorreu uma transformação.
- **Variedade** – A variedade de um sistema é função do número de transições que o mesmo efetua para cada transformação e sua medida dá a quantidade de informação necessária para operar o sistema (quanto de energia necessária).
- **Adaptação** – É o movimento de mudança que o sistema executa, através de reações ou respostas para atender as modificações ambientais e as demandas dos consumidores, sem atingir de maneira destrutiva a própria organização.

- **Progresso –** É uma medida que dá conta de que o sistema caminha na direção dos objetivos preestabelecidos.
- **Resiliência –** É a capacidade que o sistema tem de responder e superar dificuldades impostas por fatores externos.
- **Ganho –** O ganho é uma espécie de fator multiplicativo no circuito de feedback (retroalimentação). Como o feedback trata dos desvios, é possível estabelecer:

$O = G (I - O)$ ou: $G = O / (I - O)$

Onde:
O = Saída do Sistema
G = Ganho do Sistema
I = Entrada do Sistema.

Então: $O = GI - GO$ $O + GO = GI$ $O (1 + G) = GI$ $O = GI / (1 + G)$

Dividindo-se a última equação por I, vem: $O/I = G / (1 + G)$

Como a **eficiência do sistema** (E) é medida pela relação Saída/Entrada, vem:

$E = O/I = G / (1 + G)$

Exemplo: São aplicados num sistema 1.000 t de materiais e são obtidos 600 t de produto acabado, pergunta-se: Qual a eficiência deste sistema? Qual o fator de ganho?

Solução:
E = O/I = 600 / 1.000 = 0,6 (60%)
G = 600 / (1.000 - 600) = 600 / 400 = 1,5

Resposta: O fator de ganho é de 1,5 e a eficiência é de 0,6 (60%).

10.6 Elementos do Sistema

Segundo Stanford L. Opter, em *A Análise de Sistemas Empresariais,* o sistema pode ser considerado como um conjunto de elementos que possui uma série de relações com seus atributos. Alguns autores afirmam que os sistemas se caracterizam por parâmetros, isto é, elementos e suas relações. Assim, os elementos do sistema são:

Objetivo – O objetivo do sistema é uma intenção a ser atingida, porém não há uma preocupação quanto aos aspectos quantitativo, qualitativo e temporal. O ideal é um objetivo que seja difícil de ser alcançado por meios normais.

Ambiente – O ambiente de um sistema é um conjunto de elementos e propriedades que não fazem parte do sistema. É aquilo que está fora do sistema, mas que exerce coação sobre o mesmo. Uma modificação no ambiente pode mudar o estado do sistema. Mesmo o sistema abstrato possui elementos. Como o ambiente está sempre mudando, o processo de adaptação do sistema é dinâmico.

Entrada – A entrada de um sistema é aquilo que o sistema importa do seu ambiente para a sua operação. A entrada pode ser constituída de insumos, tais como: informação, dado, energia, material. A entrada é o impulso que dá partida ao sistema.

Processamento – Processamento de um sistema é a transformação de um insumo em um produto. O processamento pode ser manual, mecânico ou eletrônico.

Saída – A saída de um sistema é o resultado final da operação ou processamento dentro deste. Todo sistema produz uma ou várias saídas. Através da saída o sistema exporta o resultado de suas operações para o ambiente. As saídas devem ser congruentes com o objetivo do sistema, enquanto que os resultados dos subsistemas são interdependentes. Informações de saída são conduzidas aos usuários por meio de relatórios.

Controle – O controle de um sistema é um subsistema que serve para avaliar e comparar os resultados, determinando se os objetivos foram atingidos. Assim, é necessária uma medida de desempenho chamada padrão.

Retroação – A retroação (**feedback**) é um subsistema de comunicação de retorno, proporcionado pela saída à sua entrada, no sentido de corrigi-lo de alguma maneira. As principais funções da retroação são: controlar a saída, enviando mensagens geradas após a saída ao regulador de entrada; manter um estado, relativamente, estável da operação do sistema, quando se defronta com variáveis externas que podem ocasionar sua flutuação.

A retroação pode ter um caráter inibidor (feedback negativo) ou um caráter incentivador (feedback positivo). A Figura, a seguir, mostra um sistema de feedback:

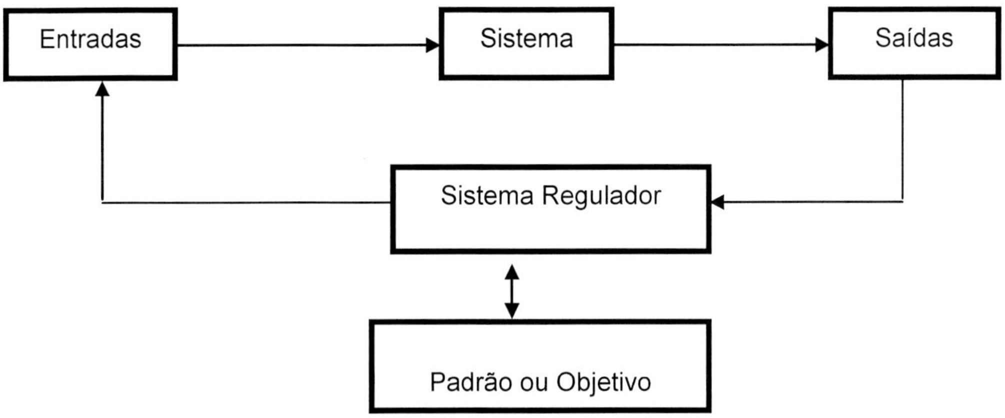

Figura 10.1: Sistema de Feedback.

Rendimento – O rendimento de um sistema é uma medida que nos diz se o sistema está funcionando bem, ou não. Uma das medidas é a eficiência, como já observada, sendo dada pela fórmula:

E = Saídas / Entradas

Recursos – Os recursos de um sistema são os meios que ele dispõe e usa para cumprir a sua função, atribuição ou atividade.

Subsistemas – Subsistemas são partes identificadas de forma estruturada que integram um sistema maior.

Administração – A administração de um sistema trata da criação de planos para o sistema, determina as finalidades dos componentes, procede à alocação de recursos e controla o rendimento do sistema.

Fronteira – É o limite virtual do sistema. A fronteira é uma espécie de linha a limitar ou conter as atividades do sistema.

Interface – A conexão e interação entre os subsistemas é chamada interface. Através das interfaces os subsistemas trocam materiais, energia e informação. Os limites e as interfaces dos subsistemas devem ser cuidadosamente estudados, e as relações com os subsistemas devem ser claramente definidas.

A fórmula, a seguir, mostra o **número de interfaces do sistema**:

$N = n (n - 1) / 2$

Onde:
N = número de interfaces do sistema
n = número de subsistemas.

Se n = 10, então vem: N = 10 (10 - 1) / 2 = (10 x9) = 45.

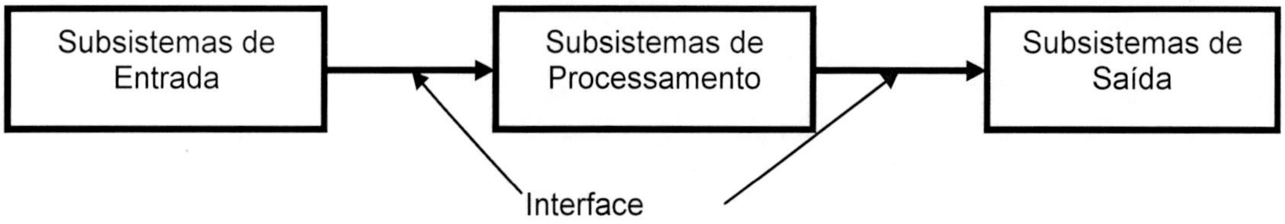

Figura 10.2: Interfaces de um Sistema.

Energia – Ciberneticamente, energia e informação se equivalem.

Ato – O ato é considerado um evento que não muda o sistema.

Registro – Registro é a justaposição de dados selecionados a um mesmo fato, fenômeno, objeto, procedimento, método.

Arquivo – Arquivo é um conjunto de registros afins, colocados de forma ordenada e de fácil acesso, tendo um caráter provisório, já que podem mudar de meio, isto é, serem construídos com tecnologia de última geração.

Ideia – A ideia, também chamada de noção ou conceito, é a simples representação intelectual de um objeto, porque se constitui num ato cognitivo. Não se confunde com a imagem, que é a representação apenas sensível do objeto. Todo e qualquer sistema é desenvolvido, partindo-se de uma **ideia inicial** (fato gerador, problema não resolvido, necessidade de mudança).

Tanto que as ideias são consideradas soluções plausíveis para atender uma ou mais necessidades, desde que sejam confrontadas com a realidade.

Para levar uma ideia adiante, o empreendedor deverá ponderar sobre alguns fatores decisivos para o futuro de seu negócio, como: a sazonalidade, a situação econômica da sociedade, o controle governamental, a própria disponibilidade financeira, o custo do investimento e a lucratividade, por exemplo. Eleita a ideia mais adequada, o futuro **empreendedor** deve transformar a mesma num conceito de negócio.

Ciclo de Vida – O **ciclo de vida do sistema** é o tempo em que o sistema existe, desde a sua concepção até seu abandono (uso final). O ciclo pode ser considerado como uma série de eventos, etapas ou processos que se repetem numa ordem determinada. O ciclo de vida do sistema pode ser dividido em:

- Concepção – Fase onde se determinará o que deve ser feito, como e quando.
- Desenvolvimento – Fase que englobará desde o planejamento até a apresentação do relatório final de implantação.
- Acompanhamento – Fase de avaliação da atuação do sistema, bem como a sua qualidade de resposta e sua documentação de operação e de manutenção.

No estudo do ciclo de vida devemos considerar: fato gerador, requisitos de informação, programa de trabalho, viabilidade da automação, ambiente, cronograma de trabalho, manual do sistema, teste piloto, relatório de avaliação e implantação, relatório final.

Problema – O estudo dos sistemas capacita os homens e as instituições a terem um procedimento racional integrado a um conjunto organizado. A verdadeira importância do estudo dos sistemas é conscientizar o dirigente para a complexidade da organização e a necessidade de que o sistema seja sempre considerado. Os **problemas sistêmicos** acontecem por conta do usuário, do engenheiro, do especialista em O & M e do analista de sistema, que vivem uma verdadeira guerra de comunicação e de utilização do sistema.

Juízo – É o ato pelo qual o indivíduo afirma ou nega uma coisa de outra. O juízo se compõe dos elementos: sujeito, atributo (predicado) e afirmação (ou negação).

Lógica – É a ciência das leis ideais do pensamento e a arte de aplicar tais leis à pesquisa e à demonstração da verdade.

Raciocínio – É a operação pela qual o indivíduo de uma relação ou várias conhecidas extrai uma outra relação. Como as relações se exprimem por juízos, pode-se dizer que raciocinar é encadear juízos com o fim de concluir um pensamento.

Potencial – O somatório dos propósitos atingidos e não atingidos, embora existentes, chamaremos de potencial sistêmico. O potencial de um sistema pode determinar sua vida, como: vida curta (sistema fechado) e baixo potencial; vida longa (sistema aberto) e alto potencial.

Dinâmica – A dinâmica dos sistemas abertos difere da dinâmica dos sistemas fechados. A mais importante diferença reside nos mecanismos de feedback, que consiste num processo de busca das condições ideais do sistema.

Qualquer sistema aberto está sendo constantemente bombardeado por perturbações de toda ordem. Assim, todo sistema busca o equilíbrio. Alguns sistemas mostram um alto grau de movimentação de seus elementos. Esta movimentação pode ser positiva ou negativa.

Profissional de Sistemas – O profissional que atua no desenvolvimento e implementação de sistemas, nos procedimentos administrativos ou no processamento de dados é pago para ajudar a promover mudanças. Havendo a necessidade de resolver determinados problemas ou criar (ajustar) sistemas, em função de mudanças operacionais, espera-se que o profissional de sistemas solucione, seja qual for a razão determinante da mudança.

Profissionais de sistemas precisam ter o domínio dos conceitos, metodologias e técnicas peculiares ao campo de sistemas. Assim, ele deve perceber que:

- Mudança de sistema é algo mais do que um conjunto de soluções estritamente técnicas.
- A sua ótica não é a única verdadeira.
- Os valores, do tipo "alta especialização", podem nada significar para os usuários.
- A mudança dos sistemas implica percepções, sentimentos, ações grupais, questões políticas.
- A cultura organizacional de cada empresa deve ser sempre considerada.
- Os conflitos e disputas, em torno de mudanças, devem ser negociados.

10.7 Classificação dos Sistemas

Todo conhecimento precisa ser sistematizado e classificado, isto é, ordenado e posicionado numa escala de valores capaz de facilitar a compreensão de sua contribuição, de forma que sejam estabelecidas uma sequência e uma hierarquia que possibilitem seu uso e a evolução gradual do raciocínio do mais simples para o mais complexo, pois só assim as pessoas conseguem um crescimento cultural sólido.

Há uma grande variedade de sistemas e uma ampla gama de **tipologias** para sua classificação, de acordo com certas características básicas.

Segundo Sergio R. Bio, "a própria natureza interdependente dos subsistemas não recomenda uma classificação rígida, tendo em vista a relevância ou não da informação trabalhada". Um entendimento mais amplo do papel dos sistemas no processo de gerenciar organizações pode ser facilitado, classificando os sistemas segundo seus propósitos fundamentais.

Os quadros, a seguir, mostram uma classificação dos sistemas:

- **Sistemas Quanto à Constituição**
- **Sistemas Quanto à Natureza**
- **Sistemas Quanto à Complexidade**
- **Sistemas Quanto ao Resultado**
- **Sistemas Quanto ao Comportamento**
- **Sistemas Quanto ao Estado**

- **Sistemas Quanto à Automação**
- **Sistemas Quanto ao Apoio**

10.8 Tipos de Sistema

A seguir, alguns tipos de sistema:

Sistema Administrativo – Considerando administrar como tomar decisões certas, baseado em informações válidas, o problema fica em grande parte vinculado ao fluxo de informações e ao domínio da rede por onde elas caminham. Em geral, os gerentes recebem muito mais dados do que podem absorver e vivem permanentemente atolados em um excesso de informações. Assim, se torna necessário considerar:

- O excesso de informações pode ser pior do que a falta, pois confunde e dá uma aparente sensação de administração efetiva.
- Necessidade de a gerência dispor de informações sempre mais exatas do que aquelas obtidas.
- Estabelecer uma seleção e posterior hierarquização das mesmas para que o dirigente receba, numa ordem lógica, aquilo que lhe é mais importante.
- O excesso de informações aumenta de forma desproporcional os custos, restringindo a possibilidade de competir e, até sobreviver.

Um **programa de sistemas administrativos** compreende normalmente estudos preliminares que são empregados para identificar áreas problemáticas e não para desenvolver soluções. O gerente deve partir para análise de manuais, organogramas, cronogramas, formulários, relatórios, correspondências. Como técnica poderá se valer de: entrevistas, observações, questionários, acompanhamentos de processos.

O ideal seria que os sistemas administrativos fossem projetados com uma reserva de capacidade que lhes facultasse fazer face a quaisquer perturbações ambientais, mas, por outro lado, já foi visto que, na prática, isto não é aconselhável por ser economicamente inviável. O desenvolvimento e a aplicação de sistemas administrativos não dependem de computadores.

Sistema de Distribuição – Um sistema de distribuição física consiste de um conjunto de decisão sobre: o volume negociado, a localização do destinatário (consumidor), a armazenagem (tamanho e risco), o meio de transporte, a manutenção de estoque, a comunicação dentro da rede de distribuição, a maneira como o produto é embalado e as políticas (preço, frete, estoque).

Um dos princípios da distribuição moderna exige que o fabricante não passe a ignorar seu produto, tão logo este tenha passado de suas mãos para agentes, atacadistas e varejistas. A distribuição bem-feita estimula a demanda.

Muitas empresas declaram que seu **objetivo de distribuição** é o de levar as mercadorias certas para os lugares certos, nos momentos certos e pelo menor custo. Mas, nenhum sistema de distribuição física pode, simultaneamente, maximizar o serviço ao consumidor e minimizar o custo de distribuição. A maximização do serviço de distribuição implica políticas de grandes estoques, transportes com custos adicionais e muitos armazéns, todos aumentando o custo operacional.

A minimização dos custos de distribuição implica políticas de transporte rápido e barato, estoques baixos e poucos armazéns.

Sistema Orçamentário – Um sistema orçamentário desenvolve: Planejamento integrado das atividades empresariais; Controle dos resultados operacionais e financeiros, por meio da comparação com padrões; Mensuração da validade das diretrizes e dos objetivos; Mensuração da eficiência da estrutura organizacional e dos procedimentos adotados para a consecução dos objetivos empresariais.

Um sistema de controle orçamentário apresenta, portanto, as seguintes vantagens:

- Estimula a administração a estudar os mercados, os produtos e os consumidores.
- Incita a planejar e a decidir sobre o uso mais econômico da mão de obra e dos materiais.
- Torna possível uma previsão acertada dos meios financeiros necessários para a futura atividade.

- Determina e estabelece medidas de eficiência da ação a ser desenvolvida.
- Conduz ao uso de adequados sistemas de contabilidade.
- Permite uma clara delegação de autoridade e correspondente determinação de responsabilidades.
- Determina um uso mais econômico de todos os recursos da empresa, reduzindo dispersões e desperdícios.
- Exige o uso de expressões quantitativas no planejamento, com a consequência de uma precisão maior e de um controle mais simples.
- Constitui um meio de treinamento dos dirigentes, desenvolvendo nestes um senso comum sobre despesas, aplicações, receitas, investimentos.

O que há de se destacar num sistema orçamentário é o vetor chamado dinheiro (capital) do qual a análise financeira está presente, mormente no que se refere ao caixa (entradas e saídas). É da relação entre os diversos orçamentos que desenvolvemos diversas políticas, tais como: políticas de estocagem, políticas de recursos humanos, políticas de investimentos e aplicações, políticas de encaixe mínimo (nível de caixa).

A seguir, algumas **observações básicas sobre o sistema orçamentário**:

- Quando se monta um orçamento é sempre bom analisar dois aspectos conflitantes: planejamento e controle.
- Um orçamento estabelece diretrizes baseadas em decisões, função de relatórios.
- Uma das razões de erros no orçamento é não levar em conta a região, costume, uso, hábito, faixa etária, perfil socioeconômico, população, clima, geografia, por exemplo.
- O orçamento de vendas deve tomar como base o consumo e o mercado.

O **grupo de orçamento**, para ser bem-sucedido, precisa possuir uma muito boa coordenação, haja vista que a empresa delega o sistema orçamentário ao controlador (tesoureiro, controller), que não deixa que os orçamentos previstos para o período "estourem". Muitos orçamentos são mais bem expressos em termos físicos do que em termos monetários. Embora tais orçamentos sejam comumente traduzidos em quantidades monetárias, eles são muito mais significativos, num determinado estágio do planejamento e do controle.

Sistema de Produção – O sistema de produção tem a responsabilidade de reunir as matérias-primas e insumos em um plano de produção aceitável que realmente utilize os materiais, a capacidade e o conhecimento disponíveis nas instalações de produção. Dada uma determinada demanda no sistema, o trabalho é programado e controlado para produzir os bens e serviços exigidos. Entretanto, deve ser exercido um controle sobre o estoque, a quantidade. O fluxo, a seguir, mostra como funciona um sistema de produção, da forma mais simples:

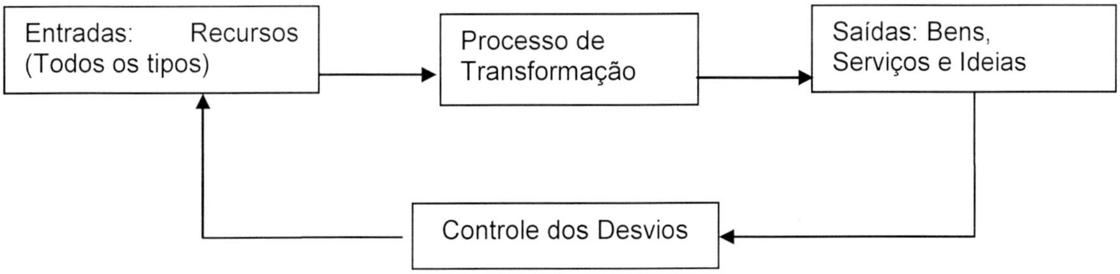

Figura 10.3: Sistema de Produção Simplificado.

A produção não é independente das outras funções organizacionais. O administrador da produção é responsável pela produção de bens, na qualidade exigida e a tempo de satisfazer as datas estipuladas para entrega. O produto fabricado será afetado pela natureza da linha de produção da empresa. As quantidades a serem fabricadas estarão em função da demanda de mercado.

Os prazos, nos quais devem ser fabricados os produtos, dependerão das exigências de entrega por parte dos elementos da empresa e modificados, se possível, apenas para fabricação em **lotes de tamanho econômico** e a um ritmo bastante uniforme.

Geralmente, o **Departamento de Produção** planeja suas atividades antes do recebimento de pedidos. Uma das razões, por exemplo, é a de que seja improvável o cumprimento da data de entrega prometida, porque o tempo necessário, para operacionalizar tudo isso, excede de muito aquilo que é aceito como razoável.

Ainda que isso não aconteça, a empresa que só dá partida a produção, depois do pedido, pode ter problemas com os fornecedores de recursos, abalando sua imagem e acumulando custos excessivos.

Para ser um bom **administrador da produção**, você deve ser responsável:

- Pela qualidade da produção.
- Pelo planejamento e controle da produção.
- Pela fabricação dos produtos da empresa nas quantidades exigidas, nos prazos estabelecidos e com a qualidade recomendada.
- Pela escolha do método de produção, pois quase sempre um produto pode ser fabricado de várias maneiras.
- Pelo arranjo físico da fábrica.
- Pela movimentação de materiais.
- Por determinar o lote econômico de fabricação.
- Pela redução dos custos e pela otimização dos recursos disponíveis e aplicados à produção.

Sistema Financeiro – Um sistema financeiro se baseia no fluxo de dinheiro que corre através da empresa. Este sistema envolve uma quantidade muito grande de dados históricos para o planejamento financeiro da organização. O sistema financeiro é, provavelmente, o mais importante sistema de informação gerencial. Na maioria das empresas este sistema é o mais velho e mais bem desenvolvido de todos os outros sistemas, porque lida com dinheiro. Seus maiores problemas são: determinar um padrão para controle; determinar quando a ação é requerida; obter de forma rápida e atualizada as informações relevantes; prever variações e tendências.

O **fluxo de caixa** é o instrumento que permite ao administrador lidar com os recursos financeiros para um determinado período. Uma vez programadas as necessidades financeiras e determinadas as fontes de recursos que serão captados, resta ao administrador financeiro a tarefa de distribuí-los, de forma racional e adequada, pelos diversos itens do ativo.

A **função principal da administração financeira** é poder saldar, em tempo hábil, os compromissos assumidos com terceiros e maximizar os lucros. O fluxo de caixa tem como objetivo básico, a projeção das entradas e das saídas de recursos financeiros para determinado período, visando dar a maior liquidez possível à empresa.

As decisões a serem tomadas em relação ao fluxo de caixa são:

Quando há **superávit** (sobra de caixa): aumentar estoques; aumentar prazos e condições de venda; melhorar as instalações e maquinários; aplicar o saldo em fundos de renda fixa; desenvolver novos empreendimentos; rever os recursos tecnológicos em uso; contratar pessoas.

Quando há **déficit** (falta de caixa): melhorar o processo de cobrança; reduzir os estoques; renegociar as contas a pagar; diminuir prazos de vendas; aumentar prazos de compra; promover vendas especiais; cortar custos e despesas dispensáveis; vender imobilizações ociosas; aumentar o capital próprio com injeção de recursos dos sócios atuais (novos); reduzir o nível das atividades; buscar financiamentos.

Sistema de Controle – O controle envolve a comparação entre o planejado e o resultado obtido. Contudo, quando o resultado não é o esperado nem sempre a causa está no funcionamento do sistema. Pode estar em quem o planejou ou naquele que não sabe ler os desvios, isto é, não sabe operá-lo. O propósito de um sistema de controle é determinar se a atuação de uma empresa se acha de acordo com os objetivos do planejamento.

A possibilidade de **erros de planejamento** também exige um fluxo constante de entrada de informações relativas a fatores conjunturais. Quando uma empresa se expande e as suas operações assumem aspectos sempre mais complexos, aumenta a necessidade de dispor de dados significativos e sintéticos da situação. O volume de dados a elaborar e a complexidade representam um obstáculo difícil de superar.

Um sistema de controle é um sistema racional, isto é, a ação de controle é baseada em procedimentos lógicos e inteligentes. Estas regras podem, ou não, cobrir todos os aspectos de um dado problema. Situações não cobertas por políticas são designadas como exceções e são resolvidas pelo consenso entre os dirigentes. Para situações normais, basicamente, aplicamos regras, manuais, procedimentos, políticas, estratégias, táticas e modelos conhecidos.

Assim, o controle determinará o grau de relevância, confiabilidade, segurança e responsabilidade das informações geradas pelo próprio sistema. **Um sistema de controle deve ter as seguintes características**:

- Contribuir para a realização dos objetivos.
- Possuir um sensível sistema de mensuração.
- Dispor de um conjunto de valores (padrões), com os quais compara os valores mensurados.
- Desenvolver uma análise das variações (desvios) entre valores buscados e valores encontrados.
- Ser capaz de determinar correções adequadas na entrada do sistema, de modo a eliminar as causas dos desvios.
- Ser capaz de reforçar o desempenho para assegurar resultados satisfatórios ou superiores aos esperados.

Toda atividade ocasiona algum tipo de variação. É importante determinar os limites dentro dos quais essa variação pode ser aceita como normal. Nem toda variação exige correções, mas apenas aquelas que ultrapassam os limites de tolerância. Não é possível modificar o passado, mas a sua compreensão propicia auxílio para, a partir do presente, criar condições para obter melhores resultados no futuro. Os limites, tanto para mais como para menos, determinam a **margem de tolerância**.

10.9 Sistema Empresa

Uma empresa não é um fenômeno da natureza e sim uma concessão da sociedade. É uma organização de finalidade econômica. Esta organização elabora e utiliza recursos, meios, métodos e instrumentos para facilitar o seu desenvolvimento e o seu rendimento, assegurando-lhe as melhores condições operacionais.

Um sistema empresa produz bens, serviços e ideias, só existindo num grupo social, tendo como objetivo fundamental sua sobrevivência; existe por delegação da sociedade e tem de prestar contas à esta; só se legitima quando funciona como veículo para que as pessoas, que nela trabalhem, se realizem e, quando pode, atende bem seu público-alvo.

É bom lembrar que as **empresas** constituem, segundo Chiavenato, as instituições mais complicadas e engenhosas que o ser humana chegou a inventar. São tão complexas que dedicamos a elas um longo tempo de estudo e não chegamos a conhecê-las na sua totalidade. Da mesma forma como acontece com as pessoas, não existe duas empresas iguais. Cada empresa tem características próprias e individualizadas, assim como seus objetos, seus produtos, seus recursos, seus problemas.

Mas, embora sejam diferentes, elas guardam alguns aspectos comuns, todas são organizações sociais. A empresa é uma **organização social** que por meio de seus recursos explora um negócio, visando atender uma necessidade da sociedade. É um núcleo gerador de riqueza que permite o desenvolvimento econômico e o bem-estar de sua população.

Costuma-se ver a empresa por meio de sua estrutura organizacional, cuja finalidade é definir com clareza as responsabilidades e relações funcionais. A empresa seja ela qual for, possui um critério de organização que pode ser por: finalidade, estratégia, objetivo, função, atividade, recurso, área geográfica, clientela, produto.

As empresas são **unidades sociais** (agrupamentos humanos), construídas com a intenção de atingir objetivos específicos. Em última análise, a empresa é todo empreendimento humano que procura reunir e integrar recursos no sentido de se autossustentar e de lucrar, através da produção e comercialização de bens e serviços. É a **lucratividade** o estímulo básico capaz de assegurar a livre iniciativa, manter, ou aumentar, o empreendimento.

O que faz as empresas diferentes das demais organizações é que as mesmas são orientadas para assumir riscos; dirigidas e reconhecidas como um negócio; geralmente, avaliadas sob um ponto de vista contábil e constituem propriedade de alguém.

A criação de uma empresa está em função da sua missão, isto é, qual a razão (sentido) da sua existência. É também possível perguntar aonde a empresa quer chegar e quais são seus objetivos?

Os **objetivos naturais de uma empresa** são: satisfazer a sociedade em que está inserida; proporcionar trabalho para as pessoas; aumentar o bem-estar das pessoas que nela trabalham; otimizar a utilização de recursos; agir dentro da ética e da justiça e, é claro, ter lucro.

A ideia de ver a empresa como um sistema aberto já vem de longa data, porque um sistema organizacional fechado não poderá sobreviver, à medida que não conseguir responder eficazmente às mudanças contínuas e rápidas do ambiente. Para garantir sua sobrevivência a empresa deve dar ao ambiente o produto que ele necessita.

Um organismo social assemelha-se a um organismo individual nos seguintes aspectos: com o tempo, torna-se maior e mais complexo; suas partes exigem uma crescente interdependência; sua vida tem imensa extensão comparada com a vida de suas unidades componentes; embora as partes sejam heterogêneas, há bastante integração.

Na defesa da **teoria do sistema aberto**, James G. Miller selecionou diversas hipóteses com que sustentou a aplicabilidade da mesma. Também afirmou que "não há limites no número de proposições para justificar seu uso". Nestas hipóteses relacionou resultados, estruturas, processos, subsistemas, informações, comunicações, estratégias, desenvolvimentos, interações e integrações.

Na realidade, Miller quis demonstrar os diferentes tipos de sistemas que se pode montar (ou estudar), já que as possibilidades de atuação, quando se trata de seres humanos, são praticamente ilimitadas.

A abordagem de sistema aberto concebe um sistema que tem entradas e saídas com seu ambiente. Dentro dessa abordagem, a empresa é visualizada em um dinâmico relacionamento com o seu ambiente, recebendo vários insumos (entradas), transformando-os em resultados na forma de bens, serviços e ideias (saídas).

Os sistemas abertos trocam matéria e energia regularmente com o ambiente e são, fundamentalmente, adaptativos, pois para sobreviver precisam reajustar-se continuamente às condições mutáveis do meio em que vivem.

O **diagrama do sistema aberto**, que também é conhecido como **Diagrama de Ackoff**, representando a empresa num determinado ambiente, relacionando: ambientes, informações, produtos, restrições, ajustamentos, decisões, cenários, desempenhos, desvios, controles, realimentações, estratégias, táticas, operações.

10.10 Subsistemas

Embora já tenhamos abordado os conceitos de subsistema e interface, vale lembrar que cada sistema é composto de subsistemas que, por sua vez, é formado de outros subsistemas, isto é, cada subsistema age como um coletor e processador de dados para a produção de determinadas informações.

Os limites e interfaces dos subsistemas devem, cuidadosamente, ser estudados e as relações com os subsistemas devem ser claramente definidas. Quando do estudo dos **subsistemas** é necessário ter conhecimento dos seguintes elementos:

Fatoração – O processo de divisão (fatoração) de um sistema em subsistemas é contínuo. Uma empresa, considerada como um sistema, pode ser dividida em subsistemas, tais como: Marketing; Produção; Finanças; Materiais; Pessoal; Segurança, por exemplo. Marketing, por sua vez, pode ser dividido em: Propaganda; Publicidade; Promoção; Pesquisa de Mercado.

Simplificação – Como cada subsistema é definido pelas suas entradas, saídas e interfaces com outros subsistemas, será preciso definir o número de interfaces. Então, se você lida com 4 subsistemas, terá 6 interfaces, mas, se forem 20, este número subirá para 190.

Desacoplamento – Se dois diferentes subsistemas são conectados muito cerradamente, cada acoplamento ocupa o lugar de dois subsistemas. A solução é fazer o desacoplamento ou liberação da conexão, fazendo com que os dois sistemas possam operar com certa independência, o que causa elevação dos custos.

10.11 Sistema de Informação

O sistema de informação é um subsistema do sistema empresa que, por sua vez, é composto de um conjunto de subsistemas interdependentes. Ele está voltado a transformar dados em informações úteis. Uma empresa, pequena ou grande, terá necessidade de um sistema de informação que será tanto mais sofisticado quanto mais complexas forem as operações da organização.

Segundo Belmiro N. João, "os sistemas de informação são conjuntos de procedimentos que visam captar o que acontece na organização, apresentando de forma sucinta, a cada nível, o que lhe cabe, tendo por objetivo dar subsídios ao processo decisório".

O gerente deve se preparar e tomar parte ativa no processo de desenvolvimento e instalação de tais sistemas. Estes, bem planejados, têm diferentes papéis na eficiência, eficácia e efetividade da empresa. A velocidade do fluxo e do processamento de dados determina a duração do ciclo operacional. Portanto, as informações operacionais devem ser, significativamente, adequadas e exatas. O **trabalho administrativo** deve ser organizado de forma que permita a empresa seja vista como uma entidade integrada de subsistemas.

Um **sistema de informação de uma empresa** terá como suporte os próprios departamentos, considerados como subsistemas da organização. As informações a serem fornecidas por tais sistemas dependem da gerência, de seus objetivos e do escopo da empresa. Uma das preocupações, ao longo de um projeto de sistema, é possibilitar o atendimento das necessidades de informações para gerá-las na quantidade e qualidade requeridas, para que as decisões sejam tomadas com um maior grau de certeza possível e no menor tempo viável.

É preciso sintonizar as informações com a autoridade e a responsabilidade dos vários níveis hierárquicos pela tomada de decisões. Este é um trabalho que só pode ser levado a bom termo, se na estrutura da organização, com que se depara o analista, ficar bastante claro quem decide o quê.

Existe uma crescente compreensão do potencial dos sistemas de informação nas organizações. Numa pequena empresa o dono é o presidente, o executivo, o gerente, o faz tudo. Possui um registro histórico das informações, através de controles manuais e seu acesso a este "banco de dados" é imediato.

Se uma pequena organização vier, com o tempo, se transformar numa grande organização, basicamente, terá as mesmas funções administrativas, porém o volume de informações será muito grande e complexo, tendo em vista: novos produtos, novos projetos, novos volumes de vendas, novos empregados, novas operações, novas tecnologias.

Uma **característica dos sistemas de informação** é que eles dão aos administradores mais informações atuais sobre o que outros administradores e suas unidades estão fazendo.

Aqueles que elaboram sistemas de informação procuram torná-los inofensivos e não problemáticos, para evitar amedrontar o usuário. Os construtores de sistemas de informação tentam dar acesso fácil àquele que dele precisa. Tudo isso leva os administradores a delegarem grande parte dos controles a estes profissionais de sistemas, que muitas das vezes não possuem habilidades gerenciais.

10.12 Objetivos dos Sistemas de Informação

Objetivo é o alvo (situação, resultado) que se pretende atingir, dentro de certo espaço de tempo. Ele determina a direção e o sentido para onde se deve concentrar esforços e recursos de toda a sorte.

Os objetivos indicam a **missão da organização**, isto é, aquilo para a qual foi criada, e constituem uma fonte de legitimidade que justifica suas atividades e, na verdade, até sua existência. Também servem como padrões, através dos quais os membros de uma organização podem avaliá-la. Como é comum se fazer confusão entre objetivo, propósito, meta e desafio, a seguir os seus conceitos:

- **Propósito**: Objetivo mais esclarecedor, geralmente de aspecto setorial e de finalidade bem específica. O propósito é o elemento vital do objetivo, porque dá ao mesmo um significado e mostra a intenção.
- **Meta**: Objetivo quantificado e/ou qualificado, sendo, em geral, de curto prazo com responsabilidades definidas. A ausência de metas conduz as pessoas da organização a uma atitude passiva (ou reativa). As metas ajudam a orientar, melhorar e motivar os recursos humanos.
- **Desafio**: Objetivo perfeitamente quantificado e com prazo definido. Para realizar um desafio a organização terá de fazer um esforço extra, às vezes, com mudanças no seu comportamento, na estratégia e nos seus recursos.

Os objetivos são importantes, porque identificam os primeiros passos do planejamento. Se estes são vagos e indefinidos, como planejar? Objetivos mal definidos levam a organização ao fracasso. Em muitas empresas, se você pedir a alguns executivos que descrevam os seus principais objetivos, tem-se um número elevado de respostas confusas e conflitantes que podem criar uma série de problemas para a organização, como o desperdício de: dinheiro, horas de trabalho e recursos.

Os objetivos são a base para as principais atividades, isto é, são as fundações onde se assentam a estrutura da organização. Não é suficiente definir objetivos, mas também os recursos e as ações necessárias para alcançá-los. Deve-se também definir as prioridades desses elementos, com clareza, sem ambiguidades. Um sistema de informação tem como objetivos fundamentais:

- Fornecer informações confiáveis e oportunas, a fim de que cada um possa desempenhar suas funções adequadamente.
- Incorporar as informações necessárias para apoiar as funções administrativas.
- Acompanhar o avanço tecnológico da automação para prover informações necessárias, suficientes, exatas e rápidas.
- Usar sempre técnicas científicas para análise dos dados.
- Controlar recursos, projetos, planos, programas, contratos.

Uma vez que o objetivo de um sistema de informação é estimular uma resposta conjunta dos funcionários para fomentar suas estratégias de negócio, quanto mais ágil for o fluxo de informações, melhor e mais rapidamente uma empresa irá se adaptar às mudanças. Um **construtor de sistemas** de informação deve possuir determinadas características, tais como:

- Definir e compreender o problema.
- Saber dominar a complexidade.
- Poder se relacionar com diversas coisas simultaneamente.
- Ser capaz de imaginar subsistemas.
- Ter grande poder de abstração.
- Determinar uma rede hierárquica de construção dos sistemas.
- Alterar o conhecimento do usuário, criando um canal efetivo de comunicação com o mesmo.
- Estabelecer e flexibilizar, dentro do possível, padrões de produtividade.
- Não negligenciar aquilo que não for capaz de perceber.
- Saber analisar a relação custo/benefício.

10.13 Sistema Integrado de Gestão

A **integração** é um desses termos cujo emprego é frequente, mas cuja significação continua vaga e controvertida. Seu emprego se espalhou muito rapidamente com a aparição dos microcomputadores. Ela continua sendo confundida com o conjunto dos procedimentos utilizados na organização do processamento propriamente dito. É também confundida com a **tomada automática de decisão**.

Um **sistema integrado de gestão** é constituído pela harmonização dos métodos de gestão e de organização, graças ao emprego de tecnologia digital da informação. Para o funcionamento de um sistema integrado de gestão é necessário:

- Elaborar um sistema de informação como um subsistema do sistema empresa.
- Incorporar o sistema de informação na organização.
- Envolver a administração da empresa na elaboração de cada um desses subsistemas e da própria organização.

Os **elementos de um sistema integrado de gestão** são:

- **Grupo Gestor –** Recebe: estratégias, informações, propostas. Envia: políticas, relatórios, previsões, soluções.
- **Modelos de Decisão –** Recebe: soluções, decisões, informações, programas, instruções. Envia: alternativas, instruções, desempenho.
- **Tomada de Decisão –** Recebe: hipóteses de solução do grupo gestor, feedback dos desvios. Envia: ordens de execução, segundo análise e avaliação dos gerentes.
- **Memória e Comparação –** Recebe: desempenho previsto, programas, dados. Envia: relatórios.
- **Grupo de Pesquisa –** Recebe: dados, informações, respostas, relatórios. Envia: relatórios de pesquisa, instruções.
- **Sistema de Informação –** Recebe: informações, perguntas, dados, relatórios. Envia: programas, controles, levantamentos.
- **Banco de Dados –** Recebe: programas, dados, perguntas. Envia: dados de desempenho e informações.
- **Identificador de Sintomas –** Recebe: programas, dados de desempenho. Envia: relatórios de sintomas.

10.14 Sistema de Informações Gerenciais

Embora já tenhamos visto o conceito de sistema de informações gerenciais, vale lembrar que um sistema de informações gerenciais (**SIG**) é um sistema integrado que provê informações, para dar suporte às funções de operação e gerenciamento da empresa.

Um sistema de informações gerenciais é como um sistema integrado de gestão, baseado, fundamentalmente, no uso de computadores (sistemas automatizados). Hoje, os gerentes, além de trabalharem o tempo todo com estes equipamentos, otimizam a sua utilização.

Segundo Bio, "sistema de informações gerenciais é uma combinação de recursos, facilidades, tecnologias, ambientes, procedimentos e controles, com os quais se pretende: manter os canais essenciais de comunicação; processar certas rotinas típicas de transações; alertar os executivos para eventos internos e externos; proporcionar uma base para a tomada de decisão".

Este sistema é frequentemente empregado para descrever redes baseadas em computador, que fornecem à **administração de dados** relevantes, oportunos e precisos, para fins de tomada de decisão e resolução de problema.

Sistema de informações gerenciais é aquele que transforma dados em informações que são utilizadas na estrutura decisória da empresa, bem como proporcionam a sustentação administrativa para otimizar os resultados esperados.

Um sistema de informações gerenciais pode ser entendido como simplesmente um sistema de informações que recebe entradas de dados e instruções, processa estes dados conforme instruções e obtêm, na saída, informações e resultados. Ele é um subsistema do sistema empresa, cuja finalidade é operar um conjunto de lógicas voltadas para a produção de informações destinadas a apoiar o processo decisório nas funções organizacionais.

Processos decisórios e sistemas de informação só poderão ser desenvolvidos se gerentes e analistas de sistemas tiverem uma linguagem comum. Pelo próprio fato de os sistemas envolverem atividades de áreas distintas e, portanto, fora do alcance de um único executivo e, ainda, pelo fato de o desenvolvimento dos sistemas requerer uma série de técnicas especializadas, torna-se necessária à presença de especialistas.

Para que a empresa possa usufruir **vantagens básicas do sistema de informações gerenciais** é necessário que alguns aspectos sejam observados, como:

- Envolvimento da alta administração.
- Competência por parte das pessoas envolvidas no sistema.
- Uso de um plano de ação.
- Atenção específica aos recursos humano e tecnológico.
- Habilidade de detectar necessidades de informações.
- Apoio global dos vários planejamentos.
- Conhecimento e confiança no sistema.
- Atualização constante através da pesquisa.
- Uso de modelos de decisão.
- Vantajosa relação custo/benefício.
- Apoio de um banco de dados.
- Habilidade em identificar sintomas.

Os sistemas de informações gerenciais, quando devidamente construídos, afetarão as variáveis empresariais: custo, qualidade, produto (bem e serviço), produtividade, velocidade de resposta, previsão, projeção, estrutura, funções administrativas, qualidade do recurso, funções organizacionais, comportamento, objetivo, estratégia, política, risco, tática.

Quando adicionamos um banco de dados a um sistema de informação, temos um Sistema de Informações Gerenciais, que utiliza dados coletados e armazenados.

10.15 Sistema de Suporte à Decisão

Pode-se definir sistema de suporte à decisão como um sistema interativo baseado em computador que usa dados e modelos para resolver problemas. Estes sistemas, na verdade, ligam os recursos intelectuais das pessoas às capacidades tecnológicas dos computadores, na qualidade da decisão.

As definições de um **sistema de suporte à decisão** se identificam a um sistema cuja intenção é dar suporte à tomada de decisão em situações não estruturadas e semiestruturadas, decisões que não podem ser especificadas por um algoritmo.

A abordagem orientada para a decisão traz importantes questões, tais como:

- Qual é o melhor ponto de articulação entre sistemas de informação e tomada de decisão?
- Quando termina o sistema de informações e começa a tomada de decisão?
- Qual é a natureza da hipótese que será incorporada ao sistema de informações?
- Qual a influência na tomada de decisão?
- Quais as hipóteses de solução são congruentes com as necessidades da decisão?

Os primeiros conceitos de sistemas de suporte à decisão apareceram no início da década de 1970 e são devidos a Keen e Scott-Morton.

Um sistema de suporte à decisão (**DSS**) possui certas características, como: incorpora dados e modelos; ajuda o julgamento gerencial; é voltado para a eficiência; responde rápido à mudança ambiental; tenta várias estratégias diferentes para diferentes configurações, com rapidez e objetividade; aumenta os níveis de conhecimento e percepção do gerente; ajuda o gerente a exercer suas funções administrativas; melhora o controle, reduzindo custos; melhora a qualidade da análise.

Os primeiros programas a serem utilizados nos sistemas de apoio à decisão foram para: Controle de Estoque, Folha de Pagamento, Estudo de Custos, Relatórios, Alavancagem Financeira, Planejamento e Controle da Produção, Ordens de Compra, Carteira de Pedidos.

A vantagem de um sistema de suporte à decisão pode ser útil em economias instáveis, mercado altamente competitivo e empresas com negócios diversificados. Uma outra forte razão para a utilização de DSS é o usuário final que pode levar anos construindo seu sistema de informação.

Usuários finais não são programadores e requerem fáceis ferramentas de trabalho. Dois elementos são fundamentais que sejam abordados, como:

Linguagem do Sistema – Além de dar suporte ao processamento de dados de rotina, a **linguagem** é uma ferramenta poderosa para os sistemas de apoio à decisão e para os sistemas de informações gerenciais, além de possibilitar a criação de protótipos e a implantação de modelos.

Em termos gerais, a linguagem que precisa do menor número de acionamentos de teclado ou movimentos do mouse, para fazer com que aplicação seja implementada, é a linguagem de nível mais alto e a mais produtiva.

Uma boa **linguagem de sistema** possui os atributos adicionais de possibilitar implementações mais rápidas, ser de fácil entendimento e aplicação, interagir otimamente com o usuário, empregar sistemas de gerenciamento de banco de dados, aplicar códigos de procedimento com um número bem menor de instruções, dar ênfase aos códigos não processuais, estar voltado para aplicações online, reforçar o código estruturado, apresentar fácil depuração dos dados.

Fluxo de Decisões no Sistema – O objetivo da análise do **fluxo de decisões no sistema** é identificar as decisões administrativas necessárias para se dirigir uma empresa e as relações entre elas. A melhor maneira de começar a **análise do fluxo de decisões** é desenvolver uma descrição precisa e detalhada de como o sistema realmente opera. Assim, é necessário:

- Determinar de quais pessoas são as necessidades e os desejos que a empresa tenta atender.
- Determinar como essas necessidades ou desejos são comunicados à organização.
- Determinar como a informação necessária é registrada e transmitida a outros na organização.
- Determinar como a informação pode ser traduzida para um código condensado, aumentado e consolidado.
- Determinar qual a informação pode ser usada, para se chegar a uma decisão ou para se dar instruções.
- Determinar que toda transmissão de informação que não produz uma decisão pode ser ignorada.

10.16 Sistemas Especializados

Quando uma organização tem uma decisão complexa para tomar ou um problema a resolver, ela recorre a especialistas, para a solução. Estes especialistas têm conhecimentos específicos e experiências em determinadas áreas da ciência e da tecnologia. Eles são informados sobre as alternativas, as chaves de sucesso e o custo que o negócio pode incorrer.

Empresas contratam especialistas para determinados assuntos, como aquisição de computadores, fusões e aquisições e estratégias de propaganda e publicidade. Quanto mais não estruturada a situação, mais gastos na solução do problema. Sistemas especializados são uma tentativa de imitar organismos vivos. Um exemplo patente disso é avião imitando ave.

Tipicamente, um sistema especializado é um pacote de tomada de decisão e/ou resolução de problemas, por meio de um computador, com um programa (**software**) que pode enriquecer o nível de performance, se comparado ao conhecimento humano.

Sistemas especializados são um braço da **Inteligência Artificial Aplicada**, desde aplicações em diagnósticos médicos, exploração mineral, configurações de computadores e até complexas aplicações em administrações de negócios. A ideia básica que norteia a criação de um sistema especializado deve ser a simplicidade.

Os sistemas especializados são também utilizados em planos corporativos, controle fiscal, avaliação de desempenho, análise de desvios, por exemplo. Maiores esforços são, agora, direcionados para todos os campos do conhecimento, onde os especialistas humanos têm limitados recursos de execução.

A ideia básica é que **sistema especializado (SE)** armazena o conhecimento humano, para ser utilizado, quando necessário. A vantagem é que o computador pode fazer inferências, buscando soluções com grande velocidade. Assim, pode ser utilizado por não especialistas para consultas.

Sistemas especializados são programas de consulta computadorizados para solucionar problemas específicos. Eles são de grande interesse, porque ajudam em diversas especialidades, onde mesmo os especialistas têm dificuldades, a encontrar e reter tanta informação relevante e útil.

Também podem aprender com experiências, mudar o foco para adaptar um problema a uma solução conhecida, transferir conhecimento de um domínio para outro, em muitos níveis. Então, sistemas especializados são ferramentas de solução, com regras de manuseio, modelos matemáticos e simulações detalhadas.

A partir da década de 1960, sistemas especializados deram aos homens superpoderes para solucionar antigos problemas, que exigiam muitos cálculos e muito tempo de trabalho. Em 1980, a General Electric decidiu construir um sistema especializado, para solucionar problemas de exaustivo trabalho humano.

Os construtores levaram vários meses na transferência de seus conhecimentos para o computador. A programação do computador foi projetada para um período de três anos.

Demoradamente, foram introduzidas informações (dados) e muitas regras de decisão, no computador. Tal sistema foi baseado em flexibilidade de configuração e processos de interação com humanos (interfaces), seguindo rígidos procedimentos, expressos em diagramas de fluxos de dados e árvores de decisão. Sua manipulação pode ser numérica e/ou simbólica.

O **objetivo do sistema especializado** é transferir dados armazenados em um computador para outro computador, dando acesso, também às pessoas interessadas, conhecidas como usuários do sistema. Este processo envolve dois tipos de conhecimento: conhecimento adquirido de especialistas e conhecimento representado no computador, este conhecimento é denominado Base de Dados.

Tal conhecimento leva a observar que existem dois elementos de destaque: Fatos (colhidos do ambiente) e Procedimentos (regras de solução do problema em estudo).

A área que separa um problema semiestruturado de um não estruturado é de difícil identificação. Sistemas especializados são frequentemente utilizados por executivos da alta administração para a solução de problemas complexos.

10.17 Aplicativo e Pacote

Aplicativo é aquele programa voltado para um objetivo previamente definido. Os aplicativos mais comuns são: processadores de textos, editoração de textos, gerenciadores de banco de dados, planilhas de cálculo, gerenciamento de modelos simulatórios (estatística e probabilidade), edição de gráficos, multimídia (programa que congrega dados, imagens, sons, letras de música).

Já é possível, atualmente, atender a quase todas as necessidades do usuário de informática. Assim, se torna viável responder aos diversos problemas da empresa com ferramentas cada vez mais adequadas.

Os aplicativos são os processos pelos quais as informações são coletadas, processadas e distribuídas, com vista à ação administrativa. Eles podem ser informatizados e executados, mentalmente, por um usuário. Mas, o problema real não é selecionar ou conhecer aplicativos, ainda que essa escolha seja complicada devido à mudança rápida da tecnologia e sim sua rápida obsolescência.

Os **principais obstáculos à aplicação de sistemas de informação** provêm de duas fontes:

Em primeiro lugar, quando se seleciona uma fórmula competitiva, torna-se difícil estabelecer o vínculo com os grupos de informação. Assim, o usuário, muitas vezes, não tem consciência das informações que utiliza. O estabelecimento desse vínculo exige conhecimento aplicado de tecnologia da informação.

Em segundo lugar, os sistemas de informação são investimentos, que exigem conhecimento específico e treinamento de pessoas, porque as decisões sobre a sua utilização exigem maior nível de percepção do usuário. Tal investimento tem caráter estratégico, não só pelo custo de sua implantação, como também pela competitividade.

Os **primeiros aplicativos** mais notáveis foram:

- Word – É um programa da Microsoft capaz de gerar e alterar tantos arquivos/textos quanto arquivos/documentos, inserindo objetivos (figuras) no trabalho criado. Hoje, é o processador de texto mais utilizado.
- Excel – É um programa da Microsoft capaz de criar planilhas de cálculo, trabalhar com fórmulas e desenvolver gráficos.
- Access – É um programa da Microsoft cuja finalidade é o gerenciamento de um banco de dados. Este programa visa permitir a otimização dos processos referentes ao armazenamento e recuperação de dados.
- PowerPoint – É um programa da Microsoft de apresentações que oferece um conjunto de pranchas (slides) para serem preenchidas com recursos gráficos e texto. Essas estruturas possuem espaços reservados para título, texto, gráfico, tabela, podendo ser alterados conforme a necessidade do usuário.
- Print-Artist – É um programa da Microsoft para ajudar o usuário a escolher dentre uma série de modelos de desenho, aquele de sua preferência, podendo alterar letras, cores, tamanhos.
- Outlook Express – É um programa da Microsoft que dá suporte ao correio eletrônico (e-mail).
- Internet Explorer – É um programa da Microsoft (navegador) que põe o usuário em contato com a Internet.
- Winzip – É um programa da Microsoft que compacta e descompacta arquivos.
- Corel Draw – É um programa que facilita o desenvolvimento de páginas na Internet.
- CAD – É um programa derivado da holografia para ajudar a desenhar novos produtos, modificar situações já existentes ou simular novas condições.
- CAM – É um programa utilizado para ajudar a planejar e projetar programas de desenvolvimento e produção.

Com o avanço da Informática surgiram os chamados "pacotes" que nada mais são do que programas desenvolvidos para determinada aplicação que possibilitam grande economia de tempo, desde que sejam aplicáveis ao problema que o usuário pretende resolver.

As **vantagens da utilização de pacotes** consistem no custo de aquisição, normalmente, mais baixo do que o custo de desenvolvimento, no prazo menor de implantação e na segurança de usar alguma coisa já testada.

A maior dificuldade na utilização de pacotes reside na integração do pacote aos demais sistemas existentes na empresa, já que possui seus próprios arquivos e algumas vezes não permite interligações (interfaces) com outros sistemas.

O **uso de pacotes** torna-se recomendável nos casos de: aplicações influenciadas por exigências legais ou fiscais que sofram frequentes alterações; aplicações altamente complexas em termos de processamento de dados ou que requeiram o uso de tecnologia não amplamente dominada pela empresa; exigências de implantação no curto prazo.

Especialmente nos casos de aplicações mais amplas e complexas, como planejamento e controle da produção, orçamento, custo, por exemplo, é preciso considerar que o pacote, por si só, não é a solução integral do problema. Além de uma seleção cuidadosa do pacote a ser utilizado, é necessário garantir os benefícios, objetivados por meio de conceitos adequados, políticas bem definidas, planejamento da implantação e solução dos problemas de interfaces do pacote com outras aplicações.

Em contraposição aos pacotes, existe a preocupação de se conceber um **software próprio** para a empresa que focalize, mais próximo possível, o problema a ser resolvido, as informações a serem geradas, de que maneira e com que frequência. É evidente que, em um primeiro momento, esta segunda opção demanda mais recursos diversos.

As vantagens, imediatamente, oferecidas pelos pacotes são tidas em pouco tempo como desvantagens e limitações à geração de informações adequadas. É preciso observar que, após a aquisição do pacote, a empresa está na mão do vendedor. Por menos provável que possa parecer, a empresa fica sem respaldo técnico sobre o produto comparado. Isso não acontece quando ela desenvolve o seu próprio software.

A **compra de pacotes** possui muitas desvantagens, como: documentação faltante, manutenção cara, impossibilidade de alterações e ajustes lógicos. Também tolhe as etapas de desenvolvimento e crescimento da empresa que deve desenvolver seus softwares de acordo com suas necessidades, de forma incremental.

Pacotes, por mais poderosos que sejam, precisam de ações complementares para enquadramento às necessidades da empresa.

Existem pacotes, especialmente, desenvolvidos para gerenciar e controlar as vendas (frente de caixa), atendendo desde o pequeno ao grande estabelecimento, até redes de franquia e cadeia de lojas. Eles oferecem benefícios, para a geração de relatórios de faturamento, de produtos, de atendimento, de vendas por vendedor, de fechamento de caixa e as melhores e mais atualizadas práticas de gestão de negócios.

Um pacote pode responder por determinadas operações, possibilitando agilidade, diminuindo perdas, otimizando recursos e aumentando a rentabilidade.

As principais **operações dos pacotes** são, entre muitas, as seguintes:

- Realização da venda por meio de uma interface amigável.
- Controle de caixa e bancos.
- Integração dos pagamentos com administradoras de cartão.
- Sangria e troco.
- Contas a pagar.
- Contas a receber.
- Fluxo de caixa.
- Movimento bancário.
- Relatórios.
- Cadastramento e banco de dados.
- Controle de vendas por vendedor e por equipe.
- Controle fiscal.
- Carteira de pedidos.
- Controle de estoque e de armazenamento.
- Impressão de boletos.
- Fichas técnicas de produtos.
- Pontos de venda.

Capítulo 11

Tecnologia

"Nada é mais difícil de realizar-se do que iniciar a introdução de uma nova ordem de coisas, pois a inovação tem como inimigos, todos aqueles que prosperam sob antigas condições".

Maquiavel

Objetivos do Capítulo

- Mostrar que o desenvolvimento tecnológico tem dado a sociedade novos materiais e processos, bem como provocado mudanças de comportamento.
- Mostrar ao leitor que o imperativo tecnológico é cada vez mais presente em nossas vidas.
- Mostrar que toda e qualquer organização utilizará uma tecnologia adaptada às suas necessidades e recursos.
- Mostrar que o conhecimento da tecnologia digital da informação passou a ter um valor estratégico.

11.1 Tecnologia

Dentre a enorme variedade de coações e contingências que o ambiente impõe à empresa, a tecnologia aparece como a variável crucial, principalmente, quando inovações tecnológicas concorrentes fazem com que a empresa tenha de se adaptar à "nova onda".

Tecnologia é um conjunto de conhecimentos, técnicas, ferramentas e atividades utilizadas para transformar os recursos organizacionais em produtos (resultados).

Todas as organizações utilizam alguma forma de tecnologia para executar suas operações e tarefas. A **tecnologia adotada** poderá ser tanto tosca e rudimentar como sofisticada. Porém, todas as organizações dependem de um tipo de tecnologia, isto é, de uma matriz de tecnologia para alcançar seus objetivos.

A tecnologia não somente permeia toda atividade empresarial, como participa das atividades humanas, qualquer que seja o setor de atuação. O processador de texto destronou a máquina de escrever. O CD fez do disco de vinil uma relíquia. O DVD já tornou o videocassete uma peça do passado.

A História está repleta de exemplos de como uma **nova tecnologia**, ou um novo modelo de negócio, é capaz de, num curtíssimo espaço de tempo, pôr em xeque reputações, destronar empresas estabelecidas e impor um novo paradigma ao mercado.

Alguns autores observam que a tecnologia pode, ou não, estar incorporada ao produto. Estes autores, na realidade, se referem a um determinado processo tecnológico que, agregado à fabricação de um bem, é incorporado ao composto mercadológico do produto, aumentando o seu custo.

A tecnologia representa uma ampla área de aplicações intencionais, cujo conteúdo provém de diversas ciências. Tecnologia e ciência andam de mãos dadas, mas não se confundem jamais. A ciência é o conjunto organizado dos conhecimentos relativos ao universo objetivo. A tecnologia pode ignorar as causas dos fenômenos que utiliza e encontra-se estreitamente ligada a preocupações de ordem econômica.

O homem moderno utiliza no seu comportamento cotidiano, e quase sem o perceber, uma imensa avalanche de contribuições da tecnologia. Sem toda essa parafernália, o comportamento do homem atual seria completamente diferente.

Muito embora exista conhecimento que não pode ser considerado **conhecimento tecnológico**, a tecnologia é um determinado tipo de conhecimento que, a despeito de sua origem, é utilizado no sentido de transformar elementos materiais e informações (dados) em bens, serviços e ideias, modificando sua natureza e características.

Mesmo em um **ambiente turbulento**, as empresas estão encontrando fôlego para investimento em tecnologia. A tecnologia está cada vez mais relacionada com a estratégia de negócios da empresa e no seu relacionamento com o mercado. Por se tratar de um recurso estratégico, a oferta de tecnologia de ponta é escassa e problemática. Requer, de quem a procura, informações adequadas aos seus objetivos.

Quem detém uma tecnologia tem a propriedade de um **recurso estratégico**, não o coloca à venda, mas, antes, tenta sua proteção. E só irá ceder tal recurso em condições que mantenham sua vantagem competitiva. O sistema de patentes é a forma legal de proteção da propriedade de tecnologia, funcionando como seguro de um bem raro.

Quem não **investir em tecnologia** não melhorará sua produtividade e qualidade, correndo risco de perder mercado. Pesquisa & Desenvolvimento passaram a ser uma preocupação básica da empresa atual. Para tal, precisa de uma política de produção vinculada a uma política tecnológica (capacitação tecnológica). Do ponto de vista governamental, portanto, não é tarefa de um ministério apenas.

A tecnologia determina o nível e o tipo de formação profissional, as habilidades manuais e intelectuais, as capacitações, as aptidões e características de personalidade que as pessoas devem possuir para poderem ser recrutadas, selecionadas e admitidas na empresa. Nem todas as empresas contam com pessoal categorizado para desenvolver programa de capacitação tecnológica.

A tecnologia está revolucionando a maneira de gerir cidades e estados, tendo em vista que muitos serviços estão sendo realizados com tecnologias mais avançadas, tais como: ocorrências policiais, cadastramento de funcionários, inventário de bens, licitações, tratamento de saúde, desenvolvimento de projetos, treinamento, guias para pagamento de impostos, declaração do imposto de renda, formulários.

11.2 Influência da Tecnologia

Você imagina quantas indústrias são acionadas toda vez que se abre uma torneira de água? E, ao tomar o café da manhã, você calcula o vasto universo de máquinas que está por trás dos alimentos e utensílios que vão para a mesa?

Alguns cientistas argumentam que a maioria das **mudanças da História se deu em função da tecnologia**. Os séculos são marcados por invenções, tais como: roda, foice, roldana, alavanca, martelo, espada, bússola, luneta, caldeira, motor, aço, telefone, computador.

Nas últimas décadas aconteceram avanços notáveis na disponibilidade de informações, na velocidade das comunicações, nos novos materiais, na biotecnologia e nas maravilhas da eletrônica.

Seja de que classe for, qualquer pessoa atestará a expansão interminável de novos produtos.

A influência da tecnologia sobre a organização e seus participantes é muito grande. O uso racional da tecnologia passou a ser sinônimo de produzir com eficiência, para atingir a eficácia mais rapidamente. Assim, a produção deve organizar-se segundo o avanço da tecnologia.

A tecnologia dita os requisitos para a maioria da **interação humana nas organizações**. A montagem de um desenho de produção determina quem irá trabalhar perto de quem.

O **fluxo de trabalho** determina quem necessita falar com quem. E, uma vez que a interação e a atividade afetam os sentimentos, a tecnologia determina, indiretamente, o que os pares de indivíduos e os grupos sentirão e pensarão acerca uns dos outros e de sua situação de trabalho.

O estudo, por parte de Leonard Sayles, de mais de 300 grupos de trabalho, na indústria, mostrou que a tecnologia influenciava fortemente seus **padrões de formação e de comportamento**, bem como as necessidades inerentes a cada atividade e suas interações com outros grupos da empresa. Incrementar tecnologia é não só desejável como fundamental.

Acontece que tecnologia é apenas um dos recursos com que contam os empreendedores. Gerenciá-la de forma produtiva, competitiva e lucrativa requer percepção correta do equilíbrio necessário entre os recursos disponíveis e os recursos necessários. Sempre existe um recurso que é mais barato do que os demais. A sensibilidade do gerente está em detectar qual é a vantagem de um sobre os outros.

Quando se parte para o **uso de tecnologia** bastante avançada é bom ter sempre as seguintes questões:

- A manutenção é fácil e barata?
- O usuário aprende rápido sobre sua utilização?
- As peças de reposição são de fácil aquisição?
- O sistema instalado é seguro e durável?
- A sofisticação tecnológica se justifica, em função do custo?

O **impacto da tecnologia** costumava estar limitado à melhoria dos produtos e dos processos de produção. Hoje, este modelo está sendo questionado. As tecnologias proporcionam novos modos de integrar todos os elementos do processo mercadológico, com custos mais baixos.

As tecnologias estão redefinindo as fronteiras entre setores, historicamente, independentes, incluindo a própria administração. O **papel das tecnologias** não se limita às necessidades de alto valor agregado, mas a todo um contexto de valores organizacionais.

11.3 Imperativo Tecnológico

Desde a pedra lascada e da primeira utilização do fogo o mundo viveu a reboque da tecnologia. No Século XX, foi uma enxurrada de inovações eletroeletrônicas. É bom lembrar que foi através da tecnologia que se iniciou o verdadeiro socialismo, porque qualquer um tem acesso à televisão e à biblioteca universal.

Ontem mesmo, a tecnologia criou o telefone celular, que imediatamente chegou ao proletariado de todo o mundo. Pelo menos esta igualdade está garantida.

Pesquisas indicam que a tecnologia influencia a estrutura e o comportamento organizacionais, como foi visto anteriormente. Também pode mudar o estilo de administração. Em outros termos, existe um "imperativo tecnológico" que impõe condições ao desenvolvimento empresarial. Assim, existe um senso comum de que a empresa, para ter sucesso, precisa se ajustar a mais recente inovação tecnológica.

Especificamente, a **tecnologia molda os tipos de emprego** que estão disponíveis e as consequentes oportunidades de satisfação no trabalho para os funcionários. Influi nos padrões de comportamento de grupo que se desenvolvem e influi nos tipos de prática administrativa que melhor se aplicam a cada situação particular.

O entendimento dos efeitos e implicações da tecnologia é tão crítico para a competência da gerência, como é a compreensão da motivação e da dinâmica de grupo.

Louis Davis, pesquisador e escritor, aborda o tema da criação de empregos, sugerindo que, na maioria do pensamento administrativo, a tecnologia é o único fator considerado. Como ele diz: "Se examinarmos o modo como a tecnologia é traduzida em termos de requisitos para criação de empregos, veremos uma aceitação generalizada da noção do imperativo tecnológico por parte da maioria dos dirigentes".

A **dependência da tecnologia** está afetando a mentalidade das pessoas. Não muito tempo atrás, era normal dirigir por duas ou três horas e não falar com ninguém. Mas, com o telefone celular, as pessoas passaram a sentir a necessidade de se comunicar a todo instante. Não fazer ou receber ligações às deixam em pânico, como se estivessem perdendo alguma coisa. Também é preciso dizer que o celular é um instrumento formidável de pesquisa.

O **vício de receber informações** acabou com os momentos de distração e reflexão. Hoje, todos estão conectados a algum lugar. Todos acabam sendo alimentados com as mesmas fontes. Assim, fica muito difícil aparecer alguém que veja o mundo de forma diferente da de seus colegas, que pense em soluções nas quais ninguém pensou antes.

Nosso desafio é encontrar tempo para ler o que os outros não estão lendo e trazer algo realmente novo.

À medida que a empresa incorpora uma tecnologia de ponta, por exemplo, pode acabar se afastando de seus consumidores cativos.

Na **busca pela excelência** uma organização pode se isolar no topo do mercado, correndo o risco de perder clientela, caso aconteça uma derrocada geral das economias mundiais, uma crise de um bloco econômico ou uma guerra regional.

A **Sociedade da Era da Informação** está viciada em tecnologia (inventada por poucos) e o custo disso pode ser o fim da criatividade (para muitos). As novas tecnologias têm alterado a "balança de poder" na empresa e estas em relação ao mercado.

11.4 Tecnologia na Organização

Desde que o homem confeccionou as primeiras ferramentas e armas que lhe possibilitaram controlar a natureza, para sua sobrevivência e proteção, até os dias atuais, os desenvolvimentos da tecnologia e da sociedade moderna são duas faces de uma mesma moeda. De base intuitiva, o progresso técnico avançou para crescente incorporação do empírico e do científico.

Na organização moderna, a **gerência da tecnologia** passou a ser um fator crítico na consecução das atividades empresariais. A própria manutenção da organização repousa na sua capacidade de fazer escolhas de tecnologia adequadas às atividades que desenvolve, isto é, de tecnologias que assegurem a produção de bens e serviços de qualidade igual, ou melhor, do que a concorrência.

A **mudança tecnológica** é um desafio para as empresas. Impõe-se a necessidade crescente de atualização, se não para manter uma posição de vanguarda, pelo menos para acompanhar de perto as transformações.

A tecnologia na organização cria incentivos em todos os tipos de empresa, para levar os gerentes a melhorarem cada vez mais a eficácia, mas sempre dentro dos limites do critério normativo de produzir eficiência.

É quase imensurável o número de máquinas, equipamentos e peças que formam a invisível rede de fabricação dos bens de consumo. Mas costuma-se estimar que pelo menos 90%, do dia a dia da vida moderna, estão ligados à tecnologia. E tudo leva a crer que esta situação irá aumentar gradativamente.

Porém, uma coisa é certa: Toda empresa para progredir utilizará os **avanços da tecnologia**. Mas, a maior parte das empresas não avança tecnologicamente, porque exige longos prazos de maturação de projetos, inversões de capital, desenvolvimento de pessoas, produtos e processos.

Não se pode deixar de considerar as políticas de governo e toda gama de incertezas. A empresa que não investir em tecnologia não melhorará sua produtividade e qualidade, correndo risco de perder mercado.

A tecnologia determina o nível e o tipo de formação profissional, as habilidades manuais e intelectuais, as capacitações, as aptidões e características de personalidade que as pessoas devem possuir, para poderem ser recrutadas, selecionadas e admitidas na empresa. Nem todas as empresas contam com pessoal categorizado para desenvolver programa de **capacitação tecnológica**.

No centro de toda organização estão suas atividades e suas tecnologias. A atividade pode ser qualquer uma. Mas, uma vez que a organização se comprometa com a execução de uma atividade, utilizará uma dada tecnologia. Não tem sido tradicionalmente apreciado ou compreendido adequadamente que a tecnologia traz consequências para o ser humano. Muitas dessas consequências têm sido desastrosas.

Muitas vezes somos levados e atuar como extensão da máquina, não avaliando os efeitos de tal ato.

Existem pelo menos alguns indícios sustentando a hipótese de que os funcionários que trabalham com processos de produção em massa tendem a ter menos satisfação dos que trabalham com sistemas de produção artesanal. Os deveres mais restritos dos trabalhadores nos processos de produção em massa pesam mais em comparação com o sentimento de realização, mais provável de ser experimentado pelos trabalhadores artesanais.

Através do posicionamento das pessoas no sistema de trabalho, a tecnologia não só determina as necessidades inerentes a cada atividade, como influencia suas interações. Também confronta cada grupo com condições e problemas de trabalho, fornecendo-lhe também um poder de negociação maior ou menor.

No entanto, do mesmo modo que uma atividade e sua tecnologia podem causar problemas nos grupos, também podem promover o trabalho em equipe com eficiência, eficácia, rapidez, produtividade e sentimento de participação, bem como de realização. Em geral, a luta do ser humano contra a evolução exponencial da tecnologia acaba alavancando sua própria **criatividade**.

11.5 Classificação da Tecnologia

Thompson foi um autor a preocupar-se com a tipologia da tecnologia, porque queria compreender as ações de empresas complexas. Na tentativa de desenvolver tal estudo, ele observou ser preciso considerar as variáveis: estrutura, produto, operação, segurança e ambiente.

A seguir, uma classificação da tecnologia:

A) Tecnologia em Função da Estrutura:

Tecnologia Sequencial – É a tecnologia baseada na interdependência serial das tarefas necessárias para completar um produto. É o caso da linha de montagem, típica da produção de massa. Esta tecnologia aproxima-se da perfeição quando a empresa produz um único tipo de produto, repetitivamente, durante um longo período de tempo e a uma taxa de ritmo constante de produção.

Um único tipo de produto significa a necessidade de uma única tecnologia e, portanto, de critérios definidos para escolha de máquinas e ferramentas. A repetição dos processos produtivos proporciona: experiência como meio de eliminar as imperfeições na tecnologia, movimentação de pessoal, redução de erros e perdas.

Tecnologia Mediadora – É a tecnologia utilizada por empresas cuja função básica reside na ligação de clientes que são ou desejam ser interdependentes ou interrelacionados. É o caso de bancos, seguradoras, agências de propaganda, companhias telefônicas e agências de recrutamento e seleção de pessoas.

A complexidade desta tecnologia se prende ao fato de que considera as diferentes modalidades de padronização.

Tecnologia Intensiva – É a tecnologia que representa a focalização e convergência de uma ampla variedade de habilidades e especializações da empresa sobre um único cliente. A empresa emprega uma variedade heterogênea de técnicas, para conseguir uma modificação em algum objeto específico.

A seleção, a combinação e a ordem de aplicação dessas técnicas são determinadas pela realimentação (feedback) fornecida pelo próprio objeto. A tecnologia intensiva requer a aplicação de parte, ou de toda a disponibilidade, das aptidões potencialmente necessárias, dependendo da correta combinação, conforme sejam exigidas pelo projeto.

B) Tecnologia em Função do Produto:

Tecnologia Flexível – Tecnologia, cujos recursos, como máquinas, equipamentos, instalações, matérias-primas, conhecimentos técnicos, são utilizados para produzir bens e serviços.

Tecnologia Fixa – Tecnologia que não permite sua utilização em outros produtos.

Tecnologia Fixa e Produto Concreto – Tecnologia, cuja possibilidade de mudança é muito pequena e difícil. Toda a tecnologia é empregada na fabricação e distribuição do produto.

Tecnologia Fixa e Produto Abstrato – Tecnologia que, embora seja fixa, a empresa procura obter suporte do ambiente.

Tecnologia Flexível e Produto Concreto – Tecnologia que incentiva a pesquisa e desenvolvimento de novos produtos.

Tecnologia Flexível e Produto Abstrato – Tecnologia cuja estratégia é da adaptabilidade ao ambiente, através da interação com os consumidores e fornecedores.

C) Tecnologia em Função da Operação:

Tecnologia de Produção Unitária (Oficina) – Nesta tecnologia a produção é feita por unidades (cada produto no seu tempo), sendo modificado à medida que o trabalho é realizado. O processo produtivo é menos padronizado e menos automatizado.

Tecnologia de Produção em Massa – A produção é feita em lotes de grande quantidade. É o caso da produção que requer máquinas operadas pelo homem e linhas de produção, ou de montagens, padronizadas, como as empresas maquiladoras (montadoras).

Tecnologia de Produção em Processo Contínuo – Também conhecida como Produção Automatizada. A produção é feita por especialistas, monitorados por computadores.

D) Tecnologia em Função da Segurança:

O homem está confiando às máquinas a tarefa de vigiar e controlar as ações de outros seres humanos. A segurança, hoje, está atrelada mais à inteligência do que à força. A combinação dos recursos tecnológicos não está apenas aumentando a eficiência, mas transformando o conceito de segurança que é hoje um mercado em crescimento.

E) Tecnologia em Função do Ambiente:

Uma tecnologia, em função do ambiente, deve ser julgada apropriada (ou não) em relação aos objetivos de um desenvolvimento ambiental sustentado, no longo prazo. É a tecnologia bem adaptada ao ambiente social e cultural que usa recursos renováveis, em vez de não renováveis, produzindo o mínimo de danos ao ecossistema. Estão sendo desenvolvidos materiais não poluentes.

A biotecnologia abre a possibilidade de controlar as pragas e ervas daninhas, que reduzem a produção agrícola, sem o uso de pesticidas, que fazem mais mal ao ser humano do que ao inseto.

F) Tecnologia em Função do Processo:

Tecnologia de Capital Intensivo – Tecnologia baseada no uso intensivo da automação.

Tecnologia de Mão de Obra Intensiva – Tecnologia baseada no uso intensivo das habilidades artesanais das pessoas.

11.6 Tipos de Tecnologia

A seguir, os principais tipos de tecnologia:

Tecnologia Administrativa: Tecnologia que vem ganhando corpo como parte principal da tecnologia de sistemas de informações, isto é, uma tecnologia voltada a dar suporte às funções administrativas e organizacionais da empresa.

Tecnologia Ambiental: Tecnologia que envolve todos de uma sociedade para o tratamento dos resíduos de embalagens e outras formas de poluição, pois constituem um problema de saúde pública.

Tecnologia Avançada: Tecnologia que enfatiza a mecanização e automação, enquanto a tecnologia rudimentar enfatiza a manufatura e o artesanato.

Tecnologia Case: Tecnologia cujo objetivo é separar o projeto do programa aplicativo (pacote). Com a tecnologia case (engenharia de software computadorizada), sempre haverá um ponto no qual se precisa de algum nível de destreza em projetos de software para se completar um ciclo de seu desenvolvimento. Sua principal vantagem é poder se integrar aos outros pacotes de software.

Tecnologia da Informação: Tecnologia aplicada ao sistema de informação para facilitar o processamento, o armazenamento, o registro, o transporte e a recuperação de dados.

Tecnologia de Capital Intensivo: Tecnologia baseada no uso intensivo da automação.

Tecnologia de Comunicação: Tecnologia cujo objetivo é o de informar, educar, instruir, persuadir, divertir, influenciar, entre duas ou mais pessoas, através de fatos, ideias, símbolos, sentimentos, palavras, opiniões e emoções; Processo de passar informação e compreensão de uma pessoa para outra.

Tecnologia de Distribuição: Tecnologia que utiliza as mais recentes inovações em tecnologia de distribuição, tais como: logística assistida por computador; refinamento de scanner; intercâmbio de dados; localização por satélite; atendimento automatizado dos pedidos dos distribuidores; logística de fluxo. Os benefícios são: diminuição de danos, eficiência de armazenagem, redução de compra a termo, melhor cobertura do mercado, liquidação rápida dos estoques encalhados, marketing de resposta direta.

Tecnologia de Infraestrutura: Tecnologia que dá suporte que a empresa recebe de um ambiente. Nenhum estabelecimento comercial funciona bem, se não houver disponibilidade de serviços públicos no próprio local, como energia elétrica, sistema de telefonia, água, esgoto, saúde, escola, correio, banco, transporte e segurança.

Tecnologia de Mão de Obra Intensiva: Tecnologia baseada no uso intensivo das habilidades artesanais das pessoas.

Tecnologia de Ponta: Tecnologia em função da inovação espontânea, cujo objetivo é desenvolver novas ofertas. Algumas empresas têm-se adaptado para atingir oportunidades que se mostram mais atraentes.

Tecnologia de Produção: Tecnologia para dar suporte às atividades industriais. Os avanços tecnológicos na produção vão desde o desenho computadorizado até a personalização dos produtos saídos da fábrica.

Tecnologia de Produção Automatizada: Tecnologia em que a produção é feita por especialistas, monitorados por computadores. A participação humana é mínima.

Tecnologia de Produção em Massa: Tecnologia da produção feita em grandes lotes. É a produção que requer máquinas operadas pelo homem e linhas de produção, ou de montagens, padronizadas, como as empresas maquiladoras (montadoras).

Tecnologia de Produção Unitária: Tecnologia de oficina; Tecnologia que é feita por unidade (cada produto no seu tempo), sendo modificado à medida que o trabalho é realizado. O processo produtivo é menos padronizado e menos automatizado.

Tecnologia de Rede Social: Tecnologia onde as pessoas relacionam-se em torno de um objetivo comum. Expressam seus gostos, qualificações e informações que queiram compartilhar, seja com amigos, parentes, profissionais ou a quem quer que desejem maior interação. As redes sociais multiplicaram-se de forma bem abrangente e sem fronteiras.

Uma rede social exige dedicação, alimentação de dados, uso em tempo real, investimento em melhorias e inovações.

Tecnologia de Serviço: Tecnologia que representa qualquer ato ou desempenho que uma parte possa oferecer a outra e que seja essencialmente intangível e não resulte na propriedade de nada. A abordagem que o proponente faz do serviço, como algo feito por indivíduos e não por máquinas, pode apresentar distorções conceituais.

O serviço será considerado como algo residual e será tratado como tarefa puramente humana. Já no serviço mecanizado o ser humano deve se comportar como extensão da máquina.

Tecnologia de Varejo: Tecnologia cujo espaço (real ou virtual) onde o consumidor compra um determinado produto. É no varejo que são executadas todas as atividades ligadas à venda ao consumidor final.

Tecnologia Digital: Tecnologia que transformará os negócios, os processos e as relações, por meio da informação digital. A essência da tecnologia digital está na conectividade.

Tecnologia Digital da Informação: Tecnologia que possibilita criar uma rede de parcerias para melhor servir os consumidores. É possível criar uma empresa virtual onde se integrem empresas, administração, gestão de recursos e sistemas operacionais de informação e de comunicação.

Tecnologia Estável: Tecnologia que permanece imutável durante o ciclo de vida de um produto. Tal tecnologia, para ser considerada estável (básica), precisa apresentar uma lucratividade de longo prazo.

Tecnologia Fixa: Tecnologia que não permite sua utilização em outros produtos. Esta tecnologia pode ser: Tecnologia Fixa e Produto Abstrato (Tecnologia que, embora seja fixa, a empresa procura obter suporte do ambiente) e Tecnologia Fixa e Produto Concreto (Tecnologia cuja possibilidade de mudança é muito pequena e difícil, porque toda a tecnologia é empregada na fabricação e distribuição do produto).

Tecnologia Flexível: Tecnologia, cujos recursos, como máquinas, equipamentos, instalações, matérias-primas, conhecimentos técnicos, são utilizados para produzir bens e serviços.

Tecnologia Globalizada: Tecnologia relativa ao ambiente, cada vez mais amplos, devido à integração econômica, política, populacional e tecnológica.

Tecnologia Incorporada: Tecnologia em que todos os fatores e componentes que agregam ao produto um aumento de valor.

Tecnologia Intensiva: Tecnologia que representa a focalização e convergência de uma ampla variedade de habilidades e especializações da empresa sobre um único cliente. A empresa emprega uma variedade heterogênea de técnicas, para conseguir uma modificação em algum objeto específico.

A tecnologia intensiva requer a aplicação de parte, ou de toda a disponibilidade, das aptidões potencialmente necessárias, dependendo da correta combinação, conforme sejam exigidas pelo caso ou pelo projeto individual.

Tecnologia Mediadora: Tecnologia utilizada por empresas cuja função básica reside na ligação de clientes que são ou desejam ser interdependentes ou interrelacionados. É o caso de bancos, seguradoras, agências de propaganda, companhias telefônicas e agências de recrutamento e seleção de pessoas.

Tecnologia Organizacional: Tecnologia que determina o nível e o tipo de formação profissional, as habilidades manuais e intelectuais, as capacitações, as aptidões e características de personalidade que as pessoas devem possuir para poderem ser recrutadas, selecionadas e admitidas na empresa.

Nem todas as empresas contam com pessoal categorizado para desenvolver programa de capacitação tecnológica.

Tecnologia Robótica: Tecnologia em que o trabalho é feito por um robô (sistema mecatrônico) que desempenha tarefas repetitivas com altíssimo nível de eficiência, precisão e segurança. Os cientistas vêm prometendo robôs que reproduzam movimentos, comportamentos e sentidos humanos.

Tecnologia Sequência: Tecnologia baseada na interdependência serial das tarefas necessárias para completar um produto. É o caso da linha de montagem, típica da produção de massa. Esta tecnologia aproxima-se da perfeição quando a empresa produz um único tipo de produto, repetitivamente, durante um longo período de tempo e um ritmo constante de produção.

Tecnologia Web: Tecnologia de comunicação mundial, com prestação de diversos serviços. O acesso é livre, mas o usuário dependerá de um provedor, que poderá ser pago, ou não, para se conectar com a rede.

11.7 Tecnologia da Informação

Recentes desenvolvimentos na tecnologia de sistemas de informação oferecem a possibilidade de revolucionar a aquisição através de alterações nos procedimentos de pedidos e de facilidades para a obtenção de elos com fornecedores. A gerência de recursos humanos conta com pesquisa de motivação e com tecnologias para o treinamento.

A **infraestrutura da empresa** envolve uma grande variedade de tecnologias que vão desde arranjo físico até planejamento estratégico. A tecnologia de sistemas de informação tem um importante papel na coordenação e otimização dos recursos.

A tecnologia da informação é uma tecnologia aplicada ao sistema de informação para facilitar o processamento, o armazenamento, o registro, o transporte e a recuperação de dados. O termo tecnologia da informação, de sentido ainda mais amplo do que Informática, seria o conjunto de técnicas de processamento rápido de grande volume de dados sintetizados no computador de alta velocidade, visando o processo decisório.

Dentre as tecnologias, a que mais avançou, nos últimos anos, foi a **tecnologia da informação**.

As **transformações que esta tecnologia** trouxe são muitas, tais como:

- Comprimiu o espaço de trabalho (miniaturização e portabilidade) e introduziu o conceito de espaço virtual.
- Minimizou a papelada pela utilização de meios densos (discos, disquetes e fitas).
- Integrou microcomputadores, através de redes e enxugou os centros de processamento de dados.
- Reduziu a necessidade de recursos físicos, fazendo com que o custo fixo diminuísse.
- Agilizou as comunicações, tornando-as móveis, rápidas, flexíveis, diretas, em tempo real.
- Permitiu maior dedicação ao consumidor e integrou os vários e diferentes processos na organização.
- Ampliou a conectividade entre pessoas e grupos de trabalho, embora separado fisicamente.
- Compartilhou a informação, o conhecimento e o comércio.
- Difundiu o conhecimento através da informação fácil e barata.
- Facilitou a reengenharia dos sistemas, bem como rever estratégias com maior velocidade.
- Passou a ser um fator de competitividade diante da concorrência.

A tecnologia da informação é considerada uma ferramenta estratégica que auxilia a empresa a aumentar o rendimento de seus recursos, ajudando a mudar, rapidamente, objetivos, metas e desafios dos negócios de qualquer empresa. A dinâmica das tecnologias da informação tem criado oportunidades únicas, para as empresas implantarem estratégias de crescimento e competitividades sustentáveis.

Além do mais, não podemos mais negar que a tecnologia da informação se constitui no insumo mais importante da estratégia empresarial. A revolução da tecnologia da informação está delegando autoridade às massas pela **democratização da informação**. Está introduzindo uma nova ordem: a economia de rede, possibilitada pelo advento da Internet.

A tecnologia da informação também fornece controle do custo indireto e da carteira de pedidos, por exemplo. Não é de se admirar que os primeiros esforços para aplicar a tecnologia da informação foram em organizações de varejo.

Usando recursos da tecnologia, os vendedores são capazes de analisar históricos de venda, de forma muita mais rápida do que no passado.

Duas questões são de importância crucial para considerar a utilização da tecnologia da informação: Decidir como a automação se adapta às necessidades de uma determinada empresa; aplicar essa tecnologia envolve bem mais do que dar recursos.

O **papel da tecnologia da informação** (TI) é mais operacional, uma vez que envolve menos pessoas no processo da informação estratégica, à medida que as empresas desenvolvem soluções de rede para partilhar soluções de problemas corporativos.

11.8 Tecnologia Digital

Um sistema de tecnologia digital transformará os negócios, porque afetará pessoas, processos produtivos e relações entre clientes e parceiros. A essência da tecnologia digital está na conectividade dos sistemas de: conhecimento, operação, produção, comércio, governo.

Pode libertar as pessoas, que trabalham com ela, de processos lentos e inflexíveis que usam papel.

As **ferramentas eletrônicas** têm três objetivos: usar software para cuidar de tarefas rotineiras, eliminando desperdícios de tempo e de energia; liberar as pessoas para trabalhos mais complexos; cuidar dos desvios. Bill Gates alerta: "Um usuário deve poder entrar e sair de uma ferramenta eletrônica administrativa no máximo em três minutos". Essa regra garante a automatização de um processo com uma ferramenta não complicada.

O bom **gerenciamento do conhecimento** é uma maneira importante de melhorar a eficiência como um todo. Quando uma empresa elimina gargalos e tarefas administrativas rotineiras que absorvem tempo, faz com que os funcionários acreditem que seu tempo é importante e deve ser utilizado de maneira rentável.

O tempo gasto em lidar com papel deve ser dedicado ao consumidor.

Características de um sistema que utiliza tecnologia digital:

- Amplia a capacidade analítica do indivíduo.
- Combina a capacidade dos indivíduos para criar uma inteligência unificada.
- Aumenta a velocidade de comunicação da empresa com o ambiente.
- Muda a visão dos intermediários, que passaram a agregar valor aos bens e serviços.
- Acelera o desenvolvimento do marketing direto (on-line, de resposta, personalizado).
- Facilita o desenvolvimento de equipamentos cada vez menores.
- Ajuda a pesquisar sobre produtos, mercados, consumidores, preços, concorrentes e recursos.

A tecnologia digital da informação não surgiu por acaso, mas sim fruto de uma série de invenções, estudos e teorias que aconteceram no passado. Cada momento da história das tecnologias tem uma imagem, uma espécie de ícone padrão que ultrapassa sempre seu poder de ilustração, para se transformar em símbolo de trabalho.

A história do mundo é a **história da tecnologia** e da informação. Ambas são o centro da organização social e de todas as estruturas ideológicas, políticas, econômicas e administrativas. Não há movimento humano sem tecnologia e informação.

Apesar das inúmeras vantagens apresentadas pela tecnologia digital da informação, a produtividade aumentou muito pouco em relação ao investimento realizado. Apenas os setores de varejo, atacado, mercado financeiro, telecomunicações, computadores, semicondutores e segurança, num universo de sessenta setores, tiveram um grande impacto na produtividade.

11.9 Gerência da Tecnologia

É evidente que as pessoas dentro das empresas não são meros recursos passivos e estáticos frente às tecnologias utilizadas, pelo contrário. Mas, é a tecnologia quem determina as características humanas das pessoas que devem ingressar e permanecer na empresa. Por outro lado, são as pessoas que modificam e criam tecnologia.

Está bem claro que são os administradores que têm de encarar alguns problemas distintos, para cada tecnologia. Na realidade o problema maior está na previsão do que pode acontecer com uma mudança tecnológica.

Sem pretender fazer uma lista exaustiva relacionada à gerência da tecnologia, é possível apresentar algumas atividades que são básicas neste tipo de gerência, tais como:

Compra de tecnologia– Na compra, o gerente de tecnologia está à procura, às vezes, de um produto intangível, escasso ou que dificilmente está em oferta no mercado. A compra requer o conhecimento das tecnologias disponíveis que melhor respondam às necessidades de sua organização.

É óbvio que o gerente precisa de conhecimento especializado indispensável para o reconhecimento e escolha do produto adequado para os fins desejados. Outro papel que o gerente deve desempenhar na compra de tecnologia é o de negociador.

Venda de tecnologia– Na venda, o gerente de tecnologia busca as características mais marcantes de seu produto, principalmente, pelo fato de tratar-se de produto intangível, escasso, produzido através de um processo de alta complexidade e de difícil previsibilidade de resultados. Nesta atividade, os papéis de agente de ligação e negociador são os mais importantes.

O vendedor deve informar o que interessa ao cliente, mostrando as vantagens da nova tecnologia para os processos de produção, congruentes aos resultados positivos para a empresa compradora.

Produção de tecnologia – Na produção, o gerente de tecnologia se vê diante de processos altamente complexos, de tempo imprevisível, custo indeterminado, uso econômico incerto. O produto desejado não pode ser antecipado, o processo de produção não é definido, mas inventado.

Enquanto trabalho criativo, a produção de tecnologia só poderá ocorrer em ambiente de liberdade de ação, no qual o papel do gerente é alocar recursos para as condições adequadas de trabalho e fazer o papel de empreendedor capaz de promover mudanças e fazer adaptações necessárias.

No exercício desses papéis, o gerente precisa ser dotado, sobretudo, de capacidade lógica e analítica.

Implantação de tecnologia – Na implantação, o gerente de tecnologia pode utilizar inovações que sejam criadas pela organização ou compradas de terceiros. Os papéis de líder, agente de ligação e administrador de conflito parecem ser os mais importantes, quando se trata de gerenciar mudanças que afetam o conteúdo do trabalho e, muitas vezes, as relações de poder.

Monitoramento de Tecnologia – No monitoramento, o gerente de tecnologia faz o acompanhamento do desenvolvimento e/ou da evolução do conhecimento, isto é, procura um recurso que pode ou não estar materializado num produto. Obviamente, o papel de monitor assume primazia no exercício dessa atividade, juntamente, com os papéis de disseminador e porta-voz.

Para este monitoramento, o conhecimento especializado é da maior importância, mas o gerente precisará também de conhecimento humanístico para exercer os papéis de agente de ligação e negociador, muitas vezes essenciais para ter acesso às fontes de informações relevantes.

Treinamento de Tecnologia – No treinamento, o gerente de tecnologia aborda as questões de instruções de recursos humanos (usuários) como decisivas para a competitividade. E aqui, surpreende os técnicos, mesmo em indústrias montadas com máquinas de última geração, tendo em vista que a produtividade nem sempre corresponde ao investimento realizado.

A razão é simples: **faltam recursos humanos especializados**, motivo pelo qual algumas empresas mantêm verdadeiras escolas dentro de suas instalações.

Capítulo 12

Contabilidade

"Assumir uma atitude responsável perante o futuro sem uma compreensão do passado é ter objetivo sem conhecimento. Compreender o passado sem um comprometimento com o futuro é conhecimento sem objetivo".

Ronald T. Laconte

Objetivos do Capítulo

- Mostrar a importância dos controles contábeis.
- Mostrar os diversos tipos de conta.
- Mostrar a necessidade de verificação da situação financeira da empresa.

12.1 Conta

Suponhamos que você vá ao banco e efetue um depósito em seu próprio nome. Sendo correntista do banco, você terá uma conta própria. O que significa dizer que o valor depositado vai ser anotado em um registro, destinado a demonstrar todas as suas transações com o banco, chamado conta.

O **nome de uma conta indica o tipo de transação** que deve ser registrado na mesma. E deve indicar também se a conta é do ativo, passivo ou patrimônio líquido. Para cada possível ponto de origem de recursos e para cada possível ponto de destinação de recursos, a empresa abre uma conta, ou seja, um registro individualizado que vai recebendo acréscimos e deduções à medida que as transações vão ocorrendo.

Assim, podemos conceituar conta como sendo o registro de uma transação que envolve valores. Se o registro mostra a liquidez da transação é comum ser chamada de conta corrente, tendo um nome específico. O **saldo de conta**, ou diferença, é o resultado do confronto entre os totais de débito e de crédito levados a esta. Este saldo, como é óbvio, poderá ser nulo, devedor ou credor.

Cada conta deve corresponder a uma única natureza de relação entre a transação e o titular (nome) da conta. As contas utilizadas na empresa nada mais são do que valores de lançamento, função das operações que nela se realizam. Assim, quando vendemos mercadorias à vista movimentamos duas contas: Caixa (entrada) e Estoque (saída).

Tal sistema leva o nome de "**Partidas Dobradas**", porque sempre que há um débito, há um crédito, e vice-versa. Os controles são necessários, porque, constantemente, surgem problemas de contabilidade, desviando a empresa dos seus objetivos.

Departamento de Contabilidade é o setor da empresa onde são registradas as contas que ocorrem na movimentação diária dos valores que entram e saem. A importância da contabilidade está em guardar os valores passados e presentes, ajudando na previsão do futuro.

A mentalidade de que a contabilidade só serve para atender a legislação governamental precisa mudar. Contabilidade é essencial. Se bem-feita, ela registra todo o passado, aponta caminhos no presente e projeta o futuro da empresa. Com números confiáveis, sabe-se quanto faturou, qual é o custo da operação, a margem de lucro, a despesa financeira, entre outras inúmeras informações, que são a base da análise gerencial.

12.2 Tipos de Conta

Os contabilistas, desde longa data e até os dias de hoje, têm manifestado grande empenho em criar uma sistemática para as contas, havendo vários nomes tradicionais de tipos de conta, como os seguintes:

Conta a Pagar: Controle, ou levantamento, que se faz, numa data qualquer, para determinar quanto, em dinheiro, a empresa terá de pagar aos seus credores e fornecedores.
Conta a Receber: Controle ou levantamento que se faz, numa data qualquer, para determinar quanto, em dinheiro, a empresa terá de receber de seus devedores.
Conta Analítica: Subconta filiada à determinada conta geral.
Conta Bilateral: Aquela que pode apresentar saldo credor ou devedor.
Conta Capital: Conta que controla os investimentos e retiradas de cada sócio, mostrando a participação de cada sócio.
Conta Cliente: Conta que avalia a capacidade de pagamento do cliente, bem como sua movimentação financeira com a empresa.
Conta Coletiva: Cada conta deste tipo reúne débitos e créditos de várias subcontas à mesma filiada. Um esclarecimento auxiliará a compreender a natureza da conta coletiva. A empresa mantém depósitos, digamos em dez bancos para os quais abre contas individuais e debita ou credita a conta geral bancos toda vez que movimenta qualquer das referidas contas individuais. Deste modo, tem na conta coletiva uma síntese da posição bancária de empresa.
Conta Corrente: Registro para mostrar a liquidez de uma transação.
Conta de Consignatários: Aquelas que dizem respeito aos valores entregue pelo proprietário a pessoas da organização, as quais, por serem depositárias desses valores, tornam-se responsáveis pelos mesmos.
Conta de Liquidação Duvidosa: Conjunto de contas a receber, cujos valores, provavelmente, não serão liquidados.
Conta de Proprietários: Aquelas que se referem aos valores inicialmente investidos no negócio.
Conta de Terceiros: Aquelas que representam pessoas estranhas às finanças da empresa, mas que mantêm, com as mesmas relações de débito e crédito.
Conta Diferencial: Aquela cujo conjunto constitui a diferença entre o ativo real e o passivo real, ou seja, entre o patrimônio bruto e as obrigações.
Conta Dinâmica: Aquela que atende à rotina do processo contábil sendo debitada ou creditada a cada passo.
Conta do Consumidor: Controle que ajuda a demonstrar a liquidez do consumidor e sua capacidade de compra.
Conta Estática: Aquela que se movimenta apenas em virtude de eventos específicos e acidentais.
Conta Investimento: Conta onde são registrados todos os investimentos por data de lançamento.
Conta Patrimonial: Aquelas que integram ou compõem o patrimônio, ou seja, contas de: bens (ativos), direitos e obrigações.
Conta Permanente: Aquela que registra os fatos da administração econômica, em seus movimentos usuais.
Conta Transitória: Aquela criada para atender situações especiais e que perde a razão de existir, quando estas situações se extinguem.
Conta Unilateral: Aquela que apresenta saldo sempre devedor ou sempre credor. Conta característica de ativo ou de passivo.

A seguir, **nomes de outras contas**:

Adiantamentos; Água e Esgoto; Aluguel; Amortizações; Antecipações; Aplicações; Assinaturas; Ativo; Ativo Circulante; Ativo Diferido; Ativo Imobilizado; Ativo Nominal; Ativo Permanente; Ativo Real; Ativo Total; Bancos; Bem Patrimonial; Benfeitorias em Propriedades Arrendadas; Caixa: Cancelamentos; Capital; Capital a Integralizar; Capital de Empréstimo; Capital de Giro Próprio; Capital de Movimento; Capital Próprio; Capital Realizado; Capital Social; Capitalização; Cartão Transporte; Comissões a Pagar; Condomínio; Conta Capital; Conta Cliente; Conta de Liquidação Duvidosa; Conta a Pagar; Conta a Receber; Correção Monetária; Crédito; Crédito Imobiliário; Créditos de Funcionários; Custo; Custo de Manutenção; Custo de Mercadoria Vendida; Custo de Produção; Custo Direto; Custo de Transporte; Custo Fixo; Custo Indireto; Custo Médio Unitário; Custo Total; Custo Unitário do Produto; Custo Variável; Dedução; Depreciação; Desconto; Despesa; Despesa Administrativa; Despesa com Segurança; Despesa com Vendas; Despesa de Fabricação; Despesa de Manutenção; Despesa Direta; Despesa Financeira; Despesa Geral; Despesa Indireta; Despesa Mercadológica; Despesa Operacional; Despesa de Instalação; Despesa de Marketing; Despesas/Mês; Devolução de Mercadoria; Disponível; Disponível Circulante; Dividendos a Pagar; Duplicatas a Receber; Duplicatas a Pagar; Duplicatas Descontadas; Empréstimo; Empréstimo Compulsório; Encargo Social; Estoque; Estoque/Produto; Exigibilidade Corrente; Exigível; Faturamento; Faturamento de Equilíbrio; Faturas a Pagar/Fornecedor; Férias; Financiamento; Fornecedores a Pagar; Frete; Fundos; Honorários; Imobilização; Imóveis; Imposto de Renda a Pagar; Imposto de Renda a Receber; Impostos; Instalações; Insumos; Investimento; IPTU; Lucro; Lucro a Realizar; Lucro Retido; Lucros Acumulados; Luz e Força; Manutenção Instalações; Manutenção Máquinas; Marcas e Patentes; Materiais; Material de Escritório; Material de Higiene e Limpeza; Matérias-Primas; Móveis e Utensílios; Obrigações Fiscais a Recolher; Outros Créditos; Participação Direta a Pagar; Participações; Passivo; Passivo Circulante; Passivo Nominal; Passivo Real; Passivo Total; Patrimônio; Patrimônio Líquido; Pesquisa e Desenvolvimento; Prejuízos Acumulados; Prêmios de Seguros a Apropriar; Provisão para Devedores Duvidosos; Provisão para Imposto de Renda; Realizável; Recebível; Receita Bruta; Receita com Serviços; Receita com Vendas; Receita Não Operacional; Receita Operacional Líquida; Receitas Financeiras; Recolhimento de Tributos; Reservas; Reservas de Capital; Reservas de Lucros; Reservas de Reavaliação; Resultado; Resultado Operacional; Salários a Pagar; Salários Administrativos; Seguro de Responsabilidade Civil; Seguro de Vida; Seguro Patrimônio; Seguro Saúde; Serviços de Segurança; Serviços Terceirizados; Telefones; Ticket Refeição; Títulos a Pagar; Transporte Pessoas; Vales; Veículos.

12.3 Contabilidade

Contabilidade é essencial. Sendo bem-feita, ela registra todo o passado, aponta caminhos no presente e projeta o futuro da empresa. Com números confiáveis, sabe-se quanto faturou, qual é o custo da operação, a margem de lucro, a despesa financeira, entre outras inúmeras informações, que são a base da análise gerencial.

Contabilidade é o setor da empresa onde são registradas as contas que ocorrem na movimentação diária dos valores que entram e saem. A importância da contabilidade está em guardar os valores passados e presentes, ajudando na previsão do futuro.

Os controles são necessários, porque, constantemente, surgem problemas de contabilidade, desviando a empresa dos seus objetivos.

A mentalidade de que a contabilidade só serve para atender a legislação governamental precisa mudar. A contabilidade, se bem-feita, ela registra todo o passado, aponta caminhos no presente e projeta o futuro da empresa.

Os contabilistas, desde longa data e até os dias de hoje, têm manifestado grande empenho em criar uma sistemática para as contas, havendo vários nomes tradicionais de classificação. As atribuições do contabilista, além da escrituração, são preparar as guias de recolhimento de impostos e taxas. Sem um contabilista habilidoso você poderá se ver em maus lençóis.

Contabilista é um profissional com conhecimentos de contabilidade, cujas atribuições, além da escrituração, são preparar as guias de recolhimento dos impostos, taxas e contribuições ao governo.

12.4 Tipos de Contabilidade

A seguir, os principais tipos de contabilidade são:

Contabilidade de Custos: Sistema contábil de processos de transferências de valores para uma conta única, relativa ao final da produção. A contabilidade de custos não é apenas utilizada em fábricas, mas também em empresas de serviços.

Contabilidade Financeira: Sistema contábil que se preocupa com a preparação de relatórios financeiros para mostrar, aos seus clientes, a liquidez da organização.

Contabilidade Fiscal: Sistema contábil que se ocupa da manutenção da documentação para fins tributários.

Contabilidade Gerencial: Sistema que enfatiza os conceitos e os procedimentos contábeis que são relevantes à preparação de relatórios para os usuários internos e externos. Num sentido mais amplo, está voltada, única e exclusivamente, para a administração da empresa, procurando suprir informações que se encaixem de maneira válida e efetiva no modelo decisório do dirigente.

Contabilidade Social: Sistema que se preocupa com a definição e quantificação dos principais agregados macroeconômicos, como produto interno bruto, balança de pagamentos, consumo global, investimentos, por exemplo.

Contabilidade Geral: Sistema que se vale, em suas aplicações, de outros campos do conhecimento não circunscritos à contabilidade. Atinge e aproveita conceitos da administração da produção e da administração de vendas, bem como da administração financeira, campo mais amplo, no qual toda a contabilidade da organização se situa.

12.5 Controles Contábeis

Controle é a função administrativa que verifica e compara os resultados alcançados com aquilo que foi estabelecido no planejamento (resultados esperados). Controlar é verificar se o plano foi executado, aferindo resultados para saber se estes estão além ou aquém do esperado.

É possível, assim, determinar, também, se os objetivos foram superestimados ou subestimados. Os controles são necessários, porque, constantemente, surgem distúrbios, desviando a empresa do curso. Os **distúrbios** (**desvios**), por definição, estão fora do controle da gerência.

Um **sistema de controle deve ter as seguintes características**:

- Contribuir para a realização dos objetivos.
- Possuir um sensível sistema de mensuração.
- Dispor de um conjunto de valores (padrões), com os quais compara os valores mensurados.
- Ser capaz de desenvolver uma análise das variações (desvios) entre valores buscados e valores encontrados.
- Ser capaz de determinar correções adequadas na entrada do sistema, de modo a eliminar as causas dos desvios.
- Ser capaz de reforçar o desempenho para assegurar resultados satisfatórios ou superiores aos esperados.

Os controles contábeis utilizados em uma empresa estão embutidos em outros controles, tais como: controle de caixa, controle de contas a receber por cliente, controle geral de contas a receber, controle de contas a pagar, controle de faturas a pagar por fornecedor, controle de patrimônio, controle do capital investido, controle das contas do ativo e do passivo.

12.6 Tipos de Controles Contábeis

A seguir, os principais tipos de controles contábeis:

Controle do Caixa: O controle do caixa é um registro diário onde são lançadas todas as transações, em dinheiro, da empresa. Embora simples, é um controle de extrema importância, mostrando, através do saldo, o disponível imediato em dinheiro.

Controle das Despesas de Instalação: O controle das **despesas de instalação** é aquele em que são registrados os valores gastos no desenvolvimento e na implementação de um projeto.

Controle das Despesas Mês: O controle da **despesa mês** é aquele em que todas as contas são lançadas, mesmo que tenha valores nulos, para se ter noção do quanto cada conta pesa em relação ao total.

Controle de Contas a Receber: O controle de **contas a receber** é um levantamento que se faz, numa data qualquer, para determinar quanto em dinheiro a empresa terá de receber de seus devedores.

Controle de Duplicatas a Receber/Cliente: O controle de **duplicatas a receber** por cliente é aquele em que a empresa observa se os recebimentos foram feitos em dia e quais as duplicatas estão com o pagamento atrasado. Este controle é fato gerador de informações para uma eventual inadimplência.

Controle Geral de Estoque: O controle de **estoque**, como já observado, é um valioso controle do ativo circulante, porque mostra quanto cada item do estoque pesa no total e quanto de dinheiro está imobilizado.

Controle de Estoque/Produto: O controle de **estoque/produto** mostra o giro de cada produto e o quanto é a sua participação no estoque.

Controle do Custo Fixo: O controle do **custo fixo** serve para acompanhar o volume de despesas indiretas, isto é, aquelas despesas que ocorrem, mesmo que não existia operação na empresa.

Controle Geral do Patrimônio: O controle geral do **patrimônio** é um registro, feito no inventário, relativo aos bens duráveis (móveis, imóveis, utensílios, máquinas, equipamentos).

Controle do Bem Patrimonial: O controle do **bem patrimonial** é necessário para se saber o valor atual do bem, quando do inventário.

Controle de Contas a Pagar: O controle de **contas a pagar** é um levantamento que se faz, numa data qualquer ou preestabelecida, para determinar quanto em dinheiro a empresa terá de pagar aos seus credores e fornecedores.

Controle de Faturas a Pagar/Fornecedor: O controle de **faturas a pagar por fornecedor** é aquele em que a empresa observa se os pagamentos (dívidas) foram feitos em dia e quais as faturas pendentes de pagamento. Também é fato gerador de informações para o controle geral de contas a pagar.

Controle da Conta Cliente: O controle da **conta cliente** avalia a capacidade de compra do cliente.

Controle da Conta Capital: O controle da **conta capital** é relativo ao capital investido (ou retirado) de cada sócio, mostrando a participação do mesmo. Este controle é importante quando da distribuição do lucro.

Controle do Disponível Circulante: O controle do **disponível circulante** é aquele em que são colocadas as principais contas que retratam a liquidez da empresa, isto é, basicamente a diferença entre o ativo circulante e o passivo circulante. Tal controle pode ser feito a qualquer momento.

Controle do Faturamento: O controle do **faturamento** serve para acompanhar o desempenho da equipe de vendas e se a mesma está cumprindo as metas estabelecidas. É um controle que aponta o desvio.

Controle do Fluxo de Caixa: O controle do **fluxo de caixa** sempre foi de extrema importância. Muitos empreendimentos são inviabilizados pela falta de cuidado com o fluxo de caixa.

Fazer este controle evita a falta de capital de giro para tocar o negócio; proporciona condições do que fazer com as sobras de caixa; adquire-se conhecimento da série histórica; dá condições de se fazer projeções no curto prazo.

Controle do Faturamento de Equilíbrio: O controle do **faturamento de equilíbrio** objetiva medir a capacidade de pagamento para as despesas correntes e compromissos assumidos.

Controle da Conta Investimento: O controle da **conta investimento** é aquele onde são registrados todos os investimentos por data de lançamento.

Controle de Vales: O controle de **vales** serve para saber a diferença a pagar, descontados a soma dos vales.

12.7 Balancete de Verificação

O balancete de verificação é um relatório que lista todas as contas da empresa, colocando-as em colunas com seus respectivos valores. Estes balancetes podem ser construídos a qualquer tempo.

A seguir, um exemplo:

Contas	Débitos	Créditos	Saldo Devedor	Saldo Credor
Banco conta Movimento	337,00	183,00	154,00	
Duplicatas a Receber	725,00	110,00	615,00	
Estoques	753,00	165,00	588,00	
Investimentos em Ações	95,00		95,00	
Imóveis	382,00		382,00	
Veículos	11,00		11,00	
Móveis e Utensílios	25,00		25,00	
Títulos a Pagar	20,00	118,00		98,00
Contas a Pagar		42,00		42,00
Fornecedores	79,00	310,00		231,00
Comissões a Pagar		20,00		20,00
Despesas Gerais a Pagar		2,00		2,00
Salários Administrativos		12,00		12,00
Imposto de Renda a Pagar		108,00		108,00
Participação de Empregados		20,00		20,00
Participação Direta a Pagar		9,00		9,00
Dividendos a Pagar		40,00		40,00
Capital		700,00		700,00
Reserva Capital		150,00		150,00
Reserva Legal		34,00		34,00
Reserva Estatutária		56,00		56,00
Lucros Acumulados	55,00	403,00		348,00
Totais	2.482,00	2.482,00	1.870,00	1.870,00

12.8 Demonstrativo de Resultado

O demonstrativo de resultado, como já observado, nada mais é do que a exposição dos débitos e créditos que compõe os fluxos financeiros de um exercício de uma empresa (período, geralmente, de um ano).

A seguir, um exemplo:

Nº	Histórico	Parcial	Parcial	Total
1	Receita Bruta de Vendas			2.000,00
2	Deduções (3 + 4 + 5)			200,00
3	Descontos Concedidos	10,00		
4	Impostos Faturados	168,00		
5	Devoluções	22,00		
6	Receita Operacional Líquida (1 - 2)			1.800,00
7	Custo de Mercadorias Vendidas			300,00
8	Resultado Operacional Bruto (6 - 7)			1.500,00
9	Despesas Operacionais (10+14+15+24+25)			190,00
10	Engenharia (11 + 12 + 13)		40,00	
11	Projetos e Desenhos	15,00		
12	Testes	5,00		
13	Protótipos	20,00		
14	Produção		10,00	
15	Marketing (16+17+18+19+20+21+22+23)		100,00	
16	Lançamento	50,00		
17	Literatura	5,00		
18	Propaganda	5,00		
19	Exposições e Feiras	10,00		

20	Salários	10,00		
21	Viagens	6,00		
22	Amostras	4,00		
23	Pesquisas	10,00		
24	Gerais e Administrativas		30,00	
25	Financeiras		10,00	
26	Resultado Operacional Líquido (8 - 9)			1.310,00
27	Correção Monetária (+/-)			90,00
28	Resultado antes do Imposto de Renda (26+27)			1.400,00
29	Provisão para Imposto de Renda			400,00
30	Participações			300,00
31	Resultado [28 - (29 + 30)]			700,00

12.9 Balanço Patrimonial

O balanço patrimonial, conforme já observado, consiste na apresentação dos saldos respectivos de todas as contas de uma empresa em uma data qualquer, dispostos em forma relativamente padronizada, com a finalidade de permitir, a quem o analisa, uma visualização rápida da posição econômico-financeira da companhia, expressa em valores monetários.

A seguir, um exemplo:

Ativo		**Passivo**	
Ativo Circulante:		Passivo Circulante:	
Caixa e Bancos	154,00	Títulos a Pagar	98,00
Duplicatas a Receber	615,00	Contas a Pagar	42,00
Estoques	588,00	Fornecedores	231,00
Total	1.357,00	Comissões a Pagar	20,00
Ativo Permanente:		Despesas Gerais a Pagar	2,00
Investimentos	95,00	Salários Administrativos	12,00
Total	95,00	Imposto de Renda a Pagar	108,00
Ativo Imobilizado:		Participações Diretas e Indiretas	29,00
Imóveis	82,00	Dividendos a Pagar	40,00
Veículos	11,00	Total	528,00
Móveis e Utensílios	25,00	Patrimônio Líquido:	
Total	418,00	Capital	700,00
		Reservas:	
Total do Ativo	**1.870,00**	De Capital	150,00
		Legal	34,00
		Estatutária	110,00
		Lucros Acumulados	348,00
		Total	1.342,00
		Total do Passivo	**1.870,00**

12.10 Analise do Resultado

Resultado é o produto da saída de um sistema, um processo, uma atividade, uma operação ou uma ação. Assim, o resultado de uma loja é ter consumidores satisfeitos; de um hospital é ter pacientes curados e de uma escola é ter alunos mais bem preparados para enfrentar a vida.

O resultado leva o indivíduo (organização) a avaliar se as decisões foram apropriadas, ou não, para continuar sobrevivendo e competindo no mercado.

Há muita confusão entre os conceitos de resultado e resposta. Assim, vale esclarecer que a **resposta** é definida como uma reação necessária e suficiente, embora nem sempre solucione o problema.

Para o credor, certamente, sua principal preocupação será no sentido de receber aquilo que tem direito. Para o investidor, seu objetivo primeiro é ter um retorno sobre o seu investimento, mantendo certo grau de segurança.

A **análise horizontal do resultado** permite o exame da evolução histórica de uma série de valores, podendo ser efetuada através do cálculo das variações em relação a uma determinada conta.

A **análise vertical do resultado** é importante para mostrar a estrutura de composição dos itens e sua evolução no tempo. Ela tem como objetivo principal determinar a relevância de cada conta em relação a um valor total tomado como base. Assim, o percentual de cada conta mostra sua real importância no conjunto.

A base é, geralmente, o total dos ativos no caso do balanço patrimonial e receita com vendas, no caso do demonstrativo de resultado.

Nota: O leitor que quiser aprofundar o assunto, hora apresentado, deve ler os livros: "Gestão de Restaurante", "Empresa de Alimentos" e "A Empresa como Investimento", todos escritos por este autor e publicados pela Editora Ciência Moderna.

Capítulo 13

Política e Legislação

"Se você obtém sucesso, é sempre pelas razões erradas. Se você se torna popular é sempre pelos piores aspectos de sua vida".

Ernest Hemingway

Objetivos do Capítulo

- Mostrar o conceito de política empresarial.
- Mostrar os diversos tipos de política.
- Mostrar os vários tipos de legislação e regulamentação.
- Mostrar a dificuldade em definir a abrangência de uma política.

13.1 Política

Etimologicamente, política deriva da palavra grega "polis" que significa cidade. Por extensão, pode-se dizer que política é a arte de governar as pessoas de uma organização. Políticas são guias de raciocínio planejadas para a tomada de decisões repetitivas. Quando não existem políticas, já se sabe qual é o resultado: "Cada cabeça uma sentença".

A cada dia um caminho diferente. Pode-se operar uma empresa bastante descentralizada, utilizando políticas bem elaboradas e compreendidas. Uma organização, que tenha políticas bem definidas, utilizará seu tempo inteligentemente, tendo parâmetros que serão a base de sustentação do planejamento estratégico.

Política é um padrão de ação que facilita a tomada de decisão para situações parecidas, aumentando o poder de comparação e avaliação do gerente. A função de uma política é aumentar as chances dos dirigentes e subordinados fazerem escolhas semelhantes ao enfrentarem, independentemente, situações análogas.

Uma **política bem traçada** ajuda a se cometer menos erros. Políticas são condutas preestabelecidas, pois proporcionam um padrão de decisão para problemas recorrentes. Uma política rege o trabalho a ser feito. Seu propósito é guiar a ação para os objetivos pretendidos, mas não são objetivos em si mesmo.

Como há conexão entre diretriz e política, aí vai: **Diretriz** é o conjunto de orientações macroeconômicas da empresa. Já a política possui um caráter microeconômico. Mas, cuidado, algumas traduções de autores estrangeiros tratam diretriz e política como sinônimos.

As políticas são elaboradas por alguém, em alguma ocasião, dentro ou fora da empresa. Além do mais, a formulação de políticas não é reservada, como se supõe, à alta administração. Embora quanto mais alto estiver um administrador na estrutura da organização, mais importante será o papel na formulação de políticas.

Como os administradores nos níveis inferiores, em geral, têm de utilizar políticas fornecidas pelos superiores, há muito poucos gerentes que não tenham, alguma vez, formulado suas próprias políticas.

O administrador que quiser ser um **profissional politicamente correto** deve:

- Usar de cautela ao aceitar conselhos, evitando relação entre superior e subordinado muito íntima.
- Manter jogo de cintura e usar resistência passiva quando necessária.
- Não hesitar em ser implacável quando conveniente, limitando o que deve ser comunicado.
- Reconhecer que raramente são guardados segredos na organização.

- Aprender a não depender muito de um subordinado, a menos que veja nele lealdade.
- Estar disposto a transigir em pequenas coisas.
- Ser hábil em dramatização e ser um negociador persuasivo.
- Irradiar autoconfiança, dando demonstração de sucesso material, evitando a rigidez burocrática.
- Lembrar de elogiar em público e censurar isoladamente.
- Ser compreensivo e receptivo em relação às opiniões que difiram das suas.

13.2 Elementos da Política

Na construção de uma política o administrador se valerá dos seguintes elementos:

Premissas da Política:

- Políticas são elaboradas, por alguém, em alguma ocasião, dentro ou fora da empresa.
- Políticas definem caminhos congruentes com os objetivos sistêmicos da organização.
- Políticas permitem julgamento e impedem decisões ruins.
- Políticas refletem o desejo da alta administração e moldam a cultura organizacional.
- Políticas não são eternas e exigem flexibilidade na interação com o ambiente.
- Políticas são aplicadas a casos semelhantes e não a casos específicos.
- Políticas devem ser pautadas num comportamento ético.
- Políticas evitam perda de tempo com estudos e análises sobre questões análogas.
- Políticas devem abranger o máximo de fatores que dificultam a consecução de atividades.
- Políticas precisam ser coordenadas para que não se percam no meio do caminho.
- Políticas devem ser comunicadas com clareza para o conhecimento e aceitação de todos.
- Políticas estimulam e facilitam a delegação e a coordenação.
- Políticas proporcionam padrões de decisão para solucionar problemas.
- Políticas estabelecem limites ao planejamento estratégico.
- Políticas asseguram uma ação administrativa uniforme.
- Políticas reforçam o feedback positivo, as normas e os procedimentos.
- Políticas devem ser escritas.
- Políticas precisam ser controladas em conformidade com as atividades empresariais.
- Políticas reforçam programas, planos, orçamentos, projetos e estratégias.
- Políticas podem impedir a tomada de decisão mal formulada, baseada em circunstâncias do momento, em detrimento dos melhores interesses futuros da empresa.

Desenvolvimento de uma Política:

Sabemos que uma política é uma orientação geral para tomar decisões e agir. Um dirigente que passa a maior parte do seu tempo às voltas com "novo" problema, buscando, desesperadamente, suas respectivas soluções, raramente tem políticas definidas. É a **administração do tipo "apaga incêndio"**. Muitas vezes tende a pensar: – Se eu determinar com precisão quais são as nossas políticas, meus empregados poderão tomar decisões e não precisarão mais de mim.

Mesmo sendo uma **política provisória** e não definitiva, como tudo na vida, é importante ter políticas, pelas seguintes razões: melhora o processo de decisão; minimiza o risco, o custo e a incerteza; ajuda a comunicação entre as pessoas; poupa tempo, esforço e dinheiro.

É importante observar que você deve definir suas políticas de modo que as pessoas possam tomar a maior parte das decisões, a fim de não lhe tomarem seu precioso tempo. Para tal é preciso: ter visão estratégica para negócio, definir sua filosofia administrativa, consolidar os objetivos e tratar dos desvios para possíveis correções no futuro.

Todavia, o conceito de **desenvolvimento de uma política** está ligado a uma mudança progressiva, em que os fatores básicos dessa política são alterados, em função das relações que as mesmas mantêm com as alternativas estratégicas e suas diversas táticas que consolidam a política proposta, que, não sendo eternas, provocam mudanças nas políticas atuais, não só por resultados adversos como também pela necessidade que o ser humano tem de provocar mudanças por ficar cansado de estar amarrado a uma rotina.

A seguir, são mostrados exemplos de **políticas e suas implicações com estratégias e táticas**:

Política de Produto e suas Relações:

Estratégias	Táticas
Mudar Linha de Produtos	Ofereça só uma linha de produto.
	Amplie a linha de produtos para cobrir um maior mercado.
	Desenvolva produtos distintos para diferentes mercados.
	Faça diferentes versões do produto.
	Adquira novos produtos de novas empresas.
Retirar, adicionar ou modificar os produtos.	Retire os produtos marginais.
	Desenvolva novos produtos.
	Modifique um produto.
Mudar desenho, qualidade e desempenho.	Crie uma imagem de qualidade.
	Faça distinções de seu produto da concorrência.
	Crie a reputação de inovador.
	Crie novas utilidades para o seu produto.
Padronização	Racionalize a linha de produtos. Retire componente extra e caro.

Política de Preço e suas Relações:

Estratégias	Táticas
Mudar preços e prazos de pagamento	Dê preços baixos e obtenha lucro com peças de reposição.
	Estabeleça prazos e preços diferenciados.
	Coloque o preço 10% abaixo do líder do mercado.
	Diminua a margem de contribuição (lucro).
Conquistar mercados seletivos	Estabeleça o preço do novo produto 30% acima do anterior.
	Promova os benefícios do novo e revolucionário desenho.
Penetrar no mercado	Estabeleça um preço baixo.
	Aumente o giro dos produtos.
Dar descontos	Ofereça descontos por volume.
	Ofereça descontos retroativos.
	Ofereça descontos maiores para futuras compras.

Política de Promoção e suas Relações:

Estratégias	Táticas
Mudar a força de vendas	Fortaleça a organização de vendas.
	Reorganize a equipe de vendas por áreas específicas.
	Introduza um esquema de bonificação.
	Aumente o esforço para produtos mais lucrativos.
Mudar o relacionamento com o público	Aumente a propaganda.
	Inicie nova campanha.
	Introduza um esquema de vale-brinde.
	Incentivos para os distribuidores.
	Execute uma campanha de mala direta.
	Amplie a propaganda sobre a imagem da marca e da empresa.
Aumentar a participação em feiras e exposições	Aumente o espaço físico.
	Peça assistência da Associação Patronal.
	Estimule os distribuidores externos.

Política de Distribuição e suas Relações:

Estratégias	Táticas
Mudar canais de distribuição	Crie uma distribuição própria e direta.
	Mude o distribuidor para a região.
	Aumente o número de armazéns para o produto.
	Limite o número de armazéns.
Melhorar o serviço de entrega	Crie uma rede de serviço nacional de entrega.
	Organize os serviços através de uma grande empresa.

A grande complexidade, os altos custos e especializações envolvidas tendem, grandemente, a centralizar as políticas. Há o perigo de que a difusão venha a limitar-se à simples disseminação, à publicação de fatos ou "verdades padronizadas" em vez de matéria bruta passível de ser confrontada e modelada em formas úteis e variadas, castrando a reflexão, atitude utilíssima ao ser humano para que evolua e abandone paradigmas obsoletos e não ajustados à nova realidade.

13.3 Classificação das Políticas

A seguir, uma classificação das políticas:

Políticas Quanto à Fonte de Origem:

Políticas Estabelecidas – Políticas implantadas pela alta administração.

Políticas Solicitadas – Políticas, geralmente, solicitadas por subordinados.

Políticas Impostas – Políticas, normalmente, determinadas pelo governo e sindicatos.

Políticas Quanto ao Nível Organizacional:

Políticas Gerais – Políticas fundamentadas na filosofia da organização, que desenvolvidas no nível institucional, relacionam-se com aspectos globais da empresa. Todas as demais políticas deverão conformar-se com ela.

Políticas Específicas – Políticas utilizadas em um determinado setor da empresa.

Políticas Corporativas – Políticas voltadas a manter boas práticas de relacionamento entre sócios, acionistas, conselho de administração, diretoria executiva, auditoria interna e conselho fiscal.

Políticas Quanto à Divulgação:

Políticas Explícitas – Políticas expressas em afirmações escritas ou orais. Normalmente estas políticas são apresentadas de maneira formal (escrita), para quem toma decisões, de modo a ajudá-lo a saber como escolher entre alternativas.

Políticas Implícitas – Políticas não faladas, ou escritas, que são baseadas nas observações de pessoas mais experimentadas e preparadas. Estas políticas, por vezes, podem ser implícitas porque ninguém se deu ao trabalho de expressá-las. Além do mais, uma vez que a ação, de um modo geral, fala mais alto que as palavras, o fato de se poder observar como o chefe lida com uma reclamação de um cliente pode comunicar como os subordinados devem proceder. Também podem ser implícitas porque os dirigentes se envergonham delas, reflitam ilegalidades ou uma ética questionável.

Políticas Quanto à Operação:

Política Administrativa – Política desenvolvida no nível intermediário, relaciona-se com os aspectos internos da empresa. É o caso da política: de produção, mercadológica, financeira, de manutenção.

Política Operacional – Política desenvolvida para os aspectos específicos da atividade empresarial, como as políticas: de redução de custos, de compras, de salários, de controle de qualidade, de admissão de pessoal.

Nota: Alguns autores chamam estas duas políticas de "regras" que orientam o dia-a-dia da organização.

Política Comercial – A política comercial ajuda a empresa a decidir sobre que estratégia ou tática adotar, caso não haja venda de um determinado produto e como enfrentar a concorrência. Uma boa política comercial ajuda a determinar qual o capital de giro necessário para levar a empresa a atender o mercado, da melhor maneira possível.

Política Industrial – Política voltada a adequar a empresa (organização) ao imperativo tecnológico (especialização, automação).

Política de Produção – Política voltada a otimizar recursos, visando o lucro máximo ou custo mínimo.

Política de Produto – Política voltada a manter vivo o produto, a marca e a imagem da empresa, através de um reestudo da embalagem, do desenho, das especificações, das características e do composto mercadológico do produto. Em relação ao tipo de produto, as políticas podem ser de: Simplificação (fabrica uma variedade reduzida de produtos); Diversificação (fornece ao mercado uma linha bastante variada de produtos).

Política de Portfólio – Política voltada para o desenvolvimento e criação de meios inovadores de divulgação, visando reforçar a imagem do mostruário (catálogo).

Política de Qualidade – Política voltada à conscientização da necessidade da qualidade em tudo que se faz na empresa. A qualidade do produto é composta da qualidade do projeto e da qualidade de conformação. A qualidade do projeto deve ser fixada ao nível da alta administração e especificada, em detalhes, pelo projetista do produto. A qualidade de conformação do produto é evidenciada nos seguintes fatores: desenhos, especificações, tolerâncias reais, confiabilidade adequada para o projeto e padrões visuais apropriadamente especificados.

Política de Comunicação – Política que divulga a empresa, seus produtos e marcas, através de publicidade, propaganda, promoção e relações públicas.

Política de Preço – Política voltada a administrar o conflito entre desconto e fixação de preço.

Política de Penetração – Política voltada para preços baixos e grande volume negociado. Aqueles que estabelecem preços baixos acreditam que haja uma correlação entre preço e volume comprado, dessa forma, gerando uma maior demanda. Tal política é adequada a novos produtos não sociavelmente visíveis e não simbolizando status. A dúvida é saber se preço baixo atrairá realmente um volume maior de consumidores.

Política de Distribuição – Política voltada para a melhoria dos meios de transporte e dos intermediários da distribuição.

Política de Marketing – Política voltada a atender as necessidades dos consumidores.

Política de Recursos – Política voltada a atualizar informações do mercado de recursos.

Política de Exportação – Política voltada a atender as exigências do comércio internacional que é exigente, dinâmico e muito competitivo. Custo, qualidade e entrega é o chamado trinômio da competência internacional.

Política de Risco – Política voltada a minimizar o risco de uma decisão, buscando um tratamento que seja o melhor possível para a ocasião.

Política de Armazenamento – Política voltada a minimizar o tempo de espera e guarda, até que o produto seja movimentado para seu destino.

Política de Vendas – Política voltada a definir quais produtos devem ser ofertados a determinado público-alvo, bem como que preço negociar.

Política de Aquisição – Política voltada à aquisição de recursos (toda espécie) para fazer a empresa funcionar. Tal aquisição deve ser necessária e suficiente. Nunca comprar mais do que o necessário.

Política Financeira – Política voltada para o emprego, captação, proteção do capital e distribuição dos lucros. No emprego do capital, os fatores a considerar são: proporção do investimento em ativo fixo; limites de estoques; concessão de crédito; necessidades mediatas e imediatas. Nas fontes de **capitação de dinheiro**, os fatores a considerar são: proprietários; credores a longo prazo; credores a curto prazo. Na proteção do capital, os fatores a considerar são: redução do risco; seguro; transações compensatórias na bolsa de mercadorias; reservas de capital. Na distribuição de lucros, os fatores a considerar são: reinvestimento; taxa estável de dividendos; adequação do lucro.

Política de Negócio – Política voltada a comparar os resultados econômicos com os custos da manutenção de um negócio.

Política de Consumo – Política voltada a criar e manter consumidores.

Política de Abastecimento – Política voltada a produzir ou comprar. Para tal, englobará o seguinte: aquisição de mercadorias para revenda; produção dos itens principais e aquisição de outros; produção da matéria-prima a utilizar; produção dos serviços necessários; compras de estoque, para necessidades orçadas ou para atender pedido; estoque mínimo necessário; volume da produção para materiais e insumos; ordens de compra; estabilização da produção; previsão de alterações de prazo; seleção de fornecedores (quantidade, qualidade, tipo).

Política de Dividendos – Política voltada à distribuição do lucro, sob a forma de dividendos. Historicamente, os dividendos foram a remuneração dos acionistas, as recompras de ações eram relativamente pouco importantes até meados da década de 1980. Hoje, as decisões sobre política de dividendos são as mais cruciais de uma empresa, principalmente, em um mercado globalizado e em crise.

Políticas Quanto às Pessoas:

Política de Pessoal – Política voltada, principalmente, para remuneração, incentivo e motivação das pessoas (recursos humanos). Também se refere ao nível de expectativa e de expectação dos funcionários.

Política Salarial – Política voltada para o cargo, o salário e a promoção.

Política de Treinamento – Política voltada a desenvolver, treinar e educar pessoas.

Política Social – Política voltada a criar e manter um bom clima organizacional.

Política do Conhecimento – Política voltada a reconhecer o conhecimento como peça fundamental para a sociedade, pois maior será a importância da diversidade, da flexibilização e da competição. Esse fato também suscitará questões significativas sobre o conhecimento e fará com que alternativas para a política do conhecimento se façam cada vez mais necessárias.

Enfrentamos uma situação sem precedentes na qual teremos de estabelecer prioridades na busca de novos conhecimentos. Está ficando cada vez mais claro que o conhecimento não é um bem absoluto em si mesmo do que qualquer outra coisa. Este pode ser neutro, mas a neutralidade não se aplica de modo algum ao que fazemos com ele.

Políticas Quanto à Comunidade:

Política Ambiental – Política a preservar o ecossistema.

Política de Relacionamento – Política a manter um bom relacionamento com consumidores, funcionários, auditores, fornecedores, concorrentes, agentes do governo, empresas, universidades, institutos de pesquisa, sindicatos.

Política Verde – Política de tratamento dos despejos, efluentes de toda espécie, materiais de embalagem e policiamento às agressões aos rios, mares, lagos, lagoas, matas, florestas e oceanos.

Políticas Quanto ao Governo:

Política Protecionista – Política voltada a observar as atitudes do governo quanto a medidas antidumping, barreiras fitosanitárias, alíquotas de importação, nem sempre dentro dos princípios do livre comércio.

Política Tributária – Política voltada a observar as atitudes do governo quanto a: arrocho fiscal, juros altos, alíquotas do imposto de renda.

Política de Renda – Política que acompanha o nível de renda dos consumidores, o valor do PIB, o número de empregos, o valor da massa salarial, as desigualdades regionais, a recessão mundial.

Política Monetária – Política voltada a observar: a taxa de inflação, a base monetária (quantidade de moeda em circulação), a cotação do dólar, a dívida externa, o déficit público, a dívida interna, o depósito compulsório dos bancos, a balança de pagamentos.

Política Pública – Política voltada a reconhecer que as economias de mercado geram desequilíbrios graves entre a capacidade produtiva e a demanda, cuja correção passa por períodos depressivos. Então, se faz necessária a intervenção do estado, porque tal tipo de economia tem concentrado a riqueza na mão de poucos, agravando a desigualdade entre as pessoas.

Quando o governo passa a ser fator preponderante na distribuição da renda, na tributação e no investimento, praticamente todo administrador deve levar em conta a política fiscal do governo no planejamento estratégico de sua empresa. O papel importante desempenhado por esta política tem significativo impacto em todas as organizações.

Uma boa política pública pode estar pautada em: déficit zero, redução do custeio do Estado, redução do número de cargos de confiança, redução da estrutura organizacional (ministérios, secretarias), melhor remuneração do servidor, transparência, auditoria externa, conselhos de ética, recuperação das malhas rodoferroviário, racionalidade da matriz energética e revolução da educação, por exemplo.

Política Fiscal – Política voltada a conciliar a necessidade de manter o alto nível de despesas governamentais e os requisitos da sociedade (economia), cabendo as empresas agirem com base no interesse público. Não é suficiente partir da premissa de que "o que é bom para a empresa é bom para o país, e vice-versa".

13.4 Tipos de Política

A seguir, tipos de política:

Política Administrativa: Política desenvolvida no nível intermediário que se relaciona com os aspectos internos da empresa. É o caso das políticas: de produção, mercadológica, financeira, de manutenção.

Política Ambiental: Política que preserva o ecossistema.

Política Empresarial: Política voltada a realização das funções administrativas e organizacionais.

Política Cambial: Política governamental de compra e venda de moeda estrangeira, para regular a taxa de câmbio.

Política Comercial: Política que ajuda a empresa a decidir sobre que estratégia ou tática adotar, caso não haja venda de um determinado produto e como enfrentar a concorrência. Uma boa política comercial ajuda a determinar qual o capital de giro necessário para levar a empresa a atender o mercado, da melhor maneira possível.

Política Corporativa: Política voltada a manter boas práticas de relacionamento entre sócios, acionistas, diretores, funcionários, conselheiros, conselho de administração, diretoria executiva, auditoria interna e conselho fiscal e agentes do governo.

Política de Abastecimento: Política voltada à aquisição de itens de produção.

Política de Aquisição: Política voltada à aquisição de recursos (toda espécie) para fazer a empresa funcionar. Tal aquisição deve ser necessária e suficiente. Nunca comprar mais do que o necessário.

Política de Armazenamento: Política voltada a minimizar o tempo de espera e guarda, até que o produto seja movimentado para seu destino.

Política de Atendimento do Pedido: Política voltada a atender a carteira de pedidos. A carteira de pedidos é um controle que dá uma visão clara se a empresa tem capacidade para atender ao mercado, e, também, ajuda a observar como está sendo feito o atendimento dos pedidos de sua carteira.

Política de Avaliação: Política que estuda como os consumidores avaliam uma organização, sob diversos aspectos.

Política de Comercialização: Política que ajuda a empresa a decidir sobre que estratégia ou tática adotar, caso não haja venda de um determinado produto, e também como enfrentar a concorrência. Uma boa política comercial ajuda a determinar qual o capital de giro necessário, para levar a empresa a atender o mercado, fazendo com que os recursos humanos da organização tenham uma atitude proativa em relação ao mercado, atendendo-o da melhor maneira possível.

Em **exportação**, a política deve estar voltada a atender as exigências do comércio internacional que é exigente, dinâmico e muito competitivo

Política de Competitividade: Política voltada a uma espécie de adequação do empreendimento ao seu microambiente consiste no bom atendimento das necessidades dos clientes, na diferenciação desse atendimento em relação aos concorrentes, no bom relacionamento com os fornecedores e também na existência de barreiras à entrada de novos concorrentes no setor.

Política de Comunicação: Política que divulga a empresa, seus produtos e marcas, através de publicidade, propaganda, promoção e relações públicas.

Política de Compra: Política, que adotará a periodicidade de abastecimento e a forma como determinados alimentos serão adquiridos. A periodicidade de abastecimento poderá intervir, sobretudo, no dimensionamento das áreas de armazenamento e a forma de aquisição dos gêneros. Interferirá na área de processamento, pois a eliminação de algumas fases da preparação descartará a necessidade de determinados equipamentos, o que leva a uma redução da área.

Esta política consiste na fixação dos critérios para escolha dos fornecedores e organização do controle de recepção e armazenamento.

Política de Consumo: Política voltada a criar e manter consumidores.

Política de Desconto: Política que dá desconto em relação ao preço de lista, sob a forma de moeda corrente ou alguma outra coisa de valor, podendo ser até produto.

Política de Distribuição: Política voltada para a melhoria dos meios de transporte, canais de distribuição e dos intermediários da distribuição.

Política de Dividendos: Política voltada à distribuição do lucro, sob a forma de dividendos. Historicamente, os dividendos foram a remuneração dos acionistas. As recompras de ações eram relativamente pouco importantes até meados da década de 1980. Hoje, as decisões sobre política de dividendos são as mais cruciais de uma empresa, principalmente, em um mercado globalizado e em crise.

Política de Estoque: Política que é encarada como um instrumento nos processos de criação e satisfação da demanda. Entretanto, não é realista do ponto de vista do custo que a empresa mantenha um estoque que, virtualmente, garanta a possibilidade de executar todos os pedidos imediatamente.

Uma razão importante é que o **custo de estoque** aumenta a uma taxa crescente, à medida que o nível de serviço ao cliente se aproxima do ideal.

Política de Exportação: Política voltada a atender as exigências do comércio internacional que é exigente, dinâmico e muito competitivo. Custo, qualidade e entrega é o chamado trinômio da competência internacional.

Política de Fabricação: Política como processo ordenado em função da estratégia global da empresa. O processo de determinação desta política é justamente o meio que a alta administração tem à sua disposição para realmente dirigir a produção.

Política de Gastos Públicos: Política de despesas do governo para o bem da sociedade, isto é, tem aspecto social.

Política de Marketing: Política voltada a atender as necessidades dos consumidores.

Política de Motivação: Política voltada, principalmente, para remuneração, incentivo e motivação das pessoas. Também se refere ao nível de expectativa e de expectação dos funcionários.

Política de Negociação: Política que visa preparar o processo de negociação, trabalhando suas fases que são: preparação, planejamento, iniciação, avaliação, movimentação, desfecho e análise do resultado. As políticas de negociação são basicamente relativas às questões: trabalhistas, comerciais, administrativas, estruturais e corporativas.

Para melhor utilização de uma política de negociação é importante que o leitor procure lembrar-se de fatos e situações que possam ajudar a diagnosticar a existência de algum problema. Busque quantificar os eventos problemas e qualificar seus causadores. Um primeiro problema a ser considerado é a não observância de uma sequência adequada durante o processo de negociação.

Política de Negócio: Política voltada a comparar os resultados econômicos com os custos da manutenção de um negócio.

Política de Padronização: Política de trata do estabelecimento de padrões. Os padrões representam o desempenho desejado e estão sempre relacionados com o resultado que se deseja alcançar. A padronização é, portanto, a aplicação de padrões com a finalidade de uma uniformização e redução de custo. Ela conduz à simplificação dos processos à medida que a uniformidade reduz a variabilidade e o desvio.

Portanto, cabe ao governo estar atento para as políticas de padronização.

A **padronização** ajuda a resolver problemas quanto à quantidade, qualidade e variabilidade de produtos; facilita ou mesmo permite a produção em massa, pela repetição de operações com os mesmos materiais e mesmas ferramentas; proporciona economia de materiais, equipamentos, tempo, energia e espaço; permite o intercâmbio de peças e órgãos de máquinas de um lugar para outro; diminui a variedade de coisas que têm a mesma utilidade ou finalidade; facilita o treinamento.

Política de Penetração: Política voltada para preços baixos e grande volume negociado. Aqueles que estabelecem preços baixos acreditam que haja uma correlação entre preço e volume comprado, dessa forma, gerando uma maior demanda. Tal política é adequada a novos produtos.

Política de Pessoal: Política voltada, principalmente, para remuneração, incentivo e motivação das pessoas (recursos humanos). Também se refere a avaliar o nível de expectativa e de expectação dos funcionários.

As políticas de pessoal procuram condicionar o alcance dos objetivos e o desempenho das funções de pessoal. Servem para prover respostas às questões ou aos problemas que podem ocorrer com certa frequência, fazendo com que os subordinados procurem, desnecessariamente, seus supervisores para esclarecimento ou solução.

Cada organização desenvolve a política de pessoal mais adequada à sua filosofia e às suas necessidades.

As pessoas, dentre os recursos, são as que precisam ser analisadas sob os pontos de vista do profissionalismo, comportamento e comprometimento. Por sua própria natureza também apresentam considerável grau de mutabilidade e influência na tomada de decisão.

Dependendo de seus conhecimentos técnicos, habilidades e personalidades, associados ao atendimento de suas necessidades, as pessoas colaborarão em maior grau para a construção do sistema empresa.

Política de Portfólio: Política voltada para o desenvolvimento e criação de meios inovadores de divulgação, visando reforçar a imagem do mostruário (catálogo).

Política de Preço: Política voltada a administrar o conflito entre desconto e fixação de preço. É bom lembrar que a definição do preço a ser cobrado pelos bens e serviços oferecidos na praça é um dos itens cruciais para o sucesso de qualquer empreendimento.

Não se pode incorrer no erro, comum ao necrológio de milhares de micros e pequenos negócios que surgem no país anualmente, de apenas considerar a prática de um preço menor que o da concorrência já estabelecida.

A empresa tem que considerar muitos fatores ao definir sua política de preço, tais como: seleção do objetivo do preço; determinação da demanda; estimativa de custos; análise dos preços e das ofertas dos concorrentes; seleção de um método para determinar preços; seleção do preço final.

Mas, a grande questão na política de preços é: Como reagir às alterações de preço?

Em algumas situações de mercado, a empresa não tem escolha, a não ser enfrentar a mudança de preço efetuada pelo seu concorrente. Isto é particularmente verdadeiro quando o preço é reduzido num mercado de produtos homogêneos. A não ser que a empresa não reduza o preço, a maioria dos consumidores comprará do concorrente de menor preço.

Aquele que trabalhar na definição de uma política de preço terá de estar atento às variações do mercado. **Qualquer variação de preço terá como consequência uma variação nos lucros.**

Política de Preço Fixo: Política que atribui um único preço ao produto e o oferece a todos os consumidores que comprem a mesma quantidade sob as mesmas condições. Tal política dá um tratamento igual a todos os consumidores e elimina o tratamento diferenciado, que provoca descontentamento.

Política de Preço Flexível: Política em que os mesmos produtos e quantidades são oferecidos a preços diferentes (preços negociáveis). Tais preços oscilam em função do potencial de compra do consumidor.

Política de Preço Nivelado: Política que procura manter os preços ao nível da concorrência, lastreando a ação de vendas em promoção, liquidação e queima de estoques.

Política de Prevenção de Acidentes: Política que começa pela conscientização do que seja um acidente, seus efeitos e os problemas que causa. O custo direto do acidente é o total das despesas decorrentes das obrigações para com os empregados expostos aos riscos inerentes ao exercício do trabalho, como as despesas com assistência médica e hospitalar aos acidentados e suas respectivas indenizações, sejam estas diárias ou por incapacidade permanente.

Em geral, estas despesas são cobertas pelas companhias de seguro. O **custo indireto do acidente** do trabalho envolve todas as despesas de fabricação, despesas gerais, lucros cessantes e demais fatores cuja incidência varia conforme a indústria. O custo indireto representa quatro vezes o custo direto do acidente no trabalho.

Política de Prevenção de Incêndio: Política que pode ser praticada desde que as pessoas saibam o que provoca o incêndio e como fazer para a sua extinção. O fogo que provoca um incêndio é uma reação química onde os seguintes elementos devem estar presentes: combustível (sólido, líquido ou gasoso), comburente (geralmente o oxigênio da atmosfera) e catalizador (a temperatura).

A extinção de um incêndio pode ser feita por meio dos seguintes princípios: remoção ou isolamento (neutralização do combustível), abafamento (neutralização do comburente) e resfriamento (neutralização da temperatura).

Política de Prevenção de Roubos: Política que inclui: controle de entrada e saída de pessoal, controle de entrada e saída de veículos, estacionamento fora da área da empresa, ronda pelos terrenos da mesma e pelo seu interior, registro de máquinas, equipamentos e ferramentas, controle contábil.

Política de Produção: Política voltada a otimizar recursos, visando o lucro máximo ou custo mínimo.

Política de Produto: Política voltada a manter vivo o produto, a marca e a imagem da empresa, através de um reestudo da embalagem, do desenho, das especificações, das características e do composto mercadológico do produto. Em relação ao tipo de produto, as políticas podem ser de: simplificação (fabrica uma variedade reduzida de produtos) e diversificação (fornece ao mercado uma linha bastante variada de produtos).

Política de Promoção: Política que leva o produto ao consumidor, procurando tornar o mesmo mais interessante e atrativo depois que o consumidor o vê (influência direta). A promoção de vendas é o lugar comum dos diversos instrumentos que estão classificados como propaganda, venda pessoal e publicidade.

Política de Público-Alvo: Política voltada a definir que produtos devem ser oferecidos a determinado público-alvo, bem como que preços negociar e que recursos utilizar. Ajuda a empresa a decidir sobre que estratégia ou tática adotar, caso não haja venda de um determinado produto, e também como enfrentar a concorrência, determinar qual o capital de giro necessário para levar a empresa a atender o mercado, fazendo com que os recursos humanos da organização tenham uma atitude proativa em relação ao cliente consumidor, atendendo-o da melhor maneira possível.

Política de Qualidade: Política voltada à conscientização da necessidade da qualidade em tudo que se faz na empresa. A qualidade do produto é composta da qualidade do projeto e da qualidade de conformação. A qualidade do projeto deve ser fixada ao nível da alta administração e especificada, em detalhes, pelo projetista do produto.

A qualidade de conformação do produto é evidenciada nos seguintes fatores: desenhos, especificações, tolerâncias reais, confiabilidade adequada para o projeto e padrões visuais apropriadamente especificados.

Política de Recrutamento: Política voltada a buscar as pessoas para o preenchimento dos cargos e funções da empresa. As empresas sabem que não apenas o seu sucesso competitivo atual, mas também o futuro delas, depende de bons recursos humanos.

Geralmente, o **Departamento de Recursos Humanos** de uma empresa é encarregado de procurar o pessoal do nível operacional. O recrutamento do pessoal de nível médio, em geral, é entregue a uma agência. O pessoal de alto nível fica a cargo de um conselho de executivos criado especialmente para isto.

Uma empresa que deseja um bom time deve começar a procurar os elementos adequados. Atrair bons candidatos a emprego não é coisa fácil e de pouca importância. Somente uma série de procedimentos administrativos, racionalmente orientados, poderá satisfazer à necessidade de recrutamento. A empresa deve checar tudo, mesmo aquilo que possa parecer irrelevante.

Política de Recursos: Política voltada a atualizar informações do mercado de recursos. Política que procura condicionar o alcance dos objetivos e o desempenho das funções pessoais. Serve para prover respostas às questões ou aos problemas que podem ocorrer com certa frequência, fazendo com que os subordinados procurem, desnecessariamente, seus supervisores para esclarecimento ou solução.

A rigor, tal política deve abranger as seguintes subpolíticas:

- A política de suprimento (fontes de recrutamento, critérios de seleção, admissão e integração de novos empregados, promoção e dispensa de funcionários).
- A política de aplicação (requisitos básicos da força de trabalho, alocação e movimentação interna, critérios de avaliação e adequação, horário de trabalho, férias, condições ambientais).
- A política de manutenção (critérios de remuneração, comparação com os níveis do mercado, faixas salariais, incentivos, benefícios, mecanismos de motivação, plano de carreira, integridade do funcionário).
- A política de desenvolvimento (treinamento, educação, reciclagem, performance, atribuições, responsabilidade social): A política de assistência (atividades sociais, recreação, seguro de vida, saúde, higiene e limpeza, pensão, segurança, acidentes).
- A política de controle (banco de dados de candidatos, critérios de avaliação de desempenho, auditoria).
- A política de relações (contrato de trabalho, queixas, arbitragem, cooperativa, clube, colônia de férias, relação com sindicatos).
- A política de demissão (conjunto de regras).

Política de Regulamentação Governamental: Política atenta às diversas políticas governamentais que regulam a vida nacional e, por tabela, interferem nas organizações públicas e privadas. Na maior parte das vezes, o governo atravanca o crescimento econômico por omissão. Mas há momentos em que a administração pública atrapalha o progresso não pela omissão, mas pela ação.

O protecionismo é frequentemente excessivo, daí resulta o afastamento do comprador e um consequente prejuízo para a própria indústria que se pretendeu beneficiar. A indústria protegida gera um caráter parasitário, que a desvitaliza e a desprepara para as contingências econômicas do futuro.

Política de Relacionamento: Política que ajuda a manter um bom relacionamento com consumidores, funcionários, auditores, fornecedores, colaboradores, pacientes, concorrentes, agentes do governo, empresas, universidades, institutos de pesquisa, sindicatos.

Política de Renda: Política que acompanha o nível de renda dos consumidores, o valor do PIB, o número de empregos, o valor da massa salarial, as desigualdades regionais, a recessão mundial.

Política de Risco: Política voltada a minimizar o risco de uma decisão, buscando um tratamento que seja o melhor possível para a ocasião.

Política de Segmentação: Política que objetiva tratar cada consumidor, ou grupo de consumidores, de acordo com as suas características. Para isso, é fundamental: conhecer o consumidor e suas necessidades; conhecer a imagem que o consumidor faz da empresa.

Política de Segurança Condominial: Política que está fundamentada nos seguintes elementos: síndico, porteiro, condômino, infraestrutura e estranhos ao edifício. Quanto ao síndico, esperamos que este faça a seleção de pessoal de maneira rigorosa, com pesquisa da vida pregressa dos candidatos, verificação criteriosa das fontes de referência. Sempre atualize procedimentos de segurança, porque métodos criminosos se sofisticam.

Política de Segurança no Trabalho: Política que objetiva um conjunto de medidas técnicas, educacionais, instrucionais, médicas e psicológicas empregadas para prevenir acidentes, roubos e incêndios. As normas de segurança são colocadas na cabeça das pessoas através de treinamento (cursos, palestras, seminários).

Os serviços de segurança têm a finalidade de estabelecer normas e procedimentos, pondo em prática os recursos possíveis para conseguir a prevenção de acidentes e controlar os resultados obtidos. Do ponto de vista da administração de recursos humanos, a segurança dos empregados constitui uma das principais bases para a preservação da força de trabalho.

Política de Seleção de Pessoas: Política que vem em seguida ao recrutamento de pessoas. Ao admitir um empregado para ocupar determinado cargo, a empresa precisa certificar-se de que ele possui as habilidades e os conhecimentos necessários ao desempenho das funções daquele cargo, ou, se não os possui, ou se tem condições de adquiri-los de forma satisfatória em tempo hábil.

A seleção de pessoal tem vários objetivos, como: escolher para cada vaga o candidato que oferece os melhores requisitos para o cargo; escolher a pessoa certa para o lugar certo; aproveitar melhor as aptidões e as habilidades do candidato.

Política de Treinamento: Política voltada a desenvolver, treinar e educar funcionários. Os principais objetivos de uma política de treinamento são:

- Preparar o pessoal para execução imediata das diversas tarefas peculiares à organização.
- Proporcionar oportunidades para o contínuo desenvolvimento pessoal, não apenas em seus cargos atuais, mas também para outras funções para as quais a pessoa pode ser considerada.
- Mudar a atitude das pessoas, com várias finalidades, entre as quais criar um clima mais satisfatório entre empregados, aumentar-lhes a motivação e torná-los mais receptivos às técnicas de supervisão e gerência.
- Capacitar o indivíduo a alcançar níveis de performance para cumprir seus deveres e responsabilidades para com a organização a que pertence
- Ajudar os empregados a alcançar os objetivos da empresa, proporcionando oportunidades para que todos, em todos os níveis, obtenham conhecimentos, práticas e condutas requeridos em suas atividades.

Treinamento é bom para os profissionais, mas a boa educação é fundamental para desenvolver a capacidade de absorção ou mesmo de criação de novos conhecimentos. Um ser humano treinado é capaz de assimilar rotinas e praticar as mesmas no seu dia a dia. Uma pessoa educada é capaz de questionar e/ou criar conceitos, contribuindo de forma ativa para o desenvolvimento das organizações.

Política de Vendas: Política voltada a definir quais produtos devem ser ofertados a determinado público-alvo, bem como que preço negociar e que recursos utilizar. Ajuda a empresa a decidir sobre que estratégia ou tática adotar, caso não haja venda de um determinado produto, e também como enfrentar a concorrência; determinar qual o capital de giro necessário para levar a empresa a atender o mercado, fazendo com que os recursos humanos da organização tenham uma atitude proativa em relação ao cliente consumidor, atendendo-o da melhor maneira possível.

Política do Conhecimento: Política voltada a reconhecer o conhecimento como peça fundamental para a empresa, pois maior será a importância da diversidade, da flexibilização e da competição. Esse fato também suscitará questões significativas sobre o conhecimento e fará com que alternativas para a política do conhecimento se façam, cada vez mais, necessárias.

Está ficando cada vez mais claro que o conhecimento não é um bem absoluto em si mesmo do que qualquer outra coisa. Este pode ser neutro, mas a neutralidade não se aplica de modo algum ao que fazemos com ele.

Política Específica: Política utilizada em um determinado setor da empresa.

Política Estabelecida: Política implantada pela alta administração.

Política Explícita: Política expressa em afirmações escritas ou orais. Normalmente estas políticas são apresentadas de maneira formal (escrita), para quem toma decisões, de modo a ajudá-lo a saber como escolher entre alternativas.

Política Financeira: Política voltada para o emprego, captação, proteção do capital e distribuição dos lucros. No emprego do capital, os fatores a considerar são: proporção do investimento em ativo fixo; limites de estoques; concessão de crédito; necessidades mediatas e imediatas. Nas fontes de capitação de dinheiro, os fatores a considerar são: proprietários; credores a longo prazo; credores a curto prazo.

Na proteção do capital, os fatores a considerar são: redução do risco; seguro; transações compensatórias na bolsa de mercadorias; reservas de capital. Na distribuição de lucros, os fatores a considerar são: reinvestimento; valor das retiradas (dividendos); adequação do lucro.

Política Fiscal: Política voltada a conciliar a necessidade de manter o alto nível de despesas governamentais e os requisitos da sociedade, cabendo às empresas agirem com base no interesse público. Não é suficiente partir da premissa de que "o que é bom para a empresa é bom para o país, e vice-versa".

Quando o governo passa a ser fator preponderante na distribuição da renda, na tributação e no investimento, praticamente todo administrador deve levar em conta a política fiscal do governo no planejamento estratégico de sua empresa. O papel importante desempenhado por esta política tem significativo impacto em todas as organizações.

Política Geral: Política fundamentada na filosofia da organização, que desenvolvida no nível institucional, relaciona-se com aspectos globais da empresa. Todas as demais políticas deverão conformar-se com esta.

Política Heterodoxa: Política que se apresenta como uma das causas da inflação, por utilizar mecanismos de indexação.

Política Implícita: Política não falada que é baseada na observação de pessoas mais experimentadas e preparadas; política que não é expressa por escrito, porque muitas vezes reflete ilegalidade ou uma ética questionável.

Política Imposta: Política, normalmente, determinada pelo governo e amparada na lei.

Política Industrial: Política voltada a adequar a empresa (organização) ao imperativo tecnológico (especialização, automação). Pouquíssimos países foram bem-sucedidos sem uma adequada política industrial. É muito difícil criar uma que funcione, mas é impossível ter sucesso sem nenhuma. Política industrial isolada não existe.

Ela é fruto de uma política econômica, envolvendo a definição e a orientação dos instrumentos de intervenção proporcionados pelas empresas, institutos de pesquisa, universidades e governos. Uma política para a indústria tem de estar acoplada ao processo de capacitação tecnológica, porque ela não pode ser confundida com uma política de fabricação.

Tal política deve partir da estratégia global da empresa e ser encarada como um processo vital, que interage com os demais segmentos da empresa.

Política Monetária: Política voltada a observar: a taxa de inflação, a base monetária (quantidade de moeda em circulação), a cotação do dólar, a dívida externa, o déficit público, a dívida interna, o depósito compulsório dos bancos, a balança de pagamentos.

Política Operacional: Política desenvolvida para os aspectos específicos da atividade empresarial, como: de redução de custos, de compras por lote econômico, de salários equitativos, de controle de qualidade, de otimização de recursos, por exemplo.

Política Organizacional do Mercado: Política voltada a reconhecer que as economias de mercado geram desequilíbrios graves entre a capacidade produtiva e a demanda, cuja correção passa por períodos depressivos. Então, se faz necessária a intervenção do estado, porque tal tipo de economia tem concentrado a riqueza na mão de poucos, agravando a desigualdade entre as pessoas.

Quando o governo passa a ser fator preponderante na distribuição da renda, na tributação e no investimento, praticamente todo administrador deve levar em conta a política fiscal do governo no planejamento estratégico de sua empresa. O papel importante desempenhado por esta política tem significativo impacto em todas as organizações.

Política Protecionista: Política voltada a observar as atitudes do governo quanto a medidas antidumping, barreiras fitosanitárias, alíquotas de importação, nem sempre dentro dos princípios do livre comércio.

Política Pública: Política que está pautada em: déficit zero, redução do custeio do estado, redução do número de cargos de confiança, redução da estrutura organizacional, melhor remuneração do servidor, transparência, auditoria externa, conselhos de ética, recuperação das malhas rodoferroviárias, racionalidade da matriz energética e revolução da educação ambiental, por exemplo.

O papel importante desempenhado por esta política tem significativo impacto em todas as organizações.

Política Salarial: Política voltada para o cargo, o salário e a promoção. Política salarial de uma empresa é o conjunto dos princípios e regras que refletem a orientação e a filosofia da organização, no que tange aos assuntos de remuneração de seus empregados, em função do cargo ocupado.

Uma política salarial deve abordar o seguinte: significado do salário, faixa salarial, sistema de remuneração, piso salarial, administração de salários, promoção, posição no mercado, cargo, transparência, socialização, recompensa, desenvolvimento profissional, aprendizagem.

Política Social: Política voltada a criar e manter um bom clima organizacional.

Política Solicitada: Política, geralmente, encaminhada por subordinados.

Política Tecnológica: Política voltada para a mudança tecnológica, porque impõe-se a necessidade crescente de atualização, se não para manter uma posição de vanguarda, pelo menos para acompanhar de perto as transformações.

Em resumo, pode-se dizer que a tecnologia tem a propriedade de determinar a natureza da estrutura e do comportamento organizacionais das empresas.

A tecnologia cria incentivos, para levar os empreendedores a melhorarem, cada vez mais, a eficácia, mas sempre dentro dos limites do critério normativo de produzir eficiência. Quem não investir em tecnologia não melhorará sua produtividade e qualidade, correndo risco de perder mercado.

Pesquisa & Desenvolvimento passaram a ser uma preocupação básica da empresa atual. Para tal, precisa de uma política de produção vinculada a uma política tecnológica.

A tecnologia determina o nível e o tipo de formação profissional, as habilidades manuais e intelectuais, as capacitações, as aptidões e características de personalidade que as pessoas devem possuir para poderem ser recrutadas, selecionadas e admitidas na empresa.

Nem todas as organizações contam com pessoal categorizado para desenvolver capacitação tecnológica.

Política Tributária: Política voltada a observar as atitudes do governo quanto a: arrocho fiscal, juros altos, alíquotas do imposto de renda.

Política Verde: Política de tratamento dos despejos, efluentes de toda espécie, materiais de embalagem e policiamento às agressões aos rios, mares, lagos, lagoas, matas, florestas e oceanos.

13.5 Legislação

Legislação é o conjunto de leis acerca de determinado assunto. A **lei** é uma norma (regra) de direito, ditada pela autoridade governamental e tornada obrigatória para manter, numa sociedade, a ordem e o desenvolvimento. Existe a lei natural que é uma constatação empírica de uma realidade, fenômeno ou fato. As leis englobam certas entidades admitidas que não podem ser diretamente observadas ou medidas. Na lei, é importante observar as seguintes **premissas da lei**:

- A lei possui, invariavelmente, um conteúdo determinado, que, em princípio, pode sempre ser controlado por elementos jurídicos, obtidos através de procedimentos próprios.
- A lei é formulada, por intermédio de um só e único enunciado.

Qualquer que seja a legislação, ela estabelece basicamente: Quem é o responsável; Como fazer; Onde atuar; Com que frequência acompanhar; Por que das precauções; Quais produtos são autorizados; Quanto de obrigatoriedade assumir; Qual documentação utilizar; Quais as boas práticas de obediência; Quando é preciso mudar; O que fazer.

A seguir, abordaremos os principais **tipos de legislação**, que afetam a vida empresarial e que são, cada vez mais, restritivas para a livre iniciativa:

Legislação Comercial – A legislação comercial visa proteger as empresas da concorrência desleal; os consumidores de práticas comerciais injustas; os interesses da sociedade contra o comportamento desenfreado das empresas; os consumidores dos abusos da propaganda enganosa; o ambiente da degradação; os agentes do governo da corrupção.

Um importante propósito dessa legislação e/ou obrigação é cobrar das empresas os custos sociais gerados por seus produtos ou processos de produção. Esta legislação restringe as horas de trabalho dos empregados e limita, por exemplo, o horário dos estabelecimentos comerciais. Seria aceitável se, para a sua promulgação, se estudasse devidamente o equilíbrio a estabelecer entre as concessões legítimas a fazer aos empregados e as necessidades, não menos legítimas, da produção e do consumo.

A legislação sobre o comércio eletrônico ainda está sendo definida. Não há consenso sobre assuntos como a natureza dos contratos eletrônicos, a distribuição de material protegido por direitos autorais, a pornografia, a indevida divulgação.

Legislação Ambiental – A maior parte das vezes, o governo atravanca o crescimento econômico por omissão. Mas, há momentos em que a administração pública atrapalha o progresso pela ação. É exatamente isso que está acontecendo no manejo do meio ambiente, em que as autoridades responsáveis pela aprovação dos projetos criam dificuldades em nome de causas nobres.

Hoje, por pressão de grupos verdes, de ONGs e de alguns setores do governo, obras importantes para o crescimento do país estão paralisadas, fazendo com que o Brasil tenha um dos mais baixos índices de concessão de licenças ambientais do mundo. O processo demora, em média, o dobro do que nos Estados Unidos, conhecido como um país rigoroso até demais na preservação dos seus recursos naturais.

Legislação Trabalhista – Legislação que trata da contratação e descontratação e se baseia inteiramente na regulação criada por lei e na negociação entre empregado e empregador. Ao criar um novo emprego formal, as empresas têm de arcar com despesas absurdas sobre o salário do empregado. Nenhum dos itens pode ser negociado. As despesas, altas e rígidas, até podem ser eventualmente toleradas pelas grandes corporações, mas são inviáveis para micros e pequenas empresas, que constituem a maioria dos negócios no país.

Na busca por maior eficiência e competitividade, grandes companhias optam por arcar com despesas adicionais. É o caso da **previdência privada**, dos seguros de saúde e de vida, dos bônus por produtividade. Essa é, porém, uma atitude inimaginável para empresas como uma barbearia, que emprega oito pessoas e vive uma realidade completamente diferente.

A legislação trabalhista, como está formatada, não consegue proteger os trabalhadores e nem a esmagadora maioria das empresas. É isso que gera o desestímulo para empregar e estímulo para contratar na informalidade, reduto da mão de obra nacional não especializada. Quando isso ocorre, todos perdem.

Perde a **Previdência Social**, que deixa de recolher contribuições sociais de empregados e empregadores. Perde o trabalhador, que fica desprotegido. Perde a empresa, que não investe no treinamento e não ganha em produtividade. Perde a sociedade.

Contratar e descontratar no Brasil se baseia inteiramente na regulação criada por lei. Ao criar um novo emprego formal, as empresas têm de arcar com despesas que podem chegar a 100% do salário líquido do empregado. Felizmente, com a nova legislação trabalhista, aprovada em 2017, as coisas começaram a mudar, pois foi introduzido o fator negociação entre empregados e empregadores.

As **questões de emprego** são:

- Qual o prazo que o empregado tem para entregar o requerimento do seguro-desemprego?
- O empregado aposentado por invalidez pode ter seu contrato de trabalho rescindido?
- Quando o empregado faz jus ao recebimento do salário-família?
- Todo empregado tem direito a horas extras?

- Como deve proceder a empresa quando o dia do vencimento do pagamento da rescisão contratual cair em sábado, domingo ou feriado?
- As férias podem se iniciar em dia não útil?
- A quem compete o pagamento do salário-família quando o empregado está afastado por auxílio-doença?
- Como deve ser calculada a remuneração referente aos primeiros 15 dias de afastamento do empregado por motivo de doença?
- No caso de falecimento de algum parente, o empregado tem direito a se ausentar do trabalho?
- O empregador pode conceder férias ao empregado em dois períodos consecutivos?
- O empregado que vier a ser convocado para a prestação do serviço militar obrigatório fará jus aos avos de 13º salário referente ao período trabalhado?
- A alimentação fornecida ao empregado será considerada salário *in natura*?
- O aviso prévio integra o tempo de serviço para todos os efeitos legais?
- Existe o chamado aviso prévio domiciliar?
- O empregador pode descontar assistência médica, odontológica, seguro e associação de empregados?
- Qual o prazo que o empregador tem para o pagamento das férias?
- Qual são os direitos a que não faz jus o empregado doméstico?
- A rescisão contratual de empregado doméstico precisa ser homologada?
- O empregador pode descontar do empregado quebra de material utilizado para a realização do seu trabalho?
- Quando deve ser iniciada a contagem do aviso prévio?
- O empregado que presta serviço eleitoral tem algum benefício?

Legislação Protecionista – A legislação protecionista, quando sabiamente orientada, consegue realmente proteger e animar a indústria nacional e proteger o consumidor. E, se estes interesses se equilibram, não se trata de uma lei restritiva, porém de uma simples medida econômica sem caráter especial.

As **leis protecionistas** só podem se dizer restritivas, quando resulta um proibicionismo evidente. São as leis desta ordem que caem dentro do nosso estudo, e é a elas que se aplicam as considerações acima feitas. O protecionismo é frequentemente excessivo e daí resulta o afastamento do consumidor e um consequente prejuízo para a própria indústria que se pretendeu beneficiar.

A **indústria protegida gera um caráter parasitário**, que a desvitaliza e assim a desprepara para as contingências econômicas do futuro.

A **globalização**, motor do crescimento mundial no decorrer dos últimos dez anos começou a engasgar no protecionismo. As negociações comerciais têm a infeliz tendência de se arrastar, porque, embora o mundo tenha mudado, infelizmente, as regras do jogo diplomático continuam, as mesmas do Século XVIII, isto é, brigar pela plena abertura naquilo que somos mais eficientes e proteger, a qualquer custo, os menos competitivos.

Em vez de buscar a falsa solução do protecionismo, os países em desenvolvimento fariam muito melhor se adotassem as únicas políticas capazes de lhes proporcionar progresso, como por exemplo, a política agrícola. Para tal solução é preciso trabalhar as variáveis: educação, pesquisa, tecnologia, infraestrutura, logística, assistência técnica, respeito aos direitos de propriedade e organização das associações rurais.

Enquanto isso, cresce a distância entre o desempenho do comércio e a consistência das regras. O comércio explode num mundo cada vez mais integrado pela globalização das finanças, das tecnologias e das comunicações. Já as regras multilaterais patinam e levam muitas nações e organizações a querer ignorar, menosprezar e mesmo xingar o coitado do juiz, a **OMC**. Mas isso não funciona, pois simplesmente não há jogo que possa avançar sem regras bem definidas.

Legislação de Franquia – Legislação que regula os procedimentos entre franqueadores e franqueados, para que o acordo entre eles aconteça da melhor forma possível. É bom lembrar que, embora elaborado por profissionais de franquia, o contrato deverá garantir a situação de insolvência de cada parceiro.

A experiência nos ensina que a legislação de franquia deve conter alguns dispositivos, tais como:

- O franqueado deve se obrigar a acatar, sem quaisquer reservas, todas as instruções e orientações que lhe der o franqueador.
- É vedado ao franqueado utilizar suas instalações para atividades que não sejam objeto do contrato.
- É preciso ficar esclarecido se será permitido ao franqueador ter seus próprios pontos de vendas, ou que trabalhe com outros produtos que não os listados no contrato de franquia.
- O franqueado se obriga a guardar absoluto sigilo sobre suas negociações com o franqueador.

Legislação do Comércio Eletrônico – A legislação sobre o comércio eletrônico ainda está sendo definida. Não há consenso sobre assuntos como a natureza dos contratos eletrônicos, a distribuição de material protegido por direitos autorais, a pornografia, a indevida divulgação.

Legislação Tributária – Legislação que regulamenta a aplicação e recolhimento de tributos.

13.6 Regulamentação

Os regulamentos e controles governamentais têm produzido grandes efeitos, porque afeta tanto a compra quanto à venda, já que se trata, simplesmente, de dois aspectos do mesmo processo. A regulamentação é uma iniciativa dos governos sobre as empresas, os mercados, os consumidores, os usuários, as sociedades, os distribuidores, os industriais, os fornecedores.

A **história das regulamentações**, em todo o mundo, revela os seguintes objetivos: manter a concorrência, repelir monopólios e oligopólios, estimular interesse para projetos especiais, cuidar para que a população tenha maior poder de compra, coibir propaganda enganosa, criar mecanismos de defesa do consumidor, proteger a propriedade de marcas e patentes.

É preciso estar atento às regulamentações governamentais e seus objetivos.

A seguir, os principais **tipos de regulamentação**:

Regulamentação Econômica – A regulamentação econômica objetiva monitorar as atividades industriais, comerciais e de serviços, cuidar para que a população tenha maior poder de compra, apresentar medidas antidumping.

Regulamentação do Comércio – Esta regulamentação objetiva a defesa do consumidor, bem como mostrar restrições legais de instalações comerciais.

Regulamentação da Indústria – A regulamentação da indústria objetiva monitorar: segurança no trabalho, insalubridade, condições ambientais de trabalho, perigo de contaminação, melhoria ambiental, poluição, degradação ambiental, higiene, limpeza, embalagem, qualidade do produto, validade de duração, garantia, qualidade de vida do empregado, controle de acidentes.

Regulamentação do Transporte – A regulamentação do transporte objetiva estabelecer controles de tarifa, posse e operação do meio de transporte (duto, fluvial, marítimo, esteira, terrestre, aéreo).

Regulamentação do Armazenamento – A regulamentação do armazenamento objetiva higiene, qualidade ambiental, normas de segurança, limpeza, validade do produto, prazo de armazenagem.

Regulamentação do Preço – A regulamentação do preço objetiva não permitir desabastecimento, vigiar a evolução dos preços, questionar os motivos de alta, evitar congelamento dos preços, dar bom exemplo quando do aumento das tarifas públicas, interferir em aumentos abusivos.

Regulamentação do Seguro – A regulamentação do seguro objetiva controlar os repasses, controlar a relação preço/valor, controlar o cumprimento dos contratos (forma legal).

Regulamentação das Comunicações – A regulamentação das comunicações objetiva controlar o abuso da mídia e da transmissão de dados.

Regulamentação Tributária – A regulamentação tributária objetiva o arrocho (controle) fiscal, taxa de juros, alíquota do imposto de renda. Cuida, ainda, das contribuições, taxas e impostos sobre produtos, empresas e pessoas físicas.

13.7 Licenciamento

Uma empresa tem como dever legal licenciar aquilo que projeta, desenvolve e constrói. Pode ser uma tecnologia, um processo, um produto, uma marca, por exemplo.

Em geral, as licenças são buscadas para aumentar a rentabilidade ou adquirir uma vantagem competitiva. A **concessão de licenciamento** pode ser aconselhável em termos estratégicos sob uma série de circunstâncias, tais como:

Incapacidade de explorar a tecnologia; abrir nichos de mercado; desenvolver padrões; estrutura organizacional insatisfatória; criar bons concorrentes.

Os principais **tipos de licença** são:

Licença Tecnológica – A licença tecnológica é uma forma de obter acesso a uma determinada tecnologia. Quando a tecnologia constitui uma fonte importante de vantagem competitiva, as decisões sobre licenças são vitais.

Licença de Funcionamento – Os estabelecimentos que produzem e/ou manipulam alimentos, somente poderão funcionar, mediante licença de funcionamento e alvará expedido pela autoridade sanitária competente. Para a concessão da licença e alvará, os estabelecimentos deverão estar cadastrados no Cadastro Municipal de Vigilância Sanitária, do Sistema Estadual de Vigilância Sanitária. Esta licença de funcionamento é um documento obrigatório.

A fiscalização observará os seguintes aspectos técnicos: Higiene; Organização; Áreas de Operação e Entorno da Fábrica; Máquinas e Equipamentos; Quadro de Funcionários; Produtos; Procedimentos; Preparações; Armazenamentos e outros aspectos.

Licença Ambiental – As indústrias deverão submeter seus projetos ao Instituto Estadual do Ambiente (INEA), para obtenção de licenças ambientais. O **Sistema de Licenciamento de Atividades Poluidoras** (SLAM) foi instituído pelo Decreto Estadual nº 42.159, de 2/12/2009, em consonância com o Decreto-Lei nº 134, de 16/06/1975, alterados, em parte, pela Lei Estadual nº 5101, de 4/10/2007, que criou o **Instituto Estadual do Ambiente** (INEA).

O INEA, instalado em 12/1/2009, unifica e amplia a ação dos três órgãos ambientais, vinculados à Secretaria de Estado do Ambiente (SEA), que reúne a Fundação Estadual de Engenharia e Meio Ambiente (Feema); a Superintendência Estadual de Rios e Lagoas (Serla) e o Instituto Estadual de Florestas (IEF).

O **Sistema de Licenciamento Ambiental** (SLAM) foi reformulado em 2009, para fiscalizar qualquer empreendimento que interfira no ambiente. Este sistema divide as atividades empreendedoras em seis classes para fins de licenciamento ambiental, de acordo com o potencial poluidor da atividade e com o seu porte. Cada classe definirá quais empreendimentos precisarão ser licenciados ou não.

A microempresa e a pequena empresa, consideradas pela Lei 9.841/99 (Estatuto da Micro e Pequena Empresa), recebem tratamento diferenciado em vários órgãos governamentais, inclusive quanto à redução ou isenção das taxas de registros e licenças.

13.8 Licenciamento Ambiental

O **licenciamento ambiental** do empreendimento está sendo feito pelas Secretarias Municipais de Meio Ambiente. São os seguintes os documentos para obter o licenciamento ambiental:

- Formulário de requerimento preenchido e assinado pelo representante legal.
- Declaração de entrega de documentos em meio impresso e digital.

- Cópia dos documentos de qualificação daquele que assina o requerimento. Se for pessoa física, deve também apresentar comprovante de residência.
- Em havendo procurador, apresentar cópias da procuração pública, ou particular, com firma reconhecida e cópias dos documentos de qualificação ao INEA.
- Cópias das atas de constituição e eleição da última diretoria, quando se tratar de sociedade anônima. Contrato social atualizado, quando se tratar de sociedade por cotas de responsabilidade limitada.
- Cópia de Inscrição no Cadastro Nacional de Pessoa Jurídica (CNPJ).
- Cópia da Certidão da Prefeitura Municipal, declarando que o local e o tipo de empreendimento estão em conformidade com a legislação aplicável ao uso e ocupação do solo.
- Cópia do registro de propriedade do imóvel, do Serviço Registral de Imóveis, ou do contrato de locação (ou comodato).
- Cópia do IPTU ou ITR, se for o caso.
- Cópia do Registro no Conselho de Classe do profissional responsável pelo empreendimento, operação ou construção, devidamente atualizado.
- Planta baixa da localização do empreendimento, de acordo com mapas do programa Google Earth, indicando: coordenadas geográficas; localização do terreno e seus entornos; usos dos imóveis e áreas vizinhas, num raio de, no mínimo, 100 metros.

De acordo com as características do empreendimento, pode ser exigida mais burocracia. Recomenda-se especial atenção ao gerenciamento de resíduos, controlados pelo INEA.

Capítulo 14

Manutenção

*"Se examinarmos o modo como a tecnologia é traduzida em termos de requisitos para criação de empregos, veremos uma aceitação generalizada da noção do imperativo tecnológico por parte da maio*ria dos dirigentes".

Louis Davis

Objetivos do Capítulo

- Mostrar que a manutenção deve ser feita com eficiência, eficácia e efetividade.
- Mostrar os tipos de manutenção.
- Mostrar que a manutenção deve ser muito bem estruturada para ter valor.
- Mostrar elementos e características da manutenção.

14.1 Manutenção

Manutenção é tudo o que se faz para serem conservados os equipamentos em serviço durante o maior prazo possível e com o máximo de rendimento, isto é, uma atividade desenvolvida para manter as instalações em condições, que irão mais bem apoiar as metas da organização.

É comum pensar que manutenção diz respeito a máquinas e equipamentos, esquecendo-se que o conceito de manutenção é muito mais abrangente do que isso, haja vista, a manutenção do próprio corpo humano. Produz alterações para adaptar o sistema às novas necessidades do usuário.

Todo sistema em sua fase de operação, está sujeito, portanto, a manutenção

Assuntos de segurança, boa qualidade dos produtos, estabilidade dos empregos e até a sobrevivência da empresa e da própria economia, indicam que as atividades de manutenção devem ser suscetíveis a um leque bastante extenso de objetivos, para manter a organização, operando durante um longo tempo.

Equipamentos (máquinas, ferramentas, instrumentos, aparelhos, dispositivos) que não possam ser usados por não oferecer condições mínimas de utilização, ou que estejam sendo utilizados precariamente, acarretam uma série de problemas à empresa, tais como: operários e máquinas parados; atraso na entrega das encomendas; sobrecarga de outras máquinas e operadores; necessidade de comprar ou tomar emprestado algum equipamento; terceirização dos serviços; elevado refugo; má qualidade do produto; baixa produtividade; acidentes; descontentamentos.

Quando a máquina quebra ou falha de maneira imprevista, não há outro recurso. Mas, esperar que esta falhe para depois corrigir, não é certo. Na maioria das vezes, o equipamento vai apresentando deficiências aos poucos. A manutenção deve ser para evitar problemas futuros. Embora não obrigatória, tem confirmado a sua necessidade, devido à dinâmica das políticas empresariais, às restrições ambientais e condições instáveis.

Segundo Drucker, existem duas medidas preventivas. A primeira, é um desafio a ser feito a cada três anos, sobre cada produto, política, plano, programa, canal de distribuição... A segunda, é estudar o que se passa no ambiente que envolve a empresa, para saber o que está acontecendo (leitura do cenário).

Se você for encarregado de montar um **manual de manutenção**, lembre-se das seguintes **premissas da manutenção**:

- A última coisa que se deve fazer é esperar que o equipamento quebre, para depois pensar na manutenção.
- Todos os equipamentos, pequenos ou grandes, seguem a tendência de desgaste e com o tempo o valor dos mesmos diminui (depreciação) e o custo com manutenção aumenta.
- O controle estatístico é fundamental para a manutenção, pois ele é um serviço de alto nível.
- A manutenção deverá ser a menor possível, e, para isso, dependerá da qualidade dos equipamentos e do nível técnico do operador.
- A análise dos custos de manutenção deve sempre ser feita para cada caso particular.
- O risco de um equipamento parar será maior, quanto mais sofisticado for o mesmo.

A diminuição ou interrupção da produção depende de: dispor de um conhecimento perfeito do equipamento; ter um estoque de todas as peças, acessórios e meios de ajuste; utilizar a experiência para treinar a equipe, a fim de reduzir o custo da manutenção.

É claro que um estudo mais aprofundado da viabilidade e **interesse econômico da manutenção** exige exame mais específico, porque cada caso é um caso, ainda que caia sempre em um dos tipos definidos, acima. Mas, é bom não esquecer que a alternativa para qualquer decisão é não fazer nada até que se equacione o problema.

Caso contrário, as intervenções às cegas podem causar mais demora, maior custo ou danos em equipamentos, por causa da pressa e da incompetência de não ter políticas de manutenção adequadas.

O **Departamento da Manutenção** deve atender aos seguintes **requisitos da manutenção**:

- Dispor de um conhecimento perfeito do equipamento.
- Ter em estoque todas as peças e acessórios prontos para serem utilizados.
- Haver adquirido, com base na experiência passada, a preocupação de treinar toda a equipe, a fim de minimizar o tempo gasto.
- Fazer um estudo minucioso do trabalho a executar.

A manutenção não só deve se preocupar com máquinas e equipamentos, mas também com edifícios, móveis, utensílios, instalações, encanamentos de água e esgoto, condutos de força e luz, que devem ser sempre mantidos em perfeitas condições de utilização e em bom estado de conservação.

14.2 Tipos de Manutenção

A seguir, os principais tipos de manutenção:

Manutenção Corretiva: Manutenção que troca ou recondiciona, o mais rápido possível, equipamentos que sofreram desgaste de qualquer natureza.

Manutenção de Capital: Manutenção, como uma reserva, para períodos difíceis e conturbados da economia do país, quando é necessário ter liquidez para pagar fornecedores.

Manutenção do Equipamento: Manutenção de máquinas, aparelhos ferramentas, instrumentos, aparelhos, dispositivos.

Manutenção Periódica: Manutenção feita para manter o equipamento em bom estado de funcionamento, incluindo, por exemplo: a lubrificação de motores, máquinas e equipamentos; a pintura de tubulações, em períodos preestabelecidos.

Manutenção Preventiva: Manutenção que é feita com base estatística que considera o desgaste pelo uso, fadiga e outros fatores, para que esses limites não sejam alcançados. Uma série de medidas pode proporcionar uma boa manutenção preventiva, tais como: inspeção periódica do equipamento; comunicação imediata dos problemas; limpeza e lubrificação; revisões e pequenos reparos; proteções contra oxidação e apodrecimento; substituições de acessórios com data de validade vencida; estudo das instruções de uso; aprovisionamento de peças sobressalentes; treinamento do usuário.

Manutenção do Estoque: Manutenção que é feita em função do nível do estoque. Desde que a demanda possa ser maior do que a prevista, a empresa precisará estocar matérias-primas, insumos, peças, utilidades, produtos semiacabados, produtos acabados, como medida de segurança.

Também a manutenção de estoques permite a empresa comprar e/ou fabricar lotes econômicos.

14.3 Problemas de Manutenção

Tirando de lado as paradas imprevistas ou provocadas, por má fé ou não, elas dependem de três fatores: sofisticação do equipamento; maneira como são reparados os equipamentos e quando deve ser feita manutenção.

Quase todo mundo costuma dar atenção apenas ao último fator, que representa a interrupção da produção. Mas, não se deve esquecer que se for dada atenção aos dois primeiros, o último diminui.

Nota: Todos os grandes equipamentos têm necessidade de reparos periódicos, com interrupções que duram até meses.

A manutenção preventiva é baseada em uma série de inspeções regulares e programadas, com substituição periódica de componentes. Ela é tão completa que, na prática, só pode funcionar em organizações de caráter militar.

Na **área industrial**, apesar de todos os esforços, a manutenção preventiva é sempre deficitária. Apesar de tudo isso, ela é melhor do que a manutenção corretiva, porque pode ser planejada e controlada.

Embora a manutenção preventiva seja cara, ela garante a continuidade do processo de produção. Por outro lado, é bom não esquecer que a **medicina preventiva** é a que diagnostica com antecedência um mal maior, permitindo uma providência, para dar ao ser humano maior qualidade de vida.

É preciso acrescentar que um dos mais complexos problemas para um gerente de produto é decidir quando deve retirar um produto do mercado. Enfrentar uma grande diversidade de linhas de produtos é de difícil gerenciamento. Muitas empresas não conseguem estabelecer com precisão o momento exato de retirar um produto do mercado.

A falta de critérios para manter ou retirar um produto costuma levar em conta apenas sua contribuição para o lucro, sem considerar o fenômeno de que um produto deficitário pode puxar outros mais lucrativos.

Os critérios mais comuns para **retirar um produto do mercado** são baseados em volume de vendas, geração de lucro, potencial de mercado, devoluções, defeitos, reclamações, encalhes, posição do produto no mercado.

O que fazer quando temos um produto em decadência?

Um produto que também apresenta um lucro inferior ao previsto?

Numa análise rasteira, ou de critérios combinados, o produto que não cumpre seus objetivos deve ser um forte candidato a ser retirado do mercado.

Um outro problema, que dificilmente é abordado, é a **manutenção de capital de giro**, para manter a empresa funcionando. A outra forma de manutenção de capital é a reserva necessária em casos de períodos difíceis e conturbados da economia do país, quando é necessário ter liquidez para pagar fornecedores.

Problemas de manutenção são, em última análise, problemas relativos a: rendimento, produtividade, falha, quebra, deficiência, correção, desvio, custo, ruído, interrupção, reposição de máquinas, equipamentos e instalações.

14.4 Elementos da Manutenção

A) Eventos Geradores de Manutenção:

Anomalias nas Modelagem de Dados – Enquadram-se nesse tipo as anomalias relacionadas com a falta e incorreções do modelo de dados, entidades, classe de dados, atributos, chaves, normalizações, redundâncias, relacionamentos, cardinalidades, dicionários de dados e banco de dados.

Deficiências nas Atividades – Estão classificadas nesse tipo as deficiências relacionadas com modelos, áreas funcionais, processos, atividades, diagramas de fluxo de dados, diagramas, prototipação e codificação.

Mudanças das Políticas da Empresa – A dinâmica das políticas da empresa, embora caracterizadas pela instabilidade, é passível de ser planejada e controlada, tanto pelo lado dos dados como das atividades, de forma que o modelo de dados e o modelo funcional absorvam quase totalmente essa mudança.

Restrições Ambientais – As restrições ambientais se caracterizam por uma dinamicidade mais intensa, ocasionando situações de instabilidade e pouco viáveis de serem planejadas, estando relacionadas comumente com a política econômica e financeira do país.

B) Manual de Manutenção: Manual que serve de guia para que se possa fazer a manutenção de máquinas e equipamentos.

- Se você for encarregado de **montar um manual de manutenção**, lembre-se das seguintes premissas:
- A última coisa que se deve fazer é esperar que o equipamento quebre para depois pensar na manutenção.
- Todos os equipamentos, pequenos ou grandes, seguem a tendência de desgaste e com o tempo o valor dos mesmos diminui (depreciação) e o custo com manutenção aumenta.
- O controle estatístico é fundamental para a manutenção, pois ele é um serviço de alto nível.
- A manutenção deverá ser a menor possível, e, para isso, dependerá da qualidade dos equipamentos e do nível técnico do operador.
- A análise dos custos de manutenção deve sempre ser feita para cada caso particular.

Nota: A diminuição ou interrupção da produção depende de: dispor de um conhecimento perfeito do equipamento; ter um estoque de todas as peças, acessórios e meios de ajuste; utilizar a experiência para treinar a equipe, a fim de reduzir o custo da manutenção.

C) Custo da Manutenção

Quando os custos de manutenção de qualquer equipamento, mesmo já depreciado, chegar a 40% do seu valor de mercado, é mais conveniente comprar um novo, que, ainda, terá um período de garantia.

É necessário encarar a manutenção tão seriamente como qualquer área produtiva, porque é muito claro que sem uma boa manutenção não pode haver produção eficiente, eficaz e efetiva. Um levantamento sobre alguns ramos industriais mostrou que a qualidade da **mão de obra empregada em manutenção** não é a de primeira ordem. Também a quantidade empregada deixa a desejar.

14.5 Depreciação

A depreciação é a diminuição do valor real de um bem, devido à exaustão, uso, desgaste e obsolescência, num determinado período de tempo. A depreciação nada mais é que um valor retirado do valor nominal de compra de um bem ao longo dos anos. Normalmente, o período de 5 anos é o mais considerado para bens industriais, pois se acredita que estes bens, em cinco anos, já estarão obsoletos e totalmente exauridos.

A **taxa de depreciação** é dada pela fórmula:

Taxa de Depreciação = Valor de Mercado / (Valor de Compra - Depreciação Acumulada)

Onde:
Valor de Mercado = Valor dado em função do equilíbrio entre a oferta e a procura
Valor de Compra = Soma do preço pago, gasto com tempo e gasto de energia física e psíquica
Depreciação Acumulada = Soma das depreciações ao longo dos anos

Exemplo:
Veículo comprado no ano 2000 = $ 50.000,00
Depreciação/Ano = 20% do valor de compra
Período = 3 anos
Depreciação Acumulada = (0,20 × 50.000) 3 = $ 30.000,00
Valor de Mercado = $ 25.000,00
Taxa de Depreciação = 25.000 / (50.000 - 30.000) = 25.000 / 20.000 = 1,25

Análise:

Embora o veículo esteja com um valor depreciado de $ 20.000,00 (50.000,00 - 30.000,00), é possível encontrar alguém que o compre por $ 25.000,00, ou seja, 25% a mais que teoricamente deveria ter. Então, se a taxa de depreciação for maior que a unidade, isso indica que o veículo foi muito bem conservado ou existe escassez do mesmo no mercado.

Embora já abordado, é bom lembrar que a depreciação é o valor da soma dos resultados obtidos pela aplicação dos percentuais específicos de depreciação por diversos bens que compõem o ativo operacional da empresa.

14.6 Vida Útil do Equipamento

A **fórmula que determina o tempo da vida econômica útil** de uma máquina é dada pela Lei de Kelvin, cuja expressão é:

T = (I/N) + C + NR

Onde:
T = Tempo de vida útil
I = Investimento total
N = Número de anos de vida útil
C = Custo constante de operação na base de uma utilização normal
R = Incremento anual dos custos de manutenção

Como queremos que este custo T seja mínimo, em relação ao tempo de uso da máquina, devemos derivar a expressão da **Lei de Kelvin**, em relação a N e igualar a expressão a zero. Então, vem:

$$N = \sqrt{I / R}$$

Exemplo:
Um lote de máquinas custou R$ 100.000,00. O aumento anual de manutenção deste grupo de máquinas é de R$ 4.000,00. Qual será a vida útil dessas máquinas?

Solução:
Aplicando-se ao exemplo dado, vem:

$$N = \sqrt{100.000 / 4.000} = \sqrt{25} = 5 \text{ anos}$$

Conclusão: Após 5 anos de atividades, os custos totais de operação serão crescentes, sendo mais conveniente a compra de novos equipamentos.

Capítulo 15

Atendimento

"Os empregados podem ser nosso maior passivo, mas as oportunidades da empresa são descobertas por este passivo".

Peter F. Drucker

Objetivos do Capítulo

- Mostrar que o atendimento está sendo considerado como a primeira bandeira da estratégia empresarial.
- Mostrar os mais importantes elementos e valores agregados do atendimento.
- Mostrar as principais ferramentas de atuação e de avaliação de desempenho no atendimento.
- Mostrar que as pessoas que lidam com o público devem possuir certas habilidades de relacionamento humano.

15.1 Atendimento

Toda **prestação de serviço** tem, obrigatoriamente, uma forma qualquer de atendimento (pessoal ou impessoal). A visão tradicional leva-nos a pensar que um bom cafezinho, cortesia, fala mansa e simpatia faz parte principal do atendimento. Contudo, são complementos do verdadeiro atendimento, que pode ser o grande diferencial no negócio. Pelo atendimento, o consumidor e/ou usuário percebe a **filosofia da empresa**.

Atendimento é toda atividade de contato da empresa com o cliente da qual resulta uma proposta, um contrato, uma venda. Para fins de análise, o atendimento é a forma em que a empresa se relaciona com seus clientes, tendo como conteúdo o serviço propriamente dito. O atendimento pode ser feito por máquinas. Que uma empresa deve estar sempre junto a seus clientes parece uma afirmação tão inocente quanto banal.

Surge, então, a pergunta: Por que o cliente é simplesmente ignorado ou considerado uma amolação?

Não podemos mais nos dar ao luxo de negligenciar o atendimento, tão estratégico e crucial para sobreviver num mercado globalizado, cada vez mais difícil de atuar.

A peça central dessa estratégia deve ser a conscientização do papel do pessoal que lida com o público responsável pelo atendimento, ferramenta que deve merecer a atenção da empresa. Portanto, os atendentes devem aumentar sua dedicação ao consumidor. O **atender bem** continua sendo uma das razões que leva à fidelização do consumidor a quem lhe vende um produto.

Em **períodos de elevada inflação**, o consumidor toma o preço do produto como referência, mas, em baixa inflação, é a qualidade do atendimento que conta. Muitas vezes, o consumidor não volta a comprar num determinado varejo, mesmo tendo bom preço e boa qualidade nos produtos, por causa de um mau atendimento.

Não raro as pessoas acharem que o **atendimento falho** é um problema da organização, na prática, sabemos que depende muito mais das pessoas do que da própria organização. Se cada um fizer um esforço para bem atender, quem lucrará com isso são estas pessoas e a própria empresa.

O **atendimento de qualidade** é um exercício constante de relacionamento humano. Se o atendente não estiver preparado pode causar grandes estragos.

O bom atendimento começa com palavras de cortesia, de forma calorosa e empática, dando atenção a quem se procura atender as suas necessidades de compra.

Muitos fatores contribuem para um **atendimento falho**, tais como: pouca concorrência, aumento eventual do poder aquisitivo das pessoas, períodos sazonais, baixo nível de profissionalismo do atendente, aumento do nível de percepção do consumidor, exigências cada vez maiores do consumidor, terceirização feita por empresas sem qualidade assegurada, redução de custos.

15.2 Valores Agregados ao Atendimento

Valor agregado é todo valor acrescido ao produto de forma direta ou indireta, como maior durabilidade, melhor imagem, maior confiança, melhor serviço, melhor atendimento, maior tempo de garantia. Todo e qualquer valor que se agregue a um produto é traduzido por uma maior **confiança do consumidor**.

É possível agregar diversos valores ao atendimento, para que o mesmo atinja um bom nível de excelência.

A seguir, alguns valores agregados ao atendimento:

Atenção – É muito importante manter a atenção no consumidor, principalmente, quando este falar. Responder ao seu questionamento é fundamental. Por outro lado, não se iluda em atrair a atenção do consumidor, pois é muito difícil que este responda aos estímulos do atendente e/ou vendedor, se os dois não tiverem um repertório de conhecimentos compatível.

Contribuição – O atendente deve contribuir sob a forma de trabalho, tempo, esforço, dedicação, pontualidade, assiduidade, compromisso, esmero e participação, para que o consumidor se sinta satisfeito em estar na organização.

Colaboração – O atendente deve assumir diante do cliente uma postura, primeiramente, de colaborador e não aquele que quer, apenas, vender algo. Muitas vezes, o consumidor não sabe, realmente, o que quer. Ajudá-lo a definir seu problema, desejo ou necessidade é função do atendente.

Empatia – É definida como sendo a compreensão intelectual, ou imaginativa, de assumir o papel de outra pessoa. Na maioria dos casos, é uma característica adquirida. Alguns acham que a empatia é a capacidade de projetar-nos dentro das personalidades de outras pessoas. A empatia é um dos mais importantes elementos influenciadores do atendimento.

Flexibilidade – A necessidade de flexibilização é cada vez mais importante num mundo onde as turbulências se acentuarão em escopo, espaço, tempo, velocidade e complexidade. O atendente, que não tiver uma flexibilidade na sua programação diária, deixará de atender problemas urgentes e oportunidades.

Prontidão – Designa a atenção sobre a capacidade e o desejo do indivíduo de se comunicar.

Credibilidade – É o crédito, a confiança, a honestidade, a competência, a correção e a fé que o consumidor deposita nas palavras e atos do vendedor ou do atendente.

Motivação – A motivação das pessoas depende basicamente de: Estímulo (causa); Necessidade (desejo) e Objetivo (meta, propósito, desafio). A motivação do atendente se faz por comunicação, treinamento, remuneração, recompensa, realização, satisfação.

Objetividade – Capacidade que têm certas pessoas de não se perderem em meandros e ir ao âmago do assunto, de maneira concisa. O atendente objetivo deve: ter presente a ideia de finalidade; determinar as causas reais dos resultados; saber chegar sem se perder a meio caminho; distinguir o essencial do acidental; ter inteligência treinada para resolver problemas.

Entendimento – Para enfrentar obstáculos de comunicação, atendente e consumidor precisam desenvolver meios para darem um cunho performático ao processo de atendimento. Considera-se neste processo: empatia, neutralidade, sentimento, tendência, erro, certeza.

Relevância – A relevância deve ser considerada para atendimento de pedidos de compra, quando se determina o que realmente deve ser atendido. Os atendentes devem selecionar os aspectos importantes e analisar, cuidadosamente, as exceções, para evitar a administração por crise, muitas vezes dramatizando as situações e buscando grandes soluções para problemas menores. As soluções espetaculares e geniais, muitas vezes, produzem consequências desastrosas no futuro.

Rapidez – Nos dias de hoje, em um mundo mais globalizado e com uma economia de rede, a rapidez (velocidade) no atendimento ganhou uma dimensão cada vez maior, na estratégia empresarial. Mas, o leitor não deve esquecer que rapidez significa ação imediata e também abandono imediato. Ser rápido não significa ser eficiente e eficaz.

Envolvimento – O atendente, para progredir em suas atividades, precisa se envolver com os demais funcionários, assumindo compromissos com processos, políticas, planos e projetos.

Compreensão – A relação atendente/consumidor é muito prejudicada quando não há compreensão de ambos os lados. Assim, tentar compreender o interlocutor é de fundamental importância, principalmente, quando se está fazendo um pedido por telefone. Mesmo por e-mail, às vezes, a compreensão é prejudicada, porque não é um canal instantâneo de duas vias. É preciso ler para depois responder, o que não acontece, no mesmo instante, quando usamos o telefone (rádio).

Resposta – A resposta é definida como uma reação necessária e suficiente, embora nem sempre seja a solução do problema do consumidor. Porém, o atendente deve ter sempre uma resposta verdadeira e transparente aos olhos do consumidor.

Resultado – O resultado de uma empresa é ter consumidores satisfeitos; de um hospital é ter pacientes curados e de uma escola é ter alunos mais bem preparados para enfrentar a vida. O resultado leva o indivíduo (a organização) a avaliar se as decisões foram apropriadas, ou não, para continuar sobrevivendo e competindo na sociedade (mercado).

Ética – A prática da ética é uma das responsabilidades sociais dos homens de negócios. Este é problema universal. A cultura não ética recebe muita publicidade, sempre que descoberta, mas a maioria das práticas "sutis" permanece oculta dentro das estruturas organizacionais. Portanto, qualquer empregado de uma empresa, principalmente aquele que faz o atendimento, deve ter uma conduta ilibada para não comprometer a própria organização.

Comprometimento – O atendimento precisa se comprometer com os interesses, satisfações e participações do consumidor no processo de compra e venda para que tenha sucesso. Também é importante ressaltar que o compromisso precisa ser congruente com os interesses da empresa e os do atendente. Caso contrário, não haverá comprometimento ou este será falso.

Tratamento – O tratamento aos consumidores deve ser precedido de respeito e dignidade. Tratar pessoas como parceiras é uma boa tática. Um bom tratamento entre atendentes ajuda alcançar resultados positivos, reforçando a produtividade.

Atitude – A atitude é uma predisposição pessoal de responder de maneira positiva ou negativa ao ambiente, situação ou objeto. Assim, o atendente deve evitar a rejeição, submissão, rivalidade e domínio. Deve sempre estar preparado para cooperar e respeitar o próximo.

Privacidade – O atendimento deve respeitar a privacidade do consumidor, bem como dos demais atendentes. O que está em jogo é a privacidade, tanto física quanto psíquica, dos indivíduos, o respeito, a salvaguarda de sua autonomia e liberdade pessoal.

Disciplina – Disciplina é um processo, ou forma de pensar, que ajuda o ser humano a desenvolver autocontrole, tornando-se alguém mais efetivo. Na realidade a disciplina é uma habilidade que ajuda a analisar situações e determinar qual decisão tomar. Todos os dirigentes devem estar preparados para lidar com situações desagradáveis.

A disciplina é necessária aos atendentes, independentemente, do seu nível de responsabilidade. Será considerado indisciplinado aquele que não obedece: ordens, programas, políticas e procedimentos; não cooperar, utilizando letargia, negligência e mau exemplo; revelar informações confidenciais; promover insubordinação.

15.3 Elementos do Atendimento

A seguir, examinaremos os elementos básicos que reforçam o conceito de atendimento:

Feedback – O sistema de feedback (realimentação) faz ajustes onde necessários. Tais ajustes podem provir do próprio equipamento, da tarefa, da pessoa ou diretamente de um sistema de controle construído com esta finalidade. Estudos antigos provaram que a realimentação é necessária para permitir que as pessoas melhorem seu desempenho.

Os indivíduos que não recebem nenhuma realimentação apenas não sabem como modificar os seus esforços, ou mesmo se devem modificá-los.

Outros estudos mostram que os indivíduos trabalham mais tempo e com mais dedicação quando recebem realimentação.

A **Teoria da Fixação de Objetivos de Locke** afirma que "a realimentação ou conhecimento dos resultados afetará a motivação e o desempenho somente no grau em que ela influi sobre a fixação de objetivos e na sua orientação. A realimentação pode levar a um objetivo mais elevado após atingir o anterior".

Num circuito de feedback as saídas do sistema são comparadas com valores desejados de saída. Os desvios são retornados à entrada do sistema até que as operações (tarefas) sejam ajustadas para proporcionar saídas coerentes aos padrões desejados.

O feedback que busca amortecer e reduzir as flutuações daquilo considerado normal ou padrão é chamado **feedback negativo**. O controle usando feedback negativo, normalmente, envolve quatro elementos: uma unidade censora, uma unidade para comparação, um padrão, uma unidade de correção.

O **feedback positivo**, por outro lado, reforça a direção do sistema em funcionamento e amplifica a ação de ajustamento. Não esquecer que o feedback num sistema em mudança não é a única operação que se faz para ajustar o sistema. Controlar um sistema, essencialmente, significa mantê-lo operando dentro de um limite de performance.

A **realimentação** é fundamental num sistema, porque fornece dados para uma nova tomada de decisão, caso seja necessária. Por outro lado, ela ajuda a incrementar a criatividade e a inovação; modela o comportamento, como também ensina e, além disso, realça nossa autoimagem.

"Gostei bom trabalho, valeu!" é exemplo de quão simples é fornecer o feedback positivo. Uma única palavra, ou uma simples tapinha nas costas, contém uma energia motivacional muitas vezes subestimada. O elogio representa uma força que pode até mudar a eficiência e eficácia de sua equipe.

Quem ganha com a manifestação do feedback positivo: O executivo? A organização? A pessoa, alvo do elogio? O próprio líder? O dirigente? Todos se beneficiam.

A organização ganha energia positiva, que, consequentemente, tende a redundar em maior produtividade. A pessoa alvo ganha uma massagem no ego que a estimula a trabalhar mais e melhor do que antes.

Quando é transmitida com sinceridade, a **mensagem** chega à pessoa alvo acompanhada de bons fluidos. Se for usada de forma manipuladora, sem sinceridade, o elogio será visto com suspeita, e não produzirá o efeito benéfico desejado. Há oportunidade para tudo.

Procure escolher, portanto, a ocasião que promoverá maior impacto (quanto mais próximo ao ato merecedor do elogio, melhor).

Equipe – Equipe é uma dessas palavras, excessivamente, utilizadas no campo da administração. Sugere uma coesão de pessoas entorno de uma unidade de trabalho que você raramente obtém e talvez não queira que, realmente, aconteça o tempo todo. O **trabalho em equipe** é a combinação de diferentes indivíduos, trabalhando ao longo de rotas independentes e colaborativas para objetivos comuns.

As equipes não podem ser formadas da noite para o dia. É necessário um longo período antes que possam funcionar. Elas são baseadas na confiança mútua e no entendimento recíproco, e isso leva anos para se conseguir.

Embora não seja muito fácil definir o que seja uma equipe, ela possui certas características que tornam possível a sua identificação e que são: finalidade e estrutura. **Finalidade**, porque sempre existe um motivo básico que reúne pessoas que formam um grupo. **Estrutura**, porque a formação do grupo estabelece posições, mais ou menos, determinadas dos seus membros.

Uma equipe não é simplesmente o somatório de indivíduos. Cada um, com as suas propriedades e traços diferentes, é um elemento que influencia o grupo e que por este se deixa influenciar. Essas interações dão ao grupo um caráter ativo e dinâmico. **A convivência grupal cria sentimentos**, laços de simpatia e amizade, por exemplo, que dão ao grupo certa força interna, formando uma verdadeira trama de tensões.

As pessoas sozinhas fazem perguntas, veem problemas, formam metas e ideias, transcendem seu estado presente, superam obstáculos, alteram modelos de pensamento, criam ambientes, formam unidades e seguem causas comuns. Mas, quando colocadas em equipe, estas mesmas pessoas apresentam um rendimento bem maior, tendo em vista o efeito sinergético que a equipe promove.

No trabalho em equipe, as barreiras hierárquicas e os interesses específicos de cada departamento são minimizados, proporcionando uma predisposição para a colaboração e a inovação.

Imagem – Toda empresa famosa tem sua imagem na cabeça do público consumidor. Muitas vezes, o consumidor possível se torna impossível, porque a imagem não ajuda ou porque esta deixou de ser favorável por alguma razão. O **valor da clientela** cativa que volta sempre a comprar e a imagem da empresa, que tanto custa construir, são arranhados.

É razoável, pois, ficar em pânico, sabendo que todo dispêndio com inteligência, esforço, tempo, energia e dinheiro está nas mãos daqueles que lidam com o público e que não avaliam, certamente, a tremenda responsabilidade que lhes é confiada.

Os **meios e instrumentos de comunicação** são fundamentais para construir e fortalecer a imagem de uma empresa/marca/produto. A fim de melhorar a imagem, a organização utilizará:

- Instrumentos (publicidade, propaganda, promoção, treinamento, relações públicas)
- Meios Visuais (aparência moderna, cores compatíveis, logomarca bonita, arquitetura da loja, página agradável na internet, embalagem, etiqueta, rótulo, cor).
- Serviços (atendimento na venda, atendimento pós-venda, atendimento no crediário, sinalização dos produtos, apoio à comunidade).

Só uma pesquisa pode responder, perfeitamente, às perguntas referentes ao que o público pensa de determinada empresa. Mas, sem fazer pesquisa, sabe-se muito bem que só se terá uma boa imagem à medida que a empresa for capaz de tratar o consumidor como alguém muito importante para a organização.

Um dos ramos onde a imagem empresarial pode ter sua importância devidamente aquilatada é o de transportes aéreos. Em nenhuma outra atividade comercial, a oferta de aviões, rapidez, escalas, serviços de bordo e tarifas é tão idêntica.

Neste caso, a empresa deve projetar sobre o público suas **características qualitativas**, como: segurança, confiabilidade, pontualidade, precisão, progresso tecnológico, diversificação de produtos, a fim de destacar-se das demais.

A **empresa moderna** necessita desses predicados, não somente para seus produtos, mas também para alcançar uma importância no conceito público, que representa a sua finalidade essencial, devendo encontrar um perfil capaz de criar na comunidade uma imagem definida, pois o anonimato não inspira confiança.

Uma **crise de imagem**, antes de tudo, é uma crise de confiança, de credibilidade e de reputação. As empresas comercializam bens e serviços, mas vendem, na verdade, confiança. Isso vale para bancos, hospitais, empresas aéreas, escritórios advocatícios, clínicas médicas, floriculturas, oficinas mecânicas e até governos.

Não importa o tamanho da organização, o cliente só a procura com base na percepção de que pode ser bem atendido e de que está seguro com a opção feita. Por isso, a **crise de imagem** é tão devastadora. Ela atinge a companhia em seu ponto mais sensível, ou seja, sua capacidade que tem de fazer com que os outros confiem nela.

Satisfação – Uma satisfação crescente se reflete numa maior capacidade de trabalho e no aumento da produtividade. Mesmo em rotinas de trabalho rigidamente hierarquizadas é possível encontrar pessoas satisfeitas. A qualidade se traduz como satisfação do consumidor. Reconquistar posições perdidas é muito mais difícil do que ganhar novas posições. É mais barato manter do que construir um novo cliente.

O corpo a corpo com o cliente vale mais do que 1.000 pesquisas. Mas, nem sempre isso é possível. Naturalmente, ao insistir em melhorar seus vínculos com os consumidores, as empresas gastam dinheiro. Porém, o retorno é multiplicativo, pois o que se perde com a má qualidade no atendimento é muito grande, e, principalmente, porque o nível de conscientização do consumidor aumenta dia a dia.

Cada vez mais os prestadores de serviços entendem que a satisfação do consumidor e a qualidade do produto é o único caminho que pode diferenciá-lo da concorrência. Satisfação garantida ou seu dinheiro de volta é a máxima do atendimento, cuja qualidade está definindo quem fica ou quem sai do mercado, isto é, sucesso ou fracasso.

Conhecimento – Conhecimento é o ato, ou processo, pelo qual o sujeito se coloca no mundo e, com ele, estabelece uma relação. Como entendimento do mundo, não é, pois, um enfeite ou uma ilustração da mente e da memória, mas um mecanismo fundamental para tornar a vida mais desejável e mais plenamente realizada. Só tem seu sentido pleno quando há um relacionamento com a realidade. Entender e fazer são duas faces do mesmo **ato de conhecer**.

Sem o conhecimento de métodos e técnicas de racionalização e de otimização de recursos você será pego no contrapé. O conhecimento capacita o indivíduo a ter novas ideias, criar leis, princípios, teorias e abstrações. Só quem possui conhecimento tem o poder da análise, maior ferramenta na solução de problemas.

Produzir conhecimento é uma capacidade e uma necessidade humanas. Certos princípios devem orientar aqueles que se dedicam a descobrir, discutir e divulgar o conhecimento. Assim, devem orientar-se pelo espírito crítico, pelo senso de realidade, pela humildade, pela moralidade, pela participação, pela cooperação, pelo questionamento criativo, pela perseverança e pela tenacidade.

Na **Era da Informação**, o recurso mais importante deixou de ser o capital financeiro para ser o capital intelectual, baseado no conhecimento. Este ficou na dianteira de todos os demais recursos organizacionais, pois todos passaram a depender dele.

As organizações de sucesso motivam as pessoas a conquistar e aplicar conhecimento. Como este não ocupa espaço físico, ele é considerado um **ativo intangível**.

O conhecimento, como considerado hoje, é comprovado por meio da ação. De fato, o grupo de maior crescimento em toda empresa é dos especialistas em tecnologia, reparadores de computador, tributaristas e engenheiros de sistemas. Como é especializado, o **trabalho do conhecimento** é muito fragmentado, mesmo em grandes organizações.

A tarefa mais crítica com que se defronta a direção da empresa em cada exercício é a de encontrar um novo conjunto de métodos, modelos e técnicas que se torne a base para **administrar com sucesso**.

Por mais curioso que pareça, essas novas ferramentas, com o tempo, dão origem as suas próprias sementes de decadência. Por conseguinte, as empresas sofrem a ironia de ver uma genial solução de agora se tornar um grave problema amanhã.

Personalidade – Em geral, a ideia popular de personalidade envolve o comportamento observado de alguém. Trata-se de um fenômeno social. Sem outras pessoas não haveria personalidade, já que não haveria alguém para servir de referencial. Embora se use o termo com frequência, há pouca concordância a respeito de seu significado exato ou sobre o que forma uma personalidade.

A definição vê a personalidade como o padrão constante de respostas de uma pessoa. Por causa dessa constância de comportamento, é possível categorizar as pessoas como: egoístas, arrogantes, prepotentes, humanistas, vaidosas, amigas, pensadoras, ambiciosas, esquizofrênicas, paranoicas, depressivas, pessimistas, otimistas...

A personalidade revela-se mais intensamente quando estamos sob constrangimento mínimo, isto é, quando somos livres para escolher como agir ou reagir. Isso significa que, quando somos obrigados a nos comportar de forma igual aos que nos rodeiam, a personalidade se revela. Idade, cultura, educação, intelectualidade, experiência, país, lugar de nascimento, classe social e família, por exemplo, são elementos que moldam a personalidade do ser humano. Mas aquilo que faz mover essas forças leva a **marca da individualidade** desde que nascemos.

Personalidade e modos próprios de agir são coisas enraizadas. Muitos anos de condicionamentos que se acumularam, tornam impraticável uma conversão eficiente. A única recomendação que parece adequada é a do dirigente tentar todo e qualquer dispositivo ou método novo que esteja inclinado a empregar, desde que não procure mudar sua personalidade ou método próprio, natural e básico de procedimento.

As pessoas têm diferentes, intuitiva ou racionalmente, maneiras próprias de obter e analisar informações. Algumas são pensadoras sistemáticas e outras são imprevisíveis. Esses modos de agir parecem ser inerentes e se acham bastante enraizados quando as pessoas atingem a maioridade.

Mais revelador ainda é que todos esses modos afetam, em muito, a maneira de as pessoas executarem o trabalho que escolheram. Não se pode afirmar que a boa administração se deve exclusivamente a um determinado conjunto de atributos ou **fruto da personalidade de uma pessoa**.

Não há dúvida de que sempre existe um modo melhor de se fazer todas as coisas, mas quando essas maneiras negam ou rejeitam o que é natural e normal ao temperamento ou modo de agir de um dirigente, este estará irremediavelmente arranjando encrenca.

Treinamento – O treinamento é a ação (processo) que visa ajudar o subordinado a organizar suas ideias e aptidões de modo a poder usá-las com vantagem em suas relações. É o processo educacional, que aplicado de maneira sistemática e organizada, as pessoas adquirem: conhecimentos, atitudes, deveres, responsabilidades, altos padrões de desempenho e habilidades, em função de objetivos definidos.

O **objetivo do treinamento** é capacitar o indivíduo a alcançar níveis de performance para cumprir seus deveres e responsabilidades para com a organização a que pertence.

Quando o empregado não possui conhecimentos (habilidades) necessários ao bom desempenho de suas funções, há uma porção de consequências indesejáveis, baixa produtividade, gastos excessivos de material, tempo, energia e acidentes.

Quando os empregados não produzem satisfatoriamente, apesar de serem boas as instalações, máquinas, ferramentas, possivelmente, a causa seja a falta de habilidade e de conhecimento. A solução é o treinamento.

Os principais **objetivos de uma política de treinamento** são:

- Preparar o pessoal para execução imediata das diversas tarefas peculiares à organização.
- Proporcionar oportunidades para o contínuo desenvolvimento pessoal, não apenas em seus cargos atuais, mas também para outras funções para as quais a pessoa pode ser considerada.

- Mudar a atitude das pessoas, com várias finalidades, entre as quais: criar um clima mais satisfatório entre empregados, aumentar a motivação e tornar os funcionários mais receptivos à supervisão e à gerência.

Tudo o que se gastar em treinamento, desde que este seja bem feito, redundará em benefícios altamente compensadores para a organização. Inversamente, tudo o que se deixar de gastar, quando há necessidade de treinamento, redundará em prejuízos para a empresa, pois ninguém nasce sabendo e nem pode tudo saber, a menos que alguém lhe ensine.

Sozinho também se aprende, mas custa muito mais. Por isso, toda **administração inteligente** procura treinar bem seu pessoal para evitar problemas futuros. É como nos disse Pitágoras: "Eduque os jovens para não ter problemas com os adultos".

Treinamento é bom para os profissionais, mas a boa educação é fundamental para desenvolver a capacidade de absorção ou mesmo de criação de novos conhecimentos. Um ser humano treinado é capaz de assimilar rotinas e praticar as mesmas no seu dia a dia.

Uma **pessoa educada** é capaz de questionar e/ou criar conceitos, contribuindo de forma ativa para o desenvolvimento das organizações.

Expectativa – A expectativa é a combinação de crença, chance, probabilidade e sorte que alguém tem em atingir determinado resultado (objetivo ou desempenho). Uma das variáveis mais importantes da motivação é a expectativa (**Modelo de Vroom**).

A **Teoria da Expectativa** considera que pode ser necessário haver uma sequência de eventos interligados para que um resultado desejado se realize.

A maioria dos dirigentes, porém, trata seus subordinados de forma que os conduzam a um desempenho inferior ao que são capazes de conseguir. A maneira pela qual os dirigentes tratam seus subordinados é sutilmente influenciada pelo que esperam deles. A expectativa do consumidor pode ser traduzida como aquilo que uma pessoa espera de um bem ou de um serviço. Sua fórmula é a seguinte:

Expectativa do Consumidor = Necessidades + Desejos + Hábitos + Informações + Emoções

Se as expectativas de um dirigente são elevadas, o provável é que a produtividade seja excelente. Se elas são restritivas, a produtividade será provavelmente baixa. É como se existisse uma lei que fizesse o desempenho de um subordinado subir ou descer para acompanhar o progresso de seu superior.

Albert Moll, médico e psicólogo, verificou que os indivíduos se comportam conforme aquilo que deles se espera. Mais ainda, a medicina há muito reconhece que a cura do paciente está diretamente ligada às expectativas do médico e do paciente.

Está claro que a maneira pela qual um dirigente trata seus subordinados, e não a maneira pela qual os organiza, é a chave das grandes expectativas e da elevada produtividade. Ao contrário do que se pode supor, as elevadas expectativas, dos dirigentes mais categorizados, baseiam-se, principalmente, naquilo que eles pensam de si próprios e de suas próprias habilidades. A aptidão em selecionar, treinar e motivar seus comandados, também conta.

Aquilo que um dirigente espera de seus subordinados e a maneira como os trata determinam em grande parte seu desempenho e o desenvolvimento de sua carreira. Uma característica ímpar dos dirigentes, altamente categorizados, é a sua capacidade de criar elevadas expectativas. Entretanto, os **dirigentes medíocres** não conseguem criar expectativas, e, assim, os subordinados fazem o que acreditam ser aquilo que se espera deles.

Incentivo – Os incentivos são contribuições (pagamentos) feitas pela organização aos seus participantes, tais como: prêmios, oportunidades de crescimento, seguro saúde, segurança no emprego, supervisão aberta, elogios, bom ambiente de trabalho, esforço significativo, desafios. Qualidade do atendimento significa uso inteligente de incentivos.

Sem incentivos não se consegue apelar para o desejo natural de crescimento dos empregados, da necessidade de desafios e do senso de propriedade com relação ao trabalho e à empresa. Não é somente o volume que determina o sucesso dos incentivos. É a forma como são organizados, isto é, precisam ser sistemáticos e não eventuais. Muito menos, em função do humor da direção.

Recompensa – As recompensas são classificadas em:

Recompensas intrínsecas – São aquelas inerentes à própria realização da tarefa (trabalho). As mesmas estão vinculadas a: realização de objetivos, resultados positivos, satisfação psicológica, sentimento de segurança, fatores de estima, realização e participação social.

Recompensas extrínsecas – São aquelas que não estão diretamente ligadas ao cargo, tais como: promoção (por tempo de serviço ou mérito), aumento salarial, por desempenho excepcional, e símbolos de status.

Remuneração – A remuneração está ligada ao desempenho, mas isto nem sempre acontece. O problema da remuneração deve levar em consideração os seguintes fatores: qualidade da mão de obra, nível de especialização, questão pessoal, satisfação das necessidades, valores intangíveis (criatividade, por exemplo), padrões de mercado, avaliação do cargo, política salarial, plano de carreira, remuneração indireta.

Atuação – Algumas questões sobre a atuação atormentam os cientistas há muito tempo, tais como: A especialização faz o indivíduo ser mais eficiente? A situação é fator determinante na atuação de uma pessoa? É possível ser sempre eficiente ou há um limite? O estudo da efetividade é recente? Por que a maioria das pessoas faz as coisas certas?

Avaliação – Os administradores não julgam apenas a mera capacidade de produzir resultados, mas também estão preocupados com o modo pelo qual os resultados são produzidos e com as implicações nos curto e longo prazos dos métodos utilizados.

Embora nem sempre isto seja possível, a **avaliação de desempenho**, por confronto com o padrão deve, idealmente, ser feita numa base futura, de forma que os desvios possam ser descobertos antes de sua ocorrência real e evitados com remédios adequados. Entretanto, o administrador sagaz, que tem os olhos no futuro, pode, às vezes, predizer desvios do padrão.

A avaliação é importante para qualquer indivíduo e/ou organização, pois é através dela que se adquire senso crítico. Quando o superior reconhece a importância da avaliação e quando a avaliação não é encarada pelos subordinados como medida disciplinar, os benefícios podem ser grandes.

O **executivo avaliador** também se beneficia com o processo. Ele é encorajado a analisar as responsabilidades de seus subordinados, as quais, afinal de contas, fazem parte de sua própria função.

Atendente – Pessoa especializada que representa a empresa e que se relaciona com os clientes.

15.4 Habilidades no Atendimento

Habilidade ou capacidade é a qualidade que tem um indivíduo de executar uma determinada tarefa. O sucesso do atendimento não está inteiramente correlacionado com a autoridade daquele que atende, nem com o cargo que ocupa. Assim, o atendente precisará de certas habilidades, tais como:

Habilidade Técnica – A habilidade que diz respeito ao conhecimento de métodos e técnicas; a racionalização de recursos para o bom desempenho no atendimento. Tal habilidade será adquirida através da leitura, do estudo e da experimentação. Uma das funções mais importantes do administrador é a de fazer o interfaceamento dos assuntos das diversas áreas da empresa, no sentido de evitar sobreposições e omissões de tarefas.

Habilidade de Relacionamento – A habilidade de relacionamento humano consiste na capacidade de saber se relacionar com as pessoas, através de mecanismos de persuasão, motivação e liderança. Um atendente deve naturalmente compreender que ele não é perfeito, que as pessoas que trabalham com ele não são perfeitas e que sua empresa não é e nem jamais será perfeita.

O **bem-sucedido** é uma pessoa que mantém alta média de acertos na avaliação precisa das forças, que determinam qual deve ser seu comportamento mais apropriado em determinado momento e, efetivamente, ser capaz de comportar-se de acordo com a situação.

Habilidade Cognitiva – A habilidade cognitiva se traduz na capacidade de reflexão crítica a respeito dos problemas que o atendente procura interpretar e descobrir as suas causas e seus efeitos. O fracasso na resolução de um problema vai revelar em que pontos se acham as dificuldades e as condições mínimas que uma solução deve satisfazer.

Saber definir e categorizar (classificar) o problema é de extrema importância, bem como cruzar informações em busca de soluções. Aquele que define bem um problema, já tem 50% da solução, porque difícil mesmo é saber qual é o real problema.

Habilidade Analítica – A habilidade analítica consiste em saber a utilidade e a potencialidade das técnicas administrativas, isto é, adquirir mais realismo, profundidade e criatividade na solução de problemas. Aprender a decompor, identificar variáveis fundamentais, estabelecer relações de causa e efeito, buscar novos caminhos, objetivos, prioridades e alternativas é a base da análise.

Habilidade Executiva – A habilidade executiva está voltada para o desenvolvimento de uma capacidade de interferir intencionalmente no sistema de administração, mudar objetivos, valores e processos, alterar táticas de ação, aprender sobre si próprio, sobre sua função e sobre as condições operacionais da organização. Esta habilidade está relacionada em comprometer-se com a missão da organização.

Habilidade Psicológica – A habilidade psicológica é uma característica em lidar com os erros das pessoas. Os erros são para servir de lição e de ponto de partida para novos rumos e não para serem rememorados. A eterna preocupação por causa de um erro é uma atitude estéril.

Habilidade Política – A habilidade política consiste na capacidade de usar estratagemas, às vezes maquiavélicos, para atingir seus objetivos. O atendente que quiser ser um **profissional politicamente correto** deve usar de cautela ao aceitar conselhos, evitar relação superior-subordinado muito íntima, manter jogo de cintura, usar resistência passiva quando necessária, limitar o que deve ser comunicado, reconhecer que raramente são guardados segredos na organização, aprender a não depender muito de um subordinado, a menos que veja nele lealdade, estar disposto a transigir em pequenas coisas, ser hábil em dramatização e ser um negociador persuasivo, irradiar autoconfiança, dando demonstração de sucesso material, ser receptivo em relação às opiniões diferentes das suas.

Habilidade de Falar – A habilidade de falar consiste na capacidade de falar em público, devendo prestar atenção para a postura, entonação da voz, gesticulação, correção no uso do microfone e preocupação com a câmera de TV.

Habilidade de Ouvir – A habilidade de ouvir consiste na capacidade de focalizar um único estímulo durante um período de tempo. Podem ser reclamações de consumidores, subordinados, superiores, colegas, fornecedores ou concorrentes. Ouvir além das palavras significa ajudar as pessoas a dar vazão aos seus sentimentos de uma forma construtiva, em vez de fechá-los através do negativismo e da crítica.

Para ouvir basta aprender a acompanhar e encorajar o outro a falar (habilidade de direção), aprender a manter a atenção em quem fala e aprender a responder ao assunto trazido para a discussão e não se desviar do tema em pauta. A arte de ouvir é uma habilidade que pode ser desenvolvida, e, por paradoxal que pareça, é uma excelente técnica para influenciar pessoas.

Habilidade de Ler – A habilidade de ler consiste na capacidade de aprender a conhecer o mundo e suas manifestações. Para que se possa tomar conhecimento e usufruir riqueza histórica construída e transmitida pelos homens é fundamental a prática da leitura. Esta dará ao executivo, além de grande conhecimento, um bom vocabulário, o poder de organizar as ideias, a velocidade de entendimento do texto e a capacidade de reproduzir as informações apreendidas.

Ela é uma **ferramenta poderosa de estudo**.

Habilidade de Escrever – A habilidade de escrever consiste na capacidade de construir relatórios claros, objetivos, concisos e relevantes. Para que o executivo saiba escrever é preciso que redija com naturalidade, conheça a língua, saiba pensar, escreva para o leitor e não para si, demonstre acuidade para detalhes e possua capacidade de observação.

Habilidade de Decidir – A habilidade de decidir é fazer uma apreciação sobre uma linha de conduta a ser adotada (escolhida).

Habilidade de Diagnosticar – A habilidade de diagnosticar exige da pessoa a leitura do cenário, não só para si, mas também para o grupo do qual pertence. Esta capacidade é adquirida ao longo do tempo, em função do acurado poder de observação. A **capacidade para diagnosticar problemas** é um pré-requisito da tomada de decisão. De todos os desperdiçadores de tempo, a dificuldade de diagnosticar problemas é o mais grave.

15.5 Relações com Consumidores

Empresas de diversos setores passaram a gastar fortunas para aprimorar a gestão do relacionamento com o cliente (CRM). Para tal, as respostas, em geral, foram: telemarketing, serviço de atendimento a clientes, processo integrado de dados dos consumidores, por exemplo.

Hoje, é comum se falar de **CRM** (*customer relationship management*) nas empresas como veículo de relações lucrativas para ambos os lados e um canal de integração-comunicação. Empresas de diversos setores passaram a gastar fortunas para aprimorar a gestão do relacionamento com o cliente.

A promessa do **gerenciamento das relações com o cliente** é cativante, mas, na prática, pode ser arriscada. Quando funciona, o CRM possibilita que as empresas reúnam, rapidamente, os dados dos clientes, identifiquem os mais valiosos ao longo do tempo e aumentem a fidelidade oferecendo bens personalizados. Também reduz custo dos serviços e facilita a conquista de novos clientes. Mas, quando não funciona, o que ocorre com frequência, pode levar a desastres colossais.

As empresas gastam muito tempo e dinheiro na tentativa de aprofundar seu relacionamento com os seus consumidores. Assim, é necessário que o leitor entenda algumas **premissas do CRM**:

- A maioria dos administradores confunde tecnologia de CRM com estratégia comercial.
- O grau de importância do CRM varia em função dos objetivos empresariais.
- A implementação do CRM deve vir a reboque de uma estratégia de abordagem do consumidor.
- A implantação do CRM exige mudanças comportamentais e estruturais.
- É um erro imaginar que o CRM sempre exige tecnologia de última geração.
- O consumidor deve ser cativado e não conquistado.
- As empresas não mudam na mesma velocidade dos consumidores.
- O sucesso do CRM depende mais da estratégia do que do investimento feito em tecnologia.
- O CRM não deve ver informática como corolário da Administração Moderna.

15.6 Tipos de Atendimento

Embora seja difícil criar uma tipologia para atendimento, a seguir, alguns tipos:

Atendimento Profissional – Para se ter um atendimento profissional é preciso muito treinamento e conscientização do conceito de qualidade. É preciso ter um plano de ação bem elaborado, munir-se de informações e cercar-se de gente competente. Mesmo quem já está com seu negócio em andamento, precisa se atualizar e profissionalizar o atendimento.

Quem quer montar uma loja não pode economizar no visual, porque esta tem de ser agradável, moderno e limpo. Hoje, é preciso dar muita importância à qualidade ambiental, tendo em vista a conscientização, cada vez maior, do consumidor.

Atendimento de Contingência – Este atendimento leva em consideração a situação, o momento, o ambiente e, principalmente, os recursos tecnológicos, que a empresa pode dispor, isto é, será preciso se curvar aos imperativos tecnológico e ambiental para poder sobreviver.

Autoatendimento – O autoatendimento é cada vez maior em supermercados, bancos, restaurantes. Mas, a qualidade e o contato pessoal deixam a desejar. Muitas pessoas preferem pagar mais para serem mais bem atendidas. Quanto mais a automação cresce, mais o atendimento se distancia do ser humano, que precisa de convívio social e comunicação pessoal, devido a sua necessidade de autoestima.

O restaurante a quilo sobreviveu, porque é barato. Mas quem não gosta de ser servido à "La Carte".

Atendimento da Carteira – A carteira de pedidos é um controle que dá uma visão clara se a empresa tem capacidade para atender ao mercado, e, também, ajuda a observar como está sendo feito o atendimento dos pedidos de sua carteira. As vendas representam um elemento significativo para avaliação do êxito empresarial.

Mas não basta apenas vender, é necessário atender os pedidos colocados em carteira pela **Força de Vendas**. Quando se compara, mês a mês, os pedidos: em execução, recebidos, entregues e pendentes, temos uma noção mais clara da utilização dos recursos.

Atendimento da Reclamação – A **reclamação** é o ato escrito, ou verbal, que uma pessoa faz de alguém, de um grupo ou de uma organização, geralmente, amparado na lei, para reivindicar algo não atendido. O número de reclamações mostra a imagem que um produto tem diante de seus consumidores e intermediários.

Atendimento de Varejo – O consumidor valoriza, em primeiro lugar, o atendimento. Só depois é que vem o preço. Bom atendimento significa: gentileza, paciência, interesse e conhecimento do produto. Atendentes que avançam no consumidor e que atendem mais de uma pessoa ao mesmo tempo, ou que julgam pela aparência, às vezes, se dão muito mal. O atendimento deve ser organizado e o **rodízio** bem controlado para que cada consumidor receba a atenção que merece.

Quanto mais **diversidade de produtos** a loja tiver, mais fácil será atender às necessidades da clientela. Se possível faça do atendente um "encantador" de consumidores. Uma troca pode significar uma fidelização do cliente. O atendente que fizer cara feia para trocar um produto, pode se despedir do consumidor. Ao contrário, deve agir com naturalidade para conquistar a simpatia do cliente.

Não esqueça que a **concorrência** está de olho nos mesmos consumidores que a loja trabalha. Portanto, crie diferenciais, agregue valor ao seu serviço, treine a equipe de atendentes, conheça muito bem seu público-alvo. Você depende dele para sobreviver.

15.7 Tempo de Atendimento

O **tempo** é cada vez mais um recurso escasso, inelástico, não estocável, mas ele não é importante apenas como recurso. O efeito que seu uso provoca em nós também é fundamental. Pressa, ansiedade e frustração provocam má qualidade de: produtos, relações e resultados. De todos os recursos ao alcance de um indivíduo, o tempo é o mais pessoal e o mais comumente desperdiçado.

Aquele que se propõe a usá-lo de forma efetiva e inteligente terá de conhecer profundamente as funções administrativas.

Assim, podemos considerar que tempo é recurso, cujo significado é intrínseco a cada indivíduo. Os dirigentes que sabem aproveitar bem o tempo são aqueles que estão dispostos a pensar antes de agir.

A seguir, trataremos de assuntos que darão uma verdadeira dimensão do tempo de atendimento:

Prazo – É o espaço de tempo durante o qual deve realizar-se algum evento, processo, atividade, tarefa, por exemplo. A primeira condição para disciplinar o trabalho é estabelecer com antecedência prazos certos para cada meta ou tarefa através de cronogramas, mesmo que tenham de ser reformulados, posteriormente, e exigir prazos dos subordinados. Todavia, é difícil para o chefe impor datas precisas para serem cumpridas.

Prazo de entrega é o prazo dado pelo fornecedor para entrega de determinado produto. Assim se impõe duas observações:

- **Tarefa importante** precisa ser executada no mesmo dia ou durante a semana.
- **Tarefa urgente** exige providências imediatas, exercendo uma pressão interminável a toda hora. A dificuldade é distinguir entre urgente e importante, porque as pessoas têm realidades próprias.

Prioridade – As prioridades são níveis de valores relativos e estes só podem ser estabelecidos quando comparados com outros. Já que o tempo é, por definição, inelástico, cada indivíduo opta em empregar o seu tempo da maneira que mais lhe convenha. Habitue-se a fazer sua lista diária e procure estendê-la para uma semana e depois um mês.

Não se esqueça de deixar um **período disponível para imprevistos**. Respeite suas prioridades e observe que, com o tempo, o urgente diminuirá de proporção. Com isso você ficará menos tenso e se sentirá menos oprimido e mais competente.

Estimativa – Sempre que as técnicas e os métodos se revelarem ineficazes, insuficientes ou inaplicáveis, faz-se necessário utilizar estimativas. Isso é verdade, particularmente, quando se enfrenta a tarefa de levantamento de dados, referentes à volume de trabalhos ou de custos operacionais de uma seção, departamento ou empresa.

Neste caso, deve-se fazer estimativas quanto às quantidades consideradas e procurar meios e processos que permitam verificar a precisão das mesmas.

15.8 Comportamento no Atendimento

Comportamento pode ser traduzido como uma conduta, maneira de agir, uma reação, uma atitude diante de uma pessoa, organização ou ambiente. Se uma pessoa reage contra uma decisão organizacional, por exemplo, diz-se que ela tem um comportamento negativo. Mas, um comportamento negativo nem sempre é um problema, pode ser inovador.

Comportamento do Vendedor no Atendimento: Comportamento que se enquadra nos seguintes fatores:

- Individualizar a venda.
- Provar o que diz.
- Conhecer, de antemão, o nível de percepção do comprador.
- Entrar em contato com o comprador quando este estiver disposto a ouvi-lo.
- Conhecer os sistemas de venda da empresa, suas atribuições e responsabilidades.
- Utilizar argumentos convincentes.
- Saber quais as objeções e como eliminá-las.
- Ajudar o cliente consumidor a escolher.
- Manter o ponto de venda, estando sempre atualizado com a clientela.
- Saber redigir relatórios e preencher, corretamente, formulários.

Os **problemas comportamentais** de um indivíduo podem advir da falta de atendimento das necessidades humanas (fisiológicas, de segurança, social, de estima, de independência, de realização, de poder, de atuação, de afiliação).

Quando se estudam os indivíduos e os grupos dentro de uma organização, está-se estudando o comportamento da organização, em função de um estilo administrativo, que, se mudado, pode alterar o comportamento organizacional.

Hoje, afetado pela **tecnologia digital da informação**, o comportamento humano na organização está sendo redefinido. Cada vez mais, se exige das pessoas velocidade em suas atividades.

O comportamento, a atitude e a reação de um indivíduo no grupo de trabalho são influenciadas pelos motivos que levam o indivíduo a trabalhar ou ter gosto pelo trabalho. A alguns pode parecer que as pessoas trabalham somente por causa do dinheiro. Isso é falso.

Existem outros **motivos que levam o indivíduo a trabalhar**, tais como: manter-se ativo, descarregar tensões emocionais, adquirir prestígio junto ao grupo, ganhar poder, realizar-se, encobrir outras atividades, exibir-se, competir, colocar o grupo acima de si mesmo e, principalmente, ter prazer no que faz.

As variações desses motivos dependem, em grande parte, da posição do indivíduo dentro da empresa, isto é, do seu nível hierárquico, do cargo que ocupa, do poder que possui e das atividades que desenvolve. Os motivos que levam as pessoas a não cooperarem são de natureza: orgânica, ambiental, psicológica e social.

A **compreensão dos fatores que levam os indivíduos a trabalhar**, ou que os inibem, é de grande importância, tanto para os dirigentes como para os subordinados, pois se os chefes precisam compreender as causas da pouca produtividade do trabalho, para tomar providências acertadas, também os empregados devem compreendê-las, visando a colaboração.

O **esforço** deve ser recíproco, porque os benefícios de um maior rendimento do trabalho são do interesse não somente do empregador, mas também do empregado.

Capítulo16

Higiene e Limpeza

*"Se examinarmos o modo como a tecnologia é traduzida em termos de requisitos para criação de empregos, veremos uma aceitação generalizada da noção do imperativo tecnológico por parte da maio*ria dos dirigentes".

Louis Davis

Objetivos do Capítulo

- Mostrar que qualquer organização deve ter higiene e limpeza para ser eficiente, eficaz e efetiva.
- Mostrar fatores que determinam a saúde da organização.
- Mostrar a necessidade imperiosa da higiene e limpeza.
- Mostrar que, ainda no projeto, as normas de higiene e limpeza devem ser muito bem definidas.

16.1 Higiene

Pode-se definir higiene como sendo um conjunto de práticas realizadas de forma constante, visando proporcionar benefícios ao homem. Ela engloba todos os hábitos e condutas padronizadas que possam auxiliar a **prevenir doenças** e a manter a saúde do homem.

Portanto, a higiene se faz necessária não somente na matéria-prima que os compõe, mas também em todos os elementos envolvidos nesse ambiente. Assim, a busca por melhorias nos padrões de higiene deve ser constante.

Esses padrões, como o próprio nome sugere, devem ser seguidos por todos. Os **procedimentos adotados na higiene** são os mesmos para todos os funcionários.

A **higienização do local de trabalho** é de suma importância na produção de produtos de qualidade. Não adiantará manter um controle rigoroso das normas de higienização pessoal e dos equipamentos, móveis, utensílios e acessórios, se as instalações do local de trabalho não forem mantidas bem higienizadas e livres da presença de insetos e roedores.

Para completar, além da higienização de rotina, deve-se ainda: remover o lixo diariamente, quantas vezes for necessário, em recipientes apropriados, devidamente ensacados e tampados.

A **higiene do trabalho** refere-se a um conjunto de normas e procedimentos que visa à proteção da integridade física e mental do trabalhador, preservando-o dos riscos de doença inerentes às tarefas do cargo e do ambiente físico onde são executadas.

Também é certo que as pessoas trabalham melhor em condições de higiene, que ajudam a minimizar acidentes de trabalho. Ela previne o aparecimento das **doenças ocupacionais**. Um **plano de higiene** envolve, além dos serviços médicos adequados, os seguintes objetivos:

- Eliminação das causas das doenças profissionais.
- Redução dos efeitos prejudiciais provocados pelo trabalho em pessoas doentes ou portadoras de defeitos físicos.
- Prevenção do agravamento de doenças e lesões, por meio da preservação ambiental.
- Manutenção da saúde dos trabalhadores e aumento da produtividade.

Tais objetivos poderão ser alcançados pela educação de todos os funcionários, quer superiores e subordinados, para os perigos existentes e ensinando como evitá-los. É mister que sempre seja mantido um estado de alerta, por meio de pesquisas e observações, para novos processos, recursos e observações.

A **higiene e limpeza** têm relativa importância quanto ao bom aspecto do local de trabalho, não devendo, de forma alguma, ser relegado ao segundo plano.

A **falta de limpeza da empresa custa dinheiro** sob três formas: resulta mais cara, porque interfere na produção; promove acidentes; limpeza espaçada em períodos prolongados fica bem mais cara do que uma limpeza continuada.

Do ponto de vista da administração de recursos humanos, a saúde, a higiene e a segurança dos empregados constituem uma das principais bases para a preservação da força de trabalho adequada. **Higiene e saúde** constituem duas atividades intimamente relacionadas, no sentido de garantir condições pessoais e materiais de trabalho, capazes de manter certo nível de saúde dos empregados.

A **Organização Mundial de Saúde** define saúde como um estado completo de bem-estar físico, mental e social e que não consiste somente na ausência de doença ou de enfermidade.

A má vontade que tem o ser humano de ir ao médico e fazer exames preventivos de saúde é muito grande. Nós só damos valor à saúde quando a perdemos. Ficar doente nos traz não só complicações como uma grande perda de tempo.

Portanto, vale a pena fazer **exames periódicos** para verificar como está a nossa saúde. A pessoa viciada em trabalho também é um doente. É preciso administrar o corpo e a mente para que haja certo equilíbrio. Tirar férias é fundamental, como passear e ver pessoas e lugares diferentes, porque torna o ser humano mais leve e criativo.

Evite ao máximo ficar doente, porque além de ser extremamente desagradável é um tempo irrecuperável. Leva-se pouco tempo para ficar doente, às vezes alguns segundos, que se traduzem em semanas de recuperação. Não se exponha inutilmente para demonstrar uma "fortaleza" que não tem.

As mais importantes das **condições ambientais de trabalho** são: iluminação, ruído, pressão, ventilação, temperatura, umidade, limpeza e esgotamento sanitário. Portanto, mantenha limpo e higienizado o local de trabalho, para não ter problemas de saúde.

16.2 Normas de Higiene

Norma é um conjunto de comandos diretos e cursos de ação que devem ser seguidos fielmente. A norma também é conhecida por regra que envolve um procedimento. A norma especifica aquilo que uma pessoa deve e/ou pode fazer.

Como exemplo a utilização de normas de higiene, apresentaremos as aplicadas a um Restaurante:

O empregado (manipulador) deverá sempre ter em mente que a preparação dos alimentos é uma tarefa que deverá ser realizada com muita atenção e cuidados especiais, pois, o menor e mais simples descuido poderá criar condições favoráveis ao desenvolvimento de microorganismos.

A presença de micro-organismos, por sua vez, aumenta, de forma potencial, os riscos de contaminação dos alimentos, tendo consequências prejudiciais à qualidade dos mesmos. Além disso, alimentos contaminados, quando consumidos pelo homem, poderão causar várias intoxicações, o que é algo extremamente desagradável à organização, pois podem gerar prejuízos financeiros e morais sérios e, dependendo da extensão, até o fechamento da fábrica.

Existem várias fontes de **contaminação dos alimentos**, sendo que o homem é considerado a principal delas. Isso, porque é ele, em geral, que manuseia os alimentos, durante os vários processos de manipulação, mesmo que tais processos sejam automatizados. Assim, é necessário que esses profissionais tenham consciência da importância e da prática da higiene e limpeza.

A seguir, são colocadas **normas básicas de higienização**:

Quanto aos Alimentos em Geral:

- Manter as mãos sempre lavadas na distribuição dos alimentos.
- Não tocar nos alimentos com ferimentos nas mãos.
- Pegar os alimentos com as mãos somente quando necessário (utilizar os utensílios para isso).
- Conservar os alimentos cobertos.
- Desprezar os alimentos que caírem no chão e não puderem ser lavados.
- Não falar, tossir ou espirrar em cima dos alimentos.
- Não provar os alimentos, utilizando somente utensílios para este fim.
- Cozinhar muito bem os alimentos.
- Não deixar os alimentos expostos em temperatura ambiente.
- Manter os alimentos frios em geladeiras, câmaras ou freezeres.
- Manter os alimentos quentes em banho-maria.
- Lavar os legumes e frutas em água corrente, unidade por unidade, folha por folha, deixar de molho por 15 min em solução clorada e enxaguar em água corrente.
- Nunca usar alimentos que apresentem mau cheiro, cor, sabor e aparência alterada.
- Nunca descongelar carnes em água parada ou em temperatura ambiente. O descongelamento deve ser feito sob refrigeração ou, na sua impossibilidade, em água corrente.

Quanto ao Vestuário:

- Os uniformes deverão apresentar as seguintes características: ser de cor clara (de preferência brancos); estarem em bom estado de conservação; apresentarem bom visual, estando limpos e passados; deverão ser trocados diariamente.
- As calças e blusas deverão ser de tecidos de algodão e confeccionados sem bolsos, sendo que deverão ser confortáveis, de forma a possibilitar os movimentos de braços e pernas.
- Os aventais deverão ser de tecido, quando não trabalhados com água e de borracha no trabalho com água.
- Os sapatos deverão ser fechados e as botas de borracha branca.
- Redes e toucas são acessórios que irão compor o vestuário têm como função principal não deixar que cabelos se misturem aos alimentos. As toucas devem ser da mesma cor das calças e blusas.

Quanto ao Asseio e Aparência:

- O banho diário é indispensável e de preferência feito no local de trabalho.
- Os cabelos deverão ser mantidos sempre limpos e penteados, além de estarem sempre cobertos.
- As mãos e braços deverão estar sempre limpas e com as unhas bem aparadas.
- Nunca usar adornos, quando estiver manipulando alimentos.
- Os dentes precisam estar escovados e tratados.
- Evitar o uso de barba. Se tiver barba, usar uma máscara facial.
- Os manipuladores de alimentos precisam se preocupar com a higiene e limpeza, sem se descuidar dos pratos bonitos e saborosos.
- Não trabalhe com alimentos, se estiver doente.

Quanto ao Uso dos Equipamentos:

- As facas deverão ser utilizadas de modo correto para evitar ferimentos.
- Para evitar ferimentos o manipulador deve usar luvas com malha de aço.
- Durante a manipulação de alimentos em bancadas, deve-se utilizar panos próprios para cozinha industrial e não os de algodão, porque estes retêm resíduos.
- Deve-se utilizar buchas para se fazer a limpeza de máquinas e equipamentos.
- O uso de máscaras só é recomendado como um mecanismo de prevenção da contaminação.
- O uso de luvas sintéticas é apenas recomendado e não exigido por lei.

- Os manipuladores de alimentos devem respeitar as recomendações dos manuais, quando liderem com máquinas e equipamentos.

Quanto aos Vegetais:

- A higienização dos vegetais consistirá, basicamente, em eliminar as substâncias que possam contaminá-los.
- Deve-se manter os alimentos protegidos de fontes contaminantes, fazendo um armazenamento adequado.
- Adotar procedimentos necessários, durante a manipulação de cada tipo de alimento.
- Verduras, frutas e legumes devem ser selecionados, lavados e imersos em uma solução de hipoclorito de sódio.
- Depois de sanitizados, os vegetais estarão em condições de serem consumidos.

Quanto às Carnes:

- Definir a quantidade exata de carne que será retirada do congelador, para evitar sobras.
- Depois de descongelada, a carne não deverá ser novamente congelada.
- O descongelamento da carne poderá ser feito: em câmaras de descongelamento, em ambientes climatizados; em microondas; em água corrente.
- Para carnes salgadas, a retirada do sal poderá ser feita por: trocas de água; fervura.

Quanto ao Local de Trabalho:

- Varrer a seco nas áreas de manipulação.
- Fazer uso de panos para secagem de utensílios e equipamentos.
- Usar escovas, esponjas ou similares de metal, lã, palha de aço, madeira e materiais rugosos e porosos.
- Reaproveitar embalagens de produtos de limpeza
- Usar nas áreas de manipulação, os mesmos utensílios e panos de limpeza, utilizados em banheiros e sanitários.

Quanto às Instalações:

- Evitar o acúmulo de restos de alimentos e de utensílios sujos espalhados pela cozinha.
- Utilizar lixeiras com tampas acionadas por pedais.
- Lavar os pisos, as superfícies e as paredes com água e sabão.

16.3 Limpeza

Manter sempre **limpo o local de trabalho** facilita a rotina do dia seguinte. A frequência, a rotina e a forma de limpeza das diferentes áreas de trabalho e equipamentos são estabelecidas por uma política. Para manter a higiene no local de trabalho é necessário ordem e limpeza, pois ajudam a manter o bem-estar e a saúde dos funcionários.

Portanto, é preciso ter como objetivo o profissionalismo. Tal objetivo poderá ser alcançado pela educação de todos os funcionários, quer superiores e subordinados, para os perigos existentes e ensinando como evitá-los. É mister que sempre seja mantido um estado de alerta, por meio de pesquisas e observações, para novos processos, recursos e tecnologias.

A **limpeza deverá ser feita em quatro etapas:**

Pré-Limpeza – Esta etapa deverá ser feita com o objetivo de se retirar todos os restos de alimentos que se encontram aderidos aos equipamentos e utensílios que serão utilizados na preparação do alimento. Os resíduos removidos deverão ser coletados e descartados em lixeiras com tampa, acionada por pedal e, também, devidamente equipadas com sacos plásticos.

Limpeza – Esta etapa deverá ser feita imediatamente após a fase anterior. Para tal poderá ser feito com água e sabão (detergente).

Enxágue – Para esta tarefa deve-se usar água em abundância, removendo toda a espuma.

Sanitização – Borrifar uma solução de álcool (70%) ou hipoclorito de sódio (200 ppm).

Em muitos casos, alguns equipamentos precisam ser desmontados para poderem ser limpos e, neste caso, as peças menores serão tratadas como utensílios, que deverão ser limpos, como mostrado acima. No caso da limpeza de equipamentos elétricos, os mesmos precisam ser desligados, nas tomadas de força.

O **período entre cada limpeza** é variável de acordo com o tipo de equipamento.

O Quadro, a seguir, mostra um exemplo de como fazer com relação a uma cozinha:

Equipamentos e Utensílios	Quando Limpar	Produto Utilizado na Limpeza
Louças, Talheres, Panelas, Formas	Após o uso	Detergente Neutro; Hipoclorito de Sódio; Álcool
Exaustor	Semanal	Desencrustante; Detergente Neutro
Chapa	Diário	Desencrustante; Hipoclorito de Sódio
Fritadeira	Diário	Desencrustante; Hipoclorito de Sódio
Fogão	Diário e Semanal	Desencrustante
Forno	Diário e Semanal	Desencrustante
Placas de Corte	Após o Uso	Detergente Neutro; Hipoclorito de Sódio
Máquinas	Após o Uso	Detergente Neutro; Hipoclorito de Sódio
Máquinas de Chope	Após o Uso	Detergente Neutro; Hipoclorito de Sódio
Geladeiras, Câmaras, Refrigeradores	Diário e Semanal	Detergente Neutro; Hipoclorito de Sódio

Quadro 16.1: Tabela de Limpeza dos Equipamentos e Utensílios.

A limpeza das áreas de manipulação consiste em manter sempre bem limpos os tetos, as paredes, os pisos, as luminárias, as tubulações internas e externas, as prateleiras, os estrados, as lixeiras e os banheiros.

O período de limpeza deve seguir as seguintes recomendações:

Limpeza Diária: pisos, paredes, rodapés, ralos, áreas de lavagem, áreas de produção, maçanetas, lavatórios, pias, sanitários, cadeiras, mesas, monoblocos, recipientes de lixo.

Limpeza Diária e de Acordo com o Uso: equipamentos, utensílios, bancadas, superfícies de manipulação, borrifadores.

Limpeza Semanal: paredes, portas, janelas, prateleiras, armários, coifas, geladeiras, congeladores, freezeres.

Limpeza Quinzenal: depósitos, almoxarifados, engradados, paletes.

Limpeza Mensal: luminárias, acessórios elétricos.

Limpeza Semestral: reservatórios de água.

Produtos de limpeza são materiais que depois de dissolvidos ajudam a remover gorduras e outros resíduos de equipamentos, utensílios e outros objetos. Eles são utilizados com materiais e equipamentos próprios, tendo como veículo diluente, geralmente, a água.

Os produtos de limpeza são composições químicas industrializadas e muitas vezes corrosivos e venenosos. A seguir, algumas considerações:

Tipos de Produtos de Limpeza:

Sabões – Preparados em forma líquida, sólida e pó. São produtos próprios para dissolver gorduras. Empregam-se dissolvidos em água e exigem enxágue perfeito, para não prejudicar o sabor dos alimentos.

Detergentes – Produtos com características e usos similares aos sabões. São produtos concentrados em dosagens mais fortes e, geralmente, venenosos.

Limpa Forno – Detergente em pasta, ou líquido, e altamente concentrado. Estes produtos são empregados sem misturar com água, em superfícies metálicas que apresentam incrustações de gordura queimada. Aplicam-se com escovas ou esponjas. Deixa-se que o produto atue sobre o metal que depois é removido com água.

Limpadores Desoxigenantes – São misturas líquidas ou em pó utilizadas para remover manchas de oxidação que cobrem os metais. Esse limpador pode ser uma mistura de: suco de limão, vinagre e farinha. A mistura é aplicada, esfregando sobre os metais com ajuda de um pano.

Salmoura – É uma solução concentrada de sal e água, utilizada sobre metais quentes. Esfrega-se com escova e remove-se com água limpa. A salmoura, não sendo venenosa, pode ser utilizada em chapas e grelhas que entram em contato com alimentos.

Pedra Pome – Produto que serve para tirar manchas a seco, ou com pouca água, de metais oxidados ou remover incrustações não gordurosas.

Sapólio – Produto industrializado resultante da mistura de sabão com areia fina, que serve para dar brilho e retirar pequenas sujeiras dos utensílios. Usa-se com a ajuda de esponja ou pano.

Lixas – São usadas para limpeza das partes externas de fornos, facas de aço inoxidáveis e outras superfícies de ferro sujeitas à oxidação.

Álcool – É usado em baixa concentração para completar a limpeza com o duplo objetivo de esterilizar os recipientes e dar brilho nos pratos e copos. Deve ser aplicado com o auxílio de pano de copa.

Soda Cáustica – Altamente corrosiva e venenosa, é usada, dissolvida em água, na limpeza dos queimadores dos fogões e das caixas de gordura. Os queimadores dos fogões são fervidos, adicionando-se uma porção de soda cáustica.

Querosene – Para a limpeza da coifa onde se alojam gorduras e detritos absorvidos pelos exaustores.

Precauções no Uso de Produtos de Limpeza:

Todos os produtos de limpeza devem ser removidos completamente com água, antes de se usar um recipiente de cozinha. Há perigo, em caso de limpeza incompleta, de envenenamento. Alguns produtos à base de ácidos podem atacar as mãos, que devem ser protegidas com luvas.

É desaconselhável o uso de determinados produtos na existência de qualquer ferimento. Recomenda-se estudar as instruções de uso dos fabricantes.

Armazenamento dos Produtos de Limpeza:

Cuidados especiais devem ser tomados na guarda destes materiais:

- Devem ser afastados dos comestíveis.
- Não devem ser misturados.
- Devem ser conservados em lugares secos e ventilados.

Equipamentos de Limpeza:

A seguir, apresentamos os principais equipamentos utilizados na limpeza em geral:

Máquinas de Lavar; Tanques; Pias de Lavagem; Trituradores de Resíduos; Escovas; Vassouras; Raspadeiras; Esfregões; Rodos; Baldes; Esponjas; Panos de Limpeza.

A falta de limpeza da empresa custa dinheiro sob três formas:

a) Resulta mais cara, porque interfere na produção.
b) A falta de limpeza nos locais de trabalho promove acidentes.
c) Uma limpeza espaçada em períodos prolongados fica bem mais cara do que uma limpeza continuada.

A **assistência à saúde** é coisa séria para as empresas. Várias questões de gestão da saúde precisam ser tomadas em consideração, tais como:

- Como gerenciar o sistema de saúde da organização, maximizando resultados?
- Como alinhar o projeto de saúde à complexidade dos produtos?
- Qual o estágio de maturidade do conhecimento médico?
- Como incorporar elementos de diferenciação em serviços de saúde, com a experiência dos pacientes e com os custos associados?
- Qual o papel do setor público e do setor privado, no que diz respeito aos recursos financeiros?
- Qual o sistema de distribuição de verbas ótimo, entre o que é governo, empresa e indivíduo?
- Como encarar a longevidade e o envelhecimento da população?
- Qual a política de incentivos à pesquisa e desenvolvimento da saúde?
- Como incorporar novas tecnologias de maneira equilibrada para se atingir a efetividade?
- Quais os modelos a serem implantados para disseminar conhecimentos de saúde e de medicina?
- Como desenvolver índices e indicadores para avaliar o desempenho da saúde?
- Como disponibilizar dados e informações de saúde às demais organizações?
- Como criar banco de dados confiáveis e relevantes?

Capítulo 17

Finanças

"A definição, análise e resolução de problemas são tão importantes quanto planejar e estabelecer estratégias."

Robert Heller

Objetivos do Capítulo

- Mostrar a necessidade do conhecimento de finanças pelo empreendedor.
- Mostrar o que fazer e com aplicar o capital da empresa.
- Mostrar as diferenças entre investimento, crédito, financiamento, locação, empréstimo, tributação.
- Mostrar a necessidade de acompanhar a variação patrimonial.

7.1 Finanças

Finanças é a aplicação de uma série de princípios econômicos e financeiros para maximizar a riqueza ou o valor total de um negócio. O horizonte das finanças recai sobre as formas de orçar com eficácia os escassos recursos e investir os capitais nos ativos, ou projetos, que apresentem o melhor balanceamento entre o risco e o retorno do investimento.

A única pré-condição absoluta para a sobrevivência da sua empresa é a **disponibilidade de dinheiro** à mão, quando você precisar. Ficar sem capital de giro significa o fim de um negócio. Um desequilíbrio de caixa pode ser sintoma de um problema mais profundo.

Em geral, não é simplesmente a consequência de uma **falta de liquidez** passageira, mas de uma administração financeira deficiente. Para ter êxito, os administradores precisam se envolver com as mudanças que ocorrem constantemente, em ambiente de constante competitividade. Precisam estar atentos ao humor do mercado. O **conhecimento de finanças** não deve se restringir aos tesoureiros, controladores e planejadores financeiros.

Função Organizacional Finanças é a função relativa a planejamento, captação e gestão dos recursos financeiros, envolvendo também os registros contábeis das operações realizadas nas empresas e seus respectivos orçamentos.

Atualmente, os **administradores financeiros** dispõem de muitas ferramentas sofisticadas para solucionar difíceis problemas empresariais.

O horizonte das finanças recai sobre as formas de orçar com eficácia os recursos escassos e investir os capitais nos ativos que apresentem o melhor balanceamento entre o risco e o retorno do investimento. O conhecimento de finanças não deve se restringir aos tesoureiros, controladores e planejadores financeiros.

Em qualquer empresa, se contabilistas, estatísticos e profissionais de marketing possuírem uma avaliação e um entendimento dos princípios de finanças poderão participar mais efetivamente do processo decisório dos projetos.

17.2 Indicadores Financeiros

Os indicadores financeiros objetivam mostrar o fluxo de dinheiro que corre na empresa e se ela terá condições de saldar compromissos assumidos. A seguir, os mais importantes indicadores financeiros:

Solvência Geral – A solvência geral é dada pela fórmula:

Solvência Geral - Ativo Real / Passivo Real.

A solvência geral é um indicador de grande abrangência e somente merece maior atenção quando o grau de endividamento da empresa é elevado ou os valores registrados, no ativo diferido, têm grande participação percentual em relação ao ativo total. Geralmente, este indicador se aproxima da unidade. Abaixo, ou muito abaixo, traduz um estado de insolvência, tendo a empresa de alienar ativos, renegociar suas dívidas, repensar seus objetivos e recursos, por exemplo.

Liquidez Corrente – A liquidez corrente é dada pela fórmula:

Liquidez Corrente = Ativo Circulante / Passivo Circulante

Quanto mais alto este indicador, maior a capacidade da empresa para pagar suas contas, no curto prazo. O indicador em questão deverá ser considerado como medida bruta, já que não leva em conta a liquidez específica de cada um dos itens componentes do ativo circulante. Assim, uma empresa com ativo circulante composto de caixa, bancos e duplicatas a receber, provavelmente, possuirá maior liquidez porque terá mais facilidades para obter dinheiro.

Liquidez Seca – A liquidez seca (ou atual) é dada pela fórmula:

Liquidez Seca = (Ativo Circulante - Estoque) / Passivo Circulante

A comparação da liquidez seca com a liquidez corrente permite avaliar o quanto pesa o estoque na liquidez da empresa. Valores abaixo de 1 (um) devem preocupar a empresa.

Liquidez Imediata – A liquidez imediata é dada pela fórmula:

Liquidez Imediata = Disponível / Passivo Circulante

Este cociente tem por objetivo medir o encaixe da empresa, ou seja, um volume mínimo de dinheiro para cobrir despesas não compromissadas e/ou de valores incertos.

Taxa de Endividamento – O endividamento é dado pela fórmula:

Taxa de Endividamento = Passivo Real / Passivo Total

Este indicador procura mostrar até que ponto a empresa é mais de seus proprietários do que de terceiros. É interessante observar que em muitos casos, o gerente financeiro deverá verificar a participação das dívidas (empréstimos) de curto prazo, que, além de normalmente onerosas, podem ser exigidas em prazo inferior àquelas na qual a empresa é capaz de gerar dinheiro para o referido pagamento, o que acarreta novas dívidas em condições adversas.

Nível de Desconto de Duplicatas – O nível de desconto de duplicatas é dado pela fórmula:

Nível de Desconto de Duplicatas = Duplicatas Descontadas no Período / Receitas com Vendas

Um nível elevado de descontos de duplicatas indica, normalmente, que a administração financeira da empresa se defronta com problemas de capital de giro, geralmente, por insuficiente autogeração de caixa.

Autonomia Financeira – A autonomia financeira é dada pela fórmula:

Autonomia Financeira = Capital de Empréstimo / Capital Próprio

O valor ideal é que seja próximo de zero. É mais um indicador que mostra a influência de capital de terceiros. Alguns autores dizem que a autonomia financeira é dada pela relação entre o patrimônio líquido e o passivo total.

Giro do Capital – O giro do capital é dado pela fórmula:

Giro do Capital = Capital de Giro Próprio / Capital de Movimento

Este indicador diz que, se os compromissos de curto prazo forem liquidados, o capital de giro ficará reduzido a 60% do valor anterior. Quanto menor for a necessidade de capital de giro, tanto menor é o risco da empresa.

Taxa de Depreciação – A depreciação (exaustão, amortização) nada mais é que um valor retirado do valor de compra de um bem ao longo dos anos. Normalmente o período de 5 anos é o mais considerado para bens industriais, pois se acredita que estes bens em cinco anos já estarão obsoletos e totalmente exauridos.

A taxa de depreciação é dada pela fórmula:

Taxa de Depreciação = Valor de Mercado / (Valor de Compra - Depreciação Acumulada)

Onde:
Valor de Mercado = Valor dado em função do equilíbrio entre a oferta e a procura
Valor de Compra = Soma do preço pago, gasto com tempo e gasto de energia física e psíquica
Depreciação Acumulada = Soma das depreciações ao longo dos anos

Se a taxa de depreciação for maior que a unidade, isso indica que o veículo foi muito bem conservado ou existe escassez do mesmo no mercado.

Taxa de Inadimplência – A taxa de inadimplência é dada pela fórmula:

Taxa de Inadimplência = Contas de Liquidação Duvidosa / Contas a Receber

É comum, hoje, se considerar o valor de 3% como limite máximo para a empresa começar a se preocupar. Assim, a mesma deve provisionar valores para devedores duvidosos. No exemplo acima, a taxa de 6% é um valor, relativamente, alto. É considerado inadimplência um atraso de pagamento acima de 90 dias.

Alavancagem Financeira – A alavancagem financeira é dada pela fórmula:

Alavancagem Financeira = Lucro Operacional Líquido / (Lucro Operacional Líquido - Despesas Financeiras)

A alavancagem mostra que o dinheiro tomado de instituições financeiras serve para alavancar (aumentar) o lucro da empresa.

Endividamento – O endividamento é dado pela fórmula:

Endividamento = Passivo Real / Passivo Total

Este índice procura mostrar até que ponto a empresa é mais de seus proprietários do que de terceiros. É interessante observar que em muitos casos, o gerente deverá verificar a participação das dívidas (empréstimos) de curto prazo, que, além de normalmente onerosas, podem ser exigidas em prazo inferior àqueles que a empresa é capaz de gerar dinheiro para o referido pagamento, o que acarreta novas dívidas em condições adversas.

Resultado Financeiro – O resultado financeiro é dado pela fórmula:

Resultado Financeiro = Ativo Total / Patrimônio Líquido

O resultado financeiro informa que a empresa conseguiu possuir em ativos o do seu patrimônio líquido.

Nota: Indicador é valor que consiste na comparação de dois ou mais elementos, de modo a se obter uma indicação (relação, medida) significativa da situação e, ao mesmo tempo, uma representação sintética da mesma. Um conjunto de indicadores, bem estudado, permite esclarecer a situação da empresa, através de elementos chaves. Quando se compara elementos, pode-se chegar a duas respostas: uma avaliação da proporção existente entre os valores e uma avaliação do desenvolvimento de um valor, em relação a outro tomado como base. Índices e indicadores são, muitas vezes, tomados como sinônimos por diversos autores. Porém, cada vez mais, estes conceitos se afastam um do outro. O índice tem um foco macroeconômico e o indicador microeconômico.

17.3 Problemas Financeiros

Problema Financeiro é um problema relativo à: capital próprio, liquidez, capital de giro, orçamentos, credores, caixa, câmbio, financiamento, contabilidade.

Os problemas financeiros, basicamente, estão voltados para o fluxo de dinheiro que corre na empresa e se ela terá condições de saldar compromissos assumidos (liquidez). Assim, é preciso ter presente a noção de conta, que é o registro de uma transação que envolve valores, devendo ter um nome, para caracterizar se a mesma é do ativo ou do passivo.

Quais as origens dos problemas de finanças? Tais problemas podem ter, a princípio, sua origem: no sistema de informações; na obtenção do capital; no controle de caixa; no indicador de gestão utilizado; no planejamento financeiro; no ciclo financeiro; no orçamento.

A seguir, abordaremos os mais importantes problemas financeiros:

Saldo de Caixa – O saldo ou diferença é o resultado do confronto entre os totais de débitos e de créditos levados a uma conta corrente. Este saldo, como é óbvio, poderá ser nulo, positivo ou negativo. Para proteger-se contra as variações dos ritmos das entradas e saídas de caixa, o gerente financeiro precisará ter sempre à mão um controle do fluxo de caixa. Precisa estar apto a pagar suas contas no vencimento e aplicar saldos de caixa disponíveis e não compromissados.

Fluxo de Caixa – Entende-se por caixa o controle diário onde são registradas todas as transações, em dinheiro, da empresa. O controle do fluxo de caixa sempre foi de extrema importância. Muitos empreendimentos são inviabilizados pela falta de cuidado com tal controle.

Fazer controle diário do que entra e sai na empresa é fundamental, porque evita a falta de dinheiro para tocar o negócio, proporciona condições do que fazer com as sobras de caixa, adquire-se conhecimento da série histórica das entradas e saídas, dá condições de se fazer projeções no curto prazo.

Planejamento Financeiro – Um plano financeiro, durante um determinado período, envolve certas previsões do panorama econômico. Se houver uma expectativa do aumento do nível das atividades econômicas, isto pode significar que também crescerão nossas necessidades de ativo, bem como de fundos com os quais possamos financiar estas aquisições.

Uma vez que os juros sobre os fundos tomados por empréstimos constituem despesa dedutível para cálculo de impostos, os aumentos das alíquotas de imposto tornam mais desejável o capital de terceiros em relação a outros tipos de fundos, do ponto de vista do lucro.

Ciclo Financeiro – Um problema que precisa ser levado em conta é o estudo do ciclo financeiro de uma empresa. Quando estudamos o **ciclo mercadológico**, constatamos que o mesmo é composto das seguintes fases: planejamento da produção e da venda, período de vendas, compra de matéria-prima e insumo, produção, pagamento a fornecedores, distribuição e recebíveis.

Tais fases se superpõem, em função dos períodos de tempo preestabelecidos e/ou aprazados.

Assim, o problema é o tamanho do período do ciclo financeiro, que inicia desde o momento que se começa a pagar fornecedores até o recebimento da última conta a receber, relativa a este **ciclo operacional**.

O estudo do ciclo financeiro mostrará o período a descoberto da empresa e a inadimplência.

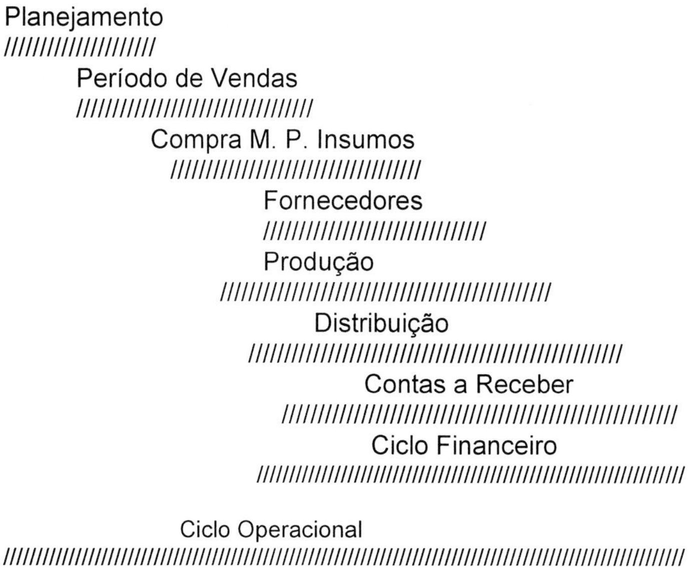

Figura 17.1: Ciclos Operacional e Financeiro.

Orçamento – Orçamento é um plano que especifica as receitas e os gastos, antecipadamente, em um dado período. Previsões e orçamentos não podem ser considerados como sinônimos. Uma previsão é uma tentativa de determinação de futuros eventos. Orçamento é, ao contrário, a manifestação de uma vontade tendente a orientar os eventos futuros na direção mais oportuna.

Os orçamentos podem ser: Operacionais; Financeiros; Fixos (para um só volume de produção) e flexíveis (para vários volumes de produção).

A **elaboração de orçamentos** pode ser usada para determinar se cursos de ação particulares apresentam boa relação custo/qualidade/preço/lucro. Uma eficiente contabilidade de custos é condição básica para a correta aplicação de um sistema de controle orçamentário. É importante que o orçamento seja congruente com os objetivos da empresa.

Por que o orçamento é um problema?

Primeiro, porque ele é caro para as organizações. Executar o processo orçamentário não significa apenas traçar um plano. Envolve também executá-lo e fazer acompanhamentos, o que se traduz em esforço, tempo e recursos.

Segundo, porque o orçamento agrega pouco valor e é mais uma ferramenta para controlar o comportamento do que ajudar uma empresa a ser mais competitiva.

Terceiro, porque o orçamento vem acompanhado de defeitos funcionais graves.

O orçamento não dá uma visão realista do futuro, só mostra um desejo de programar a organização para um determinado período, o que não é possível, quando o cenário é mutante.

17.4 Elementos Financeiros

A seguir, os principais elementos financeiros:

Ciclo Financeiro: Ciclo contido no ciclo operacional, cujas fases são: pagamento a fornecedores e contas e receber. O ciclo financeiro mostrará qual é o período a descoberto e a inadimplência.

Conhecimento Financeiro: Conhecimento que elabora e interpreta o fluxo de caixa, registro de toda a movimentação das entradas e saídas de capital da empresa.

Controle Financeiro: Controle voltado para: fluxo de caixa, orçamentos, capital de giro, aplicações de saldos de caixa, taxa de inadimplência, investimentos, ativos, empréstimos e tudo o que se refere a movimentação de dinheiro no âmbito da empresa.

Demonstrativo Financeiro: Relatório, na forma de balancete, onde a preocupação é com o dinheiro nas suas diversas formas e aplicações. Seus itens são: Ativo Circulante (caixa, bancos, aplicações, estoques, duplicatas a receber e títulos a receber); Ativo Imobilizado (imóveis, equipamentos, máquinas, instalações, móveis, utensílios, viaturas); Fundos de Aprovisionamentos (reservas, provisões, empréstimos a empregados); Exigível (duplicatas a pagar, contas a pagar, fornecedores a pagar, saldos de empréstimos).

Departamento de Finanças: Departamento que cuida dos problemas financeiros da empresa que, basicamente, estão voltados para o fluxo de dinheiro que corre na empresa e se ela terá condições de saldar compromissos assumidos (liquidez).

Despesa Financeira: Despesa com juros, comissões, bancos e diversos. As despesas com juros não nascem diretamente da operação da empresa, mas da decisão de financiamento. Na verdade, as decisões de financiamento e investimento são independentes.

Disponibilidade Financeira: Capital dos proprietários no ativo da empresa.

Encargo Financeiro: Juros e comissões diversas que a empresa tomadora do empréstimo deve pagar, conforme contrato.

Estratégia Financeira: Estratégia que envolve o entendimento da mistura que existe entre dívida, participação acionária e ganhos retidos. Esta estratégia especificará as regras e os meios pelos quais a empresa procurará financiar seu crescimento e sua expansão.

Gerente Financeiro: Gerente voltado a planejar, captar, investir e gerir os recursos financeiros, envolvendo-se também com os registros contábeis das operações realizadas na empresa. Ele é o indivíduo responsável pelo levantamento das necessidades e captação de fundos. O gerente financeiro, ao conseguir recursos financeiros e distribuí-los, em função dos diferentes usos e aplicações, acaba sendo o elo vital na aquisição de recursos de todo o tipo.

Meio Financeiro: Meio para conseguir capital. Quando se quer programar a futura atividade de uma empresa, deve-se tomar em consideração os meios financeiros disponíveis. A disponibilidade de meios financeiros e a obtenção de lucros são dois importantes problemas de sobrevivência de uma empresa.

Mercado Financeiro: Mercado de várias instituições financeiras, em todo o mundo, nas quais empresas e governos participam, tomando dinheiro emprestado ou investindo as sobras de caixa. Tais mercados tiram proveito do valor da eliminação de desequilíbrios tecnológicos, sociais e científicos, avaliando as empresas em função da sua capacidade de gerar lucros.

Planejamento Financeiro: Planejamento que envolve previsões do panorama econômico. Se houver uma expectativa do aumento do nível das atividades econômicas, isto pode significar que também crescerão nossas necessidades de ativo, bem como de fundos com os quais possamos financiar estas aquisições.

Política Financeira: Política voltada para o emprego, captação, proteção do capital e distribuição dos lucros.

Relatório Financeiro: Relatório que é responsável pelo levantamento das necessidades de capital e como captá-lo, isto é, como conseguir recursos financeiros e distribuí-los em função dos diferentes usos e aplicações.

Resultado Financeiro: O resultado financeiro informa que a empresa conseguiu possuir em ativos.

Serviço Financeiro: Serviço executado por intermediários financeiros quanto à movimentação de saldos de aplicações para pontos onde se manifestem déficits orçamentários. Convém acentuar que os recursos sobre os quais operam os intermediários financeiros diferem daqueles com que trabalham os bancos comerciais. Isto porque os bancos comerciais recebem das famílias e empresas tão somente uma fração de seus capitais, do que se pode chamar de reservas monetárias, para saldar compromissos correntes. Os serviços financeiros estão concentrados em grandes centros urbanos, exigindo uma força de trabalho altamente especializada.

Sistema de Informações Financeiras: Sistema baseado no fluxo de dinheiro que corre através da empresa. Este sistema envolve uma quantidade muito grande de dados históricos e internos para o planejamento financeiro da organização.

O sistema financeiro é, provavelmente, o mais importante sistema de informação gerencial. Na maioria das empresas este sistema é o mais velho e mais bem desenvolvido de todos os outros sistemas porque lida com dinheiro.

Análise Financeira: A análise financeira da empresa é tarefa bastante complexa e de fundamental importância numa sociedade moderna. No caso de análise da empresa, a razão mais frequente que nos leva a desenvolvê-la tende a ser de caráter econômico-financeiro. Para o credor, certamente, sua principal preocupação será no sentido de receber aquilo que tem direito.

Para o investidor, seu objetivo primeiro é ter um retorno sobre o seu investimento, mantendo certo grau de segurança. Paralelamente, o analista deverá buscar referências que lhe permitam comparar o desempenho da empresa com outras que tenham atividades semelhantes.

A análise financeira pode, ainda, ser muito útil a qualquer cidadão em suas relações de negócios, como a compra e venda de um imóvel.

Historicamente, a análise financeira, feita por elementos de fora da organização, como no caso de credores, fornecedores de recursos e investidores, sempre esteve muito ligada à necessidade de identificar a solidez, o risco, a rentabilidade, a liquidez e a performance, por exemplo.

Recursos Financeiros: Capital próprio, crédito, financiamento, receita com vendas, investimentos de terceiros, empréstimos.

Sistema Financeiro: O sistema financeiro é, provavelmente, o mais importante sistema de informação gerencial. Na maioria das empresas este sistema é o mais velho e mais bem desenvolvido de todos os outros sistemas, porque lida com dinheiro. Seus maiores problemas são: determinar um padrão para controle; determinar quando a ação é requerida; obter de forma rápida e atualizada as informações relevantes; prever variações e tendências.

Captação de Recursos Financeiros: Os recursos financeiros aplicados no empreendimento são considerados investimento. Então, os problemas do gerente financeiro estão em como captar e gerir tais recursos. Também caberá questionar quanto, quando, quais e por que da captação de tais recursos.

Normas do Supervisor Financeiro: Ter sempre informações atualizadas sobre o inventário de matéria-prima, insumo, produto semiacabado e produto acabado; participar junto ao gerente do plano de aquisição; conhecer especificações de materiais; controlar o faturamento e informar à força de vendas; ter informações sobre o mercado de recursos; acompanhar a carteira de pedidos e emissões de notas fiscais e faturas; manter em computador aplicativos fornecidos pelas organizações bancárias para dar suporte às suas decisões; ter conhecimento de expedição, recepção, crédito e cobrança.; fornecer à equipe de vendas detalhes sobre as vendas à vista, exportação, vendas a prazo, inadimplência, ranking de vendedores, desvio de faturamento; participar da equipe de determinação do preço de venda.

Política Financeira: Política voltada para o emprego, captação, proteção do capital e distribuição dos lucros. No emprego do capital, os fatores a considerar são: proporção do investimento em ativo fixo; limites de estoques; concessão de crédito; necessidades mediatas e imediatas.

Nas **fontes de capitação de dinheiro**, os fatores a considerar são: proprietários; credores a longo prazo; credores a curto prazo.

Na proteção do capital, os fatores a considerar são: redução do risco; seguro; transações compensatórias na bolsa de mercadorias; reservas de capital. Na distribuição de lucros, os fatores a considerar são: reinvestimento; valor das retiradas (dividendos); adequação do lucro.

Gerente Financeiro: O gerente financeiro tem a função de planejar, captar e gerir os recursos financeiros, envolvendo-se também com os registros contábeis das operações realizadas na empresa. Ele é o indivíduo responsável pelo levantamento das necessidades e captação de fundos. O gerente financeiro, ao conseguir recursos financeiros e distribuí-los em função dos diferentes usos e aplicações, acaba sendo o elo vital na aquisição de recursos de todo o tipo na empresa.

Para proteger-se contra as variações dos ritmos das entradas e saídas de caixa, o gerente financeiro precisará ter sempre à mão um controle do fluxo de caixa. Precisa estar apto a pagar suas contas no vencimento e aplicar saldos de caixa disponíveis. O gerente financeiro trabalha no fio da navalha, porque não poderá subestimar ou superestimar as necessidades de caixa. Sua máxima é o equilíbrio.

Administrador Financeiro: O administrador financeiro é o indivíduo que, numa empresa, desempenha a função principal no levantamento e planejamento das necessidades de fundos e aplicações efetivas dos mesmos. Ao conseguir recursos e distribuí-los, em função dos diferentes usos em uma empresa, funciona como elemento vital no fluxo de dinheiro. É como o sistema de preços atua na economia do país.

Para proteger-se contra as variações do fluxo de capitais, o administrador financeiro precisa conhecer o saldo de caixa diariamente, para pagar contas, bem como aplicar saldos inativos. É um profissional que sempre trabalha no fio da navalha. Suas funções principais são: manter a liquidez da empresa; otimizar o lucro; levantar fundos; manobrar orçamentos; fazer investimentos, imobilizações e aplicações.

Administração Financeira: A sobrevivência antecede o sucesso. A única pré-condição absoluta para a sobrevivência da sua empresa é a disponibilidade de dinheiro à mão, quando você precisar. Ficar sem capital de giro significa o fim de um negócio. Um desequilíbrio de caixa pode ser sintoma de um problema mais profundo.

Em geral, não é simplesmente a consequência de uma falta de liquidez passageira, mas de uma administração financeira deficiente. Para ter êxito, os administradores financeiros precisam se envolver com as mudanças que ocorrem constantemente, em ambiente de constante competitividade. Precisam estar atentos ao humor dos mercados.

Empresa Financeira: É aquela que trabalha com dinheiro, títulos, ações e valores.

Estratégia Financeira: A estratégia financeira envolve o entendimento da mistura que existe entre dívida, participação acionária e ganhos retidos. Esta estratégia especificará as regras e os meios pelos quais a empresa procurará financiar seu crescimento e sua expansão. Uma decisão muito importante é a divisão dos fluxos de entrada de caixa entre pagamentos e reinvestimentos, devido ao forte impacto que causa.

17.5 Capital

Capital é o montante de recursos financeiros a serem investidos em um projeto. Soma do capital realizado mais o capital a realizar. Os **investidores** assumem o risco do montante investido, tendo o direito de controle e gerência do projeto e, logicamente, auferirem os benefícios futuros gerados pelo capital aplicado.

Um **empreendimento** precisará de capital financeiro para levar adiante os seus projetos. Assim, devemos questionar sobre: Quanto é preciso? Qual **capital de giro é necessário**? Qual fonte de capital? Será por meio de financiamento, empréstimo, leasing ou crédito? Qual a disponibilidade financeira? Dentre os problemas levantados, os mais graves são: o capital de giro e o capital próprio.

Quando se quer programar a futura atividade de uma empresa, deve-se tomar em consideração os meios financeiros disponíveis que, muitas vezes, devem ser condicionados aos objetivos do empreendimento, e vice-versa.

Para fazer o **capital inicial**, recomenda-se a utilização do patrimônio pessoal, resultante de indenizações, alienação de bens, hipotecas de imóveis, poupanças, aplicações, por exemplo. Somente como recurso final, recorrer a dinheiro emprestado. Nesse caso, a taxa de retorno tem de ser calculada com precisão, ela não pode ser inferior à taxa de juros, cobrada pelo mercado, sob pena de condenar o negócio à falência.

A **lucratividade** não pode estar a baixo da taxa de inflação real somada a taxa de juros de empréstimos.

Outras possibilidades para criar capital são: comprar ativos financiados com prazo de carência; alugar ou arrendar ativos; crédito de fornecedores com a definição de prazos de pagamento compatíveis com o tempo de venda; crédito de clientes sob a forma de adiantamento por conta de entregas futuras; conta garantida por cheques especiais.

O **capital próprio** é a participação dos proprietários no ativo. Ele não tem data de vencimento. Quando os proprietários investem numa empresa, não há acordo sobre a devolução do seu investimento inicial. Se um proprietário desejar reaver seu investimento, terá que achar outro comprador para sua parte ou liquidar a empresa. Se o empreendedor vai ou não conseguir seu investimento original intacto, é uma questão que depende de sorte e de sua capacidade de gerenciamento do negócio.

Os **capitais obtidos de terceiros** têm prazos de vencimento. É preciso resgatá-los nas datas especificadas nos contratos realizados entre a empresa e seus credores. Se a dívida não for paga no vencimento, os credores podem penhorar o ativo ou mesmo forçar a liquidação da empresa, dependendo dos termos do contrato firmado.

Teoricamente, uma empresa pode viver muitos anos, sem investir, apenas usando instalações, máquinas e equipamentos que possui. No entanto, ela não sobreviveria um mês sem capital de giro, que são os recursos financeiros que mantêm as engrenagens do negócio.

A decisão de reter dinheiro em caixa, não se valendo de bancos, para ser usado como capital de giro significa comprometer o crescimento no longo prazo e ter menos dinheiro para repartir lucros com os sócios.

Em relação ao direito sobre lucros, três são os aspectos que diferenciam o capital de terceiros do capital próprio:

Prioridade da Exigibilidade – Os direitos dos credores têm prioridade em relação aos direitos dos proprietários. Em certas ocasiões, os proprietários não poderão retirar o lucro, se isto prejudicar os direitos dos credores.

Certeza da Exigibilidade – Se a empresa se comprometeu- a pagar juros sobre a dívida contraída terá de pagá-los, independentemente, do montante do lucro auferido ou, então, enfrentar uma ação legal. O pagamento de juros constitui uma despesa fixa. Os pagamentos aos proprietários são chamados de retiradas, em se tratando de firmas individuais e sociedades de pessoas.

No caso de sociedades anônimas, o lucro é distribuído na forma de dividendos. No primeiro caso, o pagamento fica a critério do proprietário ou dos sócios. No segundo, a critério da diretoria e/ou do conselho de administração.

Valor da Exigibilidade – Os juros pagos sobre os empréstimos são cobrados pelos credores, independentemente da rentabilidade da empresa.

Raramente credores e proprietários investem numa empresa na expectativa de participarem da sua liquidação final. Não obstante, seus temores em períodos de dificuldades causam-lhe certa preocupação. Enquanto a consideração dos direitos sobre os lucros é mais importante para uma empresa em funcionamento, os direitos sobre os ativos são, geralmente, mais significativos quando a empresa enfrenta dificuldades, especialmente se o ativo estiver sendo liquidado.

Os direitos dos credores sobre o ativo têm sempre prioridade.

17.6 Tipos de Capital

A seguir, os principais tipos de capital:

Capital a Integralizar: Capital a realizar; Capital que falta para compor o capital social declarado em contrato entre sócios.

Capital Autorizado: Capital limitado pelo que estabelece o estatuto e autorizado pelos sócios proprietários. O capital autorizado não precisa ser contabilizado, mas seu limite deve ser divulgado nas demonstrações financeiras.

Capital da Marca: Ativo que o responsável pelo marketing acumula para garantir a continuidade do consumo e do lucro. Ele pode ser considerado como reserva de lucro da empresa.

Capital de Empréstimo: Capital tomado no mercado de recursos, sob a forma de dinheiro, material, máquinas e equipamentos.

Capital de Giro: Capital necessário às operações do projeto; Recursos financeiros para pagar as despesas operacionais, como a compra de matérias-primas, insumos, materiais de higiene e limpeza, materiais de escritório, manutenção de máquinas, manutenção das instalações, despesas diversas.

Capital de Giro Líquido: Diferença entre o capital de giro e as receitas conseguidas durante a construção do projeto.

Capital de Giro Próprio: Diferença entre ativo circulante e passivo circulante.

Capital de Movimento: Soma do capital próprio com as exigibilidades correntes.

Capital de Terceiros: Capital de credores, com prazos preestabelecidos de resgate; Capital daqueles que aportam recursos em um projeto como terceiros e exigirão: informações, garantias sobre a viabilidade do projeto, retorno do investimento, credibilidade dos gestores do projeto e prazos de vencimento.

Capital Declarado: Capital estabelecido no contrato social.

Capital Disponível: Somatório do dinheiro em caixa e em bancos.

Capital Efetivo: Diferença entre capital realizado e valores consumidos no projeto.

Capital Estrutural: Conjunto de invenções e inovações desenvolvidas por funcionários, com capital da empresa, sendo considerado propriedade da empresa.

Capital Financeiro: Valores que podem ser transformados em dinheiro.

Capital Humano: Conjunto de pessoas que detém conhecimentos úteis à empresa.

Capital Imobilizado: Capital retido em ativos necessários ao andamento das atividades do projeto, para maior eficiência, eficácia, efetividade e produtividade.

Capital Inicial: Capital com que contam os sócios no início do empreendimento.

Capital Intelectual: Conjunto de todo conhecimento científico, tecnológico e metodológico que possui uma organização, através de seus registros, arquivos e pessoas.

Capital Investido: Capital aplicado em um negócio.

Capital Ordinário: Valor das ações ordinárias emitidas pela empresa; Valor residual que cabe aos proprietários, no caso de insolvência da empresa.

Capital Próprio: Participação dos proprietários no ativo da empresa; Patrimônio líquido.

Capital Realizado: Diferença entre capital declarado e capital a realizar.

Capital Social: Capital declarado no contrato social.

Capital Subscrito: Valor do capital social representado por cotas (ações) totalmente subscritas pelos investidores.

Capital de Reserva: Também chamado de reserva de capital. É capital para suprir as despesas dos primeiros meses de operação e implantação do projeto.

Capital Aplicado: Capital investido em um negócio

Capital Político: Refere-se ao conjunto de recursos e vantagens que um indivíduo ou grupo possui, podendo influenciar ou exercer poder político. Esses recursos e vantagens podem ser de natureza diversas.

17.7 Elementos do Capital

A seguir, os principais elementos do capital:

Fonte de Capital: Origem de onde vem o capital necessário a tocar um empreendimento; Fonte de recursos financeiros.

Formação de Capital: Processo econômico-financeiro de criação de capital.

Fundo: Nome dado à origem ou depósito de um meio financeiro. O fundo pode advir de: reservas de lucro, empréstimos ou créditos mercantis.

Fundo com Encargos: Fundo que cobra uma taxa dos investidores que aplicam seu capital neste fundo.

Fundo de Capital Aberto: Fundo que vende ações de acordo com a demanda dos investidores e compram ações de volta desses mesmos investidores que desejam se desfazer da aplicação.

Fundo de Capital Fechado: Fundo que vende suas ações por meio de uma oferta pública inicial e são, então, fechados após a oferta.

Imobilização de Capital: Retenção de dinheiro em determinados ativos ou ação de imobilizar capital no longo prazo. O termo imobilizado não diz respeito à falta de mobilidade física dos bens de uma empresa, mas ao fato de que uma parcela dos recursos da sociedade foi aplicada em ativo permanente.

Juros: Importância cobrada por unidade de tempo, pelo empréstimo de dinheiro. Expressão da percentagem a ser paga sobre a soma emprestada. Taxa de juros.

Juros Simples: Juros que são considerados um artifício simplificador de cálculo, mas que não existem na realidade. Os juros simples ajudam a entender como se calcula os juros sobre um capital.

A fórmula dos juros simples é:
$J = CIT / 100$

Onde:
J = Juros
C = Capital
I = Taxa de Juros
T = Tempo

Juros Compostos: Juros que incidem sempre no capital anterior, formando um montante. O montante será o somatório do capital inicial mais todos os juros aplicados, num determinado período de tempo; Juros sobre juros. É a forma de juros utilizada no mercado financeiro.

O cálculo do **montante** é dado pela fórmula:
$M = CI\ (1 + i^n)$

Onde:
M = Montante
CI = Capital inicial
i = Taxa de juros

n = número de meses

Mercado de Capitais: Mercado de valores mobiliários. À medida que os mercados de capitais se expandem e se interligam, o dinheiro corre mais rápido.

Rentabilidade do Capital Próprio: Rentabilidade dada pela fórmula: Rentabilidade do Capital Próprio - Resultado do Exercício / Patrimônio Líquido

Onde:
Patrimônio Líquido = Capital Social + Reservas + Lucros - Prejuízos.
Capital Social - Capital Declarado
Reservas = Somatório de todas as reservas

Exemplo: Resultado do Exercício = $ 500,00; Patrimônio Líquido = $ 5.000,00; Rentabilidade do Capital Próprio = 500 / 5.000 = 0,10 = 10%

Este indicador mede a perspectiva de **retorno do investimento** dos proprietários. No exemplo acima, como a rentabilidade é de 10%, significa dizer que o capital próprio levará 10 anos para voltar a seus proprietários.

Imobilização: A imobilização é o mesmo que retenção de dinheiro em determinados ativos ou ação de imobilizar capital no longo prazo. São considerados ativos imobilizados os bens e direitos de natureza permanente, destinados à manutenção das atividades da sociedade.

Como é óbvio, o termo imobilizado não diz respeito à falta de mobilidade física dos bens de uma empresa, mas ao fato de que uma parcela dos recursos da sociedade (empresa) foi aplicada em **ativo permanente**.

A classificação de investimento permanente, ou **ativo imobilizado**, repousa na sua destinação, de forma que todas as contas relativas às atividades operacionais são classificadas no grupo imobilizado, que a empresa utiliza ou utilizará.

É importante esclarecer que a **imobilização de capital** e o **investimento** seriam idênticos se todos os bens e serviços fossem pagos à medida que são comprados, e se os pagamentos dos produtos vendidos fossem recebidos, no momento da entrega. Fato muito difícil de acontecer.

Taxa de Imobilização: A taxa de imobilização é dada pela fórmula: Taxa de Imobilização = Ativo Permanente / Patrimônio Líquido

Onde:
Ativo Permanente = Investimentos + Ativo Imobilizado + Ativo Diferido
Ativo Imobilizado = Soma dos imóveis, instalações, veículos, móveis, utensílios, marcas, patentes, direitos de publicação, cauções, reserva técnica de estoque.
Ativo Diferido = Aplicações de recursos em despesas (gastos com desenvolvimento de novos projetos) que contribuirão para a formação do resultado de mais de um exercício social.

A taxa de imobilização informa quanto uma empresa conseguiu imobilizar e investir com relação ao capital próprio (patrimônio líquido). No exemplo acima, o ativo permanente é quase o dobro do patrimônio líquido, sendo, portanto, um alto risco, porque ativos imobilizados não têm liquidez imediata. O **aumento dos investimentos** só se justifica se a empresa apresentar bons resultados. Mesmo assim, é necessário saber ler muito bem o cenário.

Reservas: As reservas representam a separação de parcelas provenientes de ganhos, com o objetivo de preservar o patrimônio líquido de uma sociedade de negócios. Se uma empresa distribuísse entre seus proprietários todos os ganhos que auferisse, em breve, provavelmente, estaria com uma posição bastante desfavorável.

Portanto, ao invés de distribuir todos os seus ganhos, a empresa deve reservar uma parte dos mesmos para que possa se prevenir de dificuldades futuras. Na prática as reservas são provenientes dos lucros. Mas, é preciso fazer diferença entre o lucro contábil e o dinheiro existente, pois muitos acreditam que o lucro deve ser representado por dinheiro em caixa e bancos. Porém, é possível que o lucro esteja na **aplicação do dinheiro em ativos** (imóveis, ações, patentes, marcas, participações).

Controle da Conta Capital: O controle da conta capital é relativo ao capital investido (ou retirado) de cada sócio, mostrando a participação do mesmo. Este controle é importante quando da distribuição do lucro.

Controle de Reservas: O controle de reservas (de capital, de lucro, legal, estatutária) permite a empresa direcionar melhor a distribuição do lucro e enfrentar incertezas do mercado.

Capitalização: A taxa de capitalização é dada pela fórmula: Taxa de Capitalização = Patrimônio Líquido / Ativo Total

Como o patrimônio líquido retrata as origens dos recursos financeiros (capital e reservas) e o ativo é, na realidade, o total das aplicações da empresa, o valor da taxa de capitalização dirá o percentual envolvido das origens de capital na composição do ativo total.

Provisões: As provisões podem ser consideradas como verdadeiros elementos subtrativos do ativo, no caso da provisão para depreciação e para devedores duvidosos ou como verdadeiros passivos, no caso da provisão para indenizações trabalhistas. No último caso, trata-se sempre de obrigações de vencimento aleatório.

As provisões mais conhecidas são para: Imposto de Renda, Devedores Duvidosos, Indenizações, Férias, Décimo Terceiro Salário, Garantia de Produtos, Perdas Judiciais, Distribuição de Dividendos, Oscilações de Câmbio, Oscilações de Preço, Oscilações de Faturamento, Acidentes e outros.

A provisão para imposto de renda é a parte do lucro apurado no exercício (ano base) que será recolhido ao governo federal no ano seguinte. O **lucro real** é o **lucro líquido** do exercício, ajustado pelas adições, exclusões ou compensações prescritas, ou autorizadas, pela legislação tributária.

17.8 Riqueza

Riqueza é um conjunto de ativos que podem gerar renda. O conceito de riqueza é, normalmente, confundido com abundância e fortuna, isto é, a antítese da pobreza. Mas em administração, um conjunto de bens, desde que sejam permutáveis, constitui riqueza.

A riqueza, por si só, não produz utilidade, nem individual e muito menos coletiva, na medida em que ela é praticada apenas dentro de uma visão acumulativa e não empreendedora. Além de gerar empregos, pagar tributos e movimentar um mercado cada vez mais incerto, turbulento, mutável e, por enquanto, muito potencial, o empresário só terá condições de exigir um papel mais comprometido do governo na proporção direta da sua abertura para uma ação mais associativa e menos individualizada.

Ao **administrar a riqueza**, apela-se para o crédito e, quando isto acontece, contraem-se dívidas, ou seja, assumem-se obrigações. Na **administração econômica** é devedor quem recebe e quem se compromete a entregar. É credor quem entrega e quem tem o direito de receber.

Por outro lado, torna-se fundamental profissionalizar a propriedade como forma de gerar riquezas que não apenas colher benefícios pessoais, mas além de preservar este interesse, contribuir para maior distribuição dos sucessos de uma ação conjunta.

Riqueza por Empregado é a riqueza criada pela empresa dividida pelo número de empregados, não levando em consideração serviços terceirizados. É dada pela fórmula:

Riqueza por Empregado = Riqueza Criada / Número de Empregados

Onde:
Riqueza Criada = Somatório de todos os acréscimos de ativos
Número de Empregados = Empregados Contratados + Empregados Existentes - Empregados Demitidos

Exemplo:

Riqueza Criada = 1.500.000,00
Número de Empregados = 2.000
Riqueza Criada = 1.500.000,00 / 2.000 = 750,00

Análise: Cada empregado da organização, através de seu esforço, criou 750,00 de riqueza, no exercício.

A seguir, serão feitas algumas **observações sobre riqueza**, ao longo da História:

Há muitos e muitos anos, a riqueza era elementar. Você a tinha, ou não. Ela era sólida. Era material. E podia-se compreender que a riqueza dava poder e o poder trazia riqueza, porque os dois fatores se baseavam na terra. A terra representava o mais importante de tudo. Ela só poderia ser utilizada por uma pessoa. Era eminentemente tangível e causou muitas guerras. O proprietário de terras tinha status, era um homem rico.

A riqueza foi transformada, quando o paradigma passou para a indústria. Materiais e máquinas é que significavam capital. Da mesma forma que a terra, eles eram bens finitos, pois se você usasse um forno, ninguém mais podia utilizá-lo. Quando J. P. Morgan, por exemplo, investia numa companhia ele queria saber sobre os "ativos sólidos". Os bancos queriam garantias físicas para emprestar dinheiro.

No entanto, ao contrário da maioria dos proprietários de terras, poucos investidores, da Era Industrial, tocavam nas máquinas e recursos físicos, nos quais sua riqueza se baseava. Eles recebiam papéis, meros símbolos, títulos ou certificados de ações, representando uma fração do valor do empreendimento.

À medida que os setores de serviços de informações cresceram, baseados na automação, a natureza da riqueza mudou. O deslocamento para essa nova forma de capital explodiu os pressupostos que calçavam a economia clássica.

Ao contrário da terra ou máquinas, que podiam ser usadas, apenas por uma pessoa, de cada vez, a informação passou a ser de domínio público, fazendo com que fosse utilizada por muitos ao mesmo tempo. Usadas com inteligência, as informações passaram a gerar mais conhecimento, que é incomensurável e não excludente.

O capital passou da forma tangível para uma forma de símbolos, representando ativos tangíveis, ou reais. E, por fim, para bytes e bits. Exatamente, ao mesmo tempo em que ocorre essa transformação, o capital passa a se basear em intangíveis, negociados nos mercados de capitais de todo o mundo. Cada vez mais estamos indo do tangível para o intangível.

Segundo Toffler, estamos seguindo, a grande velocidade, para investimentos ainda mais rarefeitos, baseados em índices de índices, derivativos de derivativos. O capital está se tornando rapidamente super simbólico.

Afastadas de corporificações materiais, as empresas se alteraram ao longo da História. O capital não é mais medido em moeda, mas, sim, em conhecimento. Deslocamo-nos do tangível para o simbólico. Essa vasta sequência de transformações é acompanhada de um profundo deslocamento do real para o virtual. Bens e serviços podem ser negociados por meio de símbolos e sinais eletrônicos.

17.9 Investimento

Investimento são recursos (ativos) aplicados em bens duráveis, direitos de marca, tecnologias, máquinas e equipamentos, bem como recursos aplicados em participações (empresas coligadas e/ou controladas) e em outras sociedades (direitos de qualquer natureza). É importante assinalar que os investimentos são aplicações, relativamente, permanentes com o objetivo de produzir renda.

Os **investimentos empresariais** podem ser vistos pela massa de capitais aplicados e pelo tempo da aplicação. Embora o volume de capital seja preponderante em qualquer investimento, o que realmente interessa é quanto tempo vai se levar para ter o dinheiro de volta.

É muito importante que o **investidor** faça uma análise da conveniência do investimento, bem como se deve comprar ou alugar alguns dos recursos que farão a empresa funcionar, porque os gastos com aluguel podem ser jogados na conta de despesas. Já o imobilizado só pode ser amortizado, em geral, em cinco ou mais anos.

A **análise do investimento** objetiva verificar a conveniência da otimização tecnológica para a substituição de máquinas e equipamentos, melhoria da produtividade (reditividade), avaliando o impacto na estratégia empresarial e qual a mudança no comportamento e cultura da organização.

Além da **disponibilidade de caixa** e da conjuntura econômica, fatores como o preço do equipamento desejado e o custo da locação devem ser, obrigatoriamente, pesquisados e analisados. Nesta análise, é importante que o tempo de utilização do ativo deva ser considerado, pois é esta variável que determinará o aluguel ou a compra.

O investimento tem uma relação inversamente proporcional com as taxas de juros de mercado. Se a empresa já dispõe de capital próprio, a taxa de juros representará o quanto à empresa ganharia se, em vez de investir em suas instalações, aplicasse no mercado de capitais.

O intervalo necessário para se obter resultados de um investimento é denominado tempo de resposta. Este tempo permite o conhecimento da antecipação com que é preciso efetuar um investimento, com relação ao momento em que se deseja obter bons resultados.

Se a empresa precisa tomar emprestado, para comprar bens duráveis ou ampliar suas instalações, a taxa de juros de mercado representa para ela o custo do empréstimo. Nas duas situações, quanto maior a **taxa de juros de mercado**, menores os investimentos.

A tomada de decisão sobre os gastos com investimento ficará em função do retorno do investimento, da taxa de juros praticados no mercado e da disponibilidade de fundos de longo prazo patrocinados pelos governos e bancos de desenvolvimento (fomento).

Tanto os investimentos públicos como os privados podem ser feitos de forma ineficiente.

Sempre que uma empresa deixa de obter uma taxa de retorno competitiva sobre seus investimentos, é porque foi feito um mau investimento. No setor privado, os índices de fracasso são elevados, porque muitas empresas não conseguem obter um retorno que compense tanto esforço, tempo e dinheiro.

Investimentos permanentes são os recursos aplicados em participações permanentes em outras sociedades e em direitos de qualquer natureza (não classificados de ativos realizáveis), que não se destinem à manutenção das atividades da empresa.

Problemas de investimento que mais afligem os investidores são:

Rentabilidade – A rentabilidade do capital investido deve ser uma preocupação do empreendedor, tendo em vista que este indicador econômico mede a perspectiva de retorno do investimento dos proprietários.

Risco – Numa economia dinâmica, livre e competitiva, o risco é inevitável. Desafia constantemente a argúcia dos empreendedores e sua estimativa correta é muito difícil. Expõe o negociante ao perigo de prejuízo financeiro, que pode ser causado por deterioração física, roubo, danificação, perda, alterações de oferta ou procura e oscilações do nível de preços.

Executar projetos é diferente de executar uma rotina já consagrada, visto que se está constantemente enfrentando situações inesperadas e turbulências do ambiente. Ademais, o que caracteriza o futuro é a incerteza. Os **riscos de fracasso** rondam, permanentemente, o analista, o empreendedor, o dirigente, o gestor.

Deve-se levar em conta que qualquer investimento tem uma expectativa de risco. Mas este deve ser o mais bem calculado possível. O **risco** é toda e qualquer possibilidade de uma decisão, política, estratégia, plano ou projeto não dar certo. Assim, se torna importante todo esforço para minimizá-lo.

17.10 Tipos de Investimento

A segui, os principais tipos de investimento:

Investimento Agregado: investimento que permitirá o aumento de renda.

Investimento em Automação: A automação é o caminho definitivo para o controle de toda a empresa, aumento da produtividade, melhoria da qualidade, fortalecimento da posição diante da concorrência e aumento da capacidade de gerar lucros. A automação é uma mudança na filosofia, no comportamento e até no ambiente. Às vezes, ela gera mudanças tão radicais na empresa, que afetam os seus produtos.

Investimento em Qualidade: Investimento calcado na filosofia da qualidade. Não se trata mais de uma questão de produzir para satisfazer às expectativas dos clientes, mas também de inspirar as pessoas que os produzem, para que façam da melhor maneira possível.

Investimento em Tecnologia: Investimento que aproveita os avanços em tecnologia para aumentar produtividade e qualidade dos produtos.

Investimento Empresarial: Massa de capitais aplicada em um empreendimento.

Investimento Estratégico: Investimento voltado para o mercado. Este investimento, dificilmente, permite uma avaliação mais concreta dos futuros resultados.

Investimento Imobilizado: Retenção de dinheiro em determinados ativos ou ação de imobilizar capital no longo prazo. O termo imobilizado não diz respeito à falta de mobilidade física dos bens de uma empresa, mas ao fato de que uma parcela dos recursos da sociedade foi aplicada em ativo permanente.

Investimento Inicial: Capital inicial para criação de um negócio. O investimento inicial é o ponto de partida para qualquer projeto de empreendimento. Tal montante depende diretamente do tipo de negócio, do porte, da localização, do público-alvo e de outros aspectos.

Antes de desembolsar qualquer quantia, é recomendável que se estude os gastos que serão necessários, como: imóveis, instalações, máquinas, equipamentos, móveis, utensílios, viaturas, sistemas, contratações, legalizações, locações, treinamentos, documentos, arquivos, programas de computadores, meios de divulgação, canais de distribuição.

Por mais minucioso que seja o estudo, o empreendedor deve ter clareza de que, quando iniciar a montagem da empresa, as previsões são sempre subestimadas. Portanto, será preciso ser prudente e ter uma boa reserva de dinheiro, para cobrir imprevistos. É importante lembrar que nos seis primeiros meses os gastos sempre superarão as receitas.

Investimento Permanente: Investimento Imobilizado.

17.11 Elementos do Investimento

A seguir os principais elementos do investimento:

Plano de Investimento: Plano que ajudará a coordenar, controlar e constatar a conveniência de investir capital financeiro a fim de cobrir todas as despesas de operação e de imobilização para viabilizar o projeto. Tal plano deve ser submetido a revisões periódicas, para assegurar a sua adequação às situações variáveis da empresa.

É um plano dentro do plano de negócio, e procura demonstrar um conjunto de projeções abrangentes que possam refletir o desempenho futuro da empresa em termos financeiros. Com este instrumento é possível estabelecer e cumprir metas. Quando bem fundamentado, transmite uma imagem positiva e dá crédito aos empreendedores, pois se estabelece como um dos referenciais do projeto.

Retorno do Investimento – O retorno do investimento é dado pela fórmula:

Retorno do Investimento = Lucro do Exercício × Giro do Ativo Total

Onde:

Lucro do Exercício = Lucro Líquido
Giro do Ativo Total = Receita com Vendas / Ativo Total

Decisão de Investir – A tomada de decisão sobre os gastos com investimento ficará em função do retorno do investimento, da taxa de juros praticados no mercado e da disponibilidade de fundos de longo prazo patrocinados pelos governos e bancos de desenvolvimento (fomento).

Tanto os investimentos públicos como os privados podem ser feitos de forma ineficiente. Sempre que uma empresa deixa de obter uma taxa de retorno competitiva sobre seus investimentos, é porque foi feito um mau investimento.

No setor privado, os índices de fracasso são elevados, porque muitas empresas não conseguem obter um retorno que compense tanto esforço, tempo e dinheiro.

Pay Back – Pay back é o intervalo de tempo necessário para que o investimento proporcione, em entradas líquidas de caixa, um montante igual ao total investido. Sua fórmula é:

Pay back = Ativo Total / Resultado Final do Exercício = Investimento / Lucro Líquido

Onde:
Ativo Total = Investimento
Resultado do Exercício = Lucro Líquido
Lucro Líquido = Lucro - (Imposto de Renda + Depreciação)

Análise do Investimento – A análise do investimento objetiva verificar a conveniência da otimização tecnológica para a substituição de máquinas e equipamentos, melhoria da produtividade (reditividade), avaliando o impacto na estratégia empresarial e qual a mudança no comportamento e cultura da organização.

Conta Investimento – Conta onde são registrados todos os investimentos por data de lançamento.

Investidor – Pessoa que aplica capital num projeto, correndo o risco de perder o aplicado. É muito importante que o investidor faça uma análise da conveniência do investimento, bem como se deve comprar ou alugar alguns dos recursos que farão a empresa funcionar, porque os gastos com aluguel podem ser jogados na conta de despesas. Já o imobilizado só pode ser amortizado, em geral, em cinco ou mais anos.

Investidor Institucional – Investidor de grande porte, como: banco de fomento, fundo de investimento; fundo de pensão, por exemplo.

Orçamento de Investimento – Orçamento voltado às decisões sobre investimentos. Considera as utilizações de fundos em ativos imobilizados. Uma vez que o ciclo financeiro de tais ativos se completa a médio e a longo prazos, através de mecanismos de amortização.

O **valor correspondente investido é considerado como imobilizado**.

Risco de Investimento – Risco que se deve levar em conta, porque se não houver risco não é investimento, mas aplicação. Qualquer investimento tem uma expectativa de risco, mas este deve ser o mais bem calculado possível.

Total de Investimento – Total dos recursos aplicados em um empreendimento.

Projeto de Investimento – O projeto de investimento aborda, principalmente, a seleção do ativo a ser investido, da taxa de retorno do investimento e dos riscos da inversão de recursos.

17.12 Locação

Locação é o contrato pelo qual uma das partes se compromete, mediante remuneração que a outra paga, a fornecer-lhe, durante certo tempo, ou uso e gozo de uma coisa (mão de obra, objeto, imóvel, máquina). É contrato bilateral, consensual, oneroso, comutativo, de execução continuada e não solene.

Temerosas de realizar novos investimentos as empresas tem, no entanto, uma opção para atender a eventualidades, como a súbita parada de uma máquina ou equipamento, ou, até mesmo, uma inesperada bolha de consumo. Trata-se da locação (ou aluguel).

Uma questão que se coloca de saída a respeito da situação do imóvel, da localização e da propriedade: Ele deve ser próprio ou alugado? Em ambos os casos o que importa é o custo da opção. Os consultores não recomendam a **imobilização em imóveis**, pelo menos na fase inicial do projeto.

Difícil de dimensionar, o mercado de recursos oferece praticamente de tudo. Somam-se a essa gama variada, serviços complementares, como a instalação, assistência e, mesmo, a operação dos bens alugados, permitindo aos usuários reduzir seus custos com manutenção e mão de obra. Este tipo de vantagem, geralmente, ignorada pelos empresários ao tomarem suas decisões de investimento, costuma vir acompanhada por outro de ordem fiscal.

A **compra de um imóvel** é um custo pesado demais para quem necessita amealhar todo o capital de giro que lhe seja possível sem ônus dos juros cobrados pelos bancos. Então, fica a dúvida: comprar ou alugar?

O **aluguel** também deve estar compatível com as expectativas de retorno do capital investido. A experiência estabelece regras que devem ser seguidas, tais como:

- Caso a perspectiva de uso seja de pelo menos cinco anos, tempo médio para a amortização do ativo imobilizado, deve-se comprar a máquina.
- Caso o tempo provável de utilização fique abaixo desse patamar, deve-se alugar.
- Caso o fator tecnologia seja preponderante, será preciso analisar a relação custo/benefício. Considera-se benefício como: maior produtividade, menor consumo de energia, maior segurança e melhor qualidade, por exemplo.

Válido para situações de rotina, o aluguel ganha importância em momentos de emergência, que vão desde um pico de vendas a trabalhos não habituais da empresa. A parada ou **retração da economia** e a ênfase na prestação de serviços deverão constituir-se num forte argumento para investir, já que a maioria das empresas se esquece de que os custos com equipamentos não se esgotam na compra.

Há toda uma estrutura de manutenção e de reparos a ser considerada. O maior empecilho está no preconceito com que o empreendedor trata a locação. A maior parte das pessoas quer ser "dona", sem se preocupar com os resultados.

Se o aluguel é uma boa alternativa para as empresas que precisam de equipamentos por prazos curtos, para prazos mais longos a opção é recorrer ao arrendamento mercantil ou leasing. Contratado para período que pode variar entre três e cinco anos, esse sistema combina as operações de locação e financiamento, permitindo, ao final do arrendamento, que o bem seja adquirido ou, então, devolvido à empresa contratada.

Caso se decida pela compra, o interessado pagará à financeira o valor residual, um preço básico, previamente combinado, que pode ser de 1% a 100% do valor do equipamento. O **leasing** funciona mais como uma linha de financiamento.

Comparado à locação normal, o leasing tem de diferente a obrigação contratual que estabelece para o arrendatário, ou seja, uma vez realizada a operação, não tem como desistir, ao contrário da locação, em que a devolução do equipamento pode ser feita a qualquer tempo.

A parte que concede o uso da coisa é conhecida como locador, mas também se chama de senhorio por pertencer-lhe a titularidade do bem. Quem recebe a coisa em virtude desse contrato chama-se locatário, ou inquilino. A **locação pode ser por tempo determinado ou indeterminado**. Inegavelmente os longos prazos são prejudiciais para a movimentação das relações patrimoniais.

A locação por tempo determinado cessa de pleno direito, findo o prazo estipulado, independentemente de notificação ou aviso.

As mais importantes **obrigações do locador** são:

- Entregar a coisa locada com seus acessórios em bom estado de conservação e mantê-la nesse estado, durante a vigência do contrato.
- Garantir-lhe a posse, uso e gozo pacífico do locatário.
- Havendo deterioração da coisa alugada, independentemente de culpa do locatário, poderá este optar pela rescisão do contrato ou pelo abatimento proporcional do aluguel.

As mais importantes **obrigações do locatário** são:

- Servir-se da coisa locada para o fim convencionado, bem como tratá-la com mesmo cuidado como se sua fosse.
- Pagar pontualmente o aluguel.
- Levar ao conhecimento do locador as turbações de terceiros.
- Restituir a coisa, finda a locação, no estado em que a recebeu, salvo as deteriorações naturais do uso regular.

Os mais importantes **contratos de locação** são:

- Contrato de Locação de Imóvel Residencial.
- Contrato de Locação de Imóvel Não Residencial.
- Contrato de Locação Comercial.
- Contrato de Locação de Armazém.
- Contrato de Locação de Máquina.
- Contrato de Comodato.

17.13 Contratos de Locação

Como visto anteriormente, o contrato é um acordo (combinação, ajuste) tácito e/ou escrito entre duas ou mais pessoas para execução de determinada coisa, onde estão assinaladas cláusulas de: condições legais, responsabilidades, deveres, direitos, prazos e obrigações das partes envolvidas.

Nem sempre um contrato precisa ser escrito, pois no Direito há a expressão: **Contrato Verbal**.

Mas, quando os acordos entre duas partes se tornam de vital interesse, é bom assinar um contrato, cobrindo os pontos principais do acordo.

Contrato é, nada mais nada menos, um acordo de vontades, entre duas ou mais pessoas, que tem por finalidade produzir efeitos jurídicos.

Não é necessário ser proprietário para dar uma coisa em locação, basta ser administrador da mesma. Se o contrato o permitir, o locatário poderá sublocar.

A **locação pode ser por tempo determinado ou indeterminado**. Inegavelmente os longos prazos são prejudiciais para a movimentação das relações patrimoniais.

A locação por tempo determinado cessa de pleno direito, findo o prazo estipulado, independentemente de notificação ou aviso.

Os mais **importantes contratos de locação** são:

Contrato de Locação de Imóvel Residencial

Pelo presente, na melhor forma de direito e consoante com as disposições legais vigentes, fica ajustado a locação do imóvel na Rua __________, (unidade ou dependência), entre as partes, tendo como outorgante (nome do locador/proprietário), (qualificação), (endereço e domicílio) e como outorgado (nome do locatário/inquilino), (qualificação), (endereço e domicílio) e, ainda, em nome deste, como interveniente/coobrigado (nome do fiador), (qualificação), (endereço e domicílio), mediante as cláusulas e condições estipuladas da seguinte forma:

Cláusula 1 – Do Prazo:

O prazo de locação será de (meses, anos), com início em _____ / _____ / ________ e término em _____ de _______de _______, independentemente de qualquer aviso, notificação ou interpelação judicial ou extrajudicial. Poderá ser prorrogado por novo(s) período(s) de _______ meses, somente se não houver manifestação por escrito de uma das partes, expressando o desejo de rescisão feita com a antecedência mínima de ______ (________) dias do término do prazo em vigor, inclusive nas prorrogações.

Cláusula 2 – Do Aluguel e Alterações:

O aluguel mensal, livremente convencionado, será de __________ (_______), acrescido de todos os impostos, taxas e contribuições que incidem ou venham a incidir sobre o imóvel, seguro contra incêndio, encargos de condomínio e despesas normais ou extraordinárias de evidente necessidade. O pagamento de qualquer importância deverá ser feito até o quinto dia do mês vencido ou ao que se tornar devido, no domicílio do locador ou em local por este indicado.

Cláusula 3 – Do Uso e Destinação:

O imóvel objeto da presente locação é destinado exclusivamente ao locatário e sua família, não sendo permitido, sob qualquer pretexto, sublocação, transferência ou sub-rogação, no todo ou em parte, sendo nulo de pleno direito qualquer ato praticado com esse fim sem o consentimento prévio e por escrito do locador, que poderá negar. É vedado, outrossim, ao locatário abrigar, no imóvel, pessoas portadoras de moléstias contagiosas prescritas pelas autoridades sanitárias.

Cláusula 4 – Das Condições Gerais do Imóvel:

O imóvel objeto deste contrato encontra-se todo pintado em excelente estado de conservação e condições de habitabilidade, fato reconhecido pelo locatário, tendo ciência de que os utensílios que guarnecem o referido imóvel, são cedidos a título de acessórios da referida locação, pertencentes ao imóvel e irão compor a locação e que deverão ser entregues no fim da locação, nas mesmas condições de recebidos, ficando certo de que havendo avarias ou qualquer tipo de dano, o acessório deverá ser substituído por outra peça original, devendo as despesas ser de responsabilidade do locatário, não acarretando ao locador qualquer responsabilidade de ressarcimento ao fim do presente contrato.

Cláusula 5 – Da Conservação do Imóvel:

Cabe ao locatário manter o imóvel em perfeitas condições de limpeza, segurança e utilização, promovendo incontinente todos os reparos e pinturas necessários, solicitando, quando for o caso, a aprovação prévia do locador, não sendo permitido qualquer alteração, modificação, acréscimo, redução ou reforma do imóvel sem aquela providência. Todas as despesas para o cumprimento desta cláusula, quando efetuadas, serão de exclusiva responsabilidade do locatário que não terá direito a qualquer indenização, mesmo para obras necessárias e não autorizadas, ficando definitivamente incorporadas ao imóvel, inclusive quando finda a locação. O locatário se obriga a removê-las se as referidas obras não forem de interesse do locador.

Cláusula 6 – Da Garantia:

Responderá solidário e integralmente pelas obrigações assumidas pelo locatário, o fiador acima qualificado, como principal pagador de qualquer importância devida e pelo exato cumprimento de todas as cláusulas do presente contrato, até a devolução do imóvel e entrega final das chaves, renunciando, expressamente, aos benefícios legais que dispõem em contrário.

Cláusula 7 – Da Substituição do Fiador:

O locatário tem ciência de que ocorrendo a morte ou insolvência do fiador, obriga-se o mesmo a substituí-lo dentro do prazo de 30 (trinta) dias da data do falecimento ou insolvência, sob pena da rescisão do presente contrato com as cominações nele previstas.

Cláusula 8 – Das Locações em Condomínio:

O locatário se obriga por si, seus prepostos e/ou em nome do locador, a cumprir e a fazer cumprir integralmente as disposições legais sobre o condomínio, a sua convenção e o seu regulamento interno, quando houver, que declara conhecer.

Cláusula 9 – Da Alteração da Propriedade:

O locador, no caso de venda do imóvel objeto da presente locação, fica obrigado a denunciar a existência deste contrato, dando conhecimento da melhor proposta obtida a fim de ser exercido, em igualdade de condições, o direito de preferência, pelo locatário.

Cláusula 10 – Da Rescisão Compulsória:

Em caso de desapropriação e no caso de sinistro, sem culpa do locatário ou prepostos, que atinja no todo, ou em parte, o imóvel, impedindo a sua ocupação, ficará, obrigatoriamente, rescindida a presente locação, dispensando-se de qualquer indenização às partes contratantes.

Cláusula 11 – Das Leis sobre Locação:

Rege-se o presente contrato pelas leis vigentes nesta data, pelas disposições do Código Civil e Código de Processo Civil, sendo a locação para fins residenciais do locatário.
Cláusula 12 – Disposições Gerais:

Cabe ao locatário o cumprimento, dentro dos prazos legais, de qualquer multa ou intimações por infrações das leis, portarias ou regulamentos vigentes, originários de qualquer repartição do governo ou entidades, bem como se obriga a entregar ao locador, dentro de prazo que permita o seu cumprimento, de aviso ou notificação de interesse do imóvel, sob pena de, não o fazendo, assumir integral responsabilidade pela falta. É facultado ao locador, por si ou por terceiro previamente indicado e autorizado, fazer uma vistoria interna do imóvel, para a verificação do cumprimento das cláusulas deste contrato. As alterações da cláusula do aluguel previstas neste contrato não alteram o cumprimento das demais.
Cláusula 13 – Disposições Finais:

A infração de qualquer das cláusulas do presente contrato, sujeita o infrator à multa de até a importância de duas vezes o valor de referência vigente na localidade, cobrável ou não por ação executiva, sem prejuízo da rescisão imediata deste contrato, além do pagamento de todas as despesas por procedimentos judiciais e outras sanções que o caso indicar. Os contratantes se obrigam por si, seus herdeiros e sucessores e elegem o foro da localidade, abaixo indicada, com renúncia expressa a qualquer outro que no futuro tenham os contratantes, para dirimir as dúvidas suscitadas na sua execução.

E, por estarem justos e contratados, assinam o presente instrumento em 2 (duas) vias de igual teor e forma que leram e acharam certo, na presença das testemunhas, também abaixo assinadas.

Local e data.
Assinatura, CPF do locador.
Assinatura, CPF do locatário.
Assinatura, CPF do fiador.

Contrato de Locação de Imóvel Não Residencial

Pelo presente documento, na melhor forma de direito e consoante com as disposições legais vigentes, fica ajustado a locação do imóvel situado na Rua _____________, _____, entre as partes como Outorgante/Locador, _________________, brasileiro, divorciado, escritor, inscrito do CPF _____________, carteira de identidade ____________, expedida pelo Instituto Felix Pacheco, em ________, residente e domiciliado na Rua ______________, Municio do Rio de Janeiro – RJ e como Outorgado/Locatário, _____________, brasileiro, casado, comerciante, carteira de identidade _______________, expedida pelo Instituto Felix Pacheco, em __________, inscrito no CPF _____________, residente e domiciliado na Rua ____________, Município do Rio de Janeiro – RJ, mediante as seguintes cláusulas e condições:
Cláusula 1 – Do Prazo:

O prazo de locação será de 1(hum) ano, com início em ___________ e término em _________, independentemente de qualquer aviso, notificação ou interpelação judicial ou extrajudicial. Poderá ser prorrogado por novo período de ________ meses, somente se não houver manifestação por escrito de uma das partes expressando o desejo de continuar, ou rescindir, a presente locação, feita com a antecedência mínima de 90 (noventa) dias do término do prazo em vigor, inclusive nas prorrogações.
Cláusula 2 – Do Aluguel e Alterações:

O aluguel mensal, livremente convencionado, será de R$ _________ (________________), acrescido de todos os impostos, taxas e contribuições que incidem ou venham a incidir sobre o imóvel, seguro contra incêndio, encargos de condomínio e despesas normais ou extraordinárias de evidente necessidade. Na prorrogação do período de locação, haverá um reajuste do valor cobrado pelo aluguel, que será regido pela legislação de praxe ou, em função de um acordo entre as partes.
Cláusula 3 – Do Uso e Destinação:

O imóvel objeto da presente locação é destinado exclusivamente ao Locatário, não sendo permitido, sob qualquer pretexto, sublocação, transferência ou sub-rogação, no todo ou em parte, sendo nulo de pleno direito qualquer ato praticado com esse fim sem o consentimento prévio e escrito do Locador, que poderá negar. É vedado, outrossim, ao Locatário abrigar, no imóvel, pessoas portadoras de moléstias contagiosas prescritas pelas autoridades sanitárias e pessoas de má conduta, legalmente postas.
Cláusula 4 – Da Desocupação:

As partes, expressamente, estabelecem que o compromisso de desocupação do imóvel na data acima referida, para todos os efeitos, representa o acordo de restituição do bem locado de que trata o artigo 9, inciso I,

da Lei 8245/91, motivo pelo qual o não cumprimento desta cláusula, por parte do Locatário, permitirá o ajuizamento de ação de despejo, na forma prevista no artigo 59, parágrafo primeiro, inciso I, da mencionada Lei.
Parágrafo Único – Na hipótese de devolução antecipada do imóvel por parte do Locatário, sem expresso acordo entre as partes, fica este obrigado a pagar multa de 20% do saldo dos alugueis vincendos.
Cláusula 5 – Da Inadimplência:

O eventual retardo na realização do pagamento do aluguel acordado acarretará a incidência de multa de 2% (dois por cento ao mês) sobre o valor da parcela devida, sem prejuízo do cômputo da atualização monetária, segundo os critérios fixados na cláusula subsequente, e de juros de 1% (um por cento ao mês), ambos apurados *pro rata tempore*. Sobre o total do débito incidirá, ainda, honorários advocatícios, mesmo que no exercício de cobrança amigável, de 10% (dez por cento) sobre o total da dívida, desde que o atraso perdure por mais de 2 (dois) meses corridos ou intermitentes.
Cláusula 6 – Da Cobrança:

O valor correspondente ao somatório do aluguel e dos encargos será cobrado por meio de aviso de cobrança ou conforme determinar o Locador e deverá ser pago pelo Locatário ao Locador, em moeda corrente no país, ou por meio de cheque da Praça do Rio de Janeiro, até o último dia útil do mês a que se refira, onde o Locador determinar, com uma tolerância até o quinto dia útil do mês subsequente do pagamento devido.
Cláusula 7 – Das Condições Gerais do Imóvel:

O imóvel objeto deste contrato encontra-se todo pintado em excelente estado de conservação e condições de habitabilidade, fato reconhecido pelo Locatário, tendo ciência de que os móveis e utensílios, tais como: prateleira, armários embutidos, ar condicionado de 10.000 BTU, sistema elétrico de interfone e persianas, que guarnecem o referido imóvel, são cedidos a título de acessórios da referida locação, pertencentes ao imóvel e que deverão ser entregues no fim da mesma, em idênticas condições quando recebidos, ficando certo de que, havendo avarias ou qualquer tipo de dano, o(s) acessório(s) deverá ser substituído por outra peça original, devendo as despesas ser de responsabilidade do Locatário, não acarretando ao Locador qualquer responsabilidade de ressarcimento ao fim do presente contrato.
Cláusula 8 – Da Conservação do Imóvel:

Cabe ao Locatário manter o imóvel em perfeitas condições de limpeza, segurança e utilização, promovendo, incontinentemente, todos os reparos e pinturas necessários, solicitando, quando for o caso, a aprovação prévia do Locador, não sendo permitido qualquer alteração, modificação, acréscimo, redução ou reforma do imóvel sem aquela providência. Todas as despesas para o cumprimento desta cláusula quando efetuadas serão de exclusiva responsabilidade do Locatário que não terá direito a qualquer indenização, mesmo para obras necessárias e não autorizadas, ficando definitivamente incorporadas ao imóvel, inclusive quando finda a locação. O Locatário se obriga, entretanto, a removê-las se as referidas obras não forem de interesse do Locador.
Cláusula 9 – Da Garantia:

Fica acordado que como garantia de pagamento do aluguel, o Locatário fará um pagamento antecipado, relativo a 3 (três) meses de locação, que será depositado numa conta corrente bancária do Locador, sendo o mesmo restituído ao Locatário, quando do término do presente contrato, ou por força de rescisão compulsória ou por qualquer ato que vá de encontro às cláusulas estabelecidas neste instrumento, ou, ainda, por força de Lei.
Cláusula 10 – Das Locações em Condomínio:

O Locatário se obriga por si, seus prepostos e/ou em nome do Locador, a cumprir e a fazer cumprir, integralmente, as disposições legais sobre o condomínio, a sua convenção e o seu regulamento interno, quando houver.
Cláusula 11 – Da Alteração da Propriedade:

O Locador, no caso de venda do imóvel objeto da presente locação, fica obrigado a denunciar a existência desta intenção, dando conhecimento da melhor proposta obtida a fim de ser exercido, em igualdade de condições, o direito de preferência, pelo Locatário.
Cláusula 12 – Da Devolução do Imóvel:

A devolução do imóvel se dará na presença do Locador, ou seu representante legal, e do Locatário, ocasião em que será precedido uma vistoria. Neste mesmo ato, as chaves poderão ser recebidas de forma condicional, sendo relatadas as irregularidades. A devolução só se dará após a reparação dos danos, porventura existentes, permanecendo a obrigação do pagamento do aluguel e dos encargos até a conclusão dos reparos ou de sua respectiva indenização.
Cláusula 13 – Dos Avisos e Intimações:

Quaisquer correspondências, avisos ou intimações, advindas ou não de órgãos públicos, relativas ao imóvel, bem como a ocorrência de qualquer turbação à posse, devem ser comunicadas ao Locador no prazo máximo de 24 (vinte e quatro) horas. Também os avisos e as intimações, feitas pelo Locador ao Locatário, enviadas ao objeto do presente contrato, reputar-se-ão válidos e realizadas, salvo se comunicado, por escrito, ao Locador, qualquer alteração de endereço e domicílio.

Cláusula 14 – Da Rescisão Compulsória:

Em caso de desapropriação e no caso de sinistro, sem culpa do Locatário, ou prepostos, que atinja no todo ou em parte do imóvel, impedindo a sua ocupação, ficará, obrigatoriamente, rescindida a presente locação, dispensando-se de qualquer indenização as partes contratantes.

Cláusula 15 – Das Leis sobre Locação:

Rege-se o presente contrato pelas leis vigentes nesta data, pelas disposições do Código Civil e Código de Processo Civil, sendo a locação para fins comerciais do Locatário.

Cláusula 16 – Disposições Gerais:

Cabe ao Locatário o cumprimento, dentro dos prazos legais, de qualquer multa por infrações das leis, portarias ou regulamentos vigentes, originários de qualquer repartição do governo, bem como se obriga a entregar ao Locador, dentro de prazo que permita o seu cumprimento, de aviso ou notificação de interesse do imóvel, sob pena de, não o fazendo, assumir integral responsabilidade pela falta. É facultado ao Locador, por si ou por terceiro, previamente, indicado e autorizado, fazer uma vistoria interna do imóvel, para a verificação do cumprimento das cláusulas deste contrato, desde que o Locatário seja, devidamente, notificado. A alteração do valor do aluguel prevista neste contrato não altera o cumprimento das demais cláusulas.

Cláusula 17 – Disposições Finais:

A infração de qualquer das cláusulas do presente contrato, sujeita o infrator à multa de até a importância de duas vezes o valor de referência vigente na localidade, cobrável, ou não, por ação executiva, sem prejuízo da rescisão imediata deste contrato, além do pagamento de todas as despesas por procedimentos judiciais e outras sanções que o caso indicar. Os contratantes se obrigam por si, seus herdeiros e sucessores a cumprirem todas as cláusulas estipuladas neste contrato, elegendo o foro da cidade do Rio de janeiro, com renúncia expressa a qualquer outro que no futuro tenham os contratantes, para dirimir as dúvidas suscitadas na sua execução.

E, por estarem justos e contratados, assinam o presente em 2 (duas) vias de igual teor e forma que leram e acharam certo.

Rio de Janeiro,
Assinatura e Nome do Locatário
Assinatura e Nome do Locador
Assinatura e Nome do Fiador

Contrato de Locação Comercial

A seguir, são somente colocadas as cláusulas de um contrato de locação comercial, de maneira bem simplificada:

01 – O prazo de locação é de 5 (cinco) anos, a começar no dia ________ e findar no dia _______, independentemente de qualquer aviso ou notificação judicial.
02 – O aluguel mensal é de _____________, sendo reajustado anualmente de acordo com o índice regido pelo governo, calculado sempre sobre o valor do último aluguel, e será pago até o dia 5 (cinco) de cada mês subsequente ao vencido, na residência do locador ou onde este determinar.
03 – Além do aluguel, o locatário pagará, nas épocas próprias, todos os impostos, taxas e demais encargos que onerem ou venham a onerar a loja ora objeto deste contrato.
04 – O imóvel de que trata este instrumento destina-se ao comércio de roupas e artigos para presentes.
05 – Toda e qualquer benfeitoria ou modificação, por ventura realizada na loja ora locada, deverá ser precedida de autorização do proprietário locador e ficará desde logo incorporada ao imóvel, sem que ao locatário caiba o direito de retenção ou indenização, respondendo este pelo cumprimento de todas as exigências fiscais a que derem causa.
06 – Compromete-se ainda o locatário a efetuar o seguro da loja locada, contra risco de incêndio no valor inicial de ____________.
07 – O presente contrato não poderá ser cedido ou transferido sem o consentimento por escrito do locador, que não o negará, desde que os eventuais cessionários, sejam idôneos e apresentem fiador igualmente qualificado.
08 – Como garantia do fiel cumprimento deste contrato, o locatário apresenta como seu fiador e principal pagador o Sr. _____________ (qualificação, residência e domicílio), durante a ocupação efetiva do imóvel até a entrega das chaves.
09 – Tudo quanto for devido em razão deste contrato e que não comporte processo executivo, será cobrado por ação sumária, ficando a cargo do devedor os honorários do advogado que o credor constituir para ressalvar os

seus direitos, sendo aleito o Foro da cidade do Rio de Janeiro para dirimir as dúvidas que possam surgir na interpretação do presente contrato ou para solucionar questões sobre as quais estejam omissas neste instrumento.

10 – Em caso de desapropriação do imóvel ora locado por utilidade pública, ficará o presente contrato rescindido de pleno direito, sem que caiba nenhum direito ao locatário exigir qualquer indenização do locador com fundamento na desapropriação, ficando facultado ao locatário exigir o que achar de direito do poder expropriante.

E por estarem assim de comum acordo, assinam o presente instrumento na presença de duas testemunhas, abaixo assinadas, lavrado em 2 (duas) vias de igual teor e forma, obrigando-se por si, seus herdeiros e sucessores a cumprirem todas as cláusulas deste instrumento.

Rio de Janeiro,
Locador: ______________________________
Locatário: ______________________________
Fiador: ___________________________________

Contrato de Locação de Armazém

Silvio de Carvalho, brasileiro, solteiro, cafeicultor, domiciliado e residente nesta cidade, na Rua _______, RG _________, CPF ______, na qualidade de Locador e legítimo senhor e proprietário do armazém com as características, a seguir mencionadas, e como Locatária, a Comissão de Financiamento da Produção Rural, com sede na cidade de Belo Horizonte, MG, representada pelo Banco ABC, através dos administradores de sua agência nesta praça, têm justo e acordado o seguinte:

01 – O Locador se compromete a entregar e a Locatária a receber, pelo presente instrumento, em locação, o armazém descrito na Cláusula 02 para o fim de no mesmo abrigar os produtos agrícolas adquiridos pela Locatária, por intermédio do referido Banco.

02 – O armazém ora entregue em locação está edificado em terreno adquirido na forma da escritura de compra e venda lavrada em _______, no Tabelionato de Notas ______, Livro _____, Folhas ______, devidamente registrado no Quinto Ofício de Registro de Imóveis desta comarca, sob número _______, com as seguintes características: (descrever resumidamente).

03 – A presente locação é contratada por tempo indeterminado, mas cessará se a Locatária der ao Locador conhecimento, com antecedência pelo menos de 30 (trinta) dias, por carta, contra aviso de recebimento, de que não é mais necessária sua continuação, ficando rescindido o presente contrato, independentemente de qualquer outro procedimento, sem nenhum ônus para a Locatária, além dos aluguéis vincendos até a data da restituição do imóvel locado.

04 – O aluguel será de R$ _________ por volume dos produtos guardados e por mês de sua permanência no armazém, cujo controle, para esse fim, as partes aceitam e reconhecem como legítimos os documentos que forem emitidos pelo depositário dos mesmos bens, relativo a movimentação, fornecidos em duas vias, uma para cada parte.

05 – Fica expressamente assentado que a Locatária nenhuma responsabilidade terá pelos dispêndios que se tornarem precisos ou aconselháveis para a boa conservação do armazém ora entregue, os quais permanecerão a cargo do Locador, que se obriga a tomar todas as providências que vierem a ser reclamadas pela Locatária para a pronta execução dos reparos ou obras de que, porventura, necessite o imóvel ou forem exigidas para a perfeita armazenagem dos bens.

O presente contrato é assinado em 2 (duas) vias de igual valor e forma, assinado por testemunhas.

Local e Data
Assinaturas

Contrato de Locação de Máquina

Pelo presente contrato, na melhor forma de direito e consoante com as disposições legais vigentes, fica ajustado a colocação de uma Máquina de Costura Industrial Singer, modelo 191-D, entre as partes como outorgante/locador (nome, qualificação), morador na Rua ___________ e outorgado/locatário (nome, qualificação, endereço, domicílio), mediante as cláusulas e condições que adiante se estipulam:

Cláusula 1 – Do Prazo:

O prazo de locação será de ____________, a partir de _______ até __________, podendo ser prorrogado, somente se houver um acordo feito com antecedência mínima de 30 (trinta) dias do término do prazo em vigor.
Cláusula 2 – Do Aluguel:
O aluguel mensal será de ____________ (________). O pagamento deverá ser feito até o quinto dia do mês seguinte ao vencido.

Cláusula 3 – Do Uso e Destinação:
A máquina de costura objeto da presente locação é destinada ao uso exclusivo do locatário, não sendo permitido, sob qualquer pretexto, sublocação, transferência do local, sendo nulo de pleno direito qualquer ato praticado com esse fim sem o consentimento prévio e por escrito do locador que poderá negar.
Cláusula 4 – Da Conservação da Máquina:
Cabe ao locatário manter a máquina em perfeitas condições de limpeza, segurança e utilização, promovendo incontinente todos os reparos necessários. Todas as despesas para o cumprimento desta cláusula quando efetuadas serão de exclusiva responsabilidade do locatário.
Cláusula 5 – Da Alteração da Propriedade:
O locador, no caso de venda da máquina objeto do presente contrato, fica obrigado a denunciar a existência deste contrato, dando, outrossim, conhecimento da melhor proposta obtida a fim de ser exercido, em igualdade de condições, e direito de preferência, pelo locatário.
Cláusula 6 – Da Reposição:
Fica automaticamente reincidido o presente contrato caso o locatário venha a se tornar inadimplente por 2 (duas) mensalidades consecutivas, obrigando-se o locatário a devolver a máquina em perfeitas condições.
Cláusula 7 – Das Disposições Gerais:
As alterações da cláusula de aluguel previstas neste contrato não alteram o cumprimento das demais. A infração de qualquer das cláusulas do presente contrato, sujeita o infrator à multa, cuja importância é duas vezes o valor de referência vigente na localidade cobrável ou não por ação executiva, sem prejuízo da rescisão imediata deste contrato, além do pagamento de todas as despesas por procedimentos judiciais e outras sanções que o caso indicar. Os contratantes se obrigam por si, seus herdeiros e sucessores e elegem o foro da localidade, abaixo indicada, com renúncia expressa a qualquer outro que no futuro tenham os contratantes, para dirimir as dúvidas suscitadas na sua execução.
E por estarem justos e contratados, assinam o presente em 2 (duas) vias de igual teor e forma que leram e acharam conforme seus interesses, na presença das testemunhas abaixo assinadas.

Local e data
Nome e assinatura do outorgante
Nome e assinatura do outorgado

Contrato de Comodato

Saibam quantos este instrumento virem que aos doze dias do mês de ________ do ano de ____, nesta cidade do ______, na sede deste Cartório da ___ Circunscrição do Registro Civil e Tabelionato, na Rua _______, compareceram partes justas e contratadas, como outorgante comodante a firma _________, com sede na Rua _______, nesta cidade, inscrita no CNPJ ________, neste ato representada por: (relacionar as pessoas, devidamente qualificadas) e como outorgado comodatário (nome, qualificação, endereço e domicílio). O presente será anotado no Distribuidor do ____ Ofício desta cidade. E pela outorgante me foi dito que tem justos e contratados, por este instrumento e na melhor forma de direito, com o (nome do comodatário), celebrado o presente ajuste, que se regerá pelos artigos ___ e ___ do Código Civil, e pelas seguintes cláusulas e condições:
Cláusula 1 – Do Objeto:
O presente contrato tem por objeto o imóvel situado na _________, de propriedade do comodante e destina-se exclusivamente a residência do comodatário e de sua família, sendo vedado o empréstimo, a locação ou cessão parcial e total, a qualquer título do imóvel objeto desta escritura, sob pena de imediata rescisão da presente, sem que assista ao comodante o direito a perdas e danos, não podendo o comodatário igualmente, sob as mesmas penas e sem direito a ressarcimento, ceder ou transferir a outrem o presente contrato.
Cláusula 2 – Do Preço:
Por tratar-se de comodato o presente contrato é celebrado gratuitamente, sem que o comodatário seja obrigado a pagar qualquer quantia à comodante.
Cláusula 3 – Do Prazo:
O prazo do presente contrato de comodato é de 1 (um) ano a contar do dia ___ de _____de ______.

Cláusula 4 – Da Conservação:

Na forma do disposto no artigo _____ do Código Civil, obriga-se o comodatário a conservar o imóvel que lhe é emprestado como seu próprio fosse, sob pena de responder por perdas e danos.

Cláusula 5 – Das Benfeitorias:

O comodatário não poderá fazer nas dependências do imóvel ora em comodato qualquer benfeitoria sem a prévia autorização da comodante.

Cláusula 6 – Da Restituição do Imóvel:

Ao término do presente contrato, fica o comodatário de devolver o imóvel completamente desocupado.

Pelas partes me foi dito que aceitam o presente instrumento como está redigido e feito. Assim, justos e contratados, me pediram que lhes lavrasse este instrumento nestas notas que depois de lido, achado, conforme, outorgam, aceitam e assinam dispensando de comum acordo as testemunhas. Certifico que todas as despesas relativas a este ato foram pagas e depositadas no Banco _________. Eu, ________, lavrei, li e encerro o presente ato, colhendo as assinaturas devidas.

Local e data.
Assinaturas.

17.14 Elementos de Locação

Da mesma forma, se uma companhia entra em um acordo de compras de longo prazo com um fornecedor importante, tanto ela como o fornecedor, provavelmente, desejarão um contrato por escrito, que registrará o acordo com referência aos preços, quantidades e outras condições. Entretanto, **os contratos escritos** raramente cobrem todas as relações entre as partes; são eles suplementados por costumes e subsequentes acordos informais com referência à interpretação.

Os contratos de longo prazo raramente antecipam todos os problemas que surgirão, e necessita, ainda, maior precaução para as renegociações, isto é, são necessários **aditivos contratuais**.

O **maior problema com contratos** se refere a sua administração, pois administrar um contrato significa tratar desde a proposta inicial, para fornecer um bem ou um serviço, até o término do período de garantia (serviço pós-venda). Para **implantação de projetos** de longa duração, se impõe um contrato com suas cláusulas para que tudo atenda a um cronograma estabelecido entre as partes.

O grupo **gestor do contrato** é interdisciplinar (estrutura organizacional matricial), formado por diversos especialistas dos departamentos da empresa, sob a coordenação de um administrador de contratos que é o defensor do cliente no âmbito da empresa e o representante desta junto àquele, compatibilizando os justos interesses de ambos.

A remuneração é o elemento primordial da locação, mas o nome sofre algumas variações, tais como: aluguel ou renda, para a locação de um bem; salário, preço, ordenado, honorário, para a locação de serviço. Não é necessário ser proprietário para dar uma coisa em locação; basta ser administrador da mesma. Se o contrato o permitir, o locatário poderá sublocar.

A locação pode ser por tempo determinado ou indeterminado. Inegavelmente os longos prazos são prejudiciais para a movimentação das relações patrimoniais. A locação por tempo determinado cessa de pleno direito, findo o prazo estipulado, independentemente de notificação ou aviso.

17.15 Patrimônio

Patrimônio é um conjunto de bens, direitos, obrigações, valores culturais e naturais devidamente reconhecidos. Uma empresa possui recursos que são colocados em operação com a finalidade de obter uma renda.

Por patrimônio entende-se o montante do valor total desses bens e direitos possuídos pela empresa, isto é, o conjunto de valores culturais, técnicos e naturais, devidamente reconhecidos. Através da listagem desses bens e direitos, atribuindo-se a cada um o seu respectivo valor e somando-se essas quantias, chega-se ao valor total do patrimônio.

Este conceito envolve a atribuição de valor a cada um dos itens que forma o patrimônio, e esta é uma tarefa complexa. Quanto vale, por exemplo, o prédio onde está instalada a empresa? Quanto vale as máquinas, equipamentos e instalações?

As respostas serão corretas até que se efetuem transações reais da venda desses bens. Esta avaliação dependerá do mercado. Qualquer metodologia de avaliação de bens nos leva a estimar prováveis valores, mas sempre discutíveis e, portanto, subjetivos.

Esses processos de avaliação se apoiam em comparações com os parâmetros do mercado real.

A seguir, serão mostrados os principais **tipos de patrimônio**:

Patrimônio Bruto – Refere-se à soma de todos os bens e direitos, sem considerar obrigações e dívidas.

Patrimônio Material – Engloba bens físicos e tangíveis, como edifícios, monumentos e obras de arte.

Patrimônio Imaterial – Abrange praticas, conhecimentos e técnicas.

Patrimônio Natural – Refere-se a forrações físicas, biológicas e geológicas de valor.

Patrimônio Cultural – Engloba todos os bens que possuem valor histórico, artístico, arqueológico, científico, social, espiritual para determinada sociedade, podendo ser material ou imaterial.

Patrimônio Líquido – Somatório do capital social, reservas e lucros ou prejuízos acumulados.

O patrimônio líquido representa o registro do valor que os proprietários de uma empresa têm aplicado no negócio. No momento em que a empresa recebe o dinheiro, a posse deste representa um ativo. Mas, por outro lado, a empresa deve registrar que seus proprietários aplicaram esta quantia, capital que representa o patrimônio líquido da organização.

Neste ponto, uma dúvida muito comum costuma surgir. Nós aprendemos que os bens de uma empresa representam o seu patrimônio. Por que, de repente, o patrimônio passa a ser chamado de ativo e o valor que os proprietários aplicaram é denominado patrimônio líquido?

O patrimônio líquido representa, no balanço patrimonial, a parte da empresa que pertence aos seus proprietários. Suas principais contas são: capital, reserva de capital, reserva de reavaliação, reserva de lucro, lucros e prejuízos.

O conceito de patrimônio líquido requer visão específica da riqueza da empresa. Quando alguém olha um balanço patrimonial, fica encantado ao constatar que Ativo e Passivo batem com a precisão de centavos, embora contenham números tão diferentes associados a designações distintas.

Assim, a **Equação do Patrimônio Líquido** (PL) é:

$$PL = B + D - O$$

Onde:
B = Bens (caixa + estoques + máquinas + imóveis)
D = Direitos (duplicatas descontadas + contas a receber + aplicações)
O = Obrigações (impostos + dívidas + salários a pagar + fornecedores + outros créditos)
B + D = Ativo
PL + O = Passivo
Ativo = Passivo

17.16 Elementos Patrimoniais

A seguir, os principais elementos patrimoniais:

Avaliação Patrimonial: Avaliação do valor de cada um dos itens que forma o patrimônio. A seguir, um exemplo simples do cálculo do patrimônio líquido e os respectivos percentuais das principais contas componentes:

01 – Caixa e Bancos	550,00 (0,4%)
02 – Contas a Receber	32.550,00 (24,1%)
Vencidas	1.800,00 (1,3%)
A Vencer	30.750,00 (22,8%)
03 – Estoque	27.850,00 (20, 6%)
Matéria-Prima	22.700,00 (16,8%)
Produto Acabado	5.150,00 (3,8%)
04 – Imobilizado	74.230,00 (54,9%)
Máquinas	32.350,00 (23,9%)
Móveis e Utensílios	5.300,00 (3,9%)
Instalações	36.580,00 (27,1%)
05 – Ativo Total	135.180,00 (100,0%)
06 – Fornecedores	16.780,00 (40,7%)
Vencidas	0,00 (0%)
A Vencer	16.780,00 (40,7%)
07 – Impostos	4.350,00 (10,65)
08 – Empréstimos	12.750,00 (31,0%)
09 – Salários	1.850,00 (4,5%)
10 – Outras Obrigações	5.455,00 (13,2%)
11 – Passivo Total	41.185,00 (100%)
12 – Patrimônio Líquido (5-11)	93.995,00

Balanço Patrimonial: Apresentação dos saldos respectivos de todas as contas de uma empresa, em uma data qualquer, dispostos em forma relativamente padronizada, com a finalidade de permitir, a quem o analisa, uma visão da posição econômico-financeira da empresa. Novamente, o exemplo apresentado anteriormente:

Ativo		**Passivo**	
Ativo Circulante:		Passivo Circulante:	
Caixa e Bancos	154,00	Títulos a Pagar	98,00
Duplicatas a Receber	615,00	Contas a Pagar	42,00
Estoques	588,00	Fornecedores	231,00
Total	1.357,00	Comissões a Pagar	20,00
Ativo Permanente:		Despesas Gerais a Pagar	2,00
Investimentos	95,00	Salários Administrativos	12,00
Total	95,00	Imposto de Renda a Pagar	108,00
Ativo Imobilizado:		Participações Diretas e Indiretas	29,00
Imóveis	82,00	Dividendos a Pagar	40,00
Veículos	11,00	Total	528,00
Móveis e Utensílios	25,00	Patrimônio Líquido:	
Total	418,00	Capital	700,00
		Reservas:	
Total do Ativo	**1.870,00**	De Capital	150,00
		Legal	34,00
		Estatutária	110,00
		Lucros Acumulados	348,00
		Total	1.342,00
		Total do Passivo	**1.870,00**

Controle do Bem Patrimonial: Registro, feito no inventário, relativo aos bens duráveis (móveis, imóveis, utensílios, máquinas, equipamentos, viaturas). Neste inventário é verificada a existência do bem, seu estado físico e seu valor de mercado.

Controle Patrimonial: Controle que é um registro, feito no inventário, relativo aos bens duráveis (móveis, imóveis, utensílios, máquinas, viaturas, equipamentos).

Equação do Patrimônio Líquido: Equação dada pela fórmula: PL = B + D - O

Onde: PL = Patrimônio líquido; B = Bens (caixa + estoques + máquinas + imóveis); D = Direitos (duplicatas descontadas + contas a receber + aplicações); O = Obrigações (impostos + dívidas + salários a pagar + fornecedores a pagar); B + D = Ativo; PL + O = Passivo; Ativo = Passivo; B + D = Aplicações de recursos; O + PL = Fontes de recursos

Equação Patrimonial: Equação dada pela fórmula: A - P = C + (R - D)

Onde: A = Ativo Circulante; P = Passivo Circulante; C = Capital Próprio; R = Receitas; D = Despesas; R - D = Rédito; |R - D| = Valor absoluto do rédito; Valor Absoluto = Valor sempre considerado positivo; Ativo Circulante = Conjunto de bens, direitos e valores a receber; Passivo Circulante = Somatório de títulos a pagar, duplicatas a pagar, contas a pagar, fornecedores a pagar, comissões a pagar, despesas gerais a pagar, hipotecas, penhor mercantil, salários administrativos, impostos a pagar, participações de empresas e dividendos a pagar; Capital Próprio = Patrimônio Líquido (capital + reservas)

Segurança Patrimonial: Segurança que diz respeito a roubos, furtos, incêndios de valores patrimoniais.

Valor Patrimonial: Ver patrimônio.

Valor Patrimonial da Ação: Valor dado pela fórmula: Valor Patrimonial da Ação = Patrimônio Líquido / Quantidade de Ações

Onde: Ação = Parcela em que se divide o capital de uma sociedade anônima.
Exemplo: Patrimônio Líquido = 5.000,00; Quantidade de Ações = 50.000; Valor Patrimonial da Ação = 5.000 / 50.000 = 0,10
Análise: Indicador muito apreciado no mercado de ações, porque, às vezes, a ação está cotada muito abaixo do seu valor patrimonial, sendo motivo de compra, e vice-versa.

Valor Patrimonial da Marca: Valor dado pelo índice de marca**.** Índice de Marca = Vendas das Marcas Próprias / Vendas de Todas as Marcas

Onde: Marcas Próprias = Marcas de propriedade da empresa para um determinado produto; Todas as Marcas = Somatório das marcas relativas a um determinado produto num território.
Exemplo: Vendas das Marcas Próprias = 100,00; Vendas de Todas as Marcas = 2.000,00; Índice de Marca = 100 / 2.000 = 0,05 = 5%
Análise: A marca própria do produto, no caso acima, tem um peso pequeno no mercado. A análise, para ser mais completa, dependerá de correlações complementares.

Taxa de Depreciação: A taxa de depreciação é dada pela fórmula:

Taxa de Depreciação = Valor de Mercado / (Valor de Compra - Depreciação Acumulada)

Onde:
Valor de Mercado = Valor dado em função do equilíbrio entre a oferta e a procura
Valor de Compra = Soma do preço pago, gasto com tempo e gasto de energia física e psíquica
Depreciação Acumulada = Soma das depreciações ao longo dos anos

Exemplo:
Veículo comprado no ano 2000 = $ 50.000,00
Depreciação/Ano = 20% do valor de compra
Período = 3 anos
Depreciação Acumulada = (0,20 × 50.000) 3 = $ 30.000,00
Valor de Mercado = $ 25.000,00
Taxa de Depreciação = 25.000 / (50.000 - 30.000) = 25.000 / 20.000 = 1,25

Análise do Balanço Patrimonial: A análise do balanço patrimonial objetiva prestar informações sobre o grau de rentabilidade dos valores empregados (investidos), servir como instrumento de avaliação da tendência do negócio e seu rendimento, assegurar que os recursos sejam obtidos e aplicados efetivamente.

Contas Patrimoniais: Contas que integram ou compõem o patrimônio, ou seja, contas de: bens (ativos), direitos e obrigações.

Variação Patrimonial: A variação patrimonial é dada pela fórmula:

$$A - P = C + (R - D)$$

Onde:
A = Ativo; P = Passivo Circulante; C = Capital Próprio; R = Receitas;
D = Despesas.
R - D = Rédito
|R - D| = Valor absoluto do rédito
Valor Absoluto = Valor que apresenta sempre um resultado positivo.
Ativo = Conjunto de bens, direitos e valores a receber.
Passivo Circulante = Somatório de títulos a pagar, duplicatas a pagar, contas a pagar, fornecedores a pagar, comissões a pagar, despesas gerais a pagar, hipotecas, penhor mercantil, salários administrativos, impostos a pagar, participações de empresas e dividendos a pagar.
Capital Próprio = Patrimônio Líquido (capital + reservas)

Conceitos Patrimoniais:

Ativo = Ativo Circulante + Ativo Realizável no Longo Prazo + Ativo Permanente + Ativo Diferido
Ativo Circulante = Disponível + Realizável no Curto Prazo + Duplicatas a Receber + Estoques + Outros Créditos
Disponível = Caixa + Bancos
Realizável = Aplicações + Créditos + Valores + Títulos
Estoques = Matéria-Prima + Produtos Semiacabados + Produtos Acabados
Outros Créditos = Adiantamentos + Antecipações de Impostos
Ativo Permanente = Investimentos + Ativo Imobilizado + Ativo Diferido
Investimentos = Participações em Coligadas e Controladas + Direitos Não-Circulantes (empréstimos a empregados, encalhes, compulsórios).
Ativo Imobilizado = Imóveis + Máquinas + Instalações + Veículos + Móveis + Utensílios + Marcas + Patentes + Direitos de Publicação + Cauções + Reserva Técnica de Estoque
Ativo Diferido = Aplicações de recursos em despesas (gastos com desenvolvimento de novos projetos) que contribuirão para a formação do resultado de mais de um exercício social.
Ativo Real = Ativo Total - Ativo Diferido
Ativo Circulante = Capital de Giro
Ativo Nominal = Ativo + Despesas
Passivo = Passivo Circulante + Exigível no Longo Prazo + Resultados de Exercícios Futuros + Patrimônio Líquido
Passivo Circulante = Títulos a Pagar + Duplicatas a Pagar + Contas a Pagar + Fornecedores a Pagar + Comissões a Pagar + Despesas Gerais a Pagar + Hipotecas + Penhor Mercantil + Salários Administrativos + Impostos a Pagar + Participações de Empresas + Participações Diretas + Dividendos a Pagar
Exigível = Débitos + Valores
Exigibilidades Correntes = Exigibilidades no Curto Prazo (1 ano)
Resultados de Exercícios Futuros = Receitas Futuras - (Custos + Despesas correspondentes)
Patrimônio Líquido = Capital Social + Reservas + Lucros ou Prejuízos acumulados
Capital = Capital Realizado + Capital a Realizar
Capital Realizado = Capital Declarado - Capital a Realizar
Capital Efetivo = Capital Realizado - Valores Consumidos
Capital Social = Capital Declarado
Capital Próprio = Patrimônio Líquido
Capital de Movimento = Capital Próprio + Exigibilidades Correntes
Capital de Giro Próprio = Ativo Circulante - Passivo Circulante
Reservas = Reservas de Capital + Reservas de Reavaliação + Reservas de Lucro

Reservas de Capital = Correção Monetária do Capital + Ágio na Subscrição de Ações + Produto da Alienação de Partes Beneficiárias e Bônus de Subscrição + Doação + Subvenções
Reservas de Reavaliação = Oriundas da reavaliação de componentes do ativo, não em função da correção monetária, mas com base na sua valorização.
Reservas de Lucro = Reservas Legais + Reservas Estatutárias + Reservas de Contingência + Lucros a Realizar + Lucros Retidos
Lucros ou Prejuízos Acumulados = Resultado do Exercício
Passivo Real = Passivo Circulante + Exigível no Longo Prazo
Passivo Nominal = Passivo Circulante + Capital Próprio + Receitas
Rotação = Ativo Circulante + Vendas

Análise Patrimonial: A análise patrimonial envolve a atribuição de valor a cada um dos itens que formam o patrimônio. Esta análise é uma tarefa complexa. Quanto vale, por exemplo, o prédio onde está instalada a empresa? Quanto vale as máquinas, equipamentos e instalações? As respostas serão corretas até que se efetuem transações reais da venda desses bens. Esta avaliação dependerá do mercado.

17.17 Financiamento

O financiamento é o valor dado a uma pessoa (física ou jurídica) para obtenção de: bens, capitais, instalações, máquinas, equipamentos. Suas duas figuras mais importantes são leasing e alienação fiduciária. Os financiamentos representam empréstimos de financeiras, com prazo de vencimentos superior a um ano. São compostos de: principal e encargos financeiros.

O **principal** representa o valor da dívida, o montante recebido como empréstimo. Normalmente, esses financiamentos estão sujeitos a ajustes pela desvalorização da moeda, os quais, dependendo dos termos do contrato de financiamento, podem ser pagos periodicamente (mensais, trimestrais, semestrais, anuais) ou incorporados ao principal, para que seja pago juntamente com este.

Os **encargos financeiros** são os juros e comissões diversas que a empresa tomadora do empréstimo deve pagar, conforme contrato. Os ajustes pela desvalorização da moeda também representam encargos financeiros.

Ao configurarmos um projeto, devemos, portanto, indicar: as necessidades de recursos, as possíveis fontes de captação e onde serão aplicados tais recursos. Alguns cuidados básicos no financiamento de um empreendimento devem ser seguidos, tais como:

- O custo financeiro é de extrema importância, devendo ser muito bem estudado.
- O custo de cada financiamento deve ser o menor possível, nunca superior ao custo de mercado e bem abaixo da taxa interna de retorno do negócio.
- O prazo de cada financiamento deve ser negociado, em função do fluxo de caixa do empreendimento, isto é, os vencimentos devem coincidir com as disponibilidades de caixa geradas pelo negócio.

As **garantias de pagamento** devem ser as menores possíveis para não comprometer, excessivamente, a capacidade de obtenção de recursos adicionais. Em casos de emergência, devem ser, particularmente, evitadas as garantias pessoais do empreendedor. Um grande empreendimento só se torna algo próspero e viável quando a captação de recursos é criteriosa.

As experiências bem-sucedidas mostram que a mesma criatividade, que pauta a construção de uma boa ideia de negócio, é capaz de descobrir o "pulo do gato" na hora de procurar dinheiro, como somar pequenos financiamentos, por exemplo.

É bem mais fácil e barato conseguir financiamento de um fornecedor de máquinas do que de um banco. As formas de financiamento mais comuns são: compra de ativos a prazo, com carência; aluguel ou leasing de ativos; crédito de fornecedores através de prazos de pagamento; crédito de clientes sob a forma de adiamento por conta de entregas futuras; desconto de duplicatas; cheque especial (saque a descoberto, disponibilidade além do saldo real).

Só no caso de esgotamento de todas essas fontes de pequenos financiamentos e na eventualidade de se necessitar de recursos financeiros é que se deve procurar financiamento nos bancos.

Os principais **tipos de financiamento** são:

Financiamento ao Consumidor: Financiamento que envolve o consumidor, o lojista, a financeira e o investidor.

Financiamento com Garantia: Financiamento em que são dados ativos da empresa como garantia de pagamento.

Financiamento de Capital Próprio: Financiamento que obtém fundos em troca de participação acionária na empresa e que são utilizados para investimento em projetos.

Financiamento de Dívida: Financiamento que é dado um prazo maior para pagamento de uma dívida anterior não paga.

Financiamento Permanente: Nível mínimo de ativo circulante mais ativo fixo.

Financiamento Sazonal: Parte do ativo circulante que varia de um mês para outro.

17.18 Elementos do Financiamento

Os principais elementos do financiamento são:

Caução – Depósito de valores aceitos para tornar efetiva a responsabilidade de um encargo financeiro. A caução é uma garantia de pagamento antecipada.

Alienação Fiduciária – Documento em que o adquirente de um bem móvel transfere o domínio do mesmo ao credor que emprestou o dinheiro para pagar-lhe o preço, continuadamente. Se ao alienante não for ressarcido do referido bem, no prazo combinado, este bem volta a ter domínio sobre o mesmo, isto é, o vendedor é dono do bem até a quitação total pelo comprador.

Leasing – O leasing é um arranjo entre o detentor de um equipamento, ou bem, e um arrendatário para que o último possa usá-lo. Durante o período de leasing, o arrendatário faz pagamentos regulares, como se fosse um aluguel. No fim do período, o bem ou equipamento é vendido pela diferença ao arrendatário, devolvido ou arrendado outra vez. O sistema de leasing pode ser recomendável quando a renda a ser paga é próxima a de um aluguel, quando o bem ou serviço é caro em relação ao orçamento do projeto ou quando há vantagens em termos de taxação e imposto. Normalmente os preços de leasing são bastante vantajosos.

O leasing oferece várias vantagens: manutenção do capital de giro, obtenção de equipamentos de última geração, incentivos governamentais. Frequentemente, a empresa que pratica leasing permanece com maior renda líquida e com chances de vender aos clientes que não podem enfrentar a compra direta.

Linhas de Financiamento – Estas linhas são fornecidas por: Banco Nacional de Desenvolvimento Econômico e Social; Banco do Brasil; Caixa Econômica; Banco Central; Sebrae; Programas Governamentais; Bancos Particulares. Para requisitar financiamento do BNDES, por exemplo, pequenas empresas devem dar os seguintes passos:

a) Demonstrar Saúde Financeira – Não é necessário ter lucro, mas os balanços e balancetes devem ser claros e demonstrar capacidade de pagamento de dívidas.
b) Impostos e Contribuições – Estar em dia com as obrigações fiscais. Apresentar as certidões negativas dos tributos federais, estaduais e municipais é indispensável.
c) Restrições de Crédito – Não estar na lista de cadastros negativos (SCPC, Serasa).
d) Garantias – Apresentar garantias na proporção de 130% do valor do empréstimo, com ativos de bens duráveis.
e) Investimento – Definir o investimento de acordo com a capacidade de geração de caixa.

f) Equipamentos – Optar pela compra de máquinas e equipamentos com fornecedores cadastrados pelo BNDES.
g) Mercado – Levar em conta a base de preços de mercado nas estimativas de gastos.
h) Plano de Negócios – Apresentar um plano de negócios que demonstre a capacidade da empresa de viabilizar e honrar seus compromissos com fornecedores e mais as parcelas do empréstimo.

Duplicatas a Receber – A duplicata é um título de crédito pelo qual o comprador se obriga a pagar, dentro de certo prazo, o valor da fatura correspondente. As duas formas mais utilizadas pelas empresas para obter financiamento a curto prazo com duplicatas a receber são a caução de duplicatas e o factoring de duplicatas. Na verdade, apenas a caução de duplicatas gera um empréstimo a curto prazo com garantia.

Factoring – Embora o factoring não seja, com efeito, uma forma de empréstimo a curto prazo com garantia, envolve o uso de duplicatas a receber para obter tais fundos. A **caução de duplicatas** é muitas vezes usada para garantir um empréstimo de curto prazo, porque estes papéis, normalmente, apresentam grande liquidez. Mesmo assim, o credor sempre avaliará as duplicatas a receber e as relacionará com o empréstimo solicitado.

Penhor – Direito real que vincula coisa móvel (ou mobilizável), geralmente entregue ao credor, a uma dívida, como garantia de pagamento desta.

Contrato de Financiamento – Um contrato de financiamento aborda, principalmente, o seguinte:

I – Das Definições:

Banco – Instituição que atua como concedente de crédito no financiamento.
Cliente – Pessoa natural que, por interesse seu, formula proposta ao Banco, vindo a se aceita a proposta, com ele contratar um financiamento, que será formalizado ao ser assinado o respectivo contrato.
Encargos – Tarifas, taxas, juros, tributos que passam a ser devidos pelo cliente e seus fiadores.
Tarifas – Valores devidos pelo cliente pela realização do financiamento.
Tributos – Valores que incidem no financiamento por força de lei.
Ficha Informativa do Cliente – Documento de natureza não fiscal, cujo objetivo é traçar o perfil do cliente.
Carnê – Documento representativo das prestações mensais devidas pelo cliente.

II – Do Objeto do Contrato:

Adesão ao Contrato.
Obrigações do Cliente.
Obrigações do Banco.
Pagamento.
Rescisão Antecipada.
Penalidades.
Disposições Gerais.

17.19 Empréstimo

Empréstimo é o capital tomado de terceiros, cujo ressarcimento se faz com acréscimo de juros. Para facilitar o processo de concessão de empréstimos e reduzir a papelada e o desperdício de tempo nas negociações, os bancos colocam à disposição linhas de crédito de determinadas quantias para serem utilizadas nas empresas.

Devido ao seu conceito como emprestadores a determinados setores da economia, alguns bancos são considerados como importantes fontes de referência de crédito. A **área de ação de um banco** estabelece determinadas limitações, quanto ao volume de capital emprestado, que poderá conceder aos tomadores individuais. Além de guardar nossos depósitos e emprestar dinheiro, um banco oferece muitos outros serviços.

Se estivermos nos dedicando à exportação e importação, precisamos saber qual a capacidade de câmbio do banco. É normal que as empresas escolham determinado banco, em função da conveniência do local e pelo atendimento recebido.

Quando solicitamos um empréstimo, o banco procura obter informações básicas sobre: as pessoas que dirigem a empresa; os cadastros e referências que possui a empresa; as condições e formas de pagamento; as possibilidades de alienação de ativos (imóveis, bens duráveis); os demonstrativos de resultado e balanços patrimoniais.

Todo empreendedor se enxerga como um vitorioso. Sob essa ótica, ele acredita que conseguirá gerar tanto dinheiro que os juros não serão um problema. Mas, crença não ajuda muito nesse caso. Ao fazer um empréstimo, é imprescindível analisar friamente o impacto que o financiamento terá nas despesas da empresa.

É fundamental rever todo o fluxo de caixa, para conhecer a liquidez, quando precisar pagar compromissos assumidos, principalmente, no curto prazo.

A seguir, alguns motivos da **recusa de empréstimo** por parte de bancos:

- Capital próprio insuficiente.
- Lucros e reservas insatisfatórios.
- Capacidade administrativa duvidosa.
- Garantias insuficientes.
- Inadequado sistema contábil.
- Iniciantes sem imagem de bom pagador.
- Inadimplência para com fornecedores.
- Solicitações descabidas de condições e formas de pagamento.
- Solicitante não possui saldo favorável no banco.
- Carteira de empréstimos saturada.

A seguir, os principais **tipos de empréstimo**:

Empréstimo Bancário – Empréstimo amplamente utilizado, embora não tão comum quanto o crédito mercantil. Grandes empresas têm maiores possibilidades de acesso a outras fontes de fundos do que as pequenas, porque estas, em geral, não têm a solvabilidade suficiente para resgatar empréstimos e, também, porque não possuem um grande ativo circulante.

Empréstimo do Governo – Empréstimo governamental possui as seguintes características:

- A maior ênfase é dada aos empréstimos de longos prazos.
- As agências governamentais não fornecem diretamente fundos para capital próprio.
- O governo é considerado como um tribunal de última instância.
- Geralmente os empréstimos aprovados são concedidos a uma taxa de juros inferior à taxa de mercado, como se fosse uma subvenção.
- Uma parte relativamente grande de empréstimos é concedida às empresas industriais, para que comprem as novidades tecnológicas.
- Os empréstimos são concedidos mediante a garantia de ativos sólidos.

Empréstimo Auto Liquidante – Empréstimo para atender sazonalidades (picos de demanda), tendo como lastro contas a receber.

Empréstimo com Recibo de Armazenamento – Empréstimo, cuja garantia de pagamento é o material armazenado por um determinado agente.

Empréstimo Particular – Empréstimo tomado de pessoa física, sendo dado, como garantia de pagamento, notas promissórias.

Empréstimo Particular – Há, ainda, a possibilidade de se conseguir um empréstimo particular de um amigo, cujos juros podem ser próximos do da Caderneta de Poupança. Uma planilha de amortização de um empréstimo de R$ 30.000,00, pagável em 30 meses, para uma parcela de pagamento mensal de R$ 1.000,00, acrescida dos devidos juros (1,00% / mês), por exemplo, terá como valor da 1ª parcela de amortização o valor de R$ 1.300,00 (1.000,00 + 300,00). A 2ª parcela terá um valor de 1.290,00 e assim por diante.

17.20 Elementos do Empréstimo

A seguir, os elementos mais importantes de um empréstimo:

Credor: Alguém que se deve dinheiro, ou outra coisa considerada de valor econômico; Pessoa que empresta determinado valor a outrem.

Amortização: Amortização se entende como o débito do custo do bem (ativo fixo), durante vários exercícios, até que termine a sua vida econômica (período de tempo durante o qual o bem esgota a sua capacidade operacional e o seu valor econômico). A expressão amortização refere-se aos pagamentos, em parcelas iguais, necessários para dar a um credor um retorno especificado e reembolsar o principal do empréstimo dentro de um período de tempo estabelecido.

Carta de Fiança: Documento em que alguém se obriga, solidariamente, pelo pagamento de outrem.

Fiança: Obrigação acessória assumida por terceira pessoa, que se responsabiliza, total ou parcialmente, pelo cumprimento da obrigação do devedor, caso este não a cumpra ou não possa cumpri-la.

Promissória: Título de crédito derivado de um empréstimo pelo qual o tomador se obriga a pagar num certo prazo o valor de face do título.

Hipoteca: Sujeição de bens ao pagamento de uma dívida, sem se transferir ao credor a posse do bem gravado.

Simulação de Empréstimo: Uma empresa que toma $ 50,00 de empréstimo apresenta a seguinte evolução:

Antes da tomada do empréstimo:

Caixa	10,00	Passivo Circulante	40,00
Valores a Receber	30,00	Capital Próprio	110,00
Estoques	40,00		
Máquinas e Equipamentos	70,00		
Total	150,00	Total	150,00

Depois da tomada do empréstimo, a curto prazo, para capital de giro:

Caixa	60,00	Passivo Circulante	90,00
Valores a Receber	30,00	Capital Próprio	110,00
Estoques	40,00		
Máquinas e Equipamentos	70,00		
Total	200,00	Total	200,00

Depois da tomada de empréstimo, no longo prazo, para imobilização em máquinas e equipamentos:

Caixa	10, 00	Passivo Circulante	40,00
Valores a Receber	30,00	Exigível de Longo Prazo	50,00
Estoque	40,00	Capital Próprio	110,00
Máquinas e Equipamentos	120,00		
Total	200,00	Total	200,00

Depois da liquidação do empréstimo no longo prazo é possível encontrar a seguinte situação:

Caixa	10,00	Passivo Circulante	40,00
Valores a Receber	40,00	Capital Próprio	110,00
Estoques	50,00	Lucros Retidos	50,00
Máquinas e Equipamentos	100,00		
Total	200,00		200,00

Nota: Lucros retidos podem ser encaminhados para distribuição de lucros, provisão para devedores duvidosos, provisão para depreciação, provisão para impostos a pagar, por exemplo.

Observe-se que após a liquidação do empréstimo no longo prazo, o ativo circulante aumentou e permaneceu em um nível mais elevado. Num período de recessão ou depressão prolongado é possível reduzir o ativo circulante para pagar empréstimos de longo prazo. Alternativa pouco atraente.

17.21 Crédito

Desde os primórdios da civilização humana, as emergências com morte, doença e incêndio, por exemplo, têm exigido do indivíduo maior soma de bens do que ele eventualmente possui, no momento. Daí, a figura do crédito. Os créditos mais comuns, que o mercado utiliza, são: crédito mercantil e crédito ao consumidor.

O crédito pode ser considerado como cessão de mercadoria, serviço ou dinheiro para pagamento futuro. Também é dito que uma pessoa tem crédito pela sua capacidade de levantar empréstimos em instituições financeiras. Tanto que o **crediário** é um **crédito aberto** em troca da promessa de reembolso do valor com juros, em prestações iguais pagas dentro dos intervalos especificados.

Os **profissionais de crédito** avaliam as condições de crédito aos consumidores potenciais, negando ou limitando para consumidores duvidosos. Acham que os vendedores atendem a todos os consumidores, inclusive aqueles que se encontram em situação financeira duvidosa.

Por outro lado, os vendedores acham que zerar os devedores significa perda de venda e lucro. Reclamam que trabalham arduamente para fazer o consumidor e, depois, têm que ouvir: "ele não é bom o suficiente para receber crédito".

A seguir, algumas considerações sobre os seguintes créditos:

Crédito Mercantil – Valores que uma empresa concede a outra na venda de mercadorias a serem comercializadas pelo tomador, sendo pagas dentro de prazos contratados. É, na verdade, um empréstimo indireto ao distribuidor de produtos. No crédito mercantil o vendedor fornece os bens e espera pelo pagamento após um prazo predeterminado.

Esse crédito aparece como contas a receber na contabilidade do vendedor e como contas a pagar na contabilidade do comprador. Este crédito é dado ao comprador, representando capital que ele não precisa desembolsar até a data do pagamento.

Provavelmente, a forma mais comum de financiamento a curto prazo é o denominado **crédito comercial ou mercantil.** Embora não atinja o montante das outras modalidades de crédito, praticamente, toda empresa, seja individual, sociedade de pessoas ou sociedade anônima, recorre a alguma forma de crédito comercial.

Também podemos definir crédito comercial como sendo o crédito a curto prazo concedido por um fornecedor a um comprador, em decorrência da compra de mercadorias para posterior revenda. Quando não houver o benefício do desconto para pagamento à vista, o crédito mercantil é, frequentemente, uma das mais dispendiosas fontes de fundos.

A **utilização de crédito comercial em excesso** é, muitas vezes, causa direta de falência. Visto ser mais facilmente obtido do que a maior parte dos outros créditos. Existe a tendência de alavancar uma empresa com crédito mercantil do que com capital próprio. O aumento da utilização desta modalidade de crédito é inadequado para acompanhar o aumento dos ativos de uma empresa, isto é, as contas se tornam perigosas, fazendo com que os fornecedores suspendam a concessão de novo crédito.

Uma situação em que a empresa pode não ter a quem recorrer. Se nossa situação de liquidez for muito fraca, teremos de procurar os fornecedores que ofereçam prazos mais convenientes. Se estivermos comprando mercadorias a crédito, será econômico usar o período total do desconto para pagamento à vista. No caso de não haver desconto, deverá ser utilizado o prazo total de concessão de crédito.

À medida que entramos em um período de boas vendas, os valores a pagar irão sendo gradativamente menores, em função dos recebíveis. Ao contrário, um empréstimo garantido por hipoteca não poderá ser diariamente alterado.

Uma vez que o crédito comercial está relacionado diretamente com estoques e vendas, há a necessária flexibilização das fontes de capital. Este crédito tem vantagem sobre os demais, em vista de os credores, raramente, exigirem o penhor de nossos ativos. Isso nos coloca em melhor posição para procurar fundos adicionais. Mas, atenção, esta liberdade não é ilimitada.

Crédito ao Consumidor – Crédito ao consumidor é a facilidade que é dada a um indivíduo para que ele obtenha bens e serviços com a finalidade de consumo final, sob a promessa de pagar o equivalente num prazo futuro combinado. O crédito ao consumidor, como é entendido em nossos dias, só se tornou acessível, à grande maioria, no Século XX.

Um modelo comum de crédito ao consumidor envolve o consumidor, o lojista, a financeira e o investidor.

A mais recente modalidade de crédito ao consumidor é o cartão de conta corrente da própria loja, onde o mesmo tem um máximo de crédito e um mínimo a debitar mensalmente. O crédito é uma atividade que absorve uma boa parte dos recursos humanos da empresa, que cria um **Departamento de Crédito e Cobrança** para tratar deste assunto, tendo em vista o problema da inadimplência.

O crédito ao consumidor traz vantagens e desvantagens, tanto para a empresa quanto para o consumidor.

CONSUMIDOR	Aumenta aparentemente seu poder aquisitivo
	Faz uma poupança forçada
	Melhora seu padrão de vida
EMPRESA	Aumenta o volume de vendas
	Aumenta o tráfego na loja
	Cadastro atualizado dos consumidores

Vantagens do Crédito ao Consumidor.

CONSUMIDOR	Preços mais caros
	Estímulo à compra de produtos supérfluos
	Risco de desabastecimento
EMPRESA	Aumenta serviços e custos
	Riscos de inadimplência dos consumidores
	Necessidade de maior capital de giro

Desvantagens do Crédito ao Consumidor.

17.22 Elementos do Crédito

Os principais elementos de crédito são:

Carta de Crédito: Autorização dada por um banqueiro ou comerciante, a seu correspondente para que ponha à disposição de uma terceira pessoa determinada importância, dentro de certo prazo; Declaração feita por um banco de uma empresa ao fornecedor estrangeiro desta, declarando que o banco garante o pagamento do montante faturado, se todos os acordos subjacentes forem atendidos.

Departamento de Crédito e Cobrança: Departamento cuja função maior é administrar a inadimplência dos devedores e as possibilidades de obtenção de crédito junto a fornecedores.

Mercado de Crédito: Mercado onde são atendidas as necessidades de recursos financeiros de curto, de médio e de longo prazos, principalmente, oriundas da demanda de crédito para aquisição de bens duráveis e da demanda por capital de giro.

Liquidez: Facilidade com que um bem pode se transformar em dinheiro. Se a situação de liquidez for muito fraca, teremos de procurar os fornecedores que ofereçam prazos mais convenientes.

Sistema de Crédito e Cobrança: Sistema utilizado para informar: valores de financiamento, prazos de pagamento, processos de crédito e cobrança e inadimplência.

17.23 Tributação

Embora este assunto já tenha sido abordado, no estudo da Função Organizacional Produção, vale uma complementação:

ICMS: O imposto sobre circulação de mercadorias e serviços (ICMS), por lei, já está incluído no preço faturado (nota fiscal), por isso a empresa se credita de seu valor. Também a empresa vende um produto e paga ICMS, sendo obrigada a recolher, após o final do mês, no prazo determinado pelo governo, a soma de todos os impostos referentes às suas vendas, mas descontará dessa soma o total de todos os créditos que obteve por ocasião das compras que realizou no período.

Carga Tributária: Quem exporta no país, enfrenta um conjunto exacerbado de regras, paga incontáveis taxas e ainda depende de uma logística complicada e capenga. Em termos práticos, o moderno papel do governo consiste em: fazer passar e aplicar leis de qualidade; respeitar os contratos; diminuir o custo da mão de obra; regular a vida econômica; evitar monopólios; administrar crises, sustos e conflitos; fomentar o desenvolvimento e o crescimento da sociedade e eliminar outros abusos. Tais pensamentos remontam a Adam Smith (Século XVIII).

Imposto Verde: O imposto verde começou a ser cobrado no ano 2000, quando todos os projetos, que afetam o ambiente, seja a ampliação de uma rodovia, a implantação de uma hidroelétrica, seja a escavação de uma mina, passou a pagar um percentual sobre o valor do investimento aos órgãos ambientais.

Na prática, a compensação só serviu para alimentar batalhas judiciais entre empresas e órgãos do governo, desestimulando investimentos e com poucos benefícios à natureza. É comum parar uma obra de milhões de dólares, porque a mesma está arriscando a extinção de uma espécie de perereca. Na maioria dos países, a legislação exige que a empresa faça uma espécie de depósito (caução) proporcional ao possível risco ambiental, que só será sacado em caso de acidente.

Proporcionalidade: Todos os impostos guardam proporcionalidade com o preço de venda, mesmo que o respectivo montante integre a base de cálculo, como: imposto sobre circulação de mercadorias e serviços; imposto sobre serviços; imposto de exportação; imposto único sobre energia elétrica; imposto único sobre combustíveis e lubrificantes; parcela de contribuição para programa de integração social, que incide sobre o faturamento; cota de retenção cambial e outros tributos, em função do setor que ocupe a empresa.

Informalidade: O Instituto Brasileiro de Planejamento Tributário informa que a carga de impostos vem subindo. Mas não conta toda a verdade, devido à economia informal, aliás, cada vez mais informal. O IBGE fala que a informalidade atinge 10%. Será? E a pirataria alguém incluiu? O drama não termina aí. Com a privatização de empresas públicas, quem custeia, hoje, os investimentos em telefonia, siderurgia, mineração, banco, eletricidade e estrada é a população. Os impostos deveriam ter diminuído com as economias da privatização, mas isso não aconteceu.

Sistemas de Tributação: O resultado dos sistemas de tributação pode ser particularmente difuso. Frequentemente, eles concedem, na prática, isenções fiscais às empresas, ao permitirem uma apuração generosa das despesas e uma quantificação modesta das receitas, mas esses dados são utilizados para fins genéricos de divulgação dos resultados. As empresas recebem fortes incentivos para se beneficiarem dessas concessões fiscais. A maior desvantagem, contudo, é a falta de transparência para os investidores.

Capítulo 18

Comercialização e Varejo

"Não há qualquer dúvida de que a função da empresa é colocar bens econômicos e serviços à disposição do consumo. Nem existe qualquer questão quanto à magnitude e complexidade dessa tarefa. Essa é uma das três históricas funções da sociedade, as outras são governo e religião".

Harold Koontz

Objetivos do Capítulo

- Mostrar que a prosperidade da empresa depende tanto da função comercial quanto da função técnica, pois saber comercializar é tão importante quanto saber fabricar. Às vezes, até mais.
- Mostrar o papel da comercialização e seus elementos básicos.
- Mostrar como se faz a análise de um ponto comercial.
- Mostrar os diversos tipos de varejo.
- Mostrar o atual poder do grande varejo.

18.1 Comercialização

A comercialização, bem como a produção, é vista como um processo que envolve diversas atividades mercadológicas, em várias etapas. A comercialização será sempre considerada como um processo, pois engloba, por exemplo: pesquisa de mercado, desenvolvimento de produtos, vendas, comunicação do produto, previsão de vendas, distribuição, determinação do preço de venda, armazenagem, plano de vendas, necessidade e alocação de recursos, treinamento de vendedores, acompanhamento pós-venda...

Mesmo a **empresa industrial** precisa ter preocupações com as atividades mercadológicas, porque, se não conseguir vender seus produtos, terá problemas de sobrevivência, fato já observado por Fayol na década de 1920. Todas as atividades comentadas acima são executadas quando do planejamento e da preparação de um programa mercadológico.

O comércio se ocupa da transferência (movimentação, distribuição, compra, venda) e propriedade dos produtos. Pode-se conceituar a comercialização, segundo três enfoques, a saber:

Conceito Descritivo – A comercialização é toda atividade voltada a transferir e orientar o fluxo de produtos dentre os mercados.

Conceito Legal – A comercialização é toda atividade que causa mudança na posse e propriedade de um produto.

Conceito Econômico – A comercialização é a atividade que trata das satisfações dos seres humanos através de produtos.

Que mudanças básicas ocorreram, recentemente, na comercialização e em sua estrutura? A maneira de comercializar mudou em duas formas principais:

Integração Vertical – A integração vertical tem sido especialmente sentida na comercialização direta. A cadeia de lojas, o supermercado, a loja de departamentos, a superloja aumenta cada vez mais suas compras, assumindo, assim, as funções dos atacadistas. Por outro lado, o fabricante tem absorvido certas funções atacadistas pela abertura de filiais.

Além do mais, tem havido uma tendência para a **distribuição seletiva**, na qual o fabricante escolhe cuidadosamente os canais atacadistas e varejistas, sendo este um tipo de distribuição que tem levado os fabricantes a coordenar a promoção de vendas e a propaganda do produto.

Integração Horizontal – A integração horizontal também se expandiu, como se vê pelo crescente número e volume de vendas dos grupos em cadeia, inclusive supermercados e filiais. Parte deste crescimento se deve ao aparecimento de shoppings, que acompanham o deslocamento da população do centro para os subúrbios.

Como resultado do crescimento da integração horizontal, o volume das vendas em dinheiro vem concentrando, cada vez mais, em um menor número de estabelecimentos de venda. Na verdade, mesmo este tipo de concentração vem tornando o varejo, cada vez mais, uma atividade de grande escala.

A comercialização é muito importante, porque presta os seguintes **serviços**: vende, compra, distribui, retalha, transporta, armazena, registra, codifica, financia, assume riscos, emprega, empresta, treina, avalia, desenvolve, negocia, estoca, promove, padroniza, classifica, sistematiza, comunica, planeja, controla, organiza, pesquisa, prevê.

18.2 Tipos de Comercialização

Existem dois tipos básicos de comercialização:

A **comercialização direta** ao consumidor diz respeito à distribuição do produtor ao comprador (consumidor final), sem a participação de intermediários no processo. Hoje, o melhor exemplo disso é a Internet, onde o consumidor faz o pedido e ainda paga por meio de várias modalidades. Se a empresa adotar um tipo de comercialização, deve questionar em que circunstâncias este processo pode ser bem-sucedido.

No questionamento, a organização terá de considerar a natureza: da Mercadoria; do Produtor; do Mercado; do Intermediário; do Serviço; do Canal de Distribuição; da Concorrência. Como qualquer processo, a comercialização direta ao consumidor tem vantagens e desvantagens:

Vantagens: Comercialização mais rápida, redução dos gastos de comercialização, destaque da venda especializada, possibilidade de controlar preços, melhor controle da prestação de serviço; mais estreito contato com os consumidores.

Desvantagens: Maior investimento e imobilização de capital em estoque e instalação, aumento do pessoal de escritório (mão de obra indireta), preocupação maior com a propaganda e promoção.

A **comercialização indireta** é feita por meio de intermediários.

O papel futuro da comercialização, em nossa economia, dependerá da eficiência das operações, como um meio de resolver problemas específicos de movimentação de produtos. Verdadeiro progresso poderia haver no aumento da eficiência da comercialização, contribuindo, pois, para a evolução da sua teoria, se a técnica de análise do custo da distribuição fosse usada com maior liberalidade.

Embora possam parecer relativamente simples, os inúmeros produtos e canais de distribuição tornam, praticamente, difícil determinar o preciso custo da distribuição por produto ou por tipo de ponto de venda. Em muitos casos o problema é de custo conjunto, ficando, assim, não muito fácil determinar corretamente o exato rateio do custo fixo a ser atribuído a cada produto.

A questão do preço é um problema fundamental, devido à incapacidade de mensurar com exatidão os resultados das **campanhas promocionais de venda**, desde o fabricante até o varejo. Estamos apenas começando a compreender alguns dos fatores que motivam as compras do consumidor. Talvez nunca cheguemos a definir o **papel da comercialização**, já que a mesma muda, a cada ano, de forma, de estrutura e de organização, por exemplo.

Há três modelos de **tratamento da comercialização**, sendo todas não excludentes entre si:

Tratamento pelo Produto – O tratamento pelo produto diz respeito à distribuição de produtos e a coleta de informações completas sobre cada um.

Tratamento Institucional – O tratamento institucional encara a comercialização do ponto de vista da propriedade e do canal de distribuição dos produtos.

Tratamento Funcional – O tratamento funcional analisa os custos dos serviços envolvidos no fluxo dos bens do produtor ao consumidor final.

As **premissas da comercialização**:

- A empresa deve ter uma atitude proativa em relação à comercialização, como meio de sobrevivência.
- A empresa deve reconhecer o marketing como filosofia empresarial e a comercialização como atendimento às necessidades dos consumidores.
- A comercialização deve ter um caráter integrativo na empresa.
- As técnicas de comercialização devem estar relacionadas à busca e análise de informações.
- A comercialização tem como razão estimular a demanda pelos produtos da empresa.
- A comercialização precisa ajudar a empresa a desenvolver recursos humanos próprios e especializados na arte de vender.

18.3 Evolução da Comercialização

A comercialização é uma atividade muita antiga e precedeu a atividade industrial em milhares de anos, pois o que havia antes era economia extrativista. A comercialização, como hoje é conhecida, foi inspirada no modelo americano que se dividiu em fases:

- Primeira Fase (até a Revolução Industrial): Destaque para a atividade agrícola; poucas diferenças entre produtor, intermediário e consumidor; Início do estudo e análise de problemas de compra, venda, armazenagem, transporte, crédito e distribuição.
- Segunda Fase (até a década de 1920): Destaque da produção industrial; Desenvolvimento do transporte ferroviário; Abundância de matérias-primas; Eficiência da mão de obra.
- Terceira Fase (após a grande depressão): Destaque para a distribuição; A superprodução; Crédito ao consumidor; Lojas de departamentos.
- Quarta Fase (após a década de 1960): Destaque para o marketing; Vendas concentradas em shoppings; Qualidade no bem produzido; Qualidade no serviço; Preocupação em ter funcionários felizes; Tratamento personalizado; Ênfase no planejamento estratégico.
- Quinta Fase (após a década de 1980): Qualidade total; Aplicação da tecnologia da informação; Aplicação da automação e robótica; Globalização do comércio mundial; Internet; Marketing direto on-line.

18.4 Comércio

Comércio é o conjunto de atividades voltadas para a distribuição das riquezas no mercado. Ele se efetiva na medida em que as riquezas, após serem produzidas, chegam até seu destino, ou seja, até o consumidor final que as retira do mercado (varejo). Essa distribuição se dá por meio de intercâmbios de compra e venda de bens, serviços e ideias.

O comércio pode ser interno ou externo. O **comércio interno** se refere às compras e vendas realizadas dentro do território nacional de um país, entre produtores, intermediários e consumidores. O **comércio externo** se refere às compras e vendas realizadas além-fronteiras de um país, entre vendedores e compradores de países diferentes.

Se olharmos uma empresa comercial como um sistema aberto, diremos que as entradas do sistema são feitas de atos de compra, enquanto as saídas são feitas de atos de venda. O objetivo fundamental da organização comercial é comprar e vender bem, isto é, obter lucros que a mantenha viva, funcionando e prosperando.

A **organização comercial** é o ponto de interseção entre o mercado, o fornecedor e o comprador.

Alguns elementos, que serão estudados, a seguir, ajudarão a fundamentar o conceito de comércio:

Âmbito – Quanto mais amplo for o **âmbito comercial**, mais será a oportunidade de especialização e maior a produtividade. Daí a defesa do maior âmbito possível de **livre comércio** e, consequentemente, da maior eficiência possível da mão de obra.

Serviços Auxiliares – As empresas utilizam uma enorme variedade de serviços auxiliares do comércio para as suas operações cotidianas. Estes serviços se encontram no mercado e estão sujeitos às regras da oferta e da procura. Isto significa que, em certas ocasiões, esses serviços auxiliares podem ser oferecidos intensivamente às empresas, por preços competitivos.

Segurança de Pagamento – Com a expansão do crédito ao consumidor, com boa oferta de recursos, onde a modalidade de pagamento das compras de bens duráveis ficou facilitada, o consumidor se lançou nas compras a prazo, causando um alto grau de comprometimento de sua renda e gerando um endividamento, muitas vezes, difícil de pagar.

Protecionismo – Nas décadas de 1970/80, a competitividade industrial debilitou sensivelmente o livre comércio. Renovaram-se os apelos por um maior protecionismo. Com isso veio uma nova política industrial no mundo, um eufemismo para proteger com tarifas, cotas e outras formas de subsídio às industrias dos países desenvolvidos.

Pirataria – Turbinado pela liberalização dos mercados e por invenções revolucionárias, como computadores, celulares e caixas de correio eletrônico, que implodiram fronteiras, facilitando o transporte de recursos, produtos e pessoas, o comércio ilícito explodiu. Ele representa uma ameaça inédita, pois está distorcendo a economia global.

O **crime organizado** costuma ser visto como uma praga externa, vinda sobretudo dos trópicos. Tal mentalidade só enxerga uma ponta do mercado, a da oferta, cujos estereótipos clássicos são linhas de montagem asiáticas, traficantes de drogas hispânicos e africanos. Mas na ponta da demanda estão, principalmente, os países ricos, consumidores com imensa avidez para tudo que é produzido ilegalmente.

Para entender o **comércio ilícito**, é preciso reconhecer que essa não é uma questão de baixo senso de ética e de moralidade, mas de altos lucros que corrompem os seres humanos.

Liberalismo – Os países que conseguiram elevar rapidamente seu padrão de vida no decorrer de períodos prolongados pautaram-se pelo liberalismo. O problema do liberalismo comercial é focado em dois aspectos: a desigualdade entre pobres e ricos e a possibilidade de os pobres saírem da miséria, através do crescimento econômico. Provavelmente, isto é discussão para mais de um século.

Comerciante – Comerciante é aquela pessoa que faz comércio ou negocia, visando lucro. Normalmente, compra produtos para revendê-los com margem para cobrir custos de comercialização e sua própria mão de obra. O custo de comercialização diz respeito à aquisição de recursos para que o comerciante possa exercer o seu trabalho.

Ser comerciante, hoje, significa ter de enfrentar: inflação, deflação, tributação, violência urbana, informalidade, roubo, incêndio, assalto, acidente natural, seguro, calamidade pública. Ter coragem para empregar pessoas e para investir em novas tecnologias e instalações.

Os sinônimos que um comerciante tem são: varejista, lojista, exportador, importador, intermediário, atacadista, distribuidor, negociante, corretor, representante, agente, especulador, cambista, fornecedor.

18.5 Ponto Comercial

Na escolha do ponto comercial a empresa deve ser criteriosa para definir o endereço do novo negócio. A seguir, algumas **observações do ponto comercial** que são úteis para o empreendedor:

Público-Alvo – Para conhecer o público a ser atendido é preciso levantar aspectos de demografia, perfil do consumidor (renda, idade, hábito), padrões de consumo, concentrações comerciais e poder da concorrência.

Visibilidade – O ponto precisa ser visível e identificável pelo consumidor potencial a tempo e distância suficientes. Só assim um transeunte pode ser induzido a parar e entrar numa loja, ainda que por mera curiosidade.

Acesso – A chegada a um estabelecimento comercial, assim como a saída, deve ser facilitada pelas vias de acesso. Se houver muitas dificuldades, o consumidor procurará outro lugar.

Funcionalidade – É um fator que diz respeito especialmente ao projeto de construção. Adaptações em edificações antigas podem sair mais caras do que a montagem de uma loja em local projetado para esse fim.

Tamanho da Área – É indispensável avaliar o local de acordo com o tipo de negócio. Certos empreendimentos exigem grande fachada, outros podem requerer profundidade, outros precisam de estacionamento. Não se pode esquecer também da possibilidade de expansões futuras.

Infraestrutura – Pode parecer prosaico, mas nenhum estabelecimento comercial funciona bem, se não houver disponibilidade de serviços públicos no próprio local, como: energia elétrica, sistema de telefonia, água encanada e potável, esgoto, gás, posto de saúde, hospital, escola, correio, banco, policiamento, transporte e segurança.

Tipo de Solo – Trata-se de critério especialmente importante quando se vai construir. Os custos de construção podem ser multiplicados se as fundações toparem com rochas no subsolo ou se precisarem ser muito profundas, pela inconsistência do terreno.

Planejamento Urbano – Devem-se conhecer previamente os planos e projetos de desenvolvimento, ou renovação urbana, que influenciarão o local. A criação, por exemplo, de uma rua de pedestres pode ser uma bênção para alguns e uma desgraça para outros.

Planejamento Viário – O desconhecimento do projeto de construção de um viaduto, ou um anel viário, da inversão de mão de tráfego, da implantação de vias expressas, ou corredores de ônibus, pode inviabilizar o negócio.

Restrições Legais – Ninguém deve escolher um ponto sem estudar antes, em detalhes, as leis de zoneamento da cidade, para evitar alguma surpresa.

Recursos Naturais – Recursos que podem ser utilizados sem precisar de gastos adicionais, tais como: luz natural, ventilação, umidade, vegetação, água, solo.

Ainda relativo ao **ponto comercial**, ou **ponto de venda**, devemos questionar sobre:

- Qual a movimentação de pedestres e de tráfego de automóveis?
- Existe concorrência próxima?
- Quais são as vias de acesso ao local?
- A área destinada às vendas é suficiente?
- Existe estacionamento próximo?
- Quais são as condições de limpeza e saneamento da vizinhança?

Quais são os **fatores de atração da clientela**: Estacionamento? Jardins? Fachadas, marquises e toldos? Iluminação? Banheiros? Pisos? Lances de escada? Climatização e ventilação? Higiene, limpeza, conservação e pintura? Áreas de circulação? Decoração?

18.6 Sociedade Comercial

Sociedade é uma organização dinâmica de indivíduos autoconscientes que compartilham objetivos comuns e são capazes de ação conjugada. A sociedade humana é um conjunto de pessoas que vivem em certa faixa de tempo e de espaço, seguindo normas comuns, e que são unidas pelo sentimento de consciência de grupo.

Definir uma sociedade é tão difícil quanto definir a vida, pois as características simples e básicas desaparecem sob uma massa complexa e atordoante de detalhes. Em sua **vida social e política** o ser humano precisa de uma sociedade que funcione. Mas o fato de que o homem precise de uma sociedade não significa necessariamente que ele a tenha.

Uma massa humana desorganizada não é uma sociedade, mas um grupo de pessoas. Sociedade e civilização, no mínimo, só são possíveis com a ajuda de algum mecanismo ou regra que gere ordem e acomodação. É aí que entram os costumes, as culturas, os valores, as filosofias, as religiões, as ideologias e as leis.

Sócio é aquele que participa de uma sociedade (organização) da qual espera auferir lucro (social ou financeiro), isto é, algum benefício mesmo que tenha de pagar (investir) para entrar. Os sócios recebem cotas ou ações da sociedade, que representam frações do capital social. Essas cotas passam a integrar o patrimônio do sócio.

As cotas são as contrapartidas dos bens de um sócio transferidos à sociedade. Sendo titular de cotas sociais, o sócio mantém, em relação a esta, direitos e obrigações. A empresa é apenas uma faceta da sociedade, pois é uma concessão desta última.

Procede-se à **constituição de uma sociedade**, por meio de instrumento público ou particular, firmado por todos os sócios, no qual se declaram as condições básicas da entidade, inclusive nome, domicílio, capital social, cota de cada sócio, objeto social, forma de administração, prazo de existência e processo de liquidação. Esse ato constitutivo deverá ser arquivado num órgão público.

Os **tipos de sociedades comerciais** são as seguintes:

Sociedade por Firma – É uma associação de duas ou mais pessoas, operando sob nome ou firma comum, seja comercial ou industrial, ficando os sócios responsáveis, solidariamente, pelos direitos e obrigações da firma, sem qualquer limite.

Sociedade de Capital e Indústria – É uma associação de dois tipos de sócios. Os sócios capitalistas, que respondem, solidariamente e ilimitadamente, pelas obrigações da sociedade, pois contribuem com o capital. Os sócios industriais contribuem com mão de obra especializada, não respondendo pelo capital social.

Sociedade por Quotas de Responsabilidade Limitada – Nesta forma jurídica, a responsabilidade dos sócios está limitada ao valor do capital social como registrado no contrato que constituiu a sociedade. Pode funcionar com o nome de algum sócio ou adotar uma denominação social.

Sociedade Anônima – É uma associação na qual o capital social é dividido em ações de um mesmo valor nominal e constituído através de subscrições. Ou seja, cada pessoa adquire (subscreve) o número de ações que lhe convier, tornando-se acionista desta sociedade. A pessoa, ou grupo, que tiver o maior número de ações pode eleger os dirigentes da empresa. A sociedade anônima, como qualquer pessoa jurídica, manifesta-se através de órgãos aos quais compete produzir à vontade social.

Sociedade em Comandita Simples – É uma associação na qual o capital social é formado pelas contribuições de duas classes de sócios: os sócios comanditários ou capitalistas, que respondem limitadamente ao capital subscrito, e os sócios comanditados, que respondem solidária e ilimitadamente pelas obrigações sociais, empenham seu patrimônio, seu trabalho e são os sócios comerciantes da sociedade. Esta sociedade é uma forma jurídica através da qual o empresário obtém capital, vinculando os investidores ao limite proporcional à importância por eles aplicada.

Sociedade Cooperativada – Trata-se de uma associação voltada exclusivamente para suprir necessidades e interesses dos associados. O objetivo desta sociedade é amparar os associados por meio de uma cooperativa. O capital é formado por cotas partes que não podem ser transferidas a terceiros alheios à sociedade. As decisões são tomadas em assembleia por meio do voto.

Sociedade por Conta de Participação – É a forma jurídica que ocorre quando duas ou mais pessoas, sendo pelo menos uma delas comerciante, se reúnem, sem firma social, em uma ou duas operações comerciais previamente determinadas, com o objetivo de lucro comum, trabalhando uma, algumas ou todas elas, em seu nome individual para o fim social.

Neste tipo de associação, existem dois tipos de sócios: o **sócio ostensivo** que é o único que se obriga com terceiros e o **sócio oculto**, que fica obrigado somente com o outro sócio pelos resultados das transações e obrigações sociais, nos termos daquilo que ficou acordado. Esta sociedade não está sujeita às formalidades legais prescritas para a formação das demais sociedades.

Sociedade de Economia Mista – É uma associação de capital privado e público, em forma de sociedade anônima. O estado subscreve 51% do capital e canaliza o restante (49%) do capital, por meio da participação privada. Desta forma o controle é exercido pelo governo e sua constituição depende de autorização do Congresso.

As **empresas mistas** são mais conhecidas como **empresas estatais**.

A escolha da espécie de firma de sociedade depende de um conjunto de fatores relacionados entre si, tais como: a capacidade financeira dos sócios, o volume de capital necessário, o tipo de mercado, o que será produzido, o risco envolvido, a estratégia, a estrutura.

18.7 Legalização da Empresa

Um estudo divulgado pelo Banco Mundial afirma que o processo de abertura de uma empresa no Brasil, em geral, é muito mais lento que no resto do mundo. Os levantamentos lidos sobre o tempo de abertura de uma firma variam de 80 até 100 dias. Para evitar prejuízos ou problemas, é conveniente, antes de **alugar ou comprar** um imóvel ou realizar qualquer registro de documento de uma nova empresa, verificar previamente se não existe restrição para o exercício da atividade empresarial.

Em função do investimento, verificar se o capital social disponível é compatível com o porte da empresa. É importante definir o tipo de sociedade a ser configurada. Para pequenos negócios, o recomendado é que seja **Sociedade Comercial por Cotas de Responsabilidade Limitada**.

A seguir as **etapas da legalização da empresa** e seus respectivos problemas a enfrentar:

Passo 01 – Consulta prévia do local onde a empresa funcionará (endereço) na Prefeitura Municipal.
Passo 02 – Consulta sobre o nome da empresa na Junta Comercial da localidade.
Passo 03 – Redigir um contrato social, no qual ficam estabelecidos as condições do regime jurídico, o funcionamento e a liquidação da sociedade.
Passo 04 – Registro do contrato social na Junta Comercial da localidade.
Passo 05 – Inscrição no CNPJ (Cadastro Nacional da Pessoa Jurídica) após o registro na Junta Comercial.
Passo 06 – Certificado de aprovação e laudo de exigências do Corpo de Bombeiros.
Passo 07 – Inscrição estadual na Secretaria de Estado de Fazenda, para fins de recolhimento do ICMS (Imposto sobre Circulação de Mercadorias e Serviços).
Passo 08 – Inscrição no INSS (Instituto Nacional do Seguro Social).
Passo 09 – Requisição à Inspetoria Regional de Licenciamento e Fiscalização do alvará de licença para estabelecimento e a inscrição municipal.
Passo 10 – Aquisição e autenticação de livros fiscais.
Passo 11 – Definição e confecção de documentos fiscais (cupom fiscal, nota fiscal eletrônica).

Os **regulamentos e controles governamentais** têm produzido grandes efeitos, porque afeta tanto a compra quanto à venda, já que se trata, simplesmente, de dois aspectos do mesmo processo. A história das regulamentações, em todo o mundo, revela os seguintes objetivos: manter a concorrência, repelir monopólios e oligopólios, estimular interesse para projetos especiais, cuidar para que a população tenha maior poder de compra, coibir propaganda enganosa, criar mecanismos de defesa do consumidor, proteger a propriedade de marcas e patentes.

A **regulamentação do comércio** afeta tanto quem compra como quem vende. Esta regulamentação visa à defesa do consumidor, a defesa da verdade na propaganda de um produto e as restrições legais de instalações comerciais.

A **legislação comercial**, como já abordado, visa proteger: as empresas da concorrência desleal, os consumidores de práticas comerciais injustas e os interesses da sociedade contra o comportamento desenfreado das empresas. Um importante propósito dessa legislação é cobrar das empresas os custos sociais gerados por seus produtos ou processos de produção.

18.8 Varejo

Varejo é o espaço (real ou virtual) onde o consumidor compra um determinado produto. É no varejo que são executadas todas as atividades ligadas à venda ao consumidor final. A ênfase que se vem dando em conhecer melhor o consumidor e como bem atendê-lo parece reforçar a ideia de que já estamos na Era do Consumidor.

As **vendas de varejo** são feitas, principalmente, por unidades, ou pequenos lotes, cabendo ao varejista manter o estoque dos produtos que comercializa, bem como oferecer uma variedade de bens e serviços aos consumidores. Além de vender, o varejo agrega valor aos produtos que negocia, pois, seus atendentes precisam orientar os consumidores para que estes façam boas compras.

Formas organizadas de expor os produtos auxiliam na decisão do consumidor, além de criar um ambiente agradável na loja. Adrede a isso, é possível coletar dados, para mais bem atuar junto a seus consumidores e também como agir junto a seus fornecedores de recursos.

O ponto onde termina a distribuição e inicia o consumo pode ser: o balcão, a prateleira, a gôndola, a casa ou o escritório do consumidor. A **distribuição maciça** no setor varejista cresceu rapidamente, desde o início do Século XX, embora o grosso do varejo esteja ainda em mãos de pequenos negociantes. Mas, nas megalópoles esta tendência está se invertendo.

Historicamente os **modelos de varejo** evoluíram na seguinte ordem: bazar, loja geral, loja de linha única, loja especializada, loja de departamentos, supermercado, hipermercado, superloja, varejo de fábrica, varejo de liquidação, loja de desconto, cooperativa de consumo, loja de conveniência, varejo sem loja (internet) e varejo com visual de depósito.

18.9 Tipos de Varejo

A seguir, os principais tipos de varejo:

Loja – A loja, varejo de loja ou loja de rua como também é conhecida, é, em geral, uma pequena empresa que atende ao consumidor final, naquilo que diz respeito a bens e serviços. De diferentes modalidades, as lojas buscam uma localização estratégica, em função dos seguintes fatores: visibilidade, atratividade, infraestrutura, acesso, segurança, tráfego, perfil dos consumidores, por exemplo.

A maioria das lojas é de varejistas independentes. Estes são seus próprios patrões. Podem desenvolver relacionamentos pessoais íntimos com seus consumidores, respondendo com rapidez às necessidades do mercado. Muitas butiques, cabeleireiros, padarias, restaurantes, açougues, farmácias e livrarias, por exemplo, se acham nesta categoria.

Loja de Bairro – As lojas de bairro são pequenos estabelecimentos de autosserviço ou de atendimento personalizado, onde as pessoas compram rotineiramente bens de consumo diário, em pequenas quantidades. São exemplos: padaria, sorveteria, lanchonete, café, quitanda, hortifruti, papelaria, copiadora, armarinho, farmácia, barbearia, perfumaria, mercearia.

Loja de Departamento – Vende várias linhas de produtos, como: roupas, móveis, utensílios, utilidades. Cada linha é operada como um departamento, tendo compradores especializados. Mas, a melhor qualidade e preços baixos dos produtos, permitidos com as importações, tornaram algumas dessas organizações competitivamente inviáveis.

Loja de Variedades – Lojas que vendem produtos populares, a preços muito baixos, apresentando novidades. Suas linhas de produtos são descontinuadas com facilidade, para evitar a concorrência dos camelôs.

Loja de Desconto – Vende mercadorias padronizadas a preços baixos, porque trabalham com pequenas margens e grandes volumes de vendas. Embora venda a preços baixos, seus produtos não são inferiores. É comum se encontrar lojas de desconto trabalhando com produtos de marca e não, como seria lógico pensar, com produtos de qualidade inferior.

Loja de Conveniência – Estas lojas são, relativamente pequenas, localizadas próximo às áreas residenciais, permanecendo abertas além do horário chamado comercial e sete dias na semana. Vendem produtos de alta rotatividade, atendendo compras de última hora, apesar de ter preços mais altos do que a média do mercado.

Consumidores desse tipo de loja são pessoas afobadas, que esquecem de tudo e vivem correndo por não saberem administrar seu tempo. Elas estão dispostas a pagar mais caro pela conveniência e também pela economia de tempo para buscar preços menores em outros lugares. Elas operam num horário especial, sendo que o maior movimento é depois das 22 horas. Seu estoque pode chegar até 1.200 itens.

Loja de R$ 1,99 – Estas lojas, atrativos do passado, acabaram, porque não conseguiram manter uma política de preço baixo. Os custos fixos são elevados, para lugares de grande movimento de consumidores.

Loja Especializada – As lojas especializadas são estabelecimentos varejistas para os quais os consumidores criam uma forte aliança e preferência. A decisão de comprar nessa loja pode ter por base a seleção de produtos de qualidade e alta tecnologia, como também um atendimento de alto nível, embasado em confiança e excelente reputação.

Estas lojas exigem venda personalizada e mão de obra especializada para produtos, em geral, únicos. Alguns analistas acreditam que estas lojas crescerão num ritmo rápido, devido à vantagem das crescentes oportunidades de segmentação de mercado.

Supermercado – Relativamente grandes, os supermercados operam com custo baixo, margem pequena, volume elevado, autosserviço projetado para atender às necessidades totais dos consumidores em termos de alimentação, higiene e limpeza. Operam com lucro operacional de apenas 1% sobre as vendas e obtêm lucro de 10% sobre o patrimônio líquido. Apesar da concorrência eles são, atualmente, os mais visitados varejos que existem.

O supermercado alterou a comercialização, porque eliminou o balconista, o consumidor passou a decidir livremente o que comprar, o sortimento de mercadorias é muito grande, os produtos vendem-se por si mesmos, a embalagem do produto passou a ser mais atrativa, os preços, em geral, são mais baratos, maior espaço de circulação entre gôndolas, ambiente limpo e climatizado, estacionamento para automóveis, o consumidor compra produtos desnecessários, a competição é por marca e não por produto, o arranjo interno da loja é agradável.

Hipermercado – Combinam os princípios do supermercado, das lojas de descontos e dos varejos de fábrica. Seu sortimento de produtos vai além de bens rotineiros. São ofertados móveis, eletrodomésticos e utensílios. A exposição é de grande quantidade de itens para impressionar os consumidores, que, se estiverem dispostos a carregar em seus próprios veículos, recebem descontos.

Uma inovação do hipermercado é o conjunto de lojas satélites ao seu redor e a sua localização fora dos centros de grande concentração de pessoas. Geralmente, estão colocados às margens de rodovias de grande movimento, oferecendo, além daquilo que é normal em supermercados, produtos de lazer, lanches rápidos e comidas do tipo self-service.

Lojas em Cadeia – Lojas em cadeia são organizações varejistas que constituem duas ou mais unidades sob um único proprietário. Estas operações, geralmente, lidam com as mesmas linhas de produtos ou similares, são desenhadas e decoradas do mesmo modo e se apoiam em compradores centralizados para a escolha de mercadorias.

Estes varejistas desfrutam de grandes descontos dos fornecedores, forte posição no mercado, propaganda massificada, alto nível de produtividade com uma atuação gerencial muito eficiente. Possuem logística própria e serviço de crédito ao consumidor independente de transportadoras e financeiras, respectivamente. Mesmo com todas estas vantagens operacionais não dominam o varejo.

Showrooms – Vendem um leque amplo de produtos de marca, que permitem markup elevado, giro rápido dos itens e descontos nos preços. Em geral, estes tipos de varejo oferecem novidades em bens e serviços. Os consumidores escolhem os produtos em catálogos virtuais para depois serem retirados na área de expedição. Sua filosofia é ter retorno rápido do investimento, para cobrir custos elevados do aluguel e instalação.

Feira Livre – As feiras livres respondem por significativa parcela das vendas de produtos como: frutas, legumes e verduras, sendo fontes de suprimento de todas as classes sociais. Nas feiras tudo é permitido. Senhoras ricas e elegantes barganham preços e provam de tudo. Todos pechincham. Talvez esta seja a razão de sua continuidade e encanto.

As características das feiras são: todos os consumidores estão representados nas feiras; agregam, relativamente, poucos serviços ao produto; atuam com preço baixo, praticamente, atendendo a todos; atraem pela conveniência de estar próximo de onde vivem os consumidores; oferecem contato direto entre comprador e vendedor, proporcionando liberdade de negociação e escolha.

Loja de Luxo – As ruas especializadas no comércio de luxo surgiram na Europa no Século XIX. No início, reuniam fabricantes de produtos de altíssima qualidade, sendo alguns feitos à mão por grandes artesões. Mas, as mudanças que estão ocorrendo no varejo de luxo é o fato de que, no passado, eram empresas familiares que garantiam certa exclusividade. Hoje, elas se tornaram grandes corporações.

Por isso que lugares como a Quinta Avenida (New York) e o Champs-Élysées (Paris) e a Rua Serrano (Madrid) são cartões postais de cidades importantes e ícones do consumo de alto padrão desde os anos de 1930. Nestes lugares transitam consumidores de alto poder aquisitivo. A rua de luxo é uma tentativa de recriar a Belle Epoque, lugar para se fazer compras sem nenhuma correria, apreciando o lugar, a beleza, o glamour e a boa gastronomia.

Varejo de Liquidação – Compram por preços abaixo do atacado e transferem parte da vantagem aos consumidores. Trabalham com sortimento variável de produtos, frequentemente, pontas de estoque, números e modelos esparsos obtidos a preços reduzidos de fornecedores. São, em geral, dirigidos por empreendedores, proprietários ou por divisões de corporações varejistas maiores.

Outlets de Fábricas – Operados pelos próprios fabricantes, normalmente, vendem sobras e mercadorias descontinuadas ou irregulares. Tais estabelecimentos estão, cada vez mais, operando com dezenas de lojas que oferecem preços com grandes descontos e com uma ampla variedade de itens.

Varejo de Serviço – Os consumidores que gostam de ser bem atendidos preferem este tipo de varejo. É um varejo de custo elevado, porque tem um giro baixo, possuem uma filosofia de bem atender mesmo com prejuízos ocasionais, entregam as mercadorias sem cobrar frete, facilitam o consumidor com crédito fácil, possuem instalações com banheiros e lanchonetes para poucos itens comercializados.

Varejo de Atacado – Vende uma seleção limitada de produtos. Opera com grandes volumes, possui despesas muito baixas, por estar em armazéns e oferece poucos produtos. Seu estoque está na própria loja, não possuindo depósito. Não faz entrega e não aceita cheques. Dá desconto para pagamentos em dinheiro.

Varejo Ecológico – O varejo ecológico é aquele que se preocupa com a poluição ambiental, fazendo todo o possível para mostrar esta preocupação, como também demonstrar com ações que previnam a contaminação, a degradação e a sujeira do lugar em que está estabelecido.

O varejista deve manter seu negócio sempre limpo, higienizado e agradável.

18.10 Organizações Varejistas

Embora muitas lojas de varejo sejam independentes, crescente número delas está tomando alguma forma de varejo corporativo. As organizações de varejo obtêm economia de escala, em função de maior poder de compra, reconhecimento de marca mais ampla e funcionários mais bem treinados.

A seguir, **tipos de organizações varejistas**:

Shopping Center – A partir dos anos de 1950, quando teve início a mudança das pessoas do centro para bairros distantes, criou-se a necessidade de lojas mais próximas de suas casas. O primeiro shopping center no Brasil foi o Shopping Iguatemi, na cidade de São Paulo. No início do Século XXI, estes empreendimentos passaram a movimentar U$ 20 bilhões, gerando mais de 300 mil empregos e desempregando em outros lugares.

Os shoppings centers são grandes áreas de compra localizadas nos subúrbios das cidades, contendo de 40 até 100 lojas, em um raio de 8 até 15 km do centro da cidade. Normalmente, apresentam uma ou duas lojas âncoras reconhecidas nacionalmente por sua marca e imagem.

Um shopping center é um agregado de atividades de serviços, sendo também considerado uma estratégia diferenciadora em relação ao varejo de rua. Como resultado, vemos um consumidor que, além de comprar aquilo que necessita, tem lazer, alimentação, ambiente limpo e climatizado, estacionamento com segurança, decoração para datas festivas, entretenimento, sinalização de primeira, banheiros, cinemas, teatros, cafés, feirinhas, quiosques de liquidação, funcionários prontos a orientar o consumidor e muitos outros atrativos. Tudo isso faz do shopping a grande maravilha que leva um público cada vez maior a frequentá-lo.

Seu leque de ofertas é uma vantagem competitiva inegável. As lojas são locadas mediante o pagamento de luvas. A **administração do shopping** estabelece como pagamento, a título de aluguel, um valor mínimo mais um percentual sobre o faturamento da loja. Em função das características apontadas e do elevado público que gravita ao redor desses empreendimentos, os mesmos terminam por se constituir em referenciais para novos investimentos imobiliários no seu entorno.

Segundo pesquisa, alguns fatores precisam ser considerados, tais como:

- Apenas 38% das pessoas vão ao shopping para comprar.
- Tempo médio de permanência no shopping por pessoa é de uma hora e meia.
- Consumidores com menos de 20 anos visitam 5 lojas na média. Já as mulheres visitam 4 lojas.
- A média em geral é de 3,6 visitas a lojas por consumidor.
- O gasto médio é de cerca de trinta dólares.
- Vinte por cento não gastam.
- Maiores consumidores: 40 a 49 anos; mulheres; consumidores sem filhos.
- Quanto mais atrativos tiver o shopping, maior o tempo de permanência e maior a probabilidade de gastos dos consumidores.

O shopping center foi o vetor de expansão do varejo com base numa estrutura de espaço mais racional, custos menores e maiores volumes de negócios. As grandes redes plantaram nos shoppings suas lojas âncoras para se expandir nos mercados regionais. Cada nova marca de franquia surgida no mercado também buscou um "ninho" em um shopping. Por outro lado, a concentração das vendas em um punhado de bandeiras deu um formidável e inédito poder ao **grande varejo** (grande rede), tanto que alguns abusos são cometidos.

As **lojas de shopping** compõem, com base nas diferentes modalidades de negócio, o universo varejista em amplos espaços de venda e prestação de serviços, caracterizado pelo poder de polarização de áreas primárias, que obedecem a uma política própria. A pluralidade de lojas suplantou de muito às antigas lojas de departamentos.

A concepção que se tem de um shopping é que o mesmo foi criado para abrigar, no mesmo espaço físico, pequenos varejos com grande diversificação de bens e serviços. Como os seres humanos são animais gregários e gostam de fazer as coisas em multidões, é possível que o shopping de entretenimento poderá concorrer com o eletrônico para alguns produtos, mas ninguém ainda sabe quais. Quem descobrir ficará rico.

Polo Comercial – A fim de buscar novas soluções para incrementar o comércio de uma determinada localidade, os varejistas de diversas ruas se integram para a formação de um polo comercial multifacetado, atraente e original. Entre as inúmeras vantagens que o polo oferece destacam-se: farto número de profissionais liberais, sedes de grandes empresas, prédios seculares e de belíssima arquitetura. Além, é claro, de lojas tradicionais que atendem a todos os gostos e necessidades.

Por tudo isso, além do lado comercial, os administradores do polo exploram o lado turístico e cultural da região. É possível encontrar nestes polos, como valor agregado, várias maneiras de abordar consumidores por meio de artistas (cantores, retratistas, palhaços) de rua, que com muita criatividade alegram a rua e relembram as coisas do passado e os antigos mascates que anunciavam suas mercadorias cantando prosa e verso.

O sucesso desses empreendimentos está calcado no: preço baixo, atendimento, variedade, segurança, higiene, limpeza, estacionamento, serviço de rádio, emissora de TV, atendimento médico, novidades, economia de tempo, por exemplo.

18.11 Elementos do Varejo

Vitrine – Pesquisas indicaram que aproximadamente 75% das vendas são motivadas por produtos expostos na vitrine, daí a importância da mesma, que simplificando a fachada valoriza os produtos. Onde se pratica a arte de vender e persuadir consumidores, uma de suas ferramentas preferidas é a vitrine. Seus acessórios devem ser congruentes ao exposto, em cores, forma e dimensão.

O **merchandising visual** é a venda sem palavras, com uma exposição objetiva que desperta o interesse dos passantes na rua (avenida, travessa, alameda, corredor).

Site – Site é o nome que se dá ao endereço eletrônico (ou página) da Internet. A criação de uma página na Internet não é um esforço isolado. A atual velocidade da inovação tecnológica no desenho e a crescente competitividade do meio exigem que os profissionais de marketing avaliem continuamente o valor percebido da página eletrônica. As páginas devem oferecer um conteúdo valioso, em constante mudança, que atrairá novos clientes.

Arquitetura – O primeiro elemento arquitetônico que se apresenta aos olhos do consumidor é a fachada da loja, que merece ser tratada com a importância devida. Atualmente, as fachadas das lojas estão se resumindo a enormes panos de vidro, permitindo a visualização total do interior, como se fosse uma continuidade da vitrine. Em shoppings é uma constante. As portas são amplas, facilitando o acesso dos consumidores, situação que valoriza ainda mais o ambiente da loja.

A entrada do varejo tem que ser convidativa, exercendo um fascínio sobre as pessoas, sem oferecer nenhum obstáculo que iniba sua acessibilidade. Assim, é cada vez mais comum, ter vitrines sem fundo que convidam o consumidor a entrar.

Sinalização – Sinalizar é comunicar. Para alívio das pessoas, os sanitários são sinalizados com os chamados glifos, representando o feminino e o masculino. Sinalizamos nossas ruas com cores convencionais (símbolos) de trânsito, mas isso não é suficiente para promover um bom tráfego na cidade. É preciso que todos sigam os mesmos referenciais.

A sinalização bem estruturada facilita bastante o nosso dia a dia e pode até nos tornar mais prósperos à medida que, rapidamente, identificamos um banco pelo seu letreiro, sua cor característica, seu logotipo ou logomarca.

Iluminação – Numa loja a quantidade e a qualidade da luz podem realçar o ambiente, aumentando o valor dos produtos expostos, ajudando a faturar mais. Assim, é importante dar valor a um bom projeto de iluminação. As normas disponíveis indicam os níveis de iluminamento satisfatórios para a realização de diferentes tipos de trabalho e de situações no varejo. Em alguns casos, faz parte da regulamentação governamental, cuja atenção o designer precisa estar atento.

A quantidade de luz incidente dentro de um ambiente não deve depender somente do trabalho a ser realizado pelo homem, mas também da interferência dos arredores imediatos, ou seja, a cor do local, o nível de reflexão do mesmo e dos demais objetos ali encontrados.

Arranjo Físico – A atmosfera da loja é outro elemento disponível no arsenal do varejista. Qualquer loja possui um layout que facilita, ou dificulta, a movimentação de consumidores e funcionários. Uma loja também pode ser suja, charmosa, ostentosa ou sombria. O arranjo físico deve ser congruente com a sua finalidade.

Segurança – É impossível aos cidadãos, ou a qualquer segmento da coletividade, viverem dentro do alto índice de violência (insegurança), estampado diariamente pela mídia. Mas, como esse massacre de fatos e situações afeta o consumidor? Para responder a esta pergunta basta analisar como mudaram os nossos próprios hábitos.

Formato – Há vários formatos varejistas no mercado. Muitos desses surgem ou desaparecem com as mudanças ambientais e também alguns deles existem em certos mercados com diferenças conceituais. Devido à variedade de produtos, mercados, ambientes e sortimentos, muitos autores chamam de varejistas aqueles comerciantes que, mesmo fazendo vendas ao consumidor final, também atuam como atacadistas, distribuidores, fornecedores, revendedores.

Uma razão para o surgimento de novos tipos de lojas para desafiar os varejos tradicionais é dada pela hipótese conhecida como roda de varejo. Um número cada vez maior de consumidores utiliza as lojas tradicionais para comparar preços com os demais tipos de varejo e, obviamente, decidir onde comprar.

Parece que esta hipótese explica o porquê de tantos tipos de varejo surgindo a cada ano, com suas estratégias e diferenciais de preço, qualidade, atendimento, serviço, ambiente e outros aspectos relevantes a sua sobrevivência no mercado.

18.12 Poder do Varejo

As relações entre grandes varejistas e fornecedores estão se complicando e os conflitos são cada vez mais acirrados. Varejo e indústria nunca viveram uma lua de mel, é certo. Trata-se de uma queda de braço que se mantém desde sempre. Nos anos de **inflação elevada**, quem esperneava eram os varejistas, compelidos a aceitar sucessivos reajustes nas viradas de tabela. Era pegar ou largar, quer dizer, ficar com as prateleiras desabastecidas.

O poder do varejo aumentou muitos nos últimos anos.

A situação começou a se inverter no começo da década de 1990. A abertura da economia e a estabilidade, que seguiu ao Plano Real, viabilizaram os investimentos estrangeiros no setor de distribuição, dando partida a um amplo, inédito e fulminante processo de fusões e aquisições.

A **comercialização**, como já visto anteriormente, é um processo que envolve diversas atividades mercadológicas, tais como: pesquisa, desenvolvimento, venda, comunicação, previsão, armazenagem, planejamento, política, treinamento, necessidade e alocação de recurso, acompanhamento pós-vendas.

Mesmo a **empresa industrial** precisa ter preocupações com as atividades mercadológicas, porque, se não conseguir vender seus produtos, terá problemas de sobrevivência.

Os **compradores do varejo** forçam os preços da indústria para baixo, barganhando por melhor qualidade e mais serviços, jogando os concorrentes uns contra os outros. É importante ressaltar que o poder do varejo só é conseguido por meio da compra de grandes volumes de produtos, sendo, muitas das vezes, maiores do que seus custos operacionais.

18.13 Estoque de Varejo

O estoque de varejo inclui todos os sortimentos de artigos e materiais que a empresa possui e utiliza na prestação de serviços. Já o estoque é o somatório de matérias-primas, insumos, produtos acabados e semiacabados.

O **valor do estoque** é um valioso item (conta) do ativo circulante, porque mostra o giro de cada produto e o quanto o produto participa no valor total do estoque.

O sistema de **controle de estoque** é uma necessidade que ajuda a decidir quais os níveis de bens que podem ser economicamente mantidos. Tal sistema é utilizado para descrever inspeção, recebimento, movimentação, alienação de ativos, inventário, distribuição e armazenagem.

Controlar o movimento do estoque é uma das pedras de toque da administração do varejo. Tal sistema assegura o suprimento oportuno e conveniente, melhora o equilíbrio do capital de giro próprio, evita compras desnecessárias e facilita o ajuste da empresa às mudanças do ambiente e do mercado.

O ideal é que o empresário saiba, dia a dia, qual é o **valor imobilizado no estoque**, que quantidades estão disponíveis, qual a movimentação, qual é o custo da inflação na compra e outros detalhes.

O **risco do descontrole** não se limita apenas à superestocagem. Uma má administração de materiais pode prejudicar, econômica e financeiramente, a empresa. Em épocas de juros altos, prestar atenção na movimentação dos produtos evita encalhes.

Na **administração do estoque**, o varejista precisa saber os seguintes conceitos, já abordados:

Nível de Estoque, Estoque Mínimo, Estoque Máximo e Giro de Estoque.

Quando a rotação de um item do estoque é baixa, causa obsolescência e imobiliza dinheiro.

18.14 Competição no Varejo

Competitividade é a palavra-chave que define o sucesso ou o fracasso de qualquer negócio. É uma espécie de adequação do empreendimento ao seu microambiente, consiste no bom atendimento das necessidades dos clientes, na diferenciação desse atendimento em relação aos concorrentes, no bom relacionamento com os fornecedores e também na existência de barreiras à entrada de novos concorrentes no setor.

Preço é a variável básica para a competitividade e resulta, por sua vez, do custo da operação. O mundo dos negócios é, por natureza, competitivo. Desde sempre as empresas tentam prever os passos dos concorrentes e se antecipar às suas ações. O fato é que a maioria tende a enfatizar muito mais o paradigma da guerra do que o da cooperação.

Todo negócio tem de ser rentável. Mas é preciso respeitar o tempo de maturação, ter paciência para colher os frutos e não comer tudo de uma só vez, lembrando que é preciso continuar plantando. O caminho é adotar a prática de avaliar causa e efeito, fazendo perguntas como:

- O consumidor está feliz?
- Por que ele compra meu produto?
- Onde estão problemas e desvios dos resultados esperados?

Na **administração competitiva**, a atividade mais importante é a obtenção de níveis de produção e produtividade cada vez maiores. É a administração da eficiência. Tal administração se preocupa com a estrutura organizacional e o desenvolvimento de recursos humanos, adequando-os às novas tecnologias.

O **administrador competitivo** é um indivíduo que absorve mudanças, assume riscos com cautela, resolve problemas através de modelos e políticas conhecidas, é hábil na coordenação, no diagnóstico e no controle de atividades complexas. Não é um aventureiro.

No mundo de hoje, e como sempre, o **diferencial competitivo está nas pessoas**. Portanto, não devemos ser tolos e confiantes naquilo que estamos fazendo, porque sempre existirá uma pessoa que estará realizando o mesmo do que você, com mais qualidade.

Os **cenários de varejo** se apresentam cada vez mais desafiantes e incertos. Ver oportunidades é muito difícil, quando não se tem conhecimento, fruto da leitura, da pesquisa, da análise e do estudo continuado.

18.15 Geografia do Varejo

A análise da composição da população, seus hábitos e comportamentos, níveis de riqueza, trabalho, cultura, faixa etária, necessidades e desejos, propensão a consumir, nível de atendimento e carências são fatores determinantes daquilo que, hoje, chamamos geografia do varejo. Nesta geografia também são considerados: uso do solo, infraestrutura de transporte, legislação de zoneamento e topografia do terreno.

Além disso, os próprios acidentes e barreiras geográficas acabam por determinar as características de um território, facilitando ou dificultando acessos, com implicações diretas na geografia humana. Para o varejista, uma boa localização pode determinar o destino do negócio.

A importância da localização pode também ser avaliada pela maneira como os consumidores se comportam em suas compras de conveniência ou de consumo durável. No primeiro caso, procuram rapidez. No segundo, preço com qualidade.

Cidades planas, em geral possuem formatações quadradas e o mercado inicia de dentro para fora. O crescimento residencial pode se desenvolver em todas as direções, ocasionando uma descentralização comercial.

Cidades em vales crescem em duas direções, tendo suas residências localizadas distantes do centro.

Cidades à beira mar, em geral crescem em forma de leque, cujo porto é o centro inicial do comércio e as residências ficam cada vez mais longe.

Os **fatores geográficos** levados em consideração para a instalação de varejos podem ser: rios, lagos, mares, rodovias, ferrovias, hidrovias, barragens, pontes, hospitais, universidades, cinemas, teatros, shoppings, cemitérios, parques florestais, jardins botânicos e parques temáticos com suas vantagens e desvantagens.

A topografia, a beleza, o traçado viário, a visibilidade, a infraestrutura do lugar são elementos determinantes do sucesso do varejo.

Um dos **princípios básicos do varejo** é buscar a melhor das localizações. É muito comum grandes varejos acharem que terão sucesso, em função de sua marca, preço baixo, imagem e produtos que vendem. Este é um raciocínio muito arriscado, pois não considerar a geografia do varejo pode redundar em fracasso.

Capítulo 19

Franquia

"Raramente dedicamos um estudo e uma reflexão adequada, que são, talvez, a mais importante causa de fracasso dos negócios".

Peter F. Drucker

Objetivos do Capítulo

- Mostrar o papel dos elementos envolvidos no sistema de franquia.
- Identificar as tendências da franquia.
- Mostrar os atrativos do sistema de franquia.
- Mostrar vantagens e desvantagens da franquia.

19.1 Franquia

A ideia da franquia não é novidade, como possa parecer para alguns desavisados. Os postos de gasolina e as casas lotéricas estão aí para atestar que esse tipo de comércio já é antigo, mas foi a partir da década de 1960 que houve um grande incremento desse setor. Pode-se dizer que a franquia corporifica a cooperação entre grandes e pequenos varejos, isto é, **franqueadores** e **franqueados**, respectivamente.

O franqueador (titular da marca) pode até mesmo providenciar algum treinamento e publicidade para o negócio progredir.

As **operações de franchising** são, provavelmente, o melhor exemplo do tipo de centralização necessária para obter sucesso no setor de serviços.

As **principais atrações da franquia** são:

- Permite a formação de uma rede de distribuição.
- O franqueado fornece informações ao franqueador, e vice-versa.
- O franqueado atua com iniciativa e responsabilidade próprias.
- O franqueado é um empresário, cujo desempenho depende somente dele.
- O franqueado conhece melhor seu público do que o franqueador.
- O franqueado pode fazer oportunas adaptações do negócio, em função dos consumidores.
- A franquia, por ser muito fácil, pode apresentar formas bastante diversas e adaptáveis à dinâmica de cada negócio.
- A exclusividade preserva o valor da marca, conferindo identidade entre produto e marca.

A franquia oferece um modelo único, em termos de adaptabilidade, aos mais diversos mercados e às empresas dos mais variados portes e ramos de atividade, permitindo, na maioria dos casos, obter o maior equilíbrio possível entre as variáveis: cobertura de mercado, custo operacional e controle de estoque.

Um século e meio atrás, a Indústria de Máquinas de Costura Singer decidiu inovar para aumentar suas vendas. A ideia era simples, criar nas pequenas lojas espalhadas pelos Estados Unidos um cantinho separado para seus produtos.

Uma placa da Singer, colocada no interior da loja, indicava o local onde os consumidores podiam encontrar, sem maior atropelo, as genuínas máquinas de costura, carretéis e acessórios distribuídos pela fábrica aos diversos varejos, mundo afora.

Sem perceber, a Singer, que hoje nem sequer fabrica o produto que a consagrou, começou a plantar, ali, a semente do sistema de vendas que mais se desenvolve e cresce, hoje, em todo o mundo. Desde a experiência pioneira da Singer, o fenômeno tem-se acelerado de forma rápida, que muitos se atrevem a fazer previsões entusiásticas do grande sucesso da franquia.

As franquias serão as **principais modalidades de negócio no Século XXI**, vaticinam alguns especialistas no assunto.

O sistema de franquia é capaz de, por um lado, impulsionar a um custo relativamente baixo a expansão de empreendimentos consolidados e, por outro, abrir oportunidades para empreendimentos anônimos. Os apelos do sistema de franquia são fortes. Se o franqueador viabiliza a expansão de seu negócio, o franqueado tem a oportunidade de estabelecer seu próprio negócio, mesmo não possuindo experiência anterior.

Porém, é bom frisar que se ilude quem sonha com um negócio próprio e imagina que o sistema de franquia é o retrato cor de rosa do paraíso.

19.2 Sistema de Franquia

O sistema de franquia é simples e tem tudo para funcionar bem, porque une investidor com vontade de trabalhar e uma marca conceituada no mercado, tendo ambos os deveres e direitos a serem respeitados. O casamento começa aí e o êxito da relação depende de detalhes sutis, quanto aqueles que determinam o sucesso ou o fracasso de uma união entre um homem e uma mulher.

A diferença é que se trata de um casamento que tem de dar certo, porque, de um lado, põe em risco uma marca prestigiada e por outro uma economia, às vezes, de uma vida. Da mesma maneira que o franqueador, aquele que cede a marca e o conhecimento administrativo do negócio, investiga cada sinal particular de seu futuro parceiro, o franqueado tem de identificar-se com a proposta do negócio escolhido.

Para que os dois juntos ganhem dinheiro, é preciso que haja uma empatia inicial e que o franqueador tenha um sistema bem estruturado. Como empatia não paga duplicata, o prudente é que os dois lados se previnam.

Os pontos principais dessa investigação, segundo a **Associação Brasileira de Franchising**, são:

- Os produtos devem ter aceitação de mercado, modismos passageiros são perigosos. É preciso que o mercado esteja em expansão e que a demanda do produto não influencie o preço de venda.
- O franqueador tem de demonstrar competência para garantir o nível de assistência esperado, deve verificar também se o sucesso da marca não é um fenômeno localizado.
- O franqueado não está entrando no sistema de franquia apenas para obter uma rápida expansão de suas vendas.
- Um exame detalhado de todos os itens do contrato, preferencialmente, com uma assessoria para ajudar na verificação e compreensão de cada uma das cláusulas.
- O franqueado deve procurar franqueadores já estabelecidos para saber se suas projeções são realistas, se existe, efetivamente, possibilidade de expansão do negócio e se o franqueador não está crescendo desordenadamente, ou seja, cedendo franquias em número que supera o potencial de mercado da região.

Qual é o **tempo médio de maturação de uma franquia**? As franquias não constituem um negócio em si mesmo, mas meramente um método de distribuição de bens e serviços. Mas, servindo-se de tal método, é possível ter resultados rápidos, uma vez que os produtos chegam mais depressa às mãos dos consumidores graças à multiplicação dos pontos de distribuição.

Uma das vantagens decorre do fato de que o franqueador não depende de suas próprias fontes de geração de capital e de recursos humanos para tocar o negócio, já que o investimento e o esforço exigidos pela operação são de responsabilidade do franqueado.

Neste negócio, o sucesso do franqueador depende do sucesso do franqueado. Da mesma forma, se apenas o franqueado for bem-sucedido, ele acabará ficando à frente de uma unidade individual, o que redundará no desaparecimento do sistema de franquia.

As **franquias bem-sucedidas** são aquelas estruturadas de modo a permitir um retorno equitativo dos investimentos colocados pelo franqueador e pelo franqueado. Manter a homogeneidade dos produtos à venda constitui o ponto chave de qualquer franquia. A qualidade tem de ser exatamente a mesma, qualquer que seja o ponto de distribuição.

A principal dificuldade deriva dos custos necessários para se ingressar nesse mercado, sobretudo no que diz respeito à publicidade. Obviamente, não se pode perder de vista o fato de que o sucesso ou o fracasso de qualquer negócio depende, fundamentalmente, da natureza e qualidade do produto à venda. Além, é claro, de seu tipo de administração.

Há vários exemplos em que companhias bem gerenciadas e com um bom produto tornam-se ainda mais bem-sucedidas por ser uma franquia. Isso ocorre porque foram capazes de explorar, com mais presteza, as necessidades dos consumidores e tornar-se, assim, mais competitivas.

Empresas autodenominadas franqueadoras por ignorância, ou má fé de seus dirigentes, não fazem qualquer distinção entre franchising de marca, sistema mais conhecido como licenciamento, e franchising de produto. Ocorre, porém, que tais sistemas diferem entre si e a confusão entre os dois acaba pondo em risco os franqueados que, em busca de segurança, que um bom esquema de franquia certamente oferece, podem ser levados a comprar gato por lebre.

Num esquema profissional de franchising, o objetivo é que o franqueador transfira ao franqueado toda a competência de atuação no mercado que desenvolveu, de modo a garantir a seus parceiros uma chance de sucesso. Não há dúvidas de que o sistema, quando bem aplicado garante, a cada franqueado, possibilidades concretas de reproduzir o sucesso de seu franqueador.

19.3 Marcas de Franquia

As marcas de franquia exercem uma grande atração nas pessoas que querem investir suas poupanças num negócio. O medo de arriscar num novo negócio, com grande investimento e falta de conhecimento, leva o empreendedor a buscar abrigo numa franquia. Parece ser o caminho mais rápido para o sucesso o investimento numa **marca famosa**, torná-la mais conhecida ainda e depois lucrar com o negócio.

Então, é preciso questionar:

- O negócio é baseado numa filosofia, tem um direcionamento, não é só uma moda?
- A logomarca é fácil de ser reconhecida?
- A marca é facilmente lembrada?
- A empresa está preparada para oferecer treinamento, consultoria administrativa e outros serviços a seus franqueados?
- O produto (linha de produtos) faz sucesso?
- O sistema de operação do negócio é fácil de ser assimilado e reproduzido?

Num sistema de franquia, o princípio básico é a interdependência, o que implica perseguir, em tempo integral, uma parceria afinada, sem comandados e nem comandantes. Flexibilidade também não é um dos seus pontos fortes, especialmente quando se analisa o sistema pelo lado do franqueado. Dele exigem-se disciplina e um cumprimento rigoroso de tudo o que está no manual de operações.

Os franqueados, quando investigam uma **oportunidade de franquia**, devem saber:

Tipo de franquia disponível; Taxa inicial; Taxa de royalties; Taxas para promoção e propaganda; Proteção geográfica (raio de ação e exclusividade); Finalidade e objetivo do franqueador; Exigências de capital; Exigências de dedicação ao negócio; Exigências da franquia; Duração do contrato de licença; Proteção da marca; Existência ou não de litígio.

A utilização do sistema sempre pressupõe condições para que o negócio possa evoluir com êxito. A principal delas é que o empreendimento tenha rentabilidade suficiente para gerar lucratividade aos franqueadores. Da mesma forma que o **perfil do franqueado** é desenhado sobre um empreendedor disposto a trabalhar muito e não ter a ambição de ser o único dono dos rumos de seu negócio.

O **franqueador** tem um modelo em que se encaixa antes de assumir qualquer compromisso com o sistema. Ele deve ser inovador, arrojado, empreendedor e bom administrador. Passando por todos esses testes iniciais, ainda, assim, o futuro franqueador não deverá começar uma operação imediata de franquia, através do simples recrutamento de franqueados em potencial.

Como a franquia é apenas uma opção para se expandir num determinado negócio, torna-se necessário, antes de seguir em frente, considerar todas as alternativas. Se a franquia for, comprovadamente, a solução mais indicada, o planejamento deverá voltar-se para o cronograma de ação, estipulando as etapas e definindo os locais de interesse, a fim de recrutar e instalar os franqueadores nas regiões de maior potencial mercadológico possível.

Somente quando a **eficiência da franquia** for comprovada na prática, é que se iniciará de fato a face de implementação do sistema, que inclui desde a prospecção e o recrutamento do franqueado até a preparação do contrato, o treinamento e a inauguração da loja. Isso significa a incorporação de manuais de operação, a padronização dos contratos e a compreensão de que a garantia de exclusividade de uma área geográfica para o franqueado faz parte do acordo.

19.4 Franqueador e Franqueado

Numa relação de franquia há dois elementos: o franqueador e o franqueado. Como muita gente costuma confundir os dois, é conveniente deixar claro que franqueador é o dono da marca e aquele que fornece todo o projeto de instalação da loja, além de orientar como o franqueado deve gerir o negócio. O franqueado é aquele que toca o negócio, assumindo riscos.

Normalmente, as organizações de franquia possuem um diferencial que pode estar no produto ou no método de vender. A franquia tem sido empregada, principalmente, em refeições rápidas, academias, locadoras, salões de beleza, agências de viagem, hotéis, imobiliárias.

A seguir, algumas características que ajudarão a entender o **papel do franqueador** e o **papel do fraqueado** no sistema de franquia:

Franqueador – Franqueador é aquele que, sendo o titular de uma marca famosa, possui produtos já consagrados no mercado consumidor, sendo detentor da tecnologia de instalação e operação de um determinado tipo de negócio, processo, produto ou equipamento, outorga a alguém, dele mercadologicamente dependente, chamado franqueado, licença para explorar esses recursos, sempre em conexão com a distribuição, utilização ou comercialização, da imagem da marca, em troca do pagamento de royalties.

Cabe ao franqueador:

- Desenvolver o conceito do negócio junto ao franqueado.
- Estabelecer as normas e os padrões a serem observados pelos franqueados, no que se refere à implantação das respectivas franquias.
- Recrutar, selecionar e treinar franqueados.
- Supervisionar e orientar a rede para garantir qualidade total na operação e no atendimento.
- Coletar dados e redigir relatórios para uma maior integração com os elementos da rede.

Franqueado – Franqueado é aquele que adquire do franqueador o direito de instalar e explorar as marcas e os produtos do franqueador, de acordo com as normas operacionais ditadas pelo franqueador. O franqueado deve pagar pelo direito de fazer parte do sistema. Todavia, esse pagamento inicial é apenas pequena parte da quantia total que ele investe, quando assina um contrato de franchising.

Os custos iniciais incluem aluguel e pagamento pelos equipamentos e instalações, e, às vezes, uma taxa de licença regular. É dado ao franqueado, em função do contrato assinado, algumas facilidades, como, por exemplo, empréstimos bancários.

Cabe ao franqueado:

- Investir o que for necessário.
- Pagar ao franqueador uma taxa de franquia ou taxa inicial, royalties e uma contribuição para um fundo cooperativo de propaganda, promoção e decoração.
- Observar os padrões de qualidade da rede.
- Arcar com os custos do negócio.
- Cooperar com os demais integrantes da rede.
- Buscar diferenciais competitivos.

As entidades interessadas na transparência e **ética da franquia** têm interesse que as informações, trocadas entre franqueador e franqueado, sejam as mais claras e objetivas possíveis. Assim, antes de assinar qualquer coisa, o **candidato a franqueado** deve tomar conhecimento do seguinte:

- Informações que identifique o franqueador e suas coligadas, descrevendo as experiências anteriores.
- Informações a respeito de ações judiciais, falências e concordatas de todos que participam da rede.
- Informações de todos os direitos, obrigações, restrições, especificações, padrões de qualidade e exigências do negócio.
- Informações sobre a proteção territorial e cláusulas contratuais.
- Informações sobre seção, transferência e venda de direitos de franquia.
- Informações sobre normas e procedimentos operacionais e financeiros.
- Informações sobre assistência técnica e suas condições de pagamento.
- Informações estatísticas sobre o mercado.
- Informações sobre rentabilidade, formação de preço e custeio.
- Informações dos endereços dos demais participantes da rede e dos serviços de apoio.

19.5 Franquia: Vantagens e Desvantagens

O **sucesso de um sistema de franquia**, não depende apenas do encontro entre uma marca consolidada e um empreendedor bem-intencionado. Não é um produto que está em jogo, é um negócio.

Franqueadores e franqueados que prefiram métodos administrativos e operacionais tradicionais têm, neste caso, suas chances reduzidas. Eles precisam entender que até mesmo a propaganda passa por profundas transformações, quando concebida para bens e serviços comercializados pelo regime de franquia.

Cada franqueador tem seu estilo, suas regras e exigências, mas nenhum franqueado em potencial escapa de uma decisiva entrevista inicial, aparentemente inofensiva à sequência do processo. É nessa entrevista que o franqueador conhece o perfil do candidato e o aceita, ou o descarta, como tal. O importante é saber se ele é receptivo às instruções, se sabe conviver em sociedade, se é um vendedor.

O franqueado, de fato, não tem problemas de produção, de controles administrativos e de seleção de fornecedores.

A **variação da rentabilidade é uma constante na franquia**. Tudo depende do ponto, do tamanho, do empreendimento e do talento do empreendedor. O franqueador ensina a pescar, mas não pesca, e se o fraqueado não fizer isso sozinho ele fracassa. O sistema oferece vantagens e desvantagens. São riscos menores quando comparados àqueles que o franqueado correria, se iniciasse um negócio independente, sem vínculo com uma marca de projeção.

A avaliação pré-contrato é indispensável tanto para o franqueado como para o franqueador e torna-se mais rigorosa de acordo com o estágio do sistema de franquia que se escolhe para operar.

A seguir, as **vantagens do sistema franchising**:

Redução de Riscos – Um esquema eficiente de franquia pressupõe que os problemas operacionais do empreendimento já foram identificados e eliminados nas unidades pilotos. O sistema dispensa a necessidade de estabelecer e firmar uma marca. Ela já existe e as campanhas de imagem são frequentes.

Facilidades Iniciais – Assegurado por uma estrutura montada para apoiar a organização que cede a franquia, o franqueado recebe um eficiente empurrão, mesmo para os mais inexperientes. O negócio nasce pronto e pode ser conduzido com relativa facilidade, já que o franqueado não precisa se preocupar com a escolha de fornecedores, com a definição de preços e com o desenho das instalações.

Treinamento – Ter experiência na área é dispensável. Os franqueadores oferecem treinamento para o franqueado e seus funcionários. Para as dúvidas do dia a dia, um manual prevê os procedimentos a serem adotados em casos considerados atípicos.

Administração – O sistema de franchising proporciona suportes administrativo e contábil para assessorar o desempenho do franqueado, identificando eventuais problemas em estágio precoce.

Publicidade – A promoção da marca no mercado nacional é um dever do franqueador. Dessa forma, o franqueado se beneficia dos resultados de campanhas promocionais, que, dificilmente, poderia bancar com seus próprios recursos. A propaganda regional é rateada entre os franqueadores da área, solução que também reduz os custos de promoção de cada um deles.

Rapidez na Expansão – O sistema permite ampliar a rede de pontos varejistas, em ritmo maior do que seria possível apenas com recursos próprios dos parceiros.

Cobertura do Mercado – O conhecimento específico de cada mercado garante uma melhor e maior cobertura de mercados distantes.

Motivação – A administração dos pontos de venda estará, na maior parte dos casos, sob a responsabilidade de quem arcou com o investimento, sendo natural que o mesmo se esforce para buscar altos níveis de produtividade, faturamento e rentabilidade.

Garantia de Mercado – Franqueadores têm nos franqueados um mercado cativo. Além do mais, seus produtos não sofrem concorrência com os dos concorrentes.

Vínculo Empregatício – Dado que o franqueado é, juridicamente, independente do franqueador, a responsabilidade com relação aos empregados cabe, única e exclusivamente, ao franqueado.

A seguir, as **desvantagens do sistema franchising**:

Independência Limitada – O franqueado tem pouca ou nenhuma liberdade para criar e deve seguir, mesmo que discorde, todos os procedimentos estabelecidos pelo franqueador. O monitoramento pode incomodar depois que o franqueado adquira certa experiência.

Inflexibilidade – Troca de pontos e renomeação de equipamentos, por exemplo, não são decisões que o franqueado toma por conta própria, o que, muitas vezes, pode prejudicar a sua competitividade. Além disso, os contratos de franquia costumam estabelecer restrições à venda e transferência da franquia. O franqueado também não pode definir preços e margem de lucro, restrições que pode dificultar a gerência do negócio, especialmente em momentos de crise.

Submissão na Hora do Pedido – Esse é um problema que ocorre, principalmente, nas franquias de confecções. O franqueador pode sentir-se tentado a empurrar sua produção ao franqueado. Este, por sua vez, sente-se como que obrigado a comprar além de seu potencial de venda, resultando um estoque exagerado, o que acaba segurando a tabela de preços de venda em toda a rede da franquia.

Concorrência – Se franqueador não tiver uma política de expansão baseada em pesquisas de mercado, pode acontecer de dois ou mais franqueados de uma mesma área de influência disputar a mesma clientela. Algumas vezes, essa concorrência pode levar um dos franqueados a mexer em seus preços para vencer o concorrente, ainda que essa decisão contrarie todas as cláusulas do contrato.

Nível de Despesas – O franqueado precisa pagar uma série de valores ao franqueador. Geralmente, uma taxa inicial (taxa de franquia), royalties (percentual acordado sobre receita com vendas), uma contribuição para o fundo cooperativo de marketing e outros.

Falta de Experiência – Cerca de um terço dos novos franqueados costuma deter a experiência como funcionário de grandes empresas, isto é, não recebiam um nível elevado de supervisão e controle. O que não ocorre na relação entre franqueador e franqueado.

Resultado – As unidades de varejo em regime de franquia, em geral, apresentam uma rentabilidade mais baixa e um retorno de investimento mais longo.

19.6 Futuro da Franquia

O futuro da franquia será cada vez mais desafiador para as empresas. As novas práticas de gestão empresarial têm enfatizado os recursos em modelos participativos de administração. Como consequência, as empresas não têm outra alternativa para a sobrevivência, senão através de estratégias que lhes permitam atingir níveis elevados de produtividade, competitividade e excelência.

A questão fundamental é que tais empresas começam a perceber que já não é possível ser competitivo atuando isoladamente, isto é, verticalizando todas as etapas de operação do negócio.

A **competitividade e a sobrevivência das empresas** dependerão, cada vez mais, da sua capacidade em estabelecer e manter relações de parceria com outras empresas, que complementem as suas atividades ou com as quais compartilhem investimentos em tecnologia, infraestrutura de produção e/ou de distribuição, ou em outras operações conjuntas relacionadas ao âmbito do negócio de ambas as parcerias.

A **parceria** é, hoje, reconhecida como uma arma competitiva, fazendo parte do planejamento estratégico da organização. Quando compradores e vendedores concordam em trabalhar juntos, podem obter notáveis ganhos de produtividade.

A parceria entre membros de uma cadeia de valor, como varejistas e fabricantes, representa uma ruptura importante com seu relacionamento, tradicionalmente, antagônico, pois ambos ficam engajados num mesmo processo.

Nas parcerias, por exemplo, os **varejistas** assumem compromissos de: compra, propaganda, promoção, novas linhas de produto e níveis de estoque controlados. O resultado é positivo para todos, porque os consumidores encontram o que procuram.

Os **fornecedores** aumentam o controle sobre seus custos (giro de estoques) e os varejistas aumentam suas vendas e consumidores se sentem satisfeitos.

Alguns cuidados específicos devem ser adotados por franqueadores e franqueados para que a parceria entre eles aconteça da melhor forma possível, quanto a licença do uso da marca, assistência técnica e compromisso de fornecimento. Assim, é preciso que a licença de concessão de uso seja acompanhada de uma série de normas e de procedimentos.

É bom lembrar que, embora elaborado por **profissionais de franquia**, o contrato deverá garantir a situação de insolvência de cada parceiro. Não existe uma generalização para contratos de parceria, porque as características e peculiaridades dos componentes da franquia são inteiramente diversas.

A experiência nos ensina que a **legislação de franquia** deve conter alguns dispositivos, tais como:

- O franqueado deve se obrigar a acatar, sem quaisquer reservas, todas as instruções e orientações que lhe der o franqueador.
- É vedado ao franqueado utilizar suas instalações para atividades que não sejam objeto do contrato.
- É preciso ficar esclarecido se será permitido ao franqueador ter seus próprios pontos de vendas, ou que trabalhe com outros produtos que não os listados no contrato de franquia.
- O franqueado se obriga a guardar absoluto sigilo sobre suas negociações com o franqueador.

Fazer previsão é muito arriscado. Mas, pode-se afirmar que, a curto prazo, o segmento de franchising é aquele que tende a crescer mais rapidamente, no que diz respeito à moda, alimentação, cursos de línguas, serviços especializados, por exemplo.

De modo geral, porém, estamos convencidos de que, cada vez mais, as empresas de pequeno e médio portes trabalharão em rede como maneira de sobrevivência, já que as grandes fazem fusões e aquisições.

O sistema de franquia utilizará, no futuro, como ferramentas de trabalho, a tecnologia da informação e o relacionamento em rede (estratégia multicanais). Também está havendo uma revolução no tamanho das instalações das franquias para ter maior presença em vários locais.

As franquias que sobreviverão serão aquelas que conseguirem se reinventar, em função das mutações ambientais e mercadológicas. Vai se dar melhor ainda, aquele que conseguir se antecipar às mudanças.

O importante é preservar os valores e as crenças, porque são eles que fazem de uma organização o que ela é, não os bens que vende e os serviços que presta.

19.7 Contrato de Franquia

Contrato de franquia é aquele contrato bilateral entre uma empresa de marca forte e famosa (franqueador) e uma empresa (franqueada), onde são repassados conhecimentos tecnológicos e administrativos do negócio. Na realidade o contrato de franquia é um contrato de distribuição de bens e serviços.

A seguir, um **Modelo de Contrato de Franquia**:

Pelo presente instrumento particular, entre partes: de um lado ____________, daqui por diante simplesmente designado Franqueador e, de outro lado, ________________, daqui por diante simplesmente designado Franqueado, têm justo e contratado o quanto segue:

01 – Franqueador é fabricante dos seguintes produtos: ________________

02 – Franqueador é detentor da marca ____________ e do logotipo cujo desenho integra o presente contrato, conforme certificado expedido pelo Instituto Nacional da Propriedade Industrial (INPI), sendo marca e logotipo aplicados a todos os produtos acima referidos.

03 – Franqueador desenvolveu e vem utilizando e aprimorando um sistema para a instalação e operação, a nível de varejo, para vendas ao consumidor dos produtos acima mencionados, inclusive no que se refere a: desenhos, arranjos físicos e decoração do próprio ponto de vendas e à disposição dos móveis e utensílios que o integram, estocagem, exposição e manuseios dos produtos, controles de estoques, métodos, sistemas e controles operacionais, escrituração, técnicas mercadológicas e todos os demais aspectos do negócio.

04 – Toda documentação pertinente encontra-se descrita nos manuais que ficam fazendo parte integrante do presente contrato, os quais poderão, a qualquer tempo, ser alterados, ampliados, reduzidos, substituídos ou simplesmente suprimidos, no todo ou em parte, pelo franqueador, na medida em que considerar necessário ou conveniente para o aperfeiçoamento da operação.

05 – Pelo presente instrumento e na melhor forma de direito, o franqueador concede, ao fraqueado, com exclusividade no que diz respeito ao território indicado e delimitado no mapa anexo a este contrato, licença para a comercialização na loja situada na Rua ____________, no município de ____________, e apenas nela, dos produtos da Cláusula 01, bem como de outros que venham a ser fabricados, comercializados ou licenciados pelo franqueador, os quais serão fornecidos ao franqueado, enquanto vigorar o presente contrato.

Parágrafo Único – É vedado ao franqueado a comercialização de quaisquer outros produtos de outros fornecedores.

06 – Na loja do franqueado, será permitido o uso da marca, bem como o logotipo, conforme Contrato de Licença de Uso de Marca, celebrado, em separado, na presente data, não sendo permitido no recinto da loja ou na fachada o uso de outra marca, salvo se houver um acordo para tal.
Parágrafo Primeiro – O franqueador, neste ato, fornece ao franqueado o projeto arquitetônico e demais projetos, tais como de: iluminação, exaustão, comunicação, esgotamento sanitário, decoração.
Parágrafo Segundo – O franqueado instalará, no frontispício de sua loja, letreiro luminoso, de propriedade do franqueador, que fica, desde logo, autorizado a retirá-lo, na hipótese de rescisão ou término do presente contrato, seja por que motivo for.
07 – A loja do franqueado será instalada e, enquanto vigorar o presente contrato, operada com total e estrita observância de todas as normas e orientações contidas nos projetos e nos manuais, bem como das demais normas, orientações ou sugestões que venham a ser transmitidas ao franqueador, sempre por escrito.
Parágrafo Primeiro – O franqueado, na operação da loja, cobrará dos consumidores os preços constantes das tabelas que serão fornecidas pelo franqueador.
Parágrafo Segundo – O franqueado se obriga e se compromete a zelar pelo bom nome do franqueador e de seus produtos, abstendo-se de praticar qualquer ato que por qualquer forma ou meio, possa prejudicar a boa reputação do franqueador (marcas e produtos).
Parágrafo Terceiro – É expressamente vedado ao franqueado a utilização da marca do franqueador em suas faturas, notas fiscais e outros documentos.
08 – O franqueador se obriga e se compromete a fornecer ao franqueado os produtos de sua linha de fabricação, referidos na Cláusula 1, sempre de acordo com a necessidade e as solicitações do franqueado, que para tanto, deverá observar os procedimentos concernentes, especificados nos manuais que fazem parte integrante do presente instrumento.
Parágrafo Primeiro – O franqueador fornecerá seus produtos ao franqueado de acordo com a capacidade de absorção deste, em relação aos demais franqueados e em relação ao mercado.
Parágrafo Segundo – O franqueador poderá recusar-se a fornecer novos produtos ao franqueado, se este atrasar a liquidação de produtos anteriormente encomendados e entregues.
Parágrafo Terceiro – Por outro lado o franqueado, desde que em dia com suas obrigações para com o franqueador, poderá valer-se da mesma faculdade que lhe assegura a Cláusula 23, caso o franqueador descumpra o presente contrato, deixando de lhe fornecer ou repor os estoques de que necessita.
Parágrafo Quarto – O franqueador poderá, a seu critério, alterar seu procedimento no que se refere ao fornecimento de produtos ao franqueado, inclusive quanto a preços, condições de pagamento e limites de crédito, sem que isso constitua infração a qualquer das disposições do presente contrato, desde que garanta ao fraqueado a constante reposição de seu estoque, de acordo com suas necessidades e possibilidades.
09 – Observado o disposto na Cláusula anterior, o franqueado manterá seu estoque em condições que lhe permita evitar falhas no atendimento a seus clientes.
10 – O franqueador poderá, a qualquer tempo, a seu critério exclusivo, proceder, diretamente ou através de representantes, funcionários ou prepostos seus, ou ainda, de profissionais ou empresas especializadas que para tanto contratar, proceder a exames e vistorias das instalações do franqueado, bem como ao exame e auditoria de seus livros e controles contábeis, que fazem parte integrante deste contrato, obrigando-se, desde logo, o franqueado a acatar as sugestões ou orientações que lhe sejam propostas pelo franqueador, no sentido de aperfeiçoar e elevar o nível de qualidade em tudo.
11 – O franqueado se obriga a contratar e manter pessoal de nível adequado ao atendimento do público consumidor, encaminhando seus administradores e funcionários ao treinamento organizado pelo franqueador.
12 – Pela licença que ora lhe é concedida, e pelo fornecimento dos projetos e da tecnologia que ora lhe é feito, por meio da entrega dos projetos e manuais inclusos, o franqueado paga ao franqueador, neste ato, a taxa inicial de __________, comprometendo-se a pagar-lhe, daqui por diante, em troca da assistência, do treinamento e da orientação que lhe serão fornecidos pelo franqueador, a remuneração mensal equivalente a ____% do faturamento bruto que auferir, cada mês civil considerado, em decorrência da operação da loja referida na Cláusula 5, independentemente de qualquer outra remuneração de qualquer espécie que àquele seja devida por ele, franqueado, a qualquer outro título.
Parágrafo Único – A remuneração mensal estipulada será paga, pelo franqueado ao franqueador, na sede deste, ou onde indicar, até o dia 10 (dez) de cada mês seguinte ao vencido, sendo o respectivo valor calculado com base em demonstrativo completo e detalhado de faturamento que ele, franqueado, entregará ao franqueador até o dia 5 (cinco) de cada mês seguinte ao vencido e cuja exatidão poderá, a qualquer tempo, ser verificada pelo franqueador, obrigando-se o franqueado, desde logo, a pagar-lhe de pronto a diferença que venha a ser apurada, devidamente corrigida pelo índice acordado.
13 – Independentemente das cifras contratuais estipuladas e de todas e quaisquer quantias que, a qualquer título, deva, ou venha a dever ao franqueador, e de qualquer verba que venha a despender em publicidade da marca do franqueador, o franqueado se obriga e se compromete a contribuir, mensalmente com __% do fatu-

ramento bruto que auferir na loja referida na Cláusula 5ª, para um Fundo Especial de Publicidade, que será administrado pelo franqueador e cujos recursos serão destinados a publicidade e divulgação da marca do franqueador.

14 – É expressamente proibido ao franqueado ceder ou transferir, para quem quer que seja, a que título for salvo autorização expressa, por escrito, do franqueador, os direitos e obrigações que lhe resultam do presente contrato.

Parágrafo Primeiro – Na hipótese de falecimento, retirada ou interdição de quaisquer dos integrantes do franqueado, de que resulte alteração do respectivo controle, poderá o franqueador, se assim julgar conveniente considerar automaticamente rescindido, de pleno direito.

Parágrafo Segundo – Fica estipulado que, caso o franqueado deseje, durante a vigência do presente contrato ou qualquer de seu término ou rescisão, seja por que motivo for alienar seu patrimônio ou ponto comercial, o franqueador terá preferência, em igualdade de condições com terceiros, para adquiri-lo.

Parágrafo Terceiro – O franqueado deverá notificar o franqueador, por escrito, indicando a este o valor e as condições de pagamento pretendido, sendo assegurado ao franqueador o prazo de 30 (trinta) dias para exercer o direito de preferência que lhe é assegurado pelo parágrafo anterior.

Parágrafo Quarto – A falta de resposta do franqueador, no prazo estipulado, dará direito ao franqueado proceder conforme seu interesse, desde que o faça aos pretendentes indicados, se é que indicou algum e, ainda, o faça pelo preço e nas condições pleiteados do franqueador.

15 – Enquanto vigorar o presente contrato, o franqueado não poderá dedicar-se, seja direta ou indiretamente, à exploração de negócios que se dediquem a atividades conflitantes com a da franquia.

16 – Franqueado e franqueador devem manter sigilo de todas as informações trocadas, por se constituir como segredo do negócio.

17 – Do presente contrato não resulta, em hipótese alguma, vínculo de natureza trabalhista ou associativo entre as partes, nem tampouco entre qualquer delas e os funcionários ou prepostos da outra, respondendo cada uma, individualmente, por todas as obrigações que assumir, seja de que natureza for.

18 – Sem prejuízo do disposto na Cláusula 24ª, fica expressamente consignado que constituem causa para a rescisão do presente contrato a decretação da falência ou o deferimento do requerimento de concordata do franqueado, hipótese em que tal rescisão se verificará automaticamente, sem que disso resulte para o franqueado direito a qualquer indenização ou retenção, ressalvado o disposto nas cláusulas 21ª e 22ª.

19 – Todos e quaisquer aditamentos ao presente contrato, bem como alteração, total ou parcial, de qualquer de suas cláusulas ou condições, serão, obrigatoriamente, formalizados por escrito, de nada valendo qualquer estipulação verbal a respeito, o mesmo vigorando com relação a todos e quaisquer avisos ou comunicações que qualquer das partes deva fazer à outra.

20 – O presente contrato vigorará pelo prazo de 12 (doze) meses a contar da presente data, sendo automaticamente renovado, sempre por igual período, salvo manifestação em contrário, por escrita, de qualquer das partes, com antecedência mínima de 60 (sessenta) dias da data prevista para o término de cada período.

21 – Uma vez rescindido ou terminado o presente contrato, seja por que motivo for, o franqueado deixará de utilizar a marca, bem como as informações dadas pelo franqueador, o qual, por sua vez, retirará da fachada da loja seu luminoso.

22 – Ainda na hipótese de término ou rescisão do presente contrato, o franqueador poderá, a seu exclusivo critério, readquirir do franqueado o estoque que este porventura detenha dos produtos com a marca dele, franqueador, pelo respectivo custo histórico, concedendo-lhe, outrossim, desde já, o franqueado, opção para, nessa hipótese, adquirir também o ponto comercial (instalações), pelo respectivo valor real de mercado.

23 – Fica estipulada a multa de __________ para a parte que infringir, no todo ou em parte, qualquer das cláusulas do presente contrato, reservando-se à parte inocente o direito de considerá-lo rescindido de pleno direito e de haver, por ação própria as perdas e danos que efetivamente sofra em decorrência do inadimplemento da outra parte, naquilo em que excedam a multa ora estipulada.

24 – O presente contrato é celebrado em caráter irrevogável e irretratável, obrigando as partes e seus sucessores a cumprirem fielmente este contrato, ficando eleito o foro desta cidade, com expressa exclusão de outro, por mais privilégios que tenha, como competente para dirimir eventuais dúvidas ou controvérsias que dele possam se originar entre as partes.

E por estarem de acordo com o que foi escrito, lido, aceito e achado conforme pelas partes, na presença das testemunhas abaixo, lavrou-se este contrato em 2 (duas) vias de igual teor e forma para os devidos efeitos jurídicos.

Local e data.
Assinaturas.
Testemunhas

Capítulo 20

Criatividade e Inovação

"Frequentemente, enfrentamos uma série de grandes oportunidades habilmente disfarçadas em problemas insolúveis. O trabalho do empreendedor é converter estes problemas em um negócio rentável".

John W. Gardner

Objetivos do Capítulo

- Mostrar que a criatividade é o vetor que faz a empresa sobreviver.
- Mostrar que o conhecimento passou a ser o valor competitivo mais considerado.
- Mostrar a necessidade do gerenciamento efetivo das ideias.
- Mostrar que a empresa deve ter sempre um espírito inovador.
- Mostrar que a inovação vem sempre da pesquisa & desenvolvimento.

20.1 Criatividade

Num mundo complexo como o atual, as empresas já não podem depender de uma única cabeça. Elas precisam de toda uma rede de funcionários, dos mais diversos escalões, com capacidade real de contribuir para o sucesso da companhia.

A criatividade está ligada a algo novo e diz respeito a uma capacidade de encontrar novos caminhos ou novas soluções para problemas e/ou oportunidades do momento; pressupõe um poder de alterar o ambiente corporativo para melhor; refere-se a um processo crítico da realidade que resulta em algo antes desconhecido e não praticado.

É necessário ressaltar que o desenvolvimento e a manifestação da criação não dependem somente dos esforços do próprio indivíduo. Tantos fatores intrapessoais e interpessoais, bem como fatores do próprio indivíduo, poderão favorecer ou dificultar a emergência do processo criativo.

Como a **mente humana** é altamente condicionada por crenças, valores e experiências sociais passadas, fornecer desafios e novas experiências de vida constitui base propícia para o desenvolvimento da criatividade.

O verdadeiramente engenhoso consegue confrontar de forma positiva o meio circundante, encontrando espaço para dar vazão à criatividade e influenciar o entorno. O embate de ideias acende a chama da criatividade. Mas, pode produzir tensões. A fagulha da criatividade é inseparável do antagonismo, devendo, portanto, ser moderada para não explodir em conflitos que não possam ser administrados.

Os **homens de ideias** estão, constantemente, a excitar todo o mundo com propostas criativas. Porém, são raras as pessoas que têm o know-how, a energia, a ousadia, a coragem e a força para implementar ideias. Assim, uma criatividade sem uma firme disposição, voltada, até o fim, para a ação constitui uma forma estéril de comportamento.

O interesse pelo **estudo da criatividade é relativamente recente**. Foi a investigação da inteligência que predominou entre os psicólogos no estudo dos processos de pensamento. Prevaleceu um consenso de que a criatividade não apresentava nenhum problema especial, uma vez que o conceito de inteligência era considerado por muitos como suficiente para explicar todos os aspectos do funcionamento mental, presumindo-se ainda que os testes de inteligência poderiam medir qualquer processo que ocorresse na mente.

Por algum tempo, predominou a ideia de que a inteligência era fixa e unidimensional, subestimando-se a contribuição do ambiente, da experimentação e da demonstração.

Os **psicólogos humanistas** como Rogers, Maslow e outros, passaram a ressaltar a importância, de se criarem condições mais favoráveis à manifestação da criatividade, a qual estaria vinculada à tendência do homem para concretizar suas potencialidades.

Apesar do reconhecimento de que necessitamos de condições mais favoráveis ao desenvolvimento do pensamento criador, temos observado que muito pouco tem sido feito no sentido de se promoverem condições mais favoráveis ao desenvolvimento e manifestações da criatividade nos meios educacionais e empresariais.

Percebemos que, apesar da criatividade ser valorizada pela sociedade, o indivíduo criativo não é bem aceito e nem tão pouco estimulado em nossos meios, pois, apresenta traços de personalidade e características que são incompatíveis com os valores enfatizados pelos agentes socializadores, pais e professores.

É possível determinar se uma pessoa é criativa através da observação de seu comportamento ou da análise dos produtos por ela criados. O **indivíduo criativo** é aquele que sempre se renova.

Um homem criativo, em virtude de seu entusiasmo, originalidade e inteligência, não examina suas ideias com uma crítica de um pesquisador. Por outro lado, a pessoa que procura fazer um julgamento equilibrado e dar peso apropriado às noções plausíveis que concorrem entre si tem pouca probabilidade de produzir novas soluções.

As pessoas criativas e inovadoras passam mais tempo do que as outras pessoas explorando e formulando problemas. É compreensível, portanto, que a maioria das mentalidades originais em qualquer organização, raramente, seja encontrada nas mais altas posições executivas.

As complexidades da vida organizacional, com suas muitas exigências colidentes, significam que em tal nível as **capacidades críticas** e de julgamento são um requisito essencial.

A **criatividade leva ao encontro com o inesperado**, normalmente, depois de um período consciente, ou inconsciente, de processamento de ideias e informações, relativas a um tema (problema) sobre o qual a mente foi alimentada.

É necessário ressaltar que o desenvolvimento e a **manifestação da criação** não dependem somente dos esforços do próprio indivíduo. Tantos fatores intrapessoais quanto interpessoais, bem como fatores do próprio indivíduo quanto de natureza social, poderão favorecer ou dificultar a emergência do processo criativo.

Não basta que um funcionário de uma empresa tenha uma grande ideia, mas que tenha um chefe que acredite nela para levá-la adiante. Uma reunião que tem sido utilizada como técnica para o desenvolvimento de ideias criativas em torno de uma área específica é chamada de **Brainstorming**.

O grupo é, geralmente, limitado entre cinco até dez pessoas. Nesta reunião os participantes têm liberdade de dizer o que pensam, sem serem criticados.

20.2 Elementos da Criatividade

A seguir, serão abordados alguns elementos da criatividade:

Inteligência – A ciência ainda não encontrou uma fórmula para medir com precisão quem é superdotado e quem é **gênio**. Pelos testes de quociente de inteligência, considerados ultrapassados pelos especialistas, um superdotado teria um QI entre 150 e 160. Um gênio pontuaria entre 160 e 180. Hoje, a definição mais comum para classificar superdotado é aquela pessoa inteligente que consegue desenvolver habilidades acima da média, em várias áreas.

Os gênios são aqueles superdotados que, além de demonstrar precocidade, provocam perplexidade, pois são capazes de criar algo inédito, revolucionário e transformador. Os estudiosos acreditam que a genética contribui com 50% do desempenho cerebral e os estímulos externos, com os outros 50%.

A diferença entre uma pessoa comum e outra superdotada estaria não no número de neurônios, mas na quantidade e na complexidade das conexões cerebrais (sinapses).

Percepção – A percepção pode ser definida, aproximadamente, como o conhecimento que um ser vivo possui sobre o ambiente em que vive. A percepção são experiências e conhecimentos acumulados. A percepção humana pode ser detectada pelos sentidos. Ela implica integração, organização, seleção e interpretação dos fenômenos puramente sensoriais.

Como a percepção de uma pessoa vem através dos sentidos, é possível que haja uma distorção da realidade comum aos demais indivíduos, porque a percepção é intrínseca ao indivíduo.

Intuição – A intuição é vista como um "impulso" para a ação onde não há raciocínio lógico. Segundo Motta, "a intuição deverá merecer explicações mais apuradas no futuro, porque parece que o nível de intuição da pessoa aumenta, em função das experiências, pesquisas, estudos e conhecimentos acumulados, que não foram ainda adicionados ao consciente do indivíduo". A razão é desconhecida.

Muitas pessoas resolvem problemas na base da intuição.

Improvisação – Precisamos cultivar a improvisação, capacidade de empregar tempo e recurso para favorecer uma resposta ao inesperado. Quando as situações são inesperadas e não planejadas, os dirigentes precisam improvisar. Em geral, há tempo hábil para explorar as possibilidades antes de implementar as ideias.

No entanto, pensar em cada ideia em termos de viabilidade, praticidade e eficácia em matéria de custos é um convite ao crítico que cada um tem dentro de si. Os improvisadores aceitam com entusiasmo o que se apresenta diante deles, até que surja uma possibilidade mais interessante para criar.

Observação – Procedimento de natureza sensorial, como produto do processo em que se empenha o pesquisador no mundo dos fenômenos empíricos. A observação, uma das atividades mais comuns do dia a dia, não deve ser confundida com a observação como método. A observação deve ser sempre uma atividade humana para um aprendizado ativo, com uma postura dirigida para um determinado fato.

Instrução – A instrução não é difícil de ganhar como o dinheiro. Não reside em um livro, um banco de dados, um programa de computador. Estes contêm apenas informações. Ela está sempre incorporada em uma pessoa alicerçada no conhecimento. Em todas as sociedades anteriores, a pessoa instruída era um ornamento. Mas, hoje, é um emblema, ícone, símbolo, marca, âncora, arquétipo, apanágio, suporte, polo de decisão.

Atividade Intelectual – Como o envelhecimento é inexorável, manter uma atividade intelectual fará com que o ser humano leve mais tempo para perder a memória de fatos, fenômenos, acontecimentos e, principalmente, conhecimento. Ter **disciplina e percepção** é muito importante, porque a mente organiza qualquer novo material em configurações. Quanto mais subjetiva for esta organização, maior a memória.

Atmosfera Permissiva – As ideias criativas são mais fáceis de ser sugeridas em uma atmosfera permissiva, isto é, significa que os membros da organização se sentem livres para fazer proposições, mesmo que suas ideias estejam em desacordo com as práticas anteriores, as normas de grupo ou os pontos de vista dos dirigentes, que dão apoio às pessoas e buscam inovações plausíveis e bem fundamentadas.

20.3 Capacidade Criativa

Não é difícil encontrar informações ensinando regras e processos para desenvolver a capacidade criativa, ou roteiros para se chegar ao encontro de novas soluções. Mas, tanto a capacidade, como a oportunidade de criar, são raras.

O **espírito criador** não é atributo dos artistas e inventores, tanto que engenheiros, escritores e outros têm a oportunidade de demonstrar sua genialidade. A tarefa torna-se mais atrativa e estimulante quando utiliza, com o máximo proveito, as qualificações do indivíduo. É claro que em qualquer tempo podem ocorrer restrições quanto à natureza do projeto e da qualificação de seu pessoal. Não se deve permitir que tais dificuldades se sobreponham ao efeito incentivador de utilizar o melhor de cada um.

A história recente da economia está cheia de vítimas da incapacidade de criar. Em certos segmentos do mercado, como os da tecnologia digital, a produção de riqueza flui diretamente da inovação e não, simplesmente, do aperfeiçoamento de técnicas e processos de produção já conhecidos.

A seguir, algumas **recomendações para aumentar a capacidade criativa**:

- Intensifique os contatos com seus fornecedores e consumidores, desenvolvendo, inclusive, formas de cooperação.
- Mantenha-se bem informado das estratégias dos concorrentes.
- Trabalhe no sentido de aumentar a adesão dos seus quadros funcional e gerencial com a filosofia da empresa.
- Desenvolva atividades de coordenação entre áreas tradicionalmente conflitantes dentro da organização.
- Invista tempo e esforço na melhoria das comunicações institucionais, tentando evitar boatos e fofocas de efeitos negativos.
- Crie campanhas inovadoras e criativas no sentido de melhorar a produtividade, simplificar os processos, desburocratizar procedimentos.
- Procure dar a todas as atividades um caráter participativo, pois sem compromisso não existem resultados positivos.
- Prepare a sua gerência e supervisão para administrarem conflitos decorrentes das dificuldades de sobrevivência.
- Use todos os momentos para consolidar uma imagem de empresa sólida, ética e coerente com seus princípios.
- Mantenha uma postura transparente entre discurso e ação.
- Faça campanha de austeridade, não permitindo deslizes de ostentação, mesmo a nível pessoal.
- Junte coisas aparentemente desconexas, não seja lógico, extrapole, imagine o inverso.
- Procure ver a riqueza das ideias com simplicidade e objetividade, aproveitando o acaso.
- Nunca se contente com a primeira ideia que lhe ocorrer.
- Sempre há uma maneira melhor de fazer as coisas, com menor custo.
- Seja curioso e evite reproduzir tarefas mecanicamente, buscando as causas, os porquês, as implicações.
- Não acredite em bordões, como: Time que está ganhando não se mexe.
- Não tenha vergonha de mostrar suas ideias, para que as mesmas não fiquem no fundo de uma gaveta.
- Ouça os outros, principalmente, se eles pensam diferente de você, porque as ideias se desenvolvem com opiniões contrárias.
- Saia da rotina para estimular o seu cérebro.

20.4 Potencial Criativo

A criatividade é uma característica que existe em todos os indivíduos, e não uma qualidade inata, propriedade de poucos. Potencial criativo pode ser desenvolvido ou transformado em novas habilidades. Nesse sentido, alguns indivíduos podem estar mais avançados do que outros, no desenvolvimento dessas habilidades, o que pode levá-los a transmitir corretamente uma imagem temporária mais criativa, erradamente à ideia de que são pessoas altamente privilegiadas.

Sendo um **potencial humano**, a criatividade é um recurso altamente disponível no meio organizacional, à espera de implementação e uso. Assim, desenvolver as habilidades criativas de todos os membros de uma organização é mais importante do que institucionalizar grupos de pensadores sofisticados para essa tarefa.

Discursos impressionantes têm sido proferidos para proclamar as virtudes da criatividade e deblaterar os vícios da conformidade. Contudo, estas maneiras de agir não fazem parte do mundo empresarial e, sim, do mundo da política.

O que certas pessoas chamam de **conformismo** em negócios relaciona-se menos à falta de criatividade do que à falta de ação. Homens criativos são conhecidos, geralmente, como pessoas descontentes.

A razão pela qual o executivo, tantas vezes, rejeita novas ideias é que ele é um homem ocupado, cuja principal tarefa é tratar de problemas prementes de solução. Assim, cada vez que novas ideias lhe são propostas, ele as vê como problemas futuros.

Um dos desafios mais sérios na carreira de qualquer dirigente é como fazer com que sua equipe pense de modo criativo, sem prejudicar o andamento das operações do dia a dia. Não há modelos nem regras, processos ou mesmo **padrões de sucesso**. Apesar disso, algumas organizações conseguem ter **ideias geniais** repetidas vezes.

Para estimular a criatividade faça dela um evento cotidiano. Para que seja algo confiável é preciso questionar: Quais recursos são necessários? Quem fará parte da equipe? Como compensar o sucesso do projeto? Como avaliar resultados?

A **capacidade de gerar novas ideias** é o talento mais procurado, hoje, no mundo dos negócios. Mas a percepção do processo criativo ainda se baseia no pressuposto de que a criatividade está em apenas uma pessoa e não num grupo de trabalho.

Qualquer grupo será liderado por alguém, que não necessariamente precisa ser o gênio da lâmpada. Criatividade não é um caminho miraculoso para o desenvolvimento dos negócios e da riqueza, como tanto se pretende. Para o administrador pode ser uma pedra no sapato, em vez de um marco balizador. A criatividade pensa coisas novas. Inovação faz coisas novas.

As ideias são avaliadas mais por sua novidade do que por sua praticidade.

O problema principal é que as chamadas pessoas criativas, em geral, possuem pouca vivência empresarial, passando elas próprias a ser o ponto de estrangulamento da inovação. Há um pressuposto de que criatividade conduz a implementação da inovação. Este raciocínio é errado, porque o **objetivo da inovação** é o êxito.

Mas, exigir adiantadamente que não haja dúvidas quanto a seu êxito, destruiria a oportunidade da experimentação. É bom lembrar que uma inovação só será implantada se realmente for lucrativa, qualquer sentido que tiver.

20.5 Gerência das Novas Ideias

A transformação da criatividade em inovação é, em grande parte, um processo de transformar ideias individuais em ideias coletivas. As novas ideias não são, por si mesmas, suficientes para produzir inovações. É preciso que elas ultrapassem os limites do desejo individual e se torne coletivo. Esse processo não é simples, porque após a geração de ideias é preciso todo um processo de coletivização.

Tal processo é difícil, pois ameaça valores e comportamentos. Implica uma ação coordenada para harmonizar interesses, percepções e atitudes. Para ser bem-sucedido no processo de **coletivização da ideia**, é preciso levar em consideração o seguinte:

Posição do Originador da Ideia – Para que a ideia mereça atenção, evidentemente, depende da posição que a pessoa ocupa.

Complexidade da Ideia – Quanto mais complexas e envolventes as implicações de uma ideia, e quanto mais rearranjos exijam para levar adiante a ideia, tanto maior será a necessidade de dar cobertura a proposta.

Cargo a Quem Vai Ser Submetida a Ideia – Todos sabem que alguns chefes são mais receptivos a novas ideias do que outros. A receptividade determinará o apoio.

Na grande organização, a astúcia e a dissimulação encobrem, com notável frequência as inovações de sucesso, porque novas ideias são, em geral, originadas longe dos centros de poder. Por tal, sofrem triagem ao longo do caminho para a alta administração, geralmente, ficando no caminho.

Os poderosos gostam de se gabar de que são criativos.

A seguir, alguns **princípios da gerência de novas ideias**:

- Revelar compreensão pelas ideias sugeridas sem demonstrar preconceitos.
- Favorecer oportunidade para que novas sugestões sejam apresentadas.
- Estimular o pessoal a resolver problemas.
- Criar condições para que as ideias sejam testadas na prática.
- Conscientizar o pessoal no sentido de estar, permanentemente, aberto às melhorias que aumentam a produtividade.
- Valorizar a colaboração e recompensar as ideias relevantes.

20.6 Inovação

A inovação não se limita somente a produtos, ela pode ser considerada como a capacidade de receber, idealizar, estruturar e operacionalizar situações novas. Pode-se renovar tudo, desde os processos de manufatura à relação com o mercado e com os consumidores. O **inovador**, além de pesquisador, precisa ter ousadia.

Em mercados altamente competitivos, a busca pela inovação tornou-se um "mantra", segundo Philip Kotler. Paradoxalmente, se as inovações não forem bem-sucedidas também perecerão. Albert Einstein disse: "Não há maior sinal de loucura do que fazer a mesma coisa repetidamente e esperar resultados diferentes por vez". A inovação não está restrita às grandes empresas nem às empresas de tecnologia avançada.

A **inovação é necessária em negócios**, mas ela começa com uma ideia proposta por alguém. Assim, aquele com uma nova ideia deve trabalhar de acordo com a situação. Ele precisa incluir pelo menos alguma indicação mínima como: custo, risco, benefício, tempo e recurso.

As ideias são inúteis quando não usadas. A prova de seu valor está em sua implantação e sua aplicação. Até que isso aconteça, elas se acham em um limbo. Isto não quer dizer que todas as ideias têm de ser minuciosamente documentadas antes que sejam mencionadas a quem quer que seja.

Todas as fontes de oportunidades para inovar devem ser procuradas, analisadas e estudadas de modo sistemático. A busca precisa ser organizada, deve ser feita de forma regular e sistemática. Os inovadores de sucesso examinam os dados e as pessoas. Definem, analiticamente, como a inovação precisa ser para satisfazer uma oportunidade. E então eles saem e observam os consumidores e/ou usuários, para ver quais são suas expectativas, seus valores e necessidades.

Uma inovação para ser eficaz precisa ser simples e pontual. Deve concentra-se em uma única coisa, caso contrário, causará confusão e não funcionará. Mas antes de inovar, talvez, seja razoável **renovar**. Isto é, resgatar o que há de bom e aproveitável numa rotina, processo, política, plano e projeto, antes de jogar tudo por terra, pelo prazer de se tornar um inovador, aventureiro e temerário.

A inovação é, hoje, um dos requisitos do mundo dos negócios. Um sem número de livros aponta a administração da inovação como uma das características essenciais para o sucesso no Século XXI. O raciocínio é que, para se distinguir num mercado cada vez mais competitivo, as empresas têm de obter avanços na produtividade, em geral, decorrentes de uma nova forma de fazer as coisas, seja um modo mais eficiente de aproveitar os recursos, seja a entrada em um mercado diferente ou a aposta num produto extraordinário.

Trata-se de um dos principais paradoxos da gestão: Para se tornar perene a empresa deve mudar constantemente. Peter F. Drucker disse: "Não se pode jogar tudo fora, sob pena de se promover a anarquia. Também não se pode preservar tudo, pois isso significa a morte". Drucker compreendia a dificuldade de inovar e de, ao mesmo tempo, explorar as experiências do passado.

A fonte mais evidente de **ideias inovadoras** são os grandes avanços científicos. Essas inovações tendem a se caracterizar por prazos de maturação longos e, geralmente, são de alto risco e de alto impacto. É preciso ter coragem de ser o primeiro a introduzir uma novidade em determinado ramo. É claro que, às vezes, por ser o primeiro, você vai acabar se dando mal. Mas, de maneira geral, as empresas que têm coragem de aceitar novas ideias (desafios) e ser as primeiras a implantá-las são, extremamente, bem-sucedidas.

O **objetivo da inovação** é aquele pelo qual uma empresa operacionaliza sua definição de qual deve ser o nosso negócio. Mas, o problema para estabelecer objetivos de inovação é a dificuldade de medir o impacto e a importância das diversas inovações.

A inovação traduz-se como: Algo de melhor vai acontecer! Ajuda-nos, assim, a criar a esperança de dias melhores, a incentivar sonhos e a aceitar mais facilmente as agruras do presente. Por isso é que a inovação, quando proposta, tem aceitação fácil e até desejada por todos. Entretanto, a inovação é alguma coisa específica e coletiva, que altera crenças, hábitos e interesses sedimentados ao longo dos anos.

A inovação refere-se à introdução de uma mudança julgada positiva, benéfica, isto é, constitui-se no uso prático de uma descoberta ou invenção. A criatividade e a inovação são processos organizacionais contínuos e concomitantes, que prosseguem durante todas as fases de introdução e uso de novas ideias.

Inovar é, antes de tudo, aplicar o incomum, o novo. É uma espécie de solução criativa para problemas que vão sendo detectados. Não há fórmula prévia para se inovar, porque a inovação faz parte de um processo que descobre suas próprias regras.

A experimentação atua como uma forma de aprendizado barato para a maioria das empresas e, usualmente, revela-se menos cara e mais útil do que pesquisas sofisticadas de mercado. Antes de podar uma ideia e antes que alguma avaliação convença de que ela não funcionará, surgem as questões:

- Existe alguma maneira de experimentar essa ideia a baixo custo?
- O experimento é o instrumento mais poderoso para transformar a inovação em ação?
- Sempre é possível, para qualquer um de nós, nos tornarmos prepotentes a respeito de uma inovação?

A **visão inovadora** não é produto da mente brilhante de um indivíduo. Ela acontece quando olhamos para o mundo através de lentes ligeiramente diferentes, em que predominam algumas expectativas, tais como:

- Encarar tudo como provisório.
- Enxergar as necessidades, cada vez mais dinâmicas, da sociedade.
- Associar a viabilização da inovação ao lucro e ao mercado.

20.7 Capacidade Inovadora

Os **empreendedores inovam**. A inovação é o instrumento específico do espírito empreendedor. É o ato que contempla os recursos com a capacidade de criar riqueza. O mercado pede inovações, o consumidor é cada vez mais exigente, a empresa precisa de flexibilidade, velocidade e capacitação gerencial. O empregado necessita de maior **qualidade de vida**. A sociedade exige trabalho e novos empregos.

O **espírito empreendedor** não é privilégio do empresário. O sucesso de um novo empreendimento depende de ideias, recursos, legislações, riscos calculados, ações estratégicas, conhecimentos e práticas. Para que a inovação se torne sistemática, a empresa deve designar recursos e possibilitar que gerentes se desenvolvam e se transformem em empreendedores internos. Para isto, deve seguir algumas diretrizes:

- Dar valor explicitamente à inovação e ao estratégico.
- Recompensar as inovações mesmo que não deem certo.
- Criar um *staff* para analisar novos projetos.
- Desenvolver ou participar de seminários e palestras voltados para a criatividade.

Criar **novas capacidades** numa organização não é, simplesmente, o inverso de descrever o que não está funcionando. Assim, projetar uma ponte sólida exige bem mais do que, meramente, compreender por que algumas pontes não caem. Assim, passamos a afirmar que as empresas inovadoras não são apenas, excepcionalmente, eficientes na produção de novos inventos comercialmente viáveis.

À medida que se alteram as necessidades da clientela, crescem as habilidades da concorrência, se alteram os humores e tendências do público, realinham-se as forças do mercado. Também quando mudam as regulamentações, essas empresas modificam sua linha de ação, renovam-se, ajustam-se, transformam-se e adaptam-se. As empresas inovam, globalmente, sua própria cultura.

Transformar estruturas, recursos e comportamentos para uma atuação inovadora e empreendedora é um processo difícil, mas fundamental. Difícil, pois significa mudar os pontos que foram críticos ao sucesso da empresa e que, hoje, são obstáculos. Inovar é fundamental, pois, é a sobrevivência e o crescimento da empresa que estão em jogo.

Lawrence e Lorch estudaram pormenorizadamente a inovação, pois eles achavam que existia algo mais do que ter uma organização certinha. Afirmam que, geralmente, o originador da ideia tem dificuldades de comercializá-la e instrumentalizá-la. Portanto, é preciso um integrador, ou coordenador, que dê andamento ao projeto.

Geralmente, o fracasso é resultado não de más ideias, mas de execuções ruins. Assim, é preciso uma equipe para levar adiante a integração. Mas, é preciso ter cuidado para não concentrar poder em uma única pessoa. A autoridade centralizada é uma faca de dois gumes, pois pode atuar com rapidez e ousadia, mas pode estar no caminho errado.

Uma organização não deve pensar que, com um bom projeto no papel e um orçamento enxuto, conseguirá o sucesso pretendido. Há necessidades imprevistas, insumos inesperados, conflitos de toda ordem e atitudes de desconsideração para como a coerência.

20.8 Tipos de Inovação

A seguir, os principais tipos de inovação:

Inovação Aditiva: Inovação desenvolvida para acompanhar demandas diferenciadas para novos modelos, estilos, características, especialidades, por exemplo.

Inovação Científica: Inovação que interfere na natureza, buscando compreender e utilizar os fenômenos em proveito da sociedade.

Inovação Consciente: Inovação fundamentada numa ideia plausível, para atender uma necessidade, onde o inovador mantém os pés no chão o tempo todo do processo de criação.

Inovação Contínua: Inovação promovida pela empresa é uma necessidade dos dias atuais, mas muita perigosa. Nem sempre o caminho da inovação é o mais lucrativo. A inovação contínua envolve a introdução de um produto modificado, isto é, refere-se a novos atributos e características, e é a que exerce o menor impacto nos padrões de comportamento.

Inovação Deliberada: Inovação utilizada por alguém que possui um espírito empreendedor. É o ato de utilizar recursos para criar riqueza.

Inovação Descontínua: Inovação que envolve a introdução de produtos totalmente novos que requerem a adoção de novos padrões de comportamento e também, em muitos casos, a construção de nova infraestrutura e novos modelos de negócios. A Internet é um exemplo de inovação descontínua, assim como a introdução do primeiro avião, automóvel, televisão, telefone, computador.

Inovação Dinâmica: Inovação que implica mudança de comportamento para lidar com o novo produto, sem alterar a configuração anteriormente vigente.

Inovação Econômica: Inovação que altera o comportamento das pessoas, quando trabalham para produzir bens e serviços. Esta inovação sempre precisa estar associada ao mercado.

Inovação Eficaz: Inovação que deu certo.

Inovação Intencional: Inovação que começa com a análise das oportunidades. É iniciada por meio de fontes de informações, tais como: sucessos, fracassos, incongruências, necessidades, mudanças, novos conhecimentos, aumentos nos níveis de percepção.

Inovação no Processo: Inovação que altera, de forma radical, o processo com o objetivo de atingir melhorias drásticas no tempo de resposta, custo, qualidade e outros importantes fatores de competitividade. A importância relativa das inovações no processo, normalmente, aumenta na maturidade, da mesma forma que o resultado do projeto do produto e de seu sistema de entrega para facilitar uma fabricação e um controle com custo mais baixo. É considerada como o último elo da inovação, aquela que modifica o processo de fabricação.

Inovação no Produto: Inovação no produto pode ampliar o mercado e, consequentemente, promover o crescimento da empresa ou pode acentuar a diferenciação do produto. Ela permite que o produto atenda novas necessidades, pode melhorar a posição da empresa em relação aos concorrentes e pode eliminar ou reduzir a necessidade de produtos complementares escassos ou dispendiosos.

Inovação Real: Inovação que se caracteriza como, verdadeiramente, necessária, pois não há nada igual no mercado.

Inovação Sistemática: Inovação deliberada e organizada de mudanças e na análise sistemática das oportunidades que tais mudanças podem oferecer. A maioria esmagadora das inovações bem-sucedidas explora a mudança. Portanto, a inovação é uma disciplina de diagnóstico, isto é, um exame sistemático das áreas de mudança, que tipicamente oferecem oportunidades empreendedoras.

Inovação Social: Inovação que tomou a forma de criação de novas instituições de serviço público. A necessidade de inovação social pode ser até maior, mas terá, em grande medida, que ser uma inovação social dentro da instituição de serviço público já existente. As transformações sociais foram, durante toda história das empresas, no mínimo, tão importantes quanto à inovação tecnológica.

Inovação Substitutiva: Inovação para acompanhar as mudanças tecnológicas.

Inovação Técnica: Inovação que busca melhorar uma maneira, modo, processo ou habilidade para se executar ou fazer algo. A inovação técnica estará sempre ligada à produtividade, eficiência, automação e redução de custo, por exemplo.

Inovação Tecnológica: Inovação que é utilizada para implementar uma oportunidade existente no mercado. Porém, inovações de alta tecnologia podem aumentar o custo fixo no processo de produção e se tornarem uma ameaça para a empresa. A inovação baseada em alta tecnologia tem o mais longo período de espera entre o investimento e a lucratividade.

20.9 Elementos da Inovação

A seguir, abordaremos alguns elementos que ajudam a consolidar o conceito de inovação:

Caracteríticas da Inovação – As principais características são: pouca definição de atividades e atribuições, baixo grau de especialização nas tarefas, departamentalização com critérios inovadores, comunicação a mais aberta possível, sistema de autoridade na base da liderança, maior descentralização da autoridade, clima favorável para novas ideias, atividades não repetitivas, problemas menos previsíveis, tecnologia parcialmente desconhecida, maior grau de incerteza, maior dificuldade de controle, orientação para prazos longos, alto grau de indefinição, incerteza quanto ao produto final, menos estáveis ao longo do tempo, mudanças frequentes e resistência à rotina.

Novo Produto – Para um novo produto ser considerado uma inovação é preciso que seja verdadeiramente necessário, sem substituto satisfatório.

Nota: O conceito de novo produto foi abordado no Capítulo I

Invenção – Invenção é o ato de gênio ao criar um novo conceito para um novo produto potencialmente útil. Não confundir inovação com invenção, que é um produto que causa uma revolução científica, tecnológica, ambiental e social. Um bom exemplo é a roda.

Quando a invenção é feita, a segunda metade da inovação começa, isto é, transformar a nova ideia em um sucesso comercial. Este segundo passo pode ser chamado de: implementação, desenvolvimento comercial, criação de novo empreendimento ou qualquer um de outros nomes.

Pesquisa & Desenvolvimento – Pesquisa & Desenvolvimento passaram a ser uma preocupação básica da empresa atual. Para tal, precisa de uma política de produção vinculada a uma política tecnológica (capacitação tecnológica). O **grupo de pesquisa & desenvolvimento** se dedica a manter os recursos humanos em dia com a nova tecnologia. Constitui uma fonte de informações integradas.

Em muitos setores, as atividades de P & D cresceram a tal ponto que se transformaram num dos dois ou três itens mais representativos em termos de recursos de uma empresa.

20.10 Perfeccionismo

O ser humano apresenta uma tendência inconsciente para a precisão, beleza e perfeição. Quando não é premido por dificuldades econômicas e financeiras, esse impulso cria tesouros artísticos seculares. Nas artes, esta punção humana ainda prevalece. Mas, existe uma diferença entre almejar a excelência e almejar a perfeição. A primeira, é atingível, gratificante e saudável. A segunda, é inatingível, frustrante e neurótica.

A **perfeição** é um conceito subjetivo e suas raízes estão ligadas a um alto grau de exigência consigo mesmo e, por extensão, com os outros, levando as pessoas a um estado de insatisfação latente. Aquele que se propõe a ser perfeito encontrará dificuldades, pois sua tendência será procurar defeitos em si e nos outros, dar importância inadequada a detalhes irrelevantes, que redundarão num relacionamento conflituoso, provocando um temor por parte de seus colaboradores.

Quantas vezes você refez um trabalho, só porque tinha um erro sem importância? Tudo isso custa tempo, dinheiro, energia e desgaste emocional, já que uma parte é, direta ou indiretamente, paga por você mesmo.

Perfeccionistas têm dificuldade em delegar, em distribuir tarefas, em verificar a relativa importância do detalhe no todo, em alcançar resultados uma vez que focalizam apenas a tarefa em si. Por isso, tendem a trabalhar mais horas, criando trabalho improdutivo e raramente terminando seu trabalho a tempo.

O **perfeccionismo pode ser um processo de autossabotagem** que impede o alcance dos objetivos. É também uma forma sutil de pessimismo, pois focaliza os aspectos negativos dos acontecimentos e fatos, dificultando a gratificação pessoal com o resultado que na visão do perfeccionista poderia ser melhor.

A convivência com este tipo de pessoa tende a ser difícil, pois não estando satisfeito consigo mesmo nem com os outros, dificilmente terá condições de motivar as pessoas, reconhecendo o valor das mesmas.

Faça distinção entre o bom e o perfeito. Na grande maioria dos casos, o bom é suficiente para atingir os nossos objetivos enquanto o perfeito, por ser mais difícil, acaba fazendo com que as pessoas desistam no meio do caminho. Esta é uma das razões porque muitas atividades são interrompidas, frustrando os indivíduos, gastando tempo e recurso.

A busca da **perfeição industrial** leva as fábricas a consumirem recursos, sem somar, efetivamente, um valor ao uso, ao resultado, ao desenho, ao custo e ao visual. São frequentes os exageros de projetos, tais como: acabamento caro em superfícies não visíveis; vida longa para produtos que se tornarão obsoletos rapidamente; graus de tolerância que vão além da real necessidade; equipamentos suplementares para atender usuários que correspondem a um percentual muito baixo de consumidores.

Prevenir **exageros de projeto** é recomendável, quando das fases de planejamento e análise. Alguns sistemas de análise de projeto fornecem a classificação das características, ou seja: essenciais, desejáveis, não-essenciais. As não-essenciais tornam-se então candidatas a serem removidas, sob pretexto de perfeccionismo desnecessário.

Referências Bibliográficas

- ALBRECHT, Karl. *Revolução nos serviços*. São Paulo: Pioneira, 1992.
- ARAÚJO, Jorge Serqueira. *Administração de materiais*. São Paulo: Atlas, 1990.
- ASSEF, Roberto. *Manual de Gerência de Preços*. Rio de Janeiro: Campus, 2002.
- BALLOU, Ronald H. *Logística Empresarial*. São Paulo: Atlas, 1993.
- BARBARÁ, Hani R. E R. Simões. *Administração de vendas*. São Paulo: Atlas, 1975.
- BARROS, Benedito Ferri. *Mercado de capitais e investimentos*. São Paulo: Atlas, 1970.
- BERRY, Leonard L. *Descobrindo a essência do serviço*. Rio de Janeiro: Qualitymark, 2001.
- BOTTINI, Renata Lucia. *Chef profissional*. São Paulo: SENAC, 2009.
- BRAGA, Roberto M.M. *Gestão da gastronomia: custos, formação de preço, gerenciamento e planejamento do lucro*. São Paulo: SENAC, 2008.
- BRUNI, Adriano L. e Rubens Famá. *Gestão de custos e formação de preços*. São Paulo: Atlas, 2002.
- BURBIDGE, John L. *Planejamento e controle da produção*. São Paulo: Atlas, 1991.
- CHAPMAN, Elwood N. *Relações humanas na pequena empresa*. Rio de Janeiro: Qualitymark, 1996.
- CHIAVENATO, Idalberto. *Administração de recursos humanos*. São Paulo: Atlas, 1999.
- CHIAVENATO, Idalberto. *Administração: teoria, processo e prática*. São Paulo: Makron Books, 1987.
- CHIAVENATO, Idalberto. *Iniciação à organização e técnica comercial*. São Paulo: McGraw Hill, 1989.
- CHIAVENATO, Idalberto. *Planejamento, recrutamento e seleção de pessoal*. São Paulo: Atlas, 1999.
- COGAN, Samuel. *Custos e preços*. São Paulo: Pioneira, 1999.
- CONWAY, William E. *Caçadores de desperdícios*. Rio de Janeiro: Qualitymark, 1996.
- COSTA, Nelson P. *Análise do resultado empresarial*. Rio de Janeiro: Ciência Moderna, 2010.
- COSTA, Nelson P. *Básico de administração*. Rio de Janeiro: Pecos, 2005.
- COSTA, Nelson P. *Comunicação empresarial*. Rio de Janeiro; Ciência Moderna, 2008.
- COSTA, Nelson P. *Documentos empresariais*. Rio de Janeiro: Ciência Moderna, 2012.
- COSTA, Nelson P. *Marketing para empreendedores*. Rio de Janeiro: Qualitymark, 2003.
- COSTA, Nelson P. *Tempo: aprenda a administrar*. Rio de Janeiro: Ciência Moderna, 2008.
- COSTA, Nelson P. *Gestão de restaurante*. Rio de Janeiro: Ciência Moderna, 2016.
- COSTA, Nelson P. Antologia do empreendedor. Rio de Janeiro: Ciência Moderna, 2017
- COSTA, Nelson P. Administração para empreendedores. Rio de Janeiro: Ciência Moderna, 2018
- COSTA, Nelson P. *Marketing para empreendedores*. Rio de Janeiro: Ciência Moderna, 2020.
- COSTA, Nelson P. *Glossário do empreendedor*. Rio de Janeiro: Ciência Moderna, 2019.
- COSTA, Nelson P. *Oficina do livro*. Rio de Janeiro: Ciência Moderna, 2021.
- COSTA, Nelson P. *Sistemas de informação*. Rio de Janeiro: Ciência Moderna, 2022.
- COSTA, Nelson P. *Comunicação empresarial (2ª ed.)*. Rio de Janeiro: Ciência Moderna, 2022.
- COSTA, Nelson P. *Estudo de caso*. Rio de Janeiro: Ciência Moderna, 2023.
- COSTA, Nelson P. *Problemas do empreendedor*. Rio de Janeiro: Ciência Moderna, 2023.
- COSTA, Nelson P. *Empresa de alimentos*. Rio de Janeiro: Ciência Moderna, 2023.
- COSTA, Nelson P. *Administrador pragmático*. Rio de Janeiro: Ciência Moderna, 2024.
- COSTA, Nelson P. *Funções administrativas*. Rio de Janeiro: Ciência Moderna, 2024.
- COSTA, Nelson P. *Administração do tempo*. Rio de Janeiro: Ciência Moderna, 2025.
- COSTA, Nelson P. *A empresa como investimento*. Rio de Janeiro: Ciência Moderna: 2025.
- CURY, Antônio. *Organização e métodos: uma visão holística*. São Paulo: Atlas, 2000.
- DENTON, D. Keith. *Qualidade em serviço*. São Paulo: McGraw Hill, 1991.
- DRUCKER, Peter F. *Administração: Tarefas, responsabilidades e práticas*, São Paulo: Pioneira, 1975.
- DRUCKER, Peter F. *Inovação e espírito empreendedor*. São Paulo: Pioneira, 1990.
- DRUCKER, Peter F. *Introdução à administração*. São Paulo: Pioneira, 1991.
- DRUCKER, Peter F. *O gerente eficaz*. Rio de Janeiro: Zahar, 1981.
- FONSECA, Adriana Lara. *Treinamento de manipuladores de alimentos*. Viçosa: Centro de Produções Técnicas, 2006.
- FONSECA, José Ismar. *Curso de contabilidade gerencial*. São Paulo: Atlas, 1993.
- GHEMAWAT, Pankart. *A estratégia e o cenário de negócios*. Porto Alegra: Bookman, 2000.
- GITMAN, Lawrence J. *Princípios de administração financeira*. São Paulo: Harbra, 1997.
- GOUVEIA, Nelson. *Contabilidade*. São Paulo: McGraw Hill, 1984.

- GUERREIRO, Bruno. *Administração mercadológica*. Rio de Janeiro: FGV, 1993.
- HAMPTON, David R. *Administração contemporânea*. São Paulo: McGraw Hill, 1983.
- HARDING, H. A. *Administração da produção*. São Paulo: Atlas, 1989.
- HORNGREN, Charles T. *Contabilidade gerencial*. São Paulo: Pearson, 2004.
- IUDICIBUS, Sergio. *Contabilidade gerencial*. São Paulo: Atlas, 1987.
- JOÃO, Belmiro N. *Metodologia de desenvolvimento de sistemas*. São Paulo: Érica, 1993.
- KNIGHT, John B. e Lendal H. Kopschevar. *Gestão, planejamento e operação de restaurantes*. São Paulo: Roca, 2005.
- KOONTZ, Harold e Cyril O'Donnel. *Princípios de administração*. São Paulo: Pioneira, 1974.
- KOTLER, John e James Heskett. *A cultura corporativa e o desempenho empresarial*. São Paulo: McGraw Hill, 1993.
- KOTLER, Philip. *Administração de marketing*. São Paulo: Atlas, 1998.
- KOTLER, Philip. *Administração de marketing*. São Paulo: Prentice Hall, 2000.
- KOTLER, Philip. *Marketing*. São Paulo: Atlas, 1992.
- LASCASAS, Alexandre L. *Marketing de varejo*. São Paulo: Atlas, 2000.
- LEITE, Helio de Paula. *Contabilidade para administradores*. São Paulo: Atlas, 1997.
- LEONE, George S. Guerra. *Custos – um enfoque administrativo*. São Paulo: Atlas, 1983.
- MACHADO, Jose Roberto. *Administração de finanças empresariais*. Rio de Janeiro; Qualitymark, 2002.
- MANDARINO, Domenico. *Noções básicas de estatística*. São Paulo: Atlas, 1968.
- MARCONI, Marina de Andrade. *Técnicas de pesquisa*. São Paulo: Atlas, 1985.
- MARION, José Carlos. *Contabilidade empresarial*. São Paulo: Atlas, 2003.
- MAYER, Raymond R. *Administração da produção*. São Paulo: Atlas, 1992.
- MINTZBERG, Henry. *Criando organizações eficazes*. São Paulo: Atlas, 1995.
- MORAIS, Carmem. *Atitudes de empreendedores*. Rio de Janeiro: Qualitymark, 2000.
- MOTTA, Paulo R. *Gestão contemporânea: a ciência e a arte de ser dirigente*. Rio de Janeiro: Record, 1991.
- OUCHI, Willian. *Teoria Z*. São Paulo: Nobel, 1988.
- PASCHOAL, Luiz. *Administração de cargos e salários*. Rio de Janeiro: Qualitymark, 2001.
- PORTER, Michael. *Estratégia competitiva e vantagem competitiva*. São Paulo: Campus, 1990.
- PRADO, Darci. *Planejamento e controle de projetos*. Belo Horizonte: DG, 2001.
- RESNIK, Paul. *A bíblia da pequena empresa*. São Paulo: McGraw Hill, 1991.
- SAMPAIO, Dalton. *Pesquisa de mercado*. Rio de Janeiro: FGV, 1984.
- SCHLESINGER, Higo. *Preparação profissional do vendedor*. São Paulo: Atlas, 1986.
- SEBESS, Marina. *Técnicas de cozinha profissional*. Rio de Janeiro: SENAC, 2009.
- SETZER, Valdemar W. *Banco de dados*. Rio de Janeiro: Edgar Blucher, 1988.
- SHETH, Jagdish N. et alli. *Marketing an internet*. Porto Alegre: Bookman, 2002.
- SHIMIZU, Tamio. *Processamento de dados: conceitos básicos*. São Paulo: Atlas, 1988.
- SILVA, Adelphino Teixeira. *Administração básica*. São Paulo: Atlas, 2000.
- SMITH, Adam. *A riqueza das nações: investigação sobre sua natureza e suas causas*. São Paulo: Nova Cultura, 1985.
- SPIEGEL, Murray R. *Estatística*. Rio de Janeiro: Livro Técnico, 1971.
- STEWART, Thomas A. *Capital intelectual: a vantagem competitiva das empresas*. Rio de Janeiro: Campus, 1998.
- STOFFEL, Inácio. *Administração do desempenho*. Rio de Janeiro: Qualitymark, 2000.
- THIRY-CHERQUES, Hermano Roberto. *Modelagem de projetos*. São Paulo: Atlas, 2001.
- TOMIMATSU, Eiji. *Cozinha profissional*. Viçosa: Centro de Produções técnicas, 2008.
- TZU, Sun. *A arte da guerra*. São Paulo: Record, 1990.
- VARGAS, R. *Gerenciamento de projetos*. Rio de Janeiro: Brasport, 2003.
- WARREN, Carl S. *Contabilidade gerencial*. São Paulo: Pioneira, 2001.
- WATSON, Gregory H. *Benchmarking estratégico*. São Paulo: Makron Books, 1994.
- ZACARELI, Sergio B. *Programação e controle da produção*. São Paulo: McGraw Hill, 1988.

Impressão e acabamento
Gráfica da Editora Ciência Moderna Ltda.
Tel: (21) 2201-6662